Jardinosofía

Santiago Beruete (Pamplona, 1961) es antropólogo y doctor en Filosofía. Desde hace tres décadas reside en la isla de Ibiza, donde compagina su actividad docente e investigadora con la creación literaria. Ha escrito varios poemarios, colecciones de relatos, novelas y ensayos que han merecido diferentes premios nacionales e internacionales. Sus libros *Jardinosofía*, *Verdolatría*, *Aprendívoros* y el conjunto de narraciones *Un trozo de tierra* son fruto de la polinización cruzada entre literatura, jardinería, filosofía y educación.

SANTIAGO BERUETE

Jardinosofía

Una historia filosófica de los jardines

DEBOLS!LLO

Papel certificado por el Forest Stewardship Council®

MIXTO
Papel | Apoyando la
silvicultura responsable
FSC
www.fsc.org
FSC® C117695

Penguin
Random House
Grupo Editorial

Primera edición: febrero de 2026

© 2016, Santiago Beruete Valencia
© 2016, Turner Publicaciones S. L.
© 2026, Penguin Random House Grupo Editorial, S.A.U.
Travessera de Gràcia, 47-49. 08021 Barcelona
Diseño de la cubierta: Penguin Random House Grupo Editorial / Claudia Sánchez
Imagen de la cubierta: © Shutterstock

Printed in Spain – Impreso en España

ISBN: 978-84-663-8771-2
Depósito legal: B-21.534-2025

Impreso en Novoprint
Sant Andreu de la Barca (Barcelona)

P 3 8 7 7 1 2

ÍNDICE

Listado de imágenes 9

Preparación del terreno 15

Introducción 17

Primera parte. De la antigüedad clásica al medievo.
El jardín como utopía antes de Utopía

I   Ideas del jardín o jardín de las ideas. Pensar el
jardín, ajardinar la filosofía 25

II   Etimologías y metáforas. Los orígenes de un símbolo . 35

III   Los jardines de los filósofos (Grecia) 43

IV   El jardín latino o la poética del espacio (Roma) 53

V   'Hortus conclusus' o el universo enclaustrado
(Cristianismo) 63

VI   Un jardín más allá de las nubes. Entre la nostalgia
del paraíso y la añoranza del cielo 75

VII El jardín hispanomusulmán o el lenguaje de las
fuentes 81

VIII El sentimiento del paisaje y la mirada interior 95

Segunda parte. Del Renacimiento al Barroco.
La métrica de los jardines arquitectónicos o un nuevo
edén matemático

IX   Jardines racionalmente sentidos o las bellas horas
del jardín renacentista 103

X   El topos tópico de lo utópico 111

XI   La ciencia de la perspectiva o un fin sin final 121
XII   La conquista del infinito: los jardines del Barroco 127

Tercera parte. Siglos XVIII y XIX: entre Arcadia y Utopía.
Texto, pretexto y contexto del jardín paisajista
XIII La génesis del jardín moral o la vocación de
      fundirse con el paisaje 141
XIV   Epifanías y metamorfosis del genio del lugar 155
XV   La tumba de Rousseau y el jardín de los muertos 169
XVI   La poética de la decadencia: ruinas boscosas
      y ermitas pintorescas 183
XVII El oficio de jardinero paisajista: una novela familiar .. 209
XVIII El olvidado arte de pensar con los pies: nace
      el paseo como actividad cultural 229
XIX   Laberintos vegetales o el jardín de las encrucijadas
      equívocas 247

Cuarta parte. Del siglo XX al futuro.
La reinvención de la ciudad ideal o el mito pastoril revisitado.
XX   La utopía aplicada. Parques públicos, jardines
      obreros y ciudades-jardín 271
XXI   Teoría y práctica del jardín moderno o la
      heterotopía funcional 295
XXII Una proposición para corregir el mapa de utopía.
      De la distopía a la ecotopía 327
XXIII Verdolatría ucrónica. Una historia natural de las
      plantas en la ciencia ficción 339

Floración y despedida 351
Glosario 367
'Dramatis personae' 405
Bibliografía 451
Notas 475

LISTADO DE IMÁGENES

*S*e ha hecho el mayor esfuerzo para acreditar correctamente las imágenes que ilustran este libro. Cualquier omisión será debidamente corregida en las siguientes reimpresiones.

INTRODUCCIÓN p. 17:
"Habit de Jardinier", anónimo en la Biblioteca Nacional de Francia, *c.* 1695-1696, colección Michel Hennin, © Bibliothèque Nationale de France / Dist. RMN-Grand Palais / Image BnF.

CAPÍTULO I, p. 25:
"It's about time: Gardener's working", extraída de *The gardener's labyrinth* de Thomas Hill (1594).

CAPÍTULO II, p. 35:
Plano jardín egipcio, tumba de Sennefer, 1923. Fuente: Wikimedia Commons.

CAPÍTULO III, p. 43:
La Academia de Platón, por Carl Johan Wahlbom. Fuente: Wikimedia Commons.

CAPÍTULO IV, p. 53:
Jardín peristilado o *viridarium* de una casa. Colección de antigüedades del cardenal Andrea della Valle expuestas en su villa romana, *c.* 1553, British Museum, © The Trustees of the British Museum.

CAPÍTULO V, p. 63:

"Expulsión de Adán y Eva del paraíso", grabado de la Biblia de Colonia (1489), © Hazel McAllister / Alamy Stock Photo.

CAPÍTULO VI, p. 75:

Adán en una vidriera de la catedral de Canterbury (Reino Unido), época medieval. © Bridgeman Images.

CAPÍTULO VII, p. 81:

Jardines del Generalife, en Granada (Andalucía). Dibujo impreso en un billete de cien pesetas de 1970.

CAPÍTULO VIII, p. 95:

"Primavera y pérgola", ilustración de la obra *El sueño de Polifilo [Hypnerotomachia Poliphili]*, de Francesco Colonna, *c.* 1499, © Album / De Agostini / G. De Vecchi.

CAPÍTULO IX, p. 103:

Jardín vallado *(Veridarium Gymnasium Patavinum Medicum)*, Utini, 1654 © 2016, The British Library Board / Scala, Florence.

CAPÍTULO X, p. 111:

La isla de la Utopía, ilustración de la primera edición (1516) de *Utopía*, de Thomas Moro. Fuente: Wikimedia Commons.

CAPÍTULO XI, p. 121:

Plano del castillo y los jardines de Versalles, por Jean Delagrive. Fuente: Wikimedia Commons.

CAPÍTULO XII, p. 127:

Poda ornamental, ilustración de la obra *El sueño de Polifilo [Hypnerotomachia Poliphili]*, de Francesco Colonna, *c.* 1499, Biblioteca Nacional de Francia, © Bibliothèque Nationale de France.

CAPÍTULO XIII, p. 141:

Castillo de Howard, en North Yorkshire *(c.* 1699-1712), por John Robinson. Fuente: Wikimedia Commons.

CAPÍTULO XIV, p. 155:

"Genius Loci Hujus Montis", o genio de la montaña, dibujo encontrado en Resina en 1749 © Album / Florilegius.

CAPÍTULO XV, p. 169:

La tumba de Jacques Rousseau. Vista de la isla de los álamos, Ermenonville, por Jean Michel Moreau, 1780 © Album / AKG-Images.

CAPÍTULO XVI, p. 183:

"El templo destruido", ilustración de la obra *El sueño de Polifilo [Hypnerotomachia Poliphili]*, de Francesco Colonna, *c.* 1499, Biblioteca Nacional de Francia, © Bibliothèque Nationale de France.

CAPÍTULO XVII, p. 209:

Mapa del parque de Stowe, *c.* 1910. Fuente: Wikimedia Commons.

CAPÍTULO XVIII, p. 229:

"Nude man walking" [Hombre desnudo caminando], por Eadweard Muybridge, 1887. Fuente: Wikimedia Commons.

CAPÍTULO XIX, p. 247:

"Teseo y el minotauro en el laberinto", por Edward Burne-Jones, 1861, Birmingham Museum, © Birmingham Museums Trust.

CAPÍTULO XX, p. 271:

"Garden Cities of Tomorrow, nº2", [Ciudades-jardín del mañana, nº 2], 1902, por Ebenezer Howard. Fuente: Wikimedia Commons.

CAPÍTULO XXI, p. 295:

"Ville Contemporaine de trois millions d'habitants, sans lieu, 1922", Le Corbusier, © Fondation Le Corbusier / VEGAP, Madrid, 2016.

CAPÍTULO XXII, p. 327:

"Love is in the air", Banksy, 2006, esténcil sobre lienzo, www.banksy.co.uk.

CAPÍTULO XXIII, p. 339:

Fotograma de la película *La invasión de los ladrones de cuerpos*, 1956, Don Siegel, Allied Artists Pictures, © ALLIED ARTIST / Album.

Edición gráfica, selección de imágenes y gestión de derechos: María Luisa Fruns.

Agradecemos a Teresa Avellanosa su ayuda.

Para Virginia, Cristina y Montse
con gratitud, valentía y alegría.

PREPARACIÓN DEL TERRENO

> Un libro es como un jardín que se lleva en el bolsillo.
>
> Proverbio árabe.

*H*e dedicado muchos años al estudio del arte del jardín, pero esta obra sería muy diferente si no hubiera construido uno con mis propias manos. La experiencia de convertir un humilde trozo de tierra en algo parecido a una arcadia, de ajardinar una parcela de terreno hasta entonces baldío, me enseñó algo que no se aprende en los libros. Estas páginas no serían las mismas si no hubieran sido escritas con las manos encallecidas por el uso frecuente de la azada, la podadora, la pala y el rastrillo. Familiarizarme con las herramientas del oficio de jardinero me ayudó a templar las del oficio de escritor, y me preparó para ese cometido. A fin de cuentas, levantar bancales, podar árboles, cortar setos, plantar y cavar ayudan a desarrollar virtudes como la paciencia, la tenacidad y la gratitud, que se nos antojan requisitos imprescindibles para conseguir que germine, florezca y fructifique un texto.

El jardín ha sido escasamente estudiado por la filosofía y eso a pesar de que, como todos sabemos, las primeras escuelas filosóficas se desarrollaron en ellos. La razón de este desinterés tal vez provenga de esas mismas escuelas filosóficas que ensalzaron el valor del entendimiento frente al de los sentidos como fuente de conocimiento, que primaron el mérito de la *episteme* o ciencia en detrimento de la *téchne* y los oficios, que valoraron los saberes teóricos muy por encima de los saberes instrumentales, y prestaron más atención a los sistemas conceptuales que a las realidades mundanas. Sea como fuere, los jardines han plasmado de forma privilegiada la relación del hombre con la naturaleza y han sabido traducir en un lenguaje plástico y sensorial la metafísica vigente en cada momento histórico. Pronto veremos cómo su condición de lugares de ensueño y delicias los aproxima a la utopía y los convierte en una herramienta crítica para analizar los sueños de perfección social.

Parto del supuesto de que el jardín es, en tanto que obra de arte viva dotada de una compleja simbología, un artefacto cultural y una sofisticada creación intelectual, y por consiguiente materia de reflexión filosófica. Este ensayo viene a reclamar para el jardín un protagonismo en el ámbito del pensamiento. Con un encuadre a la par cronológico y temático, puede leerse como la historia subterránea, casi clandestina, de las relaciones entre filosofía y jardín, y un análisis sobre las sutiles conexiones entre la teoría de la utopía y los estilos en jardinería. Aunque la estructura elegida confiere a cada capítulo una autonomía temática y una relativa autosuficiencia, he intentado construir un relato unitario y coherente, que, más allá de las fronteras convencionalmente trazadas entre las distintas ramas del saber, ofrezca una visión general de la evolución de nuestras ideas sobre la buena vida asociadas al jardín.

NARRATIVAS DE LA UTOPÍA, POÉTICAS DEL JARDÍN: UN LUGAR PARA LA BUENA VIDA

A lo largo de este trabajo intentaremos mostrar que los jardines no son únicamente una construcción material sino también una creación intelectual. Como escribió William Chambers, "los jardineros no son solo botánicos sino también pintores y filósofos".[1] Si uno lo medita con cuidado, todo jardín formula una teoría estética de la belleza y una visión ética de la felicidad. Muchos jardines, en efecto, parecen representar un símbolo de la armonía y una metáfora de la buena vida, además de una imagen del mundo *(imago mundi)* y una obra de arte viva. Yi-Fu Tuan lo explicó así:

En el mundo occidental la buena vida se concibe, históricamente, en virtud de un número determinado de formas. Una de ellas es el ambientalismo, que entiende la buena vida como la consecuencia de un tipo particular de entorno físico. La naturaleza, por ejemplo, sería uno de estos espacios en los que, según se cree, se fomentaría este tipo de vida. Otros espacios de esta índole serían los jardines de esparcimiento, una versión humanizada de la naturaleza. En el extremo opuesto a la naturaleza en su estado puro se encontraría el orgulloso entorno artificial: la casa, la calle o la plaza de la ciudad. La idea de que un espacio arquitectónico puede, en cierto sentido, promover la vida buena, es característica de los tiempos modernos, es decir, de los siglos XIX y XX.[2]

El punto de partida de este trabajo es que los jardines expresan mejor que otras manifestaciones culturales las inquietudes filosóficas de cada época. Y no solo porque las ideas encuentren fácil traducción al lenguaje del jardín, sino también porque, desde antiguo, los jardines han inspirado y acogido a los pensadores: recordemos el *Akademos* platónico, el Liceo aristotélico, el jardín de Epicuro, el gimnasio de Cinosarges, pero también a Shaftesbury, Rousseau, Kant y tantos otros pensadores que han pensado en y sobre jardines. Se puede afirmar que el jardín ha representado un marco privilegiado para la práctica de la filosofía tanto como un vehículo de transmisión de pensamientos y saberes. Y en este sentido es también un documento de la singularidad de una cultura y un lugar, si bien desde Walter Benjamin[3] sabemos que todo documento de civilización lo es también de barbarie. Hay que subrayar este aspecto, porque los jardines han representado y representan un importante símbolo del poder político (Versalles, Kew Gardens, etc.) y del estatus social de sus propietarios, así como del dominio y la violencia que el hombre ejerce sobre la naturaleza.

Sir Francis Bacon escribió que la jardinería es uno de los placeres más genuinamente humanos *("the purest of human pleasure")*.[4] En este sentido expresa un elevado grado de refinamiento cultural, tan elevado como el de la propia filosofía. En suma, los jardines substancian, dan forma y visibilidad a los ideales de perfección latentes en una sociedad y materializan su imagen de una buena vida. En su libro *A Philosophy of Gardens* (2006), David E. Cooper escribe:

> Sostengo que los jardines contribuyen a la buena vida al ser espacios 'acogedores' para ciertas prácticas que 'inducen' virtudes, en el sentido en que esas virtudes son 'internas' a dichas prácticas cuando estas son realizadas con la debida comprensión.[5]

Esta es la cuestión primordial y el quid del asunto: ¿por qué los seres humanos han sentido a lo largo de la historia la necesidad de construir jardines? Hay muchas posibles respuestas a esta pregunta, que se halla en el origen de nuestra investigación, pero la más sencilla es que creamos jardines porque nos proporcionan bienestar. El hecho de que los seres humanos se empeñen en convertir un trozo de tierra en un edén evidencia su necesidad de paz, serenidad y equilibrio, sometidos como están a la permanente contradicción entre su destino mortal y su vocación de permanencia, entre su deseo de orden y su temor al caos, entre el poder de su razón y el desorden de sus instintos. Ese es su propósito, su razón de ser: aunar arte y naturaleza creando belleza, la cual es promesa de felicidad. Del mismo modo que la eudaimonía (ευδαιμονια),[6] era, para Aristóteles, los estoicos y otras escuelas filosóficas, indisociable de la práctica de la *areté*, el ejercicio de la jardinería requiere paciencia, perseverancia, humildad, esperanza y un amplio repertorio de virtudes específicas. Un jardín exige constancia por más que esté siempre cambiando. Tal vez eso explica por qué, como señaló el poeta culterano del siglo de oro Francisco de Trillo y Figueroa, en los confines del jardín cabe todo el espacio del mundo.[7]

Muchos de los placeres físicos y los beneficios psicológicos que depara un jardín –serenidad, libertad, reposo, inocencia– constituyen ingredientes esenciales de una buena vida. Sea cual sea esa receta, hay una corriente subterránea que une la felicidad con el jardín desde los inicios de la civilización (Paraíso Terrenal, Edén, Campos Elíseos, jardín de las delicias…) y que convierte a estos en islas de perfección. La utopía se respira en todos los jardines del planeta. Y el hecho de que, como observa Karel Čapek, los jardineros vivan para el futuro,[8] presta fuerza a esta idea. Sin riesgo de exagerar, podríamos afirmar que el jardín es por derecho propio un espacio utópico. Si, como sugiere Northrop Frye,[9] el pensamiento utópico está menos interesado en alcanzar fines que en visualizar posibilidades, el jardín, en verdad, permite vislumbrar, entrever y apreciar lo que podría ser pero todavía no es, así como lo que pudo ser. Y contribuye a mantener viva la promesa de un futuro mejor, que irónicamente a veces se convierte en la aspiración de un regreso a la Arcadia, donde, como escribió Arthur Schopenhauer parafraseando a su vez a Friedrich Schiller, todos hemos nacido.[10] Los jardines nos hablan tanto de la nostalgia de lo que una vez fue como de lo que nunca podrá ser. La pasión por construir jardines se alimenta tanto del afán de evadirse de la realidad como del anhelo de retornar a la naturaleza. En esa fiesta de lo efímero, por usar la expresión de Michel Baridon,[11] la nostalgia del paraíso se confunde con el sueño utópico de un mundo mejor, y el empeño de forzar la naturaleza compite con el anhelo por redimirla.

La experiencia del jardín posee no solo una dimensión ética y estética sino también política, que no se puede separar de las anteriores. Los hábitos y valores que, valga la redundancia, cultiva la jardinería bien podrían guiar la búsqueda del bien común y mejorar la convivencia social. Además de una escuela de rectitud moral y un escenario para la buena vida y la salud privada y pública, el jardín ha llegado a ser también en nuestra época un espacio de resistencia y contestación social, de solidaridad y rebeldía contra la hegemonía del neoliberalismo y el mercantilismo rampante, y se ha convertido en un objeto de reivindicación política y de lucha por los derechos ciudadanos y la sostenibilidad del medio ambiente. El fenómeno de los huertos y los jardines comunitarios, que proliferan en las ciudades del mundo occidental, ilustra a la perfección las relaciones existentes entre la jardinería y el activismo político.[12] Solo en la ciudad de Nueva York existen en la actualidad más de seis mil, donde se han convertido en espacios de socialización e integración intergeneracional, en fuentes de solidaridad, cohesión social y movilización ciudadana y en catalizadores del cambio social. Aparte de un modo de producción de alimentos saludables y una manera de embellecer los lugares públicos y de mejorar las condiciones ambientales de los barrios, los jardines comunitarios han constituido una fórmula alternativa y eficaz de promover la identidad y el trabajo grupal, de prevenir la marginación y la exclusión social y de reducir la criminalidad. En palabras de Karen Schmelzkopf, los jardines comunitarios son una de las instituciones cívicas locales más participativas.[13]

La *Green Guerilla*,[14] nacida a principio de la década de 1970 en Manhattan, es la primera asociación sin ánimo de lucro que reivindicó los jardines comunitarios como una herramienta política al servicio de la regeneración de áreas urbanas degradadas y un medio de promover la implicación de las comunidades vecinales en la solución de sus problemas. En su página web esta organización pionera, que ha servido de modelo a otras muchas agrupaciones de jardineros voluntarios y militantes por todo el mundo, define así sus objetivos:

> Las Guerrillas Verdes utilizan una mezcla singular de educación, organización y promoción para ayudar a la gente a crear jardines, mantener grupos de base, cultivar alimentos, involucrar a la juventud y abordar aspectos críticos acerca del futuro de sus jardines.[15]

La *Green Guerilla* participó activamente en las movilizaciones en contra de las políticas neoliberales llevadas a cabo por la administración del alcalde Rudy Giuliani en la ciudad de Nueva York entre 1999 y 2000, y de su agresivo y ambicioso plan para privatizar y subastar los terrenos en los que se habían creado multitud de jardines comunitarios. Una de sus más llamativas y radicales acciones para llevar la naturaleza, siquiera subrepticiamente, a los solares abandonados, eriales, parcelas sin edificar y *terraines vagues*, por usar la expresión francesa que puso en circulación el arquitecto y filósofo catalán Ignasi de Solà-Morales,[16] consistió en arrojar *seedbombs*, una suerte de granadas ecológicas construidas con materiales reciclados, que contenían en su interior semillas, además de compost y fertilizantes para facilitar su enraizamiento y germinación. Estos ingeniosos dispositivos, que se han ido perfeccionando con el tiempo, se venden actualmente por internet en ecotiendas virtuales. Así rezan las instrucciones para el uso y manejo de las llamadas bombas de semillas en una *website* del Reino Unido:

> Aúna fuerzas con la naturaleza y provoca un impacto visible arrojando bombas de semillas en tierras abandonadas, en espacios descuidados o incluso en los jardines de los vecinos, y mira cómo crecen.[17]

Tras esta breve declaración de principios e intenciones, solo resta pasar la página, salir al jardín y adentrarnos en nosotros mismos.

PRIMERA PARTE

DE LA ANTIGÜEDAD CLÁSICA AL MEDIEVO.
El jardín como utopía antes de Utopía

I
IDEAS DEL JARDÍN O JARDÍN DE LAS IDEAS.
PENSAR EL JARDÍN, AJARDINAR LA FILOSOFÍA

*S*e ha descrito el jardín como "fiesta de lo efímero" (M. Baridon), "remedo del paraíso", "naturaleza domesticada" (Saint-Simon), "soporte privilegiado de un animismo arcaico" (G. Clément), "tercera naturaleza" (J. Dixon), "lugar sagrado" (M. Eliade), "poema vegetal" (G. A. Tiberghien), "utopía alcanzable" y un sinfín de maneras más. Todas estas fórmulas son al mismo tiempo verdaderas y parciales; siempre insuficientes para explicar por qué desde el principio de la civilización los seres humanos han sentido el impulso o, mejor dicho, la necesidad de crear jardines. Pero no cabe duda de que, si todas las culturas se han servido con mayor o menor intensidad de este medio de expresión, es porque satisface ciertas carencias humanas básicas. Tratar de descubrir cuáles también forma parte de los objetivos de este ensayo.

Antes de nada, apuntemos que, por lo mismo que no hay una única idea de jardín, este no cumple una única y exclusiva función. Pero podríamos también empezar preguntándonos por qué debemos meditar sobre el jardín y si la filosofía tiene algo que decir en un campo que, de primeras, parece más propio de otras disciplinas. Este libro intenta no solo dar respuesta a esta cuestión, sino también analizar las contribuciones de la filosofía a la historia del jardín y viceversa, la importancia del jardín en la historia de las ideas.

Lo cierto es que la filosofía nunca se ha alejado mucho del jardín: el *Akademos* platónico y el Liceo aristotélico eran unos parques, por no mencionar *El jardín* de Epicuro, el *Gimnasio* de Cinosarges donde enseñó Antístenes o la escuela pitagórica. Consideremos este curioso hecho con la trascendencia que ciertamente tiene y concedamos al jardín el espacio que se merece en la reflexión filosófica. En la medida en que intenta modelar la naturaleza según un ideal, unos presupuestos ideológicos y una sensibilidad histórica, este es también y sobre todo una creación filosófica. Coincidimos plenamente con Rosario Assunto cuando escribe: "La relación del hombre con la naturaleza no es otra cosa que filosofía, una filosofía cuyo objeto de pensamiento es, podemos decir, el paisaje, y cuya exposición en términos no conceptuales, sino estéticamente objetualizantes, es el jardín".[1] No está de más llegados a este punto recordar que la voz "cultura" tiene la misma raíz que "cultivo".[2] De igual manera que labrar la tierra implica dar forma al entorno físico con el propósito de obtener unos frutos, la cultura transforma la realidad para dotarla de sentido.

Si, como sugiere Aristóteles, los hombres aspiran por naturaleza a la felicidad, parece lógico y razonable que busquemos un lugar donde hacer realidad ese íntimo anhelo de paz y dicha. Ese espacio idílico, edénico, a la par bello y saludable, eutópico, por usar la expresión de Assunto, no es otro que el jardín. "La definición ontológica del jardín –escribe–, no es sólo paradisíaca sino también vital".[3] Frente a una existencia frustrante, mezquina y desdichada, el jardín permite soñar con un mundo mejor. Tras el deleite que nos produce contemplar las plantas y las flores dispuestas con mano sabia, se encubre la felicidad ilusoria del orden y el sueño de hallarse a salvo de las usuras de la vida y los vaivenes del destino, sin preocupaciones ni inquietudes.

Por lo demás, es bien conocido el efecto positivo que la belleza del paisaje ejerce sobre la psique humana: estimula los sentidos, serena la mente y sana el corazón maltrecho. Coincide en esto con las aspiraciones de cierta filosofía práctica, lo cual quizá sugiere una, no por arcana menos estrecha, vinculación entre la creación de jardines y el ejercicio del pensamiento. Esta es, desde luego, la hipótesis del presente ensayo, que intenta desbrozar un sendero transitable a través de la maleza teórica y la espesura de supuestos explicativos.

Abordando el tema desde otro ángulo, un jardín es también una imagen del universo a escala humana, un cosmos en miniatura, limitado y manejable, una representación simbólica de la realidad. Como dice Michel Foucault, "el jardín es la parcela más pequeña del mundo y es por otro lado la totalidad del mundo. El jardín es, desde el fondo de la antigüedad, una especie de heterotopía feliz y universalizante".[4] Las heterotopías, por oposición a las utopías, son lugares fuera de todo lugar si bien físicamente localizables, que tienen el poder de yuxtaponer en un único sitio varios espacios en sí mismos incompatibles. Podemos citar como ejemplos ilustrativos de heterotopías el teatro, los cementerios, las bibliotecas, los museos, etc. Si una utopía es, literalmente hablando, un lugar en ningún lugar, la heterotopía reúne varios lugares en un solo lugar. De ahí que, a menudo, esté asociada a disrupciones en el flujo temporal. A diferencia de las utopías, lugares idílicos sin un emplazamiento real, las heterotopías se ubican en las coordenadas espacio-temporales, aun cuando remiten a otros lugares. En este sentido, se trata de emplazamientos contradictorios, heterogéneos. "La función monádica del arte [...] consiste en concentrar lo máximo en lo mínimo −escribe Alain Roger−. Este es el deseo tan a menudo manifestado por los artistas; el torrente del mundo en un 'ápice de materia' (Cézanne) o, en palabras de Joyce, *'all world in a nutshell'*".[5] John Dixon Hunt, por su parte, lo expresó así: "La ambición de un jardín es representar dentro su mundo, y es su capacidad de conseguirlo sobre lo que fundamos nuestro juicio crítico".[6]

27

Desde esta perspectiva, el jardín constituiría "la tercera naturaleza" *(terza naturaleza)*. Dixon retoma este concepto formulado en el siglo XVI por los humanistas italianos Jacopo Bonfadio y Bartolomeo Taegio[7] para definir al jardín por oposición a una primera naturaleza, que se identifica con el territorio en estado salvaje, intocado por la mano del hombre, puro y virginal (montañas, desiertos, océanos, etc.), y a una segunda naturaleza que corresponde al paisaje, al campo, la campiña, las tierras de labor, fruto de la intervención humana. De ahí también que, según él, "el jardín sea la forma más sofisticada del arte del paisaje",[8] dando a entender con esto que es una creación artificial, fruto del trabajo de una sociedad sobre su entorno. El paisaje no menos que el jardín es el resultado de la acción humana, de la modificación persistente de una naturaleza que va camino de desaparecer. El famoso paisajista Gilles Clément se hace eco de estas ideas en la guía de la exposición *Le jardin planètaire:* "Este planeta está enteramente antropizado, porque el hombre ha explorado casi toda la superficie de la tierra. El territorio del jardinero se ha agrandado hasta convertirse en todo el planeta".[9]

Creemos que Roger acierta al afirmar que "no hay belleza natural o, más exactamente, la naturaleza solo se hace bella a nuestros ojos por mediación del arte".[10] Con esto quiere decir que todo paisaje es el resultado de un proceso de "artealización", término que toma prestado de Michel de Montaigne[11] ("nature artialisée") y que le sirve para designar la prefiguración cultural de nuestra percepción de las bellezas naturales. Esa naturaleza cultural del paisaje se hace más patente si cabe en el jardín, donde la naturaleza se halla muy codificada, mediatizada por una concepción filosófica y una cosmovisión particular. Ya lo dijo el prestigioso paisajista uruguayo Leandro Silva: "El jardín debe ser y ha sido siempre una idea o intención, antes de ser realidad sensible".[12]

Antes de proseguir es preciso hacer una observación metodológica. Por sorprendente que pudiera parecer, el sentido estético del paisaje aparece mucho más tarde que la sensibilidad por el jardín. Hasta bien entrado el siglo XVIII, hemos permanecido insensibles, ciegos, a la supuestamente intrínseca belleza del mar, las montañas, los desiertos mientras que, por el contrario, los jardines han despertado desde siempre y en todas las épocas un intenso sentimiento de belleza. Ya sea por el natural temor a la naturaleza salvaje, o bien por las prevenciones y prejuicios religiosos, lo cierto es que las montañas, los océanos, los desiertos suscitaban fundamentalmente horror, desagrado, rechazo. El paisaje, como nos recuerda Roger,[13] es una invención de los habitantes de las ciudades, pues implica al mismo tiempo distanciamiento y cultura. En este mismo sentido se expresa el gran geógrafo humano Tuan:

> El paisaje tiene una extraña trascendencia para los seres humanos. La palabra en sí apela al corazón, como 'hogar', aunque con un matiz un poco más frío. Uno podría pensar que hay un modo común, incluso universal, de percibir y experimentar el paisaje, pero este no es el caso. Los niños no tienen paciencia con él, como bien saben los padres cuando paran el coche para admirar una panorámica. De todas las culturas del mundo, solo dos, la europea y la china, convirtieron el paisaje, por vías independientes, en un género artístico. De ahí que podamos concluir que, lejos de ser universal, es una forma de contemplación especializada.[14]

Lo interesante es que, como dice Tuan, los jardines no solo estimulan nuestras ansias de habitar un mundo mejor, sino también nuestras fantasías escapistas. Y esta nostalgia del paraíso que subyace incluso en el más humilde jardín encierra una nostalgia de los orígenes, y en este sentido es una nostalgia espiritual. Tenía razón Mircea Eliade cuando escribió: "la 'contemplación estética' de la naturaleza conserva aún, incluso para los letrados más sofisticados, cierto prestigio religioso".[15] A la luz de estas consideraciones, cabe preguntarse si bajo la conciencia de respeto a la naturaleza y la pujante moda de los jardines domésticos, no se ocultan actitudes religiosas camufladas o sustitutivas, que beben del atávico anhelo de habitar en un mundo mejor, de reintegrarse al estado edénico primordial, anterior a la caída, cuando aún no existía el pecado ni se había roto la alianza entre el hombre y la naturaleza.

Tal vez el jardín nunca haya dejado de ser un lugar sagrado, donde lo divino se nos revela con una fuerza irracional, inconsciente. Pese a la vulgarización y trivialización que ha sufrido esa utopía al alcance de todos los bolsillos, aún perdura en la afición a crear jardines privados algo de la trascendencia de la creación original. Bajo el ruido del motor del cortacésped late aún el sueño de un lugar de cautivadora calma y felicidad, donde las promesas de un mundo mejor todavía sean posibles y la realidad se pliegue al deseo.

La invención del paisaje occidental se debió a la desacralización y la naturalización de árboles, ríos, grutas, etc., promovida por la Ilustración, que transformó la manera de percibir el medio físico y, por consiguiente, el modo de sentirlo y apreciarlo. La valoración estética del paisaje va asociada a la aparición de una nueva sensibilidad hacia la naturaleza, que podríamos calificar de romántica, que desarrolla y cultiva la noción de "sublime". Con ese concepto se intenta expresar la ambivalente emoción que provocan las tierras vírgenes y los grandes espacios naturales no sometidos al hombre: un deslumbramiento no exento de horror. Si lo bello proporciona placer, lo sublime procura, en palabras de Edmund Burke, "una especie de horror delicioso, una especie de tranquilidad teñida de terror".[16] Aquí hay que recordar la canónica distinción entre lo bello y lo sublime que hace Kant:

> El aspecto de una cadena montañosa, cuyas cimas nevadas se elevan por encima de las nubes, la descripción de un huracán o la que hace Milton del reino infernal, nos produce un placer mezclado de espanto. Y la visión de los prados salpicados de flores, de los valles donde serpentean riachuelos, donde pacen rebaños, la descripción del Eliseo o la pintura que hace Homero de la cintura de Venus nos producen también sentimientos agradables, pero que son solo alegres y risueños. Para ser capaz de recibir con toda su fuerza la primera impresión, hay que poseer el *sentimiento de lo sublime*, y para degustar la segunda, el *sentimiento de lo bello*.[17]

Cuando nos enfrentamos a la abrumadora inmensidad de la naturaleza, nuestra excitada imaginación se muestra incapaz de abarcarla y la finitud de nuestro yo empírico permite que cobremos repentina conciencia de la supremacía de la razón para abarcar la infinitud. En otras palabras, la experiencia de lo sublime eleva y ennoblece el espíritu humano y fortalece nuestra dignidad en cuanto seres morales. Cabe preguntarse si esa nueva sensibilidad se trasladó al arte del jardín, y si los paisajes construidos artificialmente pueden también raptar al espectador y desencadenar en él emociones comparables a las de los grandiosos espacios naturales o los violentos fenómenos meteorológicos. Lo cierto es que las escenografías desplegadas en muchos jardines del siglo XVIII se orientan a provocar el estremecimiento, la exaltación y la elevación del ánimo del visitante.

La categoría estética de lo sublime se desarrolló, como veremos más adelante, en paralelo a la de lo pintoresco, entendido como algo agradable a la mirada y digno de ser pintado sin ser necesariamente bello. En la pintura paisajista, que servirá de inspiración al jardín inglés, lo sublime se entrelaza con lo pintoresco. Esta última experiencia estética se asocia, siguiendo a Burke, a otras cualidades como áspero, tosco, sinuoso, irregular, rugoso, etc., que se sitúan entre lo bello y lo sublime.

Aunque pocas cosas hay menos naturales que un jardín, es indudable que este satisface una necesidad arraigada en lo más profundo de la naturaleza humana: la de transmitir, comunicar, dejar constancia para la posteridad de ciertos pensamientos y sentimientos. La creación de un jardín es uno de los más sofisticados medios de expresión cultural. Como toda obra de arte, los jardines traducen la esencia de una época; si, por arte de magia, desapareciera toda la documentación histórica, la simple visión de los jardines de André Le Nôtre (Vaux-le-Vicomte, Versalles, Chantilly) sería suficiente para reconstruir la imagen de la sociedad absolutista francesa del siglo XVII, sus valores e ideales.

Pero mientras que en oriente los artífices de jardines eran filósofos, poetas y pintores, en occidente los arquitectos y, más recientemente, los paisajistas han adquirido un protagonismo casi exclusivo en su realización. No podemos estar más en desacuerdo con esa apropiación que, inevitablemente, consideramos indebida y bastante arbitraria. Hay algo paradójico, por no decir absurdo, en pensar que los jardines son arquitectura vegetal. Nada más lejos de la visión constructiva y estática que la realidad frágil, efímera y cambiante de un jardín. Creemos que la creación de un jardín tiene más que ver con una actividad artística, filosófica e incluso espiritual que con una labor técnica de diseño y construcción. La ordenación y modelación del espacio no representa más que una pequeña parte en la realización de un jardín. Un ejemplo de lo que podríamos llamar una concepción humanista del jardín la encontramos en Michael Laurie, quien escribió: "sus fundamentos apenas guardan relación con una profesión (la arquitectura), cuyos resultados suelen quedar obsoletos muy pronto, cuyo periodo de vida es más corto que lo que tarda un árbol en llegar a la madurez".[18]

Cuando decimos que una concepción arquitectónica del jardín es empobrecedora, no pretendo afirmar que la planificación o construcción sea innecesaria, todo lo contrario, sino que, como dijo el marqués René de Girardin,[19] hay que componer los jardines para interesar a la vez al ojo y al espíritu. El diálogo que todo jardín debe entablar con su entorno es poca cosa si se limita a las formas. Tan importante como lo visible es lo invisible.

No debemos olvidar que un jardín conspira para atraparnos, que es una estrategia cuidadosamente urdida para seducirnos e, incluso, llegar a hacernos olvidar la realidad. En definitiva, se trata de un engaño que busca nuestra aquiescencia. Y, si bien entrampa nuestros sentidos, su verdad únicamente se revela en lo más profundo de nuestro interior. Solo así un creador de mentiras puede ser honrado. Visto así, el jardín sería un marco privilegiado para restaurar la conexión con la tierra, un medio para aliviar la nostalgia de lo sagrado que aqueja a la Modernidad, y también un recurso para exorcizar el malestar de una cultura que a un tiempo desacraliza e idealiza la naturaleza.

No quisiéramos terminar esta introducción sin resaltar de nuevo la dimensión ética del jardín. Los valores implícitos en su creación y cuidado animan e inducen a otras formas de compromiso con la tierra y con la sociedad, lo que quizá explica el auge extraordinario que actualmente conoce el arte del jardín. Más adelante nos detendremos a analizar las causas del renovado interés por la jardinería en nuestra época, pero por ahora nos limitaremos a señalar que no se trata de "moralizar la naturaleza" sino de religar al ser humano con el entorno. Frente al nihilismo hedonista posmoderno y su retórica grandilocuente y malsana del fin, el jardín permite recuperar la dicha elemental de la creación y la fuerza vivificante de la belleza natural sin la mediación ensordecedora de conceptos y teorías. Frente a la pérdida de referentes y seguridades brinda una conexión esencial con el entorno. Frente a la desorientación y el farragoso e hinchado discurso culturalista, el jardín trasmite la tranquilidad que emana de la armonía y la sabiduría conquistada por la experiencia. Frente al uniformismo y el conformismo de la sociedad contemporánea invita a la felicidad del ocio creativo y a la religión de la salud. Podríamos citar aquí, para cerrar esta introducción y resumir nuestra postura, un proverbio persa: "Quien construye un jardín se convierte en un aliado de la luz, ningún jardín ha surgido jamás de las tinieblas".

II

ETIMOLOGÍAS Y METÁFORAS.
LOS ORÍGENES DE UN SÍMBOLO

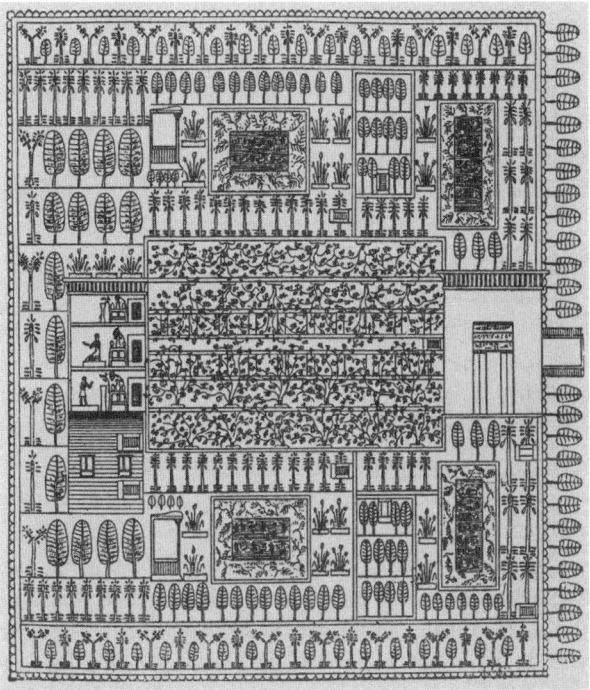

*P*odemos rastrear la etimología de *jardín* hasta sus orígenes indoeuropeos. La raíz *ghorto*, común a todas las lenguas de este grupo, significa "cerramiento", "cerca". La palabra española "jardín" entra en la lengua, según Corominas, hacia finales del siglo XV, y proviene directamente de la voz francesa *jardin*, diminutivo del antiguo *jart*, "huerto", derivado a su vez del fráncico *gard*, "seto", "cercado". En antiguo alemán se decía *gart*, "círculo", "corro", y en inglés *yard*, "patio". La variante normando-picarda de esta última palabra, *gardin*, es de la que procede la actual voz inglesa *garden* y la alemana *garten*.

Si por jardín entendemos un espacio acotado que ha sido trabajado por la mano del hombre, sus orígenes se remontan a Mesopotamia. Muy pronto en el país del Nilo se empezaron a utilizar diferentes términos para designar los distintos tipos de jardines. Gracias a las fuentes literarias, las pinturas y los bajorrelieves podemos formarnos una idea bastante precisa de su diseño y organización. El primer jardín conocido, o el más antiguo del que tenemos noticias, data aproximadamente del año 1400 a. de C. y figura en un grabado hallado en la tumba de un alto funcionario del faraón Amenofis III en la ciudad de Tebas. Se trata de un recinto cuadrado, rodeado por un muro alto, donde se aprecian cuatro estanques, dos pabellones y una red de caminos rectilíneos bordeados por árboles. La casa está en el lado opuesto a la entrada, y entre una y otra hay una pérgola donde se emparran vides.

Para nombrar el jardín, los griegos utilizaron la voz *parádeisos*, de origen iranio, lo que no tiene nada de extraño, pues los paraísos de los reyes y nobles persas gozaron de enorme prestigio entre los griegos antiguos, quienes también conocieron y alabaron los jardines egipcios y babilónicos. Fue precisamente Jenofonte quien introdujo el término persa *parádeisoi* para referirse a esos "lugares llenos de todas las cosas bellas y buenas que ofrecía la tierra".[1] En antiguo persa, *paridaeza* significaba "muro circundante", de *pairis*, "alrededor" y *daeza*, "arcilla", "adobe". El mismo origen tiene la voz armenia *pardes*, "jardín cerrado". En cuanto al antiguo hebreo, adoptó el término *paridaeza* bajo la forma *pardés*. El término español paraíso evolucionó a partir de la voz latina *paradisus*, que procedía del griego *parádeisos*.

Por lo que se refiere a nuestra palabra "huerto", procede del latín *hortus* y esta, a su vez, de la voz griega *chortos*, que significa recinto cercado. Ahora bien, con la palabra "hortus" los romanos designaban el terreno dedicado al cultivo de las frutas y hortalizas destinadas al consumo diario, mientras que con el plural de la misma palabra se aludía al jardín de recreo y ocio.

Este breve recorrido etimológico pone de manifiesto un hecho fundamental: no hay jardín sin bordes. Desde sus más remotos orígenes, el jardín se ha entendido como un espacio vallado, delimitado, separado de la naturaleza silvestre, poco importa si por muros de piedra, cercas de ramas, estacas, empalizadas o marcas simbólicas.

Durante los miles de años que lleva hollando el planeta Tierra, el hombre ha vivido mayoritariamente como un cazador-recolector nómada, en pequeñas bandas con una economía de subsistencia basada en el trueque, y en un equilibrio ecológico con el entorno tal que no había lugar a la creación de jardines. Hablar del jardín paleolítico como hace Nicolás Mª Rubió y Tudurí nos parece exagerado, ya que carecemos de pruebas concluyentes sobre la existencia de algo que pueda recibir ese nombre antes de la civilización urbana. La hipótesis de posibles cultivos en recipientes transportables de madera, cuerda u otros materiales no está suficientemente documentada. El hecho es que, por tomar prestada una expresión del agrado de Rubió y Tudurí, "los balbuceos paleolíticos de jardinería activa" son una mera especulación, tan sugerente como infundada.[2]

Hace unos 5 500 años surgieron en los valles del Éufrates y del Tigris las primeras ciudades de las que tenemos noticias, unas trece, entre ellas Ur y Uruk, conocidas colectivamente con el nombre de Sumer. Con ellas dio inicio una nueva forma de organización social y política. Durante los aproximadamente ocho mil años anteriores se había ido produciendo la gradual domesticación de animales y plantas, el asentamiento en poblados más o menos permanentes de los cazadores-recolectores y el desarrollo tecnológico que permitiría el control de los recursos hídricos y de otras formas intensivas de irrigación. Paralelamente al proceso de sedentarización va surgiendo el estado y, en consecuencia, aparece una burocracia administrativa estable y una casta sacerdotal profesional, que sustituirán a las antiguas estructuras sociales basadas en el parentesco. Al mismo tiempo, se inventa la escritura, primero pictográfica y más tarde cuneiforme, y, cómo no, se crean los primeros jardines. Este proceso tuvo lugar de forma independiente en seis diferentes zonas del planeta: Mesopotamia, el valle del Nilo, el valle del Indo, el valle del río Amarillo, en el área andina del Perú y en Mesoamérica (civilización olmeca) con una diferencia de cientos y a veces de miles de años. Por más que tuvieran orígenes independientes, los seis estados arcaicos o prístinos resolvieron el problema de la adaptación al medio con unas estrategias relativamente parecidas, que condujeron a estructuras sociopolíticas similares.

Se han formulado múltiples teorías para tratar de explicar este proceso de centralización política que desembocaría en la aparición del estado o, mejor dicho, de las primeras ciudades-estado: el conflicto interno derivado de la creación de excedentes; la aparición de la propiedad privada y la lucha de clases; el conflicto externo a raíz de la escasez de tierras productivas; la guerra y la conquista; el control de las inundaciones y la irrigación necesarias para desarrollar una agricultura intensiva capaz de alimentar poblaciones crecientes; la presión demográfica sobre los recursos como desencadenante de formas más complejas de organización; la caída de la productividad de la tierra y el agotamiento de los recursos; la institucionalización del liderazgo como garante de la paz y el bienestar social; o todos estos elementos interactuando conjuntamente en un proceso de autodesarrollo.

Con independencia del crédito que concedamos a unas teorías u otras, las evidencias arqueológicas e históricas ponen de manifiesto que el origen de los jardines se mezcla con el de la agricultura. Es igualmente cierto que, en un principio y durante muchos siglos, no existió una clara distinción entre el huerto y el jardín. Vegetales comestibles y ornamentales se cultivaron juntos hasta hace relativamente poco tiempo. La expresión francesa *jardin potager*, "huerto", ilustra esta estrecha relación, que ha perdurado hasta nuestros días. El huerto, en verdad, puede ofrecer una imagen tan artística y encerrar tanta belleza en su organización y cuidado como el más delicado jardín, o incluso constituir una parte del mismo.[3]

Se requiere un cierto distanciamiento de la naturaleza salvaje para que la idea del jardín aflore en la mente humana. Parece lógico suponer que primero se vallaron pedazos de naturaleza privilegiada y solo más tarde se empezaron a diseñar jardines. Esto únicamente fue posible cuando el conocimiento de las plantas, el dominio de las técnicas de siembra y los sistemas de irrigación por acequias o inmersión desarrollados con la agricultura se aplicaron a una función diferente que mejorar e incrementar la productividad, es decir, a la creación de espacios destinados al esparcimiento, al culto y a la reflexión. La progresiva humanización del paisaje, sometido a la geometrización para favorecer el rendimiento de las tierras de labor, también contribuyó a la aparición del jardín. De ese modo, la necesidad de trazar y medir el terreno de siembra, la planificación de los canales de riego, la organización de los cultivos y la alineación de los árboles, que habían surgido de forma natural y espontánea, crearon los elementos estéticos y la gramática necesaria para el nacimiento de la jardinería.

Por lo que sabemos, los jardines egipcios ya presentaban una acusada regularidad. Las plantaciones aparecen distribuidas en ellos con agronómica uniformidad. El trazado de los canales de riego y de las avenidas era rectilíneo. Los árboles se disponían en hileras y los estanques mantenían una forma rectangular. Y, en general, el conjunto guardaba una armonía basada en las reglas de la repetición y la simetría. Heródoto atribuye el origen de la geometría en Egipto a la necesidad periódica de recuperar las lindes de los campos tras cada crecida del Nilo.[4]

Esta tendencia a la geometrización tuvo su continuación en los célebres jardines colgantes de Babilonia (entre los años 604 y 562 a. de C.), una de las siete maravillas del mundo antiguo, cuya creación se atribuye en ocasiones a Semíramis y en otros casos a Ciro. Podemos leer en Estrabón[5] una minuciosa descripción de ellos, donde se señala su predilección por la regularidad, solo que en este caso hacia arriba, en vertical. Son varios los autores clásicos que dejaron testimonio de la admiración que les causaron estos jardines colgantes o pensiles, empezando por Filón de Bizancio y siguiendo por Diodoro Siculo de Sicilia, quien en su *Biblioteca Histórica* describe con mucho detalle su estructura y funcionamiento, lo que ha ayudado a realizar reconstrucciones hipotéticas. También han hablado de ellos viajeros antiguos como Quinto Curcio Rufo, que en su *Historia de Alejandro Magno* los menciona como si se mantuvieran intactos, cosa que sabemos era falsa; o el historiador latino Flavio Josefo, que atribuye su realización a Nabucodonosor.

Estos jardines, que se levantaban sobre dos hileras de siete cámaras abovedadas, alcanzaban aproximadamente una altura de veintitrés metros. Las terrazas se construyeron con ladrillo cocido, se impermeabilizaron con betún natural y plomo, y se rellenaron de un espesor de tierra suficiente para que pudieran crecer árboles. Estos bancales dependían de una sofisticada técnica de irrigación. Desde pozos excavados bajo las bóvedas, que se hundían hasta las capas de infiltración del Éufrates, se elevaba el agua por el interior de las columnas huecas mediante cadenas de cangilones movidas por animales o esclavos. Y, una vez arriba, se canalizaba para regar.

Si hemos de creer la leyenda, fueron construidos por un rey asirio como regalo a su concubina persa. Llevada por la añoranza de los prados y montañas de su país, rogó a su señor que aliviara su pena recreando artificialmente el paisaje de su tierra natal. Por más que gocen de la fama de ser una creación excepcional y única, ciertas evidencias arqueológicas y algunos bajorrelieves asirios llevan a creer que los renombrados jardines colgantes o pensiles de Babilonia se inscriben en una larga tradición constructiva. Al parecer, se acostumbraba a rellenar las cubiertas de las casas con tierra vegetal, lo que permitía plantar desde árboles hasta matojos. Supuestamente, se iban superponiendo terrazas cultivadas a diferentes alturas que, además de proteger la techumbre de las viviendas, cumplían funciones de aislamiento térmico. El imperio babilónico, que gobernó el país de Sumer desde el cuarto milenio antes de nuestra era, fue derrotado por los persas, que incorporaron y perpetuaron sus técnicas de riego y sistemas de plantación hasta los tiempos de la dinastía sasánida. La civilización árabe se hizo depositaria de la herencia del jardín mesopotámico-persa y la trasmitió a la posteridad.

Sabemos, pues, que el jardín hizo su aparición en el Creciente Fértil de las tierras de aluvión de los grandes ríos "creadores" (Tigris, Éufrates, Nilo). El modelo de los primeros jardines sería la vasta alfombra verde que se extendía por sus riberas, donde los cultivos de cebada y trigo silvestre empezaban a organizarse según los principios de la ciencia agrícola. En un sentido amplio puede decirse que los primeros jardines supusieron una idealización de ese paisaje, y un intento de controlar el poder generador de las aguas milagrosas para hacer brotar un exuberante vergel de las áridas tierras del desierto. Un prodigio cotidiano, por tanto, acabó inspirando a los primeros constructores de jardines. Como declaró Lucien Corpechot en su célebre obra *Les jardins de l'intelligence* hace más de un siglo: "Los paraísos de las riberas del Éufrates, los parques de Siria y la India; parajes encantados que exaltan magníficamente el corazón de poetas, no pasaban de ser bellos trozos de aquella naturaleza afortunada presos entre muros o empalizadas".[6] Dos mil años antes de nuestra era, los monarcas del valle del Éufrates plantaban en los patios de sus palacios flores, tamarindos y palmeras, disfrutaban de estanques y pabellones de reposo, rodeaban sus templos de vergeles, adornaban sus parques de caza con cipreses, cedros, almendros, ébanos y otros árboles traídos de lugares lejanos, y excavaban canales para regarlos. No parece exagerado afirmar que la creación de cotos reales en tiempos de Asurnasirpal, Sargón II y Senaquerib, durante la dominación asiria, supuso la primera intervención paisajista en el territorio o, para decirlo más gráficamente, el primer paisaje manufacturado.

III

LOS JARDINES DE LOS FILÓSOFOS
(GRECIA)

*S*abemos que los griegos de los primeros tiempos desconocían los jardines de recreo y cultivaron exclusivamente huertos en las proximidades de las viviendas. Eso no quita para que en su mitología se haga referencia a más de un jardín, entre los que merece una mención especial el de las Hespérides, famoso por sus manzanas de oro custodiadas por un dragón de cien cabezas, al que dará muerte el infatigable Heracles (Hércules para los romanos) en una de sus más célebres gestas. En la *Odisea* aparecen asimismo descritos otros tres jardines de muy distinto tipo: el de la ninfa Calipso, el de Alcínoo, rey de los feacios y, por último, el de Laertes, padre de Ulises, en Ítaca.

Al principio de su largo periplo por el mediterráneo, Ulises recala en el jardín de la ninfa "de las bellas trenzas", Calipso, que gobierna la paradisíaca isla de Ortigia. Tras compartir su vida con ella durante siete años, el héroe pide a los dioses, llevado por la añoranza de Penélope, que le permitan reemprender la vuelta a Ítaca. Estos escuchan sus ruegos y trasmiten a través de su famoso mensajero, Hermes, la orden a la ninfa de que deje en libertad a su amado náufrago. Al describir la escena, Homero recrea así el aspecto entre edénico y sagrado de la gruta donde mora Calipso:

> Rodeando la gruta, había crecido una verde selva de chopos, álamos y cipreses olorosos donde anidaban aves de luengas alas [...] Allí mismo, junto a la honda cueva, extendíase una viña floreciente, cargada de uvas; y cuatro fuentes manaban, muy cerca la una de la otra [...] dejando correr en varias direcciones sus aguas cristalinas. Veíanse en contorno verdes y amenos prados de violetas y apio.[1]

Al cabo de un tiempo de peregrinar por el mar, Ulises da con sus huesos en la isla de Esqueria, donde conocerá el cautivador jardín de Alcínoo, rey de los feacios y nieto de Poseidón:

> En el exterior del patio, junto a las puertas, hay un gran jardín de cuatro yugadas y alrededor del mismo se extiende un seto [...] Allí han crecido grandes y florecientes árboles: perales, granados, manzanos de espléndidas pomas, dulces higueras y verdes olivos. Los frutos de estos árboles no se pierden ni faltan, ni en invierno ni en verano: son perennes; y el Céfiro, soplando constantemente, a un tiempo mismo produce unos y madura otros. La pera envejece sobre la pera y la manzana sobre la manzana, la uva sobre la uva y el higo sobre el higo. Allí han plantado una viña muy fructífera y parte de sus uvas se secan al sol en un lugar abrigado y llano, a otras las vendimian, a otras las pisan [...] En

el fondo del huerto [...] crecían [...] legumbres de todas clases, siempre lozanas. Hay en él dos fuentes: una corre por todo el huerto; la otra va hacia la excelsa morada y sale debajo del umbral, adonde acuden a por agua los ciudadanos.[2]

Como vemos, su estructura y aspecto corresponden al de una plantación rústica idealizada. Tanto es así que los frutos se producen de forma ininterrumpida, estación tras estación. De hecho, su proverbial fertilidad se convertirá en un tópico y una referencia común entre los autores latinos. El reino de los feacios puede considerarse, según Jesús Lens y Javier Campos, "la primera utopía de nuestra tradición literaria y cultural",[3] en la que se mirarán las futuras sociedades ideales. Así y todo, muchos entendidos consideran que los jardines no adquirieron entre los griegos la importancia de un arte verdadero y completo, sobre todo si los comparamos con los romanos.[4] Esto se explica en parte por su cultura democrática, que daba más importancia a los espacios públicos que a las residencias privadas, y en parte por su preferencia por una estética naturalista. El mundo griego concibe la naturaleza como una manifestación divina. De ahí que se prescinda de la naturaleza domesticada y el jardín se identifique con un bosque sagrado dedicado a los dioses y custodiado por el *genius loci* o espíritu del lugar. A diferencia de lo ocurrido en otras disciplinas, en este terreno Grecia no parece haber legado a la posteridad ninguna aportación reseñable, ni ha dado testimonio de su originalidad y creatividad. Eso no significa, ni mucho menos, que a los griegos no les agradasen los jardines. De hecho, acostumbraban a adornar templos, sepulcros, palestras y gimnasios con grupos de árboles dispuestos con rústica sencillez y, en ocasiones, también con arriates de flores. Los estanques y las fuentes también eran de su agrado. Conviene no confundir su simplicidad y falta de pretensiones con desinterés. Puede que, desde la perspectiva de la historia de la jardinería, los griegos adolezcan de un naturalismo poco innovador, pero, desde la perspectiva de la filosofía, los jardines desempeñaron un papel crucial en su vida cultural. Puede proporcionar una idea de la importancia de los jardines públicos, o tal vez sería mejor llamarlos parques, el hecho de que las grandes escuelas filosóficas, que son la marca distintiva de su herencia civilizadora, se desarrollaran en ellos.

Tras su vuelta a Atenas, después de su primer y accidentado viaje a Italia y Sicilia, Platón fundó su escuela, tomando como modelo probablemente las comunidades filosóficas de los pitagóricos que había conocido allí, en una propiedad situada fuera de las murallas de la ciudad, a unos cuatro kilómetros al noroeste de la Acrópolis y cercana a un templo dedicado al héroe Academos, que, años antes, Cimón había convertido en una frondosa arboleda con grandes avenidas jalonadas de olmos, álamos y plátanos, y pistas destinadas a la carrera y los ejercicios gimnásticos, "una suerte de parque suburbano", lo llamó el historiador Richard Ernest Wycherley.[5] Plutarco nos informa sobre el particular:

> La venta del botín (persa) proporcionó al pueblo un suplemento de recursos para diversas empresas [...] Cimón fue el primero que embelleció Atenas con estos nobles y elegantes lugares de reunión que conocieron un poco más tarde una fama extraordinaria: hizo plantar plátanos en el Ágora y transformó la Academia, hasta entonces seca y sin agua, en un bosque bien regado, donde instaló pistas cuidadosamente allanadas para los paseantes.[6]

Platón empezó enseñando en los paseos sombreados de las inmediaciones del gimnasio y, pronto, se instaló en un jardín propio con pórticos y senderos arbolados. Cuando dejó este mundo, su más destacado discípulo, Aristóteles, en vez de asumir la dirección, se despidió de la Academia y emprendió un periplo que le llevaría durante los siguientes doce años a Assos (Jonia), Mitelene (Lesbos), Macedonia y a su pueblo natal, Estagira. Ya con cincuenta años cumplidos decide volver a Atenas aprovechando que, tras el asesinato del rey Filipo, su hijo y antiguo discípulo Alejandro asume el poder y, a poco más de un kilómetro al noreste de la Acrópolis, abre su propia escuela, el Liceo, llamada así por hallarse junto a un gimnasio dedicado a Apolo Licio. Esta será conocida popularmente con el nombre de El Peripato (de *peripatos*, paseo). De ahí también que se designe a sus discípulos como los *peripatéticos*, porque gustaban de filosofar caminado. Después de la desaparición de Alejandro Magno, la agitación antimacedónica que se desata en Atenas lleva al estagirita a buscar refugio en Calcis, la isla de Eubea, de donde era originaria su madre. Allí le sorprenderá muy pronto la muerte mientras Teofrasto, el gran botánico y naturalista, le sucederá en la dirección del Liceo, donde creó el primer jardín botánico del que se tiene noticia. Pocos años después, hacia el 306 a. de C., Epicuro se traslada de Samos a Atenas, donde funda su propia escuela en un lugar llamado "El Jardín", situado junto a la entrada principal de la ciudad, la puerta de Dipylon, anteriormente conocida como puerta Triacia. Este será el primer jardín de recreo privado de la ciudad. Leemos en Plinio: "Fue Epicuro, maestro en el ocio, el primero que en Atenas instituyó este uso; hasta él, no entraba en las costumbres vivir en el campo dentro de la ciudad".[7]

El ideal de convivencia con la naturaleza inspiraba las enseñanzas del maestro de Samos, para quien el sabio amaba el campo. En tanto que los epicúreos se convertían en los filósofos del jardín, se reforzaba la asociación de este con un lugar de deleite y espacio para recrear los sentidos y cultivar la amistad. En esta línea van las reflexiones de Carlos García Gual en su ensayo sobre Epicuro:

> A diferencia de la Academia y el Liceo, el Jardín no pretendía ser una escuela de educación superior donde, junto con una formación moral dogmática, se estimulaba la educación para destacar en el gran mundo, la orientación política y la investigación científica. Era ante todo un retiro para la vida en común y la meditación amistosa de unas personas dedicadas a filosofar, un tanto desengañadas respecto a la repercusión mundana de las enseñanzas de la auténtica filosofía. El jardín era una escuela donde se buscaba, ante todo, una felicidad cotidiana y serena mediante la convivencia según ciertas normas y la reflexión según ciertos principios.[8]

La advertencia que figuraba en el pórtico de la Academia platónica: "No entre aquí quien no sepa geometría" contrasta con su réplica en la inscripción que, si hemos de creer a Cicerón, figuraba en el Jardín:

"Huésped, aquí estarás bien, aquí el bien supremo es el placer".[9] Recordemos que, para Epicuro, el placer es la única vía para alcanzar la autosuficiencia y el equilibrio (la ataraxia) que deben presidir una vida serena, objetivo último del saber práctico. De nuevo volvemos a tropezarnos aquí con uno de los principios paradigmáticos de la cultura griega: la búsqueda de la armonía, que se experimenta como gozo. El equilibrio constituye, por encima de cualquier otra meta, el bien más preciado. O, para decirlo más claramente, se persigue el placer para encontrar la serenidad.

No solo la perfección moral sino también la estética deriva de la justa proporción. Podría decirse que esa es la esencia del arte griego. Un buen ejemplo son sus templos, cuya simplicidad estructural y unión precisa de las partes en un todo equilibrado materializa esta búsqueda de la perfección a la vez intuitiva y racional, que emana tanto de la armonía del conjunto como de su integración en el entorno. A la serenidad que proporciona la geometría, se añade la seguridad que inspira el equilibrio, la medida exacta. Geoffrey y Susan Jellicoe lo expresan así: "Los griegos adoptaron una caja corriente [la estructura rectangular del templo] y, recurriendo a un sistema de proporciones geométricas abstractas, la elevaron casi místicamente hasta las alturas de lo sublime, llegando a esa perfección a través de las matemáticas, el ideal que propugnaba Platón".[10]

Curiosamente, esa búsqueda de la claridad formal y del orden universal contrasta vivamente con un paisaje tan variopinto y pintoresco como el de Grecia, donde abundan las islas, las montañas, los roquedales y las colinas, y donde cada río, arboleda o risco tenía su propio *genius loci.*[11] Tal vez sea esta su aportación más perdurable en el terreno paisajístico. La idea de un espíritu del lugar daba forma a una intuición genial que marcará el desarrollo de la civilización occidental: tras el aparente desorden natural reina, en realidad, un orden universal. Cómo no pensar aquí en lo que dijo Heráclito de Éfeso: "Aunque el *Logos* es común, la mayoría vive como si poseyese su propia inteligencia". A esa aparente paradoja alude igualmente otro de sus más famosos fragmentos: "Lo contrario llega a concordar, y de las discordias surge la más hermosa armonía".[12] Volviendo al tema que nos ocupa, la inopinada conexión existente entre la más noble y abstracta de las ciencias, la filosofía matemática, y un arte menor como la jardinería se puede expresar en una sola palabra: armonía. Esa idea se respira en todos los jardines dignos de merecer ese nombre. Si nos remontamos al origen de ese concepto casi inevitablemente se nos viene a la mente Pitágoras, cuya filosofía anima a la búsqueda de la justa proporción, la medida exacta y la armonía como camino hacia la perfección moral e intelectual. El hallazgo pitagórico de una conexión entre matemáticas y melodía estableció también un íntimo vínculo entre la emoción estética y la proporción numérica o, en otras palabras, entre la belleza y la verdad.

Como sugirió Ernst Bloch, desde que se formulara la tesis pitagórica de que "los números son 'el principio', la esencia de todas las cosas", no hemos dejado de aplicar categorías estéticas a relaciones matemáticas y relaciones matemáticas a la teoría estética de las figuras.[13] Y como por otra parte nuestro sentido estético deriva de la naturaleza y la creación emula los procesos naturales, parece razonable pensar que la belleza de los jardines emana justamente de su geometría interna, oculta o manifiesta. El jardín es el placer que siente la mente humana cuando cuenta sin ser consciente de contar. De igual modo que, según Pitágoras, no oímos la música de las esferas celestes por estar acostumbrados a su sonido desde el nacimiento, no percibimos la geometría que se oculta tras la belleza de las formas ni la matemática enmascarada tras la armonía vegetal. Por lo mismo que se ha llamado a la arquitectura "música congelada", podríamos calificar al jardín de "música fluida". Lo que deseamos destacar es que, desde Pitágoras, la sabiduría consiste, en buena medida, en aprehender la armonía intrínseca a cualquier creación humana.

Esta capacidad suya para conciliar mística y matemáticas tendrá, como es sabido, una honda repercusión en el pensamiento platónico y, a través de él, en la tradición filosófica posterior. Señalaremos solo, a riesgo de simplificar lo que no es simple, que junto a la socialización del espacio en la concepción del parque público y la filosofía de fusión con la naturaleza antes mencionada, la mayor aportación de los griegos al arte del jardín y la cultura del paisaje consistió, paradójicamente, en el impulso que dieron al estudio de la geometría. Esta permitirá ordenar y matematizar el espacio, lo que, como veremos, desempeñó un papel fundamental en la historia del jardín.

A pesar de no descollar como jardineros, los griegos fueron notables naturalistas y botánicos. Piénsese en Teofrasto, que escribió una *Historia de las plantas* en diez volúmenes, o en el renombrado Dioscórides, que analizó las propiedades medicinales de más de cuatrocientos vegetales en su *De materia médica*. Y tampoco debemos olvidar a los sofistas que a su vez redactaron trabajos sobre el tema del jardín, que desgraciadamente no han llegado a nosotros. Incluso había un término para designar esa modalidad de tratado: *Kepúrnica*, que formaba parte de la *Geórgica* o arte de la agricultura.

Otra aportación de Grecia, no suficientemente valorada, a la jardinería y el paisajismo es la concepción del jardín como un parque público, destinado a satisfacer las necesidades higiénicas, recreativas y educativas de los ciudadanos, anticipándose de este modo, en más de dos mil años, a los proyectos decimonónicos de parques urbanos en Francia, Inglaterra y Estados Unidos. Hasta entonces, como parte integrante de las residencias reales o señoriales, los espacios verdes habían sido de uso exclusivo de una élite o casta social. Sin embargo, hay que imaginar los jardines de la Academia o el Liceo como parques arbolados, adaptados a la topografía del lugar y con una vegetación natural, donde se sostenían debates públicos filosóficos y políticos, se practicaban deportes o se paseaba. Como ya hemos dicho, esta socialización del espacio es la consecuencia lógica de anteponer las necesidades sociales a los intereses privados. A diferencia de los jardines cerrados entre muros, para uso y disfrute de unos pocos, estos parques griegos diluyen sus límites en la naturaleza y acogen a todo el que quiera visitarlos. Como expresión y producto de una época, manifiestan el ideal de acercamiento y convivencia con la naturaleza que preside la cultura griega, y revelan una concepción de la sociedad igualitaria entre los ciudadanos. A la visión del hombre como animal político –que vive en la *polis*–, se añade la del hombre sabio que gusta del campo. Pausanias, ilustre viajero e historiador del siglo II de nuestra era, nos ha dejado una descripción detallada del aspecto que presentaba la Academia platónica quinientos años después de su época de esplendor:

Delante de la entrada de la Academia hay un altar de Eros con una inscripción que dice que el primer ateniense que le hizo ofrendas fue Carmo [...] Hay en la Academia un altar a Prometeo, desde el cual salen corriendo hacia la ciudad con antorchas encendidas y el certamen consiste en conservar la tea encendida durante la carrera [...] Hay un altar de las Musas y otro de Hermenes; dentro, otro de Atenea y otro que hicieron a Heracles. También hay un olivo que dicen que fue creado el segundo.

No lejos de la Academia está la tumba de Platón, del que dios anunció que había de ser excelente entre los filósofos. Y lo anunció así: la noche anterior a la aceptación de Platón como discípulo le pareció a Sócrates ver en sueños un cisne que se había refugiado volando en su regazo.[14]

Un hecho no suficientemente señalado es que, en sus orígenes, la enseñanza de la filosofía fue una actividad practicada al aire libre que se beneficiaba de la atmósfera campestre, casi bucólica, de los jardines arbolados. Conviene no olvidar, por tanto, que la filosofía nació a la sombra bienhechora de los grandes plátanos y a la orilla de cantarines arroyos que serpenteaban por los prados, donde se levantaban santuarios y templos. Antes de encerrarse entre las cuatro paredes de los edificios escolares, las ideas de los filósofos se escuchaban entremezcladas con los trinos de los pájaros, la letanía de las cigarras y el murmullo de las hojas sacudidas por la brisa. Es innegable que los comentarios de Platón, Aristóteles y demás no debían sonar igual, y quizá tampoco con tanta solemnidad, en medio de la naturaleza, bajo el cielo abierto. Recordemos las palabras de Sócrates en el *Fedro:*

¡Por Hera! Hermoso rincón con este plátano tan frondoso y elevado. Y no puede ser más agradable la altura y la sombra de este sauzgatillo, que, como además está en plena flor, seguro que es de él este perfume que inunda el ambiente. Bajo el plátano mana también una fuente deliciosa, de fresquísima agua, como me lo están atestiguando los pies. Y si es esto lo que buscas no puede ser más suave y amable la brisa de este lugar. Sabe a verano, además, este sonoro coro de cigarras. Con todo, lo más delicioso es este césped que, en suave pendiente, parece destinado a ofrecer una almohada a la cabeza placenteramente reclinada. ¡En qué buen guía de forasteros te has convertido, querido Fedro![15]

En aquel espacio de ocio creativo, los filósofos debían de pasar largas horas debatiendo a la intemperie, intentando desentrañar el fondo inasible del Ser mientras sus miradas vagaban por los bosquecillos de pinos y nudosas sabinas, y por encima de sus cabezas desfilaban las nubes arrastradas por el viento. Así lo avalan las indicaciones, casi escénicas, de los diálogos platónicos sobre el marco espacial en que discurre la acción, y que nos ayudan a formarnos una idea bastante precisa del entorno en el que se desarrolló el pensamiento griego.

Como veremos a continuación, esta imagen del jardín como un lugar destinado a la recreación del espíritu, a la reflexión y a la sabiduría, lejos del tráfago urbano, será retomada en el Renacimiento. Cuando Lorenzo de Médicis gobierne Florencia durante la segunda mitad del siglo XV, emplaza la sede de la Academia neoplatónica en los jardines de Careggi y Poggio en Caiano, donde, según se cuenta, Marsilio Ficino enciende una lámpara al lado de un busto de Platón en un gesto de refundación de la antigua escuela filosófica. Y casi simultáneamente, resurgirá, inspirado en Virgilio y Horacio, el ideal clásico de llevar una vida acorde con la naturaleza. El jardín como escenario privilegiado de la filosofía y vivero de pensamientos audaces perdurará, por tanto, en el imaginario colectivo y se convertirá en un *topos,* en que se desarrollarán muchos diálogos filosóficos posteriores.

EL JARDÍN LATINO O LA POÉTICA DEL ESPACIO
(ROMA)

*L*os romanos anteriores al siglo I a. C parecen haber ignorado el jardín de recreo y únicamente interesarse en los huertos, ubicados en las traseras de la casa familiar, del *domus*, donde se cultivaban hortalizas, legumbres y otros frutos comestibles de consumo diario, aparte de hierbas medicinales y alguna que otra flor para adornar los altares o las tumbas en las celebraciones religiosas. La voz latina *hortus* procede del griego *khórtos* y significa "recinto", "cercado". Con ella se designaba el terreno propio de cada familia, de unas dos yugadas de extensión y que, originariamente, correspondía a los ciudadanos que gozaban del derecho de propiedad. Este primitivo jardín-despensa *(heredium)*, confiado al cuidado de la madre de la familia, quedaba bajo la protección de los Lares, los dioses tutelares guardianes del hogar. A su culto se añade el de las figuras de Príapo y Flora, divinidades a través de las que se celebra la fecundidad de la tierra. A medida que el imperio se extendía hacia el Mediterráneo oriental, ocupando los territorios donde las antiguas civilizaciones mesopotámica, egipcia, persa y griega habían desarrollado una rica cultura del jardín, los invasores iban siendo cautivados por el refinamiento, la exquisitez y el esplendor de la cultura de los cautivos, que consideraban superior. Baridon ha expresado con elocuencia cómo el sueño oriental espoleó la imaginación romana: "Los generales, que volvían cargados con el botín de oriente, tenían [...] en su cabeza visiones de paraísos y en su bolsillo lo necesario para darles forma".[1]

Hacia mediados del siglo I a. de C., en la época de la dictadura de Sila, las riquezas provenientes de oriente alentaron el refinamiento de la sensibilidad, la apetencia del lujo, el artificio y la opulencia entre los agraciados de la fortuna, que empezaron a construir suntuosas residencias con jardines no menos suntuosos, ennoblecidos con templos, fuentes, palestras, hipódromos, aviarios, grutas, estanques y cuanto se pueda imaginar siguiendo la moda oriental. De los humildes orígenes del jardín romano, apenas un sencillo huerto productivo con algunas plantas de flor y hierbas aromáticas o medicinales, se pasó, entre los ricos patricios y poderosos nobles, a la realización de enormes y sofisticados jardines de placer en las casas urbanas y a grandes explotaciones agrícolas en las villas rurales, no exentas de refinamiento estético. De la relación primaria con la tierra nutricia del huerto campesino se pasó a la instrumentalización del jardín como un medio de exhibir la prosperidad material. Paralelamente, este se convirtió en un símbolo de prestigio y poder, a veces del poder imperial, y en un escenario de las intrigas políticas. A tal punto llegó la pasión por los jardines entre los nobles enriquecidos que se descuidó el cultivo de alimentos, trayendo como consecuencia una carencia y carestía de los víveres en tiempos del emperador Augusto.[2] Autores como Virgilio se sumarán a su proyecto de revitalizar la agricultura. De ahí que, en sus *Geórgicas*, eluda referirse a los jardines y cante las excelencias de la campiña, la felicidad elemental de la sencilla vida rural y las nobles labores campesinas.

La influencia oriental se dejó sentir asimismo en el diseño constructivo de la casa. La primitiva vivienda itálica, *domus*, cerrada en torno al atrio, se amplía siguiendo el gusto helenístico con más atrios, un holgado peristilo y un exuberante jardín, que deja de ser un elemento utilitario u accesorio para convertirse en un espacio central, y concentrar las mejores vistas. Simultáneamente, se marcan las diferencias entre la villa rústica, una granja ubicada en el campo o en los suburbios y dedicada a fines productivos, que se designa con el singular *hortus*, y la villa señorial, sita en las ciudades o sus proximidades y convertida en residencia palaciega, que empieza a designarse con el plural *horti*. Los principios de lógica proporción y unidad constructiva de inspiración griega alcanzarían, sin embargo, una mayor complejidad y desarrollo entre los romanos, que, superando el modelo, convirtieron la búsqueda de la armonía en una ciencia.

Entre los nuevos gustos importados de oriente se encontraba el de la poda artística de setos y arbustos. El boj, el ciprés, el mirto, el laurel y otros arbustos de hoja pequeña se prestaban a ser modelados mediante cortes en formas escultóricas, tanto geométricas (prismas, conos, pirámides) como humanas (efigies, bustos, grupos) o incluso alfabéticas. Plinio el Joven se hace eco de esta curiosa afición en una de sus epístolas: "Una praderita de césped, en otro lado el boj solo, dibujando mil figuras, a veces letras que representan unas veces el nombre del propietario y otras el del artífice".[3] Esta técnica recibió entre los romanos el nombre de *ars topiaria*, vocablo que deriva de *topia-orum*, "jardín artificial", proveniente a su vez de la voz griega *topion*, "campo". Y no será hasta el siglo II de nuestra era cuando aparezca la voz *hortulanus* para referirse al jardinero.

La evolución del término *topiarius*, que empieza a ser utilizado a partir del año 100, ilustra claramente la mutación, según Baridon,[4] habida en el seno de la sociedad romana en el curso de un siglo. Con el vocablo *topiarius*, palabra griega latinizada, se designa al encargado de arreglar, recortar y cuidar el jardín de recreo. Pero no se agotan aquí sus atribuciones, pues podía también en ocasiones decorar los muros de cierre con frescos de vistas campestres, escenas mitológicas o artísticas a fin de ampliar visualmente el espacio. En este sentido, el *topiarius* es también un artista, un pintor de escenas naturales, que inaugura, como sugiere Baridon, "una nueva relación entre el hombre y el paisaje".[5]

Las reducidas dimensiones de los patios ajardinados de las viviendas romanas se acrecentaban aparentemente pintando frescos decorativos de gran realismo y belleza sobre los muros perimetrales siguiendo la técnica del trampantojo. Valiéndose de este y otros trucos ópticos, intentaban extender y difuminar los límites visibles del jardín, ampliar la sensación espacial y crear la ilusión de una profundidad inexistente. Los mecanismos para engañar a los ojos y maximizar el espacio eran varios: la elevación del horizonte, la utilización de una falsa perspectiva, etc. Por su parte, los motivos representados eran principalmente praderas floreadas, frondosos arbustos y árboles, fuentes, aves y otros pequeños animales, así como elementos decorativos y ornamentales, tales como pérgolas, escalinatas, vasijas, cenefas, vallas, celosías, espalderas y demás. No eran raras tampoco las imágenes alusivas a los dioses, especialmente Dioniso pero también Apolo y Flora. Un buen ejemplo son las pinturas murales descubiertas en Pompeya o el fresco conocido como *El jardín* de la villa de Livia en Prima Porta, Roma, que data del siglo I de nuestra era.

La moda de recortar las plantas según formas caprichosas, al principio practicada por los romanos por influjo oriental, proliferó nuevamente durante el Renacimiento y el Barroco. En esta última época adquirirá, como veremos, la categoría de arquitectura vegetal y será interpretada como una "domesticación matemática de la naturaleza". Esta técnica es, sin duda, una de las contribuciones más fecundas y duraderas de los latinos al arte de los jardines.

Conviene ahora hacer dos matizaciones. En primer lugar, las obras especializadas sobre el tema apenas aluden a las creaciones jardinísticas de las provincias (Hispania entre ellas) y se centran en su inmensa mayoría en los datos arqueológicos obtenidos en la Roma peninsular italiana. Y en segundo lugar, gran parte de los trabajos de investigación desarrollados a partir de las excavaciones y ruinas mejor conservadas, y de los testimonios escritos aportados por autores de reconocido prestigio,[6] se centran en un corto lapso de tiempo si lo comparamos con la dilatada historia de la cultura romana. De los doce siglos que, aproximadamente, separan la fundación de Roma (750 a. de C.) de la invasión vándala (año 455), los estudiosos se circunscriben al periodo que se extiende entre el siglo I antes de Cristo y el siglo II de nuestra era, es decir, desde la creación de los jardines de Lúpulo hasta la construcción de la villa Adriana.

Tenemos también que recordar que Roma heredó de Grecia su afición por la vida pública, por el intercambio social y el diálogo. El foro al igual que el ágora, junto con las instituciones y los mercados, constituía el bullicioso corazón de la ciudad, su centro neurálgico. Esa actitud extrovertida y comunicadora se reflejaba, como ya hemos visto, en la concepción griega del jardín como un lugar idóneo para mantener encuentros sociales, la enseñanza de la filosofía y la práctica deportiva. Aunque este carácter abierto no se perdió en Roma, su gran novedad consistió justamente en convertir el jardín en parte de la vivienda. La armónica y equilibrada relación entre ambos, en consonancia con una estructuración urbana regular, supone uno de los grandes legados de Roma a la posteridad. En palabras de Pierre Grimal, "el jardín romano dio cuerpo a un sueño griego".[7]

Conviene no olvidar, sin embargo, que estamos ante un jardín con un carácter fundamentalmente lúdico y ornamental, liberado de las connotaciones sagradas o funcionales de sus orígenes y dedicado al disfrute de una casta pudiente y cultivada, sensible a la poética del espacio y a los refinamientos estéticos. El jardín representa para esos pocos privilegiados un lugar donde realizar los cultos domésticos y celebrar los banquetes al aire libre, refugiarse de la atrafagada vida urbana, solazarse en la compañía de los amigos o disfrutar de la lectura o la escritura, un espacio en definitiva para los placeres privados. A pesar de la enorme disparidad de las realizaciones latinas, el elemento distintivo constante de estos jardines era el patio peristilado, a menudo con un pozo, una fuente o un estanque en el centro. En cuanto a los grandes jardines de placer, se seguían rigurosos criterios en la estructuración, ordenación y distribución del espacio, que solía quedar vertebrado por un eje longitudinal compartimentado por senderos rectilíneos y decorado con fuentes, estatuas y estanques. Tal vez sea este el rasgo más sobresaliente y distintivo del jardín romano, la racionalidad de espacio, así como su estudiada naturalidad y su meticulosa frescura.

No podemos dejar de mencionar a Marco Vitruvio Polión, quien en su famoso tratado *De arquitectura*, dedicado al emperador Augusto, abordó el problema de la representación de la naturaleza y, si bien no se ocupó directamente del tema del jardín, enunció una teoría de las proporciones que subraya la importancia del equilibrio entre las partes para conseguir la belleza:

> La Euritmia se logra cuando los elementos de una obra son los adecuados, cuando simétricamente se corresponden la altura respecto a la anchura, la anchura respecto a la longitud y en todo el conjunto brilla una adecuada correspondencia.[8]

Y en el tercero de sus *Diez libros de arquitectura*, que lleva el significativo título de *Acerca de la simetría: en los templos y en el cuerpo humano*, escribe:

> La simetría tiene su origen en la proporción, que en griego se denomina analogía. La proporción se define como la conveniencia de medidas a partir de un módulo constante y calculado y la correspondencia de los miembros o partes de una obra y de toda la obra en su conjunto. Es imposible que un templo posea una correcta disposición si carece de simetría y de proporción, como sucede con los miembros o partes del cuerpo de un hombre bien formado.[9]

Al hilo de estas consideraciones, cabría preguntarse si la práctica de la armonía espacial, de la que fueron maestros los romanos, oculta el anhelo de un orden perdurable y la falsa seguridad de la permanencia. Creemos que Richard Sennet acierta al asociar la pasión, por no decir obsesión, de los romanos por una arquitectura equilibrada, acorde e idóneamente emplazada con el temor irracional al destino:

> La búsqueda de una orientación precisa obedecía a la necesidad profundamente sentida, de índole semejante a la necesidad de imágenes que pudieran considerarse verdades literales y

repetirse una y otra vez. Este lenguaje visual expresaba las necesidades de un pueblo inestable, desigual y difícil de manejar que buscaba la seguridad que emanaba del lugar. Las formas pretendían expresar que una Roma perdurable y esencial quedaba de alguna manera al margen de las crisis históricas.[10]

Como adoradores de lo visible, a diferencia de los cristianos, los romanos aprendieron a hablar el lenguaje de las formas y rindieron culto a la belleza que emana de la proporción y la simetría. La práctica de la armonía espacial ofrece una suerte de catarsis o medicina para el alma. La geometría brinda un refugio perdurable a personas que se sienten olvidadas de los dioses y de los hombres, desengañadas del mundo y en conflicto consigo mismas, a un mismo tiempo exiliadas de un pasado glorioso y nostálgicas de un futuro mejor. La arquitectura romana, huyendo de lo irracional, se encontró con lo abstracto. El mensaje cifrado en el formalismo majestuoso de sus construcciones es la seguridad frente al sinsentido, la permanencia frente a la inestabilidad. Resulta interesante comprobar que todas las construcciones romanas, incluidos los jardines, parecen diseñadas a propósito para cautivar la vista. Se podría escribir todo un tratado sobre las propiedades teúrgicas de la geometría, pero nos limitaremos a señalar que, cuando no se pueden volver los ojos hacia el cielo, porque los dioses han dejado de poblarlo, ni hacia adentro, porque no se encuentran certezas ni seguridades, la mirada puede sentirse atraída por la serenidad que trasmite el orden geométrico.

Antes de analizar cómo evolucionó durante la Edad Media la cultura de los jardines, conviene señalar que estos pueden ser, por lo que se refiere a su diseño, cerrados o abiertos. Los primeros, siguiendo una tradición que se remonta a sus primeros orígenes, acotan y encierran el espacio y lo separan de la naturaleza circundante, lo que le confiere un carácter sagrado. Como ya hemos dicho, la palabra jardín tiene una arcaica raíz indoeuropea *(ghorto)*, compartida por todas las lenguas de la familia, que alude a la idea de "cerramiento", "cerca". Desde la Grecia del siglo v a. de C. y sus casas con patio, pasando por el jardín ornamental rodeado por un porche cubierto con columnas o peristilo de los romanos y los jardines musulmanes de los siglos VII y VIII, encerrados entre los muros de los patios, y siguiendo por los *hortus conclusus* y los claustros medievales, hasta los jardines privados de las actuales residencias urbanas, la concepción cerrada del jardín ha continuado vigente hasta nuestros días. Por otra parte, están los jardines que, también desde época muy remota, han intentado extender sus límites y fundirse con el paisaje circundante. A partir del siglo XV, las villas italianas renacentistas descubrieron las posibilidades estéticas que brindaba construir en las laderas de las colinas y aprovechar las vistas panorámicas sobre el territorio para ampliar las dimensiones del jardín. Así ocurre, por ejemplo, en las terrazas de Villa Médicis, en Fiesole, desde donde se alcanza a ver las torres de Florencia y los meandros del río Arno.

Esta concepción abierta intenta apropiarse del paisaje para incorporarlo al jardín y diluir los límites de este para que se integre en el entorno. La utilización de la perspectiva larga o *à perte de vue* en los jardines franceses barrocos a partir del siglo XVII supuso un intento de rebasar los límites visuales y de crear la impresión de un espacio infinito. A reforzar esta sensación contribuyeron en gran medida los espejos de agua o *parterres d'eau* y otros avances introducidos por Le Nôtre en sus magistrales creaciones de Vaux-le-Vicomte, Versalles, Chantilly, etc. Ya en el siglo XVIII el ideal de un jardín sin límites inspiró al movimiento paisajista inglés, que llevó hasta sus últimas consecuencias la utilización del foso oculto, un hallazgo de los jardineros franceses del siglo anterior. Esta barrera invisible o cerca hundida, que fue rebautizada con el nombre de *ha-ha* (en alusión a la sorpresa que producía encontrarla), empezó a utilizarse a gran escala en Inglaterra a partir de la segunda década del siglo XVIII. De esta manera el jardín se abría, se liberaba y permitía que la mirada vagase libremente. Recordemos las palabras de Horace Walpole en *Modern Gardening* (1780) escritas en honor del genial jardinero Lancelot *Capability* Brown, quien se sirvió de este mecanismo visual para que el ganado no invadiese el parque: "Qué frondoso, qué alegre, qué pintoresco el campo [...] la demolición de los muros ha aproximado toda su belleza".[11]

En el polo opuesto de estos mecanismos para atrapar el entorno y ampliar así los límites del jardín se encuentran las técnicas para condensar el universo en un escenario reducido, para miniaturizar el paisaje despojándolo de todo lo accesorio; en suma, para jibarizar los espacios naturales y ralentizar el tiempo. Esta reducción de lo inmenso a lo ínfimo alcanza su clímax en el arte del bonsái, que aparece en la misma época que los jardines zen (siglo XIV). "El jardín enano, cuanto más pequeño sea –escribe Michel Tournier–, tanto más vasta es la parte del mundo que abarca".[12] A la luz de estas consideraciones, es razonable concluir que estas dos arraigadas tradiciones han convivido en el pasado y convivirán en el futuro, fecundándose una a la otra.

V

'HORTUS CONCLUSUS'
O EL UNIVERSO ENCLAUSTRADO
(CRISTIANISMO)

*D*espués de las invasiones bárbaras y la caída del imperio romano (476), el arte de la jardinería cayó en un olvido del que fue saliendo costosa y lentamente a lo largo de la Edad Media. Tanto luchar
por no sucumbir al constante azote de las hambrunas, las guerras y
las calamidades de todo tipo consumió las energías de la mayoría de
los europeos. Al igual que el resto de la cultura, el conocimiento de
las plantas y la sabiduría acerca de sus propiedades se preservaron en
los monasterios y conventos. Con todo, flores como la rosa, el lirio
o la azucena, muy apreciadas por su belleza, aroma y simbolismo,
se siguieron cultivando en ciertas abadías y castillos. Para ilustrar el
retroceso que sufrió la agricultura en general y la jardinería en particular, baste recordar que el famoso botánico griego Dioscórides, en el

siglo I, ya había catalogado en su *De materia médica* más de quinientas plantas mientras que la lista de Carlomagno, elaborada siguiendo el consejo del monje Alcuino hacia el año 795 y conocida como *Capitularis De Villis et Curtis*, únicamente recoge 88 plantas, y entre ellas solo figuran tres flores ornamentales y medicinales: la rosa, la azucena y el lirio.[1]

A raíz de las cruzadas y los intercambios con el imperio bizantino y el mundo musulmán, del siglo X en adelante llegan a occidente, procedentes de Oriente Próximo, algunas flores exóticas, nunca vistas antes, como los jacintos, los claveles, los tulipanes, las lilas, las peonías y las mimosas, que contribuirán a embellecer los huertos, suavizar su aspecto rural y despertar la sensibilidad de un letargo de siglos. Tanto o más importante, económicamente hablando, fue la introducción de plantas comestibles y legumbres como las lentejas, las habas o los guisantes, que permitieron mejorar la dieta del campesinado. Y, lógicamente, una mejor nutrición incrementó de forma significativa la esperanza de vida de la población. Los estudios demográficos parecen avalar esta hipótesis. Son muchos los autores que sostienen que se duplicó o triplicó la población de Europa occidental entre los siglos X y XIV.

Aunque todavía se está muy lejos de las creaciones de la antigüedad clásica, el gusto por la belleza ha echado raíces que, con el tiempo, fructificarán. Ahora bien, lejos de satisfacer exigencias estéticas, los jardines de la época responden sobre todo a necesidades utilitarias, y su diseño adolece de un simplismo funcional y un trazado esquemático. El persistente uso del cuadrángulo produce tal cansancio formal que, como dice Francisco Páez de la Cadena, "cuando termina la Edad Media (cuando se dan las razones objetivas para el cambio), no queda otro remedio que salir de ese polígono y explorar en otras dimensiones, que es exactamente lo que hizo el Renacimiento".[2]

Desde el siglo V hasta bien entrado el siglo X se dejaron en la práctica de realizar jardines, si bien su recuerdo sobrevivió en las imágenes de las pinturas murales, en las ilustraciones de los libros miniados y en las decoraciones florales de las vidrieras y de los tapices.[3] Mención especial merecen los jardines imaginarios que sirven de escenario a las andanzas y desventuras de los protagonistas de romances como

Floire et Blancheflor, de las novelas de caballerías como *Eric y Enid* de Chrétien de Troyes y el *Roman de la Rose* de Guillaume de Lorris y Jean de Meun, o la lírica de los trovadores del amor cortés. Durante quinientos años la idea de un jardín ornamental alimentó la fantasía de una población sometida a las duras condiciones del tiempo y a una economía de supervivencia agrícola. Y aunque la representación de las flores, los árboles y otros elementos vegetales tenía un carácter fundamentalmente simbólico y pastoral, mantuvo vivo el sueño del jardín de recreo como un *locus amoenus,* un lugar libre de penurias y males para el deleite de los sentidos. Debemos a Baridon la sugerencia de que "es sin duda este modo de pensar lo que puede explicar el hecho de que los arquitectos del siglo XII no trazaran jardines comparables en audacia y belleza a las catedrales que por entonces se erigían. Su jardín es la vidriera. En la mentalidad de la época la naturaleza habla por la letra de los textos sagrados o por las metáforas del sermón".[4]

Lo mismo podría decirse de los tapices. Valga como ejemplo la famosa composición, integrada por seis piezas, de *La dame à la licorne* [La dama y el unicornio] que se conserva en el Musée National du Moyen Âge, Thermes de Cluny, en París.[5] Estos preciosos tapices de finales del siglo XV están dedicados a cada uno de los sentidos, excepto el sexto que lleva la enigmática inscripción *"A mon seul désir"* [A mi solo deseo] y que no está claro si abre o cierra la serie. La isla redondeada, de un azul intenso, que sirve como suelo y telón de fondo a la escena en los seis tapices, se halla plantada con primorosas rosas de vivas tonalidades mientras que el fondo, de color rojo bermellón, se encuentra sembrado de ramas cortadas, que conservan todavía las flores. Esta decoración vegetal resalta la elegancia de la joven, que luce espléndidas vestimentas y preciosas joyas.

Una de las pocas referencias documentales que nos pueden ayudar a formarnos una idea del desarrollo de la jardinería en ese vasto periodo de tiempo es el célebre plano encontrado en la abadía helvética de Saint-Gall (aprox. 816), obra de Heito, obispo de Basilea y abad de Reichenau, y destinado, al parecer, a servir de guía a otras construcciones. En ese complejo monástico se encuentran varios espacios cultivados: la huerta *(hortus)*, donde se producen verduras y hortalizas; el herbario, donde se cultivaban flores y plantas aromáticas y medicinales, y el cementerio-vergel, que acogía árboles frutales y arbustos ornamentales entre las tumbas de los monjes. Por lo que se refiere al claustro, estaba plantado de hierba y partido en cuatro por senderos, en cuya intersección crecía una sabina *(Juniperus sabina)*.

Otro de los testimonios que contribuye a esclarecer los conocimientos que se poseían sobre jardinería en el periodo anterior al año 1000, es el poema de Walafrido Estrabón, monje benedictino y preceptor de Carlos el Calvo, quien escribió cuatrocientos cuarenta y siete versos, *Liber de cultura hortorum*, dedicado a Rimoaldo, abad de Saint-Gall, exponiendo consejos prácticos de jardinería, tales como las fechas idóneas para sembrar y las técnicas de riego y drenaje de los macizos, así como la descripción de una amplia variedad de especies hortícolas, flores y plantas aromáticas. A la luz de estos testimonios, cabe concluir que en la Edad Media los conocimientos romanos de jardinería se mantenían vigentes.

A mediados del siglo XII, el Renacimiento empieza a presentirse agazapado tras una nueva actitud hacia la naturaleza, basada en la observación y el saber práctico, que trasmiten obras como *De vegetalibus et plantis* de Alberto Magno, monje dominico de origen alemán (su verdadero nombre era Alberto de Bollstädt) y maestro de Tomás de Aquino. De entre los veintiún gruesos tomos que este pensador escolástico dejó al morir en Colonia a la provecta edad de ochenta y siete años, figuran, además de los habituales comentarios sobre la obra de Aristóteles, las Escrituras y los Salmos, escritos sobre botánica y, en concreto, sobre las técnicas de jardinería.[6] En un capítulo del tratado anteriormente mencionado, que lleva el ilustrativo título de "De plantatione viridarum" –*viridantia* o *viridaria* es un término latino que significa jardín– se habla de los jardines destinados al recreo y solaz del espíritu más que a fines prácticos, y se aportan indicaciones y consejos útiles para la realización de praderas ornamentales semejantes a tapices con recuadros de plantas aromáticas y flores.

La obra de Pietro de Crescenzi *Liber ruralium commodorum,* de finales del siglo XIII, recopila los saberes de la época sobre el jardín: el trazado de los vergeles, las virtudes y propiedades de las plantas, la creación de sementeras y otros tantos asuntos. Su originalidad y cercanía al espíritu renacentista queda explícita en frases como esta: "Y, en general, se buscará en los jardines más el atractivo, la deleitación y la salud que los frutos u otros beneficios".[7]

Volveremos sobre esto enseguida, pero ahora detengámonos a analizar la filosofía espacial de los jardines medievales. En sintonía con la cosmovisión cristiana del mundo como un valle de lágrimas, los jardines se aíslan del exterior y quedan confinados en el recinto del claustro o en el patio del castillo. Los altos muros tanto incomunican como protegen de las tentaciones terrenales. Impiden al mismo tiempo que las injerencias del exterior perturben la paz monacal y evitan que el alma se distraiga de su tarea: la oración y la meditación. Este *paradisus claustralis*, como lo llamó Nicolás de Claraval, se define como un lugar de clausura voluntaria, de retiro y recogimiento. El muro protector que rodeaba el jardín marcaba la estricta separación entre la tierra cultivada y la naturaleza hostil, tosca, inhóspita y salvaje, y evocaba la imagen del Paraíso terrenal, del que fueron expulsados Adán y Eva. Como recinto cerrado y apartado del exterior, el *hortus conclusus* es sinónimo de protección y, consecuentemente, un símbolo de pureza y ausencia del pecado.

Como recuerda Jellicoe, la mundana serenidad clásica y la geometría urbana romana cedieron el terreno al misticismo.[8] Una fe exacerbada daría lugar a las órdenes monásticas. Llevadas por esa fiebre espiritual, los ascetas cristianos, especialmente en oriente, huirían del mundanal ruido en pos del silencioso paraíso de los desiertos, buscando refugio de los vicios terrenales se encontrarían perdidos en el laberinto de la soledad. Esta vida eremítica, monacal (*monachos*, el que vive solo) dará paso paulatinamente a las comunidades cenobíticas (*komos-comune; bios-vita*), que, a partir de Pacomio, practicaban una vida en grupo dentro del recinto de un convento (*conventus-convenire-reunire*), por lo general en lugares apartados. La orden de San Benito de Nursia, fundada en el siglo VI, constituyó la primera de ellas y estableció el modelo. La regla benedictina no solo instauró las normas y rutinas que debían presidir las disciplinadas vidas de los monjes, sino también los rigurosos criterios de organización y planificación del espacio comunitario. Tras las fundaciones de la orden cluniacense y cisterciense, los monasterios desempeñaron cada vez más el papel de custodios de la cultura y se convirtieron en centros de ideas que ayudarían a la difusión de los conocimientos de jardinería. Merece la pena recordar aquí las reveladoras palabras de Sennet:

> Los reformadores monásticos cristianos pensaban que el trabajo en el jardín no solo devolvía al trabajador al Jardín primigenio, sino que también era una fuente de disciplina espiritual. Cuanto más arduo fuese el trabajo, mayor sería su valor moral. Esto era especialmente importante para los cistercienses, que intentaron apartar a los monjes a través del trabajo de la indolencia y la corrupción en que habían caído muchas órdenes religiosas. Y también por esta razón las labores del monje en el jardín debían realizarse en silencio, una regla observada en el jardín por los franciscanos y los cistercienses, al igual que por los benedictinos. *Laborare et orare* ponía de manifiesto que, para los cristianos de principios de la Edad Media, el trabajo dignificaba el cuerpo al construir un lugar.[9]

El ideal de distribución simétrica, armónica y proporcionada del espacio del que hicieron gala los romanos se aplicó al mundo conventual, cuyo orden arquitectónico refleja la paz y la belleza divinas. En el centro del edificio se encuentra el claustro y en el centro de este algunas veces una fuente, en recuerdo de los cuatro ríos que riegan el Paraíso, y en otras ocasiones un árbol, en clara alusión al árbol del conocimiento, también conocido como del Bien y del Mal.[10] El claustro ocupaba el centro constructivo y encerraba el jardín. La vida monástica giraba en torno a esa galería porticada, claramente emparentada con el patio peristilado romano, convertida en un lugar privilegiado para la oración, la meditación y la *deambulatio*, y que simbolizaba la unión con lo divino.

El claustro adopta generalmente una forma cuadrada y está dividido en cuatro sectores por los senderos que lo atraviesan dibujando una cruz. En el punto de intersección hay, como hemos visto, una fuente, un rosal, un pozo o un árbol que señala el *omphalos*, el centro del mundo, y el lugar por donde pasa el *axis mundi*, el eje cósmico de unión entre el cielo y la tierra. La magia del claustro se cifra en el número cuatro. Los elementos cuaternarios se repiten en el jardín claustral trayendo a la mente un sinfín de significados: los cuatro ríos del Paraíso, los cuatro evangelistas, las cuatro virtudes cardinales, los cuatro ángulos de la tierra desde donde, según el *Apocalipsis*, soplan los cuatro vientos, las cuatro edades del hombre, las cuatro estaciones, los cuatro puntos cardinales... Corresponde también al simbolismo del número cuatro y de todas las divisiones cuatripartitas la idea de universalidad, de microcosmos. Unas líneas de Tuan pueden ayudarnos a entender mejor los múltiples significados del jardín:

> En el nivel más profundo, puede representar la vulva de la tierra, que expresa el anhelo de la humanidad por el bienestar y la certeza de fecundidad. Sin embargo, diseños y contenidos específicos tienen significados que dependen de la cultura. Por ejemplo, el jardín monástico de la Europa medieval era diseñado como un modelo del paraíso. Su representación ideal, más comúnmente plasmada en pinturas que en el paisaje mismo, está repleta de símbolos que recuerdan acontecimientos sagrados de la tradición cristiana: lirios blancos que sugieren pureza; rosas rojas, el amor divino; fresas, la fruta de la rectitud con hojas trifoliadas que simbolizan la trinidad; y las manzanas en la mesa del jardín, que recuerdan al hombre su caída así como la salvación de Cristo.[11]

En suma, y a riesgo de resultar un tanto esquemáticos, diríamos que los rasgos distintivos del jardín medieval son su planta cuadrangular, su cerramiento perimetral y el carácter utilitario de sus plantaciones. Tanto la reiteración exhaustiva de los elementos formales como la geometrización del trazado parecen obedecer menos a un sentido estético que a la búsqueda de una seguridad que emane del simbolismo religioso.

El influjo latino no solo se deja sentir en el trazado geométrico, la predilección por la línea recta y la racionalización extrema del espacio, sino también en la afición a recortar las plantas para darles formas caprichosas. Aunque lejos de los sofisticados logros del *ars topiaria* romana, los jardineros de la baja Edad Media gustan de podar los arbustos siguiendo la técnica de los discos superpuestos. Para ser más precisos, sujetaban las ramas en crecimiento de árboles y arbustos sobre los radios de una rueda de madera o metal, y las recortaban cuidadosamente para darles la forma deseada.[12]

Desde finales del siglo XI hasta el siglo XIV, a la simbología del jardín como paraíso, lugar de recogimiento espiritual y meditación se añade la de sensual marco de las escenas galantes, fuente de inspiración poética y escenario de la erótica y el juego cortés. A la imagen del *paradisus claustralis* y el *hortus conclusus* se superpone la del jardín de las delicias y el *locus amoenus*. El jardín ya no es solo sinónimo de inocencia, pureza y virginidad sino también de amor, deseo y seducción. La sombra del pecado se desliza en el recinto cerrado del jardín y pone en peligro la tranquilidad espiritual de los que se solazan en él. San Jerónimo menciona que no pocos monjes habían abandonado sus pequeños jardines privados para no ceder a la tentación que suponía la belleza de las flores, el suave susurro de las hojas de los árboles y el fresco murmullo de las cantarinas aguas.

Aparte de algunos elementos ornamentales como el banco del césped, las platabandas o los arriates cuadrados con flores, legumbres o hierbas, la poda en círculos superpuestos de los árboles, las vallas de ramas entrelazadas o las pérgolas decorativas con plantas trepadoras, una de las aportaciones más originales y duraderas de la jardinería medieval fue, sin duda, los laberintos vegetales. Según algunos autores, la realización de dédalos verdes obedeció a una necesidad estética y no a un mero capricho o moda pasajera, y estuvo relacionada con la precariedad de los recursos a disposición del jardinero. Así lo señala Frank Crisp:

> Debido a la pobreza de flores ornamentales, la ornamentación geométrica mediante líneas de plantas verdes era una necesi-

dad en los jardines medievales, y uno puede entender consecuentemente que esta única clase posible de decoración puede haber conducido a los jardineros del siglo XVI a introducir laberintos de diseños caprichosos en los pavimentos de las iglesias que tenían cada día bajo sus ojos.[13]

Si, como hemos visto, la aspiración al orden y la búsqueda de la armonía se tradujeron dentro de la cultura del jardín en formas geométricas y diseños lineales, estos se retorcieron y contorsionaron para dar expresión a otros anhelos más secretos y profundos, a otras tentativas de definir el espacio menos claras y precisas. Según Eliade, el laberinto es una *imago mundi* y su misión consiste en proteger el centro, esto es, el acceso iniciático a la sacralidad, la inmortalidad y la realidad profunda. En este sentido está emparentado con otras pruebas a las que se enfrenta el espíritu, como el combate contra el dragón o el retiro al desierto para alcanzar un estado de elevación espiritual. Leemos en *Imágenes y símbolos:*

> La función del *mandala* puede considerarse al menos como siendo doble, la mismo que la del laberinto. Por una parte, la inserción en un *mandala* dibujado sobre el suelo equivale a un ritual de iniciación; por otra, el *mandala* 'defiende' al neófito de toda fuerza exterior nociva, y al mismo tiempo le ayuda a concentrarse, a encontrar su propio 'centro'.[14]

Merece la pena establecer aquí una primera y básica clasificación de los laberintos. Si atendemos a la relación que existe entre el centro y la salida, podemos dividir los laberintos en univiarios o clásicos y laberintos de múltiples vías o, en inglés, *mazes*. Al primer grupo pertenecen aquellos en los que únicamente existe un camino. No se ofrece la posibilidad de escoger vías alternativas o bifurcaciones, de ellos se sale por donde se ha entrado. Forman parte del segundo grupo los que incluyen diferentes ramales o perdederos, que pueden conducir o no a la salida. Entre estos últimos merecen una mención especial los laberintos de hierba o *turf-mazes*, de forma mayoritariamente circular y diseño cnosiano, que comenzaron a realizarse en Inglaterra durante el siglo XII mediante la técnica de recortar el pasto de los prados siguiendo un trazado curvilíneo. Poco importa si, como sugiere Paolo Santarcangeli,[15] se trata de la perpetuación de una vieja costumbre romana, que se mantuvo intacta a lo largo de siglos, o de un vestigio de diseños prehistóricos, los laberintos en praderas se extendieron por los países escandinavos, Alemania y otros países europeos. Robert Mallet explica así su pervivencia:

> El laberinto, que comporta una fantasía llevada a la práctica, nació en el medioevo de un sentimiento de piedad. Los palacios de Dédalos, microcosmos al tiempo abiertos y cerrados, simbolizan siempre una 'búsqueda': primero la del alma en pos de la Gracia, con el dragón infernal como transposición del Minotauro. Después, el heroísmo de las Cruzadas hallaría allí su símbolo, tal vez con el mismo derecho que el heroísmo legendario de las novelas bretonas que con anterioridad introdujeron en la literatura el mito del jardín encantado. Recorriendo los laberintos, las damas se podían imaginar que participaban espiritualmente en las pruebas de sus novios o de sus caballeros vasallos, tal como se sigue el vía crucis en las paredes de una iglesia. El Santo Grial y la tumba de Cristo eran objetivos a la medida de almas robustas, obsesionadas por la idea del paraíso perdido y por la necesidad de reconquistarlo llegando al límite de sus posibilidades.[16]

Los laberintos no fueron utilizados en los jardines de la antigüedad clásica. Y si bien los grabados y pinturas laberínticas se remontan a la prehistoria, no se incorporaron al lenguaje del jardín hasta la alta Edad Media, donde, como observa Santarcangeli, "venían a simbolizar los enredos, las dudas, las tribulaciones y los engaños que siembran el camino del hombre que busca la buenaventura celestial; o servían para advertir a los fieles de los peligros que corrían al alejarse de la recta vía de los deberes cristianos".[17] Amén de cumplir esta función pastoral, aleccionadora y edificante sobre las pruebas y obstáculos que debemos superar para llegar a la unión con Cristo, satisfacían también la necesidad lúdica de los seres humanos. Al anhelo de perfección moral se añadía el puro y elemental placer de perderse en su intrincada red de senderos. Las necesidades teológicas se combinaban con las estéticas y el gusto por la alegoría con la ascesis espiritual.

Los laberintos grabados en suelos y muros eran en ocasiones la firma de los gremios y las cofradías iniciáticas; y otras, un remedo o sustitución simbólica de la peregrinación a Tierra Santa. Según otros autores, los laberintos podrían también representar un diagrama del universo, una visión esquemática del ordenado cosmos medieval. Avala esta tesis la existencia de laberintos distribuidos en forma de círculos concéntricos imitando las órbitas de las esferas celestes. Como señala Jonathan Maher:

> El laberinto es un diagrama no solo de la estructura del universo sino también, y en términos Neoplatónicos, de 'las cáscaras de la realidad' por el cual el peregrino imitaría el viaje del alma. El viaje hacia el interior, hacia el centro, puede ser una metáfora de la caída del alma en la tierra de modo que, volviendo sobre sus pasos y ascendiendo de vuelta del laberinto, el viajero por fin regrese a la entrada. Incluso es probable que su mirada se eleve hasta los doce grandes rosetones de la vidriera. La Rosa convertida en María, símbolo de amor divino".[18]

No debemos olvidar tampoco que la realización de laberintos no se limitó a los setos recortados de los jardines. Entre los años 1000 y 1300 se desata una auténtica pasión por ellos, que se manifiesta en todas las expresiones artístico-religiosas. Tallados en los muros y pavimentos de iglesias y catedrales, dibujados en los pergaminos de los manuscritos, trenzados con hilos de colores en las telas de los tapices e incluso en los cristales emplomados de las vidrieras, los laberintos forman parte fundamental de la iconología del medioevo. Grandes como templos o pequeños como miniaturas, de diseño circular, elíptico, cuadrado, en cruz u octogonal, de quinientos pasos de largo o de unos pocos centímetros, en forma de grabados, mosaicos, dibujos o poemas, con un trazado sinuoso, geométrico o concéntrico, los laberintos poseen un fuerte valor simbólico-religioso dentro del marco cultural y de la atmósfera espiritual de la época. A partir de mediados del siglo XVI, la imagen del laberinto se va progresivamente desacralizando, separándose de la práctica religiosa y adquiriendo un valor lúdico, lo que no impide que alcance una gran difusión y se convierta en un elemento característico de la estética renacentista y barroca, como veremos más adelante.

VI

UN JARDÍN MÁS ALLÁ DE LAS NUBES.
ENTRE LA NOSTALGIA DEL PARAÍSO Y LA AÑORANZA DEL CIELO

*E*n la imaginación popular, el cielo aparece casi siempre representado como una suerte de jardín, de naturaleza perfeccionada. En la teología cristiana la vida en la tierra es un breve lapso entre dos jardines, uno perdido y otro prometido, situados más allá o más acá del tiempo, antes de la caída y después de la muerte. La historia del mundo se extiende un número impreciso de años entre la expulsión del paraíso terrenal y la venida de la ciudad celestial, donde no habrá trabajo ni dolor, y que reviste también la forma de un jardín. Según es creencia compartida por muchos teólogos medievales, al final de los tiempos Dios perdonará el pecado original y se reinstaurará el estado de inocencia edénico. Ottfrid de Weissenburg, un monje y poeta del siglo IX, pintaba así ese idílico colofón de la historia: "Allí lilas y rosas florecen siempre en tu honor, emanan siempre dulce aroma y nunca se marchitan y su fragancia no deja nunca de inspirar bendición eterna al alma".[1] En *Elucidación*, uno de los manuales monásticos de teología más difundidos a lo largo de la Edad Media, compilado en latín hacia el año 1100 y traducido a diversas lenguas vernáculas, se describe el panorama que se abre tras el Juicio Final en estos términos: "El castigo del pecado, es decir, el frío, el calor, la calma, la tormenta, el rayo, el trueno y las demás molestias, desaparecerán por completo".[2]

En occidente la tradición artística medieval ofrece una visión estática del cielo, como un lugar donde los bienaventurados permanecen inmóviles, en trance espiritual, arrobados en la visión beatífica del Salvador. El Doctor Angélico, como se conocía a santo Tomás de Aquino, sostenía que la única ocupación en el cielo sería el conocimiento espiritual de Dios, la contemplación de lo divino en toda su gloria y majestad o, por usar sus mismas palabras, "la perfecta unión del alma con Dios, en cuanto que gozará de Él, viéndolo y amándolo perfectamente".[3]

Los artistas llegados de Bizancio introdujeron un elemento novedoso en esta imagen tradicional del cielo: el paraíso celestial donde los justos disfrutan de la eternidad entre flores de dulce aroma. En esta nueva concepción de la vida ultraterrena, más dinámica y sensual y menos intelectual, el cielo, o al menos una parte, adopta la forma de un vergel. Así, por ejemplo, en el famoso mosaico de *El Juicio Final*, que cubre una de las paredes de la catedral levantada en la recoleta isla de Torcello (siglo XII) en la laguna veneciana, se puede ver en la parte superior a los bienaventurados en trance extático, orando mientras se embeben en la contemplación del Salvador, pero la escena inferior muestra a los bienaventurados disfrutando del paraíso, que aparece representado como un campo florido con estilizadas palmeras. Si la mirada de los personajes de arriba se dirige a Cristo, la de los personajes de abajo se encuentra con la del espectador.

Esta concepción del más allá como un lugar no sólo de oración sino también de goce activo se impone en los siglos XV y XVI, convirtiéndose en un tema recurrente entre los artistas. La hierática inmovilidad de los santos medievales en trance es sustituida progresivamente por el dinamismo gozoso de los habitantes del jardín celestial. A diferencia de santo Tomás de Aquino y Buenaventura, quienes mantuvieron que en el cielo no había plantas ni animales, los teólogos renacentistas, influenciados por la imaginería clásica, postularon una visión más campestre y bucólica.[4] No en vano estos bebieron de las fuentes grecolatinas y enriquecieron su visión del cielo con las ideas de la Edad de Oro y las Islas de los Bienaventurados, también conocidas como los Campos Elíseos, extraídas de los textos de Hesíodo, Tíbulo, Cicerón y otros autores de la antigüedad. En la mitología griega, la Edad de Oro representaba la primera etapa de la historia humana, cuando los hombres todavía no se ganaban el pan con el sudor de su frente y no conocían las penalidades ni el dolor ni la guerra. Y las Islas de los Bienaventurados, gobernadas por Cronos, eran, a su vez, el destino reservado a los héroes tras la muerte. Estos mitos fueron a menudo el combustible de la imaginación de pintores, poetas e intelectuales, que se esforzaron por conciliar la herencia pagana con sus propias creencias cristianas.

Las representaciones pictóricas del Juicio Final empiezan a incluir a partir del siglo XV un jardín paraíso, visto como un lugar de reunión de los santos. Valga como ejemplo de esta innovación la tabla sobre el tema pintada por Fra Angelico (1400-1455) que se encuentra en el museo de San Marcos de Florencia. Tal y como dictan los cánones medievales, en la parte derecha del cuadro se puede ver a los pecadores levantándose de las tumbas y encaminándose hacia los suplicios del infierno. La parte central y superior la ocupan las majestuosas figuras sedentes de Cristo y los santos en toda su gloria. Pero aparte de los condenados al fuego eterno y la corte celestial en extático arrobamiento, se hallan los bienaventurados, que danzan en círculo tomados de la mano en el paraíso, representado como una verde pradera con frondosos árboles en la parte izquierda. Entre el gozo perpetuo de los santos y el tormento sin fin de los réprobos hay un resquicio para el deleite sensual del paraíso. El cielo se reviste de los encantos terrenos de un jardín y se torna, si cabe, más deseable al adornarse con los atractivos de una naturaleza bucólica. Por decirlo brevemente, el cielo se humaniza y los placeres celestiales ya no son tan inmateriales, incorpóreos y espirituales como habían sido. Parte del atractivo del cielo residirá de ahí en adelante en su propuesta de goce y deleites sensibles.

No podemos analizar aquí todas las razones que impulsaron los cambios experimentados en la representación del cielo, y nos limitaremos a señalar que son la consecuencia de un nuevo clima cultural, social y político, que comienza a otorgar valor a las ocupaciones terrenales. El prestigio medieval de la vida contemplativa como vía de acceso al empíreo será paulatinamente sustituido por el ideal de la vida activa y el valor de la voluntad y la creatividad humana para transformar la realidad, emulando en esto al poder creador de Dios. La mejor manera de alcanzar la felicidad eterna consistirá en realizar buenas obras, mejorando el mundo dado por Dios. Los artistas y los teólogos renacentistas, evitando entrar en conflicto con la ortodoxia cristiana, hicieron suyo el ideal eudaimonista de que el fin último de la vida es la felicidad, y no existe esta sin placer. La virtud ha dejado de ser un objetivo en sí misma y se ha convertido en el medio para alcanzar la felicidad. Como sugieren McDannell y Lang en su *Historia del cielo*:

> El jardín del paraíso es una parte diferenciada, pero no por ello de menor dignidad, del cielo, y comprende todos aquellos elementos prohibidos en el cielo empíreo de santo Tomás tales como árboles, pájaros, flores y agradables praderas. Se trata, sin embargo, no de la naturaleza en un estado salvaje, sino de la naturaleza adaptada a los intereses y necesidades humanos. La naturaleza celestial es una naturaleza civilizada, sin vistas espectaculares ni escenarios dramáticos.[5]

A partir del siglo XV, el otro mundo revestirá el aspecto de un jardín, tanto da si para hallarse en soledad con Dios o para reencontrarse con los seres queridos. Pese a que, con el paso del tiempo, ha ido variando la concepción de la vida después de la muerte, en la imaginación colectiva perdura la imagen bucólica del paraíso celestial. Por difícil que sea creer en el cielo, aún hoy la mejor manera de simbolizar la intangible dicha eterna sigue siendo un jardín, un parque o un entorno natural. De existir una imagen creíble del impreciso más allá, esta debe ser por fuerza la de una naturaleza idealizada o perfeccionada. Poco importa que la mayoría de los teólogos modernos sostengan la indescriptibilidad de la vida ultraterrena; en el imaginario popular lo más parecido al cielo es un vergel. La única manera de recrear la existencia del más allá es a través de las experiencias del más acá, y la de las bellezas naturales es, sin duda, una de las más universales y perdurables.

VII

EL JARDÍN HISPANOMUSULMÁN
O EL LENGUAJE DE LAS FUENTES

*N*o es tarea fácil explicar en qué consiste el estilo de jardinería hispanomusulmán, arábigo-andaluz, hispanoárabe, andalusí o como quiera que lo llamemos y que, dicho sea de paso, es el único que podemos reivindicar como la principal aportación de nuestro país al arte del jardín. Buen número de trabajos a lo largo de los dos últimos siglos han intentado establecer sus rasgos distintivos, pero lo cierto es que la literatura ha prevalecido muchas veces sobre la ciencia. La fraseología de una falsa erudición se ha impuesto a las evidencias arqueológicas y las fantasías arabizantes han suplantado a la realidad empírica. Pese a la dificultad material de formarnos una idea exacta de su diseño, se pueden realizar una serie de suposiciones coherentes y especulaciones razonables que nos ofrezcan una idea aproximada de sus trazados y su estructura. Pronto veremos cuáles son los elementos diferenciales, las técnicas de composición y las claves del discurso iconográfico del jardín hispanomusulmán. Pero por el momento nos contentaremos con hacer un poco de historia.

En el año 711 comienza la invasión berebere de la península ibérica, cuando una armada de nueve mil hombres comandada por Tāriq, lugarteniente de Musa ibn Nusayr, atraviesa el Estrecho, desembarca en Gibraltar y, venciendo la resistencia de los visigodos, conquista Málaga, Granada y Córdoba. Durante esas primeras décadas los invasores bereberes dependían todavía del califato de Damasco. No será hasta el año 756 que Abd al-Rahmān I (Abderramán I), nieto del califa Hixem de Damasco y último miembro vivo de la dinastía Omeya, funde el emirato independiente de Córdoba (756-929) cuando los abasíes se hagan con el poder en la capital del imperio. Abderramán III instaurará en el año 929 el califato de Córdoba, que llegará a su fin con la rebelión berebere del 1010. Tras la expulsión del último califa en 1031, se produjo su desmembración y la aparición de los reinos de taifas. Apenas dos años después de la reconquista de Córdoba (1238) por las tropas cristianas, Muhammed ibn Yusuf al-Ahmar implanta la dinastía nazarí, bajo cuyo gobierno el reino de Granada (1231-1492) conocerá un extraordinario esplendor artístico y cultural. Gracias a sus inexpugnables murallas y a una tan hábil como intensa actividad diplomática conseguirá conjurar la amenaza cristiana y berebere, y perdurará como el último bastión musulmán de la Península durante más de dos siglos, hasta que los Reyes Católicos expulsen al último monarca moro, Boabdil, de la ciudad y pongan fin a la ocupación islámica. Como ha observado Oleg Grabar, "la paradoja de la Andalucía nazarí consiste en el hecho de que un poder político y militar decadente, moribundo en realidad, coincida con una cultura original y sorprendentemente rica".[1]

Debemos a Andrea Navagero, un noble veneciano que visitó Granada apenas treinta y cuatro años después de ser reconquistada, un vivido relato de los jardines del Generalife y de la Alhambra:

> Este palacio, aunque no muy grande, es una edificación admirable con maravillosos jardines y sistemas de agua corriente, el más bello que he visto en España. Tiene varios patios, todos con agua abundante, pero uno en particular con una acequia

en el centro y repleto de espléndidos naranjos y arrayanes. Allí se encuentra una logia, que ofrece una panorámica hacia el exterior, y está situada bajo unos arrayanes de una altura tan impresionante que, prácticamente, se elevan hasta el balcón. Son tan frondosos, todos con copas igual de altas, que parecen un corredor cubierto de verde. El agua fluye por todo el palacio y, si se quiere, también por las habitaciones, algunas de las cuales son adecuadas para una exquisita estancia veraniega.[2]

Cuatro siglos después de la visita de Navagero, el célebre arquitecto mexicano Luis Barragán, fascinado por esos mismos jardines, manifestaba así su deslumbramiento: "Caminando por un oscuro y estrecho túnel de la Alhambra, se me entregó, sereno, callado y solitario, el hermoso patio de los Mirtos [Arrayanes] de ese antiguo palacio. Contenía lo que debe contener un jardín bien logrado: nada menos que el universo entero".[3] Podríamos aportar otros muchos testimonios de admiración de ilustres visitantes, pero lo que nos interesa destacar es su pervivencia en el tiempo. Que su efímera arquitectura vegetal haya sobrevivido hasta nuestros días sin cambios de relevancia resulta casi milagroso, y los convierte probablemente en los más antiguos del mundo. Este hecho nos debiera hacer tomar conciencia de su extraordinario valor cultural. Citaré a este propósito unas palabras muy esclarecedoras de José Tito Rojo:

La mayor herencia recibida de los jardines de Al-Ándalus es la permanencia misma de algunos de ellos que, más o menos alterados, son tal vez los jardines ornamentales más antiguos que han llegado hasta nosotros vivos, sin haber desaparecido nunca, sin haber dejado de existir como jardín. Indudablemente la fortaleza de la jardinería andalusí ha dejado líneas de continuidad en los actuales, sobre todo, lógicamente, en Andalucía; pero mucho de lo que se defiende como permanencia islámica pertenece en gran medida a un catálogo de elementos determinados por el clima y el terreno, mediterraneidad en suma, o a diversas incorporaciones que no son genuina herencia del pasado jardinero andalusí sino imitación reciente de elementos andalusíes, reales o imaginarios.[4]

Ahora convendría rebatir o, al menos, matizar algunos de los tópicos más arraigados que se atribuyen a los jardines hispanomusulmanes. Empecemos por la idea de que el jardín andalusí es una representación del paraíso en la Tierra,[5] del que constituye un anticipo simbólico. Nada ha contribuido más a reforzar esa discutible asociación que los versos citados hasta el aburrimiento del poeta Ibn Jāfaya (s. XI-XII), natural de Alcira y, para más señas, apodado *El Jardinero*, en los que compara el paisaje de Al-Ándalus y su feraz territorio con el paraíso:

¡Oh gentes de Al-Ándalus! De Dios benditos sois
con vuestra agua, sombra, ríos y árboles.
No existe el Jardín del Paraíso
sino en vuestras moradas,
si yo tuviese que elegir, con este me quedaría;
no penséis que mañana entraréis en el fuego eterno:
no se entra en el infierno tras vivir en el Paraíso.[6]

Resulta paradójico pensar que este poema de su *Diwan*, tantas veces invocado para defender la visión canónica del jardín hispanomusulmán como una remembranza del paraíso coránico, en realidad no se refiere a los jardines sino a las fértiles vegas andaluzas. Jafaya no es el primero ni el único de los poetas andalusíes que loa las virtudes de su tierra y se deshace en elogios hacia su patria identificándola con el paraíso en la Tierra. A esta visión idealizada de la fecunda campiña del Al-Ándalus y sus vergeles trasmitida por la escritura, se sumó la presencia constante de los jardines en las Escrituras para consolidar la idea del jardín como una metáfora del paraíso. De acuerdo con la tradición islámica, el paraíso espiritual que aguarda a los justos, a los creyentes piadosos en la otra vida, consta de siete niveles o jardines *(Yannat)* dispuestos en escala ascendente. Y en ninguno de ellos faltan los caudalosos ríos, las melodiosas fuentes, las fragantes flores y los frondosos árboles de apetecibles frutos y densas sombras.

Sería fácil citar pasajes del Corán en los que aparecen mencionados los placenteros jardines del más allá. Pero una cosa es concebir el paraíso como un jardín, a fin de cuentas el islam nació entre los beduinos del desierto en las áridas tierras de Arabia, y otra bien distinta presuponer que todos los jardines terrestres se creaban deliberadamente con la voluntad de reproducir el edén. Esta es una concepción, reduccionista y falaz, que pone de manifiesto la pretensión de "orientalizar lo oriental", en la que, según Edward W. Said,[7] a menudo incurren los expertos occidentales llevados por creencias y actitudes prejuiciosas.

Otro de los lugares comunes del jardín hispanomusulmán es que combina la vocación productiva con la ornamental, que aúna lo útil con lo bello, mezclando plantas de avituallamiento y decorativas. A este propósito hay que señalar que hasta el Barroco no se estableció claramente la distinción, hasta cierto punto forzada y arbitraria, entre especies comestibles y ornamentales. O dicho de otra manera, entre los vegetales destinados al jardín y al huerto. No está de más recordar que, a finales del siglo XVII, el melón, la sandía, el tomate y otras frutas comunes en nuestras mesas eran apreciadas exclusivamente por sus cualidades estéticas. En el primer tratado en lengua castellana sobre el tema se dice: "En el jardín no planten árboles de fruta, porque ya no sería jardín, sino huerto o granja; y los jardines no requieren sino árboles de flores que tengan olor, y vista...".[8]

Además del jardín palaciego, se extendió por todo el territorio del Al-Ándalus la tradición del jardín-huerto, que sirvió tanto de campo de experimentación botánica como de banco de pruebas para los injertos, merced a los que se obtuvieron nuevas frutas como el albaricoque o variedades más productivas o sabrosas de otras ya conocidas como los higos o los dátiles. Asimismo en los jardines botánicos de las almunias o granjas de recreo se aclimataron muchas especies vegetales provenientes de oriente como el arroz, el cáñamo, el algodón o la caña de azúcar, hortalizas como la alcachofa, la berenjena o la zanahoria, árboles frutales como el granado, el limonero, la morera, el naranjo amargo o la palmera datilera, plantas aromáticas como la albahaca, la alhucema y el arrayán,[9] medicinales como la alholva y la alheña, especias y condimentos culinarios como el azafrán, el comino, la pimienta negra y semillas como el sésamo. Este esplendor de la agricultura, al igual que el de los jardines, se debe al desarrollo de las tecnologías hidráulicas, que convirtieron unas tierras de secano en huertas gracias al empleo de norias, acequias, canales, pozos artesianos, aceñas y demás artilugios e ingenios.

La rica cultura botánica del Al-Ándalus se sustentó en el trabajo de agrónomos, geóponos (estudiosos de la agricultura) y jardineros, oficios todos ellos que comportaban un gran reconocimiento social, siendo muy valorados por califas y emires. Fueron también muchos los médicos que se interesaron por el conocimiento y la aplicación terapéutica de distintas especies vegetales y escribieron textos sobre el tema. Destacaremos de entre todos ellos el *Tratado de agricultura* de Ibn Luyun, el *Compendio de agricultura*, del galeno cordobés Abu-l-Qasim al-Zahrawi, el *Libro de los medicamentos simples* y la *Suma o compendio de agricultura* de Ibn Wafid. La obra de este autor inspirará uno de los más famosos tratados de agricultura del Renacimiento: *Agricultura General* de Gabriel Alonso de Herrera. Otros destacados escritores geopónicos fueron Ibn Bassal (*Tratado de agricultura,* Toledo), Ibn al-Awwam (*Libro de la agricultura nabatea*) y al-Tignari (*Flor del jardín y recreo de las inteligencias*).

Detengámonos ahora a desmontar otro de los tópicos aplicados al jardín hispanomusulmán. No son pocos los autores que afirman que la espiritualidad inspira su concepción, y esgrimen la ausencia de juegos de agua como prueba irrefutable. Desde esa perspectiva, las fuentes y los estanques, lejos de cumplir cualquier función lúdica, estarían destinados a las abluciones impuestas por el mandato coránico. Dejando aparte lucubraciones con escaso fundamento, lo cierto es que el jardín islámico, a diferencia del cristiano medieval, no presenta esa voluntad trascendente tan característica del *hortus conclusus* y toda la simbología asociada a él. En la literatura andalusí el jardín aparece como un *locus amoenus*, un lugar de delicias y placer, un marco para el encuentro amoroso y las citas galantes, o para las reuniones con los amigos y el cultivo del ocio. No posee el sentido marcadamente religioso ni el carácter emblemático que tiene en la literatura cristiana. Dicho de otra manera: está más consagrado al placer de los sentidos que a celebrar la divinidad. Comparte esa cualidad, eso sí, con el *hortus deliciarum*, el jardín palatino medieval dedicado al disfrute del soberano y su corte.

A pesar de que el islam no consentía la reproducción de la figura humana o tal vez por eso mismo, los artistas hispanomusulmanes se volcaron en la contemplación de la naturaleza. Su afición a disfrutar del paisaje anticipa ya la del Renacimiento italiano. También podrían ser considerados como los pioneros del arte de las vistas. El erudito andalusí Luyun resume así en su ya mencionado *Tratado de agricultura*, escrito en verso hacia el año 1348 en Almería, las condiciones idóneas para levantar una casa de campo y su correcta disposición:

> Para emplazamiento de una casa entre jardines se debe elegir un altozano que facilite su guarda y vigilancia. Se orienta el edificio al mediodía, a la entrada de la finca, y se instalan en lo más alto el pozo y la alberca, o mejor que pozo se abre una acequia que corra entre la umbría. La vivienda debe tener dos puertas, para que quede más protegida y sea mayor el descanso del que la habita.
>
> Junto a la alberca se plantan macizos que se mantengan siempre verdes y alegren la vista. Algo más lejos debe haber cuadros de flores y árboles de hoja perenne. Se rodea la heredad con viñas, y en los paseos que la atraviesen se plantan parrales.
>
> El jardín debe quedar ceñido por uno de estos paseos con objeto de separarlo del resto de la heredad. Entre los frutales, además del viñedo, debe haber almeces y otros árboles semejantes, porque sus maderas son útiles.[10]

En el jardín hispanomusulmán se encuentran en germen muchos de los rasgos de estilos posteriores, o más aún, se halla cifrado el código genético de toda la historia del jardín. Así, por ejemplo, el gusto por las panorámicas y la apropiación del paisaje exterior que será característico de las villas renacentistas italianas, lo encontramos ya en el alcázar-villa de Medina Azahara, al oeste de Córdoba, y en otras fincas de recreo o almunias construidas en las laderas de las colinas, donde existían jardines en terrazas escalonadas que se abrían al paisaje y lo integraban en su diseño por medio de ventanas o ajimeces. La escalera de agua del Generalife parece anticipar las de villa Lante, Farnese, Ludovisi y tantas otras, por no mencionar los juegos acuáticos, la geometría ordenadora del espacio y la voluntad de simetría tan característica de los jardines andalusís y que, como veremos, llevó hasta sus últimas consecuencias el jardín barroco. La afición por los jardines botánicos, que desde el siglo XI se construyen en las casas de campo, también se extenderá por occidente, adelantándose casi quinientos años a la creación del Orto Botanico de Padua, considerado el más antiguo de Europa. Incluso hay elementos del jardín paisajista inglés que podemos emparentar con rasgos específicos de los vergeles hispanomusulmanes, como es su elaborada naturalidad.

Puede que la matriz racional y la voluntad de apropiarse del paisaje exterior del jardín renacentista italiano, la perspectiva teatral y la simetría de los jardines barrocos o incluso la abolición de las barreras visuales y la imitación de la naturaleza del jardín paisajista neoclásico se encontrasen en potencia en los depurados y armónicos diseños hispanomusulmanes, pero no es menos cierto que estos también están claramente emparentados con los *charbags* persas, los templos peristilados griegos, los patios con *pluvium* romanos, los jardines de los palacios bizantinos y los claustros de los monasterios paleocristianos. Los jardines del Al-Ándalus, si bien tienen su propia historia, recogen una herencia mediterránea milenaria. Y a partir de muy diversas influencias, crean un modelo diferenciado y singular. Se podría decir de ellos que son a un mismo tiempo descendientes de una antigua tradición y pioneros de lo que estaba por venir. Kristin King sugiere que los jardines son una de las formas que tienen las civilizaciones de sobrevivir a sí mismas, y la hispanomusulmana no es una excepción.

> Es ciertamente extraño que, mientras civilizaciones enteras están ascendiendo y desapareciendo, aspectos de su influencia se extiendan sutil pero inexorablemente a través de los jardines y

las plantas. Roma pensó conquistar Grecia, pero fue moldeada por la filosofía, la horticultura y el arte griegos. La fe islámica y cristiana combatieron una a la otra alternativamente, quizá más patentemente durante las Cruzadas para 'liberar' Tierra Santa de las garras de los infieles, si bien fueron los europeos quienes fueron cautivados por sus exóticas flores, árboles y jardines. El caso fue que, a resultas de las Cruzadas, la rosa de damasco y el clavel entraron en los jardines y en los tapices del mundo occidental y los granados, los limoneros y los naranjos fueron cultivados en la costa norte del Mediterráneo. El diseño de los jardines islámicos ha arraigado hasta nuestros días en los jardines occidentales. De igual manera, la horticultura de las Américas acabaría implantándose en Europa. Y esta, por su parte, se adueñó del Nuevo Mundo plantando banderas, redibujando mapas y trazando fronteras, mientras que la patata, el tomate y el maíz ponían la simiente de su propia y duradera reivindicación en el Viejo Continente. No menos a nivel privado e individual que al de pujantes y menguantes civilizaciones, las plantas y los jardines cultivan a la gente que piensa cultivarlas a ellas.[11]

Se ha especulado mucho sobre cómo eran los jardines del Al-Ándalus, con frecuencia sin demasiado rigor, cuando no desatendiendo abiertamente los vestigios arqueológicos de que disponíamos. Por otro lado, su representación ha ido cambiando al amparo de una historiografía velada por los prejuicios de cada momento histórico. En el romanticismo fueron vistos como jardines de placer, refinados y sensuales; en el novecientos, como un remedo del paraíso y un sabio equilibrio entre utilidad y ornamento; y desde nuestra perspectiva posmoderna, a veces se nos presentan como una ecotopía. Y sus creadores han pasado, según las épocas, de ser estetas de una sensibilidad refinada, amantes del lujo y de las fiestas galantes, a devotos creyentes de Alá o a jardineros ecologistas. Cada periodo histórico no solo ha concebido lo que significa ser musulmán de una forma distinta, sino también y, sobre todo, ha entendido de diferente manera los motivos por los que se construían los jardines, así como la escurridiza relación entre jardinería y poder. En tal sentido resulta interesante la observación de Tito Rojo:

> Sobre el jardín islámico se han acumulado una serie de afirmaciones indemostradas que, adornadas y engrandecidas en una cadena de textos sucesivos, han configurado una visión dominante, cuya 'evidencia indudable' se basa no en el estudio de la documentación existente sino en su coherencia con la visión general dominante sobre el 'ser musulmán'. [...] Tratábamos de averiguar cómo se inventó un estilo, el 'jardín hispanomusulmán', cuyas características debían más a la ideología que dominaba la historiografía jardinera de gran parte del ochocientos y el novecientos que a lo que se sabía realmente de los jardines de al-Andalus.[12]

Es un hecho que los jardines andalusís han estado sometidos a un proceso de continua idealización estetizante. La falta de pruebas no ha representado ningún inconveniente, más bien todo lo contrario, para que algunos entendidos llevados por lo que François-René Chateaubriand llamó "los encantamientos de la imaginación"[13] y alguien menos complaciente describiría como la moda de lo exótico y una fabulación reduccionista, tramposa e interesada del mundo islámico, establecieran las bases de una estética jardinera pretendidamente hispanomusulmana. El caso es que, desde el siglo XVIII, este se ha ido cargando de significados, asociaciones y connotaciones en el imaginario de occidente. Como nos recuerda Tito Rojo: "Andalucía para los románticos era el Oriente cercano".[14] Y nadie ha expresado mejor los mecanismos de construcción de la ficción ideológica de lo oriental que Said. Extraemos uno de los pasajes de su ya clásica obra *Orientalismo*, donde se explica nítidamente este proceso de fabricación del Otro:

> Una de las evoluciones importantes del orientalismo del siglo XIX y XX fue la producción de algunas ideas esenciales sobre Oriente –tales como su sensualidad, su tendencia al despotis-

mo, su mentalidad aberrante, sus hábitos de imprecisión y su retraso– y su concreción dentro de una coherencia individualizada e indiscutida. De este modo, el que un escritor utilizara la palabra "oriental" constituía una referencia suficiente para que el lector identificara un cuerpo específico de información sobre Oriente. Esta información parecía ser neutra desde el punto de vista moral y objetivamente válida, parecía gozar de una categoría epistemológica semejante a la de una cronología histórica y la localización geográfica. Por tanto, en su forma más básica, el material oriental no podía ser violado por los descubrimientos de nadie, ni tampoco podía ser revalorizado completamente.[15]

Las teorías sobre el jardín hispanomusulmán se han visto afectadas por los mismos sesgos ideológicos, apriorismos injustificados e ideas preconcebidas que han distorsionado, cosificado y tergiversado nuestra percepción de oriente y que, probablemente, seguirán haciéndolo. Además, tanto el uno como el otro no son realidades inertes e inmutables, con una esencia intemporal y una naturaleza fija, sino que están sujetos al paso del tiempo y en permanente evolución. Después de aceptar que mucho de lo que se ha escrito sobre el jardín andalusí es poco científico, centrémonos en lo que sí se puede afirmar con sentido a partir de la documentación existente. Por más que algunos aspectos de su configuración permanezcan sin clarificar del todo, podemos realizar algunas afirmaciones sobre su composición, trazados e iconografía respaldadas por las pruebas arqueológicas de las que disponemos.

El rasgo distintivo del jardín hispanomusulmán es su carácter íntimo y recoleto. Suele organizarse en patios cerrados, concatenados e intercomunicados, pero siempre de una escala humana.[16] La geometría dinámica de su trazado busca la simetría bilateral, enfatizada por los elementos acuáticos (fuentes, albercas, estanques, aljibes, acequias). La planta ortogonal aparece a menudo dividida en cuadrantes por un doble eje cruzado en una clara herencia del *charbagh* persa, término que podemos traducir como "el jardín de los jardines". El agua consigue unir la arquitectura y la vegetación en un solo cuadro. La espacialidad es ritmada por el lenguaje de las fuentes y los edificios se desmaterializan al reflejarse en los estanques.

El agua es un recurso primordial a la hora del moldear el espacio, más incluso que las propias plantaciones y la arquitectura. La magia de la Alhambra y, por extensión, de todos los jardines andalusís, está indisociablemente unida al dominio de las técnicas de irrigación, al empleo del agua como un fluido ornamento y al manejo de la hidráulica. Baste mencionar la construcción de la acequia real que canaliza la corriente del río Darro hasta la parte alta del Generalife y que discurre por debajo de los peldaños de la escalera de agua, atravesando el Patio del Ciprés de la Sultana y el Patio de la Acequia, hasta la parte más elevada de la Alhambra para abastecer toda la red de fuentes, canales y estanques.[17] El delicioso, fresco y sedante arrullo del agua que mana de los surtidores, corre por regueras y acequias, se amansa en aljibes, albercas y balsas, regala los oídos del visitante y lo sumerge en una atmósfera de ensueño y poética belleza. La estética se alía con la ingeniería para hechizar al visitante de estos jardines. Buen número de las incontables obras hidráulicas llevadas a cabo por los musulmanes en la Península han llegado hasta nuestros días. Recordemos, por ejemplo, que para regar los jardines del Alcázar de Sevilla se reconstruyó y amplió durante el reinado del califa almohade Abu Yacub Yusuf el acueducto romano que traía el agua desde Alcalá de Guadaira a unos diecisiete kilómetros de distancia, acueducto que, dicho sea de paso, estuvo en funcionamiento hasta 1948. En estos y otros ejemplos se advierte el extraordinario nivel alcanzado por los jardineros hispanomusulmanes, tal vez porque, como sugiere Lucie Bolens, "parecen portadores de una suerte de saber enciclopédico y están al mismo tiempo apasionados por la observación de la naturaleza: son ya hombres del Renacimiento".[18]

Otra de las singularidades más destacadas del jardín hispanomusulmán es el peculiar diseño de los caminos. Estos se construyen en forma de andenes a un cierto nivel del suelo para facilitar que se pueda pasear mientras se riega por inundación o manta, llevando el agua de los aljibes por canalillos hasta los cuadros de siembra. Estos paseos elevados y los setos recortados alrededor de los parterres hundidos protegen a las plantaciones de la desecación producida por el viento, mantienen la humedad del sustrato y aportan frescor al ambiente, creando un microclima favorable.

Poco importa si, como sostienen muchos especialistas, estas técnicas, lo mismo que el uso ornamental del agua o la utilización de la cerámica esmaltada o azulejo para revestir pilas, estanques, muretes y asientos, las aprendieron los musulmanes en Egipto, Mesopotamia o Persia durante su expansión territorial entre los siglos VII al IX. El jardín hispanomusulmán supo, como ya hemos dicho, asimilar la herencia de tradiciones diversas y sintetizar las búsquedas formales de varias civilizaciones nacidas en torno al Mediterráneo. Toda su sabiduría jardinera consiste precisamente en amalgamar elementos humildes y de dispar procedencia para crear una unidad, presidida por la armonía, lo que, por otra parte, revela su exquisita sensibilidad. Ni las plantaciones son exuberantes, ni las construcciones grandiosas, pero combinadas con recursos decorativos sencillos, de una sobria elegancia, dan lugar a la perfección y colman esa nostalgia del paraíso que, según Eliade,[19] es una de las más antiguas formas de misticismo, y añadimos nosotros también del pensamiento utópico.

VIII

EL SENTIMIENTO DEL PAISAJE Y LA MIRADA INTERIOR

*U*na nueva actitud de goce de la naturaleza, revalorización del paisaje y gusto por la vida rústica característica del Renacimiento se vislumbra ya en la ascensión de Francesco Petrarca al monte Ventoux en compañía de su hermano el 26 de abril de 1336. En el relato que hace de esa subida, a una cima real y no imaginaria, el famoso poeta del *dolce stil novo* se adivina la admiración renacentista por las vistas despejadas y grandiosas. Después de extasiarse en la contemplación de los picos y, mientras descansaba de la fatiga de la caminata ("debido a cierta insólita sutileza del aire y a la visión de aquel vasto espectáculo, me quedé como pasmado")[1], se le ocurre echar una ojeada al libro que portaba consigo, regalo de un buen amigo, y que no es otro que las *Confesiones* de san Agustín.[2] Así que lo abre al azar dispuesto a leer lo primero con que tropiecen sus ojos. Y por una ironía del destino, su vista se fija en unas líneas del libro x que rezan: "Y van los hombres a admirar las cumbres de las montañas y las enormes olas del mar y los amplísimos cursos de los ríos y la inmensidad del océano y las órbitas de las estrellas, y se olvidan de sí mismos".

Esas frases caen como un jarro de agua fría sobre la conciencia de Petrarca, que, súbitamente avergonzado por la fruición que experimenta al presenciar las bellezas terrenas, levanta aturdido la mirada del libro e inicia el descenso con el corazón abrumado por una especie de congoja moral. Desde la perspectiva de un lector moderno, diríamos que se culpabilizaba por haberse dejado arrastrar por el sentimiento del paisaje.[3] Este episodio permite vislumbrar bajo la mentalidad tradicional medieval de condena de los sentidos y menosprecio del mundo visible la naciente sensibilidad renacentista hacia la deleitable belleza de la naturaleza.

El silencio de Petrarca encierra sentimientos encontrados hacia la sensualidad del paisaje. Pasa del deslumbramiento y la admiración a la irritación consigo mismo, y de esta al desapego y la indiferencia hacia lo que le rodea. Es como si por un momento se hubiera dejado arrastrar por la *concupiscentia oculorum* de la que hablaban los escolásticos, para acto seguido, resolviéndose dentro de su piel, arrepentirse de haber cedido a los turbadores encantos del mundo exterior. Esta escena, en la que Petrarca oscila entre el exaltado descubrimiento de los atractivos terrenales y el desprecio medieval hacia lo visible, está cargada de significado y posee la fuerza de un símbolo.

Otro autor que anticipa la nueva sensibilidad renacentista respecto a los jardines es Giovanni Boccaccio. Estos están muy presentes en ese monumento literario que es el *Decamerón*, compuesto entre 1348 y 1353 y considerado una *summa* del cuento medieval. El argumento de la obra es muy conocido: diez jóvenes florentinos de la alta burguesía, siete damas y tres caballeros, se refugian en la campiña toscana para ponerse a salvo del azote de la peste que en 1348 asoló la ciudad. A lo largo de las diez jornadas que abarca el libro y a razón de diez "novelas" por jornada,[4] los jóvenes noveladores entretienen la espera relatando historias y cuentos de muy diverso género y extensión por turno, "ordenadamente" dice el texto, al tiempo que se protegen del sol estival bajo la sombra de los árboles. Cuando no prestan oídos a esas "novelas o fábulas o parábolas o historias"[5] se distraen paseando por el campo o los jardines, cantando romances franceses, tañendo instrumentos o jugando al ajedrez o a las damas.

En la primera y la última jornada las narraciones son de tema libre mientras que las restantes, por el contrario, giran en torno a un motivo propuesto por la "reina" o el "rey" que ese día gobierna el grupo. Al comienzo de la tercera, en la que se habla bajo el requerimiento de Neifile, el autor ofrece una descripción detallada de un paradisíaco jardín situado en "una hermosísima y rica mansión que un tanto levantada sobre el suelo en un cerro estaba",[6] y que la tradición ha identificado con la llamada villa Schifanoia, erigida en la colina Camerata en las inmediaciones de Florencia, donde la amable *brigata* se ha cobijado:

> Después de lo cual, haciendo abrir un jardín contiguo al palacio, allí, que estaba todo cercado por un muro, entraron; y pareciéndoles a primera vista de maravillosa belleza todo el conjunto, más atentamente empezaron a mirar sus partes. Tenía a su alrededor y por la mitad en bastantes partes paseos amplísimos, rectos como caminos y cubiertos por un emparrado que gran aspecto tenía de ir aquel año a dar muchas uvas; y todo florido entonces esparcía tan gran olor que, mezclado con el de muchas otras cosas que por el jardín olían, les parecía estar entre todos los aromas nacidos en el oriente. Los lados de los cuales paseos todos por rosales blancos y bermejos y por jazmines estaban casi cubiertos; por las cuales cosas, no ya de mañana sino cuando el sol estuviese más alto, bajo olorosas y

deleitables sombras, sin ser tocado por él, se podía andar por ellos.[7]

Habrá de pasar más de un siglo antes de que la naturaleza sea considerada digna de contemplación, se reconozca su valor y belleza y se recupere la sensibilidad pagana hacia el paisaje. Tendrá que descubrirse América, inventarse la imprenta y perder la Tierra su posición central antes de que la existencia deje de verse como un valle de lágrimas, como un mero tránsito hacia la otra vida más lisonjera, y el mundo terrenal se contemple bajo una luz más positiva. Solo entonces se revalorizarán las actividades mundanas, la dimensión temporal de la vida y el ejercicio gozoso de la libertad humana.

Paralelamente a este cambio de mentalidad, se impondrá también una nueva conexión con la naturaleza, fuente de deleites sensoriales, objeto de estudio y modelo a imitar. El nuevo clima cultural fomenta asimismo el gusto y el amor por los jardines. Pero hasta que los nuevos descubrimientos geográficos y científicos no estimulen la imaginación y amplíen el horizonte mental de los seres humanos, el jardín tampoco saldrá de sus límites, se abrirá al paisaje y terminará conquistando el infinito. La afición a las vistas panorámicas guarda una estrecha relación con los valores trasmitidos por la filosofía humanista, que alienta la independencia de la razón natural, el deseo de percibir directamente las cosas y el dominio del hombre sobre el mundo sensible. De ahí que la progresiva desaparición de la imagen estática, inamovible y finita del universo medieval no solo tuviese repercusiones filosóficas y teológicas, sino que alterase también la manera de apreciar el paisaje.

Un mundo cerrado, fuertemente jerarquizado y asentado en firmes convicciones teológicas que infundían una confortable seguridad a las personas sobre la vida temporal y ultraterrena, se acaba y emerge otro nuevo caracterizado por el dinamismo social, el antropocentrismo, la concepción de un mundo infinito y el poder de la voluntad para transformar la realidad. Mientras que antes los avatares de la existencia y el acontecer de los hechos escapaban al designio humano, pues eran resultado de fuerzas sobrenaturales o leyes trascendentes, ahora se percibe la obra de Dios como un sistema de fuerzas, cuyo funcionamiento puede ser desentrañado, comprendido y, lo que es aún más importante, previsto por la razón. En esta nueva *imago mundi*, aunque básicamente cristiana, el ser humano cobra una relativa autonomía, se libera paulatinamente de la carga de los prejuicios y los condicionamientos extramundanos y adquiere un sentimiento de la inmanencia. En definitiva, asume su capacidad de elección y el poder de forjarse a sí mismo y dirigir su destino. Como dice Pico della Mirandola:

> Ni celeste, ni terrestre [...], ni mortal, ni inmortal, para que tú mismo, como modelador y escultor de ti mismo, más a tu gusto y honra, te forjes la forma que prefieras para ti. Podrás degenerar a lo inferior con los brutos; podrás realizarte a la par de las cosas divinas, por tu misma decisión.[8]

Esta orgullosa actitud del "hombre renovado" conlleva una relación diferente con la naturaleza. Ya no se opondrá a sus sensuales encantos, ni se protegerá de su amedrentadora presencia encerrándose tras los altos muros del jardín, sino que, confiado y seguro de su poder, intentará ponerla a su servicio.

La filosofía del Renacimiento se volcó, a consecuencia de la crisis de la escolástica como sistema explicativo de la realidad y la consiguiente devaluación del sistema aristotélico, en el estudio de la naturaleza. Este será el objetivo de tres formas de conocimiento en apariencia alejadas, cuando no excluyentes, pero de origen común: filosofía natural, magia y ciencia. A medida que, con el correr del tiempo, se desarrolle un método científico de corte experimental, estas tres vías seguirán cursos distintos. Si tuviéramos que resumir en una frase los presupuestos latentes tras estas tentativas de comprensión de la naturaleza, diríamos que esta es concebida como una totalidad orgánica, que engloba tanto a seres animados como inanimados y que se comporta como una máquina, regida por leyes mecánicas.

En el empeño de desentrañar el funcionamiento de la naturaleza, de descifrar el libro vivo de la naturaleza *(codex vivus naturae)* según una expresión del agrado de Tommaso Campanella y antes usada por Raimundo de Sabunde, unos pensadores indagarán sus secretos, propiedades y fuerzas ocultas mediante rudimentarios procedimientos experimentales y expresarán sus descubrimientos en un lenguaje hermético y ocultista, y otros tratarán de descubrir las leyes de la gran máquina universal traduciendo sus logros al lenguaje de la matemática. Al primer grupo pertenecen filósofos como Bruno y Campanella y al segundo Galileo, Descartes, Newton y Leibniz. Estas dos actitudes, a menudo estrechamente imbricadas entre sí, supondrán diferentes tentativas de acercamiento a los fenómenos naturales y tendrán distinta repercusión en el arte de los jardines. La corriente hermética dejará sentir su influjo en la botánica mágica[9] y el jardín de los alquimistas, y la corriente matemática fomentará la utilización de la geometría en la planificación.

SEGUNDA PARTE

DEL RENACIMIENTO AL BARROCO
La métrica de los jardines arquitectónicos
o un nuevo edén matemático

IX

JARDINES RACIONALMENTE SENTIDOS
O LAS BELLAS HORAS DEL JARDÍN RENACENTISTA

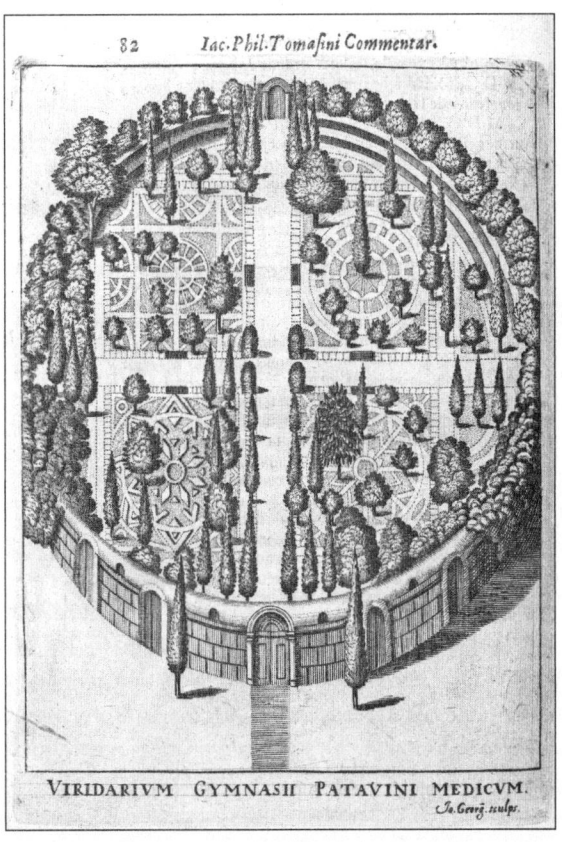

La estática imagen medieval del mundo, trasunto de la sociedad estamental, va dejando paso paulatinamente al dinamismo renacentista. Por más que resulta imposible fechar con exactitud el comienzo del Renacimiento, desde mediados del siglo XV y sobre todo el XVI tienen lugar una serie de acontecimientos que propician el cambio de mentalidad. Recordemos que, poco antes de que el sacerdote y astrónomo polaco Nicolás Copérnico, en trance de muerte, publicase su magna obra De *revolutionibus orbium coelestium*, en la que postulaba que la Tierra no era el centro del universo, sino uno entre otros planetas que vagan en el espacio infinito describiendo órbitas circulares alrededor del Sol, Hernán Cortés había conquistado el imperio azteca y Francisco Pizarro el inca. Por esa misma época, el papa Pablo III emitía una bula donde describía a los indígenas habitantes de las Indias como "hombres verdaderos [...] capaces no solo de comprender la fe católica sino también, de acuerdo con nuestra información, deseosos de recibirla".[1]

No solo el horizonte cósmico sino también el terráqueo y mental se ampliaron súbitamente con la llegada de los europeos a América. El encuentro con los seres humanos de otras latitudes marcará el comienzo del Renacimiento no menos que la invención de la imprenta de tipos móviles por Johannes Gutenberg o la formulación de la teoría heliocéntrica. El contacto con los indios obligó a los conquistadores europeos a enfrentarse con el problema de la unidad y diversidad de la especie humana. En qué medida los habitantes del Nuevo Mundo poseían humanidad, juicio y capacidad intelectual para poder ser cristianizados es un tema recurrente en las discusiones y debates filosóficos desde el mismo momento en que Colón pone el pie en las Indias. Ya en una de sus primeras cartas, dirigida a Luis Santángel y fechada el 15 de febrero de 1493, comenta que, entre los habitantes del Caribe, no ha encontrado "ombres monstrudos".[2] En palabras de John Huxtable Elliott, los conquistadores se vieron enfrentados al perturbador descubrimiento "de que el hombre y el hombre europeo no eran necesariamente idénticos".[3] Una de las consecuencias de ese choque cultural fue sin género de dudas un mayor reconocimiento de la complejidad de la naturaleza humana.

Una nueva imagen del universo se va abriendo paso con la gradual implantación del heliocentrismo y la ampliación del orbe conocido a resultas de la expansión atlántica, caracterizada por la idea de infinitud. La concepción aristotélica-ptolemaica dominante durante la

Edad Media de un universo dividido en dos mundos, supralunar y sublunar, cederá el terreno a una visión del ser humano en conexión con el universo. Este, por su parte, dejará de ser un espacio finito, un *plenum* limitado por la esfera de las estrellas fijas y en cuyo interior se encuentran las esferas transparentes de éter donde flotan los astros, para ser un espacio infinito. La hipótesis de un cosmos ilimitado es considerada probable por Galileo y expresamente sostenida por Giordano Bruno y Thomas Digges. Esta transformación se debe en buena medida al retorno a los ideales científicos del platonismo y el pitagorismo, y al valor que otorgan a las matemáticas en la comprensión de la naturaleza, ahora asociada también a una visión mecanicista. Si la ciencia aristotélica tomaba como modelo el organismo vivo, ahora el modelo será la máquina y, más concretamente, el reloj. El universo se parece a un perfecto mecanismo de relojería, al que la mano de Dios da cuerda.

Al tiempo que el cosmos se torna infinito, la naturaleza adquiere la apariencia de un orden racional y necesario, inteligible por el entendimiento y expresable en caracteres matemáticos.[4] Las esencias de los seres y las causas últimas del movimiento ya no son objeto de estudio sino la regularidad observable de los fenómenos y su explicación a través de pruebas empíricas. Como recuerda Galileo Galilei, el mérito de Copérnico consistió en haber sabido ver más allá de lo que sus sentidos le hacían creer. Paralelamente surge un nuevo camino para acceder a la verdad, que se aleja de la metodología y los razonamientos lógico-deductivos y finalistas de Aristóteles. Esta nueva ciencia se caracteriza por ser experimental y metódica. Más adelante, veremos cómo esta preocupación por el método tiene su correlato en el arte de la jardinería, que, con Le Nôtre, se tornará una ciencia casi tan rigurosa y exacta como la matemática. La geometría ofrece no solo a los filósofos sino también a los jardineros un modelo a seguir. El equivalente de la demostración matemática será, en el terreno de la jardinería, la planificación meticulosa de parterres, bosquetes y laberintos según un principio rector y unas reglas precisas.

El abandono de las plantas productivas en favor de otras con cualidades ornamentales fue una de las consecuencias más patentes de la aplicación al jardín de las reglas y normas arquitectónicas durante el Renacimiento. Las plantaciones dejaron de hacerse con fines utilitarios, para satisfacer necesidades vitales relacionadas con la alimentación, la salud o la higiene, y pasaron a ser un elemento arquitectónico al servicio de otros objetivos menos prosaicos vinculados con las necesidades estéticas y espirituales del ser humano. Resulta ilustrativo que en el primer tratado de jardinería publicado en lengua española (*Agricultura de jardines*, 1592)[5] se describan las plantas atendiendo a sus atributos externos con valor decorativo como el porte, el tipo de hojas, la apariencia de los frutos, sus colores, las floraciones, la forma de las raíces e incluso sus propiedades aromáticas.

Nos ahorraremos una larga explicación con solo decir que el jardín se tornó arquitectónico y asumió los mismos principios constructivos, proporciones volumétricas y reglas de la perspectiva que se aplicaban al diseño de los edificios. A la par que se sometía la naturaleza a los trazados geométricos y a las tramas regulares en un intento de construir un espacio perspectivo que prolongase y ampliase el juego de las edificaciones, se iba apartando progresivamente de las costumbres y mentalidad de los agricultores y hortelanos. Las villas campestres, sin dejar de ser granjas productivas, se convirtieron en lugares de recreo y esparcimiento para las clases acomodadas, en *luoghi di delizie* por usar una expresión de la época, en cuyo diseño se atendía más al juego de las proporciones, a su inserción armónica en el paisaje y a la apropiación de vistas hermosas que a criterios propiamente utilitarios o prácticos. Como afirma Javier Maderuelo en relación con el *palazzo* Piccolomini de Pienza, uno de los lugares emblemáticos en los que se gestó esta nueva filosofía espacial, "todo el artificio intelectual encerrado en la idea de perspectiva se aplica a la consecución de una secuencia visual con el único fin de conseguir un deleite sensitivo".[6]

En suma, el espacio constructivo se articulaba a través de ejes de simetría, puntos de fuga y telones de fondo, imponiendo un orden geométrico y una disposición reticular al conjunto formado por la villa y el jardín. Los elementos vegetales (boj, tejo, mirto, laurel, arrayán, etc.) se combinan con los elementos de albañilería y piedra (escalinatas, fuentes, pórticos, rampas, parapetos, balaustradas, estanques, terrazas, edificios, etc.) para constituir un todo unitario, cerrado y perfectamente definido, a la par que dialogan entre sí y con el paisaje. La construcción de fábrica y la arquitectura vegetal se integran al servicio de un ideal de armonía y equilibrio, cuyo fin último es el disfrute sensual de la naturaleza y el goce de los sentidos. Se trata de un placer sublimado y racionalizado a través del lenguaje arquitectónico.

La sensual matemática del jardín renacentista se halla en consonancia con la concepción estética neoplatónica desarrollada por Marsilio Ficino en la Academia de Careggi, quien elaboró una teoría de la contemplación basada en el *Fedón*, y que integraba algunas nociones estéticas de los griegos y san Agustín. A través de la contemplación, el alma escapa de la cárcel del cuerpo, lo que le permite alcanzar una conciencia puramente racional de las formas platónicas. Esa suerte de recogimiento interior, de ensimismamiento intelectual o arrobamiento es la condición de posibilidad tanto de la creación artística como de la experiencia de la belleza. De ahí que esta sólo pueda ser captada por las facultades superiores, esto es, la vista, el oído y la inteligencia, y no por los sentidos inferiores. Sin duda, la arquitectura vegetal renacentista parece destinada a estimular y colmar por encima de ningún otro sentido el de la vista y atrapar en las redes geométricas de su diseño la mirada extasiada del espectador.

La fruición intelectual resultante de la captación del orden matemático interno del jardín guarda sintonía con una noción de la belleza contemplativa, entendida como un camino de iniciación que conduce al Bien, es decir, a la unión espiritual con Dios (el Supremo Bien) y, por consiguiente, a la inmortalidad y a la felicidad eterna. Tal y como explica el propio Ficino:

> La belleza es una flor de la bondad, con cuyos encantos de flor, como un alimento que está oculto más adentro, alimenta la bondad a los que la contemplan. Pero, como el conocimiento de nuestra mente tiene su origen en los sentidos, no entenderíamos ni apeteceríamos jamás la propia bondad inserta en el fondo de las cosas, si no fuéramos conducidos a aquella por las señales ma-

nifiestas de esta hermosura exterior. Y en esto aparece admirable la utilidad de la belleza y del amor, que es su compañero.[7]

Esta concepción de la belleza espiritualizada marcará la sensibilidad del *Cinquecento* y ejercerá un poderoso influjo sobre los más destacados artistas italianos de su época: Botticelli, Miguel Ángel, Rafael o Tiziano, y entre ellos los tratadistas y creadores de las artes del *disegno*. Los siete discursos que componen *De Amore*, desarrollan en tono poético una teoría estética que ve en el amor la fuerza que nos impulsa a elevarnos desde la belleza del mundo de las formas hasta la unión con Dios. Hay un evidente paralelismo entre este planteamiento y una filosofía del jardín que depura y somete la naturaleza a la abstracción geométrica con el propósito de catapultarnos a una belleza trascendente y fundirnos con el paisaje. Ficino asume la tradición que proviene de Platón y Plotino, según la cual toda belleza visual es inmaterial, puesto que la luz que sirve de puente entre el ojo y el objeto es espiritual. Y sin esta, el ojo no podría ver ni el objeto ser captado.

Otro tanto podríamos decir de la belleza que emana del sometimiento a un orden geométrico en el jardín. La mirada del espectador, lejos de quedar prendada, trabada en la hermosura de las formas vegetales, es proyectada por la matemática oculta de su trazado hacia un más allá presidido por la belleza abstracta del orden. Se produce una suerte de catarsis visual, de elevación hacia una realidad superior que, siquiera temporalmente, calma las ansias de inmortalidad del hombre, su anhelo de escapar a su condición mortal y liberarse de su naturaleza material. Gilles A. Tiberghien describe así una experiencia que solo cabe calificar de espiritual: "Un verdadero jardín está hecho a la imagen de aquel que lo ha soñado, es el resultado de una alquimia que transforma la naturaleza en espíritu y hace de ella un poema vegetal".[8]

Con todo, el jardín no solo fue un lugar de encuentro del hombre consigo mismo y con la naturaleza sino también un símbolo de poder, un signo de ostentación y un instrumento de propaganda. Para analizar las implicaciones políticas del jardín durante el Renacimiento, conviene recordar la historia de los Médicis. Esta floreciente familia, desde el señorío de Cosme I el Viejo, primer gran duque de Toscana, hasta el mecenazgo de Lorenzo el Magnífico, erigió en sus propiedades un gran número de villas, que constituían, por una parte, un elemento esencial del sistema de explotación agrícola y, por la otra, un eficaz medio de control político del territorio. En 1598 el gran duque Fernando I encarga al pintor flamenco Giusto (o Justus) Utens, residente por aquel entonces en la localidad de Carrara, la realización de una serie de *lunettos* en los que se reproducían a vista de pájaro las villas pertenecientes a los Médicis.

Esta colección de pinturas, destinadas a decorar el gran salón del palacio de Artimino, muestra de una manera detallada y precisa la estructura y el diseño de los primeros jardines del Renacimiento italiano, empezando por la temprana villa de Cafaggiolo con un aire todavía medieval, siguiendo por la villa Médicis de Fiésole construida sobre la ladera de una colina aterrazada con la clara intención de beneficiarse de las vistas y dialogar con el entorno campestre, y terminando por los grandiosos jardines de Boboli anexos al palacio Pitti de Florencia, los cuales poseen ya un marcado carácter escenográfico. Sin temor a equivocarnos, podemos decir que estos cuadros constituyen una fuente privilegiada de información sobre el aspecto original de los jardines.

Por más que Utens pudiera adolecer de un excesivo esquematismo o incurrir en algunas deformaciones con el propósito de mostrar la totalidad del dominio, no cabe duda de que en sus *lunettos* ofrece una visión unitaria e integradora de los diferentes elementos orgánicos que componen la villa (bosques, jardines de recreo, parque de caza, tierras de labor, edificaciones, caminos, cerramientos, etc.). Por lo demás, el jardín se integra en el paisaje o, mejor dicho, se convierte en parte constitutiva de este, en su telón de fondo y en un componente esencial de la proyección espacial.

Otro aspecto digno de mención es que, desde los tiempos de Cosme I el Viejo, los jardines se convirtieron en lugares de encuentro de filósofos, artistas e intelectuales, en centros de la vida cultural, donde ejercitar un *otium* activo, a la romana. Baste recordar que la villa de Careggi, situada en un ribazo de suave pendiente próximo a las colinas del norte de Florencia, fue descrita por Ficino como "el paraíso del saber"; o que la villa de Poggio en Caiano, edificada por Giulano da Sangallo por encargo de Lorenzo el Magnífico, albergó la escuela neoplatónica, por no mencionar que los jardines de la villa de San Marcos en Florencia acogieron la sede de una escuela de dibujo volcada en la recuperación de la antigüedad.

*E*l humanista Alberti expone en su obra *De re aedificatoria* los principios de la nueva arquitectura y, por ende, del jardín. Debemos tener presente que, para los tratadistas del Renacimiento, este era una prolongación del edificio y su realización debía respetar las mismas reglas que la construcción de la villa palaciega suburbana. La concepción arquitectónica de Alberti, que sirve de modelo para las futuras generaciones, bebe de las fuentes clásicas. Ahora bien, se trata más de una reinterpretación personal que de una recuperación fiel de los procedimientos originales. No puede ser de otra manera puesto que deduce las normas sobre dónde y cómo edificar a partir de un precario conjunto de observaciones dispersas y noticias puntuales recogidas en los textos de algunos autores latinos de temas rústicos, bucólicos y campestres (Catón, Columela, Varrón, Plinio el Viejo, Vitruvio, Virgilio, etc.).

Ese conocimiento fragmentario y disperso de las distintas clases de jardines antiguos no le impide elaborar un compendio de principios que deben regir la ejecución de edificios y jardines. Entre estos cabe destacar principalmente dos: la cuidada elección del emplazamiento para satisfacer unas necesidades estéticas, higiénicas y prácticas, y el ideal de unidad y armonía constructiva. Por lo que se refiere al primer punto, debe escogerse para edificar la villa un "lugar de campo, no el más fértil sino el más digno". Con esto quiere dar a entender que debe ocupar una posición elevada a fin de beneficiarse de "una vista sobre alguna ciudad, pueblos, el mar, la llanura y las cumbres de algunas montañas y colinas conocidas".[1] Añádase a esto la comodidad de tener un fácil acceso desde la ciudad y ver con antelación a los que se acercan. La preferencia por un asentamiento bien ventilado, expuesto al sol, no demasiado alejado de los núcleos urbanos y, sobre todo, con buenas vistas denota una apreciación del paisaje como objeto de contemplación y fuente de goces sensoriales muy alejada de la relación de desconfianza y temor hacia la naturaleza que caracterizaba al hombre medieval. En acertada definición de Miguel Ángel Aníbarro: "el jardín deja de ser centrado y estático para ser axial y dinámico".[2]

Una de las mayores innovaciones en el arte del jardín durante los siglos XVI y XVII, aparte de su subordinación a la arquitectura, fue el haber pasado a ocupar una posición frontal, sirviendo de elemento mediador, de espacio de transición entre el edificio y el paisaje. La casa se abre al jardín y este al exterior. La vista se expande hasta donde abarca el campo visual, se recrea en el entorno y se pierde en la lejanía. Un hecho en el que nunca se insistirá bastante es que el hombre renacentista siente la llamada del horizonte tanto en los viajes transcontinentales y en las concepciones astronómicas como en la realización de los jardines. Francesco Fariello debió de pensar en esto cuando escribió:

> La primera exigencia que el jardín se ve obligado a cumplir es la conexión con el paisaje, en el sentido de que debe disponer de vistas paisajistas aun adoptando una forma definida y autónoma, claramente diferenciada de la naturaleza que lo circunda. Las villas de Tívoli y Frascati dominan la campiña romana; Bóboli, el panorama de Florencia; y las villas de Génova se abren al mar.[3]

Esto nos aclara dónde han de situarse las villas suburbanas y por qué; pero es importante también detenernos unos instantes a analizar cómo deben construirse los edificios y sus correspondientes jardines. La preceptiva arquitectónica renacentista potencia la regularidad y la linealidad en aras de los ideales de unidad y armonía. La simetría y el orden resultantes dan una impresión de dominio del espacio y de control de la naturaleza, que infunden una sensación de equilibrio y serenidad. La regularidad se aplica tanto al trazado de los jardines como a las plantaciones. Los árboles se disponen en hileras, los setos se recortan en perfiles planos y se distribuyen bordeando los paseos perpendiculares y los senderos rectilíneos; los parquets y arriates de formas cuadrangulares se disponen según proporciones exactas y se siembran de filas ordenadas de legumbres, bulbos o flores. Otro tanto cabría decir de los estanques, canales, fuentes, laberintos, galerías de estatuas, juegos de agua, grutas, etc. En definitiva, resurge con fuerza el geometrismo de las construcciones y jardines latinos, como si, de nuevo, el mejor remedio contra el desorden reinante y la inestabilidad política fuera precisamente la simetría y el orden arquitectónico. A reforzar esta sensación de linealidad contribuye muy especialmente la axialidad espacial. El hallazgo de la perspectiva en la arquitectura, empresa colectiva que se inicia con Filippo Brunelleschi, tendrá una honda repercusión en el diseño de jardines. Su uso refuerza la continuidad visual y enfatiza la sensación de unidad del conjunto. Ese poder para integrar los elementos arquitectónicos y vegetales y vertebrar el espacio solo es comparable a su capacidad de estimular la imaginación y elevar el pensamiento.

Es cierto que el descubrimiento de la perspectiva corta permite llevar a cabo realizaciones de gran rigor geométrico, pero no lo es menos que, gracias a ella, se consigue desbordar los límites del jardín y apropiarse del paisaje. Al vertebrarse el espacio cultivado en torno a un eje central se sientan las bases y se prepara el terreno para la conquista del infinito, empeño que se llevará hasta sus últimas consecuencias durante el siglo XVII en los vastos jardines que se hicieron construir Nicolas Fouquet, Luis XIV, el Gran Condé, etc. Como escribe Philippe Prévôt en su *Histoire des jardins:*

> La época en que se retiraba y aislaba del mundo detrás de los muros sin ningún vínculo arquitectónico con el exterior ha pasado. En adelante, el jardín entrará en la casa y el paisaje. La geometría se convierte en soberana, el arte de las proporciones y la simetría se imponen a las plantas. El descubrimiento de la complementariedad entre la casa y el jardín hace cambiar de aspecto la estructura del jardín.[4]

El diálogo que entabla el jardín con la casa y el paisaje se desarrolla en lenguaje matemático. La naturaleza, doblegada por la ciencia de las proporciones y la simetría, se humaniza y se torna apacible, deleitable y llena de incitaciones para los sentidos y el espíritu. Y consecuentemente pierde su carácter inhospitalario, tosco y amenazante del pasado. Se diría que, paradójicamente, la geometría canalizó el deseo de retorno a la naturaleza, lo cual lleva a pensar que, como sugiere Roger, "no hay belleza natural, o más exactamente, la naturaleza solo se hace bella a nuestros ojos por mediación del arte".[5] En este caso sería mejor decir de la matemática.

En un sentido amplio podría decirse que nuestra percepción estética de la naturaleza siempre está mediatizada por un acto de creación intelectual, poco importa si se trata de una "artealización", como lo llama Roger, o de una "matematización", como preferimos llamarlo nosotros. Sin la magia de transformar el paisaje en espíritu y convertir la naturaleza en una sinfonía, un poema o una geometría vegetal somos incapaces de captar su belleza. Acaso porque, como escribió Jorge Luis Borges, "esta inminencia de una revelación que no se produce, es, quizá, el hecho estético".[6]

El deseo de vivir en el campo, de disfrutar de los paisajes circundantes y solazarse al aire libre prende con fuerza entre los nobles habitantes de las ciudades, que se hacen construir villas en las colinas de las inmediaciones. Debemos a Aníbarro la sugerencia de que "el jardín es propuesto como solución de compromiso entre la casa urbana y la campestre, entre palacio y villa; como el sitio privilegiado en que los negocios y ocupaciones públicas pueden simultanearse con los placeres rústicos, donde las esferas de lo civil y lo doméstico dejan de ser incompatibles para resultar en una vida equilibrada y saludable".[7] Y como ya había ocurrido en la antigüedad, el jardín se convierte en un lugar de encuentro del ser humano consigo mismo y con la naturaleza. "Llegué ayer a mi villa de Carregi, no para cultivar los campos sino mi alma", escribe un año antes de su muerte Cosme I a Ficino.[8] Ampliando el significado de un viejo aforismo medieval, podríamos decir que el aire de la ciudad nos hace libres; y el del campo, felices.

En resumen, podemos asegurar que la función ontológica del jardín consiste en conciliar la pugna entre lo ideal y lo real. Que el jardín posee una dimensión utópica lo confirma el hecho de que, desde siempre, representa la metáfora visual de la felicidad. Tanto es así que podría afirmarse que cualquier espacio donde nos sentimos libres de penalidades y cuidados se transmuta por obra de una suerte de alquimia sentimental en un jardín. Todos aquellos lugares utópicos, imaginados o soñados por los seres humanos, donde se da una existencia a salvo de padecimientos físicos y morales y al margen de las usuras del tiempo y las miserias de la existencia, aparecen irremediablemente representados como un vergel. En un nivel más profundo, el jardín es lo que existía antes del nacimiento y después de la muerte. Por todo esto, no tiene nada de extraño que las utopías del Renacimiento se valiesen de su poder de evocación y que utilizaran los jardines como decorado o escenario de sus sociedades ideales.

Los tres ejemplos más notorios de este género: *Utopía* de Thomas Moro, *La ciudad del sol* de Tommaso de Campanella y *La Nueva Atlántida* de Francis Bacon conceden un lugar preponderante a los jardines. Y lo mismo ocurre en otras menos conocidas como la utopía humanista *The Commonwealth of Oceana,* de James Harrington, que ejercería un notable influjo en los padres de la constitución de Estados Unidos, *El otro mundo* de Cyrano de Bergerac, *La Nueva Solyma* de Samuel Gott, etc. En suma, parece que el jardín se convirtió en un topos tópico de la utopía. Del mismo modo que cada época esboza su ciudad ideal, cada sociedad alumbra una idea de jardín que le es propia.

Sobre las particulares características de estos relatos no vamos a detenernos, únicamente diremos que, literaria y estilísticamente, la más lograda sin duda es *Utopía*, narración que también aportó el nombre con que se bautizó a un género que ya era viejo cuando su autor la escribió en latín en 1516. Y por lo que concierne a nuestro tema, es asimismo la que otorga a los jardines una función social más importante. Leemos en Moro:

> Las calles tienen veinte pies de ancho, y detrás de cada casa, a lo largo de la calle, se extienden amplios jardines, cercados por todos lados por las casas que se asoman a ellos [...] Los utópicos cuidan mucho de sus jardines, en los que cultivan la vid, árboles frutales, plantas y flores muy bellas, y cuidado todo con tanto esmero que sus frutos se consideran los mejores y de más positivo rendimiento. Su interés por esos cultivos no proviene solo de su propia satisfacción, sino de los concursos de las calles para destacar qué jardín es el mejor cultivado. En toda la ciudad sería difícil hallar alguna cosa que mejor respondiese a las necesidades de todos, de tal forma que parece que el fundador del estado se preocupó particularmente de la creación de los jardines, pues se dice que el plano originario de la ciudad fue trazado anteriormente por el propio Utopo.[9]

Además de valorar los jardines, estos relatos utópicos[10] comparten varias características relacionadas con nuestro propósito y dignas de tenerse en cuenta. Para empezar, los tres localizan sus sociedades ideales en islas inexistentes (Utopía, Toprobana y Bensalem) y a la hora de describir sus características se centran en su capital o en una de sus ciudades (Amaurota, Heliópolis, Ciudadela de Salomón), en la que, por usar una expresión de nuestro tiempo, se da un equilibrio ecológico entre el entorno y el tipo de vida. En segundo lugar, exaltan el saber y la cultura como elementos fundamentales en el bienestar de la comunidad y un medio de favorecer la felicidad social. En tercer lugar, las tres defienden el igualitarismo y la comunidad de bienes, y rechazan la propiedad privada. Y, por último, las tres narraciones siguen una estrategia argumental relativamente parecida, que pretende dotar de verosimilitud al relato. La acción se enmarca en el diálogo entre los diferentes viajeros que visitan las islas utópicas y otros interlocutores que harán el papel de informantes. Así, en *Utopía*, un marinero portugués de nombre Rafael Hytlodeo (ese apellido significa en griego "experto en hablar") refiere a Pedro Egidio y al propio Moro su naufragio en una isla perdida del Atlántico próxima a las costas americanas. En la *Ciudad del Sol* el diálogo tiene lugar entre el Gran Maestre de los Hospitalarios y un almirante genovés que ha visitado la ciudad de Heliópolis, situada en una isla imaginaria próxima a Ceilán. En el caso de la *Nueva Atlántida,* los interlocutores de los marineros a los que, en su travesía de Perú a China, el mar ha arrastrado a las costas de Bensalem, serán el gobernador de la isla, el judío Joaquín y el padre de la Casa de Salomón.

Si bien estas tres utopías clásicas del Renacimiento encierran un elemento de crítica social y postulan un ideal de perfeccionamiento y justicia, adoptan diferentes modelos políticos para alcanzar sus metas: la democracia representativa (Moro), la teocracia (Campanella) y el autoritarismo tecnocrático (Bacon). Las siguientes palabras de Jacques Barzun expresan nítidamente cómo la insatisfacción con el orden establecido alimenta los ideales de una buena vida y sirve de fuerza motriz del cambio sociopolítico:

[las utopías] nos hablan de las normas culturales de la época, pero también expresan las peculiaridades del crítico. Para que la existencia sea mejor, lo cual no significa para estos tres humanistas mayor presencia de lo divino sino más felicidad, cada uno de ellos mira hacia un fin primordial. Moro quiere justicia mediante la igualdad democrática; Bacon quiere progreso mediante la investigación científica; Campanella quiere paz permanente, salud y abundancia mediante el pensamiento racional, el amor fraterno y la eugenesia.[11]

Seguramente la auténtica fuente de inspiración de Moro, Campanella y Bacon fue el descubrimiento de América. La aparición de unas tierras vírgenes, sin cartografiar y todavía sin corromper por la civilización, excitó la fantasía y prestó alas a la imaginación de los soñadores en un futuro mejor. Mientras Europa se desangraba por culpa de las guerras de religión y los conflictos políticos entre naciones rivales, el Nuevo Mundo ofrecía un espacio en blanco en el mapamundi donde proyectar las ansias de felicidad y una oportunidad única para implantar una sociedad más justa donde hacer realidad las promesas evangélicas.

No quisiéramos terminar este capítulo sin hacer referencia a *El sueño de Polífilo (Hypnerotomachia Poliphilli)*, obra que, si bien está emparentada con ese género híbrido entre la narrativa y la filosofía que es la literatura utópica, posee un carácter más fantasioso, simbólico, hermético e iniciático. Las descripciones e ilustraciones de paisajes imaginarios contenidos en este enigmático poema, al parecer escrito por el fraile dominico Francesco Colonna[12] y publicado en Venecia en 1499, sirvieron de fuente de inspiración a numerosos jardines del Renacimiento francés e italiano.

Pero más allá de estos modelos renacentistas, la idea de utopía aglutina dos tradiciones con una larga historia en occidente. Por una parte, se encuentra el mito fundacional del paraíso perdido en cualquiera de sus versiones: Edad de Oro, Campos Elíseos, etc.; y por la otra, la leyenda originaria e igualmente inagotable de la ciudad ideal, que también adopta múltiples variantes: Jerusalén Celeste, Ciudad de Dios, etc. Y en ambas herencias culturales se han representado esos lugares imaginarios con la apariencia de un jardín. Tal vez porque, como ya hemos dicho, este constituye la metáfora visual de la felicidad y un presagio de un mundo mejor. Siguiendo esta línea de razonamiento, podemos afirmar que los jardines proporcionan a la utopía su escenografía y la utopía aporta a los jardines su narrativa. De todos modos, está claro que solo lo imposible es verdaderamente utópico y que el jardín tiene más de sueño hecho realidad que de realidad soñada. Aquí se enmarca la sutil diferencia entre lo utópico y lo eutópico. El ideal irrealizable de una comunidad perfecta pertenece al primero y el jardín al segundo. Frente a la topografía imaginaria de lo utópico, situada fuera de las coordenadas de la realidad, se encuentra el jardín como arquetipo del lugar bello y feliz, libre de penas y penurias, donde no hay dolor y la dicha todavía parece posible.

Si la utopía evoca un lugar inexistente como si fuera real, el jardín transforma un espacio real en un lugar de ensueño; si aquella surge del anhelo de una sociedad más justa y mejor y de la voluntad de transformar el mundo, este nace del deseo de pasar nuestra vida en espacios hermosos y agradables. Si se pudiera resumir en una frase la, no por sutil menos profunda, relación entre el jardín y la utopía, diríamos que ambos comparten la aspiración a crear un entorno ideal. Y llevando aún más lejos esta comparación, se podría incluso afirmar que todo jardín es una utopía realizada, un anticipo del Cielo y un oasis en medio de la fealdad del mundo. Tal vez porque los seres humanos han creído ver la felicidad en el lugar donde ellos no están, han realizado jardines para no perder la esperanza de llegar a encontrarla algún día. Para terminar, y a fin de no renunciar al más utópico de los ideales, a saber, la presunción de que podemos traducir en palabras el sentido profundo de nuestras acciones, diríamos que el fin último de los jardines consiste en mantener vivo el ideal de un mundo mejor. Los jardines expresan tanto la nostalgia de lo que una vez fue como el deseo de lo que todavía no ha sido, pero podría ser si nos esforzamos los suficiente. Benoist-Méchin debió de pensar en esto cuando escribió:

Si reviso lo que, paso a paso, he aprendido de los jardines chinos, japoneses, persas, árabes, florentinos y franceses, me afirmo en la convicción de que los jardines fueron, a través de los siglos, el medio por el cual las civilizaciones humanas procuraron imprimir a la naturaleza su concepción de la felicidad suprema; y que sus transformaciones sucesivas –en el espacio y en el tiempo– corresponden sin ningún atisbo de duda a las metamorfosis sufridas por estos Paraísos terrestres que el hombre no deja de construir a imagen del Paraíso perdido.[13]

XI

LA CIENCIA DE LA PERSPECTIVA O UN FIN SIN FINAL

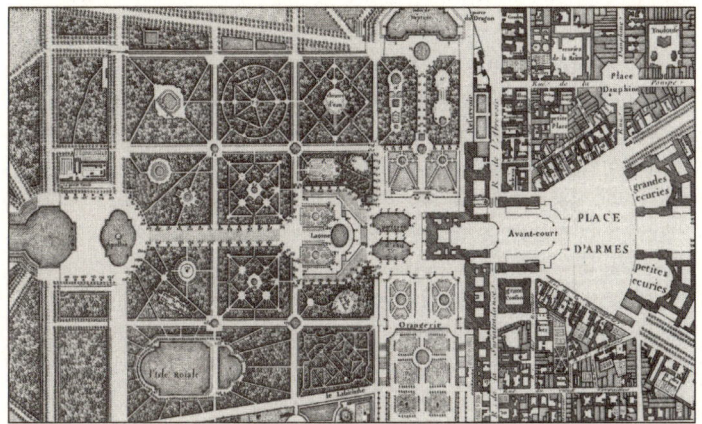

*L*os griegos y los romanos desarrollaron la "perspectiva óptica", una noción intuitiva, basada en la experiencia y la práctica constructiva, que parte de la visión subjetiva del espectador y donde el espacio resulta indisociable de su conexión con los cuerpos. Lo cierto es que, en las teorías helénico-romanas, el espacio nunca aparece definido como un sistema de correspondencias entre la altura, la anchura y la profundidad. Los artistas y creadores del Renacimiento avanzarían un paso más en el dominio de la perspectiva y abstraerían y conceptualizarían las relaciones espaciales a través de la "perspectiva geométrica corta", la cual ya implica una concepción objetiva y sistemática del espacio. Según Erwin Panofsky: "Se había logrado la transición de un espacio psicofisiológico a un espacio matemático, con otras palabras: la objetivación del subjetivismo".[1]

La extraordinaria innovación que supuso el descubrimiento de las leyes de la perspectiva tuvo consecuencias en el arte del jardín, que, en el Renacimiento, se abrió al exterior en busca de vistas panorámicas. Las terrazas escalonadas, construidas en las laderas de las colinas, permitían admirar el paisaje circundante como si fuera parte del jardín. Este se hallaba todavía sujeto a los principios clásicos, que imponían una unidad formal y un límite a las creaciones. Hasta el siglo XVII no se empezarán a forzar las condiciones establecidas para una armoniosa composición mediante juegos e ilusiones ópticas perfectamente calculadas. La ordenación del espacio, incluidas tanto las formas arquitectónicas como vegetales, según principios matemáticos dará lugar a la perspectiva larga, gracias a la que será posible trascender los marcos creativos e ir más allá del horizonte en un portentoso intento de apresar el infinito.

A medida que se va alcanzando un mayor dominio de la perspectiva, el sentido de la vista irá cediendo su papel de juez estético a la razón, que piensa la inmensidad espacial más que verla. La inteligencia debe ser capaz de vislumbrar a través de las apariencias lo ilimitado. El jardín ya no se apropia del paisaje, sino que lo suplanta y lo trasciende. Las vistas que se obtienen desde las ventanas y los balcones del palacio son espectaculares, propias casi de una representación teatral. Y la mirada, dirigida merced a la perspectiva larga a través del eje central hacia el infinito, se recrea en un espacio que no conoce límites.

La transición del jardín renacentista al barroco marca el paso no solo de la perspectiva lineal corta a la larga, sino de la fusión con el paisaje a la conquista del infinito y de la llamada del horizonte a la atracción del abismo sideral. En el Barroco, el castillo y el palacio se alinean en el mismo eje que el jardín y la residencia pasa a ser el centro de la composición espacial, es decir, el punto focal de donde, según se mire, parten o hacia el que se dirigen todas las perspectivas. En pocas palabras, el jardín forma un todo con las edificaciones. No olvidemos tampoco que esta nueva ordenación, mucho más rigurosa y jerarquizada que en el Renacimiento, obedece al deseo de establecer una división social.

La elegancia y magnificencia del jardín barroco, caracterizado por la apertura hacia el exterior y la subordinación de los elementos constructivos a la creación del paisaje, bebe en los principios de la óptica y la geometría. Es sabido que el *Ensayo sobre las secciones cónicas* de Blaise Pascal y la *Dióptrica* del también filósofo y matemático René Descartes ejercieron un notable influjo en la geometría tridimensional de Le Nôtre. Esta influencia fue recíproca, puesto que el autor de *El discurso del método* también solicitó al ilustre jardinero los planos de la Tullerías para estudiarlos. Es un hecho comprobado que la maestría sin igual de Le Nôtre, que gozaba de una merecida fama de meticuloso, se debía en buena parte a su dominio de las leyes de la perspectiva y las reglas de las proporciones. Así lo evidencia su modo de distribuir armónicamente las partes creando una unidad no exenta de variedad. Su concepción lógica, racional y metódica del jardín no está reñida, ni mucho menos, con la afición a los juegos ópticos y las sorpresas visuales. Es más, se diría que engañar a los ojos es otra manera de enfatizar el valor de las matemáticas.

Valga como ejemplo el uso que hizo Le Nôtre de la perspectiva "acelerada" y "ralentizada" en Vaux, Versalles, Chantilly y tantos otros jardines. En esta última se recurre al truco de ensanchar sutilmente los canales, paseos o estanques en la dirección del centro focal, esto es, conforme el eje central se aleja hacia el horizonte. Así se consigue que la mirada caiga en la sorprendente ilusión de que la lejanía se aproxima. En Vaux-le-Vicomte, las instalaciones que se suceden a lo largo del eje central, empezando por el Círculo de Agua, siguiendo por el Gran Espejo y terminando por el Muro de las Grutas, son cada vez más anchas, produciendo el mencionado efecto de ralentización de la distancia y la impresión de que el fondo se acerca al espectador. Un medio para alcanzar el efecto contrario consiste en estrechar las líneas de fuga, lo que da la impresión de que las distancias se alargan, el fondo retrocede y la profundidad se ahonda hacia el infinito como ocurre en Marly.

El formalismo majestuoso y monumental de los llamados "jardines de la inteligencia",[2] un modelo incomparable de claridad lineal, planificación rigurosa y extrema racionalidad, contrasta vivamente con la estética efectista y recargada que domina la arquitectura y decoración de interiores. Existe en ellos una permanente contraposición entre lleno y vacío, entre las tupidas y envolventes masas arbóreas y la serena y luminosa claridad de las explanadas, libres de obstáculos, entre los espacios abiertos y despejados constituidos por parterres, espejos de agua y estanques y los espacios cerrados y recoletos formados por bosquetes, laberintos y pabellones en *treillage*.

Pero una detenida lectura de los jardines formales permite distinguir dos tipos de ordenación del espacio. Por una parte, está el espacio público, sometido a la tiranía de la perspectiva infinita, las vistas escenográficas y la mirada que todo lo ve, destinado a servir de marco a las fiestas galantes, las espectaculares ceremonias sociales, la exaltación de la monarquía absoluta y la ostentación del poder. Y por la otra, se encuentran los espacios íntimos y apartados, a buen recaudo de los curiosos. Los primeros exaltan los valores de la vanidad, la soberbia y el orgulloso dominio de la naturaleza; y los segundos se prestan al cortejo, al goce sensual, al recogimiento y al diálogo.

Se confronta, en definitiva, la mirada atraída hacia una lejanía sin fin y la mirada cercana, vuelta hacia el interior. Ahora bien, en ambos casos se ejerce un dominio absoluto sobre la vegetación, sometida por la mano del hombre a una regularidad y un orden que reflejan los principios de la mecánica newtoniana y las reglas del método cartesiano. La perfección compositiva del jardín formal ofrece un goce puramente intelectual, que bebe, por usar las palabras del duque de Saint-Simon, de "ese placer soberbio de forzar la naturaleza"[3] y la serena claridad que destila la planificación rigurosa. Eso no impide que haya recovecos, donde aún es posible una relación con la naturaleza menos mediatizada por el intelecto.

A la vista de estas consideraciones, es razonable concluir que el geometrismo romano ejerció un gran influjo en las creaciones jardineras renacentistas, inspiradas directamente en modelos clásicos, y, a través de ellas, en las producciones barrocas del siglo XVII, que llevaron hasta sus últimas consecuencias las posibilidades de su trazado lineal. A tal punto ha sido fecundo su legado que, incluso, se puede percibir su ascendiente sobre la jardinería inglesa del siglo XVIII, tanto en la recreación de paisajes pintorescos como en el empleo de la arquitectura palladiana y la escultura de reminiscencias grecolatinas. Muchos de los elementos decorativos de los jardines renacentistas, originales o recuperados de la antigüedad, se mantienen en los jardines barrocos, aunque sometidos a un nuevo y riguroso orden espacial. Como señala Baridon, "la permanencia de los modelos no impide la mutación de las formas".[4] Los parquets[5] se transforman en parterres, los bosques sagrados en *bosquets* o arboledas boscosas, los estanques en espejos de agua o *parterres d'eau*, las praderas en *tapis vert*, etc.

En términos generales, todos los elementos compositivos del jardín aumentan de tamaño y adquieren grandes proporciones. Las formas y dimensiones se alargan a fin de multiplicar sus efectos y ampliar sus posibilidades escenográficas. El jardín asume un carácter de representación teatral, donde los visitantes participan de ese gran espectáculo como actores, muy lejos ya del espíritu renacentista de un lugar de recreo y meditación, que propicia el intercambio filosófico de ideas. Se podría decir que Le Nôtre y sus sucesores desarrollaron un arte revolucionario al servicio de una visión conservadora del mundo.

Si algo distingue por encima de cualquier otra cosa al jardín barroco es la ordenación global que hace del espacio o, por así decirlo, de los elementos arquitectónicos, vegetales y ambientales en una unidad perfecta. El jardín deja de ser una simple reverberación o extensión del palacio o la casa señorial para convertirse en el marco de una representación metafísica. Y se abre al infinito trascendiendo el paisaje, que ya no es un simple telón de fondo como en el Renacimiento sino parte de una concepción más ambiciosa.

La ingeniosa aplicación de los recursos ópticos, combinados con la arquitectura vegetal y la perspectiva larga, esculpen el espacio y enfatizan la sensación de unidad total, que abarca el cielo y la tierra. La mirada queda subyugada por la arrebatadora armonía del jardín y cae prisionera en las redes de su orden secreto, como si fuera un espejismo y, en cierto modo, lo es. La perspectiva lineal, desarrollada por la óptica y la geometría, presta toda su fuerza a esa serena racionalidad y metódica claridad que trasmiten los jardines regulares, formales, a la francesa. Se ha comparado su férrea disposición a una parada militar, a un teorema e incluso a una geometría vegetal; pero, más allá de estas comparaciones, a lo que recuerdan verdaderamente es a un decorado teatral.

XII

LA CONQUISTA DEL INFINITO:
LOS JARDINES DEL BARROCO

*E*s ya un tópico definir el Barroco como una cultura de crisis. Pero el hecho es que la nueva ciencia ha tirado por tierra la imagen aristotélica del mundo, la filosofía escolástica ya no da respuestas a las preguntas que asedian a los espíritus inquietos, las universidades decaen y las ciudades se ven asediadas por los brotes de peste, las revueltas populares y las guerras. En medio de ese panorama, únicamente la matemática parece brindar alguna seguridad. Gracias a sus métodos, los campos de la astronomía, la medicina y la física han conseguido grandes avances durante los siglos XVI y XVII, lo que pronto despierta el interés de los pensadores, que anhelan "demostrar" las verdades filosóficas siguiendo los métodos de la geometría.[1]

Dos autores destacan entre ellos: Bacon y Descartes, que no solo iban a contribuir al perfeccionamiento del método científico, sino que también estaban llamados a ocupar un papel destacado en la historia de la jardinería.

El programa de Bacon se basó en el método experimental, consistente en la aplicación de una serie de tablas (de presencia, de ausencia, de grados y de exclusiones de las propiedades), que facilitaban el control riguroso de la experimentación y el análisis de las conclusiones así obtenidas. El objetivo de Descartes, por el contrario, radicó en la supervisión minuciosa del proceso que sigue el razonamiento deductivo. Y con este objetivo desarrolló las conocidas cuatro reglas del método (evidencia, análisis, síntesis y enumeración). En ambos pensadores la preocupación por el correcto camino a seguir para acceder a la verdad tendrá su correlato en la manera de entender la relación con la naturaleza y, consecuentemente, de crear un jardín. Sus presupuestos filosóficos inspiraron la labor de los jardineros racionalistas franceses y de los paisajistas ingleses. En el primer caso darán lugar al estilo formal, geométrico y cartesiano del jardín a la francesa; y en el segundo, al estilo naturalista, espontáneo y curvilíneo del jardín paisajista inglés.

Lo cierto es que, sin los nuevos conocimientos de óptica y topografía,[2] hubiera sido materialmente imposible llevar a cabo proyectos de la envergadura de Versalles, Vaux-le-Vicomte o Chantilly. Estos tres jardines son obra del genio creador de André Le Nôtre. Este descendiente de una conocida familia de jardineros forjó su estilo único a partir de la herencia del jardín renacentista italiano y de la tradición francesa del siglo XVI, que había sabido integrar la arquitectura gótica local con un neoclasicismo reposado. Su obra no habría sido posible sin la contribución de las grandes creaciones del siglo anterior: su indiscutible maestría es deudora de una larga nómina de jardineros franceses que le precedieron. Ellos establecieron las bases técnicas y perfeccionaron los elementos estilísticos que posibilitarían la ejecución de Vaux-le-Vicomte, Versalles y Chantilly.

Estas prodigiosas realizaciones harán época y marcarán un hito en la historia del jardín, pero lejos de suponer una ruptura con el pasado, constituyen la culminación de unos principios compositivos que se habían ido acrisolando durante más de un siglo. El palacio, precedido de un espacioso patio o explanada, se sitúa en una posición apenas resaltada, desde donde se goza de una vista despejada del jardín entero. Desde allí, se despliega el gran eje, que guía la mirada hacia la lejanía. Atraviesan la avenida central distintos paseos, que reticulan el espacio. Estas áreas albergan parterres vegetales o de agua más o menos elaborados, muros verdes o *palissades* y bosquetes perfectamente recortados, que enfatizan la perspectiva lineal. Más que un reparto simétrico de los elementos, se busca la armonía y el equilibrio entre las masas arbóreas, los volúmenes y las proporciones. Contribuyen asimismo a reforzar la claridad cartesiana del conjunto los estanques y las fuentes con sus surtidores de formas caprichosas, situadas a menudo en los extremos de los paseos laterales. El efecto envolvente y la sensación de profundidad se ven intensificados por los juegos de luces y sombras creados por los muros vegetales, los estanques y los canales de grandes dimensiones.

Uno de los cambios más significativos es el protagonismo que cobra el agua. Se explotan todas sus posibilidades estéticas mediante la realización de fuentes, estanques, cascadas, surtidores, etc. La *hydroplasie* es el término técnico con el que, durante el siglo XVII, se designaba en Francia el arte de modelar el agua. No menos que los jardineros, los fontaneros[3] contribuyeron al esplendor alcanzado por los parques diseñando ingeniosos sistemas de abastecimiento y perfeccionando los mecanismos y artilugios hidráulicos. Da una idea de la importancia que alcanzaron los juegos acuáticos el increíble número de fuentes que funcionaban en Versalles: unas mil en 1672, que se convirtieron en mil cuatrocientas al cabo de dos años.[4] Aún hoy continúan operativas en el *château* la nada despreciable cantidad de 617.

En cierto modo, los espejos de agua[5] representan la transposición al lenguaje del jardín de uno de los elementos decorativos por excelencia del Barroco. En ninguna residencia palaciega o señorial que se preciase faltaban los grandes espejos.[6] Amén de ser un símbolo de distinción, lujo y riqueza por su elevado valor material, se convirtieron en un objeto de fascinación por su turbador poder de duplicar el mundo. El que estos sean uno de los motivos recurrentes de la poética barroca guarda estrecha relación con el gusto por la ilusión, el artificio y el teatro del siglo XVII. Encandilar la vista, seducir la mirada, entrar por los ojos para adueñarse de las almas era su principal estrategia estética, muchas veces para conseguir fines sociopolíticos. Y el jardín, tanto o más que cualquier otra manifestación artística, se servía de ella.

Resulta ilustrativa a este particular la historia del *château* Vaux-le-Viconte, memorable por varias razones. En primer lugar, porque su construcción reunió a un equipo de artistas que perseguían el mismo ideal y que estaban llamados a revolucionar el arte del jardín: el arquitecto Louis Le Vau, creador del palacio, el pintor Charles Le Brun, supervisor de todas las obras decorativas, y André Le Nôtre, diseñador de los jardines.[7] En segundo lugar, porque materializa el arquetipo del jardín formal y se convertirá en un modelo a imitar. Y en tercer lugar, y no menos importante, porque será el detonante para la construcción de Versalles.[8] Antes de proseguir hablando de las singularidades de este jardín por muchos expertos considerado la obra maestra de Le Nôtre, nos gustaría detenernos a contar la historia de la fastuosa fiesta nocturna que organizó su propietario, el corrupto ministro de Finanzas Nicolás Fouquet, para festejar la finalización, tras cinco años de laboriosos trabajos, del nuevo *château* de Vaux-le-Vicomte, ubicado a unos cincuenta kilómetros de París.

Luis XIV, recién ascendido al trono de Francia con solo veintidós años, manifestó su intención de acudir a la celebración y honrar con su presencia a su *Surintendant,* tal vez atraído por los relatos que habían llegado a sus oídos sobre la belleza de sus jardines. El ambicioso Fouquet, que acariciaba el sueño de convertirse en primer ministro, vio en su visita la oportunidad de ganar para su causa al joven monarca, al que erróneamente consideraba inmaduro e influenciable. Lo que no podía ni imaginar era que su rival en la corte, el ministro Jean-Baptiste Colbert, mantenía puntualmente informado a Luis XIV de sus maquinaciones e intenciones. El caso fue que, con tan señalado motivo, Fouquet mandó engalanar sin reparar en gastos tanto el castillo como los jardines, desoyendo las advertencias de algunos amigos como el marqués de Huxelles que le alertaron de los rumores que corrían por la corte sobre su ambición desmedida y su sed de lujo.

Por aquel entonces, Fouquet tenía cuarenta y seis años magníficamente llevados: facciones agradables, nariz afilada, pelo lacio y mirada entre seria e incitante, a juzgar por el retrato que de él pintara Le
Brun. Era asimismo una persona inteligente, cultivada y seductora,
acostumbrada a nadar en la abundancia, que se sentía orgullosa de
ejercer de mecenas y que, hasta ese mismo día, representaba el prototipo del triunfador.[9] Pero pronto todo eso iba a cambiar.

Volvamos al momento en que Luis XIV, acompañado por todo su
séquito, hizo su entrada en Vaux a eso de las seis de la tarde. Antes
de llegar al patio que daba acceso al *château*, un magnífico edificio
de piedra caliza amarilla, vieron desfilar por las ventanillas de su ca-
rruaje retazos de jardines a cada cual más espléndido, hasta que, por
arte de magia, apareció ante sus ojos el foso, la primera de una larga
serie de sorpresas. Aunque los jardines permanecían casi ocultos tras
la fachada, como más adelante ocurriría en Versalles, la magnificencia
del conjunto, realzada por la luz del sol que, según los cronistas, lucía
en todo su esplendor, era un regalo para la vista.

La recepción del cortejo real fue seguida por el obligado paseo por
los jardines. Cuentan las crónicas que, al llegar al fondo del parque,
el soberano se giró hacia su anfitrión e, intentando ocultar la rabia,
exclamó: "Estoy sorprendido". Fouquet, sin verlas venir, contestó:
"Me sorprende que lo estéis". Sin duda, no presentía lo que encerraban las palabras reales e, iluso de él, quiso responder agudamente
a lo que supuso un halago. Con la petulancia de quien se cree into-
cable o más listo que nadie, no había calculado que los que dejan
boquiabierto a un rey no suelen sobrevivir para contarlo. Pero, de
momento, nada permitía presagiar en medio de la fiesta que, pocas
semanas después, iba a ser arrestado en Nantes por un mosquetero
del rey apellidado D'Artagnan, acusado de malversación de capitales y crímenes de lesa majestad. Fouquet nunca más volvería a ser
el mismo. Tras un largo juicio, ingresó en la fortaleza de Pignerol situada en los Alpes, donde penó quince largos años antes de reunirse
con Dios o la Nada.

Es fácil imaginar qué pasó por la cabeza de Luis XIV mientras paseaba la mirada por los jardines, de una belleza que cortaba el aliento.

Seguramente le embargó una extraña sensación en la que se mezclaba la admiración, el resentimiento y el desprecio. Hay muchas formas de describir lo ocurrido, pero la más sencilla es que el rey sufrió un ataque de envidia. Resulta curioso que las pasiones del alma jugasen un papel tan destacado en el destino del jardín formal. Pero, por ahora, la velada transcurría según el plan previsto.

Después del paseo, se sirvió el suculento banquete, preparado por el más célebre cocinero de Francia, François Vatel, que incluía faisanes rellenos, trufas blancas y otros manjares ofrecidos en platos de oro. Y a la cena siguió una representación teatral, precedida de ballets, tras la que se quemó un castillo de fuegos artificiales, cuyos destellos y figuras multiplicados hasta el infinito por los espejos de agua semejaban un calidoscopio tridimensional. Una vez que los fastos de la fiesta tocaron a su final, aún hubo una última sorpresa. Cuando la comitiva real salía por la puerta camino de Fontainebleau se dispararon miles de cohetes que, por unos instantes, bañaron con una claridad irreal el castillo y los jardines.[10] Y luego cayó el telón de la noche como si la función hubiera acabado, y pasó mucho tiempo.

No contento con saquear Vaux de muchos de sus tesoros artísticos e incluso plantaciones,[11] Luis XIV puso a su servicio a los tres artistas que habían hecho posible esa maravilla, y les encomendó la realización de una mansión que llegaría a ser mítica. El lugar escogido para llevar a cabo ese proyecto constructivo, destinado a ensombrecer Vaux, no fue otro que Versalles, donde su padre Luis XIII había levantado un palacete de caza, que él solía visitar durante su adolescencia. La elección del emplazamiento del futuro *château* no podía ser menos idónea. La colina sobre la que se erigía el palacete era demasiado pequeña para albergar un edificio de mayores dimensiones, el terreno era cenagoso y, además, carecía de recursos hídricos para abastecer las pertinentes fuentes, estanques y canales. Tal cúmulo de inconvenientes, lejos de desanimar a Luis XIV, lo espolearon a imponer su voluntad sobre ese páramo.

Antes de que el joven soberano se convirtiese en "dueño y señor de la naturaleza",[12] según la afortunada expresión acuñada por Descartes, tuvo que dedicar ingentes recursos económicos y medios humanos a mover tierras para ampliar la cima de la colina y allanar el terreno, a drenar los suelos pantanosos para desecarlos y permitir el cultivo, a desviar el curso del río Bièvre y a fabricar una enorme máquina con sus doscientas veintiuna bombas y sus catorce ruedas de paletas para extraer, elevar y canalizar el caudal del Sena hasta los depósitos de Louveciennes, e incluso a construir estanques y cisternas para la recogida y el aprovechamiento de las aguas pluviales. Durante más de cincuenta años y bajo la supervisión directa del rey, el castillo y los jardines crecieron sin parar hasta alcanzar su forma definitiva.

Resulta muy difícil, por no decir imposible, saber cuántas personas intervinieron en las obras de remodelación de Versalles durante los cuarenta o más años que duraron; y cuántas perdieron la vida en la mastodóntica empresa de transformar unas tierras pantanosas en el mayor y más suntuoso parque de Europa. Es sabido que, en el momento de máximo esplendor, más de treinta mil soldados prestaban servicio en la construcción del *château*, que cada vez se parecía más a una guerra sin cuartel contra la adversa naturaleza del lugar. El marqués de Dangeau deja constancia en su crónica sobre la vida en la corte (entrada del 31 de mayo de 1685) de que trabajaban más de 36.000 personas en todo lo relacionado con Versalles.

Eran muchos los mortíferos peligros que arrostraban los soldados empleados en el, por así llamarlo, frente de Versalles: los corrimientos de tierra, los envenenamientos y fiebres provocados por las insalubres condiciones de vida, amén de todo tipo de accidentes laborales. A los regimientos destinados a Versalles había que sumar centenares de jardineros de a pie, campesinos, fontaneros y artesanos de toda laya y condición, por no mencionar a músicos, actores, modistas, sirvientes y un largo etcétera de representantes de toda clase de oficios, que aportaron su grano de arena a la majestuosidad del *château*, solo comparable a la de las siete maravillas del mundo antiguo. Versalles fue una gigantesca obra colectiva, que absorbió tantas o más vidas que la más cruenta guerra, dedicada a hacer realidad un sueño o, mejor sería decir, una obsesión real, detrás de la que se escondía el orgullo de una cultura y la gloria de una nación.

No cabe duda de que Vaux estimuló la imaginación de Luis XIV y le dio una idea de lo que podía llegar a ser un día Versalles. En el trasfondo del titánico proyecto de doblegar la naturaleza y crear unos jardines que nadie se hubiera atrevido a soñar, hay un sedimento de amargura y envidia, lo cual, analizado detenidamente, realza el mérito de Vaux en detrimento del de Versalles. No podemos por menos que estar de acuerdo con Weiss cuando afirma que "Le Nôtre no ignoraba que Versalles era, en cierto sentido, la grandilocuente traición de Vaux, mientras que Luis XIV había creado Versalles como la superación indiscutible de Vaux, como un triunfo definitivo en el arte de los jardines y como la puesta en escena de su poder absoluto, un poder obtenido por la caída de Fouquet".[13]

Junto a Vaux y Versalles, el parque de Chantilly es una de las más notables realizaciones del magistral Le Nôtre, y al parecer la preferida de su creador.[14] El caso es que Chantilly consumió sus energías de manera casi ininterrumpida desde 1663 hasta su muerte, si bien contó con la ayuda de su sobrino Claude Desgots. Los jardines fueron un encargo de Luis II de Borbón-Condé, llamado el Gran Condé por sus hazañas militares en numerosos campos de batalla, primer príncipe de sangre real, conocido también como duque de Enghien y una larga serie de títulos más, quien ocupaba la primera posición en el orden de sucesión al trono hasta que nació el hijo de Luis XIII, quien sería conocido como el Rey Sol.

Antes de proseguir hablando de Chantilly merece la pena recordar que Condé era uno de los invitados a la aciaga fiesta organizada por Fouquet en Vaux para honrar a Luis XIV y de paso celebrar la renovación del castillo. Y no parece exagerado suponer que quedó tan impresionado como el rey por el esplendor de los jardines, pues en 1663, apenas dos años después de la por algunos llamada fiesta del siglo, encargará a Le Nôtre la remodelación y amplificación de su dominio de Chantilly.

Ese viejo castillo familiar le acababa de ser devuelto tras la firma del Tratado de los Pirineos (1659), merced al que obtuvo el perdón real por su destacada participación en la revuelta de los nobles en tiempos de La Fronda. Al regreso de su exilio, acatará la autoridad de Luis XIV y se consagrará a defender la gloria de Francia en varias campañas militares. Simultáneamente, empleará sus energías en transformar Chantilly en un verdadero centro de cultura, sin descuidar por ello la celebración de fiestas galantes. Lo cierto es que, tanto en un aspecto como en el otro, no tuvo nada que envidiar a Versalles. El Gran Condé acabó sus días viviendo en el *château*, cuyo parque había diseñado el incomparable Le Nôtre, rodeado de músicos, poetas, dramaturgos y filósofos como La Fontaine, La Bruyère, Boileau, Bossuet, Molière, Racine, Mme. de La Fayette, Mme. de Sévigne y tantos otros.

Sería muy largo detallar las modificaciones que realizó Le Nôtre en el castillo original, y nos limitaremos a señalar los elementos más destacados de su intervención. Con su habitual maestría para orquestar el paisaje, ordenó canalizar un pequeño afluente del río L'Oise llamado la Nonette a fin de crear el Gran Canal (1671-1673), que, con sus dos kilómetros y medio de largo, supera con creces al de Versalles. Asimismo diseñó los parterres del norte del parque, que comprenden enormes espejos de agua donde se reflejan los cielos, las arboledas y los surtidores ornamentales. Y dirigió la creación de una sucesión de bosquetes, decorados con elegantes cascadas, la más sobresaliente de las cuales justamente se conoce como Gran Cascada.

Merece también la pena destacar que es el único jardín realizado por Le Nôtre en el que el eje, la perspectiva axial, no pasa por el castillo sino por la estatua ecuestre del condestable Anne de Montmorency, que se erige sobre un gran pedestal en la explanada de entrada. Dado que el *château* originario, de planta rectangular y rodeado de un lago, no se prestaba por su ubicación a convertirse en el centro focal de la composición, Le Nôtre, haciendo gala de un innato buen gusto para la modelación del espacio, creó un nuevo eje visual, apoyándose en una terraza apenas realzada que mandó construir en un lateral. Sobre este nuevo vector, en el que el palacio pasaba a ocupar un lugar secundario, desarrolló la composición de los jardines y el parque.

Esta insólita perspectiva va desde la explanada de honor hasta la estatua del condestable, y se prolonga a través de los jardines a la francesa y el Gran Canal hasta el bosque (alrededor de tres kilómetros), mientras el castillo ocupa un lugar secundario. Consideremos este curioso hecho. Finalmente, Le Nôtre, ya en la cima de su gloria, consigue lo que parece imposible: liberar los jardines de la, hasta entonces, obligada supeditación al castillo como centro focal y crear un jardín especular.

Así y todo, el rasgo más notable de Chantilly es su sabia utilización del agua. Esta se despliega en un sinfín de estanques, canales y cascadas formando un gigantesco laberinto de espejos horizontales, que reverberan e intensifican la diáfana claridad de los cielos en permanente cambio y bañan el espacio con una luminosa irrealidad como nunca antes se había visto.[15] Le Nôtre, un auténtico virtuoso en el arte de fabricar ilusiones visuales, lleva más lejos incluso que en Vaux y Versalles la tentativa de capturar el infinito. Si admitimos que los jardines reflejan la metafísica de su época, es lógico suponer que el obsesivo interés por los juegos ópticos y las sorpresas visuales del jardín formal pone de manifiesto a un mismo tiempo la desconfianza en los sentidos y la fe en la razón matemática tan característica del Barroco.

El longevo Le Nôtre (1613-1700) expira con el siglo XVII, en la cima de su gloria como maestro jardinero.[16] Tiene ochenta y siete años, pero hace ya mucho tiempo que ha alcanzado la inmortalidad. Sus obras crean escuela y rinden testimonio de su talento sin igual. El arte del jardín ya no volverá a ser el mismo. Durante la primera mitad del siglo siguiente se difunde por toda Europa el estilo francés, a la par que salen de imprenta una serie de obras que intentan formular teóricamente los principios del jardín formal *more geometrico*.

Los ecos de la "era Le Nôtre" perduran hasta el último tercio del siglo XVIII. El influjo de Versalles se extiende también fuera de las fronteras francesas y se deja sentir en toda Europa. Los miembros de la nobleza y de las clases acomodadas intentarán, según sus posibilidades, imitar las perspectivas, los *parterres d'eau*, las *broderies* de boj, los *allées*, los bosquetes, aunque en una escala más humilde. En Inglaterra, muchos jardines serán remodelados siguiendo el patrón del jardín francés: Hampton Court, Stowe, Bleinheim y Castle Howard. El palacio real de Drottingham en las proximidades de Estocolmo, Nymphenburg y Scleissheim en Múnich, Schönbrum en Austria, el palacio de Peterhof en San Petersburgo o La Granja de San Ildefonso (1720-1740), realizada por Felipe V en España, son otros tantos ejemplos de la pleitesía que se rinde en todas partes al modelo formal, cuyo arquetipo es Versalles.

A partir de 1785, la fórmula del jardín formal entra en decadencia, en parte por culpa de los excesos del racionalismo y en parte por la pujanza de un nuevo estilo alentado por el movimiento paisajista desde las islas británicas. En tanto que el jardín regular, a la francesa, fue la expresión del espíritu de un tiempo y una época –el Barroco y la monarquía absoluta–, el jardín paisajista inglés representó la expresión simbólica de una nueva era ilustrada y liberal, caracterizada por el constitucionalismo. Mientras que aquel materializa el triunfo del racionalismo filosófico y la concepción mecanicista de la naturaleza, este exalta la libertad de pensamiento y preconiza lo natural-irracional en sintonía ya con los presupuestos románticos. Si el jardín formal tiraniza la naturaleza en aras de un sentido del orden y la armonía que cabría calificar de autocrático, el paisajismo, por el contrario, pretendía dejarla libre, siguiéndola o adecuándose a ella, so pretexto de que "toda naturaleza es un jardín". En el primer caso, la belleza es sinónimo de simetría, proporción, orden y conveniencia; en el segundo caso, de formas curvilíneas, irregularidad calculada e imitación del entorno natural.

Solo resta decir que, hasta bien entrado el siglo XVIII, se seguirá desarrollando en Francia el modelo de jardín formal en obras, no por menos ambiciosas carentes de mérito, tales como los parques de Rambouillet, Saverne, Campiègne, Champs y Choysi. El estilo formal dejará sentir también su impronta en los primeros paseos públicos o *promenades*, nacidos tanto de la necesidad de dotar a las ciudades de espacios para el esparcimiento de sus habitantes como del deseo de embellecer la periferia urbana limítrofe con el campo. El clima de seguridad reinante en la época posibilitará la apertura de estos equipamientos urbanos, que anuncian ya un estilo diferente de vivir la ciudad.

TERCERA PARTE

SIGLOS XVIII Y XIX: ENTRE ARCADIA Y UTOPÍA
Texto, pretexto y contexto del jardín paisajista

XIII

LA GÉNESIS DEL JARDÍN MORAL O LA VOCACIÓN DE FUNDIRSE CON EL PAISAJE

*S*on muchos los historiadores para los que el jardín paisajista es una de las aportaciones más perdurables e idiosincrásicas de la cultura inglesa al mundo occidental. Aunque fueran los británicos los precursores de esta nueva manera de entender, apreciar y construir los parques, ya no basada en la geometrización del espacio y la perspectiva axial sino en las vistas panorámicas y en el juego de sorpresas y contrastes, esta nueva sensibilidad hacia el paisaje se expandirá muy pronto por Francia, Alemania, Italia, Rusia y Europa central, incorporando rasgos peculiares de cada lugar y madurando como estilo. Los primeros jardines realizados según los nuevos cánones datan de las dos primeras décadas del siglo XVIII: Castle Howard, Blenheim, Claremont y Chiswick, si bien su diseño no se completó hasta mucho tiempo después y tras la intervención de sucesivas generaciones de jardineros. Merece la pena detenerse a analizar las circunstancias históricas en que floreció esta nueva sensibilidad estética, indisociable de las ideas de la Ilustración.

A fraguar este nuevo ideal de naturaleza contribuyeron, por una parte, los filósofos empiristas, que brindaron un sustento teórico a los innovadores planteamientos estéticos, por otra la escuela paisajista romana del siglo XVII, que aportó una visión sentimental, pintoresca y romántica de la campiña italiana y, por último, los poetas ingleses de la naturaleza de inspiración clásica. Muchos de los planteamientos estéticos de los tratadistas del jardín paisajista (H. Walpole, W. Chambers, H. Watelet, W. Gilpin, U. Price, etc.) se inspiraron en la teoría de la percepción desarrollada por Francis Bacon (1561-1626), John Locke (1632-1704) y David Hume (1711-1776), para quienes el origen del conocimiento eran las impresiones sensoriales.

La distinción clásica entre belleza natural y belleza artística desaparece en la medida en que la naturaleza se vislumbra como una creación perfecta de la divinidad, una obra del Altísimo destinada a la contemplación admirativa del hombre. Desde esta perspectiva, la separación entre jardín y paisaje se diluye, puesto que, por decirlo con las palabras de Horace Walpole, "toda la naturaleza es un jardín".[1] A reforzar esta visión contribuye el filósofo Jean-Jacques Rousseau, quien aboga por un "retorno a la naturaleza". En su célebre novela *Julie ou la Nouvelle Héloïse* (1761) aparece descrito *l'Elysée de Julie*, un jardín perfectamente natural, de una poética belleza y un auténtico paisaje moral:

> Me dispongo a recorrer extasiado este vergel tan transformado; y si no encontrara plantas exóticas o producciones de las Indias, sí que encontraré aquellas del país dispuestas y reunidas a fin de crear un efecto más alegre y agradable. El césped que reverdece, espeso pero corto y tupido, estaba mezclado con serpol, bálsamo, tomillo, mejorana y otras hierbas aromáticas. Se ven brillar miles de flores silvestres; entre todas ellas el ojo va desenredando con sorpresa algunas del jardín que parecen

crecer con naturalidad junto con las otras... No veo por ninguna parte el más mínimo rastro de cultura. Todo es verde, fresco, vigoroso, y la mano del jardinero no se aprecia: nada contradice la idea de una isla desierta que me surgió al entrar, y no diviso a ningún ser humano [...] Es verdad, dice ella, que la naturaleza hace todo, pero bajo mi dirección, y no hay nada allí que yo no haya ordenado.[2]

Lo cierto es que el interés de los pensadores y poetas por la jardinería no se limitó al plano teórico. Buena parte de ellos diseñaron y construyeron jardines para disfrute propio o ajeno en sus mansiones o en las de sus amigos. Baste recordar al respecto que Bacon, no contento con difundir sus ideas sobre el jardín paisajista en un ensayo titulado *Of Gardens* (1625), proyectó y reformó el jardín de la residencia familiar en Gorhambury, del que no ha quedado resto alguno.

Otra de las influencias a tener en cuenta en la génesis del nuevo estilo fue la pintura. El jardín inglés emula, por una parte, los paisajes italianos que fascinaron a los miembros de la escuela de Roma, aunque no todos eran de origen trasalpino. Sus cuadros, dominados por parajes rocosos, escarpados senderos, arroyos de montaña y salpicados de ruinas de edificios clásicos (templos, columnas, arcos...), ofrecen una visión sentimental e idealizada del paisaje, que invita a la melancolía y a la meditación. Independientemente de sus cualidades propiamente artísticas, cosa que el famoso historiador del arte Kenneth Clark[3] pone en entredicho, su gran mérito consistió en traducir en imágenes la sensibilidad que despuntaba entre los jóvenes caballeros ingleses participantes en el *Grand Tour*, que viajaban al sur para contemplar las ruinas del glorioso pasado de la civilización y empaparse de la cultura clásica.

La invención del nuevo estilo de jardinería resulta indisociable de la experiencia de esos viajeros, que conocieron de primera mano los paisajes de la campiña italiana y los Alpes. A su vuelta a las islas británicas muchos de estos *gentlemen* traerán en su equipaje como souvenir de su estancia romana los lienzos de los susodichos pintores y en su memoria el recuerdo de esas vistas, que intentarán reproducir en sus jardines con mayor o menor acierto. Así valora Stephanie Ross el papel decisivo del *Grand Tour* en la gestación de esa nueva estética naturalista asociada al jardín paisajista:

A pesar de las quejas, Inglaterra se benefició inmensamente de la institución del *Grand Tour*. Gracias a las experiencias de los viajeros, se produjeron importantes cambios culturales y artísticos. Sobre todo, el *Tour* abrió a los ingleses al legado de Grecia y Roma. Italia no se parecía en nada a lo que ellos habían visto anteriormente. La *campagna* romana estaba imbuida del espíritu de la antigüedad y salpicada de ruinas reales –recuerdos de la civilización clásica. Plumb escribe que 'a los jóvenes aristócratas, ya tuviesen inclinaciones artísticas o no, se les enseñó a reverenciar no solo las artes, sino también el pasado consagrado en ellas, y cómo la herencia clásica podía llegar a ser una fuerza vital para sus vidas'. Se vieron a sí mismos como los herederos de una gran tradición.

Los efectos prácticos de este legado fueron numerosos. La arquitectura, por ejemplo, comenzó a emular cada vez más los modelos antiguos. En el siglo XVII Iñigo Jones viajó dos veces a Italia. Estudió los tratados de Vitrivius, Alberti, Serlio, Vignola y Palladio, así como las ruinas romanas y las villas de Palladio. Los diseños de Jones revolucionaron la arquitectura inglesa. Jones 'rompió con el habitual y manido estilo jacobino y reveló cuán profundamente había asimilado el espíritu del clasicismo italiano'.[4]

El *Grand Tour* enseñó a los caballeros a mirar con otros ojos, velados por la nostalgia del sur, la realidad inglesa. Gracias al viaje, la poesía, la pintura, la arquitectura y la jardinería se fusionaron en lo que Christopher Hussey llamó acertadamente "el arte del paisaje".[5] Por muchas razones, entre las cuales el descubrimiento de la cultura clásica y sus cautivadoras escenografías ruinosas no fue la más importante, el *Grand Tour* abrió un camino hacia la imaginación, que sería cada vez más transitado y que llevaría al romanticismo. Resulta curioso cómo, yendo en busca del pasado, encontraron las fuentes de la modernidad.

En honor a la verdad hay que decir que los heraldos de la revolución paisajista fueron no solo los pensadores y los pintores sino también los poetas, que forjaron una imagen arcádica del campo inglés y transmitieron una visión panteísta e idealizada de la naturaleza al tiempo que glorificaron la vida rural.[6] Esta tradición empieza, sin duda, con Milton, quien en su largo poema *The Lost Paradise* (1667) canta el esplendor de la naturaleza intocada del Edén, de una belleza elemental, contraria al jardín formal clásico. No obstante, también resulta irónico que el bardo inglés compusiera su poema en una mansión londinense con vistas al parque de Saint James, cuyo diseño seguía la moda francesa del trazado regular. El género narrativo no se mantiene al margen de la estética paisajista y la descripción de jardines no está ausente en las páginas de las principales novelas de la época, a saber *Sir Charles Grandison* (1753-54) de Samuel Richardson, *Tom Jones* (1749) de Henry Fielding y, por supuesto, en los relatos de Jane Austen: *Pride and Prejudice* (1813), *Mansfield Park* (1814), y *Emma* (1816).

La pintura y la poesía no solo abonaron el terreno para que germinase la idea del jardín moral, sino que también formarían junto a la jardinería una fraternal alianza. No son pocos los tratadistas que subrayan la estrecha complicidad creativa y las afinidades existentes entre las tres artes del paisaje. Como escribió Walpole en una nota marginal a un poema de William Mason: "Poesía, Pintura y Jardinería, o la Ciencia del paisaje, serán para siempre consideradas por los hombres de gusto Tres Hermanas, o las Tres Nuevas Gracias, las cuales visten y adornan la naturaleza".[7] Estas mismas ideas fueron expuestas por el vate romántico William Wordsworth en una misiva dirigida a sir George Beaumont con estas palabras: "El acondicionamiento de los parques [...] puede ser considerado como una de las artes liberales, con el mismo título que la poesía y que la pintura; tiene por objeto ayudar a la naturaleza a conmover más profundamente a quienes perciben su belleza".[8]

Este análisis de los elementos que concurrieron en la aparición del jardín paisajista quedaría incompleto si no mencionáramos la influencia, más literaria que real, ejercida por los jardines imperiales chinos. Las descripciones contenidas en libros como *Designs of Chinese Buildings* (1757) de William Chambers y en las cartas de misioneros, como las muy divulgadas del padre jesuita Jean-Denis Attiret (1743), alimentaron el imaginario occidental con la rústica magnificencia y el chocante esplendor de los jardines del Imperio Celeste, cuya suntuosa belleza se fundaba justamente en la irregularidad. Más adelante nos detendremos sobre este asunto, pero por ahora nos limitaremos a señalar que las referencias a China y la evocación de los parques del Lejano Oriente, como observa acertadamente Monique Mosser,[9] deben entenderse menos como un rasgo de exotismo pintoresco que como una manera de legitimar una nueva actitud hacia la naturaleza y el paisaje, de aportar argumentos solventes a favor de una estética clásica inspirada en un "bello desorden".

Surgió así una nueva sensibilidad hacia la naturaleza y se puso fin a una concepción arquitectónica del jardín. La geometría de las luces y las sombras que proyectaban las construcciones, los bosquetes y los setos en el jardín formal fueron sustituidas en el jardín paisajista por el cambiante juego de las perspectivas y las sensaciones. Mientras que el jardín a la francesa se construyó siguiendo las precisas leyes de la óptica y la geometría, el jardín a la inglesa obedecía los sutiles principios de la creación poética y los intuitivas reglas de la composición pictórica. En estos jardines el goce estético brota de la sabia imitación del paisaje en su estado originario y en su irregular perfección, y no de ejercer el dominio sobre la naturaleza y someterla a un orden artificial. Es difícil describir esa experiencia con más elegancia y escueta precisión que Austen: "Era una grata vista; grata a los ojos y al ánimo. Verdor inglés, cultura inglesa, bienestar inglés, vistos bajo un sol brillante, sin ser opresivo".[10]

Los jardines pasarán de ser un escenario cuidadosamente estructurado, centro de las relaciones sociales y marco teatral para la vida cortesana, a convertirse en un espacio íntimo y privado que, en su informal emulación de la naturaleza intocada, incita a la meditación y al paseo solitario. Como nos recuerda David R. Coffin, "Más que otros europeos, los ingleses buscaron la consolación contemplativa en

sus jardines o en sus arbolados espacios naturales".[11] Si bien el jardín
paisajista se ha vinculado con la reacción antigeométrica, el diseño
de un paisaje natural y el ideal pastoril, no está de más recordar que,
tras esa aparente y estudiada espontaneidad, se encubre un deseo de
perfeccionar la naturaleza, de mejorarla o retocarla según un modelo
arcádico y, como hemos visto, en consonancia con unos cánones importados de la pintura. Hay algo paradójico en el hecho de cantar las
excelencias de una naturaleza virginal al mismo tiempo que se intenta
"embellecerla" mediante las sutiles técnicas de la jardinería paisajista.
La perfección de la obra, la maestría del oficio de jardinero depende,
valga la incongruencia, de ocultar la mano del hombre, de la aparente
ausencia de artificio, lo que, bien mirado, tal vez represente la más
sofisticada forma de artificio.

Pero mientras el jardín se desgeometriza, se libera de los esquemas
formales y se funde con el paisaje, la arquitectura adopta curiosamente formas rígidas, de un frío clasicismo palladiano. A propósito de esta
aparente contradicción Fariello escribió lo siguiente:

> Si se compara el desarrollo estilístico de los jardines con el de
> otras artes en el periodo culminante del Barroco, se llega a una
> constatación sorprendente y en ciertos aspectos contradictoria:
> mientras la arquitectura, la escultura y la pintura manifiestan
> una constante búsqueda de efectos pictóricos, el jardín perma-
> nece disciplinado en formas geométricas; y viceversa, en el pe-
> riodo inmediatamente posterior, cuando la arquitectura se hace
> rígida en puras formas clásicas, el jardín se disuelve en libres
> formas paisajísticas.[12]

Por lo demás, el goce estético del jardín paisajista no estaba reñido
con la explotación de sus recursos agropecuarios y forestales. Las praderas servían de pasto al ganado, los bosques albergaban la caza y la
producción de madera. En sus imponentes parques los terratenientes
rurales sabían conjugar los intereses económicos con las inquietudes
artísticas, el aprovechamiento del territorio con el disfrute del paisaje.
Un idealismo, no exento de pragmatismo, caracterizaba a los ricos lo-

res, que promovieron la creación de grandes parques en sus residencias campestres, donde al mismo tiempo que practicaban la caza del zorro se deleitaban con la bucólica visión de sus rebaños pastando en las praderas. Y a la par que recorrían a pie los serpenteantes senderos que atravesaban sus fincas, recreaban la vista en las perspectivas que se abrían a cada revuelta del camino.

Esta transformación radical de la sensibilidad es indisociable de lo que Tim Williamson ha llamado "cultivo del individuo",[13] esto es, la expresión de la individualidad del dueño, que convierte el jardín en una declaración de sus principios éticos y políticos. Conviene recordar a este respecto que en el diseño de muchos de ellos se implicaron muy a fondo los propietarios, que colaboraron estrechamente con los jardineros paisajistas para dar forma a sus haciendas de acuerdo con sus valores e ideales. Ya no se trataba de forzar, tiranizar o masacrar la naturaleza, como dice Saint-Simon[14] en sus *Memorias*, sino de dejar que esta siguiese su curso.

Los promotores del jardín paisajista condenaban la línea recta y la simetría, y juzgaban "afectadas" las técnicas y procedimientos característicos del jardín barroco como la perspectiva ralentizada o acelerada, y el *ars topiaria* o poda ornamental (para el filósofo Rousseau una elocuente metáfora de la falsa educación). Por el contrario, el jardín paisajista, irregular, desgeometrizado y pictórico era la expresión material de la libertad individual, el liberalismo económico y los ideales románticos o ilustrados según los casos. Pero hay, a qué negarlo, un sentimiento de superioridad moral e intelectual tras su encendida defensa de las "actitudes naturales" y el profundo respeto que profesaban al genio del lugar. A reforzar esta actitud de primacía espiritual contribuía su poder económico. En su caso las inquietudes estéticas no estaban reñidas, como ya hemos visto antes, con los intereses materiales, ni la rentabilidad de las explotaciones agrícolas, los bosques y las granjas de sus propiedades y latifundios con una ferviente pasión por el arte del paisaje. Esa casta de terratenientes ilustrados, estetas y diletantes (Anthony Ahsley Cooper, tercer conde de Shaftesbury, Richard Boyle, tercer conde de Burlington, y lord Cobham entre otros), asociada con la élite artística e intelectual del siglo (el poeta Pope, el jardinero y arquitecto Kent, el filósofo Locke, el escritor Walpole, el moralista Addison y demás), que definieron el ideario estético del jardín paisajista inglés e hicieron época con sus creaciones, se vieron a sí mismos como una aristocracia del espíritu, que tuvo siempre muy clara su misión cultural y una alta consideración de sí mismos. Si, como venimos diciendo, el jardín expresa una concepción del mundo *(Weltanschauung)*, el parque paisajista rinde tributo a la utopía de una Inglaterra libre, próspera y feliz, guiada por la razón y en perfecta armonía con el medio físico.

A lo largo del siglo XVIII los pensadores ilustrados deificaron la naturaleza y propugnaron el contacto con ella como fuente de sabiduría, consuelo espiritual y perfección moral. Paralelamente, los límites del jardín se disuelven, se diluyen, se desvanecen en los del entorno y, gracias a la utilización del *ha-ha*,[15] se confunden con los de la propia naturaleza. El arte del jardín se transmuta en un arte del paisaje. A ello hace alusión Dixon Hunt cuando en su ensayo *Ut pictura poesis: the Garden and the Picturesque in England* (1710-1750) escribe: "ni Addison, ni Pope, ni Shaftesbury, ven el jardín como otra cosa que una creación artificial".[16]

Esta veneración a la naturaleza, que se extiende por doquier entre filósofos y artistas, entre jardineros y arquitectos, impulsa a los miembros de las clases privilegiadas, a los caballeros ilustrados, a huir de la vida urbana y a retirarse a sus mansiones en el campo en pos de una soledad contemplativa y una virtuosa felicidad. Se trata, en realidad, de un ideal antiguo al servicio de un arte moderno. Ya entre los romanos la *imitatio ruris* había gozado de prestigio y la glorificación de la vida retirada *(beatus ille)* fue un tema recurrente entre los clásicos. Hay que recordar nuevamente las cartas de Plinio el Joven,[17] donde describe pormenorizadamente sus villas y cómo disfruta de ese gozoso retiro, o los textos de otros autores latinos como Horacio, Cicerón, Marcial o Séneca, asimismo propietarios de fincas rústicas, en los que censuran la vida urbana en comparación con la vida rural, alabando su sencillez, su informalidad y su saludable frugalidad, por no mencionar los frescos de las casas pompeyanas, donde aparecen representados deliciosos jardines de recreo llenos de flores y pájaros. Ese ideal se combinará con la fe cristiana para crear la imagen de un hombre feliz y piadoso, que venera la naturaleza como un regalo y una prueba de la benevolencia divina. Los poetas neoclásicos de la primera mitad del siglo XVIII y los románticos de la segunda mitad son los herederos de esa tradición que celebra las bondades del retiro en el campo, ensalza los beneficios espirituales y mentales de la contemplación de las bellezas naturales y promueve un roussoniano retorno a los orígenes.

Si tuviéramos que resumir en una frase cómo cambió el gusto y la sensibilidad, diríamos que la línea curva se impuso como expresión de la libertad y del liberalismo político frente a la línea recta, que evocaba el absolutismo monárquico. Se ha pasado de la arquitectura vegetal del jardín barroco a la pictorización del paisaje, de los jardines *more geometrico* al bello desorden *(beau désordre)* paisajista.

Más allá de las controversias entre el jardín arquitectónico, formal, de la inteligencia y el jardín paisajista, pictórico, de la sensibilidad, se encuentra el afán humano de imponer "su" orden a la naturaleza, poco importa que este sea geométrico o poético. El goce estético deriva de ese orden manifiesto o encubierto a través del que se expresa la racionalidad humana. Podemos recordar aquí el viejo aforismo, según el cual la belleza se encuentra a medio camino entre el orden y la complejidad. Los cánones artísticos cambian, la visión de la naturaleza varía de una época a otra, las fuentes del placer estético se transforman, pero es una verdad perenne que, como decía Platón, lo bello es difícil. Es clarificadora a este particular la curiosa anécdota referida por el novelista japonés Natsume Sōseki y recogida en las crónicas que publicó en el periódico de su país *Asahi* tras su vuelta de una estancia en Londres de casi dos años. Allí descubrió con una mezcla de desconcierto y perplejidad que muchas de las cosas que él juzgaba hermosas no conmovían a los habitantes del Reino Unido:

Una vez se rieron de mí porque invité a alguien a ver la nieve. En otra ocasión describí cuán profundamente afecta la luna a las emociones de los japoneses y mis interlocutores no pudieron más que sorprenderse... Una vez, me invitaron a una lujosa casa en Escocia. Un día, cuando su propietario y yo paseábamos por el jardín, me di cuenta de que los senderos que discurrían entre las hileras de árboles estaban cubiertos por una gruesa capa de musgo. Le felicité por ello diciéndole que esos senderos habían adquirido un magnífico aire añejo, a lo que mi anfitrión respondió que tenía la intención de contratar pronto a un jardinero para que quitara todo ese musgo.[18]

Digamos para acabar que el jardín paisajista se articula como una sucesión de vistas encaminadas a suscitar en el visitante respuestas tanto emocionales como intelectuales. Se trata de un auténtico juego mental y sensorial, donde el espectador se instruye deleitando la mirada en los motivos arquitectónicos, plagados de referencias literarias y resonancias clásicas, que jalonan el serpenteante sendero del parque. A lo largo del recorrido se suceden escenas que estimulan tanto los sentidos como la imaginación del paseante, y suscitan en él vívidas emociones y pensamientos ensimismados. El orden de estos "cuadros pictóricos" establece una narración visual, un discurso escénico, una trama argumental, que el paseante-lector-observador va descubriendo a medida que deshace el camino. El jardín paisajista invita a ser explorado a pie. Su concepción presupone el movimiento del espectador que cambia de ángulo, de perspectiva, a diferencia del plan estático y la perspectiva única que caracteriza al jardín formal. Juan Fernando Remón Menéndez resume así las principales diferencias entre esas dos narrativas del jardín:

Al culto al individuo del jardín paisajista contribuye la exaltación de la experiencia que supone su recorrido. El jardín ya no se entiende desde un solo punto de vista, o desde varios puntos de vista determinados, o desde su planta, tal un objeto con una existencia autónoma que recibimos pasivamente, como, por ejemplo, Versalles. Para conocerlo hay que recorrerlo, según un itinerario no necesariamente determinado. Tras su experiencia individual surge en la mente del visitante una idea propia del jardín y su significado.[19]

No todos los tratadistas estarían de acuerdo con esta visión dualista, que contrapone el dinamismo del jardín paisajista al rigor inmovilista del jardín formal. El gran especialista francés Jean-Pierre Le Dantec cuestiona esta tesis con los siguientes argumentos:

> Todavía sigue vigente el prejuicio romántico y moderno según el cual los jardines-paisaje se prestarían al paseo, a diferencia de los jardines de Le Nôtre, que se limitarían a experimentar de forma estática algunos puntos de vista. Es por esto que se suele decir comúnmente, e incluso escribirse, que Versalles es aprehendido totalmente desde la terraza que se encuentra en el eje de Latona y que llega hasta un fondo arbolado, a través de la alfombra verde y el Gran Canal –una vista magnífica. Ciertos teóricos pretenderán extraer de esta interpretación (de la que no revelarán las anamorfosis), que el todo de un jardín expresa la voluntad de poder de un déspota y el infinito geométrico cartesiano.[20]

A partir de la segunda mitad del siglo XVIII, sin embargo ya no basta con "imitar a la naturaleza", sino que hay que mejorarla, enriquecerla. El naturalismo ingenuo dejará paso a las composiciones pintorescas, término que comenzó definiendo a aquellos paisajes dignos de pintarse o que podrían ser vistos como cuadros, y que acabó aplicándose a los parajes salvajes, abruptos y escarpados, cuya grandeza suscita "un placentero horror".[21] Esta segunda generación de jardineros paisajistas, formada por Humphry Repton, Chambers y otros, hicieron del uso de las ruinas y las construcciones singulares con una clara vocación clásica un elemento fundamental de su repertorio estético. En suma, el jardín se camufló de naturaleza salvaje y se adornó con rocas escarpadas, sombrías grutas, sobrecogedores precipicios, abruptas cascadas y todo un sinfín de escenas destinadas a provocar la misma turbación emocional e intensas sensaciones que generaban la inmensidad y la infinitud de los espacios abiertos.

Todo lo expuesto nos lleva a una última reflexión. Si partimos de la premisa de que los jardines permiten visualizar el espíritu de cada época y sirven de espejo a las inquietudes intelectuales de cada momento, es lógico también suponer que dan forma a sus sueños de perfección social, materializan sus esperanzas utópicas y plasman su idea de una buena vida. Y en ese sentido ofrecen una imagen invertida de la realidad, cuyas deficiencias, carencias y limitaciones intentan enmendar y reparar. Desde esa óptica, el jardín paisajista puede ser visto como la fantasía compensatoria de una sociedad –la inglesa del siglo XVIII– embarcada en la revolución industrial y que, a raíz del progreso técnico, asistía atónita a la creciente destrucción de su paisaje autóctono y que se redimía idealizando o sublimando la naturaleza. Es inherente tanto al hábito de ajardinar como al espíritu utópico el deseo de transformar y mejorar lo existente, tal vez porque, como sugiere Fredric Jameson,[22] el mero esfuerzo de imaginar el futuro implica asimismo la voluntad de cambiarlo.

XIV

EPIFANÍAS Y METAMORFOSIS DEL GENIO DEL LUGAR

*E*n este capítulo nos proponemos indagar el origen y la evolución de la poética figura del genio del lugar. Con la expresión latina *genius loci* se designaba a la deidad menor que habitaba en cada espacio, en cada rincón de la naturaleza, y que garantizaba su singularidad. Los griegos tuvieron antes que los romanos una concepción animista y sacralizada de la naturaleza, a la que veían poblada de espíritus protectores, que llamaban *dáimones* (δαιμονες).[1] Como explica Raffaele Milani:

En la antigüedad el lugar de culto se elegía en función de sus características morfológicas, pero también por un cierto *quid* inexplicable; lugar apreciado por los dioses en el que ubicar su morada terrenal. Así Apolo, dios oráculo asociado a la belleza del sol, se revela colmo de asociaciones y misterios hasta el punto de convertir cualquier lugar en algo fuertemente magnético. También es así para los mitos de la 'gran madre', con sus atributos materiales: alcornoques, fuentes, cavidades o grutas. E incluso lugares que son pasajes hacia el mundo subterráneo: grietas, barrancos, abismos o cavernas de las que no se conoce el fin (el Averno).[2]

La pérdida de esa unión mágica con la naturaleza está en el origen de la filosofía. El paso del mito al logos en las polis griegas diseminadas por el Mediterráneo a partir del siglo VII a. de C. tiene lugar paralelamente a la emergencia del concepto de *physis* o naturaleza, concebida como entidad contrapuesta a lo humano y gobernada por *nomos* o leyes. Tras la evocadora figura del genio del lugar, que no ha dejado de metamorfosearse hasta nuestros días, subyace la nostalgia de esa unión perdida con la naturaleza.

Pero esa visión animista no es exclusiva de la cultura grecorromana. Los japoneses, por ejemplo, hablan del *chirei* para referirse a los espíritus del lugar. Agustin Berque cree que para alcanzar una comprensión más precisa del verdadero significado de esta figura simbólica y mítica a la vez conviene tener presentes dos conceptos de origen griego: *topos* y *chôra*, ya que el genio del lugar se sitúa entre estos dos polos o, mejor dicho, participa de ambos aspectos:

> Para Aristóteles, el ser está limitado con precisión por la forma física, y se puede separar la cosa [la forma] de su lugar [la materia]. Además, definía el lugar [la materia] de manera muy precisa, cosa que no hacía Platón con la *khora*, limitándose a usar algunas metáforas: el mar, la nodriza, la huella... Platón afirma asimismo que la *khora* es "como un sueño". De la anti-

gua Grecia hemos heredado estas dos definiciones, pero es el concepto aristotélico del topos el que ha prevalecido. Concuerda de hecho con el paradigma moderno, particularmente con la visión cartesiana y newtoniana del espacio [...] La realidad de un lugar es, a la vez, un topos físico, definido y mensurable, y una *khora*, de corte existencial y que va más allá del lugar físico. El espíritu del lugar se encuentra en la relación entre estos dos aspectos, en este espacio intermedio. No está en la cosa misma, tal y como ocurre con los fetiches de las sociedades pre-modernas, o con los sistemas de objetos fetichistas de la sociedad moderna. Mi concepción del lugar, por lo tanto, se encuentra más allá de la modernidad: se afirma que la realidad, en cuanto nos concierne, supone nuestra existencia.[3]

Conviene, por lo demás, recordar que este concepto no es privativo de la jardinería. El genio del lugar es un símbolo recurrente en la literatura desde el Renacimiento y ocupa un lugar preeminente en la poesía inglesa de los siglos XVII y XVIII. Los vates románticos Wordsworth, Samuel Taylor Coleridge, William Blake y otros se valen de esa mítica figura para referirse al paisaje inglés y también como principio de realidad frente a la arrebatada e irracional pulsión lírica. En un sentido amplio puede decirse que actuar al dictado del *genius loci* es uno de los principios fundamentales del ideario estético del paisajismo. Se diría que el empeño en captar la esencia de cada lugar era la prueba de un compromiso más amplio y profundo con la libertad y la moral. Así lo cree Remón Menéndez, quien escribe:

El genio del lugar, cualquiera que sea su significado, no es, obviamente, una realidad exterior objetiva que se impone al creador del jardín paisajista, sino una figura poética que el mismo creador inventa y utiliza para sus propósitos. De hecho, aunque no lo parezca, la mayoría de las veces la construcción del jardín paisajista suponía la transformación radical del paisaje original, con grandes movimientos de tierra, la destrucción de antiguos caminos, granjas y aldeas enteras, y con ello la violación del carácter original del lugar y de la vida de su gente, es decir, lo que nosotros entenderíamos por genio del lugar.[4]

Los paisajes de los más famosos jardines ingleses no son plenamente naturalistas sino más bien fruto de la sabia y minuciosa manipulación: césped, árboles, arbustos, cursos de agua, edificios, etc. componen un paisaje culturalmente construido. Sería más justo decir que, en vez de obedecer al genio del lugar, crean el marco espacial para que este se manifieste. La intervención correctiva en el entorno físico actúa como un conjuro para invocar al *genius loci*. Esa deidad, que ya aparecía en el libro v de la *Eneida* de Virgilio, hace acto de presencia cuando el jardinero es dueño de su arte y conoce los secretos de su oficio, pues como ha señalado el maestro zen Nan Shan: "Cuando el espíritu del lugar es incomprendido, los jardineros mediocres se quedan en las vistas parciales, se pierden en recetas y teorías. Su obra, nacida del querer, es el fruto de la ilusión egotista".[5] Lo que distingue al profesional competente es justamente su capacidad para, obedeciendo el mandato del genio del lugar, corregir y mejorar las "imperfecciones" de la naturaleza. Se podría decir del trazado del jardín lo mismo que Jonathan Swift dijo del buen estilo: "Las palabras adecuadas en los lugares adecuados".[6] Y por más que Rousseau tildase Versalles de "monumento a la vanidad", no puede decirse que la ejecución de los jardines paisajistas demuestre menos soberbia. Creemos estar en lo cierto cuando afirmamos que la humildad es una de sus virtudes más escondidas. El afán de moldear el paisaje y mejorar la belleza natural mediante una tan sutil como decisiva intervención denota una pretenciosidad y altivez propia de las clases altas, de una élite cultivada que se tiene por superior, económica e intelectualmente, orgullosa de poseer no solo rentas sino una sensibilidad y un gusto por encima del hombre común.

Pocos son los que perciben la ironía latente en la idea de "crear un jardín natural". He aquí el sutil artificio y la paradoja del jardín inglés: la "creación" de un paisaje natural, la construcción de una naturaleza artificial que imita a la naturaleza virgen. El resultado es un elaborado paisaje culto, de apariencia natural. De ahí también que la metáfora visual del jardín se enriquezca con múltiples connotaciones en forma de ruinas, lagos, templos, obeliscos, cascadas y grutas artificiales, columnas y un sinfín de *folies* (caprichos) y citas cultas, que componen un recorrido panorámico, organizado a partir del deleite de la sorpresa y el contraste. A la par que recorre el circuito sensorial e intelectual del parque contemplando con mirada estética las perspectivas y escenas, el visitante lleva a cabo un *itinerarium mentis*. No parece exagerado afirmar que el jardín paisajista está concebido para la filosofía pedestre, para la meditación ambulante.

Si antiguamente los hombres descubrían en una peculiar conjunción de árboles, rocas, arbustos, etc. un escenario mítico, la casa de un dios desde tiempo inmemorial, ahora los jardineros paisajistas convocan a los espíritus de la naturaleza creando escenarios de reminiscencias clásicas. Esos lugares sagrados, a los que rodea una aureola mágica, están cargados de un magnetismo especial, de una energía telúrica o cósmica. Se trata de espacios numinosos (término que procede de *numen*, majestad divina), donde tienen lugar epifanías y revelaciones, apariciones y visiones, oráculos y profecías. Viene muy a cuento la observación sobre este particular que hacen los arquitectos Clemens Steenbergen y Wouter Reh, en su obra *Arquitectura y paisaje:*

> En el jardín paisajista del siglo XVIII el *topos*, los puntos clave del paisaje mítico, se oponían al *locus*, la base racional de los cultivos y del diseño del jardín. El paisaje mítico se confundía con el racional. El *genius loci* era un concepto híbrido en el jardín paisajista que encerraba tanto el topos como el *locus*.[7]

Abordando el tema desde otro ángulo, la poética figura del genio del lugar entroncaría con la genealogía de los seres fantásticos (hadas, ángeles, divinidades, fantasmas, espíritus, yetis, extraterrestres, etc.), o lo que, desde Platón, la filosofía suele llamar *dáimones*.[8] Estas criaturas pertenecientes al inefable mundo de lo imaginario o, en términos junguianos, del inconsciente colectivo abundan en los mitos, los relatos fantásticos y el folclore, y son objeto de visiones y apariciones. Patrick Harpur se hace eco de estas ideas en su obra *Realidad daimónica:*

Pero, para las culturas que describimos como animistas, no existe tal cosa como el animismo; solo existe una naturaleza que se presenta en toda su inmediatez preñada de dáimones. Hay genios del bosque y de montaña, númenes de árboles y arroyos, demonios en cuevas y espíritus junto al mar. Todos estos pobladores de lo salvaje cuentan con sus homólogos dentro de los límites de lo habitado, desde los ancestros a los más íntimos dioses domésticos. Ningún aspecto de la vida cotidiana carece de su daimon soberano, al que hay que conceder su parte y ración si se quiere evitar problemas. 'Todas las cosas', como señala Proclo, 'están llenas de dioses' [...]. Los dáimones prefieren especialmente los límites, o lo que el antropólogo Victor Turner llamaba 'zonas liminales' (umbrales). Estas pueden estar dentro de nosotros (entre la vigilia y el sueño o la conciencia y la inconsciencia) o fuera (cruces de caminos, puentes y orillas). O pueden referirse a momentos determinados, entre el día y la noche, a medianoche, en el cambio de año...[9]

Desde la perspectiva de un lector moderno, se trataría de un fenómeno psíquico que obedece a una manera de percibir el mundo y concebir la relación con la naturaleza prelógica, mágica e irracional. Sería tentador esbozar una teoría antropológica sobre el espíritu del lugar y ofrecer una explicación desmitificadora, analítica y científica sobre esta manifestación, pero preferimos aceptar que su verdadera naturaleza es fabulosa y misteriosa. Debemos al propio Harpur la sugerencia de que "los humanistas del siglo XVIII, que no tenían ningún concepto del 'inconsciente' atribuyeron lo daimónico a la facultad de la imaginación".[10] Pese a que o tal vez a causa de que este tipo de criaturas fantásticas eran confinadas al mundo de lo irracional e irreal, se temían precisamente los arrebatos de la imaginación creadora. No tiene nada de extraño que, en su reivindicación del poder de la fantasía, el romanticismo rehabilitase la figura del genio del lugar y le concediese un destacado papel en la génesis de los jardines paisajistas, ni que respetar sus mandatos se convirtiera en uno de los principios básicos de su ideario estético.

Quedémonos con que el genio del lugar, que en su origen tenía un estatus divino, se convirtió con el curso de los siglos en una metáfora polisémica e inagotable, que cada época ha sabido hacer suya. Ese viejo mito de la antigüedad clásica atraviesa el Renacimiento y rebrota con renovado ímpetu y un significado nuevo en el seno del movimiento paisajista. Desde el periodo neoclásico y romántico la poesía inglesa utilizará el genio del lugar como un estandarte de sus reivindicaciones políticas nacionalistas y de sus ideales reformistas. Con la excusa de prestar oídos al *genius loci*, dan rienda suelta a sus ilusiones, creencias y aspiraciones. Esa criatura es tanto una fuente de inspiración, y en ese sentido cumple un papel similar al de las musas, como una barrera de contención de la desbordante imaginación de los poetas románticos, rebaja sus impulsos irracionales y somete su fantasía a la disciplina de la realidad. Por lo que se podría afirmar que la función del genio del lugar era, por una parte, estimular y reforzar la expresión de la individualidad del propietario del jardín tanto como la de sus visitantes a través de la experiencia sensorial y moral del paisaje; y por otra, la de excluir a los individuos que no participaban de ese secreto ni compartían esa sensibilidad elitista con la que se identificaban *the happy few*,[11] las almas sensibles.

Creemos que, si bien no se trata de una realidad objetiva, sigue teniendo sentido hablar del genio del lugar. Por más que, a partir de la Ilustración, se haya impuesto una concepción científica y racionalista del mundo natural, que descree y niega la existencia de estas realidades daimónicas, lo cierto es que seguimos siendo sensibles al flujo de energía estética y moral de los espacios naturales. Aunque, como sugiere Harpur, "el desencanto del paisaje haya acabado con los dáimones que tenían en este su hábitat",[12] no permanecemos impasibles a la belleza y a la armonía de los entornos físicos. Se puede incluso aventurar la hipótesis de que el genio, entendido como fuerza, magnetismo, esencia o propiedades ocultas de un lugar, se ha metamorfoseado para adaptarse a nuestra época científico-técnica y ha adoptado nuevos ropajes y nombres más acordes con los descreídos tiempos modernos. Se ha desprendido de su inefable halo divino, de su aura mágica, y ha asumido un aire más racional y técnico.

Entre los nuevos conceptos que han heredado el significado del antiguo genio del lugar, hay dos de especial relevancia: "topofilia"[13] *(topophilia)* y "psicotopía" *(psychotopia)*. El primero fue usado por el geógrafo chino americano Yi-Fu Tuan; y el segundo, por el crítico e historiador del jardín Tim Richardson. Ambos términos aluden a las conexiones emocionales entre los seres humanos y el mundo físico, un vínculo difuso, cuya esencia sutilísima parece perderse al exponerla a la luz. La mítica figura del genio encarnaba antiguamente esos sentimientos por la naturaleza y materializaba la vívida experiencia del carácter único, especial e irrepetible de un lugar particular. En otras palabras, representaba una proyección psíquica, un reflejo del inconsciente deslocalizado.

A partir del estudio de las percepciones, actitudes y valores de los seres humanos con respecto al entorno, Tuan formula la voz "topofilia", que define como "el lazo afectivo entre las personas y el lugar o ambiente circundante":

> Por lo general, los lugares sagrados son los recintos de las hierofanías. Una arboleda, un manantial, una roca o una montaña adquieren un carácter sagrado dondequiera que se identifiquen con alguna forma de manifestación divina o con un acontecimiento de máximo significado. Si Mircea Eliade está en lo correcto, una idea primera y fundamental en cuanto a la santidad de un lugar es que represente el centro, el eje o el ombligo del mundo. Todo esfuerzo por definir el espacio es una tentativa de crear orden a partir del desorden: es un acto que comparte la trascendencia de la acción primordial de la creación, y de ahí procede su carácter sagrado. No solo la edificación de un santuario, sino la construcción de una casa o un pueblo obligaba tradicionalmente a la transformación ritual del espacio profano. En cada caso, el lugar era bendecido por algún poder exterior, ya fuese una persona semidivina, un hierofante maravilloso o aquellas fuerzas cósmicas que formaban la base de la astrología o la geomancia.[14]

Richardson, por su parte, define el término "psicotopía" como "una amalgama de 'psique' y 'topos'".[15] Su tesis es que los visitantes de los jardines no son únicamente observadores participantes, sino auténticos cocreadores del espacio. Se trata de un proceso simbiótico, de mutua interacción, en el que se da un fluido diálogo psíquico y emocional entre las personas y los lugares. Creemos que, con sutiles diferencias y matices, ambos conceptos reformulan la experiencia mental de una epifanía, que, en la antigüedad, se reconocía como la misteriosa atmósfera que acompañaba a la presencia de un dios. Esa experiencia del espacio se codifica actualmente en términos psicológicos como una emoción singular, un intenso sentimiento de conexión afectiva y mental.

Muy probablemente, el actual interés por el *feng-shui* avale nuestras conclusiones. El vocablo chino significa literalmente viento-agua y alude a las características visibles e invisibles de un lugar y, por extensión, al arte de manipular esas predisposiciones de manera que se alcance un equilibrio entre las formas construidas y el entorno. Podemos preguntarnos por qué una disciplina tan arcana, misteriosa y difícilmente comprensible para los ciudadanos occidentales ha alcanzado tal grado de popularidad, hasta el punto de ser una referencia común en las revistas más o menos serias de urbanismo, decoración, y jardinería. Existen manuales de *feng-shui* para el hogar, la oficina, el jardín, etc.

Sin entrar a valorar la utilidad de seguir esos preceptos que enseñan a la gente dónde, cómo y cuándo construir su casa, disponer del mobiliario de sus viviendas y despachos, o diseñar su jardín a fin de lograr equilibrio, felicidad y prosperidad, nos interesa sobre todo analizar las razones que subyacen tras ese fenómeno, los motivos por los que una ancestral disciplina china goza de un grado de aceptación tan grande en nuestras acomodadas sociedades modernas y se supone que científicamente avanzadas. Independientemente de la absurda simplificación y vulgarización que constituye reducir una compleja técnica milenaria a una serie de reglas prácticas y sencillas, desvinculadas del trasfondo cosmológico y filosófico de la geomancia china,[16] la moda del *feng-shui* evidencia el interés por propiciar una buena relación con el espacio, pone de manifiesto el deseo de vivir en armonía con el entorno natural y refleja, por encima de cualquier otra cosa, la relación afectiva con los espacios antropizados. Más allá de la esperanza de lograr salud, bienestar y fortuna mediante la puesta en práctica de una serie de simples y elementales preceptos y más acá del prestigio de la cultura ancestral china, el *feng-shui*, entendido como "el arte del emplazamiento en la naturaleza",[17] manifiesta la necesidad de armonizarse con el entorno, el deseo de promover flujos positivos de energía y el anhelo de alcanzar un equilibrio entre arquitectura y hábitat.

El *feng-shui* comparte con la figura del genio del lugar y otros conceptos afines la creencia en que los seres humanos reciben el influjo del entorno, no son insensibles a la influencia del medio ambiente, con el que entablan, consciente o inconscientemente, un diálogo emocional. En tal sentido resulta clarificadora la observación de Clare Cooper Marcus, investigadora estadounidense del hábitat y una de las fundadoras de la psicología del medio ambiente, cuando señala:

> Con independencia de sus intereses particulares, todas las escuelas de *feng-shui* se fundamentan en la simple observación de que los humanos se ven afectados por el entorno que los rodea, y en la creencia, de base china y enraizada en el taoísmo, de que los seres humanos y el mundo natural constituyen una y la misma unidad, influida por la misma fuerza de la vida, o *qi*. La meta del practicante de *feng-shui* es armonizar con el medio ambiente y guiar el *qi* de la tierra, al igual que la meta del acupuntor es la de canalizar y equilibrar este mismo *qi* en el cuerpo humano.[18]

Desde una óptica más holística e integradora, la relación emocional entre las personas y los lugares constituye parte esencial de la experiencia humana, pues, como afirma Alain de Botton: "Sentir la belleza es una señal de que hemos encontrado la expresión material de algunas de nuestras ideas acerca de lo que es una buena vida".[19] Esos vínculos, si bien resultan difíciles de explicar científicamente, son intensamente vividos. Las personas sienten el influjo del entorno, no son insensibles a la energía emitida por los espacios, perciben la aura de los recintos, ajardinados o no, y captan las fuerzas, no por sutiles menos poderosas, que los configuran. Su disposición afecta sin duda a nuestro ánimo. Más que de resonancia emocional, cabría calificar ese fenómeno de empatía ambiental. De hecho, si no fuera porque ese término está muy manido y es potencialmente ambiguo, sería el nombre apropiado para definirlo. A propósito de la reverberación de los lugares en la psique, Remón Menéndez observa:

> Es la función del genio del lugar en la construcción de un espacio, paisaje o arquitectura, en diálogo directo con nosotros, que invita a nuestra interpretación individual sobre su significado, libre de códigos, colocándonos a nosotros en el centro de nuestra existencia, y así a la arquitectura en un plano de importancia relativo.[20]

Nos parece que esto podría explicar la enorme aceptación que está teniendo las arcanas sugerencias de una disciplina exótica que, a pesar de todo, enlaza con una profunda e intuitiva manera de percibir y sentir la naturaleza. El hecho de que, a partir del siglo VII a. de C., surgiera en el pensamiento jónico el concepto de *physis* o naturaleza y, consecuentemente, se produjera el llamado "paso del mito al logos", esto es, el comienzo del pensamiento racional y de la ciencia de la naturaleza en detrimento del mito y del pensamiento mágico, no impide que subsista en nuestro mundo la necesidad de armonizar a las personas con su medio, de restituir el vínculo afectivo y vital con la naturaleza, de reconectarnos espiritual y emocionalmente con el suelo que pisamos.

Al llegar a este punto, parece emerger con cierta claridad que construir, crear un jardín obliga a entablar un diálogo, a pactar con el dios protector del lugar. Cuando se atiende a esa presencia invisible y se captan sus específicas intenciones, la intervención del jardinero logra expresar el carácter singular del lugar, emerge la belleza natural y el jardín se dota de un alma. El pintor y jardinero Sheppard Craige lo explica de la siguiente manera:

Así es como yo interpreto el *genius loci*. Lo podemos convencer para que aparezca en un pedazo de tierra transformado por nosotros mediante el trabajo. Emerge a partir de lo que nosotros hacemos, no de lo que leemos, decimos o pensamos. Se trata de algo físico. La naturaleza nos indica por sí misma de qué forma debemos dirigirnos hacia ella para mirarla. Todos los jardineros lo saben. De esta forma podemos acercarnos al *genius loci*.[21]

Esa invitación a obedecer respetuosamente el mandato de la naturaleza, la esencia de un lugar, es fácilmente asimilable a los principios del programa ecologista, que cuestiona la visión dualista del hombre confrontado a lo viviente y aboga por superar la oposición cultura-naturaleza, conciliar lo biótico y lo antrópico y avanzar hacia una conciencia planetaria. Y frente al imparable deterioro del medio ambiente, la progresiva degradación del territorio causada por la presión demográfica y el creciente impacto de las actividades productivas del hombre, defiende un desarrollo sostenible. Es sabido que las primeras organizaciones ecologistas surgieron poco tiempo después de que se dieran a conocer las impactantes fotografías, tomadas por los satélites espaciales, en las que se veía la tierra desde la estratosfera. No se insistirá lo suficiente en el impacto que tuvo esa imagen en la conciencia colectiva, imagen que contribuyó a forjar la idea del planeta azul como un espacio cerrado, finito, de límites visibles. Aún no hemos acabado de asumir que todos los humanos viajamos en la misma nave por el espacio sideral, que formamos parte de un mismo mundo, cuyos recursos son limitados y cuyo frágil equilibrio nos concierne a todos.

La toma de conciencia de la imposibilidad de un crecimiento ilimitado, unido a la asunción del carácter finito de la biosfera, cuestiona nuestra forma de estar en la Tierra. En su libro *Entre el paisaje y la arquitectura (Apuntes sobre la razón constructiva)*, Francisco de Gracia señala algunas de las hirientes paradojas y contradicciones que caracterizan la relación con la naturaleza en las sociedades posmodernas:

Mitificamos la expresión 'desarrollo sostenible' mientras estamos instalados en la arrogancia de nuestro insostenible crecimiento.

Proclamamos la imperiosa necesidad de salvaguardar el territorio, al tiempo que convivimos con leyes que permiten construir en ámbitos de calidad biótica, medioambiental o paisajística.

Declaramos parques naturales, de tal o cual categoría, para hacer propaganda verde encubridora y, sobre todo, para rentabilizarlos con el aprovechamiento turístico.

Hablamos de *jardines insurgentes* o de *paisajes entrópicos* en foros culturales o académicos, cuando nuestro país, valga por ejemplo, no ha llegado todavía al aprecio social del jardín tradicional ni tampoco ha sido capaz de desarrollar la xerojardinería en términos operativos, etc.[22]

A la vista de estas consideraciones, podemos preguntarnos cuál es el auténtico progreso, el verdadero bienestar y la prosperidad que vale la pena. En los últimos tiempos viene siendo ya un tópico desvincular desarrollo y crecimiento. El avance humano puede ser sinónimo de decrecimiento económico, por usar la expresión del economista Serge Latouche,[23] y las mejoras en la calidad de vida depender precisamente de simplificar las necesidades y rebajar el consumo superfluo. Frente al materialismo sin límite y a la pujante cultura del "todavía más" (bienes, productividad, velocidad, etcétera) que afligen a nuestra sociedad y promueven una forma de vivir cada vez más insatisfactoria, frustrante y ansiogénica, la cultura del jardín fomenta valores alternativos como la paciencia, la humildad, la moderación, la perseverancia y la gratitud, que, como venimos diciendo, contribuyen a llevar una existencia sencillamente feliz y felizmente sencilla.

Esta filosofía inspira el trabajo del paisajista estrella y celebrado ensayista francés Clément, quien, con una agudeza no exenta de esnobismo, ha acuñado los conceptos de *le jardin en mouvement* (el jardín en movimiento) y *le jardin planétaire* (el jardín planetario). En el catálogo de la memorable exposición homónima que tuvo lugar en el Parc de

La Villette (París) entre el 15 de septiembre de 1999 y el 23 de enero del año 2000 escribía:

> Originariamente, con el término 'jardín' se designaba un recinto que delimitaba la extensión de lo que se tiene acumulado y aquella que se quiere proteger. Este recinto ha ido ampliándose constantemente: hoy, nuestro recinto es la biosfera. El planeta está totalmente antropomorfizado, una vez que el hombre ha explorado casi toda la superficie de la Tierra. El territorio del jardinero se ha extendido hasta convertirse en el planeta mismo. Quiero mostrar que estamos inmersos en un jardín de escala planetaria, que somos responsables de la vida –prefiero este término al de la naturaleza–, pero que tenemos también la posibilidad de soñar; la dimensión utópica no está prohibida.[24]

La idea del jardín planetario, como el propio Clément reconoce, representa una versión contemporánea del jardín filosófico dieciochesco, aunque a una escala terráquea. Ambos comparten una misma dimensión utópica y una misma idea de la naturaleza concebida como jardín. Resulta revelador acabar con las palabras que Walpole dedicó en su ensayo *History of the Modern Taste in Gardening* ('Ensayo sobre la jardinería moderna', 1770) a Kent, arquitecto palladiano y maestro del *landscape gardening:* "Saltó la cerca y vio que la naturaleza entera era un jardín" *(He leaped the fence, and saw that all nature was a garden).*[25]

XV

LA TUMBA DE ROUSSEAU
Y EL JARDÍN DE LOS MUERTOS

*E*n mayo de 1778 el anciano Rousseau, que a la sazón contaba sesenta y cinco años, aceptaría la invitación del marqués de Girardin y, acompañado de su leal esposa Maire-Thérèse Le Vasseur, se retiraría a descansar a la finca de Ermenonville, donde su protector había creado el primer parque de estilo paisajista en suelo galo. El pensador, que acababa de componer su original *Rêveries du promeneur solitaire* [Las ensoñaciones del paseante solitario], murió en esa maravillosa y sin igual propiedad el 2 de julio a causa de una apoplejía, o al menos eso dictaminaron los doctores.

Su benefactor le daría sepultura en una pequeña isla situada frente al palacio en el estanque principal. La tumba del influyente *philosophe* fue diseñada por el pintor y proyectista de jardines Hubert Robert y esculpida por Jacques-Philippe Le Sueur. En su enciclopédica *Theorie der Gartenkunst* [Teoría de la jardinería, 1785] Christian Cay Lorenz Hirschfeld describe con todo lujo de detalles la enmohecida estela de piedra que adorna la sepultura:

> Al pie de una palmera, símbolo de la fertilidad, una mujer sentada que sostiene con una mano a un niño al que da el pecho, mientras con la otra sujeta el *Émile* de Rousseau... Tras ella aparecen varias madres que ofrecen flores y frutos en un altar levantado ante una estatua de la naturaleza; en la otra cara uno de sus hijos da fuego a pañales, fajas y corsés, las ataduras de la Edad Antigua, mientras los demás bailan y juegan alrededor de un palo con un sombrero en la punta, símbolo de la libertad...[1]

Junto a ese bajorrelieve se lee una inscripción que, a modo de epitafio, reza: "Bajo la sombra amiga de estos álamos reposa Jean-Jacques Rousseau. Madres, ancianos, niños, corazones sinceros y almas sensibles, vuestro amigo duerme en esta tumba". Este monumento funerario, al que rodeaban dieciséis esbeltos árboles, se convertiría en uno de los "lugares de la memoria"[2] más célebres de Francia, en un centro de peregrinación para los devotos del filósofo[3] y en un motivo recurrente del jardín romántico. Su sugerente escenografía sería muy imitada en muchos parques de la época, tanto dentro como fuera de Francia. Sin ir más lejos, en El Capricho de la Alameda de Osuna (1784), junto al Jardín del Príncipe de Aranjuez, uno de los pocos jardines paisajistas realizado en España, encontramos también una isla en medio del río que atraviesa el parque, y en ella una falsa tumba circundada de árboles de Judas y sauces.

La isla del parque de Ermenonville inspirará otros monumentos y escenografías, que rinden homenaje a la figura del filósofo de la naturaleza en los más diversos países. Así, por ejemplo, en el parque polaco de Arcadia, situado no lejos de Nieborow, se encuentra una "tumba de Rousseau". Y lo mismo ocurre en el Tiergarten de Berlín y en el parque Burgsteinfurt, cercano a Münster (Kassel). No falta tampoco una "Isla de Rousseau" en el parque Wörlitz en Dessau (Alemania), construida a iniciativa del príncipe Leopold Friedrich Franz de Anhalt-Dessau por su amigo y arquitecto Friedrich Wilhelm von Erdmannsdorff y el jardinero de la corte Eyserbeck. Asimismo en el primer jardín paisajista austriaco, el Newwaldegg, en las proximidades de Dornbach, realizado por el mariscal de campo Moritz, duque de Lacy desde 1766, en un estilo de transición que aglutina armoniosamente el antiguo esquema barroco con las nuevas aportaciones del paisajismo, existe un macizo de árboles junto a una estela funeraria que evoca la "Tumba de Rousseau".

Hay algo irónico en el hecho de que la sepultura del filósofo que había calificado al jardín de Versalles de "monumento a la vanidad" se convirtiese a su vez en objeto de imitación y culto. El caso fue que, cinco años antes de la Revolución Francesa, la Asamblea Nacional, por deseo de Robespierre, acordó que los restos mortales de Rousseau descansaran en un lugar más honorable, a la altura de su fama. El 9 de octubre de 1794 el cadáver fue desenterrado de su plácida y evocadora tumba en la isla del parque de Ermenonville y conducido a París, donde, en medio de una procesión de antorchas, se depositaría en una cripta del Panteón *(Panthéon des grands hommes)* la mañana del 11 de octubre. El burlón destino quiso que, en su última morada, reposara junto al que había sido su acérrimo enemigo y rival intelectual, Voltaire. El epitafio que figura en su tumba definitiva parece querer subrayar estas diferencias: *"Ici repose l'homme de la nature et de la vérité"* [Aquí reposa el hombre de la naturaleza y de la verdad].

El controvertido pensador de origen ginebrino, que había acabado encarnando los principios de libertad, igualdad y fraternidad, era elevado así a los altares laicos del París revolucionario y nacionalizado francés por derecho propio. Parece un final glorioso y memorable para el segundo vástago de un humilde relojero y la hija de un ministro calvinista que había muerto a los pocos días de darle a luz, y que había escrito en las *Confesiones:* "Mi nacimiento fue la primera de mis desgracias".

Tras la defunción del filósofo, su compañera de toda la vida, Marie-Thérèse, una mujer de origen humilde e inculta, con quien tuvo cinco hijos entre 1746 y 1752, inició un romance con Henry Bally, ayuda de cámara del marqués de Girardin, que acabaría en boda en noviembre de 1779. La diferencia de edad del matrimonio era notable. El novio no había cumplido aún los 35 años mientras que la viuda de Rousseau contaba a la sazón 58. Por su parte, el filántropo marqués, que habría de ser encarcelado durante el régimen del Terror en tiempos de Thermidor, verá con amarga decepción cómo los restos mortales de su protegido son trasladados lejos del santuario-jardín al que había dedicado su fortuna, su vitalidad y su pensamiento. Será entonces cuando sienta la necesidad de abandonar Ermenonville y, de ahí en adelante, no volverá más que esporádicamente a su particular arcadia.

Antes de proseguir analizando los efectos de esa imagen seminal, que entraría a formar parte de la iconología del jardín romántico, debemos detenernos un momento a analizar la figura de René-Louis de Girardin (1735-1808), quien merece un lugar destacado en la historia del jardín por méritos propios. No en vano escribió un influyente y autorizado tratado: *De la composition des paysages, ou Des moyens d'embellir la Nature autour des habitations en joignant l'agréable à l'utile* [Sobre la composición de paisajes, o medios de embellecer la naturaleza en torno a la vivienda uniendo lo agradable a lo útil, 1777], donde expuso su concepción pintoresco-sentimental del jardín. Todavía hoy nos sorprende su ambición de construir una obra total en la que se fundan literatura, pintura y paisaje como ha señalado Anne Cauquelin:

El texto acompaña, intensificando el efecto, a la propia creación. Es, a la vez, un manual de pintura, una guía para los arquitectos paisajistas y un itinerario para el paseo. Además, en él se citan constantemente los textos de Jean-Jaques [Rousseau]: he aquí una imbricación particularmente significativa.

¿Qué fue lo primero? ¿Rousseau escribiendo la novela *Julia, o la Nueva Eloísa*, Girardin leyendo el texto y elucidando la idea de un 'paisaje moral', la pintura a la que se refiere (¿no dice Nerval que el lago está inspirado en el *Embarque para la Isla de Citerea* de Watteau?), los jardines paisajistas ingleses del siglo XVIII, o la 'sensibilidad' inglesa, resultado de los fisiócratas?[4]

Su originalidad estriba en haber convertido la *belle nature Française* en un paisaje del alma y en un campo de experimentación literaria y filosófica de la imaginación creadora. A diferencia de los tratadistas ingleses para quienes los jardineros debían inspirarse en los pintores, cuyas obras les servían como modelo, De Girardin propone crear escenas de una poética belleza, capaces de interesar a la vez al ojo y al espíritu: "No es como arquitecto ni jardinero, sino como poeta y pintor que se deben diseñar los jardines". En el *Postfacio* (1979) a la reedición del texto del marqués, Michel Conan escribe:

> [Girardin] hace su camino a contrapié de los ingleses. Estos últimos pretenden que los paisajes se asemejen a las pinturas; por el contrario, lo que Girardin propone es crear un arte del paisaje que no se deba más que a sí mismo y a la naturaleza, de tal forma que las representaciones creadas por este arte pudieran servir de inspiración a los pintores.[5]

En su obra realiza una descripción teorizada del bello conjunto paisajista de Ermenonville, que abarca un parque, una pradera, una arcadia y un desierto y que, amén de albergar la tumba de Rousseau, celebra los principios de su filosofía y su novedoso sentimiento de la naturaleza, contrapuesto al espíritu lógico-matemático del racionalismo cartesiano y al determinismo mecanicista impulsado por el barón de Holbach, que había dominado el siglo XVII y la primera mitad del XVIII. La principal aportación de ese curioso mecenas a la historia del jardín consiste posiblemente en haber otorgado a la noción de paisaje un sentido moderno, constructivo, lo que suponía una reivindicación de los sentidos y, muy especialmente, de la vista frente al poder de la razón especulativa y el frío entendimiento. Efectivamente así se expresa Rousseau en *Las ensoñaciones del paseante solitario*, compuestas entre 1776 y 1778, poco antes de refugiarse en Ermenonville:

> El alma de quien contempla es más sensible cuanto más se abandona al éxtasis que la armonía le provoca. Un dulce y profundo ensueño se apodera entonces de los sentidos, y se extra-

vía con una deliciosa ebriedad en la inmensidad de este bello sistema con el que se siente identificado. Entonces los objetos particulares lo esquivan; solo ve y siente el todo.[6]

A fin de resaltar la afinidad espiritual y filosófica existente entre ese noble benefactor y su célebre protegido, entre el hombre sensible y el pensador romántico, merece la pena contrastar el anterior fragmento de Rousseau con este párrafo extraído del capítulo XV de *De la composition des paysages* [Sobre la composición de paisajes], que lleva el elocuente título de "Del poder de los paisajes sobre nuestros sentidos y, en consecuencia, sobre nuestra alma":

> Pero si la situación 'pintoresca' encanta a los ojos, si la situación poética interesa al espíritu y a la memoria al evocar en nuestra mente las escenas arcádicas, si una y otra composición pueden ser formadas por el pintor y por el poeta, hay otra situación que solo la naturaleza puede ofrecer: es la situación 'romántica'. En medio de los más maravillosos objetos de la naturaleza, tal situación reúne todos los más bellos efectos de la perspectiva pintoresca y todas las dulzuras de la escena poética; sin ser feroz ni salvaje, la situación romántica debe ser tranquila y solitaria para que el alma no sienta ninguna distracción y pueda entregarse por entero a la dulzura de un sentimiento profundo.[7]

La tumba de Rousseau en Ermenonville recuerda otros santuarios existentes en los jardines ingleses. Lo cierto es que el marqués de Girardin había visitado con sumo interés los más destacados parques paisajistas durante un viaje al Reino Unido. De hecho, en la realización de Ermenonville, intervinieron jardineros escoceses. Aunque contó con la colaboración de sus amigos pintores, De Girardin es el verdadero artífice espiritual de esa obra de arte viva, que refleja el espíritu de su propietario y su concepción filosófica muy ligada al pensamiento de Rousseau.

Originariamente el parque se dividía en cuatro partes: la Granja sobre la llanura al este del pueblo, el Gran Parque alrededor del lago y al sur del castillo, el Pequeño Parque en un área cenagosa al norte y el Desierto, una colina salvaje donde crecían pinos, brezos, enebros y retama, próxima al Mar de Arena. En la actualidad, el paseo por el Gran Parque sigue el itinerario establecido en su día por el marqués, donde se mezclan sabiamente dosificados las construcciones de reminiscencias arcádicas (la Gruta de las Náyades, la Cascada y El Templo de la Filosofía, que con intención simbólica se dejó inacabado) y los homenajes a Rousseau, entre los que destacan la *Maison du Philosophe* [la Casa del Filósofo], una cabaña levantada en el Desierto en memoria de las excursiones botánicas llevadas a cabo por el autor de las *Confesiones, L'autel de la rêverie* [el Altar de la ensoñación] y el jardín bautizado como Clarence en recuerdo del que aparece en la *La Nouvelle Héloïse* y al que, sin duda, pretende emular. En cada una de las construcciones que jalonan el recorrido sensorial e intelectual del parque, había una inscripción alusiva. Todavía hoy en día se pueden leer las siguientes líneas en la orilla del lago bajo un sauce:

Allí, bajo esos álamos, en esa simple tumba
Que rodean esas aguas apacibles
Yacen los restos de Jean-Jacques Rousseau
Pero está en todos los corazones sensibles
Que este hombre tan bueno, que fue todo sentimiento
Hizo de su alma un eterno monumento.[8]

En Ermenonville, De Girardin puso en práctica su concepción pintoresca del parque articulada sobre la idea de unidad integradora de las partes: "La unidad es el principio fundamental de la naturaleza y debe ser el de todas las artes".[9] Este principio rector exige la ordenación meditada y exenta de toda afectación y la composición armónica, porque "el desorden y el capricho no pueden bastar por sí solos para componer un bello cuadro sobre el terreno más de lo que se bastan para componerlo sobre el lienzo".[10] Todos los elementos que conforman el jardín deben estar al servicio de lo que el marqués de Girardin denomina "el efecto pintoresco" *(l'effet pittoresque)*, esto es, una agradable disposición, cuidadosamente estudiada, de las plantaciones para transmitir "esa afortunada negligencia que es la característica distintiva de la naturaleza y de sus gracias".[11]

En *De la composition des paysages* De Girardin criticó con igual firmeza el abigarramiento y la falta de sentido unitario de los jardines anglo-chinos y la superficial teatralidad del estilo rococó, y abogó por un arte del paisaje que, según sus propias palabras, "no debiera nada más que a sí mismo y a la naturaleza, de tal manera que los espectáculos creados por este arte puedan a su vez inspirar a los pintores". Su apasionada defensa de la estética pintoresca, su glorificación de la vida campestre y su reivindicación de los paisajes filosóficos no están reñidas con el aprovechamiento económico del parque. Uniendo su vocación fisiocrática con su inspiración *roussoniana*, combinando el arte del paisaje con la justicia distributiva, la jardinería con la filantropía, propone que los humildes jornaleros se conviertan en pequeños arrendatarios. E incluso sugiere que el propio diseño del jardín debe obedecer a fines altruistas, hasta el punto de que, si fuera necesario, se subordine la estética al bien común. Walpole en un apéndice (1782) a su obra *On Modern Gardening* (1770) expresa así sus dudas sobre los bienintencionados planteamientos del marqués:

> He leído un profundo tratado, aparecido recientemente, en el que el autor lleva sus consideraciones más allá del mero lujo y el mero entretenimiento e intenta incitar a sus paisanos a realizar proyectos benéficos, incluso satisfaciendo sus costosas aficiones. Propone en él combinar la jardinería [paisajista] con el amor al prójimo y hacer de cada paso dado por el circuito del parque un acto de generosidad, un testimonio de moralidad *[morality]* humana. En vez de adornar sus rincones predilectos con un templo pagano, una pagoda china, una torre gótica o un puente de tramoya, habrá de construir en la primera zona de descanso una escuela, poco más allá una academia, tras ella una fábrica y al final del parque un hospital. Si se organizara una residencia utópica *[utopian villa]* de una manera tan grandiosa, tan benevolente y filosófica, no costaría tampoco mucho más añadirles un orfanato, un parlamento y un cementerio... En mi

opinión, es muy probable que estos jardines chino-galicanos no lleguen a realizarse jamás.[12]

Durante el siglo XVIII tuvo lugar en el terreno de la estética, como ya hemos visto, un giro copernicano, equivalente al que se dio en otros campos como la epistemología. De igual manera que en la filosofía clásica y neoclásica la belleza nace de las cualidades intrínsecas del objeto, véase la proporción, el orden, la armonía, la conveniencia o la unidad en la variedad, esta nueva concepción de lo bello se halla desligada del ideal de perfección y se funda en las cualidades, capacidades o disposiciones del hombre sensible, del individuo de gusto. Esta doctrina sensista valora la experiencia de la belleza desde la perspectiva del sujeto que produce o juzga la obra artística o los paisajes naturales, y no desde la del objeto de contemplación o valoración. Paralelamente, el debate sobre lo bello se desplaza de la búsqueda de reglas y cánones académicos, criterios claros y principios de autoridad, tanto para emitir juicios estéticos como para crear artefactos artísticos, hacia la valoración de los efectos que lo bello produce en la imaginación y el gusto. La nueva filosofía empirista otorga un papel relevante a la inventiva y a los sentidos como fuente de placer estético e incita a la búsqueda de la variedad, la originalidad y las nuevas combinaciones por encima del respeto a las normas académicas. Se incorporan al lenguaje del arte términos como "sensación", "sentimiento", "asociación de ideas" o "gusto", que apelan a la subjetividad de los juicios estéticos por contraste con las características objetivas y objetivables que presentan los objetos tenidos por bellos. Esto no significa la renuncia a cualquier regla artística ni principio de objetividad, como advierte Hume en uno de sus famosos ensayos:

> Si bien es cierto que belleza y fealdad, más aún que dulzura y amargura, no son cualidades de los objetos sino que pertenecen enteramente al sentimiento interno o externo, hay que admitir que existen ciertas cualidades en los objetos que están adaptadas por naturaleza para suscitar esos sentimientos específicos.[13]

Esta nueva teoría del arte reflejaba un cambio radical en la relación del ser humano con la naturaleza, que se convierte en el escenario de las emociones del hombre sensible. El jardín intenta parecerse al paisaje en estado virginal, no tocado ni transformado por mano alguna, aunque, como ya hemos dejado dicho en otra parte, la aparente ausencia de artificio sea la más sofisticada forma de artificio: un jardín que juega a no serlo.

Probablemente el jardín paisajista, esa invención inglesa, sea la respuesta idealizada y estetizante al sentimiento de alejamiento y pérdida de lo natural que provocó la primera revolución industrial y la expansión urbana entre las élites ilustradas y los diletantes miembros de la *gentry*.[14] En el afán de recuperar la naturaleza perdida y retornar a la pureza de los orígenes, se entregan a ensoñaciones bucólicas y encomian la vida rural. El efecto moral de los bellos paisajes se superpone entonces al poder consolador y subversivo de los relatos utópicos para crear una nueva geografía sentimental.

A medida que avanza el siglo, la experiencia de lo sublime se va deslindando de la de lo bello. La primera se asocia a las manifestaciones de la naturaleza; y la segunda, a las representaciones artísticas. Mientras que estas excitan la imaginación y conmueven al hombre de gusto, las escenas sublimes enfrentan al sujeto a la extensión sin límites del océano o del desierto, la sensación de infinito del cielo estrellado o la experiencia de libertad de las montañas o el bosque. Para apreciar la diferencia operada en la sensibilidad estética basta recordar las palabras de Kant en *Lo bello y lo sublime:* "Altas encinas y soledades en el bosque sagrado, son *sublimes*; platabandas de flores, setos bajos y árboles recortados en figuras, son *bellos*".[15]

Es importante observar en este punto que el pintoresquismo paisajista codifica los sueños utópicos de la Ilustración y representa un singular documento de las fantasías compensatorias y los sueños dieciochescos de un mundo mejor.[16] De ahí también que el jardín a la inglesa asumiese una misión educativa y se convirtiese en una escuela de virtud moral y política. Un hecho en el que no se insistirá suficiente es que utopía y jardín beben de las mismas fuentes filosóficas y comparten la misma fe en la perfectibilidad social, así como la convicción de que la búsqueda de la felicidad es la función esencial de las instituciones. Ambas dan forma a los imaginarios sociales, expresan las esperanzas colectivas de lograr un ideal ético y estético, y traducen, en un lenguaje plástico en un caso y literario en el otro, las ideas de una buena vida que se hace cada época. Si la función de la utopía es mostrar lo que podría ser, pero todavía no es, el jardín desde sus orígenes está asociado a la belleza y al placer de lo que un día fue. Todos los jardines son una burda imitación del paraíso terrenal y este el arquetipo de todas las utopías que se han descrito.

Vale la pena detenerse en este punto para subrayar que el siglo XVIII no supone únicamente el momento estelar del jardín paisajista sino también la edad de oro de las utopías. Estas proliferan no solo bajo la forma de viajes imaginarios a lugares de ensueño sino también de tratados políticos y sociales orientados a mejorar la sociedad. No hay *philosophe* o escritor que se precie que no realice su contribución al género con relatos y escritos especulativos. Así, Montesquieu introduce en su famosas *Cartas persas* (1721) el germinal y revisitado episodio de los trogloditas,[17] Voltaire desarrolla en el *Cándido* (1759) la idea del mejor de los mundos posibles y culmina su narración con una invitación epicúrea a cultivar cada uno su propio jardín *("Il faut cultiver notre jardin)*. Diderot, por su parte, recrea un Tahití de fábula en su *Suplemento al viaje de Bouganville* (1772) y Rousseau, por la suya, da a la imprenta *Julie ou la Nouvelle Héloïse* (1761), donde describe un jardín ideal, natural y desgeometrizado (Clarence), que legitima la filosofía del jardín paisajista y postula un "retorno a la naturaleza".

Todos estos textos traslucen un optimismo ilustrado, que brota de la firme creencia en el progreso humano y el avance inevitable de la civilización y que no está reñido, ni mucho menos, con la nostalgia del estado natural y la idealización del buen salvaje. Raimond Trousson en su monumental *Voyages aux pays de nulle part* (1975) cartografía el mapa de la utopía durante el período ilustrado con las siguientes palabras:

> La utopía del siglo XVIII surge también como un instrumento de investigación de 'posibles' economías y políticas. También se volverán a tomar en consideración las variaciones clásicas

del género: de las pequeñas sociedades igualitarias y comunitarias a las utopías de Estado que se codean con las diversas anarquías o con las tribus de "buenos salvajes", todas ellas casi hacen llorar de ternura a los corrompidos europeos que las redescubren. Apologías del progreso científico y tecnológico o nostalgias de la feliz y buena simplicidad natural; utopías burguesas fundadas sobre el orden monárquico y la propiedad compartida; las ensoñaciones del Marqués de Lassay o de Varennes de Mondasse, que se asemejan a los principios 'feudales' de un Boulainvilliers, pasando por el comunismo agresivo de un Morelly o de un Dom Deschamps, o por los modelos cooperativos de un Restif, para dar como resultado la utopía fisiocrática de un Mercier de la Rivière o de un Grivel; la comercialización e industrialización de un J. B. Say... Ya llegará el disgusto y la desconfianza de la utopía. Pocas épocas han explotado tanto los recursos de este género. Siglo de deseos, de investigaciones y de críticas, las Luces encontraron en la utopía un modo de expresión ideal.[18]

El siglo XVIII ve aparecer a los primeros pensadores que ponen en cuestión los ideales utópicos desde posicionamientos que van del pesimismo puritano al hedonismo individualista, y que arrojan dudas sobre las virtudes morales y la supuesta perfección de las sociedades ideales. A su entender, esos proyectos de mejora social no tienen en cuenta o, incluso, ignoran los instintos, la competencia, el egoísmo, la envidia y los mezquinos intereses que mueven a los seres humanos. Uno de los autores que denunció la irrealidad de los presupuestos utópicos y revisó críticamente sus planteamientos fue Bernard Mandeville, autor de *The Fable of the Bees: or Private Vices, Public Benefits* [La fábula de las abejas o los vicios privados hacen la prosperidad pública', 1729]. Utilizando como metáfora una colmena, Mandeville describe una supuesta sociedad feliz, que despierta la admiración de los que la contemplan. Pero ese idílico orden se sustenta en el desorden moral de sus ciudadanos, entregados a toda suerte de vicios. Ciegos a sus propios defectos e impudicia, los licenciosos integrantes de esa sociedad aparentemente utópica claman contra la corrupción del prójimo al grito de "¡Mueran los bribones!". Sus protestas llegan hasta los oídos de los dioses que deciden intervenir para restablecer la paz social.

Al llegar a este punto, la sátira política da un giro inesperado y vira hacia la utopía. La decidida intervención de Júpiter y sus olímpicos colegas erradica de la noche a la mañana los vicios del tejido social y restablece una virtuosa convivencia, lo que, contra todo pronóstico, provocará la decadencia de la próspera y floreciente comunidad, socavada por la honradez y la probidad de sus miembros. La posición antiutópica de Mandeville queda resumida en los versos que, a modo de moraleja, cierran el poema:

> Dejad, pues, de quejaros: solo los tontos se esfuerzan
> Por hacer de un gran panal un panal honrado.
> Querer gozar de los beneficios del mundo,
> Y ser famosos en la guerra, y vivir con holgura,
> sin grandes vicios, es vana
> utopía en el cerebro asentada.
> Fraude, lujo y orgullo deben vivir
> mientras disfrutemos de sus beneficios.[19]

Swift en sus célebres *Viajes de Gulliver* (1726) lleva al límite esta desconfianza hacia los sueños utópicos y, valiéndose con indiscutible talento del mismo género que pretende criticar, se burla grotescamente de sus quiméricas aspiraciones y desmitifica con amarga ironía las pretendidas sociedades ideales. Al final de su periplo, tras sus andanzas y desventuras en Lilliput y Brobdingnag, Gulliver desembarca en una isla cercana a Nueva Holanda, la actual Australia, habitada por una raza de equinos virtuosos, racionalistas y libres de la menor inclinación al mal: los Houyhnhnms, que conviven con los Yahoos, sus sirvientes, una suerte de seres infrahumanos, podridos de vicios y que hozan en la inmundicia con bestial impudor. Allí descubrirá una amarga verdad: la sociedad ideal encarnada por el comunismo primitivo de estos sabios caballos está fuera del alcance de las personas y más allá de las posibilidades terrestres. Por lo demás, la creencia en la bondad natural de los seres humanos le parece a Swift una patraña peligrosa, que tiene efectos nefastos y conduce a la anarquía social, porque estos son fundamentalmente malvados y ruines. En una carta fechada el día 29 de septiembre de 1725 y dirigida a su buen amigo el gran poeta y jardinero vocacional Pope, Swift manifiesta la pésima opinión que le merece el género humano en estos términos:

> Siento esa misma aversión por los médicos –y ya no hablemos de los de mi misma parvada–, los soldados, los ingleses, los escoceses, los franceses, etc., pero sobre todo odio y detesto a ese *animal* que llamamos *hombre*, a pesar de que pueda experimentar un verdadero afecto por Juan, Pedro o Tomás [...] Estoy reuniendo algún material para formar con él un tratado que demostrará la falsedad de esa definición: *animal racional*, y que descubrirá su verdadero significado: *rationis capax...*[20]

Si bien, como el propio Swift reconoce, la principal finalidad que persiguió al escribir esta obra, única en su especie, fue la de vejar al mundo más que la de divertirse, no cabe duda de que demuestra un gran conocimiento de la naturaleza humana y la psicología social, y que, en su tan ameno como cáustico alegato contra la mezquindad de los seres racionales, impugna la utopía como esperanza política. Otros autores críticos con los sueños de la razón utópica y que juzgan absurdos, cuando no peligrosos, sus anhelos de perfeccionar la sociedad, son el abate Prévost, quien describe una supuesta sociedad libre e igualitaria y sus contradicciones en la novela *Cleveland* (1731), y el médico normando Charles-François Tiphaigne de la Roche, autor de *Histoire des Galligènes ou Mémoires de Duncan* (1765), una sátira en la línea de los *Viajes de Gulliver*. En estos casos, como en los anteriores, el género utópico sufre una interesante mutación que le lleva a traicionar sus intenciones, volver sus armas contra sí mismo y, con amarga lucidez, poner el aparato narrativo de la utopía clásica al servicio de su desmitificación.

XVI

LA POÉTICA DE LA DECADENCIA:
RUINAS BOSCOSAS Y ERMITAS PINTORESCAS

*L*as ruinas son uno de los más singulares, populares y representativos ornamentos del jardín inglés y ocupan un lugar privilegiado en el imaginario paisajista. No debían faltar en ningún parque que se preciase. Por lo demás, las había de muchos tipos: capillas, ermitas góticas, templos clásicos y una multitud de construcciones pintorescas más. Antes de analizar su significado, conviene distinguir las falsas de las verdaderas,[1] esto es, las que se construyeron ex profeso como un elemento decorativo más de los restos genuinos de antiguas edificaciones conservadas en el terreno como testimonio de un pasado memorable. Pero ¿cómo empezó este culto o, mejor sería llamarlo, moda?

Sin duda, el creciente interés por la investigación arqueológica que se inició a mediados del siglo XVIII, con el consiguiente desarrollo de las excavaciones primero en Herculano (1738) y después en Pompeya (1748), contribuyó a acrecentar la afición por las ruinas. La belleza de los viejos edificios, a los que se contemplaba con una mezcla de tristeza y admiración, atizó la pasión por lo antiguo y la búsqueda de lo originario. El rechazo a la belleza clásica y a los temas y a los modelos tradicionales, así como la búsqueda de una mayor libertad expresiva, está en el origen de este cambio de mentalidad, que entrañó una transformación del gusto y una revisión del canon estético y de la jerarquía de valores. Se inició así una huida de los estereotipos neoclásicos en pos de las huellas de la auténtica antigüedad.

Si las ruinas se tornaron bellas y, en consonancia, servían para embellecer los parques, fue porque codificaban y articulaban mensajes relevantes para su época. Además de inspirar ideas fúnebres sobre la fugacidad de la vida y sentimientos melancólicos sobre las glorias pasadas, también suscitaban otro tipo de asociaciones. Las ruinas se vinculaban a lo natural y a lo sublime, a los valores de autenticidad primitiva y de simplicidad genuina por oposición al lujo, la artificiosidad y la sofisticación de la corte y la ciudad. Las ruinas se contraponen, por lo demás, al formalismo solemne y académico de las construcciones neopalladianas y de los templos neoclásicos. No está de más recordar que Kent construyó deliberadamente en forma de ruina el Templo de la Virtud Moderna *(The Temple of Modern Virtue)* en el parque de Stowe, como ya hemos señalado en otra parte, para denunciar la decadencia de las costumbres de la época. Este desvencijado edificio da la réplica al Templo de los Valores Británicos *(The Temple of British Worthies)*, que se levanta en la orilla opuesta del río en forma de exedra semicircular con nichos ocupados por los bustos de catorce glorias de las artes y las letras inglesas. Estas palabras de Rafael Argullol expresan nítidamente la intención y el sentido de las escenografías ruinosas:

El 'culto' romántico de las ruinas no es solamente la expresión de la desesperanza o el reconocimiento de la caducidad humana, sino también de la materialización de una protesta contra una época –la propia– a la que se considera desprovista de ideales heroicos.[2]

Al igual que todas las manifestaciones artísticas, el gusto por las ruinas también tiene su mito fundacional. Todo comenzó con la carta que sir John Vanbrugh dirigió el 11 de junio de 1709 a la duquesa de Marlborough abogando por conservar lo que quedaba de la mansión de Woodstock, que se encontraba en el parque de Blenheim.[3] En su misiva desgranaba una serie de argumentos para persuadir a la rica propietaria de la conveniencia de preservar y evitar la demolición de esa vieja casa solariega de estilo gótico, llamada popularmente de la bella Rodemunda porque albergó en su tiempo los amores del rey por esta dama. A pesar de tratarse de una voz autorizada, pues Vanbrugh había diseñado edificios para algunos de los más notables parques de la época, la aristócrata hizo oídos sordos a sus recomendaciones. Por una ironía del destino, la epístola se conserva con una nota dictada por la duquesa de Marlborough que dice:

> Esta carta resulta un tanto ridícula en lo relativo a conservar la mansión por sí misma, una vez ordenado su derribo; pero creo que también hay algo importante contenido en ella en lo concerniente a la construcción de Blenheim.[4]

En su alegato en forma de carta titulado *Reasons Offer'd for Preserving some Part of the Old Manor at Blenheim* [Argumentos para conservar una parte de la vieja casa en Blenheim],[5] Vanbrugh destacaba la idea de que la casona semiderruida de Woodstock, rodeada de árboles, "compondría uno de los objetos más agradables que un pintor de paisajes pudiera concebir".[6] Al asociar las ruinas con la pintura paisajista y la belleza con la variedad, sentaba las bases del jardín inglés, del que fue un decisivo agente promotor junto a Addison, Pope y William Temple. Pero no solo fue un precursor de la concepción panorámica, irregular y desgeometrizada del jardín, sino también un pionero en la recuperación de la estética gótica en la arquitectura civil. Para entender la fascinación que esta ejerció sobre las mentalidades del siglo XVIII conviene recordar que, tras el cisma anglicano, los templos católicos fueron derruidos. De ahí que estos evocasen un glorioso pasado nacional, marcado por la caballerosidad medieval, la piedad cristiana y la libertad política de la *Ancient Britain*. Poco importa si esta imagen idealizada de los tiempos antiguos se correspondía o no con la realidad histórica, se había forjado un mito rodeado de una aureola de misterio y misticismo.[7] El *revival* del estilo gótico se inicia en 1718 con la construcción de un templo en los jardines de Shotover en Oxfordshire y alcanza una de sus cumbres en *The Temple of Liberty* de Stowe (1740).

Es el momento de señalar que hay dos formas de contemplar un edificio en ruinas. La primera consistiría en ver los fragmentos como piezas de un rompecabezas o un puzle, es decir, como partes de un conjunto que se puede reconstruir o completar. Esta sería la perspectiva típica de un arqueólogo o un arquitecto. Sin embargo, otro modo de apreciar las ruinas es de manera pintoresca, dejándose seducir por su atractivo y cualidades estéticas, sin entrar a considerar el propósito original de su artífice o a valorar si cumplía la función para la que había sido creado el edificio en cuestión. Se trata de una percepción romántica y artística, que logra su máximo esplendor en Roma hacia mediados del siglo XVII cuando los artistas empezaron a exaltar y celebrar la poética de la decadencia con sus obras.

Esa estética de lo decrépito cautivaría a jóvenes arquitectos ingleses de paso por la ciudad eterna como Kent, Chambers y Robert Adam, que sucumbirían a la fascinación de las ruinas y las incorporarían como ornamentos de los jardines y parques que diseñarían. Muchas de esas supuestas o falsas ruinas *(mock-ruins)* fueron concebidas como *follies*, es decir, como caprichos arquitectónicos. Un buen ejemplo de lo que estamos hablando es el arco roto construido por Chambers en Kews Garden,[8] que más tarde pintaría Richard Wilson en un famoso cuadro. Pronto Kent, miembro del círculo palladiano del conde de Burlington y de quien Walpole dijo que era "el padre de la jardinería moderna", se interesó por la utilización de ruinas como recurso ornamental en los parques. Tanto en Stowe, donde remodeló el jardín creado por Charles Bridgeman en 1714, como en el de Painshill, propiedad del excéntrico lord Hamilton y una de sus más depuradas y meritorias realizaciones, ordenó el terreno en una sucesión de escenas, que, entre otros elementos artificiales, incluía una ruina.

A la pregunta de por qué nos atraen las ruinas, muchos especialistas han respondido diciendo que invitan a la mente a completar sus fragmentos, a rellenar sus vacíos, a recomponer sus incompletas formas. O dicho de otra manera, apelan no solo a nuestros ojos sino también a nuestra imaginación; esto es, desencadenan experiencias tanto visuales como mentales que involucran los sentidos y las facultades intelectuales. Al contemplarlas, el espectador cobra conciencia de que su vida también está sometida al deterioro, la decrepitud y la extinción. Y a la par que se percata de su vulnerabilidad, le invade una tristeza más antigua que él mismo. Quizá porque todos escondemos en nuestro interior vestigios de sueños e ideales perdidos, no podemos permanecer insensibles a su poética.

El hecho de que las ruinas se convirtieran en uno de los ingredientes imprescindibles de la fórmula pintoresca habla del cambio operado en la mentalidad de los hombres del siglo XVIII. Según la tesis de Dixon Hunt,[9] los jardines emblemáticos de la primera mitad del siglo, cargados de referencias cultas y alusiones literarias, dejaron paso a los jardines expresivos y pintorescos de la segunda mitad, debido a que los visitantes eran cada vez menos capaces de descifrar los símbolos y los mensajes codificados en el paisaje, pues carecían de las claves interpretativas a causa de su limitada cultura y de la falta de experiencias formativas como las del *Grand Tour*. A esto se añadía que la nueva sensibilidad dominante tendía a ver los jardines como un espejo de los sentimientos, los estados de ánimo y el humor de los visitantes. En suma, es razonable concluir que la presencia en los parques de abadías, templos, castillos y otras muy logradas imitaciones de construcciones góticas o clásicas en ruinas era la prueba de que la sensibilidad se apartaba del naturalismo y se acercaba a las borrosas y lúgubres fronteras del romanticismo, envueltas en la niebla del misterio y la melancolía.

El intrincado itinerario que siguió el concepto *picturesque* a lo largo del siglo XVIII da cuenta de las mudanzas y las mutaciones obradas en el gusto artístico desde las postrimerías de la Ilustración hasta los albores del Romanticismo. En el último cuarto del siglo XVIII, este concepto se incorpora al debate teórico, por lo general en contraposición a las categorías de lo bello y lo sublime. Esta nueva experiencia estética, asociada a valores como la variedad, el contraste, lo irregular y lo intrincado, equidista a un mismo tiempo del horror delicioso de lo sublime y de la serena belleza clásica. De esta pasión por lo rugoso, desigual y variopinto nace precisamente el culto a las ruinas, que será una de sus señas de identidad.

Con el auge del movimiento pintoresco en la segunda mitad del siglo XVIII, las ruinas se convirtieron en un elemento ornamental imprescindible en los parques ingleses. La imagen de la naturaleza salvaje y desordenada subyugando las formas arquitectónicas de un edificio semiderruido, cubierto de maleza, por cuyas fachadas crece la hiedra, como si reconquistase el espacio que una vez fue del hombre, provoca una mezcla de sentimientos en el espectador que van de la poética melancolía a la nostalgia de las glorias pasadas. Estos versos de Luis de Góngora captan a la perfección esa turbadora experiencia: "Yacen ahora, y sus desnudas piedras / visten piadosas yedras, / que a ruinas y a estragos, / sabe el tiempo hacer verdes halagos".[10] Aparte de excitar la sensibilidad, espolear la imaginación y ser el detonante de emociones varias, las ruinas apelan también al intelecto. No olvidemos que contribuyen a crear la ilusión de un paisaje arcádico, cargado de resonancias literarias y pictóricas. Por más que el frío clima y la mortecina luz británica poco tuviesen que ver con los del Mediterráneo, hay algo heroico en ese arduo empeño de trasladar las bellezas, reales o pintadas, de la campiña italiana al territorio inglés.

Antes de abordar otros aspectos de la poética de la decadencia, me gustaría plantear una cuestión: ¿acaso no son también ruinas las estatuas clásicas traídas de excavaciones romanas y otras piezas arqueológicas y reliquias de tiempos pasados que, con independencia de su función original, se exponen en los jardines como ornamentos? Sí, por supuesto. Pero, avanzando un poco más en esta analogía, podemos hablar también de ruinas vegetales. Nos referimos a los árboles muertos, troncos secos y tocones que desempeñan su papel y tienen su lugar en los jardines pintorescos. Es sabido que Kent[11] plantó árboles muertos en Kensington Gardens para acentuar el parecido con los montaraces y agrestes paisajes retratados por Salvator Rosa y dotar a la escena de mayor credibilidad y verismo. Chambers, por su parte, en su influyente tratado *Disertación sobre la jardinería oriental* (1772) menciona cómo los jardineros chinos se servían de lo que podríamos llamar "ruinas vegetales" a la hora de componer escenas de terror:

> Los árboles son retorcidos, desviados forzadamente de sus direcciones naturales y aparentemente destrozados por la violencia de las tempestades. Algunos están caídos, interrumpiendo el curso de los torrentes; otros parecen sacudidos y golpeados por el poder del rayo. Los edificios están en ruinas, o medio consumidos por el fuego, o arrastrados por la furia de las aguas.[12]

Después de afirmar que las ruinas renovaron el lenguaje iconográfico de los jardines y, haciendo de la carencia virtud, se convirtieron en un resorte de la imaginación creativa y en un fermento para la sensibilidad, no está de más mencionar que estas admiten también lecturas irónicas. Este es el caso de *The Temple of Modern Virtue* [el Templo de las Virtud Moderna], una construcción de estilo gótico ubicada en el *Elysian Fields* del parque de Stowe, que, como páginas atrás hemos señalado, Kent dejó intencionadamente sin acabar o "en ruinas". Tal vez esta dimensión irreverente y satírica provenga de la herencia teatral que asumió la tradición pintoresca. Baste recordar cómo en los jardines paisajistas las grutas, las rocallas, las ermitas y otras edificaciones ornamentales forman auténticos decorados, en los que tienen lugar diferentes representaciones. Esta voluntad escenográfica está muy patente, por ejemplo, en las creaciones de Kent, quien no lo olvidemos trabajó en el teatro en Italia e Inglaterra y, presumiblemente, transfirió estrategias y recursos de un arte al otro. En algunas ocasiones llevó este planteamiento dramático hasta el extremo de que las construcciones fueran simples tramoyas, como en el caso de la Fortaleza de Sanderson Millar en Bath, pura fachada, el intransitable puente de atrezo en el parque de Kenwood en Londres o el *eye-catcher*, una suerte de *follie* diseñada por Kent en Rousham para atrapar la vista de los visitantes, como su nombre indica, y dinamizar el horizonte. Lo cierto es que, en los parques ingleses, abundan los teatros y anfiteatros. Finalmente, la misma estructura del jardín paisajista, organizada en escenas, implica una concepción dramática del espacio, en la que el visitante convertido a un tiempo en actor y espectador participa activamente en una representación o *montage*. Y a la par que asiste a los distintos actos, se instruye deleitando y se rearma moralmente.

Durante el desarrollo del jardín paisajista en la primera mitad del siglo XVIII las ruinas eran asimismo una conmemoración del *memento mori*, que invitaba a la reflexión, y un símbolo de la *vanitas*, que alertaba del poder destructivo del tiempo, de la decadencia irreversible y de lo transitorio y efímero de nuestra existencia, lo que, por otra parte, reforzaba la función meditativa y contemplativa del jardín. En este sentido eran artefactos destinados a inducir un humor melancólico en el visitante.[13] Las ruinas nos recuerdan que todo pasa, que nada es para siempre y el triunfo inevitable del tiempo. Pero tras esa desdichada conciencia aflora la jovial pesadumbre, la alegría melancólica de que todos los esfuerzos son baldíos y, tal vez por ello, innecesarios. Y al mismo tiempo que nos invade una sensación de liberación y alivio de la onerosa responsabilidad de la vida, experimentamos el frescor del olvido. Como ha sabido ver Antoni Marí, la fascinación que ejercen las ruinas surge de la tensión entre la belleza de sus formas y un inquietante trasfondo de alusiones a la degradación, el abandono y la decadencia, entre la densidad de mensajes codificados y la simple desmemoria, entre las connotaciones estéticas y las analogías éticas:

> La naturaleza que ha crecido entre las piedras y que sube por pilastras y cornisas muestra una nueva concepción de las rui-

nas, que no es ni la del transcurrir del tiempo ni de la vanidad humana, sino la del antagonismo entre la cultura y la naturaleza, disputándose mutuamente sus respectivos dominios; la obra de los hombres, consciente y normativa, se ve acosada por la fuerza inconsciente e imparable de la naturaleza, capaz de invadir la construcción humana más soberbia y colosal. La dialéctica de la razón y de la sensibilidad, de la lógica y de la imaginación, encuentra en las ruinas su detonante, debido a que estas son la expresión de la absorción del arte por parte de la naturaleza y la consideración de la naturaleza como el principio del arte.[14]

La época dorada de las ruinas en los jardines se extiende desde aproximadamente 1745 hasta principios del siglo XIX, coincidiendo con la última etapa en la evolución del jardín paisajista: el *picturesque* y el estilo anglo-chino, esto es, con los años de fecundidad creativa de jardineros paisajistas y teóricos como Kent, Shenstone, Chambers y Whately, entre otros. Como es sabido, toda forma de expresión artística lleva en su interior el germen de su propia destrucción, y el estilo neogótico no representa ninguna excepción. Efectivamente, fue degenerando en un formalismo esteticista, que traicionaba su sentido original y se alejaba de su razón de ser. Se podría hablar mucho sobre esto, pero lo cierto es que el entusiasmo por las ruinas declinó a medida que, por una parte, avanzaba el movimiento pintoresco y se imponía una estética que valoraba la autenticidad; y por la otra, la revolución industrial impulsaba una idea del progreso muy alejada del gusto romántico por las escenografías decadentes.

Aquí hay que hacer referencia a las ruinas industriales y su incorporación al diseño de los parques paisajísticos de nueva generación. La mirada postmoderna descubre una nueva monumentalidad en los decrépitos edificios y las máquinas en desuso, aprecia las posibilidades estéticas de los equipamientos fabriles y se deja fascinar por su aura gótica. Las grúas de hierro, las torres de los altos hornos, los tanques de combustible, los silos, los elevadores, las pasarelas y un sinfín de estructuras obsoletas vuelven a la vida en estos parques públicos como construcciones ornamentales con ecos futuristas y resonancias históricas.

Estas áreas degradadas constituyen poderosos símbolos del pasado al servicio de una estética crepuscular, que cabría calificar de neopintoresquista. Las estructuras vestigiales de la era industrial cobran un nueva dimensión lúdica en la sociedad de la opulencia, el ocio y el espectáculo. En tal sentido resulta acertada la observación de Quim Rossell:

> Los viejos caparazones huecos de las viejas industrias anticuadas se levantan ahora como tótems en medio de la nueva selva común del espacio público. Estos esqueletos enormes vincularán al hombre con el resto del planeta, y le recordarán que debe compartir el mundo con sus propias ansias creadoras y destructoras. Donde antes latían los mecanismos trituradores del tiempo, ahora gravita el espacio de la potencialidad cultural y civilizadora del hombre. Redimido del infierno, la extensión de parques y jardines ya no hablará más de la muerte de la fábrica original, sino de la vida que queda entre ruinas.[15]

Esta estética neopintoresca conjuga la arqueología industrial con la educación medioambiental, la reivindicación del patrimonio fabril con los valores paisajísticos, la poética de lo degradado con el lenguaje de lo sublime. La nueva sensibilidad retrofuturista[16] rinde culto asimismo al *genius loci* y aboga por la artealización de las espacios residuales desde una perspectiva ecoeficiente y sostenible. No debemos olvidar tampoco que estas intervenciones buscan menos reivindicar la memoria, cultivar la nostalgia y preservar unos poderosos símbolos del pasado que recuperar devastados escenarios industriales con fines lúdicos, recreativos y turísticos. La rentabilidad económica, las imágenes publicitarias y la revalorización urbanística están tanto o más presentes en la rehabilitación de las caducas estructuras preexistentes que la regeneración medioambiental del territorio. Habrá incluso quien piense que más que de lugares de la memoria se trata de "espacios basura", por utilizar la provocativa expresión de Rem Koolhas.

La metamorfosis de los antiguos escenarios industriales o mineros en centros de ocio y parques de entretenimiento cuenta con un ilustre precedente: el Parc des Buttes-Chaumont,[17] ubicado en el noreste de París e inaugurado el 1 de abril de 1867 con motivo de la Exposición Universal. Su diseño escarpado, irregular y lleno de desniveles se debe a que fue construido sobre un vertedero que antes había sido una antigua cantera de piedra caliza a cielo abierto. Durante las obras de acondicionamiento, que incluyeron también la excavación de un enorme lago de dos hectáreas y la realización de una gruta decorada con falsas estalactitas aprovechando una galería subterránea, se acometieron enormes movimientos de tierra con la ayuda de explosivos, vagonetas y el trabajo de cerca de un millar de operarios, y se cubrieron de humus fértil las abruptas laderas y los suelos baldíos. Un promontorio rocoso de unos treinta metros de altura, rodeado de agua y coronado por una réplica del Templo de la Sibila de Tívoli, preside el parque y actúa de punto focal.

Un precursor de este tipo de intervenciones paisajistas fue el arquitecto norteamericano Richard Haag, quien remodeló los terrenos que ocupaba una antigua planta de producción de gas cerrada en 1956 y situada en la costa norte del Lake Union en Seattle. El Gas Works Park data de 1971 y marca el inicio de una nueva filosofía a la hora de rehacer paisajes postindustriales aprovechando los elementos arquitectónicos preexistentes, un cambio de mentalidad en relación al tratamiento estético de las ruinas fabriles. Además de conservar las torres de la refinería, Haag decidió poner en práctica métodos experimentales para favorecer la descomposición de los contaminantes del suelo a través de la adición de enzimas, que degradaban el petróleo y favorecían la regeneración de la tierra propiciando el crecimiento de microorganismos.

Otro pionero a la hora de rehabilitar complejos industriales degradados y transformarlos en espacios verdes destinados a usos culturales y lúdicos es el arquitecto paisajista de origen alemán Peter Latz, autor del Landschaftspark de Duisburg-Nord. Este parque de 230 hectáreas de extensión, situado entre las ciudades de Meiderich y Hamborg, se construyó en el solar ocupado por las antiguas acerías de la empresa Thyssen en la cuenca del Ruhr. Latz optó por conservar los altos hornos, las chimeneas, las naves, las plataformas, las pasarelas y otras estructuras del antiguo complejo industrial minero, asignándoles nuevos usos e integrándolas en el proyecto jardinístico. Así, los altos hornos de la planta siderúrgica se convirtieron en belvederes o miradores, los depósitos de coque dieron cabida a jardines secretos temáticos, los muros de los almacenes se transformaron en rocódromos donde practicar la escalada, las pasarelas metálicas se tornaron puentes, se rehabilitaron los canales de vertido de aguas residuales y las vías férreas pasaron a ser avenidas verdes. Incluso el antiguo tanque de gas se acondicionó como piscina cubierta.

Nuestro país no ha permanecido al margen de esta tendencia postmoderna de renaturalizar áreas mineras degradadas y ajardinar viejas instalaciones manufactureras. Un buen ejemplo de ello es el Parque del Clot de Barcelona, proyectado en 1986 por Daniel Freixa y Vicente Miranda, y creado sobre el solar de cuatro hectáreas en el que se ubicaba otrora la estación del tren Clot y los talleres de reparación de Renfe.[18] Los restos de los edificios, las paredes, las ventanas, los arcos y las chimeneas que habían sobrevivido al paso del tiempo, se incorporaron al diseño del parque dotándolo de una personalidad única. Las antiguas arcadas se convirtieron en un acueducto de aguas rebosantes que caen en forma de cortina sobre un estanque. Y los muros del antiguo taller pasaron a ser una suerte de templete que acoge la escultura *Rites of Spring* (Ritos de primavera, 1986) del artista norteamericano Bryan Hunt y, un poco más allá, sirvieron para delimitar una pista de petanca. En el centro del parque se erigió una gran plaza, rodeada de gradas, que ocupan las pistas polideportivas.

Sin salir de la ciudad de Barcelona, encontramos al menos otras dos notables intervenciones paisajísticas en antiguas canteras: el llamado Parque de la Creueta del Coll (1987) y el Parque del Mirador del Migdia (1992). El primero fue diseñado por los arquitectos Oriol Bohigas, Josep Martorell y David Mackay, y ocupa un antiguo yacimiento de piedra granítica (1,68 hectáreas) en el distrito de Gracia, barrio de El Coll. Y el segundo, proyectado por Beth Galí, Jaume Benavent y Andreu Arriola, abarca una gran zona forestal en la montaña de

Montjuïc, e incluye la zona del Sot del Migdia, una antigua cantera reconvertida en espacio para conciertos y eventos deportivos.

Otra destacada operación de recuperación medioambiental de explotaciones mineras en territorio español fue el Parque de la naturaleza de Cabárceno (1990) en Cantabria. Este se extiende 750 hectáreas sobre el antiguo emplazamiento de un yacimiento de extracción de hierro a cielo abierto. En medio de un espectacular paisaje kárstico se pueden contemplar cientos de animales salvajes de los cinco continentes que viven, sin rejas ni jaulas, en un régimen de semilibertad. Concebido con fines educativos, culturales, científicos y recreativos, este moderno parque zoológico cuenta con zonas de recreo, merenderos, miradores y rutas botánicas, además de diferentes establecimientos de restauración, lo que le convierte en un destino turístico de primera importancia y, según rezan los anuncios, un lugar ideal para pasar el día en familia.

La actual tendencia a reconvertir creativamente las estructuras y equipamientos fabriles nos lleva a una última reflexión: el culto postmoderno de las ruinas industriales expresa no solo el reconocimiento de la caducidad de las obras humanas sino también el deseo de ir hacia el pasado para imaginar el futuro. Y en este sentido materializa tanto la insatisfacción con el presente como la añoranza de un porvenir diferente, donde el progreso tecnológico no esté reñido con el desarrollo sostenible, el ecohumanismo y la promesa de una buena vida.

Aparte de las ruinas, uno de los elementos decorativos más singulares del repertorio pintoresco es la ermita *(hermitage)*. Este tipo de toscas y rudimentarias edificaciones de un estilo gótico o rústico, levantadas con ramas y raíces, cortezas de árboles y techumbres de paja, proliferaron en los parques ingleses desde 1740 aproximadamente hasta finales del siglo XVIII. A tal punto llegó esta moda que, en 1767, William Wright dedicó a este género de construcciones, que abarca tanto ermitas como cabañas rústicas *(root houses)* y similares *follies*, todo un libro titulado *Grotesque Architecture*. Raro era el parque paisajista que no contaba con alguna edificación de esta clase. Por más extraño que pueda parecer, no fue infrecuente que se incorporase a la escenografía teatral de la ermita la imponente presencia de un anacoreta, en ocasiones acompañado incluso de otros elementos de atrezo como ataúdes y calaveras, que, seguramente, suscitaban una mezcla de fascinación y repulsión en los espectadores. Cedamos la palabra a Dixon Hunt, una autoridad en la materia:

> Ningún jardín paisajístico del siglo XVIII estaba del todo acabado sin su ermita o, incluso, sin sus ermitaños. Estos, sin lugar a dudas, se concebían como una manera de evocar, si bien de forma bastante genérica, la idea de la meditación solitaria; para suscitar –sin abusar del realismo– la vida austera de los padres ermitaños. Para expresar la concepción filosófica del retiro, la imaginería resultó ser un lenguaje bastante atractivo y al alcance de los escritores del siglo XVIII, incluso cuando estas realidades, ni desde el punto de vista físico ni desde la óptica rigurosa de la metafísica, se pareciesen demasiado a las de los primeros padres.[19]

Para el jardín de Hawkstone (Shropshire) y el parque paisajista de Charles Hamilton en Painshill (Surrey) se buscaron a través de anuncios en la prensa individuos dispuestos a ejercer el oficio de ermitaño a cambio de un techo, un plato caliente y unas monedas. Coffin recoge en su ya clásica obra *The English Garden, Meditation and Memorial* los duros requisitos que debían cumplir los aspirantes a ermitaño profesional:

> Aunque, bromeando, Henry Hore había dicho a su nieta que él mismo podría hacer de ermitaño para su casa de madera *[Roothouse]*, finalmente su amigo Charles Hamilton se encargó de buscar a un ermitaño para este refugio. Poco después de la finalización de la ermita de Painshill, Hamilton también fue el encargado de buscar a alguien para que hiciese las veces de un ermitaño en su retiro. El candidato debería estar de acuerdo en permanecer en la ermita durante siete años, donde estaría provisto de una biblia, algunos vasos, una manta para su cama,

un cojín como almohada, un reloj de arena, agua para beber y comida de la casa, aunque no podría intercambiar ni una sola palabra con el servicio. Estaría siempre vestido con una exótica túnica y no se cortaría ni la barba ni las uñas durante todo este tiempo, ni abandonaría bajo ningún concepto el lugar. El cumplimiento efectivo de sus funciones sería gratificado con setecientas guineas. No obstante, el más mínimo fallo en cualquiera de estas condiciones significaría la pérdida total de esta suma.[20]

No siempre resultaba fácil, desde luego, encontrar a alguien dispuesto a desempeñar un oficio que, a pesar de no estar mal remunerado según hemos visto, imponía tan arduas obligaciones. De ahí tal vez que algunos propietarios optaran por apostar en la entrada de las ermitas o cabañas figuras de cera o, incluso, autómatas que hacían las veces de anacoretas y, al parecer, resultaban menos costosos de mantener.

La figura de los ermitaños de jardín estuvo sujeta a las transformaciones sociales y políticas, como no podía ser de otra manera, y evolucionó a la par que el gusto y las ideas estéticas. Así describen los arquitectos paisajistas Steenbergen y Reh los sucesivos cambios que sufrió la figura del ermitaño residente en el parque de Hawkstone (Shropshire), cuya creación se debe al segundo barón Richard Hills:

> Al borde de la colina de la Terraza, no muy lejos de la Gruta, había una ermita habitada por el 'venerable padre descalzo Francis', un ermitaño genuino provisto con los símbolos tradicionales de la vanidad, que pronunciaba un circunspecto *memento mori* ante los visitantes. A partir de 1800 el lugar del padre Francis fue ocupado por una máquina automática, y más tarde aún, por un guía que hacía el papel de ermitaño.[21]

Podemos preguntarnos qué sentimientos y asociaciones deseaban suscitar en el visitante los jardineros paisajistas que incluyeron humildes cabañas y rudimentarias construcciones, más o menos sólidas, en la elaborada escenografía de sus suntuosos parques. Consideremos asimismo la sorpresa y hasta el estupor que debía provocar en el paseante tropezar con la chocante y solitaria figura de un desharrapado anacoreta junto a su tosca ermita. A la vista de esa pintoresca escena, el espectador debía sentirse imbuido de ese horror delicioso, de esa fascinación mezclada con repulsión, de esa placentera sorpresa rayana en el espanto característica de la experiencia de lo sublime. El ermitaño, a medio camino entre el loco santo y el sabio solitario, entre el misántropo y el penitente, abandona la sociedad de los hombres para vivir en la soledad de la naturaleza y consagrarse a la plegaria y la mortificación del cuerpo en aras de un ideal de perfección y pureza espiritual. Su figura codifica una utopía poética del desprendimiento y el alejamiento del mundo que conecta con la imagen en boga durante el siglo XVIII del buen salvaje y la nostalgia del estado natural anterior al contrato social.

Una vez aquí, conviene distinguir entre eremitas, anacoretas y ermitaños. Los tres términos se usan a menudo como sinónimos para referirse a personas que deciden apartarse de las tentaciones mundanas y abrazar un estilo de vida aislado, austero y a veces ascético. El monaquismo surge a finales del siglo III de nuestra era en Egipto, cuando los cristianos coptos dan la espalda a las ciudades y emigran a paisajes deshabitados para purificar el pensamiento, fortalecer el alma y encontrarse con Dios. En esta época surgen distintas manifestaciones de ascesis, que cabe diferenciar. El eremitismo (del griego *éremos*, vida solitaria en el desierto) fue un movimiento creado por san Antonio, mientras que el anacoretismo (del griego *anacoresis*, huida) da nombre a los hombres y las mujeres que se aprestaban a dejarlo todo e ir en pos de la sabiduría silenciosa y la beatitud contemplativa. Los ermitaños comparten con los anteriores aspirantes a la salvación espiritual su vocación de llevar una vida retirada, pero no siempre endurecen su voluntario aislamiento con privaciones y ayunos, ni se entregan con fervor maniático a la oración.

Por último, a título de curiosidad diremos que la elección del habitáculo condicionaba el modo de vida del eremita, anacoreta o ermitaño. Las moradas más comunes eran la cueva o la cabaña, pero en Siria hubo anacoretas que adoptaron modos más radicales de reclusión, encerrándose en celdas, en sepulcros o, incluso, en las oquedades de los árboles como los dendritas. Otros, decididos a seguir la ascesis en un entorno abierto, se encaramaron a lo alto de una columna[22] como los estilitas del desierto, donde, rodeados de una turba de curiosos que les procuraban el sustento, "vivían durante años una existencia casi vegetal, y harán pensar en 'flores humanas' esparcidas por la pradera de los santos".[23] Los hubo también que, renunciando a cualquier cobijo o refugio, vagaban desnudos por desiertos y montañas alimentándose frugalmente de bayas, frutas y hierbas salvajes, y rehuyendo cualquier contacto humano. Estos eran conocidos como *boskoí,* "santos locos" o monjes herbívoros. A todos estos modos de vida ascética hay que sumar los cenobios y lauras. El término cenobio se aplica a los monasterios creados por san Pacomio en el siglo III dedicados a la vida comunitaria; y laura,[24] a las comunidades semieremíticas, es decir, agrupaciones de monjes solitarios o en pequeñas comunidades, consagrados a la oración, al ascetismo y al trabajo manual en celdas o retiros separados, pero que mantienen un cierto grado de convivencia en el refectorio, el almacén, la iglesia, los dormitorios, etc.

No es casual que los *hermitages* (las ermitas) y las cabañas se conviertan durante el siglo XVIII en un popular ornamento, pues al igual que las falsas o auténticas ruinas, los obeliscos, los relojes de sol, los bustos y otros característicos elementos decorativos de los parques paisajistas invitaban a contemplar con filosófica melancolía el curso de la vida, el poder destructivo del tiempo y la vanidad humana. Si esas pintorescas construcciones constituyen una parte esencial de los jardines morales, por usar una expresión del agrado de los tratadistas franceses, es porque simbolizan en grado sumo la experiencia del retiro, la meditación solitaria y la contemplación ensimismada.

El jardín inglés apela por encima de todo a la emoción y al sentimiento, al recuerdo y a la memoria, y es por vocación un lugar de recogimiento e inspiración sentimental e intelectual. Está concebido para ser paseado, caminado por un "observador móvil" que sigue un itinerario y disfruta de sucesivas vistas. Y a diferencia del jardín formal concebido en función de las perspectivas estáticas de un paisaje ordenado geométricamente, la experiencia del jardín paisajista es dinámica, secuencial y múltiple. Las ermitas y otros dispositivos arquitectónicos como templos, obeliscos, ruinas, etc., conjugados con las plantaciones, componen escenas cargadas de alusiones, reminiscencias y resonancias que excitan la sensibilidad del visitante, estimulan su imaginación y propician pensamientos elevados. "En la práctica, el visitante de un jardín es tanto un espectador de los elementos de su diseño –escribe Dixon Hunt– como un actor en sus dramas".[25]

La figura del ermitaño y su pintoresco habitáculo adquiere un poderoso valor simbólico, en la medida en que constituye un feliz maridaje entre la contemplación espiritual y la soledad del hombre ante la naturaleza. A lo largo de los siglos los eremitas, los anacoretas y los ermitaños han escogido esos *locus horridi* (desiertos, montañas, bosques, selvas,...) que constituyen la condición de posibilidad y el escenario de lo sublime como su retiro espiritual. Nos sentimos tentados a afirmar que el ermitaño, una mezcla de atleta de la privación y robinsón del desierto, representa una figura de transición hacia el solitario héroe romántico. El primero huye del mundo en busca de la salvación espiritual a través del desprendimiento material, la plegaria y las privaciones físicas. Y el segundo mide sus fuerzas con la naturaleza y se enfrenta a la muerte, "la reina de los terrores" como la llama Burke y, sin duda, el trance más sublime que existe. Llevando más lejos esta reflexión, se ve aparecer una relación más íntima entre el ermitaño y el héroe. En ambos casos, se mortifica el cuerpo para acceder a una redención, a ese "dulce naufragio" del que habla Giacomo Leopardi,[26] ambos ansían a un mismo tiempo la disolución del yo y la autoafirmación. Esa nueva emoción que embarga a quien se adentra en territorios desconocidos, pone a prueba su valor y resistencia ante la inmensidad y el vacío, y se atreve a asomarse a lo infinito, según Bodei, encierra "el intento del hombre de construirse a sí mismo poniéndose ya no directamente frente a Dios a través de la oración y el éxtasis, sino agonísticamente frente a la naturaleza indómita y salvaje, con el fin de reflejarse en ella y verse intelectual y moralmente superior".[27] Al enfrentarse a la desnuda, hostil e ilimitada presencia del desierto, el océano, la montaña, la selva, etc., el ser humano experimenta una mezcla de temor y veneración, de espanto y fascinación, de estremecimiento delicioso. Y, dominado por el estupor, cobra súbita conciencia de su vulnerabilidad e insignificancia, de su inquebrantable fragilidad, y pule su fortaleza, su orgullo y su coraje. La experiencia de lo sublime se presenta a menudo como una alternativa de la vivencia religiosa o un sustituto de ella.

Tal vez sea este el momento de señalar que la práctica del retiro solitario en la naturaleza constituye parte esencial de la biografía de muchos pensadores y creadores contemporáneos, que se han dejado seducir por la poesía de las cabañas y el hechizo de la vida silvestre. Esa vocación de ermitaño aúna, por una parte, el deseo de soledad, silencio, libertad y recogimiento íntimo; y por otra, el anhelo de aire puro, contacto con la naturaleza y las ganas de llevar una existencia de sencilla austeridad. El aislamiento del mundo y la concentración en sí mismo ayudan, qué duda cabe, a desplegar la energía creativa. Pocos pensadores han buscado un refugio para su mente con más ahínco que Friedrich W. Nietzsche. En una carta datada a finales del 1883 y dirigida a Carl von Gersdorff desde Sils Maria, un poblado en la región de la Engadina en los Alpes suizos, escribe:

> ¡No hay en torno a mí silencio, altitud y soledad suficientes como para poder construirme aquí una especie de cabaña ideal!: esto es, una casa de madera con dos habitaciones; y para ser más precisos, en una península que se adentra en el lago Sils, donde antaño se erigía una fortificación romana. Pues a la larga me resulta imposible vivir, como he hecho hasta ahora, en estas casas de campesinos: las habitaciones son bajas y estrechas; y siempre hay jaleo.[28]

El sueño de tener una cabaña en ese pueblecito situado a dos mil metros de altitud, donde el errabundo y atribulado Nietzsche se refugió algunos veranos, guarda estrecha relación con el ideal ascético por el que, según explica en *La genealogía de la moral*, sienten auténtica predilección los filósofos. A fin de cuentas, como escribió su maestro Arthur Schopenhauer, "Un bello panorama es una catarsis del espíritu, tal y como la música lo es del ánimo, según Aristóteles, y en su presencia uno pensará del modo más certero".[29]

Henry David Thoreau demostró también una firme vocación de ermitaño. Las dos anécdotas más conocidas de su biografía, que cimentaron su fama de pensador asilvestrado y contestatario irreductible, son: su deserción voluntaria de la civilización en una cabaña en medio del bosque y, mientras gozaba de ese exilio filosófico, su detención e ingreso en prisión debido a su reiterada negativa a pagar los impuestos, como un acto de denuncia y protesta ante un estado que consideraba injusto por permitir la esclavitud y la guerra contra México. La fecha del 4 de julio de 1845 marcará un hito en su trayectoria vital. Con apenas veintiocho años, decide romper con las ataduras sociales e irse a vivir solo al bosque. Se instalará en una cabaña[30] que construyó con sus propias manos en Walden Pond, una parcela propiedad de su mentor y maestro Ralph Waldo Emerson en el corazón de los bosques de Massachusetts, donde se recluyó durante dos años, dos meses y dos días. "Fui a los bosques –leemos en *Walden*– porque quería vivir deliberadamente, enfrentarme solo a los hechos esenciales de la vida y ver si podía aprender lo que la vida tenía que enseñar, y para no descubrir cuando tuviera que morir que no había vivido".[31]

Permítanos el lector que, llegados a este punto, hagamos un breve excurso sobre otros relevantes intelectuales y artistas que, como el inconformista y carismático Thoreau, sintieron la necesidad de apartarse de la civilización y buscar el aislamiento y la soledad en entornos inspiradores. Uno de los casos más emblemáticos es el del poeta y humanista Petrarca, quien, tras la muerte de su amor platónico Laura, se retiró a su pequeña finca de Vaucluse cerca de Aviñón. Allá pergeñaría su obra *De vita solitaria,* donde recomienda a los aspirantes a poetas y filósofos "que recojan su espíritu en un lugar angosto, silencioso y recóndito". Tal vez porque la cabaña simboliza la "soledad centrada",[32] en acertada expresión de Gaston Bachelard, constituye el lugar idóneo para llevar una existencia filosófica. Así lo entendieron dos de los pensadores más relevantes del siglo XX, quienes, si se nos permite la expresión, fueron víctimas del "síndrome de Thoreau"[33] y sintieron el impulso de convertirse, al menos temporalmente, en ermitaños: Ludwig Wittgenstein y Martin Heidegger.

El primero levantó en 1913 con sus propias manos una rudimentaria cabaña de madera con vistas panorámicas al lago Eidsvatnet. El caso es que el joven, cosmopolita y mundano aprendiz de filósofo sintió la necesidad de alejarse de Cambridge, donde había pasado los dos últimos años siguiendo las lecciones de Bertrand Rusell, y refugiarse en aquel recóndito paraje, en medio de ninguna parte, para serenar su ánimo inquieto, esquivar la depresión, restañar su maltrecho corazón y aclarar sus ideas. Según es creencia compartida por muchos historiadores de la filosofía, entre las desnudas paredes de aquella celda, no se sabe si de monje o de reo, germinarían las ideas del *Tractatus*. Heidegger, por su parte, se hizo construir una cabaña de obra, revestida de madera, de apenas 6 x 7 metros de planta y tres habitaciones, con calefacción, aseo y agua corriente, en la Selva Negra. A partir del verano de 1922 y, por espacio de cinco décadas, hasta el final de sus días, se retiró por temporadas allí para trabajar en sus obras y preparar sus conferencias. Otros ilustres ejemplos de cabañas de artistas son las de los músicos Gustav Mahler y Edvarg Grieg, el dramaturgo August Strindberg, los escritores George Bernard Shaw y Virginia Woolf, el poeta Dylan Thomas y una larga nómina de personajes.

Y ya para acabar, la función de todas las cabañas no siempre es servir de "espacios para pensar",[34] por usar la expresión acuñada por el arquitecto inglés Adam Sharr para referirse al refugio de Heidegger, sino también de espacios destinados al ocio. El paradigma de ese modelo lúdico de cabaña es la casita de vacaciones, de apenas dieciséis metros cuadrados y montada con piezas prefabricadas, que Le Corbusier proyectó en una escarpada ladera en Roquebrune, Cap-Martin, sobre la bahía de Mónaco.

La cabaña es la imagen misma del retorno a la pureza de los orígenes, la expresión material de una vida elemental, de austera simplicidad. Este tema merecería un tratamiento más detallado, pero nos contentaremos con señalar, parafraseando a una de las fundadoras de la psicología del medioambiente, Cooper Marcus, que los seres humanos proyectan su psique, a menudo inconscientemente, sobre el espacio en que viven, que se convierte así en parte importante del proceso de individuación descrito por Carl Gustav Jung y una representación visible y significativa de sus habitantes. "A un nivel, menos consciente yo creo –podemos leer en su inspirado texto *House As a Mirror of Self*-,[35] el hombre elige con frecuencia la casa, esa protectora fundamental de su medioambiente interior (además de su piel y su ropa) para representar o simbolizar lo que, a pesar de su fascinación, es imposible expresar". Al llegar a este punto, parece emerger con cierta claridad que la voluntad de retiro solitario del ermitaño y la pobreza material de los *hermitages* y construcciones similares se hallan en la antípoda del ideal utópico, entendido como deseo de perfección social. Frente a la pulsión misantrópica del eremita se halla el anhelo de un mundo mejor del reformista. Quizá toda civilización, a medida que progresa, engendre en sus márgenes una vertiente antisocial y otra utópica, una melancólica resistencia al progreso y una añoranza de una existencia más justa, el deseo de huir de la Historia y el impulso de cambiarla.

Señalemos, por último, que la popularidad de la ermita como elemento decorativo de los parques pintorescos pone de manifiesto la íntima relación existente entre estos y la muerte. Los jardines siempre han confrontado a los seres humanos con la fugacidad de la existencia y la labor destructiva del tiempo. En la medida en que estos trabajan con la naturaleza viva, se hallan sujetos al ciclo de las estaciones y al cambio constante. El hecho es que los jardines están en continua evolución y, por más esfuerzo que se invierta en mantener su diseño, varía el color, la densidad de las plantas y los árboles, que, sobra decirlo, nacen, se desarrollan y mueren.

En su bello libro sobre los jardines de Cataluña, Manuel Ribas i Piera llega a la siguiente conclusión: "El Paisajismo, así en mayúscula, depende substancialmente del tiempo. Esta es la primera y gran lección que el futuro diseñador de jardines ha de tener siempre presente".[36] Como la danza y la música, el arte de los jardines trabaja con el tiempo. Y como un arte temporal que es, su irrepetible belleza nace del cambio y la mudanza permanente. El jardín está sometido a la entropía. El más extraordinario de los jardines puede desaparecer en poco tiempo por negligencia o por descuido. Y, al revés, un jardín no se crea en una tarde, ni a veces en el tiempo de una vida, pues precisa de una maduración lenta y cuidadosa. Eso explica también por qué conservamos tan pocos jardines históricos. No está de más recordar aquí una divertida anécdota referida por el escritor checo Karel Čapek (1890-1930) en su ya clásica obra *El año del jardinero*, todavía sin traducir al español:

> Un multimillonario americano le dijo en cierta ocasión a un noble campesino: 'Señor, os doy la cantidad que queráis si me reveláis la forma de crear un césped tan perfecto, verde, tupido, impecable, aterciopelado, uniforme, fresco, vivo, raso y tan inglés como el suyo.' 'Es muy simple', respondió el noble campesino inglés. 'Hace falta trabajar el terreno concienzudamente; además, es necesario que sea fértil y permeable, ni ácido ni graso, ni pesado ni estéril. Después, se nivela de tal forma que quede liso como una tabla. Entonces siembre las semillas y, cuidadosamente, asiéntelas en el suelo. Proporciónele agua todos los días, y corte la hierba cuando crezca, una vez por semana. Barra la hierba cortada con una escoba y asiente el césped. No se olvide de regar diariamente, humedeciéndolo, mojándolo y empapándolo, y cuando usted haya hecho todo esto durante trescientos años, logrará un césped tan bonito como el mío'.[37]

Acaso porque el sentimiento de fugacidad de la existencia se acentúa en contraste con los ritmos naturales y los ciclos de las estaciones, los jardines se revelan como un medio idóneo para captar y codificar el significado de la muerte y expresar el dolor de la pérdida. El caso es que, a partir del siglo XVIII, los parques se pueblan no solo de ruinas y templos que evocan un pasado glorioso sino también de monumentos fúnebres a la memoria de los seres queridos. Pero tan cierto como que el jardín paisajista incorporó la tumba a su repertorio iconográfico y decorativo, es que, a partir de la creación del cementerio de Père Lachaise (1804) en París, estos adoptarían la forma de jardines. Permítanos el lector que, durante unas líneas, nos detengamos a reflexionar sobre los jardines de los muertos. Cedamos la palabra nuevamente a Dixon Hunt, quien en su reveladora obra *Gardens and Picturesque*, escribe:

Me gustaría terminar este viaje en torno a los jardines con unas cuantas anotaciones acerca de la relación entre el cementerio, el jardín, la ciudad y la utopía. Parece totalmente acertado afirmar que el Movimiento del Nuevo Cementerio del siglo XIX se inspiró en los parques paisajísticos británicos, y de ahí que desplazara las tumbas de los abarrotados e insanos centros de las ciudades. No obstante, estos nuevos cementerios llegaron a estar tan densamente habitados como los centros urbanos de los que habían sido retirados; los jardines de la muerte se convirtieron así en ciudades de la muerte. Todo esto resulta bastante coherente, ya que el progreso del hombre también se ha ido urdiendo a lo largo de una ruta que va desde el Jardín del Edén en un extremo de los tiempos hasta la Ciudad de Dios en el otro extremo.[38]

En los países católicos como Francia, Italia o España, los lugares escogidos para la contemplación y la introspección eran las iglesias y el confesionario mientras que, en el mundo anglosajón, los jardines y la naturaleza salvaje permitían un encuentro íntimo con Dios sin la mediación de los clérigos. Ahora bien, la presencia de chozas, cabañas, capillas y otras construcciones rústicas en los jardines durante el siglo XVIII obedece también a otros motivos más prosaicos que el retiro espiritual, como son la pujanza del nacionalismo, que descubrió la evocadora imagen de las ermitas góticas y otras construcciones similares como parte de un pasado idealizado, y la afición de las clases acomodadas inglesas a las vistas sublimes y los lugares pintorescos.

Tanto si esas edificaciones con reminiscencias históricas y un alta densidad simbólica invitaban a meditar sobre lo transitorio de la existencia, despertaban ecos de un heroico ayer o, simplemente, constituían un mero divertimento para un público más amplio y menos educado, el caso es que el jardín inglés contribuyó a forjar la nueva sensibilidad romántica. Si pudiéramos resumir su esencia en una frase, diríamos que esta consiste en el uso de la imaginación creativa como vía de escape de la gris realidad. Y no cabe duda de que los parques y jardines paisajistas alimentaron las fabulaciones épicas y sirvieron de fermento a la fantasía, suministrando gran parte de la iconología y muchos de los elementos que poblarían el imaginario romántico: ruinas, tumbas, parajes agrestes, etc.

Lo cierto es que la pasión por las ermitas declina con el siglo, a medida que aumenta la atracción por lo exótico y lo pintoresco. Hacia 1770 el gusto cambió, cristalizó un nuevo tipo de sensibilidad y se puso de moda un jardín más agreste y turbador, donde tenían cabida árboles muertos o caídos, cubiertos de matorrales, ruinas tapizadas de hiedra, hondonadas de helechos, angostos y casi intransitables senderos, rocas escarpadas, etc. El paseo del jardín se volvió más abrupto, lleno de recodos inesperados e insólitas construcciones. Y las vistas sucesivas que componían el recorrido acentuaron su carácter melodramático, exótico y melancólico. El ideal de una naturaleza perfeccionada había dejado paso al de una naturaleza indómita, impresionante y sublime.

Efectivamente, el jardín codifica muchas de las aspiraciones utópicas de los románticos. Por una parte, se hace eco del exotismo que invade la literatura de viajes *a ninguna parte* del siglo XVIII a través de las construcciones pintorescas (pagodas, minaretes, cabañas, ermitas, templos clásicos, ruinas, obeliscos, etc.) y, por la otra, cultiva una estética naturalista comprometida con la ilusión de un paisaje intacto, virginal, edénico. Estas mismas ideas fueron expuestas por Von Buttlar con estas palabras: "El jardín paisajista se sitúa entre los focos de atención de Arcadia y Utopía, entre la nostalgia por el paraíso perdido y el ideal de una sociedad verdaderamente humana y liberal".[39] A reforzar esta imagen del jardín como emblema de un mundo ideal contribuyó la creciente industrialización de la segunda mitad del siglo XVIII. No es casual tampoco que las pujantes metrópolis acabaran asumiendo ese anhelo y lo materializaran en forma de grandes parques de inspiración paisajista. Se ha escrito que estos no son más que jardines pintorescos, pero de dimensiones enormes, realizados a gran escala.[40]

XVII
EL OFICIO DE JARDINERO PAISAJISTA:
UN NOVELA FAMILIAR

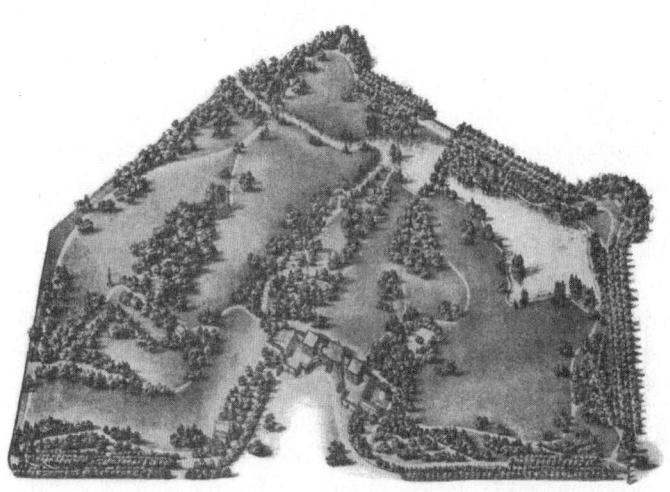

*L*a invención del jardín paisajista fue una empresa colectiva, que se gestó a lo largo de doscientos años (1620-1820) y en la que participaron tanto intelectuales estetas y filósofos de la naturaleza como nobles diletantes, hombres de teatro, arquitectos humanistas y artistas de toda laya y condición. De entre esa caterva de personajes que coadyuvaron a la aparición del *giardino anglese, le jardin anglais, the English garden*, sin género de duda una de las contribuciones más originales y perdurables de la sociedad británica a la cultura universal, nos centraremos en aquellas figuras que en algún momento de su existencia pasaron a la praxis, asumieron el rol de jardineros y se enfrentaron como aficionados o profesionales a la ardua tarea de hacer realidad sus ideas y teorías. Estos hacedores de jardines son los protagonistas de un relato coral y los herederos de una tradición viva que conformó a lo largo del tiempo el oficio de jardinero paisajista *(landscape gardener)*, según la expresión acuñada por Repton a finales del siglo XVIII, cuando el movimiento paisajista tenía ya mucha historia. A diferencia de los jardineros franceses, que constituían auténticas dinastías familiares, cuyos apellidos (Mollet, Boyceau, Le Nôtre) estaban asociados a la creación y al mantenimiento de los jardines reales, los jardineros ingleses no trabajaron para la corona. En muchos casos fueron *amateurs*, como Pope, Shenstone o Hoare, que diseñaron sus propios jardines; y en otros, profesionales cualificados con un estilo propio a los que, previo contrato, acaudalados lords y nobles terratenientes encargaban proyectos, como fue el caso de Kent, *Capability* Brown[1] y Repton.

En el curso del presente capítulo veremos cómo unos jardineros influyeron en los otros, de qué manera interpretaron a sus inmediatos predecesores y coetáneos y cómo se posicionaron con respecto a ellos para despejar un espacio imaginativo para sí mismos, y cuáles fueron algunas de las razones íntimas y de las motivaciones privadas presentes en el trasfondo de sus disputas estéticas y de sus controversias estilísticas. Nos proponemos, en definitiva, examinar el ciclo vital del jardín paisajista desde la perspectiva de los jardineros, atendiendo principalmente a las relaciones que mantuvieron entre ellos y, sobre todo, a la manera en que gestionaron y reinterpretaron la herencia recibida para crear un estilo propio reconocible. Aunque formuladas en un contexto muy distinto, las palabras del crítico literario Harold Bloom sobre la ansiedad de la influencia en la historia poética pueden ayudarnos a iluminar nuestro propósito:

> Kierkegaard, en *Temor y temblor*, anuncia, con confianza magnífica, pero absurdamente apocalíptica, que el que desea trabajar engendra a su propio padre. Considero más certera respecto al mero hecho la admisión aforística de Nietzsche: 'Si no se tiene un buen padre, es necesario inventarlo'. Me temo que la ansiedad de la influencia, que todos padecemos, seamos o no poetas, tiene que localizarse en los fatales pantanos de lo que Freud, con desesperado ingenio, llamó 'la novela familiar'.[2]

La dificultad de encontrar una voz propia no es un fenómeno exclusivo de los poetas. Los jardineros, no menos que otros artistas, se vieron en el dilema de renacer o reengendrarse, de romper con los cánones establecidos para forjar su propio estilo y dejar su impronta en la historia. La evidencia revela que, aun estando cada uno de ellos preocupado en salvaguardar su originalidad, entre todos dieron forma a una nueva sensibilidad y cooperaron en la génesis de la estética paisajista.

El principal propósito de estas páginas es presentar la historia del jardín como el resultado de los ensayos y errores de una serie de jardineros, que compitieron y se influyeron entre sí. El eco de las ideas de uno se oye en las de otro a lo largo de más de doscientos años componiendo una novela familiar. El primero en entrar en escena en esta historia debería ser, por méritos propios, el filósofo Bacon, lord Verulam, quien creó su propio jardín, del que no queda ningún vestigio, siguiendo las ideas que expuso en un ensayo de pocas páginas titulado *Of Gardens* [De los jardines] incluido en sus *Sermones*. A pesar de que todavía defiende un trazado regular, valora los paseos cuidados y espaciosos y defiende la poda ornamental de los setos y la utilización de elementos arquitectónicos y escultóricos como fuentes, pérgolas y columnas, se muestra ya partidario de alejarse del artificio demasiado visible y, asimismo, avanza algunos rasgos de lo que será el estilo inglés, como la naturalidad y la libertad, cuando defiende la existencia en los jardines de una parte salvaje *(the wilderness)*, donde las plantas y los árboles crezcan espontáneamente sin limitaciones ni cortapisas:

> En cuanto al jardín principal, no niego que debería haber algunos caminos a ambos lados, y algunos penachos de árboles frutales, y cenadores con bancos dispuestos decentemente, pero nada de esto debería situarse muy junto, sino que el jardín principal ha de dejarse como un espacio abierto y libre, y no cerrado.[3]

Todavía nos encontramos en el siglo XVII, pero ya comienza a desbrozarse el camino que llevará a la irregularidad como ideal estético.

Otro de los padres fundadores del jardín paisajista será sir Temple, miembro destacado de la *gentry* o nobleza rural, político y ensayista, quien, tras ejercer de embajador, pasó sus últimos años retirado en su residencia de Moor Park, en Surrey. El trazado regular de este jardín, construido por la condesa de Bedford, fiel todavía a los modelos franceses e italianos, parece entrar en conflicto con sus propios ideales que expuso en el tratado *Upon the Garden of Epicurus* [Sobre el jardín de Epicuro], y donde se puede leer:

> Lo que he dicho sobre las mejores formas para los jardines se refiere solo a aquellos que son regulares; pues puede haber otras formas enteramente irregulares que podrían, por cuanto yo sé, ser más bellas que cualquiera de las otras: pero debe deberse a disposiciones extraordinarias de la naturaleza en ese lugar, *o a un grado sumo de fantasía o juicio en la ejecución*, que reduzca muchas partes discordantes a cierta figura que sea, en conjunto, muy agradable. Algo de esto he visto en algunos sitios, pero sobre todo he oído hablar de ello a otros, que han vivido mucho tiempo entre los chinos [...] Y aunque nosotros apenas poseemos noción de este tipo de belleza, ellos en cambio tienen una palabra particular para expresarla; y al encontrarla a primera vista, dicen que el *sharawadgi* es hermoso o admirable.[4]

Resulta curioso que Walpole cite este pasaje en su ensayo *The History of the Modern Taste in Gardening* (1771-1780) para ilustrar el papel decisivo que jugó Temple como agente promotor del nuevo estilo paisajista. Y si bien le perdona con irónica indulgencia su devoción por la regularidad y la simetría de Moor Park, y su timidez y falta de determinación a la hora de abrazar una estética informal y naturalista, le concede el mérito de haber sabido captar y apreciar el hermoso desorden y la elegante y encantadora irregularidad de los jardines chinos que había conocido en sus viajes. Para expresar esa inefable belleza nacida del aparente descuido utilizó el término chino *sharawadgi*. Este vocablo, según Jurgis Baltrusaitis[5] en su ensayo *Jardins et pays d'illusion* (1957) admite varias interpretaciones. Un primer significado podría ser gracia desordenada, del chino *sa-ro-(k)wai-chi*; un segundo, diseño asimétrico, del japonés *soro-wandji*.

Ciaran Murphy[6] explica la sorprendente utilización de este barbarismo por parte de Temple argumentando que, habiendo sido este embajador de Inglaterra en los Países Bajos con sede en La Haya, habría tenido la ocasión de conocer a algunos comerciantes holandeses que habían viajado a Japón y que, supuestamente, le habrían proporcionado suculentas y detalladas informaciones sobre los jardines de este país. Sin entrar en más disquisiciones sobre los exóticos orígenes de este término ni perderse en divagaciones sobre sus diferentes significados, lo relevante aquí es que Temple hubiese tenido que recurrir a este vocablo para nombrar una experiencia estética desconocida hasta entonces, una idea inédita y ajena al arte occidental, que carecía de una palabra para designar ese "gracioso desorden" inherente a la filosofía paisajista. El término *sharawadgi*, convertido en un nuevo y fértil concepto estético, tendrá una larga vida en el arte del jardín inglés y será invocado como consigna por Walpole, Chambers y otros promotores del estilo paisajista y pintoresco.

Ha llegado el momento de hablar del arquitecto Bridgeman, quien alcanzó gran notoriedad como diseñador de jardines hacia el final de su vida. Sus realizaciones, aunque se mantienen fieles a los postulados clásicos (perspectiva axial, bosquetes), dan los primeros pasos hacia una paulatina desgeometrización y una mayor libertad del trazado. Su principal aportación a la nueva estética, como hemos visto en otra parte, fue la sustitución de los muros de delimitación perimetrales por unas barreras invisibles en forma de fosos o trincheras, que se conocen con el nombre de *ha-ha,* y gracias a las cuales el jardín se fundía con el paisaje sin interrupciones ni barreras visuales. Sustituyó las topiarias y los parterres por alfombras de césped, praderas onduladas y plantaciones de árboles agrupados. Asimismo, renunció a los canales en favor de los cursos irregulares de agua. A él se debe el primer diseño del parque de Stowe (1714) para lord Cobham, en el que posteriormente, intervendrían Kent y *Capability* Brown. Su principal mérito consiste en haber preparado el terreno para la llegada de otros creadores más resueltos que él a romper los cánones establecidos, liquidar los restos del pasado y comprometerse con una estética naturalista.

En esta informal genealogía del jardín inglés le tocaría ahora el turno al magnífico poeta del *Augustan Age's Period,* Pope, quien, no contento con pronunciarse sobre los principios que debían regir en la creación de un parque en su famosa epístola en verso a lord Burlington y en otros escritos sobre el tema, predicó también con el ejemplo e hizo suyo el oficio de jardinero paisajista. A principios de 1719 creó en su propiedad de Twickenham el primer jardín íntegramente paisajista. Esa villa rural, situada a quince millas de Londres en las orillas del Támesis y con una extensión de unos cinco acres, había sido adquirida por el poeta gracias al éxito de su traducción de la *Ilíada* de Homero para un selecto grupo de suscriptores. Twinkenham era el lugar para poner en práctica sus ideas sobre jardinería y dar rienda suelta a su talento creativo. Los ecos de su poesía se dejan sentir en el diseño de ese mítico parque, que se despliega como un poema visual. Así lo describía la pensadora estadounidense Ross:

> Estilísticamente, el jardín de Pope combina a la vez características tradicionales e innovadoras. El conjunto está organizado axialmente, si bien no alineado con el paso subterráneo que conecta con el río Támesis. Al salir de este pasaje (por ejemplo, por la 'gruta'), el visitante atraviesa el armazón del templo y un extenso monte, cruzando en primer lugar un amplio paseo flanqueado por árboles y, después, un prado ovalado circular, caminando entre dos pequeños montes para, finalmente, aproximarse al obelisco en memoria de la madre del poeta, descrito por Mack como 'el clímax emocional y visual' del jardín. Su linealidad se ve contrarrestada por las glorietas, las colinas y los matorrales, así como por los espacios naturales circundantes −arboledas quincunciales atravesadas por senderos serpenteantes. Se dispusieron urnas en varias partes del jardín, y sobre la gruta de entrada se grabó un verso de Horacio, *'Secretum iter, et fallentis semita vitae',* traducido por Spence como 'Un rincón escondido, donde la vida del día a día / se escabulle gentilmente en un dulce engaño'.[7]

Pope formaba parte del círculo de lord Burlington, rico mecenas de las artes a quien había dirigido su famosa *Epístola* en verso y que encargó la realización de su residencia campestre en Chiswick House a otro miembro del grupo, Kent. Este pintor y arquitecto estaba llamado a ser el auténtico creador del nuevo estilo paisajista. Entre sus trabajos sobresale la remodelación del parque de Stowe, creado en 1714 por Bridgeman, donde diseñó los Campos Elíseos (1733). Kent modelaría el terreno sustituyendo el paseo principal por una alfombra de hierba, en la que se suceden una serie de escenas a la manera de los jardines chinos. Cada una de estas estaba compuesta por una o más edificaciones (ruinas, templos, grutas, puentes) y otros elementos decorativos de gusto romántico (inscripciones, obeliscos, columnas, bancos), que contribuían a crear un efecto teatral y pictórico. Por decirlo brevemente, Kent representa la madurez del estilo naturalista y de la estética del sentimiento en la etapa prerromántica. Aunque pocas de sus realizaciones han llegado intactas hasta nuestros días, conocemos a la perfección sus originales técnicas e innovadores procedimientos. Destaca, en especial, por su hábil manejo de la perspectiva, solo interrumpida por los juegos de luces y sombras, y el sensual trazado de los cursos de agua que serpentean por las praderas onduladas, salpicadas de grandes árboles aislados o plantados en grupos dispersos, y que se pierden en la lejanía. Una de sus creaciones más personales y logradas es, sin duda, el jardín de Painshill, un encargo del excéntrico lord Hamilton, quien, al parecer, invirtió toda su cuantiosa fortuna en esa recreación del paisaje de la mítica Arcadia.

No hay duda de que su conocimiento de los maestros de la pintura del paisaje (Poussin, Lorena, Rosa) y su experiencia como diseñador de decorados teatrales le fueron de mucha ayuda a la hora de llevar a cabo sus obras, de un estudiado naturalismo. Si tuviéramos que resumir todos sus logros en una sola frase, diríamos que descubrió y explotó las posibilidades compositivas de los elementos naturales, sentando los fundamentos de la gramática del jardín paisajista, que otros después de él pulirían y perfeccionarían.

Su figura ejercerá un magisterio decisivo sobre sus seguidores.[8] El principal heredero de su estética del sentimiento, por usar la expresión acuñada por el jardinero e historiador Hussey, será Brown, con quien el jardín inglés se desprenderá de cualquier vestigio de regularidad. Sus humildes orígenes rurales y su falta de formación académica no le impidieron, sin embargo, alcanzar el máximo reconocimiento en su oficio, cuyo dominio adquirió trabajando durante siete años como simple jardinero del terrateniente local en Kirkharle Tower (Northumberland). Muy pronto se reveló su talento para descubrir y mejorar las posibilidades de un terreno, habilidad por la que merecería el apodo o sobrenombre de *Capability* Brown. A la temprana edad de veinticuatro años recibe el encargo de Stowe y, enseguida, le llueven otros contratos. A lo largo de su dilatada carrera "mejoró" entre 120 y 140 grandes propiedades rurales, pero sin duda su obra maestra fue Blenheim. Cuando asume la tarea de remodelar los jardines adyacentes a la mansión, había cumplido los cuarenta y cuatro años y se hallaba en la cima de su carrera. Sus honorarios por diez años de trabajo, en los que no dudó en alterar la topografía del terreno y aumentar el caudal del río que discurría bajo el puente de tres ojos obra de Vanbrugh, ascendieron a 21.500 libras, lo que nos da una idea del estatus y la reputación que había alcanzado en su madurez creativa. En 1764, con cuarenta y ocho años de edad, es nombrado jardinero mayor real de Richmond y Hampton Court, sustituyendo a Bridgeman en este puesto.

A diferencia de este, así como de Pope, lord Burlington y Kent, la fuente de inspiración de *Capability* Brown no fue la pintura paisajista ni la literatura pastoril, sino las formas naturales. No pretendía imitar a los artistas ni a los poetas reproduciendo bucólicas escenas, sino potenciar el dinamismo del terreno y perfeccionar en la medida de sus posibilidades la campiña inglesa. Brown naturalizó por completo el jardín inglés, expurgándolo de símbolos y referencias culturalistas y extrayendo todo su potencial expresivo de la manipulación de unos pocos elementos esenciales: el terreno, el agua y los árboles. Sus paisajes conjugaban praderas en terrenos suavemente ondulados *(undulating ground)*, macizos de árboles *(clumps)*, un sinuoso paseo de ronda *(walk belt)*, que ofrecía perspectivas *(prospects)* escogidas del parque y del campo circundante, y un lago de riberas curvilíneas y sin apenas vegetación. Con estos limitados recursos componía sus paisajes que, en cierta ocasión, comparó con la redacción de un texto:

> En diciembre de 1782, Hannah More refería a sus hermanas una conversación que había mantenido con *Capability* Brown, el primer gran maestro del jardín pintoresco inglés: 'Me dijo que comparaba su arte a la composición literaria: «aquí», me dijo al señalar con el dedo, «pongo una coma y allí», señalando hacia el otro lado, «pongo dos puntos porque es necesario un giro más decidido; en otro lugar, donde es deseable una interrupción para detener la vista, pongo un paréntesis; después un punto final, y abordo otro tema»'.[9]

Otro rasgo definitorio de su estilo es la ausencia de elementos tradicionales (escultóricos y arquitectónicos) de los parques, como terrazas, estatuas, templos y fuentes. Y otro tanto cabría decir de las flores, que brillan por su ausencia. En su concepción del jardín menos significa más. A fuerza de despojar a la naturaleza de todo lo superfluo, dota a sus creaciones de un extraordinario dinamismo. En suma, para gozar de su serena belleza, asequible a todo el mundo, no se requiere una formación previa ni estar en el secreto de unas claves cultas.

Más de un historiador ha señalado la coincidencia entre los presupuestos estéticos de Brown y sus coetáneos Hogarth y Burke. El primero era un pintor y ensayista que, en su obra *The Analysis of Beauty* (1753), identifica la belleza con las formas curvas o, por decirlo con sus propias palabras, "la línea serpenteante de la belleza". El político, historiador y filósofo Burke, por su parte, sugiere en un pequeño libro de gran trascendencia, *The Origin of our Ideas of the Sublime and the Beautiful* (1757), que "la belleza debería evitar la línea recta". Otros atributos o cualidades de los objetos hermosos son, a su entender, la pequeñez, la lisura, la variación gradual, la suavidad, la delicadeza y los colores claros y brillantes, que generan una sensación de comodidad y satisfacción en el espectador. Por el contrario, la experiencia de lo sublime se construye sobre el terror, la inquietud, el asombro, el desasosiego y el peligro que provocan la vastedad, el infinito, la grandeza, la noche. Ambas categorías alentarán, como ya hemos visto páginas atrás, dos concepciones del jardín diferentes. Mientras que el movimiento paisajista, con Brown a la cabeza, apuesta por una belleza serena no exenta de dinamismo, las creaciones del movimiento pintoresco giran en torno al polo magnético de lo sublime.

Esta semblanza de Brown quedaría incompleta si no hiciéramos mención a un controvertido aspecto de su labor profesional y que, tras su muerte, fue objeto de múltiples críticas, que a punto estuvieron de ensombrecer sus méritos. Nos referimos a su implacable actitud con sus predecesores, cuyas realizaciones no vaciló en modificar, cuando no en sustituir, por sus nuevos diseños. Es sabido que muchos jardines formales y plantaciones geométricas sufrieron su saña reformista. Las creaciones de sus colegas quedaron desfiguradas para que se ajustaran a su estilo. Habrá quien piense que esa indiferencia por preservar el patrimonio histórico no esconde una falta de respeto ni merece, por tanto, reproche alguno, pues era el modo de proceder habitual en la época. Pero nos inclinamos a creer que la ansiedad por la influencia le llevó a destruir la labor de sus predecesores para evitar que estas pudieran empañar o hacer sombra a sus propias creaciones. Sea como fuere, tras su empeño en borrar cualquier traza arquitectónica del jardín y depurarlo de cualquier vestigio humano, se escondía el deseo de establecer una relación de continuidad entre el parque y el paisaje.

Es cierto que la grandeza de los diseños de *Capability* Brown nace de la simplicidad de sus recursos, pero también que sus realizaciones adolecen de cierto esquematismo simplista y pueden llegar a resultar insulsas y monótonas, carentes de intensidad y variedad. Así lo cree uno de sus detractores más cualificados, Chambers:

En Inglaterra, donde se detesta este estilo antiguo y donde, por oposición al resto de Europa, se ha adoptado universalmente un nuevo modelo, en el que no se tolera la aparición del arte, nuestros jardines difieren muy poco de un campo silvestre, pues en la mayoría de ellos se copia a la naturaleza con precisión. En general hay tan poca variedad en los objetos, tanta pobreza de imaginación en la ejecución y de arte en el arreglo, que estas composiciones parecen fruto del azar más que del diseño, y a menudo a un extraño le resulta imposible saber si está paseando por un prado o por un parque de recreo, hecho y mantenido con considerable gasto. No ve nada que le entretenga, nada que despierte su curiosidad, nada que atraiga su atención. Al entrar, se encuentra con la vista de un gran campo verde, salpicado con unos cuantos árboles desperdigados y bordeado por una confusa frontera de pequeños arbustos y flores. Al proseguir la vista, encuentra un pequeño sendero serpenteante, enroscándose en regulares eses entre los arbustos del borde, que tiene que recorrer para mirar desde un lado lo que ya había visto, el gran campo verde, al otro lado del borde, que queda apenas a unas yardas de donde está y siempre obstruye sus vistas.[10]

Los valedores del trabajo de *Capability* Brown resaltaban, por el contrario, su sentido de la mesura, su pureza compositiva y su efectista sencillez. Si las críticas de Chambers se habían centrado en la uniformidad y la pobreza de sus diseños, Price orientó las suyas, desde una perspectiva pintoresca, hacia la previsibilidad y la artificiosa naturalidad de las creaciones de Brown. Le reprochaba que los árboles del parque fueran de la misma edad y tamaño, que las plantaciones repitiesen el mismo modelo y que las orillas de los lagos careciesen asimismo de arbustos, árboles, líquenes, piedras, musgo y otros elementos pintorescos.

Siguiendo una lógica pendular, Repton y Loudon, aunque fieles en lo esencial a la tradición paisajista de Brown, reaccionaron contra el naturalismo, dando cabida de nuevo a ciertos elementos arquitectónicos en sus realizaciones. Pero antes de pasar a hablar de ellos, debemos ocuparnos de Chambers, el principal oponente de Brown y, en muchos sentidos, su antagonista. A diferencia de este, Chambers era un hombre cosmopolita, políglota y cultivado. Había nacido en Suecia, donde su padre trabajaba para la Compañía de las Indias Orientales. Durante su juventud realizaría viajes a India y China por cuenta de esta misma empresa y, más tarde, estudiaría arquitectura en Roma. La experiencia de oriente dejaría en él una profunda huella y le serviría de inspiración a la hora de escribir *Design of Chinese Buildings* (1757) y *A Dissertation on Oriental Gardening* (1772). No se contentó con difundir y promover el estilo chino de jardinería, sino que también puso en práctica estos postulados en sus creaciones como jardinero paisajista. Entre todas ellas destaca el conjunto de Kew Garden en Londres, que realizó por encargo de la reina viuda Augusta y de lord Bute, tutor del príncipe heredero Jorge. Siguiendo el modelo de los jardines imperiales de Pekín, que reproducían en miniatura el estado (una ciudad con palacio, los tribunales, el mercado, el ayuntamiento, los campos con granjas, etc.), creó una serie de variopintas y exóticas escenas, que contenían réplicas de edificios emblemáticos de distintas civilizaciones con un profundo significado cultural: la Alhambra de Granada, una catedral gótica, una mezquita, una pagoda, una *Menagerie*, una Casa de Confucio, pajareras chinas, etc. Tan abigarrado decorado mereció por parte de algunos de sus contemporáneos el irónico comentario de "el mundo en una hectárea". Su apuesta a favor de la manera de hacer china y su vindicación de la filosofía creativa del *sharawadgi* son, por lo demás, indisociables de su desdén por los "paisajes sin arte y esquemáticos" de Brown.

Cuando vio la luz la controvertida obra de Chambers que daría inicio a la breve pero intensa moda del jardín anglochino, Repton apenas había cumplido los veinte años y nada permitía suponer que se dedicaría a la jardinería. El suyo será un curioso caso de vocación tardía. Al parecer, tomó esa decisión en 1778 en el curso de una noche de insomnio, tras la que resolvió ofrecerse a sus bien situados conocidos y amigos para realizar la tarea de *"landscape gardener"*, acuñando por primera vez la expresión. Como él mismo explicaría más tarde en una carta: "He adoptado el término 'jardinero paisajista' como el más apropiado, ya que este arte solo puede perfeccionarse con la unión del pintor paisajista y del jardinero práctico". Tenía treinta y seis años y llevaba los últimos quince intentando ganarse la vida sin demasiada fortuna en los más variados oficios: manufacturero textil, comerciante en Holanda, funcionario de la administración, secretario de grandes señores, periodista, crítico y ensayista. También se había interesado por la música y había demostrado tener buena mano para el dibujo. Esta errática trayectoria laboral y artística forjó su personalidad y lo preparó sin pretenderlo para desarrollar un oficio interdisciplinar y creativo que, en un rasgo de genio, había inventado y en el que estaba destinado a convertirse en un maestro. Se propuso recoger el testigo de Brown, muerto apenas cinco años antes, y continuar su tarea. Esta decisión sería ratificada años después por una simbólica ceremonia de coronación, que sellaba la transmisión de poderes, cuando el hijo de *Capability* Brown permitió a Repton acceder a los papeles de su padre, admitiéndolo tácitamente como su sucesor. Y este, por su parte, asumió orgullosamente ese rol.

El primer encargo importante que recibió Repton fue la ordenación de Catton, un terreno virgen próximo a Norwich, por parte del viejo alcalde Jeremiah Ives. Ese mismo año, 1778, emprendió los trabajos en Holkham, y con tal motivo confeccionó el primero de sus célebres Libros Rojos *(Red Books)*. Desde entonces su reputación no dejó de ir en alza: en los veintiocho años que median entre la noche que descubre su vocación y su muerte, reestructuró y construyó más de cien parques y jardines, entre los que no faltaron algunos creados por *Capability* Brown como Bowood y Longleat en Wiltshire (hacia 1803).

Una de las más ingeniosas novedades de Repton fue su atractiva manera de presentar a los clientes sus propuestas para que pudieran apreciar de un solo golpe de vista la transformación a la que pretendía someter el terreno. Sus proyectos encuadernados en volúmenes con cubiertas de cuero rojo, acompañados de una introducción escrita, acuarelas y dibujos, incluían unas hojas que se superponían a los planos originales del terreno con las modificaciones previstas por el jardinero paisajista, desvelando el futuro bajo el presente. Así explica el propio Repton por qué y cómo ideó este artilugio:

> Me di cuenta de que, para que mis diseños fueran inteligibles, un simple plano era insuficiente, porque no permitía evocar la imagen de un paisaje, lo mismo que la proyección horizontal

de una casa no da la idea de su alzado. Para remediar este defecto y evitar que mis opiniones fueran mal comprendidas o mal interpretadas, las expuse por escrito e inventé para mis esquemas ese tipo particular de papeles que son aquí imitados por el grabador.

Estos trozos de papel son sin duda una invención muy ingeniosa y, aunque se les puede poner algunas objeciones sobre las cuales volveremos, evitan mucho trabajo al diseñador, cuando se trata de paisajes que pueden ocupar una página de cuarto o de folio; porque un solo dibujo, con el añadido de uno o dos de estos papeles, permite reemplazar dos o tres hojas. Los papeles de este tipo son útiles sobre todo para las proyecciones horizontales, cuando se quiere mostrar las diferentes ordenaciones posibles de ciertas partes del plan. Pueden igualmente ser provechosos en el caso de rápidos esbozos de paisajes a gran escala.[11]

Gracias a este sencillo método, los propietarios de los parques podían anticipar el resultado de las intervenciones de Repton. Se calcula que llegó a realizar unos cuatrocientos *Red Books*, lo que evidencia su laboriosidad y nos da una idea de su amplia cartera de clientes. Con él, los jardines dejaron definitivamente de ser lugares consagrados a la meditación y la memoria para convertirse en espacios de socialización, destinados a "ser habitados" y a acoger la vida mundana. Tal vez sea esta su más perdurable contribución a la historia del paisajismo: reivindicar la función social del jardín y religarlo a la casa. De ahí también que reintrodujese las formas regulares y otros elementos arquitectónicos como terrazas, pérgolas, invernaderos y arriates con flores en las zonas próximas a la residencia. Simultáneamente empezó a incrustar jardines formales, como piezas sueltas, en medio de los parques paisajistas, que hacían las veces de paspartú. Es muy probable que estas innovaciones no fuesen el fruto de un acto deliberado sino la simple consecuencia de los requerimientos y las exigencias de su clientela, formada sobre todo por ricos burgueses para los que el jardín constituía la lógica extensión de los salones de la casa, donde discurría la intensa vida social. Su principal mérito puede cifrarse en haber sabido conjugar las demandas de comodidad y confort de sus patrones con los principios de la estética paisajística, sin subordinar la belleza a la utilidad, ni renunciar a esta.

Tras la muerte de Repton en 1818 se acaba la edad de oro del jardín paisajista inglés. El énfasis que había puesto en desvincular el arte de la jardinería del de la pintura marcará el futuro del oficio que había contribuido a engrandecer. Y dará asimismo origen al estilo mixto *(gardenesque)*, que desarrollarán en el nuevo siglo sus discípulos Loudon y Robinson. El primero lidera la transición entre el jardín paisajista inglés del siglo XVIII y el jardín público paisajista del siglo XIX. Recoge el testigo de su admirado Repton, de cuyos textos publicará póstumamente una edición completa, y lleva hasta sus últimas consecuencias sus eclécticos planteamientos. El proceso de atomización al que Repton había sometido los parques, dando cabida dentro de ellos a jardines independientes donde reaparecían motivos formales propios del Renacimiento y el Barroco, preparó el terreno para la aparición del nuevo estilo *gardenesque*. Este término acuñado por Loudon define el estilo de jardinería característico de la época victoriana, en el que se acentúa el dinamismo de las plantaciones, organizadas según unos vagos principios formales. Huyendo a un mismo tiempo del esquematismo repetitivo de la anticuada fórmula de Brown y de los paisajes agrestes y pintorescos, Loudon concede especial importancia al hecho de que los especímenes aislados de árboles y los macizos de arbustos puedan crecer en medio de praderas, rodeados de espacio suficiente para alcanzar su forma ideal y permitir que su naturaleza se muestre en todo su esplendor. Andando el tiempo, el concepto *gardenesque* acabó designando una mezcla adúltera de principios y prácticas, que incluían la pasión por la colección de plantas exóticas y la tendencia a introducir en los parques espacios regulares autónomos, con cuidados parterres ornamentales, fuentes y estatuas, contrapuestos a otros espacios de diseño irregular.

Antes de proseguir hablando de sus contribuciones al arte y al oficio de la jardinería, hay que destacar un aspecto al que raras veces aluden los historiadores, y que une aún más las figuras de ambos profesionales y arroja una nueva luz sobre su trabajo. Como su admirado predecesor, Loudon padeció una discapacidad física. Pero, por lo que sabemos, estar lisiados, lejos de impedirles realizar sus proyectos, pudo influenciarles positivamente. George McKay, en referencia a Repton, escribe:

> Su movilidad reducida influyó en sus concepciones acerca de la jardinería, y en su estado físico volcó sus energías creativas hacia aquellos tipos de jardinería que resultaban más adecuados para personas como él. Quiso que sus jardines y parques estuviesen ligados a la totalidad del Mundo, y de ahí que cuando sugería una perspectiva desde una terraza, a menudo solía incluir en ella una viva escena de movimiento: 'una vista repleta de embarcaciones, un apeadero con sus carros o la visión total de una ciudad como Leeds'. Es así como este jardinero discapacitado pudo sentirse motivado y conectado al mundo, y su persona, en vez de quedar excluida, logró integrarse y participar en la vida social. Su obra *The Luxury of Gardens* (1816) incluye una imagen en la cual se ve a Repton sentado en su silla de ruedas al tiempo que dirige el trabajo en un jardín.[12]

Mientras que Repton perdió la movilidad de sus piernas a causa de un accidente cuando se encontraba en la cima de su gloria, a la edad de sesenta y cinco años, y se vio encadenado para el resto de sus días a una silla de ruedas, Loudon quedó cojo siendo joven y, más tarde, llegó a estar paralizado por la artritis, lo que no le impidió realizar varios largos viajes por el continente. Para colmo de males, poco antes de conocer a la que sería su esposa sufrió una amputación en el hombro derecho después de una fallida operación para corregir una fractura en el brazo. Con el espíritu de superación que le caracterizaba y que, de algún modo, parecía anticipar su éxito, aprendió a dibujar y a escribir con la otra mano. Aunque en el futuro precisaría para llevar a cabo sus proyectos de la ayuda de colaboradores, entre ellos sus tres hermanas y su esposa, su frágil salud no truncó ni mucho menos su carrera.

Gracias a la publicación de su monumental *The Encyclopaedia of Gardening* (1822), la más importante obra práctica en su género de su tiempo, traducida a un gran número de lenguas europeas, Loudon se hizo un nombre como experto en jardines. A consolidar esta reputación contribuyó el hecho de que, en 1826, fundara la primera revista dedicada al arte de la jardinería, *The Gardener's Magazine*. Convertido en el primer periodista especializado en horticultura, vislumbró la necesidad de contrarrestar los efectos destructivos sobre el paisaje y la vida de los ciudadanos causados por la Revolución Industrial, embelleciendo espacios urbanos que pudieran contribuir al esparcimiento, la educación y el recreo de las clases trabajadoras. En el que tal vez sea su más popular libro, *The Suburban Gardener and Villa Companion* (1838), destaca la importancia de los parques en la consecución de la armonía social. Baste también recordar que uno de sus primeros artículos publicados lleva el explícito título de *Hints on Breathing Places in the Metropolis* [Anotaciones sobre espacios vitales en las metrópolis] en el que, siguiendo el modelo desarrollado por Alphand y otros urbanistas franceses, aboga por que se destine un tercio de la superficie de Londres a la creación de pulmones verdes. Proponía organizar la ciudad según una estructura radial concéntrica, donde se alternasen los espacios ajardinados y las zonas construidas, partiendo de un centro administrativo en el que se concentrasen los edificios públicos.

Comprometido con los ideales humanistas, higienistas y filantrópicos de la masonería, Loudon democratizó el jardín y allanó el camino que llevaría a la creación de grandes parques públicos durante las siguientes décadas. Hacia el final de su vida, vio cumplido uno de sus sueños más queridos: crear un *arboretum* en la ciudad de Derby, un museo vivo destinado a iniciar a la clase trabajadora en el amor a la botánica y en el deleite estético de la belleza natural. La prensa de la época recoge en grandes titulares la noticia de su apertura en septiembre de 1840. A la fiesta de inauguración acudió una multitud de gentes de los más diversos gremios, venidas de todos los rincones en vagones de tercera clase. En medio de un aire de celebración y fiesta popular, obreros repartían a los paseantes panfletos con una carta del empresario textil Joseph Strutt dirigida a las autoridades municipales, en la que justificaba su contribución a la creación del parque como un gesto de reconocimiento hacia "aquellos cuyo trabajo habían hecho su fortuna".

Antes de proseguir con esta novela familiar, hay que dedicar unas líneas a la esposa del insigne paisajista: Jane Webb de Loudon, que no se limitó a ser una mera secretaria y una ayudante de su ilustre marido, considerado "el árbitro del gusto de las nuevas clases medias en materia de entorno doméstico",[13] sino que dio a la imprenta diecinueve libros de cosecha propia. Antes de que hiciera suyos los intereses de su marido y se convirtiera en una prolífica escritora sobre temas de horticultura, botánica, historia natural y jardinería, se dedicó a la ficción literaria impelida por la necesidad. A la edad en que otras chicas bordaban su ajuar y procuraban encontrar un buen partido, Jane Webb resolvió consagrarse al cultivo de las bellas letras para salir de unos apuros financieros y ganarse el sustento, dado que se había quedado huérfana tras la temprana muerte de su madre y la repentina ruina y posterior defunción de su progenitor, un fabricante textil de Birmingham. Un revés como aquel habría hundido para siempre a una persona con menos coraje y determinación que ella, pero Jane estaba decidida a no dejarse vencer y salir adelante escribiendo.

El destino quiso que, a la edad de veinte años, conociese un relativo éxito con la publicación de su primera novela, un relato de ciencia ficción, editado anónimamente en tres volúmenes, que llevaba por título: *The Mummy! Or a Tale of the Twenty-Second Century*[14]. Solo por este texto, tal vez inspirado por la curiosidad que habían despertado en la sociedad británica los hallazgos de la campaña napoleónica en Egipto y la temprana lectura del *Frankenstein* de Mary Shelley, algunos de cuyos temas retoma en la narración, Jane merece ser considerada una pionera del género de ciencia ficción, antes incluso de que se inventara el término. El caso fue que Loudon leyó esa obra, ambientada en el año 2126 en una Inglaterra futurista y científicamente avanzada, donde se anuncian muchos adelantos tecnológicos como las máquinas de café expreso, los aparatos de aire acondicionado o, incluso, una suerte de antepasado rudimentario de internet, interesado por la descripción que se hacía en sus páginas de la utilización de arados de vapor, y quiso conocer a su autor. Cuál no sería su sorpresa cuando, por mediación de un amigo, descubrió que se trataba de una joven, a la que doblaba en edad y de la que quedó prendado nada más conocerla. Jane describiría así aquel momento:

> Es fácil de suponer que [Loudon] se sorprendiera al saber que el autor del libro era una mujer; pero creo que desde aquella tarde surgió un apego tan grande por mí que, de hecho, nos casamos el día 14 del siguiente mes de septiembre.[15]

Los Loudon, John y Jane, mantendrían en lo sucesivo una empresa familiar dedicada a las publicaciones sobre temas de jardinería, botánica, horticultura y diseño de jardines en su casa de Bayswater, una villa suburbana semiindependiente proyectada por el famoso paisajista y que sería precursora del estilo victoriano. Allí, además de cultivar su propio jardín, desplegaron una infatigable actividad como articulistas, escritores y editores de revistas, con la ayuda de las tres hermanas de Loudon, a quienes este había iniciado en el arte de ilustrar textos. Podemos dar por sentado sin temor a equivocarnos que la egregia figura de Loudon no habría sido la misma sin la sombra protectora, la presencia tutelar y el apoyo de Jane, con la que compartía no solo su pasión por la jardinería y la escritura sino también una inquebrantable voluntad de supervivencia, un espíritu emprendedor y una sólida fe en la utopía doméstica. Y mientras Loudon diseñaba parques, jardines botánicos y cementerios por todo el país, ella mantuvo una intensa actividad literaria.[16]

Otro de los grandes jardineros de la primera mitad del siglo XIX fue sir Joseph Paxton, quien, como Loudon, combinó una carrera como diseñador de jardines con una exitosa trayectoria como periodista. Paxton fundó el *Horticultural Register*, fue el artífice del *Crystal Palace*, un gigantesco invernadero de las dimensiones de una catedral que albergó una muestra representativa de árboles procedentes de todos los confines del imperio británico durante la Gran Exposición de 1851, de la que se convirtió en un símbolo, y diseñó un parque que hizo historia: Birkenhead. Cuando el joven Frederick Law Olmsted, que se convertiría en el más influyente paisajista estadounidense del final del siglo XIX, lo visitó en 1850, quedó tan profunda y gratamente impresionado, que, años después, recordaría así el momento:

> Después de cinco minutos dedicados a admirar el lugar y otros varios a comprender cómo el arte había obtenido de la naturaleza tantas bellezas, estaba presto a admitir que en la América democrática no había nada comparable a este jardín destinado al pueblo.[17]

Paxton inspiró a Olmsted no menos que Loudon a Andrew Jackson Downing, el fundador de la jardinería paisajista estadounidense y autor del primer tratado escrito al otro lado del Atlántico. Tras la trágica muerte de este con solo treinta y siete años, Olmsted se asociaría con uno de sus asistentes, de nombre Calvert Vaux, para llevar adelante el encargo de las autoridades neoyorquinas que culminaría en la creación de Central Park. Este sería el primero de una larga serie de grandes parques públicos de estética paisajista que realizaría en las principales ciudades estadounidenses para satisfacer las necesidades de una población en imparable crecimiento. Su clarividencia para vislumbrar el rol que, en sintonía con el urbanismo democrático, desempeñarían los parques públicos en la sociedad moderna, lo llevaron a convertirse en un pionero.

XVIII

EL OLVIDADO ARTE DE PENSAR CON LOS PIES: NACE EL PASEO COMO ACTIVIDAD CULTURAL

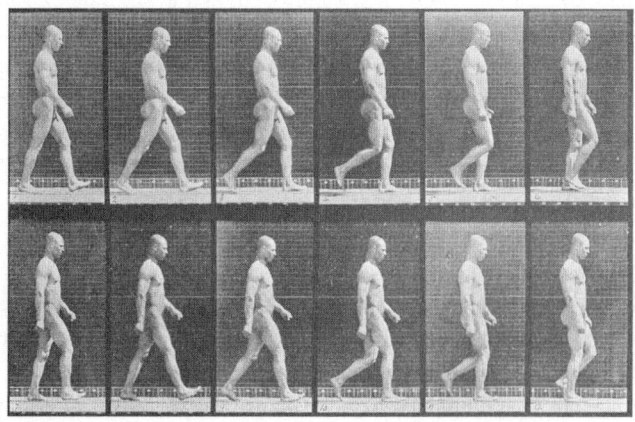

*E*n este capítulo intentaré mostrar cómo la estética paisajista y pintoresca concibe el paseo como una de las bellas artes e invita a pensar con los pies, a utilizar las piernas, parafraseando a Christopher Morley,[1] al servicio de la filosofía. Para ser más precisos, el jardín inglés fue concebido para ser andado, recorrido a pie por un observador móvil, que descubre las perspectivas del camino al ritmo de sus propios pasos. A medida que avanza por el sendero, el paseante recorre también un itinerario mental *(itinerarium mentis)* y, a la par que va leyendo el paisaje, se impregna de sensaciones e impresiones. Se podría decir que el jardín se desarrolla como una narración, cuyo hilo argumental es el sendero sinuoso, serpenteante y digresivo que lo atraviesa y conecta todas las vistas. Al placer de la meditación ambulante se suma el goce sensorial de entrar en contacto con la naturaleza y el puro y simple deleite de mover el cuerpo. A fin de cuentas, como señala Milani, "caminar contemplando el paisaje, desde la antigüedad, es uno de los más loables proyectos de la vida estética".[2]

Mientras los jardines formales, a la francesa, fueron diseñados a partir de un centro de contemplación ideal y una perspectiva axial, que partía del palacio, la composición de los jardines paisajistas, a la inglesa, integra múltiples vistas o perspectivas a lo largo de un camino, cuyas vueltas y recodos deben ser explorados a pie. Así como en el jardín formal las avenidas rectilíneas *(allées)*, trazadas con regla y compás, constituyen una malla ortogonal al servicio de una concepción geométrica del espacio, el jardín paisajista se despliega siguiendo un camino zigzagueante y tortuoso, dibujado "sin nivel ni cordel" a través del terreno ondulante y las interminables praderas moteadas de árboles, un sendero que hilvana los distintos cuadros o escenas de un relato. Si en aquel el principio ordenador es la simetría y la armonía espacial, la unidad de este es de carácter subjetivo, sensual e ideal. En el primer caso la belleza es cuestión de método y orden; y en el segundo, de intuición, sensibilidad y libertad.

Podemos decir a modo de conclusión previa que la estética paisajista desestructuró, asilvestró, naturalizó el jardín, que dejó de ser un espacio teatral para convertirse en un lugar consagrado a la marcha solitaria y la reflexión ambulante. A la par que el paseo cobraba entidad filosófica, la brecha entre el jardín y la naturaleza se había ido estrechando progresivamente hasta desaparecer del todo. El descubrimiento de que toda la naturaleza era un jardín culmina el proceso de liberación de la rigidez estructural barroca en beneficio de la irregularidad compositiva, la línea curva y la naturalidad que caracterizan la estética paisajista. Ese jardín desgeometrizado se convierte en el símbolo de la libertad recién adquirida. Fue en las primeras décadas del siglo XVIII cuando el jardín se fundió con el paisaje. Los antiguos muros de cierre fueron sustituidos por barreras invisibles, que no entorpecían la vista, y que son conocidas en inglés como *ha-ha*. Esta expresión onomatopéyica alude al grito de sorpresa que soltaban los paseantes al descubrir súbitamente la larga trinchera o zanja que les cortaba el paso. Este dispositivo espacial consistía en un foso reforzado de piedras por una de sus caras, lo que impedía a los animales y a los extraños el acceso al jardín, pero permitía la continuidad visual. El jardinero Bridgeman[3] fue el primero en utilizar en 1780 esta técnica de cerramiento, desarrollada por los ingenieros militares en la construcción de fortificaciones. Tras ese jardín sin cercas ni vallas, abierto al paisaje y plenamente integrado en el entorno, subyace la creencia de un orden natural armónico que legitima y refleja fielmente el orden social "natural" existente. Solo aquellos que cuentan con las rentas, la formación y el gusto para apreciar las bellezas naturales entienden su significado.

Bridgeman, educado en los principios formales del *Grand Manner* (el gran estilo) de la escuela francesa de jardinería, lideró en Inglaterra la transición hacia el estilo paisajista autóctono, que se fue librando paulatinamente del rígido esquema barroco y adoptando un carácter cada vez más naturalista en los jardines. Colaboró con el gran arquitecto Vanbrugh en el ajardinamiento de las residencias de destacados miembros de la nobleza *whig*[4], además de reformar los jardines reales de St. James-Park, Kensington y Richmond Park. Si aceptamos que los jardines son un documento de la singularidad de una cultura y un lugar, estos parques paisajistas hacen bandera de la libertad individual frente al absolutismo monárquico, reivindican la importancia de la emociones en contraposición al poder de la fría razón y propugnan el valor de la experiencia sensible y de los sentidos como fuente fiable de conocimiento por oposición al razonamiento deductivo.

Aunque los parques paisajistas como parte integrante de las residencias señoriales eran un lujo reservado a una selecta minoría de caballeros ociosos, cultos y adinerados, las pujantes clases populares no permanecieron ajenas al deleite de contemplar el paisaje. Esta tendencia desembocaría a mediados del siglo XIX, como consecuencia de la expansión urbana alentada por la incipiente revolución industrial, en la creación de grandes parques públicos de estilo paisajista, inicialmente en Inglaterra y después en Francia y Estados Unidos, para cubrir las necesidades higiénicas, recreativas y sociales de la ingente población de las ciudades. Más adelante, nos extenderemos sobre este tema; pero por ahora nos limitaremos a señalar que Inglaterra fue la primera nación que comprendió la necesidad de dotarse de una red de parques urbanos que sirvieran de "pulmón verde" y área de esparcimiento para sus habitantes.

A mediados del siglo XIX, Londres contaba ya con una superficie de zonas verdes próxima a las seiscientas hectáreas si sumamos la extensión de St. James's Park, Green Park, Hyde Park y Kensington Gardens, que constituían un gran cinturón o corazón arbolado en el centro de la capital inglesa de más de cuatro kilómetros, a los que se añadían Regent's Park, Victoria Park y Battersea en la periferia. En Francia, por su parte, durante el segundo imperio Napoleón III emprendió bajo el mandato del prefecto Georges-Eugène Haussmann la reorganización urbanística de París, la cual incluía un ambicioso programa de construcción de parques dirigido por el ingeniero y paisajista Alphand (1817-1891), que incrementó enormemente la superficie arbolada de la capital francesa. Al oeste se creó el Bois de Boulogne (870 hectáreas); al este, el Bois de Vincennes (920 hectáreas); y al norte, los parques Monceau (8,2 hectáreas) y Buttes-Chaumont (25 hectáreas); y al sur, Montsouris (16 hectáreas). Siguiendo el ejemplo de Londres y París, otras muchas ciudades inglesas, francesas, belgas, italianas, alemanas, etc. promovieron la construcción de parques urbanos.

Por lo que respecta a Estados Unidos, hacia mediados del siglo XIX, sus principales ciudades empezaron a desarrollar programas urbanísticos que incorporaban la creación de amplias zonas verdes de uso público para satisfacer las necesidades de los ciudadanos. La figura más destacada de ese movimiento, que combina el urbanismo moderno y el arte del paisaje, es sin duda Olmsted, responsable de la creación del Central Park de Nueva York (300 hectáreas), el Prospect Park de Brooklyn, el Fairmount Park de Filadelfia y el South Park de Chicago, así como de los jardines del Capitolio de Washington, el sistema de parques de Boston y el parque Mont-Royal en Montreal.

Si admitimos que los jardines reflejan las inquietudes filosóficas de una época, el estilo paisajista reacciona contra la desnaturalización que padece Inglaterra desde finales del siglo XVIII debido al intenso proceso de industrialización. Como observa Baridon: "Acaso nunca pareció tan bella la naturaleza como cuando la máquina hizo su intromisión en el paisaje".[5] La revolución industrial alteró radicalmente la relación del hombre con su entorno. Coincidiendo con la explotación de las minas de carbón y la implantación de las fábricas manufactureras en las ciudades inglesas, el movimiento paisajista conoció un gran esplendor. Los nobles y las personas de posición acomodada, huyendo de la fealdad imperante en las ciudades en las que habían crecido bosques de chimeneas humeantes, se retiraron a sus palaciegas residencias en busca de la paz del campo y el contacto con la naturaleza todavía intacta, que los parques de sus villas recreaban de forma idealizada.

En muchos casos los dueños de las fábricas, que se levantaban en las afueras de las grandes ciudades inglesas desde mediados del siglo XVIII, poseían también latifundios y vastas haciendas, donde disfrutaban de la verde campiña y de la caza del zorro a caballo. Esa élite de ricos y cultos *gentleman farmers*, al mismo tiempo terratenientes rurales y patronos industriales, constituye el embrión de una emergente clase empresarial. Para ellos, la incipiente cultura capitalista no está reñida con el ideal pastoril. Es más: la defensa de los prejuicios, el clasismo y la jerarquización social se asocia a la glorificación de la naturaleza libre de obstáculos y barreras visuales, como si la riqueza material fuera un derecho reservado exclusivamente a aquellos que han recibido una educación y son capaces de apreciar las cualidades y virtudes inmateriales de los paisajes. Esta contradicción no es inocente, y está en el código genético de la moderna sociedad capitalista, que aún hoy aúna el descarnado pragmatismo empresarial con una romántica sensibilidad paisajística.

Una de las más profundas y reveladoras ironías de la historia del jardín es precisamente que muchos de los aristócratas involucrados en el desarrollo de la revolución industrial y en la consiguiente degradación de la campiña inglesa fueran asimismo los promotores de la estética paisajística. Los mismos que intentaban recrear la bucólica atmósfera de la Arcadia en sus dominios propiciaron la aparición de los primeros paisajes industriales, así como de los sucios, feos y contaminados barrios obreros en las periferias urbanas. Se diría que, cuanto mayor era su sensibilidad hacia la naturaleza, más insensibles se tornaban hacia las desigualdades sociales y más desdén les inspiraban los toscos e incultos trabajadores del campo.

En los campesinos que acudían a los centros industriales o mineros para vender su fuerza de trabajo a cambio de un salario de hambre pervivían la añoranza y los atavismos de la vida rural. Algunos de esos labriegos, trasplantados a la ciudad y convertidos en proletarios, encontrarán la manera de preservar sus raíces y mantener viva su relación con la tierra merced al cultivo de los denominados jardines obreros. Pero para la mayoría de la clase obrera los grandes parques urbanos constituirán la manera de no perder el contacto con la naturaleza. En su obra *Radical Gardening,* McKay observa:

> En la época victoriana, irónicamente, los recientemente desarrollados parques públicos urbanos eran considerados como 'un remedio para los conflictos de clase [...] lugares donde, de forma amigable, se puede dar una mezcla de clases'. Los parques existentes también se abrieron (previo pago) arguyendo que, como Hilda Kean apunta, 'instaurar el amor por las flores en la clase trabajadora podría proveer a esta de una agradable alternativa a la bebida'.[6]

La pequeña burguesía y las clases medias acomodadas, por su parte, embellecerán sus casas con jardines de uso particular acordes a su modesto presupuesto. Aun cuando se popularice su posesión y disfrute, estos seguirán representando un signo de estatus social.

Después de esta digresión, volvamos a ocuparnos del olvidado arte de pensar con los pies. El jardín puede ser visto también como un texto en tres dimensiones, cuya lectura exige al visitante algo más que el mero ejercicio físico de pasearlo, una actitud embelesada y una disposición a ensimismarse en la naturaleza. No solo es necesario caminarlo sino también vivirlo. Los pies escriben en prosa la poesía de las imágenes. Tendemos a pensar que el goce de contemplar un jardín es el reflejo del goce de su creación, como si el espectador fuera el fantasma del jardinero. Pero, desde una perspectiva fenomenológica, la persona que pasea por un jardín no solo participa de lo que un filósofo llama "la creación del orden", sino que también "co-crea" y reinventa "su" experiencia del jardín. Está claro que no es necesario haber participado en la génesis de un jardín para disfrutar de las bellezas que ofrece. A este respecto, escribe Dixon Hunt:

> Los escritores jugaron un papel fundamental en la promoción del jardín paisajístico inglés. El compromiso de la literatura con este nuevo arte pudo contribuir a hacer "legibles" las estructuras evocadas por los nuevos diseños de jardines y a realzar sus cualidades expresivas. Pero este compromiso también proporcionó a los escritores estrategias y energías nuevas provenientes del arte de la jardinería. Sobre todo, la poesía descubrió las delicias y posibilidades del movimiento del paisaje, en lugar de captar este tan sólo como si fuese un cuadro que pintar. Que el movimiento encontrara para sí un repertorio más emblemático o una escenificación más expresiva, no fue, al comienzo, lo más relevante; lo que sí fue relevante fue el hecho de que los poetas aprendiesen a registrar una sucesión de imágenes y el proceso resultante de sus propias reacciones ante ellas.[7]

Con el desarrollo del jardín inglés, caminar se convirtió en el sujeto de la oración y no solo en un verbo. Poner un pie tras otro adquirió un nuevo significado social y un valor cultural. Ya no se trataba de una actividad únicamente mecánica, física y lúdica, sino también creativa y artística, que implicaba el concurso de la sensibilidad y la imaginación. La práctica del paseo adquiere en este contexto una dimensión estética y hay que entenderla en clave filosófica. Para saber lo que verdaderamente significa caminar es necesario perder la brújula, extraviarse, dejarse llevar por las piernas sin ningún plan concreto, sin saber adónde nos conducirán nuestros pasos. Nadie ha explicado mejor el arte de perderse por el camino que Walter Benjamin:

> No lograr orientarse en una ciudad no es gran cosa. Mas para perderse en una ciudad, al modo de aquel que se pierde en un bosque, hay que ejercitarse. Los nombres de las calles tienen que

ir hablando al extraviado al igual que el crujido de las ramas secas, de la misma forma que las callejas del centro han de reflejarle las horas del día con tanta limpieza como un claro en el monte. Este arte lo he aprendido tarde, pero ha cumplido el sueño cuyas huellas primeras fueron los laberintos que se iban formando sobre las hojas de papel secante de mis viejos cuadernos.[8]

Mientras los jardines evocan un mundo natural en trance de desaparición en la sociedad industrial, la ciudad moderna semeja un bosque, cuando no una "jungla de asfalto", donde callejear sin rumbo. La figura del paseante ocioso se metamorfosea en el paisaje urbano en la del *flâneur*, que, como sugiere Benjamin, va a hacer "botánica al asfalto"[9] ("herboriza sobre el asfalto" en otras traducciones). Deambula como sonámbulo en el laberinto de la ciudad, busca la soledad en medio de la muchedumbre y, huyendo del tedio, se encuentra consigo mismo. En su célebre ensayo *El pintor de la vida moderna*, Charles Baudelaire escribe al respecto de este tipo humano:

> Su pasión y su profesión es *desposar la multitud*. Para el perfecto *flâneur*, para el observador apasionado, constituye un gozo inmenso elegir morada en el número, en lo ondulante, en el movimiento, en lo fugitivo y lo infinito. Estar fuera de casa, y sin embargo sentirse en ella en todas partes; ver el mundo, estar en el centro del mundo y permanecer oculto al mundo, tales son algunos de los menores placeres de estos espíritus independientes, apasionados, imparciales, que la lengua solo puede definir torpemente. El observador es un príncipe que goza en todas partes de su incógnito.[10]

El *flâneur* moderno es el heredero del paseante romántico,[11] un ejemplar de la misma especie de filósofos andantes. Ambos han hecho de la práctica del paseo un estilo de vida y de la desocupación su seña de identidad más significativa. Se diría que las sinuosas y solitarias veredas del jardín paisajista desembocan y prosiguen en los concurridos pasajes y calles de la ciudad industrial moderna. En ese mundo dominado por el vértigo consumista, el vagabundeo ocioso puede ser considerado también un acto político, reivindicativo e incluso subversivo. Una actividad tan ordinaria y sin apenas costes como dejarse llevar por las piernas representa un desacato a las exigencias de la productividad y los principios de la rentabilidad económica, un gesto de resistencia frente al materialismo y la ansiedad por el estatus, y hasta una forma de insumisión contra la rutina. Dado que no podemos cambiar las cosas, al menos cambiemos de aires. En un pequeño libro, que crece en el recuerdo, sobre el nomadismo espiritual, el pensador francés Michel Maffesoli escribió:

> El rebelde huye, de forma radical o específica, del dominio total de la civilización. Puede 'internarse en los bosques', practicar retiros o budismo zen, embriagarse en un trance musical o espiritual, emprender peregrinaciones religiosas o un viaje iniciático alrededor del mundo; en todos esos casos se trata de un 'dejarse ir' y caminar bajo las estrellas, con el fin de mantener el rumbo hacia un ideal, que puede vislumbrarse en uno de esos momentos propicios en los que se experimenta el ser, la totalidad o alguna forma de lo absoluto.[12]

Desde la noche de los tiempos los seres humanos han tenido vocación de caminantes, vagabundos. No en vano la mayor parte de nuestra historia como especie la hemos vivido como cazadores recolectores nómadas. No son pocos los especialistas que asocian el éxito evolutivo del *homo sapiens sapiens* a su naturaleza ambulante y migratoria, que le hizo adquirir y perfeccionar estrategias de supervivencia novedosas para adaptarse a los diferentes entornos y superar los más variados retos. A propósito de ese bípedo implume con vocación de trotamundos, Stefan Zweig escribe:

> Quizá nuestro verdadero destino sea estar eternamente en camino, arrepintiéndonos sin cesar y deseando con nostalgia, siempre sedientos de descanso y siempre errantes. Sagrado no

es en verdad más que el camino del que se desconoce la meta y que se sigue sin embargo con obstinación, como nuestro deambular presente a través de la oscuridad y de los peligros, sin saber lo que nos espera.[13]

A riesgo de exagerar, se podría decir que el ser humano piensa porque tiene piernas. No es casual que los alumnos del Liceo aristotélico fueran conocidos como los peripatéticos o caminantes por su afición a filosofar andando. Aunque la meditación pedestre tiene una larga historia, hasta el siglo XVIII la marcha no se consagra como una actividad cultural. Paralelamente, la naturaleza deja de representar un simple decorado para ser motivo de reflexión y fuente de inspiración. El paseo adquiere una dimensión filosófica, la marcha se eleva a la categoría de arte y forma parte de una sabiduría de la vida. Surge así una casta de pensadores del camino, de filósofos errabundos que reflexionan mientras pasean sus huesos por los bosques y los jardines.

Para empezar, podríamos distinguir a grandes rasgos dos escuelas o tradiciones filosóficas: el enclaustramiento y la apertura al exterior. O por decirlo más claramente, habría una manera de meditar sedentaria y otra errática. Los pensadores que han sentido la llamada del afuera se contraponen a los que se encierran entre cuatro paredes; los que se emboscan, tomando prestada la expresión de Ernest Jünger, difieren substancialmente de los que, por el contrario, se amadrigan. A la primera categoría pertenecerían santo Tomás, Descartes o Marx; y a la segunda, Aristóteles, Ficino, Nietzsche y Wittgenstein, entre otros. Se podría decir de ellos, parafraseando las palabras con que el poeta Stéphane Mallarmé describe a su compañero de fatigas literarias Arthur Rimbaud, que tienen suelas de viento. Las ideas del filósofo que respira el aire viciado de un cuarto cerrado no se parecen a las del que llena sus pulmones en los espacios abiertos. Ya lo sabía el autor de *Ecce Homo:* "No se debe prestar fe a ningún pensamiento que no haya nacido al aire libre".[14]

Son muchos los escritores y pensadores que han tenido su despacho en plena naturaleza,[15] y que han dado libre curso a sus ideas en largas caminatas. Uno de ellos es Søren Kierkegaard, quien, en 1847, escribe: "Mis pensamientos más fecundos los he tenido mientras caminaba, y jamás he encontrado un pensamiento demasiado pesado que el caminar no pudiera ahuyentar".[16] Esta filosofía pedestre la suscribe Nietzsche, quien de un modo muy suyo formula las mismas ideas en el aforismo 52 de *La Gaya Ciencia*: "No escribo solo con la mano: / el pie siempre quiere escribir también / Firme, libre y valiente corre / ya por el camino, ya por el papel".[17] En esa cofradía de filósofos andariegos ocupa un lugar destacado Rousseau, pionero del nomadismo espiritual, quien en *Las ensoñaciones del paseante solitario* (1782) apunta: "No puedo meditar sino andando, tan pronto como me detengo, no medito más; mi cabeza anda al compás de mis pies".[18] Dando la vuelta a la famosa sentencia de Pascal, según la cual todas nuestras desgracias provienen de una sola causa, a saber, nuestra incapacidad para permanecer tranquilamente en una habitación, podríamos decir que nuestras ideas más felices se nos han ocurrido andando.

En un reciente libro, convertido ya en un clásico, *Walkscape*, el arquitecto italiano Francesco Careri expone cómo el paseo lleva a cabo una transformación simbólica del paisaje:

> El acto de andar, si bien no constituye una construcción física de un espacio, implica una transformación del lugar y de sus significados. Solo la presencia física del hombre en un espacio no cartografiado, así como la variación de las percepciones que recibe del mismo cuando lo atraviesa, constituyen ya formas de transformación del paisaje que, aunque no dejan señales tangibles, modifican culturalmente el significado del espacio y, en consecuencia, el espacio en sí mismo. Antes del neolítico y, por tanto, antes del menhir, la única arquitectura simbólica capaz de modificar el ambiente era el acto de andar, un acto que era a la vez perceptivo y creativo y que, en la actualidad, constituye una lectura y escritura del territorio.[19]

Reconsideremos ahora cómo el jardín paisajista contribuyó a forjar la idea del paseo como una actividad cultural y le otorgó una dimensión artística y un estatus filosófico. La movilidad del paseante lo lleva a observar la naturaleza desde puntos de vista cambiantes, a apreciar la variedad y el contraste que invocan Gilpin y otros tratadistas como rasgos esenciales de la belleza pintoresca. Desde mediados del siglo XVIII, los miembros de las clases dirigentes, primero en Inglaterra y después en Francia, los Países Bajos, Alemania y otros lugares, emprendieron, llevados por la nostalgia del sur, el reclamo de las ruinas y la evocación de los clásicos, el viaje a Italia conocido como el *Grand Tour*. Esa experiencia constituía parte esencial de la formación de un caballero, por lo que no resulta exagerado decir que contribuyó a moldear los cánones estéticos modernos. El viaje y en menor escala el paseo adquirieron gracias a ellos valor añadido y carácter artístico, convirtiéndose en un *jeu d'esprit*. Esta nueva forma de mirar la naturaleza caracteriza la sensibilidad paisajista, que desarrolló su propia gramática del jardín. Uno de sus elementos más característicos, introducido por *Capability* Brown, fue precisamente el *beltwalk*, un paseo de ronda que bordeaba la propiedad permitiendo disfrutar de las vistas tanto del interior del parque como de la naturaleza circundante. Esa serpenteante pista era la costura que unía el jardín con el paisaje en un todo. Su trazado seguía un recorrido, jalonado de monumentos o hitos que marcaban etapas o altos en el camino para contemplar las perspectivas o reflexionar sobre algún tema en particular.

El paseo por el parque, reproduciría así a pequeña escala el itinerario del *Grand Tour*, y permitirá revivir la experiencia de ese periplo por tierras remotas. Aquellos hombres de mundo, diletantes y *connaisseurs* que en su juventud habían viajado al sur en pos de las huellas de la civilización y las reliquias de la belleza antigua, pasarán su madurez deambulando por los parques paisajistas y pintorescos. Ahora bien, el paseo no es solo un medio para el goce estético sino también una ocasión de aprender de la naturaleza. A la par que encanta los ojos y estimula la imaginación, caminar nos ayuda a descubrir la belleza del paisaje y a percibir con más claridad la realidad. A la experiencia del deleite sensorial e intelectual se añade el puro placer del movimiento corporal. El contacto con la naturaleza, ni que decir tiene, vivifica nuestro cuerpo, repone nuestra energía vital y nos predispone al encuentro con nosotros mismos de una manera epidérmica y sensitiva, sin la mediación de artefactos culturales ni ceremonias elaboradas. La influencia benefactora de la naturaleza nos acerca a la única forma de felicidad posible que consiste en la serena aceptación de uno mismo y del presente. Lo sabía ya Rousseau, quien en las *Confesiones* escribe: "Nunca he pensado tanto, existido y vivido, ni he sido tan yo mismo, si se me permite la frase, como en los viajes que he hecho a pie y solo".[20]

Pocos autores han sentido con más fuerza la llamada del horizonte y han descrito con más intensidad la poética del camino que Thoreau, quien, al principio de *Walden*, nos invita a mandarlo todo a paseo y a ponernos en marcha:

> La mitad de la caminata consiste en volver sobre nuestros pasos. Tal vez debemos lanzarnos al más corto de los paseos con espíritu de imperecedera aventura, con la idea de no regresar jamás, listos para enviar solo el corazón embalsamado a nuestro desolado reino. Si estás preparado para dejar a tu padre y a tu madre, hermano y hermana, mujer, hijos y amigos, y no volver a verlos... Si has pagado tus deudas, hecho tu testamento y dejado tus cosas en orden... Si eres un hombre libre, entonces estás listo para echar a andar.[21]

Es un hecho que hoy caminar se ha convertido en el medio más popular de realizar ejercicio y en un modo práctico y barato de mantenerse en forma y envejecer con éxito. Nadie pone en duda que dar largos paseos contribuye a mejorar el bienestar físico y psíquico, combatir el estrés, reducir el sobrepeso e incrementar la energía vital. La costumbre de desplazarse a pie se va imponiendo entre un número cada vez mayor de personas que han adoptado un estilo de vida más activo. Con provocadora ironía, el escritor estadounidense y destacado líder ecologista Edward Abbey observó:

> Hay algunas cosas buenas que decir acerca de caminar... por ejemplo, requiere más tiempo que cualquier otra forma de lo-

comoción excepto reptar. En consecuencia, dilata el tiempo y prolonga la vida, que ya de por sí es demasiado corta para desperdiciarla con la velocidad... Caminar hace que el mundo sea mucho más grande y, por ello, más interesante. Uno tiene tiempo para observar los detalles.[22]

Más allá de un medio de concentrarse en lo presente y clarificar el pensamiento y más acá de un saludable ejercicio cardiovascular, la costumbre de desplazarse a pie tiene en los frenéticos tiempos en que vivimos algo de sedicioso. Mucho se ha escrito sobre la velocidad[23] como rasgo característico de la modernidad, pero nada se rebela más contra la tiranía de la celeridad que el rutinario acto de poner un pie detrás del otro. Caminar es un lujo de pobres, de pensionistas, de personas ociosas, un entretenimiento demasiado caro para aquellos que carecen de tiempo y del sosiego necesario. De todas las maneras de suspender el juicio, desacelerar y desconectarse, la más sencilla y económica tal vez sea darse un garbeo. En *Elogio de la lentitud* el periodista canadiense Carl Honoré escribe esto:

Desplazarse a pie también puede ser una experiencia meditativa, que fomenta un estado de ánimo caracterizado por la lentitud. Cuando caminamos somos conscientes de los detalles a nuestro alrededor: los pájaros, los árboles, el cielo, las tiendas, las viviendas, el prójimo... Establecemos relaciones.[24]

Algo no funciona en nuestra sociedad cuando un gran número de gente acostumbra a subirse a un coche para desplazarse hasta un gimnasio, donde camina o corre por una cinta estática. Sería tentador esbozar aquí una teoría sobre el pasear, entendido como un acto subversivo y liberador. Porque usar los pies para ir de un sitio a otro desafía la agitación ambiente, reniega de las prisas y apuesta por un ritmo pausado, sosegado, indiferente al frenesí que nos rodea. Me siento tentado a decir que todo empedernido caminante es un laborioso holgazán empeñado en defender su derecho a la pereza. A fin de cuentas, el caminar plantea una relación entre el ser humano y su existencia fundada no en el aprovechamiento del tiempo sino en el placer de perderlo. Como dice un viejo aforismo: quien pierde tiempo, gana espacio. El líder y fundador de *Walk 21*, un movimiento internacional que pretende potenciar el desarrollo de comunidades sanas, eficientes y sostenibles, donde la gente elija caminar, resume así su filosofía vital:

> Caminar es la primera cosa que un niño quiere hacer y la última a la que una persona mayor desea renunciar. Caminar es el ejercicio que no necesita gimnasio. Es la prescripción sin medicina, el control de peso sin dieta, y el cosmético que no puede encontrarse en la farmacia. Es el tranquilizante sin pastillas, la terapia sin un psicoanalista, y el ocio que no cuesta un céntimo. Y además, no contamina, consume pocos recursos naturales y es altamente eficiente. Caminar es conveniente, no necesita equipamiento especial, es auto-regulable e intrínsecamente seguro. Caminar es tan natural como respirar.[25]

Desde el punto de vista de la utopía y el jardín, que es lo que nos ocupa aquí, no hay felicidad personal sin serenidad, y esta es imposible sin recorrer el camino hacia uno mismo. Quizá la única sabiduría conquistada a fuerza de caminar consista en dejar atrás el ego y lograr el desapego necesario para mirar la realidad sin prejuicios. Como escribe Robert Harrison:

> [...] hace falta un mínimo de disposición a detenerse, a tomarse tiempo para pensar, todas aquellas cosas ante las que nuestra época frenética se horroriza. No tenemos ya la suficiente serenidad para observar con detenimiento los jardines. Incluso se podría decir que vivimos en una época desprovista de jardines, a pesar de su abundancia.[26]

Son muchos los creadores contemporáneos, integrados o no en las corrientes del *Earthart, Land Art, Arte Povera*, etc. que han explorado las posibilidades plásticas del acto de andar y se han servido de la deambulación pedestre como una estrategia expresiva. De entre todos ellos merece la pena destacar a Richard Long y a Hamish Fulton, a los que no sería exagerado calificar de artistas peripatéticos, pues ambos han hecho del arte de caminar la materia prima y la seña de identidad de su trabajo. De hecho, han recorrido juntos la península ibérica de costa a costa en los años 1989 y 1990. Lejos de introducir cambios definitivos en el paisaje o apropiarse de las bellezas naturales, las acciones de estos dos artistas ingleses extreman el respeto por el entorno y procuran captar el aliento de la naturaleza, sin perturbar su equilibrio ni dejar apenas huella de su paso. En la página web de Long figura la siguiente declaración de principios:

> En la naturaleza de las cosas: arte sobre movilidad, ligereza y libertad. Simples actos creativos consistentes en caminar señalizando el lugar, la localización, el tiempo, la distancia y las mediciones. Utilizo materias primas y mi escala humana en la realidad de los paisajes.
>
> La música de las piedras, senderos de huellas compartidas, durmiendo arrullado por el rugido del río.[27]

Uno de sus primeros trabajos lleva por título *A Line Made by Walking*[28] y consiste simple y llanamente en una línea trazada en la hierba a fuerza de ir y venir sobre sus pasos. Su obra invita a percibir el paseo como una cicatriz en el suelo y a captar el rastro de la acción como una metáfora del gesto creador, que vincula al artista con la naturaleza. Otras de sus acciones sobre el paisaje consisten en largas caminatas a la aventura, sin un objetivo claro, a modo de peregrinaciones laicas a lugares remotos (Perú, Escocia, Nepal,...) para dejar finalmente testimonio de su paso estampando la firma de su frágil huella en el suelo en forma de líneas de palos y piedras, de círculos concéntricos de barro, arena u otros elementos encontrados en el curso de su vagabundeo. Se trata siempre de formas elementales, casi primitivas. Por lo general, documenta estas efímeras intervenciones con fotografías, planos, anotaciones, etc. Esa forma de "hacer esculturas andando", por utilizar una expresión de su agrado, recuerda los paseos solitarios de tantos otros filósofos andariegos que se han mencionado en las páginas anteriores.

Fulton, por su parte, se define a sí mismo como "un artista que anda" y que realiza "arte desde la experiencia de sus caminatas". No está de más mencionar que ha recorrido veinticuatro países a pie, testificando con fotografías, a menudo en blanco y negro, y breves textos sus solitarias marchas por paisajes vírgenes (montañas, acantilados, bosques, volcanes, etc.), en los que, a diferencia de su colega Long, no interviene. Se complace en llamar a sus acciones "esculturas mentales", quizá para subrayar su filiación artística, dado que implican nociones de espacio, tiempo y materia. Toda su filosofía creativa se resume en este párrafo:

> ¿Por qué caminar? Caminar es la respuesta. Para mí caminar no es una teoría, caminar no es un material artístico; la caminata es una experiencia, es una forma artística de pleno derecho. Tras varios días caminando, tengo la impresión de que puedo pensar con mayor claridad, surgen preguntas y lucho mentalmente por contestarlas.[29]

Para acabar, mencionaremos el trabajo de Agustín Ibarrola (1930), un artista vasco que pertenece por derecho propio a la fraternidad de los caminantes. Su obra más conocida se sitúa en el bosque animado de OMA, en la reserva de la Biosfera de Urdaibai (Vizcaya), donde ha pintado los troncos de los pinos de Monterrey con figuras simbólicas, formas geométricas, franjas de colores, siluetas humanas y animales. Las cuarenta y cinco representaciones que jalonan ese circuito de varios kilómetros de largo, a través de la espesura boscosa, constituyen un auténtico *itinerarium mentis*.

La revolución que ha habido en el campo de las artes visuales desde la década de 1960, ha ampliado y modificado el significado de andar y lo ha transformado en una forma de creación autónoma, realizada *in situ*. Pese a que se trate de montajes provisionales y *performances* efímeras orientadas a provocar un acontecimiento más que a perpetuar una obra, abundan en la idea que preside este capítulo: caminar es nuestra forma de pasar por el mundo, de no rendirnos a una existencia de tranquila desesperación y de preservar la libertad. Y, volviendo a las andadas, tomemos prestadas para acabar las palabras de Robert Walser, el narrador alemán que hizo del vagabundeo una vía de realización personal: "Y ahora a seguir paseando. Es divinamente hermoso y bueno, sencillo y antiquísimo, ir a pie. Suponiendo que zapatos y botas estén en condiciones".[30]

XIX

LABERINTOS VEGETALES
O EL JARDÍN DE LAS ENCRUCIJADAS EQUÍVOCAS

*E*l origen de este símbolo se pierde en la noche de los tiempos. Desde la prehistoria los seres humanos han grabado, pintado, diseñado este motivo geométrico primordial en el suelo de roca, en las paredes de las cuevas e, incluso, en la piel de sus congéneres. Encontramos antiquísimas reproducciones de laberintos en petroglifos hallados en Grecia, Italia (valle de Camonica y Cerdeña), España (Galicia), las islas británicas... con un sentido que escapa a nuestra comprensión. Por lo demás, estas representaciones no son exclusivas del mundo occidental, pues también se encuentran en otras culturas y latitudes.

Si atendemos a su morfología, podemos distinguir dos tipos de laberintos: univía, o de un solo itinerario, y multivía. En el primer modelo no existen bifurcaciones, ni encrucijadas, ni por supuesto vías muertas. Básicamente consiste en un camino que gira y se retuerce sobre sí mismo hasta alcanzar un punto central. Podemos decir que su trazado obedece al principio de crear el más largo recorrido posible en una superficie establecida. El paradigma de todos ellos es el laberinto clásico, conocido también como cretense, en alusión a la mítica construcción de Cnosos, que está constituido por siete anillos o cuadrados concéntricos conectados por un sendero en forma de espiral que conduce a un centro.[1] Se trata de una poderosa metáfora visual, periódicamente redescubierta, de las andanzas y desventuras del ser humano en este mundo, de las añagazas y trampas del destino y de las vueltas y revueltas de la vida, cuyo final, por lo demás, todos conocemos.

En el segundo modelo, que es el que merece ser considerado un laberinto propiamente dicho, no hay centro ni horizonte.[2] El camino sembrado de encrucijadas nos obliga a escoger entre varios ramales, algunos de los cuales llevan a callejones sin salida. Entonces, el caminante ha de volver sobre sus pasos hasta la bifurcación y seguir una nueva vía con la esperanza de encontrar la salida. En la medida en que nos enfrenta a la indecisión y nos conduce inevitablemente a experimentar desorientación, pérdida y extravío, es un prolífico símbolo de las elecciones morales, de las pruebas intelectuales y de las decisiones que configuran nuestra existencia.

Estos dos arquetipos básicos reciben diferentes denominaciones según los especialistas y las lenguas. Así, por ejemplo, Penelope Reed[3] diferencia en inglés entre *unicursal model* y *multicursal model*. El especialista alemán Hermann Kern[4] habla de *labyrinth* cuando se trata de un solo itinerario; y de *irrgarten*, en el caso de que haya múltiples itinerarios. El paisajista francés Hervé Brunon[5] propone limitar el uso del término *labyrinthe* a aquellos que únicamente tienen una vía; y servirse del vocablo *dédale* para designar al resto. Por su parte, Jeff

Saward, quien no solo ha teorizado ampliamente sobre el tema sino que también ha creado numerosos laberintos en su faceta de arquitecto, diferencia los de setos altos o muros vegetales de los de setos bajos, a menudo realizados con piedras, arena u otros elementos sobre el suelo con un sentido eminentemente lúdico o decorativo. La finalidad de estos últimos no es tanto favorecer la introspección o propiciar la experiencia del extravío como entretener, sorprender o engalanar el espacio.

Pero si en lugar de fijarnos en su trazado o en su diseño formal, atendemos a su temática, valor simbólico e implicaciones filosóficas, las categorías anteriores cobran un nuevo significado. Mientras que el laberinto de una sola vía simboliza el tortuoso y arduo camino de la vida, cuyo final, por desgracia, es inevitable y conocido, el *irrgarten, dédale, multicursal* o laberinto multivía representa el inconsciente, la irracionalidad del devenir humano, el alejamiento de la fuente de la vida,[6] los descarríos y las seducciones que nos apartan de la senda auténtica. La existencia o no de un centro marca una diferencia sustancial. El significado de recorrer un laberinto adquiere connotaciones muy diferentes si hay una meta o no, un lugar al que encaminar los pasos o, por el contrario, solo se pretender errar, vagar sin rumbo. Para decirlo de un modo más sencillo, la experiencia de adentrarse en un laberinto cuando existe un centro se asemeja a una peregrinación simbólica, mientras que, si no lo hay, se parece más a una meditación. De ahí también las peculiaridades de su diseño: geométrico en el primer caso e irregular y caótico en el segundo.

Eliade, por su parte, señala que la función primordial del laberinto era proteger el centro, entendido como una vía de acceso a la sacralidad, a la vida eterna y a la auténtica realidad de las cosas. Los vaivenes del camino equivaldrían a las pruebas iniciáticas. Afrontar los peligros y salir airoso de los desafíos posibilita la renovación interior y una nueva existencia. También se ha interpretado el laberinto como una manera de adentrarse en el Hades, los reinos de Plutón, esto es, la otra vida.[7] No son pocos los investigadores que han señalado el paralelismo existente entre el mito del laberinto y el del viaje a los infiernos *(descensos ab inferos)*.[8] La experiencia de internarse en un laberinto recuerda la del descenso al mundo subterráneo, y en ambos casos significa una muerte simbólica y un renacimiento. Y como es sabido, todo el que vuelve de entre los muertos se redime de sus culpas y se convierte en un ser nuevo y en una figura heroica. Se ha escrito que, al menos una vez en la vida, uno debe bajar a los infiernos, con tanta o más razón se podría decir lo mismo del laberinto. Es necesario perderse a la búsqueda de uno mismo, extraviarse para encontrarse. El estremecimiento, el estupor, el vértigo preceden a esa revelación que no tiene cabida en las palabras y que constituye la esencia misma de la experiencia del laberinto. Desde antiguo, asomarse a los propios límites, enfrentarse a los demonios internos, poner a prueba la capacidad de resistencia ha servido para pulir el alma, forjar el carácter y descubrir nuestro verdadero yo. Nos parece ver concentrada en la máxima socrática "conócete a ti mismo", tomada prestada de la inscripción que figuraba en el frontón del santuario de Delfos, el significado profundo de la metáfora visual del laberinto. De la misma opinión es Paolo Santarcangeli, quien concluye con las siguientes palabras su monumental obra sobre el tema:

> Así las cosas, resulta evidente que en el símbolo del laberinto se manifiesta la manera en que, en las distintas épocas históricas, el hombre se ha presentado a sí mismo su propio destino, pero con la presencia permanente de un concepto-guía esencial: la conciencia de que siempre podremos alcanzar la liberación de nuestra alma, ya por medio de la fe, ya por medio del conocimiento, o acaso solo mediante la perseverancia con que nos opongamos al destino. Pero el camino ha de ser largo siempre, al menos mientras el ideal de un atajo despejado y recto siga siendo, por desgracia, un sueño irrealizable, una esperanza vana.[9]

Si hay un mito que pueda considerarse fundacional en el caso del laberinto, este es el del Minotauro. Según refiere la leyenda, este animal nació de los amores de Pasífae, reina de Creta, con un toro blanco que Poseidón hizo salir del mar. De ahí que sea un monstruo con cuerpo de hombre y cabeza de toro. El rey Minos, consultado por el oráculo, mandó construir a Dédalo, hombre de múltiples talentos y gran inventiva, un laberinto para encerrar el fruto de ese bestial acoplamiento. Para saciar la voracidad del Minotauro, que se alimentaba de carne humana, se sacrificaban anualmente (o cada tres años según otras versiones) siete doncellas y siete mancebos traídos desde Atenas. Teseo, hijo del rey Egeo, decide liberar a su patria de este ominoso tributo y aniquilar al sanguinario habitante del laberinto. Con este propósito se brinda voluntariamente a dirigir la expedición de jóvenes víctimas. Por su parte, la hija del rey cretense Minos, de nombre Ariadna, enamorada del príncipe, le proporciona, por recomendación del sagaz y astuto Dédalo, un ovillo de cordel a fin de que le sea más fácil deshacer el camino si sale victorioso de la prueba. Como se sabe, Teseo mata al Minotauro y, gracias al hilo de su amada, consigue escapar del laberinto y ver de nuevo la luz del sol. Pero, contrariamente a lo que cabía esperar, la historia no tiene final feliz. De hecho, la llegada a Atenas del héroe acabará en tragedia.

El laberinto que el rey Minos mandó erigir a Dédalo en Cnosos se inspiraba en el de Fayum (Hawara). Según cuenta Plinio (siglo I de nuestra era), fue construido por el faraón Amenemhat III, perteneciente a la XII dinastía (siglo 23 a. de C.) a orillas del lago Moeris. Heródoto (484 a. de C.), Estrabón (63 a. de C.-19 d. C.), Pomponious Mela (siglo I) y otros geógrafos se refieren en sus escritos a este laberinto de leyenda, que ha pasado a la historia por su vasto tamaño y su compleja estructura. Se componía de doce palacios con doce puertas cada uno (seis daban al norte y las otras seis al sur) rodeados por un muro perimetral. El conjunto disponía de mil quinientas habitaciones en el exterior y otras tantas subterráneas. En sus inmediaciones se elevaba una pirámide de noventa metros de altura. Su emplazamiento fue localizado en 1888 por el profesor Finders Petries. Dado los escasos restos que han llegado hasta nuestros días, no podemos forjarnos una idea cabal de su diseño más allá de la superficie que cubría, un área de aproximadamente 300 metros por 240. Aparte de estos dos míticos laberintos, hubo en la antigüedad al menos otros tres de los que tengamos noticias: el de Gortyma también en Creta, el de la isla de Lemmos en Grecia y, por último, el de Clusium en Etruria (Italia).

El laberinto con su aura mítica parece constituir un símbolo transcultural, una imagen primordial inscrita en el inconsciente colectivo de la humanidad y una figura recurrente en el imaginario de todas las épocas. Pero habrá que esperar al final de la Edad Media para que entre a formar parte de los ornamentos del jardín. Hasta el siglo XIV, los laberintos trazados en el frío pavimento de las basílicas y catedrales cumplían una función simbólica y ritual asociada a la peregrinación a Jerusalén, de la que eran un sustituto. No es casual que su aparición en las iglesias, sobre todo del norte de Francia,[10] coincida con el fracaso de la tercera cruzada.

En vista de que el viaje a Tierra Santa se tornó demasiado peligroso debido a la inestabilidad política, y que también había fieles que carecían de las fuerzas o los recursos para emprender una empresa de tal envergadura, se impuso la alternativa de recorrer de rodillas, a pie o con la imaginación el camino que se retuerce sobre sí mismo en el suelo de los recintos sagrados. Es muy larga la relación de ciudades europeas en las que había o todavía hay templos con laberintos, a menudo situados en el centro de la nave e inscritos en una circunferencia. En Francia se encuentran en Chartres, Amiens, Auxerre, Bayeux, Caen, Châlons-sur-Marne, Saint-Quentin, Saint-Omer, Reims y Poitiers; en Italia, en Cremona, Pavía, Lucca, Ravena, Piacenza y Roma; en Inglaterra, en Hereford y Ely. Pero en España no hay constancia de su existencia.

La cristianización del mito del laberinto refuerza su carácter iniciático. Adentrarse voluntariamente en sus circunvoluciones comporta arrostrar peligros imaginarios o reales, vencer temores y enfrentarse a los peores demonios internos, siquiera simbólicamente. Quizá la introducción de los laberintos en los jardines tenga una explicación más prosaica asociada al gusto por la variedad y el deseo de escapar de la monotonía, tal y como señala Frank Crisp:

> Debido a la escasez de ornamentos florales, la ornamentación geométrica, formada por líneas de plantas verdes, era una

necesidad para los jardines medievales, y se puede entender, consecuentemente, que siendo esta la única posibilidad de decoración, los jardineros del siglo XVI copiaran los caprichosos diseños laberínticos de los pavimentos de las iglesias que tenían todos los días bajo sus ojos.[11]

Hacia el final del medioevo, los laberintos salen de los recintos sagrados, adoptan las tres dimensiones y se tornan verdes. Al principio, los encontramos en las inmediaciones de los templos y, más tarde, en los palacios. En ese trasvase de lo sagrado a lo profano el laberinto adquiere nuevas funciones y se apropia de otros significados, si bien mantiene secretos vínculos con su origen espiritual. No se trata solo de un dispositivo para entretener, embelesar o fascinar sino también para provocar un desahogo controlado y una estudiada desorientación, como veremos más adelante. Hay algo sorprendente en que en el seno de ese recuerdo del paraíso que es el jardín se introduzca un artefacto, no por ameno y encantador menos turbador e inquietante. Resulta cuando menos curioso que en las villas renacentistas abiertas al horizonte se incluya un elemento cerrado sobre sí mismo y cuyo centro permanece oculto a la vista. De primeras, jardín y laberinto resultan figuras antagónicas, conceptos antitéticos. Del mismo modo que el *locus amoenus* se contrapone al *locus horridus,* la imagen del paraíso terrestre contrasta vivamente con ese lugar de pesadilla[12] y esa prisión de enrevesados pasadizos, la belleza de la naturaleza domesticada y ordenada se opone al caos estructurado geométricamente y la armonía torturada del laberinto. Por más que ambas formas espaciales y simbólicas parezcan obedecer a concepciones contrarias del mundo, comparten no pocas características. Es evidente que tanto el uno como el otro se definen por ser espacios cerrados o, por decirlo más poéticamente, islas en tierra firme. Más aún: son indisociables de la idea de orden, y no solo físico y espacial sino también metafísico. Todo laberinto tiene algo de jardín cerrado, de *giardino segreto*, y todo jardín algo de laberinto, de dédalo. No hay nada absurdo en ver el laberinto como un jardín para extraviarse y el jardín como un laberinto para encontrarse. Si como sugiere Borges,[13] la historia universal es la historia de unas cuantas metáforas, el laberinto y el jardín son dos de las más inagotables e inmemoriales.

Hay otra posible teoría para explicar la presencia, aparentemente incongruente, de dédalos en los jardines renacentistas. Estos constituirían una resurgencia del *hortus conclusus* medieval o, por usar un concepto extraído de la antropología, un *survival,*[14] esto es, una suerte de reliquia o vestigio del pasado, que, por algún motivo, ha sobrevivido pese a no ser funcional del todo. Por cualquier lado que se mire, el laberinto recuerda al jardín cerrado de los claustros monásticos y al *hortus deliciarum* del jardín palatino. Tanto la rigidez de su trazado y su forma cerrada como su planta cuadrada o circular y su voluntad más reflexiva que contemplativa lo convierten en un espacio inconexo, desvinculado de los otros elementos compositivos y ajeno a sus principios constructivos. Desafía las normas que regulan y articulan el espacio, escapa a la lógica dominante de la axialidad y la visibilidad, y se vuelve hacia sí mismo, retorciéndose en lugar de abrirse al horizonte.

La ausencia de perspectiva, la atmósfera claustrofóbica y la enmarañada y desazonante trama de caminos distan mucho de la armónica distribución, el culto a la simetría, la serenidad compositiva y el gusto por las vistas panorámicas características de los jardines de las villas renacentistas. Así y todo, no son extraños los anacronismos, las recurrencias y las transferencias en la historia del jardín. En cada nueva etapa encontramos construcciones con reminiscencias de otras épocas y elementos vestigiales que remiten a realidades anteriores. Lo mismo que los dédalos renacentistas recuerdan el *hortus conclusus* medieval, en los jardines rococós hallamos el *hameau* o *fermé ornée,* una suerte de aldea o granja ornamental que evoca los idílicos placeres de la vida en el campo. Por la misma época, en los parques pintorescos proliferan ermitas, iglesias y castillos de estilo gótico medieval. Otro tanto ocurre en los jardines barrocos ingleses, donde subsiste una zona boscosa, selvática, renuente al diseño formal, conocida como *wilderness.*[15] Para avalar esta hipótesis, citemos a Dixon Hunt:

Los denominados 'espacios naturales' en el diseño occidental fueron versiones ajardinadas de los bosques salvajes y de la naturaleza primera; además, muchos de ellos eran laberintos –representaciones muy elaboradas de la confusión y la perplejidad que provocaba el mundo exterior–, y transmitían a quien se perdía en uno de ellos una vivida sensación de extravío. Los laberintos empezaron a perder popularidad precisamente cuando empezó a evidenciarse que el jardín podía, en toda su complejidad, asumir el doble rol de representar tanto la confusión del mundo en su totalidad como su sentido último.[16]

Estos componentes aparentemente anacrónicos dotan a los jardines de un sentido de continuidad histórica y, contra lo que cabría pensar, refuerzan su unidad estética. Esos espacios paradójicos, bastardos y que no parecen rimar con nada, constituyen unas veces la nota discordante y otras el contrapunto necesario para subrayar la originalidad del conjunto. A pesar de hallarse fuera de contexto o tal vez por eso mismo, poseen una gran carga simbólico-metafísica, lo que les confiere nuevos y reveladores significados. Este es el caso también del recoleto y privado *giardino segreto*, característico de las villas italianas del Renacimiento, que mantiene su independencia del *giardino grande*, la parte pública. Tanto por su planta cuadrangular, por lo general rodeada de muros y accesible únicamente por pasadizos, escaleras y otras vías más o menos ocultas, como por su función de retiro y esparcimiento físico y espiritual, el *giardino segreto* (véanse los existentes en las villas de Lante, Gamberaia, Caponni, Torrigiani y Farnesse) es un claro y directo heredero del *hortus conclusus* medieval. Otro caso paradigmático es la pervivencia de las *orangeries*, en un principio conocidas como *serre froide* o invernadero frío de los jardines a la francesa. Esos edificios, a menudo suntuosos, destinados a conservar y proteger de las bajas temperaturas invernales a los árboles de cítricos, pero también a las palmeras, los granados y otros frutales exóticos de climas templados, representan, más que un anacronismo, la pervivencia de una moda exportada de Italia en el siglo XVI a partir de las campañas militares de Carlos VIII.[17] No está de más tampoco recordar los *rochers* o roquedales que, en algunos de los jardines de los grandes castillos del Renacimiento francés (Gaillon, por ejemplo) evocaban la montaña de las musas y recreaban la imagen del Parnaso. No faltaban tampoco en esas alegóricas construcciones grutas artificiales, un elemento por lo demás importado de las villas italianas y que remite en última instancia a los ninfeos latinos.

Dado que los laberintos vegetales no dejan restos arqueológicos ni ruinas por ser su materia prima tan efímera como frágil, resulta difícil establecer con seguridad el momento en que se convirtieron en apreciados ornamentos de jardín. Si atendemos a las fuentes históricas, la primera mención a una estructura de este tipo data del siglo XIV. Se tiene constancia documental de que en el castillo francés de Hesdin existía un laberinto vegetal que recibía el nombre de *Maison Dédalus*, en claro homenaje al artífice del primer laberinto según la mitología griega. Es sabido también que, siendo todavía un niño, Carlos V de Francia ordenó la construcción de una *Maison de Dédale* en los jardines de Saint-Pol en París. La primera referencia histórica de la existencia de un laberinto en los jardines italianos data de 1479 y sitúa a este en el palacio del Té de Mantua. Esta era la residencia del joven cardenal Francisco Gonzaga, quien, en una carta enviada desde Bolonia, daba instrucciones a su jardinero para que se decorase el muro que daba entrada al laberinto con la figura de Teseo en el momento justo de internarse en el mítico dédalo. Aunque nada de todo esto ha sobrevivido a las usuras del tiempo, merece la pena señalar como dato curioso que, en el mosaico del suelo de la *Sala di Psiche* (completada en 1512) del *palazzo,* subsisten ocho laberintos octogonales. No está tampoco de más recordar que este era uno de los emblemas de Federico de Gonzaga.

A lo largo del siglo XVI proliferaron los laberintos en las residencias señoriales italianas. Uno de los más notables ejemplos se halla en la villa del cardenal Hipólito II del Este en Tívoli (en las proximidades de Roma), donde, al inicio del recorrido y a ambos lados del eje principal, que divide por la mitad la planta rectangular del jardín, se inscriben de forma estática cuatro laberintos simétricos, con idéntico trazado pero plantados con diferentes arbustos y flores (siguiendo la disposición en *quadrillage*). Fueron realizados a partir de 1560 bajo la dirección de Pirro Ligorio, quien claramente se inspiró en los grabados de Sebastiano Serlio que aparecían en el libro IV de sus *Regoli generali di architettura* [Reglas generales de arquitectura] publicado por primera vez en Venecia en 1537. Otro notorio ejemplo es la Villa Médicis, sita en la colina del Pincio en Roma y proyectada por Bartolomeo Ammannati a partir de 1576 para el cardenal y Gran Duque de Toscana Fernando I. La fachada del *palazzo* mira a una explanada verde con una fuente y un jardín dividido en seis cuadrantes o parterres, uno de los cuales es un laberinto de reducidas dimensiones que, nuevamente, replica los prototipos de Serlio. En la Villa de Pratolino, proyectada por Bernardo Buontalenti a petición de Francisco I de Médicis, también existió a partir de 1575 uno de grandes dimensiones, con un diseño irregular y situado en la cabecera del eje, a juzgar por el *lunetto* que de la propiedad pintara Utens.

Una categoría singular de dédalos surgidos en el siglo XVI fueron los llamados "laberintos de amor", compuestos por lo general por círculos concéntricos de setos, en cuyo centro se levantaba un pabellón o un árbol de mayo, en clara alusión a los ritos paganos que celebraban la fertilidad, la reproducción y los ciclos de renacimiento y muerte. Se concebían como una alegoría de la pasión y recreaban simbólicamente sus enredos y dilemas. Como observa Paola Maresca:

> En el jardín barroco, donde se perpetúa el juego eterno de la escaramuza amorosa, el laberinto se convierte en un lugar para las travesuras y en un espacio delimitado para la diversión de damas y caballeros que gustaban de perderse y esconderse, es el signo de la mundanidad y del placer.
>
> Así, por ejemplo, los *labirinti di verzura*, en cuyos rincones suele decirse que las parejas se escondían en busca de intimidad, se destinaban en realidad al juego y a la diversión, tal y como ocurría en aquellos de la Quinta Torrigiani en Camigliano, cerca de Lucca, donde los amantes eran sorprendidos y bañados por el derroche de agua que brotaba de numerosos surtidores ingeniosamente escondidos.[18]

Los primeros planos de laberintos que diferían de los modelos clásicos predefinidos salieron de la mano del arquitecto italiano Serlio, quien, en su tratado mencionado antes incluye diseños de varios laberintos. Este texto será el primero de una larga serie de manuscritos que indagan las posibilidades formales y los tipos de trazados de los laberintos vegetales, entre los que cabe destacar *A Moste Briefe and Pleasaunt Teachynge How to Dress, Sewe and Set a Garden*, el primer tratado en lengua inglesa sobre el arte de la jardinería, que ve la luz en 1563. Su autor era un tal Thomas Hill (o Hyll), quien, ocultando su identidad tras un seudónimo tan poco sutil como la forma latinizada de su nombre, Didymus Mountaine, publicará en 1577 una nueva versión del libro con el título de *The Gardener's Labyrinth*. Esta obra, sin duda una de las más difundidas durante la época Tudor, contiene el plano de dos laberintos univía, uno de planta cuadrada y otro circular, en cuyo centro aparece en ambos casos dibujado un caballero. Un siglo más tarde, Claude Mollet, hijo del célebre Jacques Mollet, ofrece en su tratado *Théâtre des plans et jardinages* (publicado póstumamente por su hijo André en 1652) un amplio repertorio de planos para laberintos de formas redondas, cuadradas y octogonales, que serán reproducidos sin grandes variaciones por toda Europa.

Giovanni da Fontana, sabio renacentista originario de Padua, ideó tres laberintos de itinerarios múltiples o, como venimos llamándolos, dédalos en su obra *Bellicorum instrumentorum liber,* consagrada a las máquinas de guerra. Después de referirse a los modelos clásicos (griego, egipcio, latino), aporta dos diseños originales de su propia cosecha. Y en otro de sus tratados sobre el arte de la memoria aparece un tercero con la anotación "prisión". Nada permite suponer que estos laberintos fueran concebidos para decorar jardines sino más bien como mecanismos defensivos o como recursos nemotécnicos emparentados con los clásicos teatros de la memoria.

Otro *uomo universali*, el arquitecto y escultor florentino Antonio Averlino, más conocido como *Il Filarete*, es autor del *Trattato di architectura*, donde describe una ciudad ideal, cuyo plano tiene forma de estrella de ocho puntas, llamada *Sforzinda* en honor a su benefactor y mecenas el duque de Milán, Francesco Sforza. En las páginas de ese manuscrito figuran cuatro laberintos de un solo itinerario, de planta cuadrada y divididos a su vez en cuatro cuadrantes. Mencionaremos también a Colonna, autor de *El sueño de Polifilo*, que entronca con la tradición renacentista de relatos de viajes alegóricos: el protagonista descubre la magia del reino de Éleuthérilide (el libre arbitrio) y Théléme (la voluntad), quienes le conducirán hasta los dominios de la reina Télosie (la destinada). Allá le muestran una serie de refinados jardines, entre los cuales hay "un gran circuito en forma de laberinto", según el texto original. Se trata de un laberinto náutico sin igual, constituido por siete círculos o, mejor sería decir, canales concéntricos por los que navegan, proa contra popa, un rosario de barcas en forma de espiral o remolino hasta un centro, donde un dragón devora a los marineros.

El polifacético Leonardo da Vinci (1452-1519) no diseñó ningún laberinto propiamente dicho, pese a su interés por un elemento relativamente afín como son los nudos, y de los que el genio florentino trazó complejos modelos de oculta simbología. Así y todo, nos dejó testimonio de la atracción y repulsión que sentía por "las prisiones vegetales" en la pintura del techo de la Sala delle Assi del palacio Sforza de Milán. El motivo de esta es una tupida y asfixiante bóveda de ramas entrelazadas y enmarañadas hojas superpuestas que recuerda los muros verdes de los laberintos. Resultan esclarecedoras a este respecto las palabras de Édith de la Héronnière:

> Este es el único ejemplo en la historia del arte de un laberinto vegetal imaginario, perfectamente construido y representado en el techo de la sala de un palacio principesco, la impecable proyección de una forma mental [...] pues esta pintura ilustra la angustia ancestral ante el mundo natural a punto de caer sobre el hombre para atraparlo en sus redes, dejando tan sólo unos cuantos atisbos, muy finos, del cielo, del mundo exterior, de la vida, en suma.[19]

En el *Cinquecentto*, al amparo de la filosofía neoplatónica y la tradición hermética (Ficino, Della Mirandola) el laberinto se reviste de un aura esotérica; la simbología secreta y las alusiones filosóficas en clave invaden el jardín. El ejemplo más paradigmático de ello es el *Parco dei Monstrii* o *Sacro Bosco* de Bomarzo (Viterbo): más que de un genuino dédalo, se trata de un itinerario laberíntico que invita a un viaje interior. En esa creación sin igual no hay paredes ni centro, a no ser que se considere la meta de ese recorrido iniciático el templete que honra la memoria de Giulia Farnese, segunda esposa del propietario y artífice del parque, el príncipe Orsini, y que fue levantado veinte años después.

Ese *giardino delle meraviglie* salido de la turbulenta imaginación de Pierfrancesco Orsini, llamado Vicino, y del oficio del arquitecto Pirro Ligorio es un lugar único, en el que se rompe con las reglas del orden y de la regularidad renacentistas, que preconizaban la armonía compositiva. Lo cierto es que se anticipa casi dos siglos a los *moral gardens* ingleses, en los que, como hemos visto, los laberintos como tales desaparecen para convertirse en un sinuoso e intrincado recorrido, lleno de recovecos y revueltas. En palabras de Alessandro Rinaldi,[20] se pasa del laberinto en el jardín al jardín como laberinto. Si lo miramos de esta manera, Bomarzo asemeja un dédalo desenredado, sin centro ni salida. Su red de caminos, desenmarañada como una madeja y desplegada sobre el paisaje, forma un circuito jalonado de unos treinta conjuntos escultóricos (Esfinges, Gigantomaquia, Tortuga-Ballena, Ninfeo, Casa inclinada, Ogro, Sirena equidna, Furia y otros muchos). El escritor argentino Manuel Mujica Lainez publicó en 1962 una vasta y deslumbrante novela sobre la figura del enigmático príncipe Orsini, en la que este declara sus intenciones con las siguientes palabras:

> No quería yo, pues nada hubiera sido más contrario a mi originalidad imaginativa, que el bosque de Bomarzo se transformara en un parque simétrico, de exacta lógica, en el que cada construcción respondería a meditadas correspondencias y equilibrios. Eso quedaba para los parques de otros príncipes italianos. El mío, que sería el reflejo de mi vida, sería también distinto de todos, inesperado, inquietante. Lo que en él hubiera de rigor armonioso debía servir precisamente para exaltar su fantasía.[21]

El tema del laberinto se repite con relativa frecuencia en la pintura y el grabado de los siglos XVI y XVII. Baste recordar, a título de muestra, el cuadro atribuido a la escuela de Tintoretto que cuelga en una de las paredes de la cámara de la reina en el palacio de Hampton Court, o el lienzo de Bartolommeo Veneto conocido como *Retrato de hombre con laberinto* expuesto en el Cambridge Museum. Merece un lugar destacado en esta nómina la figura de Piranesi. En sus *Prigioni di varia invenzione*, sin reproducir exactamente ningún laberinto, consigue crear la atmósfera claustrofóbica típica de esos ingenios. Así lo cree Mario Vargas Llosa:

> Cada uno de estos objetos es un verdadero laberinto hecho de simetría, intuición y desacato a los cánones establecidos en que vuelca una vida profunda, aquella que, como escribió Goya, produce el 'sueño de la razón'. Como los poemas 'oscuros' de Góngora o los monólogos interiores de Joyce, los artefactos domésticos que fantaseó Piranesi son testimonio de esa dimensión de la vida que llamamos el inconsciente.[22]

Por las noticias históricas que tenemos, cientos, por no decir miles, de laberintos fueron realizados en los jardines europeos durante el siglo XVI. Esa moda alcanzará su apoteosis a lo largo de los doscientos siguientes años, coincidiendo con el auge del estilo formal, para declinar a partir del momento en que se va imponiendo en toda Europa la estética paisajista. Una posible explicación a este paréntesis en la larga historia de los laberintos vegetales sería que estos representan el epítome del orden geométrico. De ahí que cayeran en desuso en una época en la que, precisamente, se da la espalda a la regularidad, la línea recta y la simetría en beneficio de la línea curva, el desorden calculado y los sentimientos.

Hasta el siglo XVIII se diseñaron los laberintos aplicando un riguroso esquema geométrico. Con independencia de lo intrincado que fuera su recorrido, se inscribía en la figura de un cuadrado, un círculo, un octógono o un trapecio como en Hampton Court. El laberinto de

Versalles, que sería más justo llamar *Irrgarten*, se desmarca de este modelo hegemónico y sigue una trama con varios itinerarios posibles y una caprichosa red de caminos. La tendencia a la irregularidad y al desorden en el plano estético y al gusto por las volutas y los rizos en el plano decorativo del manierismo imperante en la época influyó en su trazado, más libre, sin centro ni final, que hará historia. El *labyrinthe*, diseñado por Jules Hardouin-Mansart al sur del eje central del jardín, adquirió su forma definitiva hacia 1672 y fue destruido en 1775 durante el reinado de Luis XVI para dejar sitio al Bosquet de la Reine, que ocupó su antiguo emplazamiento.

Sea por su clima seco, sea por la herencia musulmana o por otros motivos que se nos escapan, no ha habido en España una gran tradición al respecto como en otras naciones europeas. Apenas hay constancia documental de la existencia de laberintos vegetales en la Península durante los siglos XVI, XVII y las primeras décadas del siglo XVIII, si exceptuamos el que mandó construir Carlos V en el Alcázar de Sevilla (finales del siglo XVI). Si bien actualmente ese dédalo ya no existe, conocemos su trazado porque se conserva una losa de bronce con el dibujo de su planta en el pabellón denominado popularmente el Cenador de la Alcoba, realizado por Juan Hernández con motivo de los esponsales del monarca con Isabel de Portugal. En los mismos Sitios Reales, en el Patio Rústico, situado en la zona más antigua de los jardines renacentistas, hubo en tiempos un laberinto con setos altos de mirto, decorados con estatuas de madera y cuyo centro ocupaba una fuente con muchos chorros y figuras varias.

Los tres principales laberintos vegetales que subsisten en nuestro país se hallan en jardines históricos del siglo XVIII. El Laberinto de Horta (Barcelona), formado por cipreses recortados a dos metros de altura y con un recorrido de 750 metros de largo, está situado en un parque neoclásico de estilo italiano articulado en torno al tema del amor. En la entrada figura una estela de mármol con las imágenes alegóricas de Ariadna y Teseo. Justo en el centro de ese dédalo de múltiples vías se erige una estatua de Eros sobre un pedestal cilíndrico y, ascendiendo por dos escaleras localizadas en las esquinas, se accede a dos templetes clásicos simétricos consagrados a Dánae y Ariadna, desde los que se tiene una vista inmejorable del conjunto. Aunque en 1994 se llevó a cabo una restauración a fondo del laberinto, el origen del parque se remonta al periodo comprendido entre 1791 y 1808.

El Capricho de la Alameda de Osuna, del que nos hemos ocupado páginas atrás, también acoge entre sus atracciones un dédalo de una hectárea de extensión, formado por setos de laurel recortados a una altura que no impide la vista. Aunque su realización data de mediados del siglo XIX, fue completamente restaurado en 1986. Este laberinto de múltiples itinerarios se despliega a partir de un centro.

El tercer ejemplo, pero no menos señero, es el existente en la Granja de San Ildefonso. Esos jardines barrocos de inspiración francesa fueron construidos por Felipe V, nieto de Luis XIV y primer miembro de la dinastía Borbón en España, al pie de la sierra de Guadarrama, en Segovia. Aunque ese vistoso laberinto estuvo perdido durante mucho tiempo, los trabajos de restauración iniciados en 1985 consiguieron devolverle su pasado esplendor. Tanto por la organización geométrica del espacio y el uso de la perspectiva visual como por los magníficos juegos de agua (fontanas, cascadas, estanques, canales) y las esculturas ornamentales, cargadas de referencias mitológicas, este Real Sitio ofrece un aire muy versallesco. De hecho, se ejecutaron numerosos bocetos de escenografías que Le Brun había elaborado para los jardines del Rey Sol y que se habían quedado en el cajón.

A finales del siglo XIX y las primeras décadas del XX, el *gardenesque* y otras eclécticas corrientes en boga rehabilitaron el estilo geométrico y recuperaron el gusto por las formas regulares. A resultas de ello resurgió la afición por los laberintos y estos volvieron a incorporarse a los jardines, si bien con diseños cada vez más sofisticados e intrincados. Una de las primeras creaciones modernas, que marcó ese cambio de tendencia y anunció la inminente resurrección de ese dispositivo espacial, fue el dédalo creado por el paisajista francés Édouard-François André hacia 1885 para el jardín holandés de Weldan. Desde entonces, los laberintos vegetales no han dejado de estar de moda.

El proyectado por Greg Bright en Longleat House (Wiltshire) conoció un enorme éxito desde su apertura al público en 1978 e impulsó una dedalomanía vegetal que no ha cesado de crecer. Tal vez uno de los realizadores de laberintos más reconocidos internacionalmente sea Adrian Fisher, quien, desde principios de la década de 1980, ha llevado a cabo más de cuatrocientos dédalos. Algunos de ellos siguen la tradición histórica e imitan los modelos clásicos, mientras que otros resultan innovadores tanto por los materiales empleados (telas de colores plastificadas, suelos de ladrillo, etc.) como por las técnicas de ejecución (espejos, juegos de agua y otros elementos que buscan la interacción con el visitante). En 1988 Gilbert Randoll Coate colaboró con Vernon Gibberd para llevar adelante el extraordinario proyecto del laberinto de Leeds Castle en Inglaterra. Otra de sus obras más conocidas es el gigantesco dédalo realizado en 1992 en los Países Bajos, situado justo en la intersección de las fronteras de Alemania, Bélgica y Holanda, y cuya trama está inspirada en el bestiario heráldico de este país.

No pocos son los creadores integrados en la corriente artística conocida como *Land Art*[23] que se sirven en sus instalaciones, acciones o *performances* del rico y complejo simbolismo del laberinto y, en menor medida, del dédalo. Aprovechan su riqueza semántica y explotan su capacidad de generar significados originales. Dado que sus obras, emplazadas de manera estratégica en entornos naturales, procuran la interrelación y el diálogo con el paisaje circundante, no tiene nada de extraño que recurran a una imagen con una densidad simbólica tan enigmática como reveladora, a la par milenaria y actual, inscrita en el imaginario colectivo y asociada a las formas de la naturaleza.

Sin entrar a juzgar si los *earthwoks* enriquecen el entorno natural o, por el contrario, interfieren arbitrariamente en el paisaje o, incluso, parasitan, por no decir vampirizan, su belleza,[24] podemos concluir que el laberinto es un arquetipo ancestral en el que confluyen tanto la arraigada tendencia humana a ordenar el espacio mediante estructuras geométricas (espirales, círculos o cuadrados concéntricos, etc.) como el impulso estético de tornar visible lo invisible, de revelar lo infinito a través de lo finito, haciendo posible que la máxima distancia quepa en el mínimo espacio. Y asimismo concita dos emociones básicas, solo en apariencia contradictorias: la serenidad que inspira la simetría y la angustia que suscita la sensación de extravío. Ese agradable estremecimiento constituye, por lo demás, la razón de ser de la obra de arte, en la que según Novalis, el caos ha de brillar a través del velo del orden.

El hecho es que esa metáfora visual está muy presente tanto en el discurso teórico como en las realizaciones prácticas del arte moderno. Desde los años 70 del pasado siglo son numerosos los artistas que han recurrido al paradigma laberíntico para dar expresión a sus inquietudes existenciales. Probablemente se hayan construido en los últimos cuarenta años más dédalos vegetales que en todos los siglos anteriores juntos. Podemos afirmar sin riesgo a equivocarnos que estamos viviendo la edad de oro de los laberintos de jardín. Quizá haya que buscar la explicación a este auge en una constelación de factores, que van desde lo teórico a lo económico, pasando por lo estético. Como señala Saward,[25] un especialista internacionalmente reconocido en este campo:

> Durante los últimos años, la evolución del laberinto se ha llevado a cabo en dos direcciones bien distintas. Se han construido nuevos laberintos para decorar jardines privados y parques públicos, siguiendo los diseños tradicionales, auténticamente de época. Paralelamente, los paisajistas más atrevidos han concebido laberintos susceptibles de responder a las exigencias del turismo moderno, apasionado por los placeres inmediatos y memorables. Esta aproximación innovadora permite ensanchar las fronteras de un medio que parecía estancado en el pasado.[26]

Otra poderosa razón que podría explicar este resurgimiento sería la capacidad de esta *imago mundi* para reflejar la condición posmoderna. Representa el emblema perfecto de nuestra época, que ha deslegitimado los grandes relatos explicativos, ha perdido las certezas absolutas y se extravía en el relativismo. Qué mejor imagen de nuestro tiempo que ese errar a la búsqueda de un centro que ya no existe…

Antes de poner punto final a esta breve historia de los dédalos vegetales, vamos a recordar un último ejemplo, que tiene como motivo de inspiración a uno de los escritores contemporáneos que más ha hecho por estimular el fervor por los laberintos. La Fundación Cini ha financiado la creación de un jardín laberinto en la isla de San Giorgio Maggiore de la laguna veneciana, ella misma a su manera también un laberinto de islas, para conmemorar los veinticinco años del fallecimiento de Borges, el 14 de junio de 1986. Es una fiel copia del existente en Los Álamos, en la provincia argentina de Mendoza. Y al igual que aquel, su trazado reproduce el apellido del insigne escritor duplicado como una imagen reflejada en un espejo. El estrecho camino de tierra apisonada, de casi un kilómetro de largo, discurre encajonado entre setos de boj de 75 centímetros de altura, ni demasiado altos para causar claustrofobia, ni demasiado bajos para ser fácilmente sorteados. Algunos de los símbolos recurrentes en la literatura de Borges, léase la clepsidra, el tigre, los espejos o el bastón, aparecen representados a lo largo del recorrido por medio de arbustos recortados. Y por si esto no fuera ya bastante borgiano, el texto de su justamente célebre cuento "El jardín de los senderos que se bifurcan",[27] título que en sí mismo constituye una poética definición de lo que es un dédalo vegetal, ha sido grabado en braille en el pasamanos de la balaustrada que rodea el recinto, de planta rectangular y delimitado por cipreses. De esa manera se pretende facilitar a los invidentes que puedan disfrutar de la experiencia del laberinto, experiencia que alguien definió acertadamente como "una enajenación transitoria". A fin de cuentas, se ha descrito la locura como repetir una y otra vez lo mismo esperando resultados diferentes.

Acabaremos recreando la experiencia de internarse en un laberinto. Empujamos la cancela, cruzamos el umbral y echamos a andar por el sendero de gravilla que discurre flanqueado por dos altos y espesos setos.

Esos gruesos muros verdes ahogan los cantos de los pájaros y las voces que hasta hace poco llenaban el aire, además de interrumpir la vista. La asfixiante ausencia de horizonte agudiza esa extraña sensación de espacio cerrado al aire libre. Muy pronto el camino nos conduce a un callejón sin salida. Retrocedemos hasta la encrucijada y, con una mezcla de incredulidad y exasperación, tomamos la dirección opuesta con paso decidido. El sol brilla y las aristas de las paredes vegetales se recortan contra el cielo azul. Seguimos andando buscando la sombra de los arbustos, hasta que, al cabo de un rato, advertimos no sin sorpresa que ya hemos pasado por allí. Enfadados con nosotros mismos, volvemos la mirada hacia atrás y contemplamos ese camino que conduce a ninguna parte, primero con impaciencia y después con preocupación. Retrocedemos unos pasos, pero lo pensamos mejor y continuamos quién sabe hacia dónde.

La grava cruje bajo nuestras pisadas. Conforme discurren los minutos, el corazón nos comienza a palpitar de otra manera y el silencio se hace tan profundo que podemos oír sus latidos. Mientras buscamos con la mirada una salida que nunca aparece, nos asaltan las dudas y nos va consumiendo la inquietud. Aunque nos duela admitirlo, hace mucho que la aguja de nuestra brújula interior da vueltas. Somos conscientes de que caminamos a la deriva, sin avanzar, con la sensación de que nos traiciona la memoria y de que una parte de nosotros mismos se ha quedado atrás. El sol arranca destellos dorados de las hojas e, incapaces ya de pensar con claridad, aflojamos el paso con el ánimo abrumado por una honda desazón.

El cansancio nos hace concebir ideas extrañas. No sabríamos decir cuándo dejamos de sentirnos angustiados y experimentamos la desesperante impresión de dar vueltas sin avanzar. En el ir y venir, casi sin darnos cuenta, nos va invadiendo una melancolía imposible de nombrar. Nos vienen a la cabeza recuerdos que creíamos olvidados y descubrimos cosas que ignorábamos de nosotros mismos. Tenemos la súbita revelación de que toda nuestra existencia anterior nos ha conducido justo hasta este punto.

No corre ni una brizna de aire. Se respira un vago olor a podredumbre. El sudor nos resbala por la frente y el corazón nos late en las sienes. A ratos se nos nubla la vista y, tocados en lo más profundo, nos abandonamos a un estado de claustrofóbica apatía, que solo puede comprender quien haya perdido toda esperanza. Nos sentimos cautivos, atrapados entre los pliegues de un telón, que en algún momento se va a levantar dejándonos ver lo que hay detrás. En el momento más inesperado nuestros pasos desembocan en lo que parece un claro en el bosque. Tardamos unos instantes en volver a ser dueños de nosotros mismos y, súbitamente, nuestra inquietud se desvanece al comprender que hemos alcanzado el centro. Sorprendidos y casi incrédulos, constatamos que hemos llegado al final. Y mientras escudriñamos las sombras que se ciernen sobre nosotros, nos decimos que ahora solo resta encontrar la salida.

CUARTA PARTE

DEL SIGLO XX AL FUTURO
La reinvención de la ciudad ideal
o el mito pastoril revisitado

XX

LA UTOPÍA APLICADA.
PARQUES PÚBLICOS, JARDINES OBREROS Y CIUDADES-JARDÍN

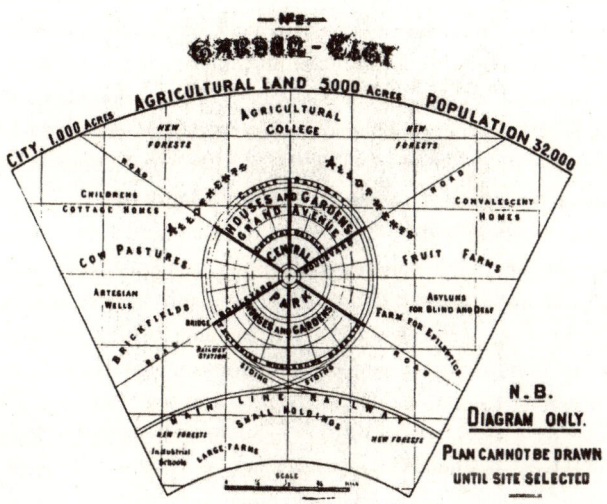

*D*urante la segunda mitad del siglo XIX y las primeras décadas del siglo XX continúa el proceso de democratización de los jardines y se asiste a una recuperación de su dimensión política en el contexto del urbanismo moderno, que pretende a través de la organización racional del entorno promover una sociedad más estable, segura y saludable. Los proyectos tanto de grandes parques públicos como de jardines obreros o de ciudades-jardín consideran los espacios verdes como un medio de transformación y mejora social, una manera de ampliar y extender los beneficios físicos y mentales que reporta el contacto con la naturaleza a la clase media y trabajadora. Los parques pasan a convertirse en pulmones verdes de las urbes y en un espacio de recreo y esparcimiento para sus habitantes cada vez más numerosos. Su disfrute deja de ser monopolio exclusivo de las clases ociosas para convertirse en un "lujo popular" y su diseño, en consecuencia, ya no se rige exclusivamente por principios estéticos o técnicos sino también por criterios de funcionalidad, pues debe satisfacer las necesidades de asueto, educación y descanso de la clase obrera y media. Salir al parque a pasear, jugar, hacer pic-nic o, simplemente, tomar el aire pasa a convertirse en una actividad corriente, un derecho elemental y una de las primeras manifestaciones de la cultura de masas. Se procura, en sintonía con la ideología positivista dominante en los tiempos de la primera revolución industrial, un progreso en la salud pública y el bienestar de los ciudadanos, al que no es ajeno la voluntad de control de las denominadas "clases peligrosas".

Inglaterra comprenderá antes que otras naciones la importancia de dotarse de una red de parques públicos que pudiera atender las necesidades de esparcimiento, asueto y recreo al aire libre de una población urbana en permanente aumento. Durante la primera mitad del siglo XIX, Londres será la ciudad del mundo con el mayor conjunto de zonas verdes, con una extensión cercana a las 600 hectáreas. Cuatro grandes parques (St. James's Park, Green Park, Hyde Park y Kensington Gardens) constituían el corazón verde de la metrópoli, formando una masa forestal de más de cuatro kilómetros de longitud. A toda esta naturaleza había que añadir Regent's Park, Victoria Park y Battersea Park, por entonces situados en el extrarradio.

Francia no se quedaría atrás por mucho tiempo. Napoleón III, que tras su estancia como exiliado en Londres había cobrado conciencia de la importancia de los parques públicos en la planificación de una ciudad moderna, promovió al acceder al trono en 1851 la reestructuración urbanística de la capital gala. Esta intervención, destinada a embellecer y modernizar París, incluía un programa de creación de jardines, parques y avenidas, que cambiaría para siempre la fisonomía de la ciudad.

Dos años antes de que saliera de la imprenta *Madame Bovary* de Gustave Flaubert, siete años después de que el fantasma del *Manifiesto Comunista* recorriera Europa y apenas cuatro antes de que viera la luz *El origen de las especies* de Charles Darwin, el barón Haussmann, prefecto del Sena, asumió el encargo del emperador. Una de sus primeras decisiones fue la creación de un *Service des Promenades et Plantations* (1855), cuya dirección sería encomendada a Alphand, quien se había distinguido en la realización de las obras públicas de Burdeos. Este ingeniero reinterpreta la herencia del arte paisajista inglés para adaptarla a la nueva planificación urbana de París en concordancia con las exigencias de la vida moderna. En su papel de "ingeniero jefe de embellecimiento" *(ingénieur en chef d'embellissement)* será el auténtico artífice de la transformación del viejo París según los principios iluministas y positivistas en vigor.[1] Ese imponente programa de renovación urbana preveía la construcción de un gran parque en cada uno de los puntos cardinales de la capital: el Bois de Boulogne al oeste, con una extensión de aproximadamente 870 hectáreas; en el extremo opuesto, al este, el Bois de Vincennes con una superficie de 920 hectáreas; al norte, el parque Buttes-Chaumont de 25 hectáreas; y al sur, el parque Montsouris de 15 hectáreas.

Una generación de jardineros galos adoptó el estilo paisajista sin caer en excesos pintorescos ni culturalistas. Sus parques no intentaron copiar a la naturaleza ni idealizarla, sino simplemente presentarse como unas obras de arte regidas por criterios de armonía y dinamismo. Son muchas las ciudades francesas que buscaron embellecerse construyendo parques públicos de tales características. La fiebre de *le jardin public* se extendió por todo el país. Y muy pronto esa moda se trasplantó también a España, donde muchas capitales de provincia se engalanaron con parques públicos, remodelando, transformando u ordenando en ocasiones antiguas zonas de jardines ya existentes. Buen ejemplo de ello son el Parque de la Dehesa de Gerona, el parque de La Glorieta de Valencia, el Parque del Campo Grande de Valladolid, el Parque de la Taconera en Pamplona, Los Campos Elíseos en Lérida, el Parque de Málaga, la remodelación de la Alameda de Vigo y la transformación del paseo de El Espolón de Burgos, todos ellos de la segunda mitad del siglo XIX. El diseño de casi todos sigue el estilo isabelino, un peculiar híbrido de genuino sabor autóctono entre la estética paisajista, de la que tomaba sobre todo el uso predominante de la línea curva, y el modelo formal francés, cuyas señas de identidad eran los parterres con abigarradas decoraciones florales, las platabandas y los canastillos. Esta onda expansiva de creación de parques públicos se trasmitió a otros países de nuestro entorno: Bélgica, Italia, Alemania, etc. De todas maneras, hasta que este modelo no cruzó el Atlántico y se implantó en Estados Unidos, no adquirió su verdadera dimensión en conexión con el urbanismo moderno, ni desarrolló todo su potencial.

A medida que avanzaba la revolución industrial, surgieron asimismo en los centros mineros y de producción de Europa (Inglaterra, Alemania, Francia, Bélgica) los llamados jardines obreros o asociativos. Las iglesias, las fábricas, las corporaciones municipales o las asociaciones benéficas ponían porciones de tierra, a veces a cambio de un módico alquiler y en otras ocasiones sin coste alguno, a disposición de los trabajadores, quienes habitualmente las dedicaban a crear huertos, consiguiendo así una fuente extra de alimentos, beneficiosa para la economía doméstica. Y los dueños de la tierra, por su parte, lograban mantener la estabilidad y el control social y fomentar la moralidad, apartando a los hombres de la taberna y el cabaret, y reforzando la unidad familiar.

Durante las guerras napoleónicas (1803-1815) se inició en Inglaterra el debate sobre la conveniencia o no de conceder terrenos a los obreros para que plantasen verduras y frutas en su tiempo libre. El punto de arranque de esta controversia que llevará a la creación de los primeros *Poor Gardens* será la promulgación en 1819 de una ley *(Select Vestries Act)* que otorgaba a los párrocos y a los supervisores de las leyes contra la pobreza la autoridad para alquilar parcelas a los desempleados. De ahí en adelante comienza a hablarse de *allotments* (asignaciones), que, conforme avanza el siglo XIX, se convertirán en un fenómeno cada vez más urbano.

Si bien es cierto que los jardines obreros servían para recuperar el contacto, la dignidad y la solidaridad humana y restaurar un tejido social maltrecho por el desarraigo fruto del éxodo rural a los centros industriales, no lo es menos que, a diferencia de los sindicatos y las fuerzas políticas de izquierda, se integraban en la lógica capitalista, asumían el conformismo social y restauraban el poder de la iglesia.

Sin caer en la exageración de afirmar que era contrarrevolucionario cultivar un huerto, no cabe duda de que el amor por la tierra fue instrumentalizado por las fuerzas reaccionarias a costa muchas veces de los propios obreros. Ahora bien, el apego que estos sentían por sus huertos tenía raíces psicológicas muy profundas, no siempre fáciles de explicar en términos políticos. Clare A. P. Willsdon lo explica así:

> Es lógico que los antropólogos califiquen actualmente a los jardines de 'entornos de cariño': la actividad de cultivar, moldear o utilizar físicamente una parcela de terreno probablemente genere una vinculación emocional mayor que, por ejemplo, la 'relación estática con una preciada propiedad'.[2]

Aflora aquí, nuevamente, una de las ideas fundamentales de las que parte este trabajo: los seres humanos siempre han ajardinado sus sueños y sus ideas de una buena vida. Pero no solo se experimenta el verdor de la felicidad trabajando un pedazo de tierra sino también paseando por un parque. Las ciudades norteamericanas fueron las primeras en desarrollar sistemas integrales de parques públicos intercomunicados a través de corredores vegetales. El *park movement* es indisociable de la figura de Olmsted, considerado como el Alphand yanqui. Este arquitecto paisajista, por usar la expresión con la que le gustaba definir su profesión, se convenció de la necesidad de crear grandes parques públicos en Estados Unidos tras una estancia en Inglaterra, donde conoció de primera mano el trabajo de Paxton y su creación más memorable, el Birkenhead Park. Su mayor logro es haber sabido extraer a partir de los modelos ingleses y franceses una fórmula original de parque público coherente con el urbanismo democrático. Importó las técnicas y la estética del jardín paisajista y las adaptó al contexto de las jóvenes y pujantes ciudades estadounidenses, desarrollando un nuevo concepto de paisajismo urbano que, como señalan los Jellicoe, "miraba hacia adentro".[3] Demostró un talento sin igual como diseñador de parques siguiendo los principios de higiene, movilidad y educación popular vigentes, así como una capacidad para planificar, integrar y articular vastísimos espacios de naturaleza artificial en la trama constructiva metropolitana.

El nombre de Olmsted ha quedado asociado para siempre, por una ironía del destino, al del Central Park de Nueva York, que se convertiría en un referente para multitud de proyectos posteriores en todo el mundo. La fatalidad quiso que el inspirador del proyecto, el paisajista Downing[4] falleciese inesperadamente con tan solo treinta y siete años de edad. Su socio y colaborador, el arquitecto inglés Vaux, se alió entonces con el joven e inexperto Olmsted, amigo y discípulo del difunto, al que sobrevivió cuarenta años. En 1865 constituirían la firma Olmsted, Vaux and Company. El que estaba destinado a ser el padre de la arquitectura del paisaje estadounidense no había ejecutado ni planificado hasta ese momento ningún parque ni jardín, y tampoco poseía formación académica al respecto. Eso no representó inconveniente para que, en palabras de Lewis Mumford, ocupara "el primer lugar en la producción de grandes obras que responden a las necesidades y dan expresión a la vida de nuestra inmensa y variada democracia".[5] Se diría que su errática y polifacética trayectoria, primero como granjero, luego como periodista y, más tarde, como crítico social, reportero de viajes y otros oficios, le había preparado sin él saberlo para convertirse en un artista que inventó su oficio.

El autodidacta Olmsted apenas había cumplido los treinta y seis años cuando pergeñó el plan para realizar un parque público de enormes dimensiones (300 hectáreas) en la península de Manhattan, en pleno corazón de Nueva York. Resolvió el reto de construir un pulmón verde en medio de esa metrópoli con un talento fuera de lo común, sin que el ruido del tráfico desnaturalizara la calma de los paseos ni la presencia de carreteras distorsionara el paisaje. Esa vasta extensión de terreno, en forma de rectángulo, rodeada por los cuatro costados de edificaciones, combina extensas praderas y explanadas moteadas de árboles con zonas de bosque denso y monte bajo. Su amplia superficie está atravesada por senderos para uso exclusivo de los paseantes, independientes de las cuatro calzadas soterradas para la circulación rápida de vehículos. Además de un gran lago y otros elementos acuáticos, Central Park cuenta con un pabellón de música, salas de exposiciones, invernaderos, un observatorio y otras muchas atracciones recreativas e instalaciones culturales. Smithson, él mismo un gran artista, adalid del *land art* y artífice de algunos de los *earthworks* más relevantes como *Spiral Jetty* en el Great Salt Lake de Utah, describe así la figura y las intenciones del gran paisajista americano:

> Olmsted 'el artista silvestre', añoraba el color verde como 'manto universal de la naturaleza' y los parques *sharawaggi* de Inglaterra, y quería los paisajes asimétricos de Uvedale Price en medio del flujo urbano. Al interior de Brooklyn traería 'la exuberancia del paisaje tropical [...] alegre con flores e intrincado con parras y enredaderas, helechos, juncos y plantas de hoja ancha'. Esto es como tener un jardín de orquídeas en una acería o en una fábrica donde se iluminan las palmeras con el fuego de los hornos de fundición. En comparación con los contrastes mentales de Henry David Thoreau ('Walden Pond se convirtió en un pequeño océano'), los contrastes físicos de Olmsted introdujeron una realidad rural jeffersoniana en la metrópolis. Olmsted construyó estanques, no se limitó a conceptualizarlos.[6]

Pero hubo que esperar diez años, al final de la guerra de Secesión, en 1865, para poder culminar su obra. En ese intervalo publicó artículos en la prensa y dio a la imprenta escritos y panfletos como el conocido "Parques públicos y la ampliación de la ciudad"[7], donde expone sus ideas y argumenta a favor de sus teorías. De esa manera iniciaría una imparable carrera profesional a una edad en la que la mayoría de las personas ya tiene un oficio conocido. Su colaboración con Vaux, quien quedaría eclipsado por la personalidad y el talento de su socio, daría como resultado, además del Central Park, el Prospect Park en Brooklyn, el barrio residencial de Riverside State en Chicago, el sistema integrado de parques de Boston, conocido como el Parkway de Olmsted, la Exposición Mundial de Chicago, el Fairmount Park de Filadelfia, los jardines del Capitolio en Washington y el parque Mont-Royal en Montreal entre otros muchos. Con todo, sus logros no se limitaron al terreno de la arquitectura del paisaje y la jardinería.

Olmsted tiene el honor de haber sido el primero en aplicar el término "parque" a los espacios naturales, implicándose personalmente en su conservación. Lideró el comité que negoció con el presidente Lincoln la preservación del paisaje de las montañas Rocosas, en concreto de Yosemite Valley (California), zona que poseía un alto valor medioambiental y simbólico como imagen de la naturaleza virgen, preexistente al hombre, y su reconocimiento como "propiedad inalienable del público, así como un lugar de ocio y descanso". El concepto de parque nacional entendido como un paraje extenso y agreste preservado intacto para las generaciones futuras, es una de sus aportaciones más sobresalientes, lo que lo convierte en un pionero en la protección del patrimonio paisajístico y hasta en un ecologista *avant la lettre*. Intentó que todo el mundo pudiese disfrutar de los bellos panoramas que, según él, ejercen un efecto moral, salutífero y vivificante sobre las personas. Coincidía en esto con el grupo de los trascendentalistas norteamericanos (Emerson, Thoreau, Whiltman, etc.), con los que tuvo una gran afinidad espiritual e, incluso, en algunos casos amistad.

Cuando Olmsted todavía no era Olmsted, sus escritos ya delataban una especial sensibilidad hacia los espacios salvajes:

> Lo bello, la grandeza o la majestuosidad del escenario no suelen encontrarse en unas cuantas características prominentes y distinguibles, sino en la forma en la que estas características se combinan y conectan con factores no observables. Nubes, luces, estados de la atmósfera y circunstancias que no siempre pueden ser detectadas, afectan a los paisajes.[8]

Para entender el verdadero significado social de los parques públicos, los jardines obreros y las ciudades-jardín durante la segunda mitad del siglo XIX y las primeras décadas del siglo XX, hay que tener presente la transformación sufrida por las urbes a raíz de la revolución industrial, que generó una nueva sociedad caracterizada por la división del trabajo, la mecanización y la concentración urbana. Esa nueva sociedad *industrial*, volcada en la producción en masa a instancias de la economía capitalista liberal, requería no solo ingentes suministros de carbón y capital sino también de fuerza de trabajo. Tan importante como contar con un fácil abastecimiento de materias primas era disponer de una sobreabundancia de mano de obra barata.

El proletariado urbano trabajaba, como es sabido, en condiciones miserables a cambio de un jornal de hambre, que apenas cubría sus necesidades básicas, y se hacinaba en los llamados barrios obreros, conocidos en el mundo anglosajón como *slums*. Estos hábitats degradados y densamente poblados constituían una auténtica lacra social, que inspiraría a muchos reformadores políticos proyectos más o menos utópicos. Como señala Fernando Chueca en su *Breve historia del urbanismo*:

> En barriadas donde las condiciones de vida eran atroces y donde la concentración obrerista alcanzaba cifras tan elevadas, es lógico que fermentara la subversión social. El siglo XIX, a la vez que trajo la revolución industrial, preparó la revolución social, que si no se desató en forma catastrófica en los países industriales avanzados, como creía Marx, se mantuvo siempre amenazante sobre la sociedad, hasta que aquellas condiciones infrahumanas fueron dando paso a otras más benignas, gracias a la labor de reivindicación de las Trade Unions y los Sindicatos. No faltaron tampoco industriales esclarecidos que se creyeron ellos mismos en el deber de corregir los males de que habían sido causantes.[9]

No pocos de estos reformadores sociales concedieron un papel importante a los jardines y a las zonas verdes en sus teorías societarias, empezando por Robert Owen, siguiendo por Charles Fourier y terminando por Jules-Antoine Moilin, más conocido como Tony Moilin. El primero, propietario de una fábrica textil en Escocia, no contento con mejorar las condiciones de trabajo de sus empleados, ideó en 1816 una comunidad modélica basada en los principios de igualdad, autonomía y autogestión, en la que la industria y la agricultura se compaginarían para lograr una sociedad autárquica. En 1825 consiguió hacer realidad su sueño y fundó la villa de New Harmony junto a ochocientas personas en Indiana (Estados Unidos). Este experimento social zozobró debido a las disidencias internas. No sería el primero ni el último capítulo de la tan épica como delirante historia de las utopías aplicadas.

Fourier, por su parte, preconizó la creación de falansterios, una suerte de comunas formadas por entre mil quinientas y mil seiscientas personas, que constituían unidades de producción y consumo establecidas sobre el principio de la copropiedad y la cogestión de la actividad hortofrutícola. Los integrantes de esa sociedad ideal, en su mayoría agricultores con una minoría de sabios y artistas, se agrupaban en función de su pasión dominante *(la attraction personnelle)* para desempeñar un trabajo por el que no obtenían ningún salario, únicamente una participación en los beneficios. Como observa Trousson en su *Historia literaria del pensamiento utópico:*

> Se han seguido aplaudiendo las ideas de Fourier, a quien R. Ruyer denomina 'un maniático simpático'. Y es verdad que su imaginación clasificadora linda algunas veces con las fronteras de la locura. No solamente habrá horticultores, sino que estos se dividirán en recolectores de cerezas, de peras e, incluso, de rosas blancas o amarillas.[10]

Y, por último, el doctor Moilin es el autor del relato utópico *Paris en l'an 2000*, en el que fantasea con la idea de que los socialistas se han hecho con el poder. Entre los logros de la nueva clase dirigente está la creación de ciudades modelo con una planta cuadrada y cuyo centro está ocupado por jardines.

A lo largo del siglo XIX, los grandes pensadores anarquistas como Pierre-Joseph Proudhon y Piotr A. Kropotkin, y socialistas utópicos como Claude-Henri de Rouvroy, conde de Saint-Simon, y los arriba mencionados, reivindicaron el trabajo colectivo de la tierra como un medio para alcanzar una sociedad más igualitaria, justa y feliz. En su obra *Du principe de l'art et sa destination sociale* (1865), Proudhon escribió: "La tierra a través de su cultivo debe convertirse en un vasto vergel".[11] Y llegados a este punto, no nos resistimos a recordar aquí la vieja máxima comunista, convertida en consigna, según la cual la tierra debe ser para el que la trabaja. Ese principio revolucionario, si bien atribuye al campesino, al cultivador, al productor agrícola un indiscutible protagonismo en la sociedad sin clases del futuro, también presupone paradójicamente que mantiene una relación de propiedad, siquiera espiritual, con el sólido elemento. Aunque Karl Marx y Friedrich Engels reconocen los méritos de aquellos soñadores que allanaron el camino hacia la sociedad comunista, condenan sus fantasías, a las que tildan de pueriles y sentimentales, y abogan por un socialismo científico y materialista, que "hunde sus raíces en el terreno de los hechos históricos".

La misma pulsión utópica que alentaba a los reformadores sociales, latía en el movimiento de los parques públicos, los jardines obreros y las ciudades-jardín. La necesidad de contrarrestar los efectos perniciosos de la revolución industrial fue la inspiración y el motor de estos movimientos, que trataban a un mismo tiempo de ofrecer áreas de descanso y recreo a la creciente población urbana y canalizar y aplacar los impulsos revolucionarios de las masas obreras. Esta dimensión política no está reñida, ni mucho menos, con la belleza del resultado final. Baste señalar que en la remodelación urbana que sufrió París durante el reinado de Napoleón III pesaron razones de índole tanto estética e higiénica como de orden público. Las grandes avenidas concebidas por el prefecto Haussmann permitían el rápido acceso y la movilidad del ejército para sofocar revueltas y conatos de revolución, evitando lo que había ocurrido durante la Comuna, cuando los revolucionarios se habían atrincherado en las barricadas levantadas en las callejuelas de los barrios medievales.

Nos ocuparemos ahora de los zoológicos, los invernaderos y otros equipamientos e instalaciones de recreo que acogen los parques públicos. Puede que el lector no se haya parado a pensarlo hasta ahora, pero las casas de fieras y los jardines de aclimatación tienen una historia paralela. Desde la Edad Media e incluso desde antes, los jardines han servido de lugar de conservación y exhibición de animales exóticos. Baste recordar las pajareras *(aviarium)* que decoraban las villas romanas o los pavos reales que engalanaban los jardines castelares en el medioevo, por no mencionar los parques de caza que rodeaban los jardines paisajistas ingleses hasta confundirse con ellos.

Esta vieja tradición resucitó y se renovó en el siglo XVIII, y se consolidó en las primeras décadas del siglo XIX, cuando los parques urbanos comenzaron a incluir entre sus instalaciones zoológicos propiamente dichos. Merece la pena mencionar la curiosa historia, poco conocida fuera de Francia, de *Zarafa*,[12] la primera jirafa que pisó suelo galo y una de las primeras que vieron los atónitos habitantes de Europa desde la que fuera enviada a Lorenzo de Médicis. En el año 1826 el pachá otomano de Egipto, Mehemet Alí, regaló al rey francés Carlos X un ejemplar de tan exótico animal con el propósito de granjearse su amistad. Fue desembarcado en el puerto de Marsella el 14 de noviembre. Pasó allí el invierno y, al llegar la primavera, emprendió la marcha hacia París acompañado por una nutrida comitiva que incluía gendarmes a caballo, dos sirvientes africanos y un rebaño de vacas para su sustento. No llegarían a su destino hasta 42 días después, el 30 de junio de 1827, tras recorrer a pie la mitad de los 885 kilómetros del trayecto en cortas etapas, a fin de evitar que *Zarafa* se agotara y darle tiempo para que se fuera aclimatando a su país de acogida. La llegada a los pueblos, las villas y las ciudades del camino de la extravagante expedición era celebrada como todo un acontecimiento, y fue motivo de festejos y conmemoraciones de lo más variopinto. Las autoridades acostumbraban a organizar un recibimiento oficial en el que colmaban de toda clase de atenciones a "la bella extranjera", como la habían bautizado a su paso por Lyon. Lo cierto es que se desató una auténtica jirafomanía, que llegó a inspirar una moda: los estampados *à la girafe* fueron muy apreciados y solicitados por las damas francesas durante un tiempo.

Aún hoy en día, se puede reconstruir el itinerario de aquella curiosa comitiva simplemente siguiendo las localidades en las que hay plazas y calles bautizadas con el nombre de la jirafa. Tras un sinfín de peripecias y en loor de multitudes, *Zarafa* llegó finalmente a su destino: el Jardin des Plantes de París. Más de seiscientas mil personas desfilaron por la *Ménagerie* (casa de fieras) para visitarla durante el primer año. Allí permanecería hasta que, veinte años después, estiró la pata por culpa de una tuberculosis bovina. Su recuerdo pervive en la expresión típicamente francesa *peigner la girafe* [peinar la jirafa], que puede traducirse por no hacer nada o perder el tiempo.

Otro de los equipamientos o instalaciones más características de los parques públicos fueron los invernaderos (*serres* en francés, *glasshouses* o *greenhouses* en inglés). Su existencia no es algo nuevo (recuérdense las *orangeries* de los jardines barrocos), pero sí el empleo que hacen de las modernas técnicas constructivas de ensamblaje y materiales manufacturados como el hierro fundido o colado y el cristal. Estas nuevas estructuras de metal y vidrio, con sistemas de calefacción o no, sustituyen a las edificaciones de obra, posibilitando la creación de espacios cada vez más amplios y diáfanos, aptos para el cultivo de plantas tropicales, frutas y flores exóticas en climas fríos. Las nuevas tecnologías aplicadas a los invernaderos acabarían revolucionando tanto la jardinería como la agricultura. Su desarrollo corre paralelo al de la arquitectura industrial y se beneficia de sus progresos. Así, por ejemplo, los procedimientos para caldear esas naves fueron evolucionando y mejorando con el tiempo: desde grandes estufas alimentadas con carbón hasta el desarrollo de sofisticados circuitos de tuberías de agua caliente conectados a calderas y regulados por válvulas y llaves de paso. Con ellos se conseguía mantener estable la temperatura del recinto acristalado e, incluso, controlar el grado de humedad ambiente.

Los invernaderos se convirtieron en el jardín de invierno de las residencias de campo y las mansiones urbanas burguesas.[13] Estos pronto pasaron a ser un signo de distinción y estatus. Ya en 1817 el gran paisajista inglés Loudon se refería a ellos como una moda exclusiva al alcance de unos pocos privilegiados:

> El gusto moderno ha dispuesto, en algunos casos juiciosamente, el invernadero en un magnífico orden *en suite* con las principales estancias de la casa, y este es quizá uno de los mayores lujos de las modernas residencias campestres.[14]

Con el paso del tiempo, se fueron abaratando los costes de producción y se abolieron ciertas tasas e impuestos sobre el cristal, la madera y los ladrillos, lo que hizo posible que un público más amplio pudiera permitirse construir su propio invernadero. Su uso se popularizó entre las clases medias hasta el punto de ser fabricados en serie y vendidos por catálogo. La pasión por la floricultura, en especial el cultivo de las orquídeas, las frutas exóticas y las rosas, que estuvo muy de moda durante el siglo XIX, promovió decididamente la introducción de mejoras técnicas en su fabricación. Sin duda, una de las más impactantes estructuras de hierro y cristal de su tiempo fue el *Crystal Palace*, proyectado por el gran jardinero paisajista inglés Paxton para albergar la Exposición Universal de Londres de 1851 y desaparecido en 1926. Gracias al empleo de piezas de vidrio y hierro fundido fabricadas en serie y de fácil ensamblaje, se logró construir en poco más de seis meses ese invernadero de colosales dimensiones, con una planta de diecinueve acres y una altura de ciento cincuenta pies en la parte más elevada, es decir, cuatro veces el tamaño de la basílica de San Pedro en Roma.

Hoy, el invernadero de mayores dimensiones del mundo se encuentra en el Jardín Botánico de Berlín *(Botanischer Garten und Botanisches Museum Berlin-Dahlem)*. El *Grobe Tropenhaus* tiene veinticinco metros de altura, treinta de anchura y sesenta de longitud, y en su interior cobija entre otras plantas tropicales bambúes gigantes. Se construyó a principios del siglo XX como parte principal de una red de invernaderos destinados a albergar representantes del reino vegetal provenientes de las colonias alemanas y facilitar su estudio.

Uno de los primeros invernaderos que se construyeron en Francia fue precisamente en el parque paisajista de la Malmaison, residencia adquirida por la emperatriz en 1799, a cuyo cuidado se consagró con absoluta pasión hasta su muerte acaecida en 1814. *Le petit royaume de Joséphine* [El pequeño reino de Josefina], como lo llamó el príncipe Clary en 1810, contaba entre sus atracciones, además de un templo del amor, una gruta, una naumaquia, una vaquería suiza, una célebre rosaleda con unas doscientas cincuenta especies y *Le Grand Serre* (El Gran Invernadero). Estas dos últimas realizaciones ponen de manifiesto la afición a la botánica de su propietaria, característica por lo demás de la segunda época del estilo paisajista, en la que el gusto por las construcciones ornamentales extravagantes va cediendo el terreno al interés científico por la naturaleza. Plantas y árboles traídos de todos los rincones del planeta (hortensias, dalias, hibiscos, camelias, catalpas, araucarias, etc.) se aclimataban en ese pabellón construido por Jean Thomas Thibault y Barthélemy Vignon y equipado con el sistema de calefacción más moderno de su época, que, además de gabinete científico y jardín de invierno, servía de sala de recepción. Por lo que se refiere a nuestro país, los ejemplos más representativos de la arquitectura de hierro y cristal son, sin duda, el Palacio de Cristal del parque del Retiro madrileño, proyectado por Ricardo Velásquez Bosco en 1887, y la estación de ferrocarril de Atocha (1894), que, curiosamente, alberga en la actualidad un invernadero de plantas tropicales.

Aparte de los invernaderos y zoológicos, en los modernos parques urbanos podemos encontrar teatros al aire libre, quioscos de música, pistas deportivas, campos de juegos infantiles, planetarios, salas de música, norias, carruseles, etc., que hacen las veces de las antiguas *folies* y *fabriques* de los jardines paisajistas y pintorescos. Aquellos caprichos o bagatelas arquitectónicas, que reproducen en miniatura o imitan edificios emblemáticos de épocas pasadas o lugares remotos (ermitas, ruinas, ninfeos, templetes, columnas conmemorativas, naumaquias, etc.), son sustituidos por edificios menos sublimes y más prosaicos, pero acordes con las nuevas realidades sociales. El tratamiento del agua en forma de estanques, fuentes, cascadas o ríos sigue los mismos planteamientos funcionalistas. Si se nos permite la exageración, se diría que el actual genio del lugar, al que hay que escuchar y obedecer en todo conforme al mandato clásico, es el presupuesto municipal. No faltará tampoco quien piense que ya no estamos hablando de jardines sino de zonas verdes, donde se ha consumado el definitivo divorcio entre belleza y utilidad. Assunto lo ve así:

> No es este el momento de proseguir con la polémica en contra del utilitarismo y el hedonismo social, los cuales reducen los jardines a espacios a ocupar solo por los usuarios y los consumidores. Las exigencias de recreo y de sanidad pública pueden ser satisfechas sin negar la idea misma del jardín y sin poner en peligro los jardines ya existentes.[15]

Aquí nos limitaremos a recordar que la filosofía que anima la realización de grandes parques urbanos de estilo paisajista desde mediados del siglo XIX no obedece únicamente a planteamientos estéticos sino también a criterios de educación social y salubridad pública: en ellos cualquier finalidad espiritual o artística queda subordinada al valor de uso. El parque público urbano ya no pretende ser un lugar privilegiado para la contemplación y la meditación de las clases cultivadas, sino para el ocio saludable de los trabajadores de la sociedad industrial. Tal vez no sean un fragmento del paraíso ni un lugar de epifanías, pero merecen ser considerados en muchos casos como "una obra de arte viva".

A medida que avanzaba la revolución industrial y aumentaba la población obrera, surgió la necesidad de un nuevo tipo de jardín público urbano, que, según los países, adoptó características diferentes. En Alemania, esta demanda reviste la forma de una confrontación entre los defensores de la tradición paisajista, aferrada a los trazados irregulares y a las plantaciones ornamentales, y los rupturistas, que propugnan el innovador concepto de *Volkspark* o parque popular. Hablando de uno de sus mejores representantes, el arquitecto Darío Álvarez describe así las raíces filosóficas de este movimiento *(Deutscher Volksparkbund):*

> Schumacher se había formado en la filosofía de Nietzsche, y seguramente compartía con él la opinión de que eran necesarios nuevos espacios para la reflexión y la contemplación, para el diálogo sosegado con los elementos naturales, lo que podría suceder en este nuevo tipo de parque, una vez liberado de la representatividad burguesa que lo había caracterizado en el siglo XIX. En el pensamiento de Nietzsche, el jardín público era un espacio que podría sustituir a los templos como lugares sublimes en una nueva ideología laica. Schumacher intentó recoger esa concepción al desarrollar un parque capaz de albergar las actividades sociales sin perder el espíritu de sacralidad profana que enunciaba el filósofo.[16]

El diseño de los parques populares estaba supeditado a los nuevos usos: los deportes, las concentraciones de masas, los espectáculos y eventos, los juegos infantiles. Y la vegetación servía sobre todo para delimitar y ordenar espacios, lo cual suponía en muchos casos la rehabilitación del trazado geométrico y de los sistemas regulares. Dicho de otra manera, el utilitarismo se impuso a la estética y el jardín acabó metamorfoseándose en zona verde, con todo lo que eso conlleva. Se puso así en evidencia el divorcio entre la belleza contemplativa romántica y el pragmatismo de la sociedad industrial, positivista y materialista. Estos arquitectos del paisaje, aunque compartían la idea de Olmsted de crear un parque para el pueblo, en sus realizaciones distaban mucho del "pintoresquismo pragmático" *(pragmatic picturesque)* de la escuela americana y se caracterizaban por la sobriedad y la parquedad de recursos: amplias praderas, escasos caminos rectos o suavemente curvados y masas vegetales y arbóreas. Algunos de los más destacados representantes de la corriente funcionalista son, aparte del susodicho Fritz Schumacher, quien en 1908 proyectó el Stadtpark, el parque municipal de Hamburgo; Friedrich Bauer, quien diseñó el Schillerpark de Berlín; Fritz Encke, quien creó el Vorgebirgspark en Colonia; y Erwin Barth, a quien se debe la realización de dos jardines del pueblo muy sobresalientes: Jungfernheide y Rehberge en Charlottenburg. Sobre todos ellos destaca Leberecht Migge. Este arquitecto del Movimiento Moderno, además de proyectar diferentes parques populares (Rüstringen, Schönfeld y Fuhlsbüttel en Hamburgo), cementerios de guerra en Wilhelmhaven y Bruselas, parques para la juventud *(Jugendparks)* en Berlín y una ciudad de jardines obreros en el Südgelände de Berlín-Schöneberg, descolló como ideólogo y teórico. En su libro *La cultura del jardín en el siglo xx (Gartenkultur des 20. Jahrhunderts,* 1913) expone su concepción de este como "un paisaje moderno", que estaba llamado a cumplir una función regeneradora y revitalizadora de la vida urbana:

> La función práctica de un parque, su valor de uso económico, es poder pasear y hacer un poco de ejercicio; es el sol y la sombra y el aire sano [...] El significado más bello del parque,

llamémoslo su 'función real', es el gozo de la vegetación, es la alegría de la vida, es la naturaleza que crece, es la belleza.[17]

En 1919, Migge comenzó a publicar con el seudónimo de *Spartacus in Grün, an dem der Rote sterben soll* [Espartaco verde, frente al cual el rojo debe morir] una serie de artículos defendiendo sus ideas. En el primero de ellos, titulado *Manifiesto verde*, abogaba por instaurar una especie de ciudades-jardín a la manera alemana, creando pequeñas comunidades autogestionadas en un medio rural. Mucho antes de que fraguase esta aspiración en el urbanismo moderno y de que Ebenezer Howard publicara su influyente obra *Gardens Cities of Tomorrow* (1902), versión corregida y aumentada de un libro anterior titulado *Tomorrow: a Peaceful Path to Real Reform*, ya había habido intentos de realizar el viejo ideal clásico de *rus in urbe*. El camino que llevaría a la noción de ciudad-jardín había empezado a desbrozarse en el siglo XVIII, cuando los nobles se dejaron atrapar por el encanto de la sencillez rural. A lo largo del siglo XIX se llevaron a cabo también distintas tentativas de maridar campo y ciudad. Así, por ejemplo, el arquitecto Pierre-Joseph Olive proyectó entre 1856 y 1875 la población de Vésinet (Yvelines), situada en medio de un bosque transformado en un parque, en el que se distribuían las casas de los vecinos, los comercios y algunas industrias. Este parque residencial pretendía, según sus propias palabras, "dar refugio a los hombres fatigados de París y permitirles olvidar las preocupaciones del trabajo".[18]

Olmsted y su socio Vaux, por su parte, diseñaron en 1869 el asentamiento residencial de Riverside State en Chicago como una población suburbana en el entorno de un parque. Pocos años antes, en 1865, Pierre-Guillaume-Frédéric Le Play había promovido desde la perspectiva de un reformismo social de tintes paternalistas la construcción de una ciudad obrera con huertos. Por las mismas fechas, cerca de Arcachon, los hermanos Émile e Isaac Péreire proyectaron una población residencial llamada Ville d'Hiver en medio de las dunas y el bosque de pinos característico de Las Landas. En esa suerte de ciudad-jardín *avant la lettre*, el casino morisco y la cantina de estilo chino asemejaban las construcciones caprichosas o *folies* de los jardines pintorescos del siglo XVIII.

Pero no sería hasta la publicación de *Gardens Cities of Tomorrow*, un libro que metió mucho ruido y cimentó la fama de urbanista visionario y reformista social de su autor, cuando se substanció el concepto de ciudad-jardín. Partiendo de la idea de "una ciudad en el jardín" en lugar de una "ciudad con jardines", Howard elaboró una síntesis personal de las propuestas de sus antecesores y dio a un antiguo ideal una formulación original y moderna en consonancia con los tiempos que corrían: podríamos decir que con él la ciudad-jardín encontró a su profeta. Dice Jeremy Burchardt:

> Si los jardines, asignaciones y parques pueden considerarse como intentos de introducir elementos del campo dentro de los paisajes urbanos [...] unos ensayos aún más ambiciosos, dirigidos a incluir características rurales en las ciudades [...] fueron, a mediados y finales del siglo XIX, las series de aldeas-modelo de los suburbios, que culminaron en la ciudades-jardín.[19]

Aunque la idea de "construir ciudades en la campiña" *(bâtir les villes à la campagne)*, por usar la fórmula del arquitecto Alphonse Allais, no era original suya, supo extraer todo su potencial e introducir el concepto de ciudad-jardín en el contexto de un ambicioso y complejo programa de reformas sociales, no exento de utopismo. En la introducción a su ensayo *Las ciudades jardín del mañana*, Howard explicita sus objetivos del siguiente modo:

> Mi empeño será, pues, demostrar que en *campo-ciudad* [ciudad-jardín] puede disfrutarse de posibilidades de interrelación social iguales, por no decir mejores, que las que se disfrutan en las grandes ciudades, y que, al mismo tiempo, las cosas bellas de la naturaleza pueden acompañar y rodear a todos los habitantes. Demostraremos cómo es posible alcanzar abundantes oportunidades de empleo y brillantes perspectivas de progreso para todos; cómo los salarios altos son compatibles con alquileres bajos; cómo pueden conseguirse condiciones sanitarias extraordinarias; cómo, miremos por donde miremos, veremos

hermosas casas y jardines; cómo es posible extender las fronteras de la libertad e incluso cómo una gente feliz puede convivir
con los mejores resultados de acción conjunta y cooperación.[20]

Las ciudades-jardín, tal y como Howard las concibió, son poblaciones de unos 30.000 habitantes, fuertemente estructuradas y organizadas, que integran en su diseño granjas, parques y jardines para uso
público y privado de los ciudadanos. Su forma circular y su estructura
radial, constituida por cinco anillos o coronas concéntricas de avenidas (de dentro hacia fuera: *Fifth, Fourth, Grand, Second* y *First Avenue*),
y sus grandes bulevares favorecen precisamente la accesibilidad a las
zonas verdes. La distancia a un parque desde cualquier punto de la
ciudad no supera los doscientos metros. Ahora bien, el énfasis puesto
en los jardines no está reñido, ni mucho menos, con la industria y la
técnica. Podemos ver este proyecto como un intento de mejorar las
condiciones de vida de los trabajadores sin renunciar a las exigencias
de la sociedad avanzada ni rebajar la producción industrial. Así describía el propio Howard una arquetípica ciudad-jardín y su entorno
rural:

> La ciudad está atravesada, del centro a la circunferencia, por
> seis magníficos paseos, de 120 pies de ancho cada uno de ellos,
> que la dividen en seis partes o distritos iguales. En el centro,
> hay un espacio circular, que cubre unos cinco acres y medio,
> cubierto por un hermoso y bien regado jardín; rodeando este
> jardín están los grandes edificios públicos –ayuntamiento, sala
> principal de conciertos y conferencias, teatro, biblioteca, mu-
> seo, sala de arte y hospital–, ubicados todos ellos en terrenos
> espaciosos e independientes.
>
> El resto de este gran espacio acotado por El Palacio de Cris-
> tal consiste en un parque público, de 145 acres, provisto de
> amplias zonas de recreo de muy fácil acceso para todos.
>
> El parque central, aparece encerrado (salvo en los cruces con
> los paseos) por una amplia arcada de cristal, denominada el
> Palacio de Cristal, que da al parque. Este edificio es uno de

los recursos favoritos de la gente los días lluviosos. [...] Saliendo del Palacio de Cristal, en dirección al próximo anillo de la ciudad, atravesamos la Quinta Avenida, trazada, como todas las carreteras de la ciudad, con árboles. Lindante con la Avenida y de cara al Palacio de Cristal encontramos un anillo de viviendas magníficamente construidas, ubicada cada una en terreno propio. Continuando nuestro camino, observamos que las casas están en su mayor parte construidas en anillos concéntricos, de cara a las distintas avenidas (que así llamamos a las carreteras circulares), o lindando con los paseos y carreteras que convergen en el centro de la ciudad. [...] Dirigiéndonos ahora hacia las afueras de la ciudad, llegamos a la Gran Avenida. Esta avenida, merecedora de su nombre por sus 420 pies de ancho, forma un cinturón verde de tres millas de longitud, que divide en dos secciones la parte de la ciudad que se extiende más allá de Central Park. En realidad constituye un parque más, de 115 acres, y que dista un máximo de 240 yardas de la vivienda más alejada. En esta espléndida avenida, seis fincas, cada una de cuatro acres, están destinadas a escuela pública, con sus terrenos circundantes de recreo y jardín, existiendo otras fincas reservadas para iglesias. [...] Observamos que las casas que dan a la Gran Avenida se han apartado (al menos una de las secciones) del plan general de anillos concéntricos y que están dispuestas *en crescent*, para permitir una mayor línea de fachada a la Gran Avenida, así como una visibilidad aún mayor de la de por sí espléndida anchura de la Gran Avenida.

En el anillo exterior de la ciudad, se encuentran las fábricas, almacenes, granjas, mercados, carbonerías, carpinterías, todas ellas de cara al círculo de línea férrea que bordea la ciudad y que tiene accesos a una línea principal de ferrocarril que atraviesa el término municipal.[21]

Por lo demás, cada una de estas ciudades-jardín se propagaría como un rizoma dando lugar a cierta distancia a otras nuevas, que se integrarían en una malla interconectada mediante vías férreas y carreteras.

Ese modelo de expansión o desarrollo metropolitano se postula como una alternativa, no por utópica menos viable, a las grandes aglomeraciones urbanas y una manera efectiva de descongestionarlas. Sobre esto, apunta Fernando Fernández:

> La idea de contener el crecimiento de la gran ciudad por lo que sería un cinturón rural, mediante la organización de una constelación de pequeñas ciudades, tuvo gran eco en las teorías urbanísticas posteriores y sirvió como modelo para la realización de ciudades concretas, no con el criterio de autoabastecimiento de E. Howard, sino el de creación de ciudades-dormitorio enormemente extendidas en los países anglosajones.[22]

Tampoco podemos pasar por alto las similitudes existentes entre la ciudad-jardín y el jardín de Citerea, la mítica isla de Venus descrita por Colonna en *El sueño de Polífilo* (1499). En ambos casos se repite la misma estructura anular, la misma distribución en bandas concéntricas y la misma división sectorial. Tanto por su planta circular como por su sistema de conexión radial, el prototipo de Howard entronca asimismo con las técnicas desarrolladas por el maestro jardinero Le Nôtre. El trazado geométrico, la perspectiva axial y las avenidas rectilíneas en forma de *patte d'oie* (pata de oca), elementos esenciales de la gramática del jardín barroco a la francesa, reaparecen y encuentran una aplicación original en el proyecto de Howard.

Su radical propuesta bebe también en diferentes fuentes filosóficas y literarias: el pensamiento utópico, la ideología anarquista y el movimiento de distribución de la tierra. La literatura de los reformadores sociales, las pequeñas cooperativas autogestionadas de Kropotkin y las comunidades descritas en las novelas de ciencia ficción de la época como *Looking Backward* del visionario escritor Edward Bellamy y *News From Nowhere* de William Morris pudieron haberle servido de inspiración también. A fin de cuentas, Howard celebra la llegada del nuevo siglo como una invitación a una nueva sociedad: "Una nueva esperanza, una nueva vida, una nueva civilización", donde el jardín debe convertirse en la clave transformadora y el motor del cambio social.

A la vista de estas consideraciones, solo cabe concluir que, pese a su aparente pragmatismo, *Garden Cities of Tomorrow* se inscribe en la larga tradición de ciudades ideales, que se remonta a la República de Platón, pasa por Sforzinda de Filarete y Palmanova de Vincenzo Scamozzi, y llega a nuestros días, como veremos en el siguiente capítulo, con las propuestas de urbanismo utópico de Le Corbusier, Frank Lloyd Wright y otros arquitectos contemporáneos. Eso no quita para que Howard intentase llevar a la práctica sus teorías. Y dejando de "mantenerse como fantasía irrealizable", incumpliera la principal obligación de toda utopía como ha señalado Jameson.[23] El caso fue que la Garden City Association patrocinó en 1905 la fundación de la primera ciudad-jardín a 55 kilómetros de Londres. McKay, en su asombroso ensayo sobre las implicaciones políticas y sociales de la jardinería, valora así el resultado:

> La utopía inglesa de Letchworth, primera ciudad-jardín, fue construida en las propiedades de la vieja finca de Letchworth, el eje de la ciudad, 'establecida en función de la posición de tres viejos robles del lugar; un importante paso para futuros planteamientos'. Consistió en una construcción nueva pero sensible a su ubicación y a su pasado. El énfasis en los espacios abiertos y la consecuente minimización de las zonas privadas (tales como los jardines cubiertos) acentuaba la interacción social y comunitaria. Fueron habilitados edificios colectivos y organizaciones cooperativas. El campo, los árboles, las plantas y los jardines eran accesibles para cualquiera. Esta ciudad-jardín fue concebida y diseñada como un excitante –aunque no totalmente exclusivo– experimento social; se posicionó en fuerte contraste con la experiencia y el paisaje de pobreza urbana y familiar de la mayoría, y sus instalaciones estaban colectivamente controladas. Pero ¿cómo de utópica fue la Ciudad Jardín en realidad (si es que podemos hablar por un momento de utopía en la realidad)?[24]

En 1919 se promovió el plan para la creación al norte de Londres de una segunda ciudad-jardín, trazada por el arquitecto clásico Louis de Soissons y, como su predecesora, concebida para aliviar la congestionada metrópoli. Lamentablemente entre la teoría y la práctica se dio, como suele ocurrir, un desajuste, cosa que han señalado entre otros los Jellicoe:

> La ciudad tenía aspecto acogedor y familiar, pero estaba socialmente escindida por la vía del ferrocarril: el centro de la ciudad y las casas de la clase media en el sector oeste, y la industria y las casas obreras en el sector este.[25]

Aunque el programa howardiano nunca se ha llevado completamente a la práctica, sus planes reformistas encontraron mucho eco en los urbanistas, paisajistas y arquitectos del mundo occidental, que adaptaron sus propuestas a diferentes situaciones. El cinturón verde de la capital inglesa, que ya había soñado Loudon, debe mucho a los planteamientos de Howard, así como el diseño urbano de muchas ciudades del siglo XX. No son pocas las localidades y las comunidades vecinales de toda Europa que asumieron el pomposo nombre de ciudad-jardín. Si como señala Mumford[26] "la primera utopía fue la ciudad", la última utopía realizable fue tal vez la ciudad-jardín.

XXI

TEORÍA Y PRÁCTICA DEL JARDÍN MODERNO
O LA HETEROTOPÍA FUNCIONAL

*E*l arte del jardín no tardó en asimilar las enseñanzas de las vanguardias plásticas y del Movimiento Moderno en arquitectura. En la Exposición de Artes Decorativas de París de 1925 se pudieron apreciar los primeros signos del cambio. Junto a los pabellones se crearon en la explanada de los Inválidos una serie de jardines experimentales de diseñadores franceses o afincados en Francia, entre los que destacaban por sus innovadoras propuestas dos: el realizado por el arquitecto de origen belga Robert Mallet-Stevens y el de Gabriel Guévrékian, nacido en Estambul de padres armenios y formado como arquitecto en Viena, desde donde se trasladó a Francia para ejercer su profesión. El primero realizó un controvertido jardín de planta cuadrada, dividido en dos rectángulos elevados con flores y arbustos por un paseo central, que flanqueaban cuatro árboles de hormigón de cinco metros de altura erigidos en los ángulos interiores de cada parterre-rectángulo. El segundo creó el *Jardin d'eau et la lumière* (los folletos informativos de la Exposición se refieren a él como "el jardín persa"). Se trata de un pequeño jardín de planta triangular que reproduce esa figura geométrica en el diseño de los parterres, los estanques y las baldosas que recubren el muro de cerramiento. Este marcado formalismo se ve reforzado por un "poliedro esférico", esto es, una esfera de obra recubierta de vidrios coloreados e iluminada. Situada en medio de los estanques escalonados, refleja no solo la luz y el agua sino también las salpicaduras del chorro que lanza una fuente de cristal en forma de cáliz, dotando al conjunto de un gran dinamismo.

Esta obra efímera, destinada únicamente a la contemplación y de inspiración cubista, atrajo la atención del vizconde Charles de Noailles, un mecenas de los artistas más vanguardistas, que, tres años más tarde, en 1928, le encargaría la realización de un jardín secreto en su villa de Hyères en la Costa Azul francesa, que, dicho sea de paso, diseñó Mallet-Stevens en la ladera de una colina frente al mar Mediterráneo. Los bocetos y la maqueta de este jardín fueron presentados en el Salón de Otoño de París de 1926 y se construyó en los dos años siguientes. Guévrékian estructuró geométricamente la superficie en forma de triángulo isósceles de esa parcela, delimitada por la fachada y dos muros blancos oblicuos. Su diseño reticular, trazado a escuadra y cartabón, combinaba en diferentes niveles parterres cuadrados, rectangulares y triangulares, unos con tulipanes y otros con baldosas de vivos colores, formando un polícromo damero o mosaico alrededor de un estanque. Ese recoleto jardín, destinado a ser contemplado desde las ventanas de la habitación contigua, la terraza de la cubierta y las aberturas practicadas en el muro de cerramiento, se completaba con una escultura de Jacques Lipchitz, *Le joie du vivre*, erigida en un pedestal cilíndrico rotatorio justo en el vértice opuesto y que, a modo de mascarón de proa, atraía las miradas hacia el paisaje. En 1927 proyectará para el modisto Jacques Heim en la exclusiva localidad de Neuilly, situada a las afueras de París, una residencia con un jardín de estructura menos experimental pero concepción igualmente cubista. Una serie de terrazas ajardinadas se suceden escalonadamente, a distintos niveles, en la fachada trasera del edificio, desde la cubierta del cuarto piso hasta el sencillo jardín con una fuente de la planta baja. El conjunto, a vista de pájaro, recuerda un *collage* de grandes dimensiones, técnica compositiva, que, por otra parte, acostumbraban a utilizar los artistas cubistas.

A estas tempranas obras maestras, precursoras del jardín contemporáneo, se sumaron los proyectos de los hermanos André y Paul Véra y Jean-Charles Moreau para algunas villas urbanas como la de De Noailles, donde, de hecho, participaron los tres. Nada explica mejor cómo contribuyeron a renovar el lenguaje plástico de la jardinería y a perfeccionar sus técnicas que el estratégico uso que hicieron en este caso de los espejos, al incorporarlos a la verja de cierre, lo que ampliaba y dotaba de profundidad al espacio y multiplicaba los efectos visuales del diseño. Por lo que respecta a A. Véra, también fue un importante teórico, autor de tratados como *Le noveau jardin* (1912), *Les jardins* (1919) y *Modernités* (1925), que fueron ilustrados por su hermano Paul y donde abogaba por volver a la tradición clásica del jardín formal, reinterpretando elementos como el parterre o el bosquete a la luz del nuevo ideario de la abstracción geométrica:

> Del mismo modo que el jardín alejandrino moderno difiere del jardín del siglo XVII, nuestro jardín regular diferirá de los de Le Nôtre [...] Es indispensable, en efecto, que no se encuentre en él la huella de otra época; pero en este sentido, no tengo miedo a que la disposición que yo propongo esté demasiado exenta de complicaciones como para que no deje transparentar la novedad que contiene; por otra parte, si no provoca ninguna sorpresa, esta será la mejor prueba de que está vinculado a la tradición nacional. He aquí, por otra parte, un asunto de capital importancia, ya que nuestra generación, quizá por reacción a una demagogia barata, se enorgullece de la belleza de Francia, no tiene la más mínima simpatía por los elementos extranjeros del romanticismo y parece deseosa de aportar lustre, en consonancia con el genio de su raza, al esplendor francés.[1]

Los primeros jardines vanguardistas fueron llevados a cabo en los años 20 y 30 del siglo pasado por parte de los representantes del Movimiento Moderno:[2] Le Corbusier, Ludwig Mies van der Rohe, Frank Lloyd Wright, Ernest May, Robert Mallet-Stevens, Josef Frank y André Lurçat. Este último dio a la imprenta en 1929 el libro *Terrasses et jardins*, donde recopilaba las principales contribuciones en el terreno de la jardinería hasta ese momento de los nuevos arquitectos y artistas. Aunque no se puede hablar de un mismo estilo, sí se percibe en todos los representantes del Movimiento Moderno una voluntad de geometrización y una primacía de la funcionalidad sobre la composición paisajista. Como señala Lurçat en la introducción:

> Los arquitectos han vuelto a presentarnos jardines de trazados regulares, evocando así las bellas épocas en las que los arquitectos habían obedecido ante todo las razones del orden y de la geometría, y al jardín con ellas.[3]

Los principios estéticos promulgados por la vanguardia arquitectónica no tardaron en ser adoptados en el diseño del paisaje y el arte del jardín. Esta nueva gramática plástica, caracterizada por la ausencia de ornamentación y la simplicidad formal, suponía, de hecho, la ruptura con la tradición *beaux-arts* y la renuncia consciente a la composición académica en beneficio de un racionalismo y un funcionalismo que aprovechaba las posibilidades de los nuevos materiales (hormigón armado, acero laminado y vidrio plano) para revolucionar las técnicas constructivas. Los precursores de este cambio de paradigma artístico fueron, por una parte, la escuela de diseño de la Bauhaus (1919-1933) fundada por Walter Adolph Georg Gropius, cuyas principales tendencias eran el funcionalismo racionalista y el organicismo arquitectónico, y por la otra, los Congresos Internacionales de Arquitectura Moderna (CIAM), que se sucedieron entre 1928 y 1959. Estos fueron un foro de debate y un semillero de nuevas propuestas arquitectónicas y urbanísticas, así como un eficaz instrumento de propagación de las nuevas ideas y códigos estéticos.

Sus postulados fueron secundados por el arquitecto paisajista belga Jean Canneels Claes y el jardinero de origen canadiense Christopher Tunnard, quienes impulsaron la relación entre el arte de vanguardia y el diseño de exteriores. Ambos fueron coautores del *Manifiesto por la modernidad del paisaje*, en el que instaban a la colaboración y el intercambio de ideas entre profesionales de diferentes ramas, y alentaban la causa de la modernidad entre los creadores de jardines. La tradicional relación entre arquitectura y paisajismo favoreció y estimuló las infiltraciones y préstamos entre ambos lenguajes, que acabaron alineando sus discursos y técnicas.

En las islas británicas, la presencia del movimiento Arts and Crafts retrasó y frenó la penetración de las vanguardias plásticas y sus innovadores planteamientos, cuya influencia se dejó sentir antes y con más fuerza en el continente europeo y Estados Unidos. Mientras que en este último país durante las décadas de los años 20 y 30 se había producido la transición del *art decó,* precursor de la abstracción geométrica, al Movimiento Moderno, en el Reino Unido todavía prevalecía en el terreno creativo una estética retro, tardorromántica y antiindustrial, alérgica a la mecanización y a la producción en serie, cuyo grito de guerra era "¡Convirtamos a nuestros artistas en artesanos y a nuestros artesanos en artistas!". Hacía mucho que los ideales funcionalistas y racionalistas se habían impuesto en otras partes cuando empezaron a abrirse paso lentamente en la tradicionalista Gran Bretaña. Tunnard sería el primero en formular una teoría del jardín en consonancia con esos nuevos principios en una serie de artículos, que publicó en *Architectural Review* (Londres) a los largo de 1938 y que ese mismo año fueron reunidos en un libro titulado *Gardens in the Modern Landscape* [Los jardines en el Movimiento Moderno]. En ese texto, clave para entender los fundamentos teóricos y los rudimentos de la gramática del jardín contemporáneo, aboga por integrar la tradición pintoresca inglesa con el lenguaje plástico de las vanguardias artísticas y el rigor formal de la arquitectura vegetal. Se propone, en suma, conciliar la racionalidad constructiva con la sensibilidad paisajista y la organicidad de las plantaciones con la estructuración funcional del espacio y del diseño, combinando trazados regulares e irregulares, formas rectas y curvas.

Sin renunciar a la idea de que "un jardín es una obra de arte", frase con la que se abre su libro, aspira a renovar el lenguaje de la jardinería para ponerlo a la altura de las exigencias de la nueva arquitectura residencial. Para decirlo más claramente, una villa moderna requiere un entorno moderno. Toda su filosofía se halla capturada en este párrafo:

> El jardín funcional evita los extremos del expresionismo sentimental del jardín selvático y del clasicismo intelectual del jardín 'formal'; antes bien, incorpora el espíritu del racionalismo y, gracias a un ordenamiento estético y práctico de sus elementos, proporciona un ambiente amigable y acogedor para el descanso y el recreo. Esta es, de hecho, la concepción social del jardín.[4]

Según Tunnard, los jardines modernos deben satisfacer tres exigencias: funcional, empática y artística. Antes que nada, su diseño, en sintonía con los ideales de funcionalidad y racionalidad del Movimiento Moderno, tiene que atender las necesidades sociales de sus usuarios y cumplir el principio de economía, canónicamente expresado por Mies van der Rohe como "menos es más". En segundo lugar, el jardín ha de suscitar un sentimiento de empatía con la naturaleza, entendido como un acercamiento a la irregularidad natural mediante la aportación de elementos asimétricos. Y por último, se deben incorporar al lenguaje plástico del jardín las técnicas desarrolladas por los ismos artísticos y condicionar la presencia de esculturas y otros ornamentos naturales (rocas y plantas singulares) o artificiales (muros, suelos, espejos, etc.) a su valor estructural y a su simplicidad esencial. El paradigma de esta nueva estética es el jardín japonés, que tradicionalmente ha sabido aunar necesidad y belleza, naturaleza y arquitectura, materia y obra, y alcanzar un equilibrio asimétrico entre la regularidad de las construcciones y la irregularidad natural. Estos postulados teóricos fueron puestos en práctica por Tunnard en apenas media docena de villas modernas construidas en la campiña inglesa, la más lograda de las cuales es, a juicio de muchos expertos, Bentley Wood, fruto de la colaboración entre el paisajista y su propietario y arquitecto Serge Chermayeff. Vivienda, jardín y paisaje mantienen en este caso una relación muy fluida y perfectamente articulada. Su elaborada naturalidad es el resultado de transformar sutilmente la topografía del terreno y despejarlo de árboles hasta donde alcanza la vista. En la pradera resultante después de estas manipulaciones se habían sembrado narcisos blancos y amarillos y replantado agrupaciones de abedules *(clumps)* y grandes robles solitarios a la manera de *Capability* Brown y Kent. La casa de una sola altura, un volumen prismático rectangular, se levanta sobre una plataforma perpendicular a un largo muro. La terraza ajardinada y ligeramente elevada se prolonga en un extremo en ángulo recto hacia el fondo del paisaje. Al final de esa plataforma sin barandillas, hay una simple retícula de hormigón, que reproduce esquemáticamente las líneas de la fachada y encuadra el panorama. Esa sencilla estructura formada por diez rectángulos en dos niveles atrapa las vistas, lo que recuerda tanto la técnica japonesa del *karesansui* o paisaje prestado como los trucos visuales de los jardines renacentistas para capturar el horizonte.

Durante los años 20 y 30 del siglo pasado, en el periodo de entreguerras, llegaron a Estados Unidos huyendo del auge del nazismo y del creciente clima de intolerancia o, simplemente, a la búsqueda de nuevos horizontes profesionales, además de Tunnard, un buen número de arquitectos europeos como Gropius, Mies van der Rohe, Richard Neutra y Rudolf M. Schindler, aparte de pensadores (Adorno, Horkheimer), literatos (Brecht, Döblin, Mann, Huxley, Isherwood) y directores de cine (Lang, Von Stroheim, Lubitsch, Wilder, Preminger). Gracias a ese humus fertilizante floreció en suelo norteamericano una nueva generación de paisajistas, entre los que descolló Thomas Dolliver Church, considerado por muchos especialistas el genuino creador del jardín estadounidense. A lo largo de su dilatada carrera profesional, en la que diseñó más de dos mil jardines privados, fue depurando un estilo propio, que integraba la herencia del paisajismo clásico con el eclecticismo de la escuela californiana y que explotaba las posibilidades plásticas del funcionalismo y del racionalismo. Para Church el jardín ideal debía representar una prolongación de la casa, un salón en el exterior; en suma, un espacio arquitectónico para habitar y no solo para pasear, y que, al mismo tiempo, fuese fácil de mantener. La idea de que un jardín pudiese tener otros usos que los tradicionales de recreo, descanso y contemplación de la naturaleza, resultaba revolucionaria en la década de 1950. En 1955 publicó su ya clásica obra *Gardens Are for People* [Los jardines son para la gente], donde imaginaba una conversación con unos clientes que exponían su modo de vida y lo que esperaban de un jardín. A lo largo de sus páginas Church desgranaba en un tono amigable e informal sus concepciones y técnicas, orientadas a satisfacer las expectativas de sus potenciales clientes. Consciente de los profundos cambios acaecidos en las sociedades avanzadas, desarrolló su estilo pensando en las clases medias acomodadas. Leemos en la introducción:

> Hace algunos años, una revista de jardinería, dejando de lado la prudencia, publicó un artículo titulado 'La boda entre la casa y el jardín'.
> No es una idea nueva: los egipcios planificaban sus casas y jardines de manera conjunta; los romanos lo sabían todo acerca de este tema; los griegos incluso tenían una palabra para ello, y los renacentistas italianos concibieron la jardinería como una de las bellas artes. En el exterior tenían salones de estar, comedores, corredores y recibidores. Los materiales y el diseño los tomaban prestados de sus casas; además, utilizaban el follaje, la sombra, las frutas, las flores y el agua que les proporcionaba la naturaleza. Fue todo un acuerdo sutil, delicado, entre ambas partes. No se daban apenas incongruencias en la batalla entre las dos grandes fuerzas: el toque ligero de la naturaleza frente a la pesada mano del Hombre. El jardín fue el estado de transición con el que evitaron la incomodidad de tener que saltar desde sus casas a la naturaleza pura y dura.[5]

Muchos de los jardines creados por Church conjugan con sabiduría la topografía del lugar, la geometría curvilínea y la simplicidad del diseño, y combinan los nuevos materiales como el hormigón con los tradicionales como la madera. Fue el primero en introducir las plataformas o *decks* de secuoya tratada para resistir a la intemperie y los solados y pavimentos de hormigón en sustitución del césped en el entorno de la casa, lo que, al mismo tiempo que acentuaba la impresión de continuidad, facilitaba su mantenimiento y favorecía su utilización para usos múltiples. Hugh Johnson[6] escribió, parafraseando a Walpole a propósito de Kent ("saltó la verja y vio que la naturaleza entera era un jardín"), que "Thomas Church atravesó la ventana", es decir, que había diluido los límites entre interior y exterior.

Antes de pasar a analizar otras figuras clave en la renovación plástica del jardín americano, haremos una pequeña digresión sobre las dispares actitudes adoptadas frente a la racionalidad técnica y el pragmatismo funcionalista por parte de los escritores de antiutopías o distopías y los representantes del Movimiento Moderno. Mientras que aquellos veían con una marcada desconfianza los avances científicos, el maquinismo y la automatización, estos contemplaban el progreso tecnológico como una promesa de liberación. De hecho, se inspiraron en los procesos industriales y adoptaron los nuevos materiales (hormigón, acero armado, vidrio), haciendo gala de una estética ingenieril.[7]

Las obras de los representantes del Movimiento Moderno abogaban por un racionalismo abstracto, que en las páginas de los escritores distópicos adquiría tintes siniestros al inspirar un orden fanático, despersonalizador y tiránico. Si la técnica evocaba para los arquitectos un ideal de perfección y armonía, para los novelistas sugería sutiles mecanismos de represión y formas de dominación política, que iban desde la fabricación de individuos en el laboratorio a la aniquilación de la conciencia. Así, la funcionalidad mecánica que ensalzaba como valor supremo de su oficio Le Corbusier es, a su vez, el perverso principio rector de *Un mundo feliz* de Huxley. El mismo año en que daba forma a su novela, el arquitecto suizo construía una de sus casas más icónicas: Villa Saboya (1929). En una pradera, rodeada de una arboleda, se levanta sobre unos pilares cilíndricos *(pilotis)*[8] una suerte de prisma rectangular blanco con ventanas correderas a los cuatro lados. Por encima de la cubierta plana sobresale una estructura que recuerda la chimenea de un trasatlántico, si bien se trata de un muro semicircular que protege el solárium. Así describe el filósofo De Botton la impresión que causa en el visitante:

La casa parece una pieza de maquinaria de precisión finamente tallada, un objeto industrial de función desconocida, con superficies blancas e inmaculadas que en un día claro reflejan el sol con la intensidad luminosa de las casas de los pescadores de las islas del mar Egeo. Es como si la casa no fuese más que un visitante temporal y que la estructura del tejado pudiese recibir una señal que la indujera a encender sus motores ocultos y alzarse despacio por encima de los árboles y las villas historicistas de los alrededores, para iniciar un largo viaje de vuelta a una remota galaxia.[9]

Los *alfas* de la novela de Huxley parecen habitar en edificios de estética ingenieril, claros y diáfanos, de líneas puras y diseño racionalista, que traen a la memoria inevitablemente "las cajas blancas" que hicieron célebre a Le Corbusier. Y por lo que se refiere a las ciudades, su estructura semeja el diseño de *Ville Radieuse* [La ciudad radiante], proyectada como una urbe zonificada en bandas paralelas, en la que proliferan rascacielos erigidos sobre *pilotis* por encima de un parque continuo. He aquí la descripción de Londres, visto desde el aire, que aparece en las páginas de *Un mundo feliz:*

> Londres se empequeñecía a sus pies. En pocos segundos, los enormes edificios de tejados planos se convirtieron en un plantío de hongos geométricos entre el verdor de parques y jardines. En medio de ellos, un hongo de tallo alto, más esbelto, la torre de Charing-T, que levantaba hacia el cielo un disco de reluciente cemento armado. [...] Volaban por encima de la zona de seis kilómetros de parque que separaba Londres central de su primer anillo de suburbios satélites. El verdor aparecía hormigueante de vida, de una vida que la visión desde lo alto hacía parecer achatada. Bosques de torres de Pelota Centrífuga brillaban entre los árboles.[10]

La literatura, el cine e, incluso, los cómics de ciencia ficción han ejercido un poderoso influjo sobre la imaginación creativa de los arquitectos. En el próximo capítulo nos extenderemos sobre este asunto, pero por ahora nos limitaremos a señalar la concurrencia de objetivos e intenciones entre el pensamiento y el urbanismo utópico. Uno y otro, cada cual en su lenguaje, han intentado dar respuesta al reto de la superpoblación, la masificación metropolitana y el progresivo deterioro de la naturaleza.

Cada representante del Movimiento Moderno resolvió la antinomia entre el campo y la ciudad de una manera diferente. De entre todos ellos, ninguno otorgó al jardín un papel más destacado que Le Corbusier[11]. El polifacético y versátil arquitecto suizo desdeñó la tendencia a la compartimentación del espacio de las ciudades-jardín y abogó por construir con esa falta de artificio, que tal vez sea la más sofisticada forma de artificio, "ciudades funcionales" en altura. *Le Ville Radieuse* está constituida por gigantescos rascacielos levantados sobre *pilotis,* por debajo de los cuales pasa un parque que se encuentra también encima de ellos, en las terrazas, únicamente interrumpido por autopistas y carreteras, donde practicar deportes y descansar. En lugar de trasladar la ciudad al campo como propone Howard para descongestionar las metrópolis superpobladas y contaminadas, Le Corbusier prefiere llevar la naturaleza al interior del recinto urbano.

Otra de las aportaciones más novedosas de Le Corbusier fue la cubierta jardín[12] *(toit-jardin)* en su doble variante de pensil suspendido y azotea verde. La idea de aprovechar el tejado del edificio como jardín, por más que fuera una revolucionaria apuesta personal, suponía la reinterpretación de un elemento constructivo tradicional en las culturas mediterráneas, que, en última instancia, remitía a los jardines colgantes de Babilonia. Pero Le Corbusier no fue ni el primer, ni el único, arquitecto moderno en reivindicar esa tradición milenaria. Desde finales del siglo XIX son varios los profesionales que experimentan con el hormigón y exploran las posibilidades arquitectónicas de rematar los edificios urbanos con un jardín. El arquitecto François Hennebique rellenó con un metro de tierra la cubierta de su residencia privada en Bourg-la-Reine, una localidad próxima a París, y la transformó en un oasis en el que había, además de un huerto y un invernadero, un área con árboles frutales situada en lo alto de un quiosco-torre. Su colega

Eugène Hénard, por su parte, fantaseaba con la idea de que la ciudad del futuro sería una nueva Babilonia, donde las cubiertas de los edificios se convertirían en espacios ajardinados. Y el insigne Auguste Perret, maestro y mentor de Le Corbusier, transformó la terraza de su vivienda situada en la última planta de un edificio de pisos de la *rue* Franklin de la capital gala en un recoleto jardín con espléndidas vistas. Otro soñador de edenes metropolitanos fue Gropius, fundador de la Bauhaus, quien escribió: "Las cubiertas verdes de las ciudades del futuro parecerán una sarta interminable de jardines colgantes".

Los nuevos materiales y el desarrollo de las técnicas constructivas posibilitaban la realización de auténticos vergeles elevados, de fácil mantenimiento y adaptados a las necesidades de la floreciente burguesía urbana. Según Le Corbusier:

> La hierba es malsana, húmeda, para estar en ella; en consecuencia, el verdadero jardín de la casa no estará en el suelo, sino elevado a tres metros y medio; este será el jardín pensil, donde el suelo es seco y sano, y desde donde se verá bien todo el paisaje, mucho mejor que si se hubiese dejado abajo.[13]

Le Corbusier esgrimía tres buenas razones a favor de las cubiertas jardín: cumplen una función de aislamiento térmico, sirven como solárium privado y, lo que es más importante, permiten recuperar el suelo ocupado por la planta del edificio en altura como parque de recreo. Además, servían también de mirador elevado. Como observa Álvarez:

> Este es el sentido de la cubierta jardín en el pensamiento arquitectónico de Le Corbusier: que se pueda contemplar el paisaje y que pueda ser, a su vez, contemplada desde el propio paisaje, desde arriba, desde el aire. Se trata de una proposición plástica cargada de espíritu moderno: el espectador que mira y que ve, al mismo tiempo, es susceptible, virtualmente, de ser mirado; este doble juego intensifica el carácter de la contemplación atenta del espectador que mira *hacia* un paisaje *desde* otro paisaje.[14]

Otra de las aportaciones más radicales e influyentes de Le Corbusier, vinculada a su concepción de la ciudad ideal, fue el parque urbano continuo, sin límites definidos y poco formalizado, sobre el que se distribuyen las torres de viviendas. Esos bloques ortoprismáticos se posan en el suelo sobre *pilotis* permitiendo que el *tapis vert* se extienda por debajo sin interferencias. En la proposición 35 de las 111 que contiene la célebre *Carta de Atenas* (1933) redactada por Le Corbusier en nombre de los asistentes al 4º Congreso de Arquitectura Moderna (CIAM), se puede leer:

> Los volúmenes edificados se encuentran íntimamente amalgamados con las superficies verdes que los rodean. Las zonas edificadas y las zonas plantadas serán distribuidas teniendo en cuenta el tiempo necesario para ir de unas a otras. De todas formas, el tejido urbano deberá cambiar de textura; las aglomeraciones tenderán a convertirse en ciudades verdes. Contrariamente a lo que sucede en las ciudades jardín, las superficies verdes no se verán compartimentadas en pequeñas porciones destinadas al uso privado, sino que estarán dirigidas al desarrollo de diversas actividades comunes que constituyen la prolongación de las viviendas. La horticultura, cuya utilidad constituye, de hecho, el principal argumento en favor de las ciudades jardín, podrá estar altamente considerada aquí: un porcentaje de la tierra disponible será dividida en parcelas individuales, si bien la organización colectiva del trabajo eventual, de la irrigación o del riego, podrán aligerar nuestros esfuerzos e incrementar el rendimiento.[15]

En el polo opuesto a Le Corbusier se sitúa otra de las grandes figuras del Movimiento Moderno: Lloyd Wright. Su arquitectura, que él mismo califica de orgánica –un concepto que resume y expresa con claridad sus intenciones y revela el significado profundo de su trabajo–, promueve una relación armónica de las construcciones con el entorno. No se conforma con integrar los edificios en el paisaje, sino que pretende que estos parezcan emanar de la naturaleza misma. Y para lograr esa "naturalidad", hay que conjugar de manera sabia los materiales, el emplazamiento y el diseño. Al igual que los complejos sistemas bióticos, la vivienda y los alrededores deben estar interrelacionados, formando un conjunto dinámico y fluido.[16] Estas ideas fueron expresadas por Wright con estas poéticas palabras: "Ninguna casa debería estar nunca sobre una colina ni sobre nada. Debería ser de la colina. Perteneciente a ella. Colina y casa deberían vivir juntas, cada una feliz de la otra".

La recomendación que acostumbraba a dar a sus alumnos no chirriaría en las páginas de un ensayo de Thoreau: "estudiar la naturaleza, amar la naturaleza, estar cerca de la naturaleza". Como el autor de *Walden*, sintió la llamada del horizonte y se dejó seducir por los grandes espacios abiertos y la tosca belleza de los paisajes salvajes. Un eco de ese antiurbanismo primigenio y constitutivo, casi biológico, del ermitaño de Concord se oye en las obras de Wright. Como señala Daniel Treiber: "Todos los escritos de Wright desacreditan a la ciudad, centro social artificial, decadente, de compromiso; esta se opone al campo, espacio de regreso a las raíces, es decir, a la razón".[17]

Salvando las distancias y los géneros creativos y dejando aparte otras consideraciones, ambos personajes adolecen de los mismos defectos y comparten parecidas virtudes: un individualismo irreductible, no exento de vanidad, una vitalidad contagiosa rayana en el fanatismo y un espíritu libertario que se disfraza de fe democrática. No obstante, Wright tuvo una existencia más del doble de larga que la de Thoreau, en la que tuvo tiempo de reinventarse varias veces tanto profesional como sentimentalmente. Aunque vivió varias vidas, en ninguna de ellas sintió, parafraseando el viejo adagio medieval, que el aire de la ciudad le hacía libre.[18] El siguiente fragmento puede proporcionarnos una idea bastante precisa de su rechazo hacia las urbes:

> ¿Acaso la ciudad no estuvo en otro siglo dirigida, aunque nos resulte difícil creerlo, a acrecentar la felicidad, la seguridad y la belleza de la vida del individuo considerado como ser huma-

no? Ambos supuestos, sin embargo, son negados por el gran valor –un valor falso y antiamericano– que los partidarios del rascacielos han conferido a la congestión.[19]

Esta convicción antiurbana lo acompañó hasta el final de sus días. A una edad en que otras personas se jubilan o crían malvas, el venerable Wright expuso por escrito su modelo de ciudad ideal en un libro que metió mucho ruido, pero que hoy pocos leen, *The Disappearing City*. El proyecto de *Broadacre City: A New Community Plan*,[20] acompañado de una maqueta, gráficos y dibujos, fue oficialmente presentado en 1935: una utopía urbana que se halla en el polo opuesto de *Le Ville Radieuse*, la ciudad soñada por Le Corbusier. *Broadacre City* sigue, por el contrario, una tipología unifamiliar aislada y un modelo de ocupación del territorio de baja intensidad, basado en la retícula *jeffersoniana* (utilizada en la fundación de las primeras ciudades estadounidenses). La población se distribuye en viviendas independientes repartidas en parcelas de al menos cuatro acres de extensión (1 acre = 4 000 metros cuadrados) y conectadas por una amplia red de vías de comunicación lineal, que facilitan un acceso homogéneo y democrático a la casa.

A la hora de concebir esa polis del futuro, Wright tuvo en cuenta sobre todo la calidad ambiental y la circulación fluida, ya que ambas se hallaban seriamente amenazadas en las grandes aglomeraciones urbanas de su época. Su fe en la democracia, típica por lo demás del pensamiento trascendentalista, inspira *Broadacre City*, de la que dice en su autobiografía que es "tan agraria como urbana" y que se extiende en todas las direcciones. Esa ciudad descentralizada y difusa, cuyo centro se halla en todas partes y en ninguna, presenta, sin embargo, más de un inconveniente. No hace falta ser un experto en arquitectura para darse cuenta de que, en aras de humanizar las condiciones de vida de los ciudadanos y propiciar su retorno al campo, potencia el uso del automóvil, un consumo desmedido del espacio y el aislamiento social. La disponibilidad de tierras para todos y el derecho inalienable, casi sagrado, a poseer una parte del territorio son dos ideas, características del mito romántico de la frontera nacido al amparo de la conquista del oeste, que sustentan esta más que cuestionable utopía. Del prolífico legado de Wright a la posteridad no son, desde luego, sus acerbas críticas a la ciudad lo que mejor resiste el paso del tiempo. Así como la arquitectura orgánica es un concepto visionario, seminal y duradero, que sigue ejerciendo influencia sobre las nuevas generaciones, su alternativa a la masificación deshumanizadora y a la mecanización de las grandes metrópolis produce más pasmo que admiración. Ese modelo de desarrollo urbanístico a partir de una malla de poblamiento disperso da lugar a una ciudad sin personalidad, con calles carentes de entidad y desprovistas de un centro destinado a la socialización como en la ciudad tradicional, y cuya máxima expresión son los barrios suburbiales y las urbanizaciones residenciales de las periferias urbanas.

El concepto que tenía Wright del jardín como un espacio de transición entre la casa y el paisaje fue adoptado por dos de sus ayudantes, de origen austriaco y más tarde nacionalizados estadounidenses: Schindler y Neutra. Ambos llevaron trayectorias profesionales paralelas. Se formaron en Viena con arquitectos como Adolf Loos, emigraron siendo todavía jóvenes a Estados Unidos, trabajaron en etapas distintas en el estudio de Wright, por el que sentían una profunda admiración, y se instalaron con treinta y tantos años en Los Ángeles, hasta que las rivalidades profesionales truncaron su amistad. Esta no se restablecería hasta un par de décadas más tarde, en 1953, cuando se reencontraron ocupando dos camas contiguas en un hospital. Para entonces se habían convertido en estrellas del firmamento arquitectónico, que habían pasado a los anales por haber contribuido decisivamente a adaptar las propuestas del Movimiento Moderno a la realidad americana y al desarrollo del conocido como estilo californiano. Podían enorgullecerse de haber firmado algunos de los proyectos más innovadores e influyentes de residencias privadas de las últimas décadas para una clientela más o menos selecta y acomodada, cerca de cuatrocientas en el caso de Schindler y más de dos mil en el de Neutra. Y lo cierto era que, en la mayoría de esas viviendas unifamiliares, el jardín había desempeñado un papel primordial para alcanzar la deseada simbiosis entre la naturaleza y la arquitectura, y la continuidad entre el exterior y el interior. Pero volvamos al momento en que ambos arquitectos todavía no habían dejado de ser compañeros de fatigas y aliados naturales, y se sintieron atraídos cada uno a su manera por las teorías del prestigioso médico naturópata e higienista Philip Lovell, adalid de la vida al aire libre, la alimentación natural y el ejercicio físico, para quien, imagínenselo, acabaron construyendo sendas casas. El acontecimiento que desbarató tan perfecta sincronía biográfica guarda relación precisamente con ese hecho. Schindler proyectó la residencia del doctor Lovell al borde del mar en Newport Beach (California) y Neutra realizó una nueva mansión para él, tras enemistarse con su colega, amigo y compatriota, en la empinada ladera de una colina rodeada por un idílico paisaje en Griffth Park (Los Ángeles), conocida popularmente como *Health House*[21] [La Casa de la Salud].

Esta residencia, un paradigma del estilo internacional y un hito en la carrera profesional de Neutra, iba a ser originariamente diseñada por Schindler y aquel se ocuparía únicamente del ajardinamiento, pero, a raíz de un incidente con el doctor Lovell, este cambió de parecer y le encargó la ejecución de todo el proyecto. La relación con ese carismático cliente influiría tan decisivamente en Neutra que, incluso, modificaría su concepción del oficio de arquitecto. El cobrar conciencia de la estrecha relación entre el diseño de los edificios y la salud psicofisiológica de sus habitantes le hizo cambiar su escala de valores constructivos y prestar más atención a aspectos prácticos como la orientación, la ventilación y la apertura al paisaje. La creación de una arquitectura "curativa",[22] más humana e integrada en el entorno, guio su labor profesional a partir de entonces. Neutra recogería este ideario en *Survival through Design* (1954), donde aboga por recobrar la relación con la naturaleza y tener en cuenta el factor humano a la hora de proyectar. Acuña el término "bio-realismo" para referirse a esa ética profesional comprometida con la creación de entornos saludables. Reformulando la definición de casa de Le Corbusier, podríamos decir que, para él, esta debe ser una máquina de habitar sanamente *(une machine à habiter sainement)*.

Sus mansiones para potentados californianos de líneas puras y superficies lisas, con grandes ventanales corridos, que se abren a jardines, donde, por lo general, nunca faltan piscinas de bordes curvos o rectos, estanques que llegan hasta el mismo borde de la vivienda o, incluso, se integran en el porche, y láminas de agua en sustitución de barandillas en las terrazas o como aislante o reservorio en la cubierta plana. Esas residencias, no por desprovistas de ornamentos superfluos menos lujosas, transmiten ese "hedonismo ambiental" al que alude Kenneth Frampton. Al hilo de estas consideraciones, recordemos otra idea de De Botton:

> En la era moderna, la idealización ha resultado tan atractiva en la esfera doméstica como en la urbana. Puede que en ocasiones las parejas burguesas que vivían en la casa construida por Richard Neutra a mediados del siglo XX, o en los pabellones de cristal de California, abusaran del alcohol, discutieran, mintieran y se sintieran superadas por la ansiedad, pero al menos sus edificios les hablaban de honradez y tranquilidad, de falta de inhibiciones y confianza en el futuro, y recordaban a sus propietarios, en pleno berrinche o dificultad profesional (cuando su furia resonaba en la noche del desierto), lo que en el fondo deseaban.[23]

A diferencia de Wright, que preconizaba una relación mimética entre la casa y el paisaje, Neutra explotará las posibilidades estéticas del contraste entre la orografía del lugar y el formalismo racionalista del diseño arquitectónico. Su intención no es camuflar la casa sino destacar su carácter artificial, manteniendo una relación de coexistencia armónica con el entorno. Este hace las veces, si puede calificarse así, de paspartú entre la vivienda y el marco natural. Ese afán de vincular la construcción con el emplazamiento se pone claramente de manifiesto en la utilización de grandes muros de vidrio que crean un efecto de ligereza estructural, acompañados de amplios voladizos, terrazas y porches, en el hábil manejo del agua en piscinas, estanques y láminas, y de manera muy especial en el diseño del jardín como un paisaje artificial inseparable de la vivienda, que la arropa y la completa realzando los contrastes y permitiendo la continuidad entre dentro y fuera.

Su filosofía constructiva se contrapone a la arquitectura orgánica que defendía Wright, y su idea de que "edificios, árboles y hombres surgen todos de la tierra y crecen en busca de la luz". Parece replicar a las palabras del maestro estadounidense cuando escribe: "Una planta dinámica, que crece partiendo de sus raíces, absorbiendo la humedad y alimentándose de la tierra es una cosa; un peso estructural estático que reposa sobre unos cimientos de hormigón impermeable, es otra".[24] No buscaba, ni mucho menos, que la casa se fundiera con el paisaje sino confrontar la artificiosidad constructiva con el naturalismo escénico, procurando a la vez una suerte de equilibrio dinámico entre elementos regulares e irregulares. Para crear esa armónica dialéctica entre la arquitectura y la naturaleza se sirvió de la técnica del *shakkei*, un recurso típico del arte del jardín japonés consistente en apropiarse del paisaje o las vistas externas como telón de fondo de la propia composición. Así, la casa Kauffmann en Palm Spring se abre a la planicie del desierto californiano, la casa Tremaine (1947) en Santa Bárbara (California) se rodea de un bosque de hayas y robles, la propia casa Lovell fue erigida en lo alto de una loma con soberbias vistas sobre un idílico valle, y la casa Bucerius, construida al final de su carrera en Navegna (Suiza), se asoma al paisaje de los Alpes.

La fascinación por la naturaleza y por el poder terapéutico de la arquitectura fue compartida por otras dos figuras clave del Movimiento Moderno nórdico: el arquitecto sueco Erik Gunnard Asplund y su colega finlandés Alvar Aalto. Decididamente funcionalistas, pero con una fuerte vocación humanista enraizada en la cultura escandinava, ambos desarrollaron un estilo propio que algunos críticos han llamado "Modernismo Romántico". La obra mayor del primero es el cementerio del bosque de Estocolmo, en cuya realización intervino también Sigurd Lewerentz. Las formas desnudas de los edificios (capillas, crematorios, cruz), la combinación de amplias praderas y grupos de árboles y la idealización de la naturaleza logran una solemne y sobria composición, de un intenso lirismo y una melancólica desnudez, que armoniza la sensibilidad paisajista con el ideal de abstracción plástica y la poética romántica. Según declaró Christian Norberg-Schulz, "lo que sorprende al visitante del Cementerio del Bosque es su profunda cualidad de lugar".[25]

Aalto, trece años más joven que Asplund, culminaría y trascendería esa fusión entre la tradición vernácula y el programa del Movimiento Moderno Internacional.[26] Plenamente consciente de que los edificios, si no curan, al menos pueden contribuir activamente al tratamiento de los enfermos, el arquitecto finlandés proyectó en 1929 el sanatorio para tuberculosos de Paimo cerca de Helsinki (Finlandia), pensando en mejorar las condiciones de vida de las personas ingresadas. Desde los cálidos colores con los que están pintadas las paredes hasta los enormes ventanales abiertos al paisaje o el solárium de la cubierta superior, pasando por los diseños ergonómicos de las escaleras, los pomos de las puertas y demás elementos cotidianos, hasta los más mínimos detalles decorativos se estudiaron para conseguir que el paciente no se sintiera un inútil. El historiador de la arquitectura William J. R. Curtis escribió refiriéndose a Paimo:

> Alzándose como un barco bien proporcionado sobre el paisaje finlandés, el sanatorio anunciaba su función curativa por medio de formas limpias, proporciones elegantes y volúmenes bien iluminados. Al mismo tiempo, sus galerías horizontales y sus jardines aterrazados proporcionan vínculos con las grandes extensiones circundantes.[27]

No está de más recordar que Church, el auténtico fundador del jardín americano moderno, reconoció públicamente su deuda con Aalto, cuyas realizaciones presididas por la ergonomía le influyeron tan decisivamente que incorporó algunos de sus principios creativos a su propia poética paisajista.

Antes de la Primera Guerra Mundial, durante las décadas de 1920 y 1930, había tenido lugar en el continente europeo una primera convergencia entre la arquitectura, la pintura y la jardinería, que, como hemos visto, supuso la emergencia del Movimiento Moderno a partir de la evolución del *art decó* y las experiencias de las vanguardias plásticas. Después de la Segunda Guerra Mundial, se produjo una recuperación económica que, unida a la disponibilidad de terrenos a precios asequibles en regiones apartadas, estimuló la construcción de residencias privadas y la aparición de una nueva generación de arquitectos paisajistas. Estos vieron la necesidad de modernizar el lenguaje de su oficio para atender a las nuevas demandas sociales. Church fue el promotor de lo que se conoce como "estilo californiano", surgido para solventar los problemas específicos de construir en las laderas de colinas situadas en parcelas no demasiado grandes, en un clima seco y para una clientela de profesionales liberales y nuevos ricos. Podríamos resumir el ideario estético de esa nueva escuela, que traduce en términos jardinísticos el *American way of life*, en tres principios básicos: la continuidad entre el interior y el exterior como reflejo de un estilo de vida que se desarrolla en gran parte al aire libre, la realización de jardines de fácil cuidado y bajo mantenimiento con plantas autóctonas xerófilas, plataformas de madera o *decks* y parterres elevados, y un diseño fluido, envolvente y biomórfico de los parterres y las piscinas que potencia el diálogo con el paisaje circundante.

Church expuso su credo estilístico en: *Gardens Are for People: How to Plan for Outdoor Living* [Los jardines son para la gente: cómo diseñar para vivir fuera], donde cuestiona las pretensiones de crear un jardín moderno inspirado en las vanguardias plásticas y aboga por el pragmatismo y la funcionalidad a la hora de concebir su diseño, teniendo siempre presentes los usos y las costumbres de los clientes, la orientación de la casa, las posibilidades del terreno y otros aspectos concretos. En tal sentido, Álvarez señala:

> A partir de Church, el jardín quedó definitivamente concebido como una estancia más de la casa, una estancia que hay que planificar, distribuir, amueblar o decorar como cualquier otra. Sin embargo, pese al propio Church, muchos de sus jardines sobrepasan el nuevo funcionalismo y alcanzan un gran contenido emocional.[28]

Tanto el título de la obra de Church como su contenido parecen evocar, matizar y prolongar el libro *Landscape for Living*[29] [Paisaje para vivir], publicado cinco años antes por su compatriota y, junto a él, precursor del estilo californiano, Garret Eckbo, quien expone en esta obra por primera vez una teoría del paisajismo basada en presupuestos modernos desde una óptica no tanto formal y arquitectónica como sociológica y ecológica. Ambos comparten una concepción del jardín como espacio de intercambio entre las personas y el lugar, que aspira a superar y trascender las dicotomías entre arquitectura y naturaleza, formal e informal, arte y oficio. Esta afinidad espiritual y teórica se vuelve a poner de manifiesto en el tratado que en 1956 Eckbo daría a la imprenta: *The Art of Home Landscaping* [El arte del diseño del paisaje residencial]. Su elocuente subtítulo recuerda, todo hay que decirlo, al de la obra de Church aparecida un año antes: *How to plan, build, and plant to achieve useful and beautiful outdoor space for living* [Cómo trazar, construir y plantar para conseguir un provechoso y bello espacio exterior habitable]. Este texto elude las divagaciones teóricas y se centra en aspectos concretos y prácticos tales como la forma de la casa y la parcela, la solución de los problemas técnicos planteados por la construcción y las características de los materiales utilizados, el estilo de vida de los residentes y los usos que desean dar al jardín. Todo se reduce a lograr que este posea ritmo, equilibrio y énfasis o, por decirlo con sus propias palabras, a conseguir "una forma orgánica en un espacio humanizado". A lo largo de su dilatada carrera, Eckbo realizó más de mil jardines entre parques públicos, campus universitarios, jardines de centros comerciales y residencias privadas, en solitario o con la reputada firma de arquitectos paisajistas EDAW,[30] que fundó en 1964 junto a otros tres socios: Francis Dean, Don Austin y Edward A. William.

Entre los paisajistas estadounidenses coetáneos de Church y Eckbo, nacidos en los primeros años del siglo XX y que alcanzaron su madurez creativa tras la Segunda Guerra Mundial, cabe destacar también a James Rose, Robert Royston, Dan Kiley y Lawrence Halprin entre otros. Si bien todos ellos integraron en sus trabajos los nuevos valores estéticos y los principios visuales modernos, en parte debido a la influencia recibida de los arquitectos europeos emigrados antes y después del conflicto bélico como Mies van der Rohe, Gropius,

Schindler, Neutra, sus trayectorias personales derivaron, en unos casos, hacia el organicismo como Church y, en otros, hacia una estética funcionalista y racionalista basada en la estandarización como ocurre con Kiley, amigo y compañero de fatigas académicas en la universidad de Harvard de Eckbo y Rose.

Mientras Europa pasaba por una dura posguerra y luchaba por recomponerse, en Estados Unidos, y muy especialmente en California, los profesionales del paisajismo nacidos en medio del auge económico estaban redefiniendo su oficio y ampliando sus horizontes. Herederos de la tradición funcionalista moderna y cada vez más conscientes de la responsabilidad social de su trabajo, así como de las implicaciones ecológicas del diseño y del valor en términos culturales y económicos del paisaje natural, los profesionales de esa nueva generación ya no se veían a sí mismos como meros creadores y conservadores de jardines. La figura del paisajista adquiere una nueva dimensión y se integra en equipos interdisciplinares que incluyen urbanistas, técnicos medioambientales y arquitectos. Cuando Halprin publicó en 1963 su obra *Cities*, se puso de manifiesto la alianza entre la arquitectura del paisaje, el diseño ambiental y el urbanismo. De ahí en adelante, los paisajistas participarían activamente y en pie de igualdad con otros profesionales en la planificación de ciudades cada vez más sostenibles, la preservación de espacios históricos y naturales y el desarrollo de políticas conservacionistas y programas de salud pública.

En este recorrido por la moderna arquitectura del paisaje hay que hacer mención a Isamu Noguchi, que, junto a Church y Roberto Burle Marx, lideró la reacción contra la tradición *beaux-arts*, renovó el lenguaje formal del jardín contemporáneo y exploró la relación entre el el arte y la composición de paisajes. Los tres fueron eclécticos, polifacéticos y cosmopolitas, visitaron Europa y bebieron en las fuentes de la vanguardias plásticas y la Bauhaus. Church, después de licenciarse en arquitectura paisajista, primero en Berkeley y luego en Harvard, obtuvo de esta última universidad una beca que le permitió viajar por Francia, Italia y España para estudiar el arte de los jardines. Burle Marx, pintor y paisajista brasileño con orígenes familiares ligados a Alemania, Francia y Holanda, vivió durante su primera juventud en

Berlín, donde descubrió la flora tropical de su país. Y Noguchi, escultor, escenógrafo y diseñador multidisciplinar nacido en Los Ángeles e hijo del matrimonio constituido por el poeta japonés Yone Noguchi y la escritora norteamericana Leonie Gilmour, se formó en el París de los años 20 junto a artistas como Brancusi, Calder, Miró, Picasso o Giacometti.

Los jardines de Noguchi son como *haikus* escultóricos, que sintetizan una sensación en unos pocos elementos, naturales o no. El paisajismo, así entendido, es un medio de expresión artística, que fusiona la tradición de los jardines secos zen o *karesansui* con el diseño del arte occidental. Una de sus obras maestras es el jardín vacío de la *Beinecke Rare Book and Manuscripts Library* de la universidad de Yale. Si de verdad es posible un jardín metafísico, este sería el caso. Ese patio desprovisto de plantas y sin el menor atisbo de verdor, alberga únicamente tres figuras de mármol: una pieza cilíndrica, más estrecha que ancha, con hendiduras y puesta de canto, una pirámide baja y un cubo también con una muesca que se apoya en el suelo sobre un vértice. El juego de sombras y volúmenes suscita una sentida reflexión sobre la experiencia del vacío y lo lleno. Otra de sus creaciones de marcado carácter escultórico es el *Red Cube* del Marine Midland Bank de Nueva York. Se trata de un monumental cubo de acero pintado de color rojo y perforado por el centro que se sustenta nuevamente sobre un único vértice, lo que le da un aire de inestable equilibrio, como un gigantesco dado a punto de reposar sobre el tapete.

Además de escultor, diseñador de muebles como la lámpara de papel de arroz Akira, creador de decorados teatrales para los ballets de Martha Graham y paisajista, Noguchi fue también un creador de parques infantiles, que merecen ser considerados auténticas obras de arte. Estos proyectos aúnan escultura, paisaje y jardín de juegos conformando un espacio estructurado de fuerte carga simbólica, con reminiscencias culturales tanto orientales como occidentales. Pero tal vez porque estos parques se apartaban de los modelos y esquemas ortodoxos, en su mayoría no llegaron a realizarse so pretexto de que no reunían las medidas de seguridad exigidas o no satisfacían las necesidades requeridas. En 1952 fue comisionado para crear un escultórico campo de juegos destinado a la sede de las Naciones Unidas. Hablando de ese frustrado proyecto que nunca se llegó a realizar, Noguchi escribió:

> Muchos de los más distinguidos educadores, especialistas en bienestar infantil y asociaciones civiles analizaron el modelo y lo consideraron el único paso creativo dado en décadas en este ámbito. Se trata de algo bello, al igual que el artista moderno encuentra bello el mundo moderno. Quizá sea por esta razón por la que fue tan venenosamente atacado ('una variante de una conejera') por el Rey Keops de los puentes de peaje (Robert Moses).
>
> El parque infantil *[jungle gym]* es transformando en una enorme canasta que anima a los más complicados ascensos y a todo tipo de caídas. En otras palabras: los parques infantiles, en vez de dictar a los chicos qué deben hacer (nadar aquí, trepar allí) comienzan a ser lugares para la exploración inagotable y una oportunidad sin límites para juegos variados.[31]

Quizá los campos de juegos de Noguchi sean uno de esos fracasos destinados al éxito, que la posteridad reconoce como los logros de un visionario. Por la misma época, en otro país y bajo otros cielos, el arquitecto brasileño Burle Marx, sin duda uno de los más importantes paisajistas vinculados al Movimiento Moderno, llevó hasta sus últimas consecuencias su vocación organicista. Hemos visto hasta ahora cómo la pintura geométrica, del cubismo al neoplasticismo, pasando por el constructivismo, influyó decisivamente en el diseño de los primeros jardines modernos. Pero no está de más recordar que, en contraposición al ideal de abstracción geométrica, se desarrolló por parte de muchos artistas de esa época una estética biomórfica que alentaba un ideal de abstracción orgánica. En esta corriente se inscribe Burle Marx, cuyos exóticos, coloristas y sorprendentes jardines, vistos desde el cielo, presentan una innegable analogía con los *papiers-collés* de Matisse, los móviles de Calder o las pinturas de artistas de vanguardia como Miró, Klee, Picasso, Kandinsky y, muy especialmente, Arp.

Su maestro, el arquitecto Lucio Costa, uno de sus profesores en la Escola Nacional de Belas Artes, dijo de él que "pintaba con las plantas". El caso es que supo explotar las posibilidades plásticas que ofrecía la flora autóctona de Brasil para dar forma a sus singulares creaciones. Sus parterres de formas ameboides y colores planos adquieren una indiscutible cualidad pictórica y lo convierten en un creador único, que ha dejado su impronta en los paisajistas de la segunda mitad del siglo XX. Tal vez su mayor mérito sea haber sabido trasladar los principios visuales de las vanguardias plásticas europeas y, en especial el ideal de abstracción biomórfica del que hablamos, al lenguaje del jardín, lo que acerca su figura a la de Tunnard.

Una de las facetas más originales y representativas de su trabajo fue la creación de jardines para decorar las azoteas planas de edificios públicos y privados, como los jardines del ministerio de Educación y Salud de Río de Janeiro, realizados sobre la cubierta del cuerpo bajo del edificio, que, dicho sea de paso, proyectó su maestro y amigo Lucio Costa con la ayuda de un equipo de jóvenes arquitectos, entre los que se encontraba Óscar Niemeyer, y el asesoramiento de Le Corbusier. En este caso como en otros hay una continuidad plástica y cromática entre los jardines del plano superior y los de la plaza, creando un extraño trampantojo. Vistos desde lo alto, unos parecen fundirse con los otros. Burle Marx diseñó otros jardines-terraza dignos de mención como el que ocupa la cubierta de la sede de la compañía aseguradora Resurgeros o el que corona el Safra Bank en São Paulo, donde se percibe claramente la influencia de la pintura de Pablo Picasso en las formas de los parterres.

Estas obras cimentaron su prestigio como paisajista, que no cesó de incrementarse a medida que desarrollaba una obra de proyección internacional, véase el Parque del Este de Caracas en Venezuela, el Cascade Garden en Longwood Gardens, Pennsylvania (Estados Unidos), o el Kuala Lumpur City Centre Park (Malasia). Como arquitecto y paisajista contribuyó a modernizar su país natal, proyectando parques públicos y jardines urbanos para instituciones como el Parque Brigadeiro Eduardo Gomes, construido sobre un vertedero en las inmediaciones del puerto de Río de Janeiro, o los jardines del centro gubernamental de Brasilia, compuesto por los ministerios de Justicia, la Armada y Asuntos Extranjeros, cuyos edificios fueron creados por Niemeyer.

En la década de 1970, Burle Marx proyectó el paseo marítimo de la playa de Copacabana en Río de Janeiro, en el que logró un difícil equilibrio entre regularidad geométrica e irregularidad natural. La filigrana que dibujan los adoquines de granito negro y blanco en el suelo y la sucesión interminable de palmeras mecidas por la brisa, así como las plantaciones tropicales que ornan el recorrido de cuatro kilómetros de largo, le dan al conjunto un vibrante, rítmico y fluido dinamismo. El efecto visual solo es comparable al espectáculo de las olas rompiendo en la arena. Pese a su prolífica creatividad, Burle Marx no fue muy dado a la escritura y, salvo en unos pocos textos dispersos, no vertió sus ideas al papel. En una larga entrevista, recogida en formato de libro, responde así a su entrevistador, Jacques Leenhardt, cuando este le pregunta si su vocación de paisajista deriva de su formación pictórica:

> Artista plástico, he recibido una formación rigurosa en las disciplinas del diseño y la pintura. Me encontré con la idea del jardín como resultado de una acumulación de circunstancias. He aplicado a la naturaleza los mismos principios de la composición plástica en concordancia con el sentimiento estético de mi época. El jardín, en resumen, ha sido una manera de organizar y de componer mis obras pictóricas utilizando materiales no convencionales
>
> En gran medida, puedo explicar esta evolución en función del impacto que vivió mi generación bajo el efecto del cubismo y del arte abstracto. La confrontación de características plásticas de estos movimientos estéticos con los elementos naturales fue el origen de mi tendencia a desarrollar experiencias novedosas. Decidí entonces utilizar la topografía natural como una superficie sobre la que componer, y los elementos minerales y vegetales de la naturaleza llegaron a ser los materiales de la composición plástica, de la misma forma en la que cualquier artista utiliza colores y pinceladas para tratar de componer su lienzo.[32]

Por lo demás, su preocupación formal no estaba reñida, ni mucho menos, con una dimensión ecológica y conservacionista. No solo investigó la flora indígena brasileña, sino que también participó en expediciones científicas junto al botánico Enrique de Mello Barrero recolectando plantas para su finca de Santo Antonio da Bica, que le servía de vivero y laboratorio de experimentación. Por una de esas ironías del destino, Burle Marx, nacido en São Paulo de padre alemán y madre brasileña, descubrió la flora de su país natal en 1928, con apenas diecinueve años, mientras dibujaba arbustos y flores exóticas del natural en un invernadero del jardín botánico de Berlín. Sería a su vuelta a Brasil en 1930 cuando se consagraría al estudio de las plantas, descubriendo y clasificando muchas especies nuevas, algunas de ellas bautizadas con su nombre. Antes de su trabajo, la inmensa mayoría de los ejemplares vegetales utilizados por los jardineros brasileños eran de origen europeo. Así hablaba el propio Burle Marx de la materia prima de su trabajo en la entrevista mencionada:

> Aún hoy, la riqueza floral de las zonas tropicales es tal que, según mi propia experiencia, puedo decir que nunca he hecho una excursión sin encontrar o recoger plantas que me eran desconocidas, e incluso, algunas de ellas, desconocidas para la ciencia misma.
>
> En consecuencia, es evidente que el jardín reposa sobre una base ecológica, sobre todo en un país como Brasil, cuyas condiciones climáticas y geológicas son muy variables. Aquel que quiera ocuparse del problema de la introducción de la cultura y de la domesticación de las plantas salvajes, encontrará aquí un campo de investigación muy poco desarrollado o, incluso, en ciertos aspectos virgen.[33]

Antes de acabar, una última reflexión y un avance de algunas cuestiones sobre las que nos extenderemos en el próximo capítulo. Hemos visto cómo el jardín se convirtió no solo en un recurso esencial de la arquitectura moderna sino también en un elemento imprescindible de las utopías urbanísticas contemporáneas. A partir del siglo XIX, la idea de un espacio público plantado se institucionalizó; desde entonces, resulta imposible concebir una ciudad bella y amable para vivir sin la existencia de parques y jardines. Como escribe Eduardo Prieto:

> A finales del siglo XIX, la palabra 'naturaleza' ya es, sin más, sinónimo de 'utopía'. Resulta revelador que las primeras alternativas serias a las ciudades del ágora –un ágora cada vez más masificada e impersonal– sean las que pronto se denominaron, con tanta precisión como poca coherencia, las 'ciudades jardín'. En este caso, la alternativa a lo urbano no es la naturaleza genérica, sino un producto hibridado, a medio camino entre la ciudad y el campo.[34]

Además de embellecer el trazado urbano, el jardín da fe de la perfectibilidad del ser humano. Pero del mismo modo en que las utopías traicionaron sus promesas y condujeron a la violencia, al autoritarismo, al control de las conciencias y a la felicidad obligatoria, las propuestas del Movimiento Moderno generaron contra su voluntad una sociedad disfuncional, nociva para el individuo, convertido en un engranaje de la *"machine à habiter"* lecorbusiana. Asimismo abrieron el camino paradójicamente a unas ciudades de morfología anómala, difusa y desnaturalizada, constituidas por "espacios habitados" en lugar de casas u hogares, y acabaron creando comunidades invivibles y contramodelos de la ciudad ideal. Ese sueño se aleja a la misma velocidad con que, en nuestros días, se intensifica el proceso de concentración urbana, especialmente en el Tercer Mundo. Se calcula que, en torno al año 2040,[35] unos dos mil millones de personas vivirán en áreas urbanas hiperdegradas. Entonces como ahora, como siempre, los jardines seguirán siendo un signo de distinción social, un lujo al alcance de unos pocos.

Todavía hoy nos sorprende constatar que la utopía alberga en su seno la distopía, y más en las utopías urbanísticas modernas. Conscientes de la alienación de la vida humana en las urbes, los arquitectos quisieron idear entornos más habitables y consiguieron en muchos casos lo contrario: ahondar la fragmentación y el aislamiento social.

A tal punto fue peor el remedio que la enfermedad, que propiciaron muchas veces la aparición de urbanizaciones distópicas, áreas suburbiales y barrios dormitorios degradados con un aire onírico y alucinado, a medio camino entre los paisajes de la ciencia ficción posapocalíptica y las escenografías del realismo sucio. Como dice De Botton:

> Irónicamente, lo que el sueño de Le Corbusier ayudó a generar fueron las urbanizaciones distópicas que hoy rodean al París histórico, las zonas desoladas de las que los turistas apartan la mirada con espanto e incredulidad al dirigirse a la ciudad. Al tomar un tren hacia alguno de los más violentos y degradados de estos lugares, se advierte lo que Le Corbusier olvidó acerca de la arquitectura y, en un sentido más amplio, acerca de la naturaleza humana.
>
> Por ejemplo, se le olvidó lo espinoso que es que tan solo unos cuantos de sus 2 699 vecinos decidan organizar una fiesta o comprar un revólver. Se le olvidó lo deprimente que resulta el hormigón armado bajo un cielo gris. Se le olvidó lo molesto que es que alguien incendie el ascensor si tu casa está en el piso cuarenta y cuatro. También se le olvidó que, si bien hay muchos aspectos aborrecibles en las barriadas de chabolas, algo que no nos preocupa de ellas es el trazado de las calles. Valoramos los edificios que forman líneas continuas y que nos hacen sentirnos tan a salvo en la calle como si estuviésemos en una habitación. Hay algo irritante en un paisaje que no esté prácticamente despojado de edificios ni plagado de ellos, sino sembrado de bloques de apartamentos distribuidos sin seguir ningún margen o línea, un paisaje que nos niega los verdaderos placeres tanto de la naturaleza como de lo urbano. Puestos a reaccionar ante él de forma desconsiderada, que vayan a los descuidados trozos de tierra que hay entre los bloques y orinen en los neumáticos, quemen coches, se inyecten drogas y expresen el lado más oscuro de la naturaleza humana contra el cual el paisaje no puede protestar.[36]

Resulta paradójico que el sueño de una casa bien construida, una ciudad perfectamente planificada y una sociedad mejor organizada, se convierta con frecuencia en una turbadora alegoría de los peligros de la utopía. Ya Hölderlin, con lucidez atizada por la locura, escribió: "Siempre que el hombre ha querido hacer del Estado su cielo, lo ha convertido en su infierno".[37] Podríamos preguntarnos por qué extraña ironía los sueños de perfección se transforman con relativa frecuencia en pesadillas opresivas. Hay muchas posibles respuestas a esta cuestión, pero la más sencilla es probablemente que, como señala Cioran, "la idea misma de una ciudad ideal es un sufrimiento para la razón, una empresa que honra el corazón y desacredita el intelecto".[38] La distopía comienza cuando el *jeu d'esprit* de la utopía se convierte en un programa político social que persigue cambiar la realidad. Es entonces cuando, como escribe Jameson: "el utopismo de Moro empieza a parecer indistinguible de la práctica de Maquiavelo".[39]

XXII

UNA PROPOSICIÓN PARA CORREGIR
EL MAPA DE UTOPÍA.
DE LA DISTOPÍA A LA ECOTOPÍA

*D*esde los lejanos tiempos de Platón hasta el romanticismo, las sociedades ideales se localizaban en algún lugar preferiblemente recóndito o exótico de la geografía terrestre. No será hasta bien entrado el siglo XVIII cuando se invente la ucronía, esto es, una ficción ambientada en un futuro más o menos lejano y basada en datos históricos hipotéticos, que representará, por lo demás, la forma más habitual de la utopía moderna. Su padre fundador será Louis-Sébastien Mercier, quien, en la novela *Año 2440*, sitúa ese "oasis de felicidad" fuera de las coordenadas espaciales, en el porvenir, inaugurando así un camino que otros autores recorrerán.

El autor, que hace las veces también de protagonista en la historia, después de filosofar con un amigo sobre los vicios y males que aquejan a la sociedad de su tiempo, cae profundamente dormido y sueña que se despierta después de setecientos años en el siglo XXV. Y ayudado por un viandante, deambula por un París futurista entre atónito

y entusiasmado. Describe con admiración los avances sociales e insti-
tucionales y el progreso de las artes, las letras y las ciencias, así como
los logros de la economía agrícola y las mejoras en la política. Ya casi
al final del relato, siente deseos de visitar el palacio de Versalles, que
se encuentra reducido a ruinas. Sobre los restos del esplendor y la
magnificencia de antaño, se le aparecerá el espectro de Luis XIV gi-
miendo: *"Ah! Que n'ai-je su!"* [¡Oh! ¡Qué ignoré!]. Entonces despertará
de su sueño, dejando en el lector la nostalgia de un futuro libre del
despotismo, el oscurantismo y el dogmatismo.

Mercier es el primero de una larga saga de escritores que explota-
rán las posibilidades de la fantasía para viajar en el espacio y en el
tiempo y soñar con nuevos mundos sin renunciar a la crítica social.
De ahí en adelante, "un mapa que no incluya a Utopía", como escribió Oscar Wilde, "no merecerá siquiera la pena mirarse, porque
excluye el único país en el que la humanidad desembarca siempre".
Todas las épocas fantasean con lo que ha de venir e intentan no solo
anticipar sino también escribir el futuro. A lo largo del siglo XX el pensamiento utópico adoptó una actitud ambivalente, cuando no abiertamente pesimista, respecto a los adelantos de la ciencia y la tecnología,
que, en otro tiempo, se habían visto como un recurso liberador. Cabe
preguntarse cuándo perdieron los pensadores la fe en alcanzar una
sociedad mejor y sintieron la necesidad de recrear el peor de los mundos posibles en visiones fantasmagóricas; cuándo la idea de progreso
material y moral de la humanidad fue sustituida por una desencantada
y siniestra visión del porvenir, en el que, en palabras de un personaje
de *1984*, "debemos acostumbrarnos a vivir sin esperanza".

A medida que los escritores cobraban conciencia de los riesgos de
intentar llevar a cabo hasta sus últimas consecuencias los programas
utópicos, sus narraciones adquirieron un tono desengañado y crítico.
Resulta difícil establecer cuál fue la primera obra publicada de carácter antiutópico o distópico.[1] Son muchos los especialistas que atribuyen este mérito al británico Herbert George Wells,[2] autor de *La máquina del tiempo* y de *Una utopía moderna*, si bien un compatriota suyo,
Edward G. Bulwer Lytton, ya había dado a la imprenta varias décadas
antes su extraña narración, mezcla de relato esotérico, fantasía futu-

rista y utopía negativa, *Vril, el poder de la raza venidera*.[3] La genealogía de este nuevo género debe incluir además las novelas *El talón de hierro* de Jack London, *Nosotros* del escritor ruso Evgeni Ivánovich Zamiátin, *Un mundo feliz* de Aldous Huxley, *1984* de George Orwell, *Fahrenheit 451* de Ray Bradbury, *Este día perfecto* de Ira Levin, así como un sinfín de relatos de ciencia ficción entre los que cabe destacar *Mercaderes del espacio* escrita por los norteamericanos Frederik Pohl y Cyril M. Kombluth y originalmente publicada por entregas en la revista *Galaxy Science Fiction*, *Las crisálidas* de John Wyndham, *La naranja mecánica* de Anthony Burguess, *¿Sueñan los androides con ovejas eléctricas?* de Philip K. Dick y *El fugitivo* de Stephen King.

El optimismo con que anticipaban el porvenir los escritores decimonónicos, y antes los ilustrados y los renacentistas, se trocó en pesimismo cuando los sueños emancipadores claudicaron ante el triunfo de unas ideologías totalitarias formuladas en el lenguaje del cientifismo profético. Las expectativas de un mañana mejor se marchitaron, la utopía murió y de su agusanado cadáver surgió la distopía. El progreso científico-técnico encerraba la amenaza de la deshumanización. Trousson, en su historia del pensamiento utópico, señala:

> La utopía moderna toma consciencia de que la 'felicidad' colectiva solo puede obtenerse a costa del individuo, que la técnica transforma al hombre en un robot en vez de hacer de él un Prometeo, que el sueño de la perfección social se dirige hacia el totalitarismo. El pesimista teme la llegada de un universo terrorífico o estéril; la utopía va ahora a centrar sus esfuerzos en superar el viejo ideal de la ciudad perfecta para centrarse en una interrogación angustiada acerca del porvenir de la humanidad. Habiendo sido social y política, la utopía pasará ahora a ser biológica y cósmica, para demostrar mediante el absurdo y la tragedia la urgente necesidad de un humanismo.[4]

Ese cambio de sensibilidad fue la consecuencia lógica de las promesas incumplidas, las esperanzas frustradas, los ideales traicionados y las amargas decepciones colectivas que arrebataron a los viejos proyectos utópicos su aura romántica. Estos empezaron a verse bajo una luz tenebrosa cuando, desde la Comuna de París (1871) a la revolución rusa (1917), todas las tentativas de perfeccionar la sociedad, instaurar el socialismo, acabar con la lucha de clases y hacer realidad las promesas revolucionarias desembocaron irremisiblemente en la censura, la represión y la persecución. A la vista de que las ideologías, supuestamente liberadoras, se tornaban totalitarias, la ciencia contribuía a acrecentar el poder mortífero de las armas y la tecnología se aliaba con los poderosos y se convertía en un instrumento de dominación y control, el ímpetu inconformista y transformador, encontró una válvula de escape y un medio de expresión a través del relato distópico.

Convendría aquí matizar las diferencias semánticas entre los conceptos utopía negativa, distopía, contrautopía y antiutopía, que por lo general se usan como sinónimos, pero que tienen connotaciones distintas. Así pues, calificaríamos de utopías negativas a aquellas sociedades indeseables que, no obstante, se nos presentan como "moralmente perfectas"; tal es el caso de *Nosotros* de Zamiátin y otras novelas herederas o descendientes de ella, entre las que se encuentra sin duda *Un mundo feliz* de Huxley. Distópicas serían aquellas obras que tienen como razón de ser desmitificar los programas utópicos, denunciar sus riesgos y prevenir contra las consecuencias terribles de su realización, como *1984* de Orwell. Y, finalmente, llamaríamos antiutópicos o contrautópicos a los escritos que retratan satíricamente y con un fin didáctico unas sociedades imaginarias emplazadas en ocasiones en el futuro, otras en lugares remotos o exóticos, pero siempre reconocibles. El ejemplo paradigmático de esta categoría serían *Los viajes de Gulliver* de Swift. Ciertamente, el etiquetar una novela, una película o un cómic de una manera u otra depende sobre todo del punto de vista, y de ahí que prefiramos simplificar el problema utilizando esos términos como equivalentes. Además, como ha señalado Arnhelm Neusüss: "la crítica antiutópica puede contener también en sí misma elementos utópicos".[5]

A pesar de las enormes diferencias formales y de contenido entre unas obras y otras, se dan entre ellas una serie de coincidencias que nos permiten hablar del género distópico. El rasgo definitorio de estas narraciones suele ser la denuncia del totalitarismo deshumanizador en sus múltiples variantes. Independientemente del tipo de organización política, en todas estas comunidades los medios tecnológicos se han puesto al servicio de un gobierno que no acepta la libertad de conciencia, persigue la disidencia y anula la individualidad. La duda o la crítica se consideran intolerables y constituyen un motivo de exclusión. Y el precio a pagar por sentirse integrado y compartir la falsa felicidad del grupo es el sometimiento y la sumisión. Cualquier desviación u oposición al orden establecido se persigue con saña implacable.

Se podría resumir el argumento de muchas de las novelas distópicas como la denodada lucha por sobrevivir a la uniformización ideológica y la despersonalización que impone un sistema autoritario, opresor y alienante: esa es la *hybris* de los héroes distópicos. No es casual que en la novela precursora del género titulada *Nosotros*, de Zamiátin, los personajes no se identifiquen por sus nombres sino por un código. Recordemos que el protagonista, matemático y constructor de la nave *Integral*, que permitirá colonizar otros planetas donde imponer su racional y estricto modelo, se llama D-503 y que las dos mujeres que se disputan su corazón son O-90, la madre de su hijo, e I-330, su amante. Otros destacados personajes atienden por S-4711, R-13, etcétera.

Mientras la utopía ofrece una respuesta positiva a la siempre decepcionante sociedad real, cuyas carencias y deficiencias quiere corregir o compensar en nombre de un deber-ser, la distopía advierte sobre los riesgos del igualitarismo forzado, la felicidad programada y la realización de los sueños de perfección. A diferencia de los relatos utópicos clásicos, sus protagonistas no proceden del exterior, no son forasteros desinformados, a los que un "viejo sabio" instruye sobre el funcionamiento y la organización del mundo adonde han ido a parar, sino miembros en activo de la sociedad, que disienten de sus normas, se plantean dudas o se cuestionan la propaganda oficial. Sus autores huyen en este tipo de relatos del didactismo y de la morosidad descriptiva, típicos de las obras fundacionales del género, en beneficio de una trama más compleja que busca la identificación emocional con el protagonista, que suele ser un antihéroe.

Por la misma razón que en la utopías clásicas del Renacimiento *(Nova Insula de Utopia, La Ciudad del Sol, La Nueva Atlántida)* el jardín desempeñaba un papel primordial en la representación de una buena vida y en la idea de un mundo más perfecto, en los relatos distópicos modernos, véase *Nosotros, Un mundo feliz* o *1984*, brilla por su ausencia. Efectivamente, la inexistencia en ellos de parques y jardines es un hecho relevante y uno de sus rasgos definitorios. Esta ausencia de zonas verdes habla de la desnaturalización de esas sociedades, pone de manifiesto su agobiante organización y subraya su inhumanidad. A principios de la novela *1984* de Orwell, su protagonista, Winston, constata este hecho con más curiosidad que nostalgia:

> Trató de exprimirse de la memoria algún recuerdo infantil que le dijera si Londres había sido siempre así. ¿Hubo siempre estas vistas de decrépitas casas decimonónicas, con los costados revestidos de madera, las ventanas tapadas con cartón, los techos remendados con planchas de zinc acanalado y trozos sueltos de tapia de antiguos jardines?[6]

En la novela, Londres se ha convertido en la principal ciudad de la Franja aérea número 1, la que, a su vez, es la tercera provincia más poblada de Oceanía, uno de los tres estados totalitarios en permanente conflicto en ese escenario de pesadilla. En este tipo de relatos la naturaleza suele representar "un mundo aparte", por utilizar una expresión de la película *Blade Runner*, donde, según los casos, se refugian, son confinados o segregados los individuos refractarios a la propaganda y el adoctrinamiento. Pese a no existir jardines o tal vez por esto mismo, en las sociedades distópicas la naturaleza salvaje desempeña una función primordial como antinomia de la civilización. Frente al mundo ordenado, tecnológicamente avanzado y supuestamente perfecto, la exuberancia vegetal simboliza no solo el pasado de nuestra especie sino también el caos. En *Nosotros* de Zamiátin, un Muro Verde *(the Green Wall)* rodea la ciudad, más allá del cual se extiende una selva habitada por unas hirsutas criaturas, es decir, por los últimos representantes de la humanidad primitiva:

Proveniente del vasto océano de verdor que hay tras el Muro, una oleada salvaje de raíces, flores, ramajes y hojas se me vino encima. La ola se encabritó y parecía que iba a engullirme de un momento a otro, que me dejaría reducido al más simple de los organismos. A mí, a un hombre...

Pero, por suerte, el vidrio del Muro Verde me separaba de ese salvaje océano de verdor. ¡Oh, divina y gran sabiduría que nos delimita con muros y barreras! El Muro es, tal vez, la más importante de nuestras invenciones. El hombre dejó de ser un animal salvaje solo cuando construyó el Muro Verde, cuando gracias a él pudimos aislar nuestro perfecto mundo mecánico del irracional y feo mundo de los árboles, pájaros y animales.[7]

En *1984* hay un momento en que el protagonista abandona Londres para ir al campo a instancias de Julia, con la que se ha dado cita en un solitario bosquecillo a media hora de tren. Después de atravesar un prado florido, se internan por una vereda tratando de evitar las patrullas de vigilancia, los posibles micrófonos escondidos entre las matas y las miradas indiscretas. Al llegar junto a un tronco derribado, buscan un lugar para retozar a la sombra de unos arbustos y se olvidan por un momento de su angustiosa y desasosegante existencia cotidiana. La dulzura de la brisa, el verdor de las hojas de los árboles cercanos y el canto de los pájaros contrasta vivamente con la sombría, gris, polvorienta y, sobre todo, opresiva atmósfera de la ciudad que han dejado atrás. Esa bucólica situación trae a la mente de Winston el recuerdo del País Dorado con el que de tanto en tanto sueña. Aunque los protagonistas nunca más volverán a poner el pie en ese bosquecillo, ni siquiera a pisar el campo, o tal vez por eso mismo, esa escena sirve de poderoso contrapunto a los irrespirables, claustrofóbicos y deprimentes decorados urbanos en los que discurre la novela.

Uno está más cerca de la utopía en un jardín que en ningún otro sitio sobre la faz de la tierra. De ahí su clamorosa ausencia en las páginas de los relatos distópicos, donde el afán de alcanzar una sociedad más justa y mejor desemboca en un mundo desquiciado hasta más no poder. Del mismo modo que los cánones estéticos no coinciden por lo general con los principios ecológicos, las sociedades perfectas rara vez cumplen sus promesas y hacen dichosos a sus miembros. Esa es la triste verdad que intentan ilustrar precisamente las distopías, que destilan pesimismo antropológico y una corrosiva desconfianza sobre el futuro.[8]

Si, como sugiere el teólogo Paul Tillich, "la felicidad de la utopía consiste en su capacidad para abrir posibilidades" hacia una sociedad humana más perfecta, la lección de la antiutopía consiste en liberarnos del hechizo de esas fantasías irrealizables. Dicho de otro modo, mientras que entre las funciones de la utopía está la de compensarnos de las frustraciones cotidianas, el impulso distópico, por el contrario, nos previene contra esos lugares en que "todo es como debe ser".

Si bien venimos defendiendo la tesis de que, en los relatos distópicos, se ignoran premeditadamente los jardines y los seres humanos han perdido el contacto con la naturaleza, lo cierto es que, en los regímenes totalitarios del siglo XX que los inspiraron, nunca faltaron las zonas verdes. En los campos de concentración y exterminio nazis los mandos disfrutaban de lujosas residencias rodeadas de jardines y huertos. Su cuidado corría a cargo por lo general de trabajadores esclavos, como explica McKay:

> En Buchenwald, los oficiales superiores vivían en grandes y lujosas villas de madera, con amplias terrazas y estupendas vistas (apartando la mirada con respecto al campo), mientras que los oficiales subalternos tenían viviendas familiares, cada una con su propio jardín. También había un espacio habilitado para la cetrería, una casa-jardín circular, zoológicos con animales exóticos (algunas veces los prisioneros eran arrojados a los osos) y jardines al aire libre provistos de todas las comodidades. Las propiedades y los jardines eran mantenidos por prisioneros esclavizados. En Auschwitz, el comandante Höss, su mujer Hedwig y sus cinco hijos vivían en una villa arbolada separada del campo por un elevado muro de hormigón, cerca del cual la señora Hedwig cuidaba de un rosal y de begonias plantadas en

macetas azules. Höss solía decir que 'el jardín de mi mujer es un paraíso de flores ... Ningún prisionero [de los que trabajaban como jardineros] podrá decir que, en nuestra casa, ha sido maltratado de alguna manera o en algún momento'.[9]

La mera existencia de jardines y huertos en esos campos de trabajo forzado de triste recuerdo resultaría esperpéntica si no fuera también aterradora. Subrayemos asimismo que estos sirvieron para enmascarar o disimular la siniestra realidad que se ocultaba tras los impenetrables muros de los *lagers*. En Treblinka, la avenida principal de acceso al campo de abajo, de unos ochocientos metros de largo, estaba bordeada de macizos de flores y plantas ornamentales. El escritor italiano y superviviente del holocausto Primo Levi recordaba en una de sus obras cómo los senderos de tierra apisonada que unían las villas en Auschwitz estaban sembrados con fragmentos de huesos machacados de prisioneros. En otras ocasiones, los jardines fueron un elemento de engaño propagandístico destinado a maquillar o suavizar ante los dignatarios extranjeros y los organismos internacionales las verdaderas actividades que se llevaban a cabo en su interior. Es sabido, por ejemplo, que Theresienstadt, un *guetto*, aparte de campo de trabajo y concentración, construido en una vieja ciudad fortificada próxima a Praga, se engalanó con motivo de una inspección de la Cruz Roja en junio de 1944, mejorando los jardines y huertos extramuros de la fortaleza, construyendo otros dentro, levantando nuevos barracones y pintando los viejos a fin de dar una buena impresión a los supervisores extranjeros. El estudiado engaño se completó con la organización de eventos sociales y culturales. Ni que decir tiene que, tras la visita, los nazis reanudaron las deportaciones, que, dicho sea de paso, prosiguieron hasta octubre de 1944. Los prisioneros que conocían un oficio (barberos, fotógrafos, músicos, etc.) ampliaban sus posibilidades de subsistir, y el de jardinero era precisamente uno de esos trabajos cualificados (*prominenten*, en la jerga del campo) que generaban algunas concesiones y aumentaban sensiblemente las probabilidades de conseguir alimentos.

Al hilo de todo esto, hay que señalar que la defensa a ultranza de la pureza racial y el fanatismo nacionalista llevaban aparejada la reivindicación de las especies vegetales autóctonas, como deja claro el lema *Blut und Boden* [Sangre y Tierra], que, de forma abreviada, expresaba la ideología nacional-socialista[10] de supremacía aria y autarquía económica. El tema del ecofascismo es amplio y complejo, pero bastará con señalar que Adolf Hitler y Heinrich Himmler fueron, según algunas fuentes, convencidos vegetarianos, además de amantes del campo. También se sintió fuertemente atraído por el misticismo de la naturaleza Heidegger, el filósofo nazi por antonomasia y tal vez el más influyente pensador alemán del siglo XX, quien gustaba de adoptar un aire rústico y ataviarse como un campesino de la Selva Negra con pantalones cortos de piel y gruesos calcetines de lana hasta las rodillas. Como decía Jeremy Burchardt:

> El aspecto más controvertido del organicismo: su conexión con el fascismo. Ciertas características de la ideología organicista presentan un gran parecido con algunos rasgos del fascismo, particularmente en su encarnación Nacional-Socialista. Organicistas y nazis profesaron una común hostilidad tanto hacia las 'grandes empresas' como hacia el comunismo o el socialismo de Estado […] La hostilidad organicista a las grandes finanzas se podría relacionar fácilmente con la interpretación nazi y anti-semítica del capitalismo británico y norteamericano en cuanto dominado por una despiadada y explotadora camarilla de judíos […] La proclama nazi de un compromiso con 'la tierra y la sangre' toca la fibra sensible de muchos organicistas.[11]

Resulta sumamente significativo que las obras clave del género distópico vieran la luz por las mismas fechas que muchos manifiestos y proyectos utópicos de los artistas de vanguardia y los arquitectos del Movimiento Moderno. Mientras que aquellos veían con ojos críticos los progresos de la ciencia y la industria y alertaban sobre sus riesgos, estos exaltaban el poder emancipador y civilizador de la tecnología, celebraban la poesía de la máquina y cantaban las excelencias de una sociedad tecnocrática. Eduardo Subirats escribe sobre esas dos maneras confrontadas de ver el mundo:

La figura de una utopía negativa del futuro de la civilización tecnológica como se da en *1984* de Orwell es históricamente contemporánea de las utopías positivas y concretas de una civilización tecnológica o tecnocrática integralmente racionalizada, como las que plantearon las vanguardias históricas en un intento de aunar un ideal artístico con el poder. En los escritos programáticos de Mondrian, Le Corbusier, Hilberseimer, Ferriss, Malevich o Marinetti el nuevo orden social totalmente subsumido a un principio de racionalización instrumental era anunciado como el nuevo y verdadero reino de la libertad y la armonía humanas. Le Corbusier o Hilberseimer, en su definición de la arquitectura como un monumental sistema de integración social a las exigencias de la industrialización, definían incluso su utopía de una completa mecanización de la vida como el núcleo de un nuevo humanismo.[12]

Independientemente del optimismo o el pesimismo con que se juzga esa voluntad de transformar la realidad, no cabe duda de que, como ha señalado Frank E. Manuel,[13] uno de los rasgos distintivos de la concepción moderna del mundo es "una propensión a la utopía". Esta ambivalencia respecto a los avances científico-técnicos es, sin duda, un signo de nuestro tiempo. A socavar la confianza en el progreso social y humano y extender un pegajoso sentimiento de desesperanza y creciente desilusión sobre la posibilidad de salvación del hombre contribuyó no solo el desmoralizante fracaso de las utopías políticas sino también la difusión de una filosofía de la sospecha, que, empezando por Nietzsche, Freud, Krauss y Spengler, siguiendo por el movimiento existencialista y acabando por la Escuela de Frankfurt y Adorno, cuestionaban la posibilidad de mejorar del sujeto humano. Para ilustrar esa pérdida de fe en la racionalidad técnica y la desconfianza esencial en la naturaleza humana típica del siglo XX, nada mejor que acabar citando un famoso fragmento de *Más allá del principio de placer* de Freud:

Para muchos de nosotros es difícil prescindir de la creencia de que en el hombre mismo reside un instinto de perfeccionamiento que le ha llevado hasta su actual grado elevado de función espiritual y sublimación ética y del que debe esperarse que cuidará de su desarrollo hasta el superhombre. Mas, por mi parte, no creo en tal instinto interior y no veo medio de mantener viva esta benéfica ilusión.[14]

XXIII
VERDOLATRÍA UCRÓNICA.
UNA HISTORIA NATURAL DE LAS
PLANTAS EN LA CIENCIA FICCIÓN

*S*i el reto utópico supremo consiste en "imaginar un nuevo paraíso
y una nueva Tierra",[1] podemos preguntarnos cómo serían las plantas
que crecerían en esos mundos soñados. En este capítulo se habla de
los extraños seres vegetales que pueblan las páginas y el celuloide
de la ciencia ficción, entendida esta como una forma de narrativa
fantástica que explora las posibilidades de la ciencia moderna. No
son pocas las películas, en especial las de serie B, y las novelas que
tienen como protagonistas a plantas de toda índole y condición (carnívoras, inteligentes, ambulantes, antropomorfas, vampíricas, etc.),
que se pueden agrupar en cinco categorías fundamentales: a) plantas
alienígenas, b) plantas mutantes, c) plantas extraterrestres, d) plantas

en naves, transbordadores y estaciones espaciales y e) ciberjardines y plantas virtuales.

En el apartado a) se encontrarían aquellos relatos y cómics en los que las plantas procedentes de otros planetas prosperan en la Tierra, a la que han llegado a bordo de platillos volantes, meteoritos, asteroides, cometas o literalmente caídas del cielo. Un ejemplo emblemático de este primer tipo es el clásico cinematográfico de Don Siegel *La invasión de los ladrones de cuerpos*, basado en un relato de Jack Finney[2], que llevaba por título *Los ladrones de cuerpos*, y que ha sido objeto de sucesivos *remakes*. Salvando las diferencias y las particularidades, en todos los casos el argumento es similar: unas extrañas plantas provenientes del espacio producen unas vainas de enorme tamaño semejantes a judías o habas, solo que, en su interior, crecen cuerpos humanos. Estos resultan ser sosias o copias perfectas de los habitantes del pueblo de Santa Mira, a los que sigilosa y paulatinamente van suplantando. Esta historia se ha interpretado por parte de los críticos cinematográficos como una parábola de la deshumanización, la pérdida de identidad y el conformismo que aquejaba a la sociedad estadounidense.

Otro significativo ejemplo de una invasión alienígena vegetal aparece en el filme de Christian Nyby *El enigma de otro mundo*. En él, un periodista y un capitán de las Fuerzas Aéreas se desplazan hasta una base militar en las inmediaciones del Polo Norte para investigar lo que, en un primer momento, parece la caída de un aerolito y que resulta ser un platillo volante enterrado en la nieve. No sin cierta dificultad rescatan, junto a la nave extraterrestre, el cadáver congelado, o eso creen, de un tripulante alienígena. El caso es que trasladan ese bloque de hielo a la estación, donde, por culpa de un accidente, se funde liberando una extraña criatura vegetal, tan monstruosa como mortífera. Esa "cosa" se va metamorfoseando hasta parecerse a los humanos. Pero, por más que intenta a toda costa sobrevivir y reproducirse, acabará siendo electrocutada por los responsables de la base militar. John Carpenter filmó en 1982 una segunda adaptación cinematográfica de esta narración titulada *La cosa*, en la que esa planta antropomorfa rescatada del hielo manifiesta tendencias vampíricas.

En la misma tradición de plantas alienígenas se sitúa la película de escaso presupuesto *La tienda de los horrores*, dirigida por Roger Corman, de la que, posteriormente, se haría una adaptación musical en Broadway. La extravagante historia tiene como protagonista a Seymour, un joven dependiente de una floristería que bebe los vientos por su compañera Audrie. Por desgracia, esta sale con un sádico dentista. Los acontecimientos dan un giro cuando, tras un extraño eclipse, Seymour encuentra una pequeña planta proveniente del espacio exterior, a la que bautizará con el nombre de su amada. Muy pronto advierte con asombro que Audrie II puede moverse y hablar. La noticia corre y las gentes vienen a conocer ese extraño vegetal, convertido en una atracción local. Mientras el negocio prospera a cuenta de las visitas de los curiosos, Seymour descubre, no sin espanto, que su apreciada planta se alimenta de sangre humana y que su sed de hemoglobina no tiene límites.

Otra destacada película de serie B en la que aparecen plantoides de pesadilla es *Batalla más allá de las estrellas*, de Kinji Fukasaku. La historia comienza cuando un enorme asteroide se dirige hacia la Tierra. A fin de evitar el fatal impacto, un grupo de cosmonautas es enviado a una estación espacial con la misión de desintegrar esa bola incandescente. La expedición resulta un éxito si no fuera porque, de regreso a nuestro planeta, hace acto de aparición en la nave un extraño polizón. Se trata de un alienígena verde y viscoso, que mutará dando lugar a una horda de monstruos con tentáculos y un solo ojo dispuestos a acabar con los tripulantes.

En época más reciente dos películas homónimas, inspiradas en la novela de Michael Crichton *La amenaza de Andrómeda*, han especulado con la posibilidad de una catástrofe provocada por un microorganismo extraterrestre. La historia es de sobra conocida: una cepa de virus muy contagiosa y letal llega a la Tierra transportada por un satélite. Ese agente patógeno desata una pandemia que amenaza la continuidad del género humano.

En el segundo apartado de la clasificación aparecen las plantas mutantes, resultado de experimentos genéticos y accidentes nucleares. Así ocurre, por ejemplo, en una producción de serie B, de calidad cinematográfica a la altura de su bajísimo presupuesto, que recibió en español el expresivo título de *La semilla del espacio*. Pese a sus discutibles valores artísticos, el argumento no tiene desperdicio. Una deslumbrante lluvia de meteoritos se abate sobre Inglaterra, dejando ciego a todo aquel que la contempla y, transportadas en esas rocas incendiarias, llegan a la Tierra unas espeluznantes plantas carnívoras y reptantes, cubiertas de púas letales (los trífidos), que se extenderán como una plaga por la superficie del planeta poniendo en peligro a la humanidad, afectada por una súbita ceguera. Para acabar con la colonización de esos engendros vegetales, que producen más hilaridad que terror en el espectador, los supervivientes que aún conservan la vista optan por prenderles fuego.

En este apartado deberíamos incluir también la célebre novela de Ward Moore *Más verde de lo que creéis*,[3] de la que, por el momento, no hay ninguna versión cinematográfica. Gracias a un nuevo invento, el Metamorfoseador, que permite manipular la estructura molecular de las plantas, estas pueden alimentarse de casi cualquier cosa, lo que posibilita su crecimiento ilimitado, sin freno ni control. Lo que, en un principio, se presenta como una panacea contra el hambre en el mundo, acabará ahogando la vida en el planeta. Una variedad genéticamente modificada de césped ("la hierba") terminará por invadir toda la Tierra.

Otra clásico menor del subgénero de ciencia ficción apocalíptica o catastrófica, pero con una línea argumental antitética, es *La muerte de la hierba* de John Christopher, adaptado al cine con el título de *Contaminación* [*No Blade of Grass*, 1970]. Tanto en la película como en el libro, la trama gira en torno a un virus mutante que acaba con todos los cultivos. Los esfuerzos científicos por frenar esa plaga resultan infructuosos y se desata una feroz lucha por la supervivencia: como solo hay recursos para abastecer a un tercio de la población, el gobierno decide eliminar a los habitantes de las grandes ciudades. El protagonista, acompañado de su familia, emprende una frenética huida desde Londres hacia el norte, en pos de la granja de su hermano. Tras innumerables peripecias, entre ellas un enfrentamiento fratricida, alcanzarán su propósito.

Quizá una de las más insólitas, hilarantes y descerebradas producciones cinematográficas que se recuerdan sobre plantas mutantes sea *El ataque de los tomates asesinos* de John De Bello. Todo comienza cuando un grupo de tomates modificados genéticamente empieza a atacar a la población, en especial a aquellas personas que acostumbran a ingerir o manipular estos frutos. El gobierno estadounidense encarga a unidad de élite que combata a esos "terroristas rojos" que están sembrando el pánico y el caos en las calles. Otra película de serie B y con un argumento no menos delirante es *Godzilla contra Biollante* de Kazuki Omori, en la que unos científicos japoneses utilizan las células del terrible monstruo radioactivo Godzilla, que han recogido tras su último ataque a Tokio, para crear una raza de superplantas resistentes a las duras condiciones de vida de Saradia. Uno de estos *frankensteins* nipones cruza los genes de una rosa con los de su hija difunta y les añade células de Godzilla, dando nacimiento de forma inesperada a Biollante, una terrorífica criatura transgénica que medirá sus fuerzas con el mítico monstruo.

Y ya para cerrar este apartado de plantas mutantes asesinas, no podemos dejar de mencionar el thriller psicológico *El incidente* de M. Night Shyamalan. Todo comienza cuando en diferentes parques de Nueva York empiezan a suicidarse personas sin motivo aparente tras mostrar un comportamiento desconcertante. Los afectados primero divagan y pierden la razón, luego se sienten desorientados, se detienen o comienzan a caminar hacia atrás y, por último, sienten el irrefrenable impulso de quitarse la vida. Esa plaga de suicidios se extiende rápidamente por toda la ciudad y la costa este. La alarma cunde entre la población, que no sabe si se enfrenta a un ataque bioterrorista, a un experimento científico fallido, a un arma química o a un virus fuera de control. Así las cosas, un profesor de ciencias de un instituto de Filadelfia emprende una frenética huida en compañía de su esposa, su amigo Julian, también profesor, en este caso de matemáticas, y la hija de este último, de ocho años de edad, hacia las tierras de labranza de Pennsylvania, lejos de las grandes aglomeraciones urbanas. Mientras intentan infructuosamente ponerse a salvo de los cada vez más frecuentes arrebatos autodestructivos, la naturaleza de esa amenaza va poco a poco revelándose. En la cabeza del protagonista se abre paso la idea de que las plantas están liberando una neurotoxina. El filme se cierra con las inquietantes imágenes del jardín de las Tullerías de París, donde se produce lo que parece un rebrote de esa venganza vegetal.

La tercera posición en nuestra particular taxonomía corresponde a la botánica sideral o extraterrestre. Por lo que se refiere a los seres vivos autótrofos, fotosintéticos y con células compuestas de celulosa o que prosperan en lugares remotos de esta y otras galaxias, cabe destacar la novela *Próxima Centauri,* de Murray Leinster. Su argumento gira en torno a las aventuras y penalidades de una expedición terrestre que recala en un planeta poblado por unas plantas ambulantes y carnívoras. Dado que su voraz apetito casi ha extinguido todo vestigio de vida animal, los recién llegados deben arreglárselas para no ser devorados por sus fauces verdes y acabar convertidos en clorofila.

Wells, uno de los indiscutibles padres de la ciencia ficción, especuló con la posibilidad de que las plantas en otros planetas fueran de colores diferentes al verde. Leemos en *La guerra de los mundos*: "El reino vegetal de Marte, en vez de tener al verde como color dominante, es de tinte rojo-sangre vívido". La clorofila es el pigmento que da a estos organismos su característico color y que, a su vez, permite la fotosíntesis. Mediante este proceso las plantas aprovechan los fotones azules (de mayor calidad) y los fotones rojos (más abundantes) de la luz solar a la par que reflejan los fotones verdes, menos energéticos y numerosos que los anteriores. Imaginémonos por un momento un planeta que orbitara alrededor de una estrella de un tamaño y con una composición atmosférica diferente a la nuestra. La energía luminosa necesaria para llevar a cabo la fotosíntesis que captarían las especies vegetales variaría a tal punto que estas presentarían colores diversos, como ha señalado Nancy Y. Kiang en un artículo del *Scientific American.* Según esta científica, alrededor de estrellas más calientes y más azules que nuestro sol, las plantas tenderían a absorber el celeste y presentarían un color que podría ir del verde al rojo, pasando por el amarillo. Por el contrario, en la proximidad de estrellas más frías, como las enanas rojas, los planetas recibirían menos luz visible. Y, en consecuencia, las plantas tratarían de absorber tanta como les fuera posible, razón por la que, probablemente, tendrían un aspecto negruzco.

El escritor inglés Brian A. Aldiss ha publicado varios relatos donde la flora adquiere un gran protagonismo y que, a pesar de su poderosa imaginería visual, no han sido todavía adaptados al cine. En su novela

Invernáculo[4], ambientada en un remoto futuro, la Tierra ha dejado de girar sobre su eje y se halla cubierta en su cara más soleada por un gigantesco árbol, un banano. En sus frondosas ramas se cobijan los últimos representantes del género humano, transformados en unas criaturas de baja estatura, piel verde e inteligencia roma. En ese exuberante ecosistema compiten por sobrevivir con un sinfín de insectos voraces y fabulosas plantas, entre las que destacan los *traverseros*, unas enormes bolsas vegetales de gas capaces de elevarse por el aire hasta la Luna con pasajeros dentro. Uno de los descendientes de los seres humanos, de nombre Gren, será transportado por un pájaro ventosa, junto a unos cuantos miembros de su tribu, hasta la Tierra de Nadie, una franja de territorio limítrofe entre un bosque de higueras y un mar asfixiado de algas. Allí se enfrentarán al pulpo de arena y a un sauce asesino. Después de separarse del grupo, el protagonista será parasitado por un hongo, el morel, que se aferra a su cabeza. Este simbiótico invasor tiene la facultad de adentrarse en el interior del cerebro de su huésped, incrementar su inteligencia y, de paso, servirse de sus recuerdos. En otra obra posterior, *Barbagris*,[5] Aldiss fantaseará con la idea de que la especie humana, como resultado de una catástrofe nuclear, se ha vuelto súbitamente estéril. A medida que va pasando el tiempo y la población envejeciendo, la naturaleza invade las ciudades, los animales salvajes campan a sus anchas y las plantas proliferan sin control.

En la novela distópica *Edén,* del escritor polaco e indiscutible maestro del género de ciencia ficción Stanislaw Lem, también aparecen formas de vida vegetal nunca vistas. Una astronave terrícola, tripulada por seis hombres, realiza un aterrizaje forzoso en un planeta conocido como Edén. Esos náufragos del espacio, mientras intentan reparar el cohete, emprenderán una exploración del lugar donde han ido a caer que les deparará múltiples sorpresas, y no es la menor de ellas la desconcertante flora local. Así describe por ejemplo una planta retráctil:

Al aproximarse a una de las sombras más delgadas, que en el crepúsculo habían semejado árboles, disminuyeron el paso.

Del suelo color amarillento surgía un tronco perpendicular, tan gris como el cuero de un elefante y con un brillo ligeramente metálico. El tronco, que en la base no era más grueso que el brazo de un hombre, se convertía, en la parte superior, en una estructura aplanada en forma de copa, a unos dos metros del suelo. Era imposible ver si el cáliz estaba o no abierto por la parte superior. Se mantenía completamente inmóvil. Los hombres pararon a unos seis metros de este extraordinario brote, pero el ingeniero siguió hacia él, y estaba levantando la mano para tocar el 'tronco' cuando el médico gritó: '¡Alto!'.

El ingeniero se retiró reflexivamente. El médico lo cogió por el brazo, después tomó una piedrecita y la lanzó al aire. La piedra describió un arco pronunciado y cayó sobre la parte plana del cáliz. Todos se sobresaltaron, tan repentina e inesperada fue la reacción. El cáliz empezó a ondularse y se cerró; se produjo un breve sonido siseante, similar a un escape de gas, y toda la columna grisácea, ahora temblando febrilmente, se hundió en la tierra como tragada por ella. El agujero producido se llenó al instante de una sustancia marrón, espumosa y grasienta. Entonces, partículas de arena empezaron a flotar en la superficie, la capa de arena se espesó, y en unos cuantos segundos no quedaba rastro del agujero: el terreno aparecía liso e intacto.[6]

Merece la pena destacar también en este punto la película de aventuras futuristas *La fuga de Logan* de Michael Anderson, basada en la novela de William F. Nolan y George Clayton Johnson, quienes la escribieron pensando en su adaptación cinematográfica. La trama de esta fábula distópica discurre en el año 2274. Los supervivientes del holocausto nuclear que ha asolado la tierra habitan una ciudad-cúpula cerca de Washington. A fin de evitar la superpoblación y hacer sostenible la sociedad, el sistema informático que controla esa polis del futuro decreta la eliminación de los ciudadanos en cuanto alcanzan la edad de treinta años. Como policía que es, Logan tiene la misión de hacer cumplir esa brutal norma y atrapar a aquellos que tratan de eludir su destino. Tras cuestionarse la validez de ese régimen de hedonismo programado, emprende la huida acompañado de Jessica en busca de un lugar mítico conocido como el Santuario, una especie de oasis recóndito.

En esta clasificación también tendría cabida la taquillera película *Avatar* de James Cameron, cuya acción se sitúa en el año 2154, en Pandora, una luna del planeta Polifemo. El verdadero protagonista de esta fábula ecologista es esa suerte de nuevo jardín del Edén, de paraíso extraterrestre, de arcadia galáctica presidida por el gigantesco Árbol Madre y habitada por una raza humanoide, los *na'vi*. Esos buenos salvajes, de piel azulada y facciones felinas, viven en armonía perfecta con la frondosa naturaleza de Pandora, cuyo subsuelo alberga una inmensa veta de un mineral muy cotizado por los habitantes de la Tierra debido a su potencial energético: el unobtainium. El proyecto que da nombre a la película tiene como objetivo transferir la conciencia de unos científicos a unos cuerpos de na'vi (avatares) que han sido creados en el laboratorio mediante ingeniería genética. De este modo, podrán interactuar más fácilmente con los nativos y persuadirles para que abandonen el Árbol Madre.

En el apartado de plantas en naves, transbordadores y estaciones espaciales, cabe destacar la película *Naves misteriosas* de Douglas Trumbull. Esta fábula ecologista de inspiración *hippy*, aderezada por la música folk de Joan Baez y sus canciones reivindicativas, se desarrolla a comienzos del siglo XXI. Para entonces, la fauna y flora han desaparecido de la faz de la Tierra y el único resto de la antigua naturaleza sobrevive a bordo de la nave espacial *Valley Forgue*, que hace las veces de arca de Noé botánica mientras orbita alrededor del planeta Saturno. Cuando el jefe de la expedición recibe la orden de destruir esa reserva de biodiversidad, se rebela contra sus jefes y, tras asesinar a sus tres compañeros, emprende una huida a la desesperada rumbo a lo desconocido. Con la ayuda del trío de androides que forman la tripulación, cuida de su jardín o, mejor sería llamarlo, invernadero galáctico hasta que, a punto de darle caza las autoridades terrestres, decide inmolarse junto a su paraíso en un acto de idealismo demente.

La última categoría la ocupan los ciberjardines. Estamos ante una manifestación nueva, característica de la era digital, que utiliza programas de realidad virtual y telepresencia para generar simulaciones electrónicas de un jardín. El objetivo ideal de estos dispositivos, al que nos vamos aproximando de día en día, sería crear en el usuario la ilusión tridimensional de un espacio ajardinado con el que poder interactuar. En un futuro no muy lejano será posible sumergirse en una realidad perceptiva continua, semejante a la avalancha de impresiones sensoriales que inundan nuestros sentidos cuando nos desplazamos por un parque real. En la medida en que podamos no solo deambular por esos incorpóreos paisajes, sino también disfrutar de una visión de 360° e incluso manipular el entorno, la experiencia del jardín dejará de estar asociada a un espacio físico concreto.

Si bien la historia de los ciberjardines está todavía por escribir, las tecnologías abren un horizonte inabarcable e inquietante. Baste recordar el jardín virtual que se ha creado en el aeropuerto de Ámsterdam para ayudar a combatir el estrés de los pasajeros, o las aplicaciones ya existentes para *smartphones* y *tablets* que permiten diseñar, cuidar y regar jardines en las pantallas táctiles, por no mencionar las representaciones de jardines en *Second Life* y otros entornos digitales. Tal vez su propósito no sea suplantar la vida material, sino ampliar la experiencia humana, pero cabe el riesgo de que este tipo de simulaciones virtuales llegue a ser más sugerente, intensa o cautivadora que la propia realidad, como han advertido ya algunos especialistas. Tan solo de imaginarlo nos invade ese "horror delicioso" característico de lo sublime, y no podemos sino pensar con cierta melancolía que los jardines siempre han sido un refugio para soñadores. Mientras esperamos que surjan los nuevos Le Nôtre, *Capability* Brown y Olmsted del arte de los ciberjardines, podemos preguntarnos qué metáfora de la felicidad y qué símbolo de la buena vida materializan.

Si partimos de la tesis aceptada por muchos estudiosos de que los filmes de ciencia ficción expresan nuestras ansiedades y miedos acerca del futuro, y las dudas que suscitan los avances de la ciencia y la tecnología, y su carácter ambivalente, a un mismo tiempo creador y destructivo, benéfico y amenazante, las extrañas criaturas vegetales que protagonizan algunas de esas cintas hablan de la problemática relación del hombre con la naturaleza. Algunas veces quieren plantear una reflexión sobre los problemas medioambientales, en otras ocasiones cuestionan el progreso y los límites de la investigación, y a menudo también pretenden advertirnos sobre los riesgos de la manipulación genética y el impacto de la actividad humana.

El hecho es que las plantas ocupan un lugar de honor en el imaginario de la ciencia ficción. A veces se enfrentan a los protagonistas; otras les sirven de guías o son sus aliados; y en ocasiones también representan un oasis de felicidad. Y por más que, técnicamente, provengan del espacio exterior o de un laboratorio, en realidad brotan de las profundidades de la psique humana. Son, por así decirlo, una proyección del inconsciente y una fantasía poética. La imposible comunicación con esas criaturas verdes facilita, justamente, la transferencia de nuestros recónditos temores y angustias, convirtiéndolas a un mismo tiempo en el símbolo de lo que se pliega y escapa a nuestro dominio.

El ancestro, si se puede calificar como tal, de esa vasta flora alienígena y mutante es la mítica mandrágora. A esta planta herbácea del grupo de las solanáceas, también conocida como manzana de Satán o del amor y hierba de Circe, de hojas verdes oscuras, flores blancas ligeramente teñidas de púrpura y frutos parecidos a pequeñas manzanas malolientes, que crece en el suelo boscoso y en las umbrías orillas de ríos y arroyos, la rodea una aura mágica.[7] Esta reputación se debe a la supuesta forma humana de sus raíces (el agrónomo latino Lucio Columela la llamó "semi-homo") más que a sus propiedades narcóticas, medicinales o a sus virtudes generativas o afrodisíacas.

Según una leyenda medieval, los mejores ejemplares crecían justo debajo de los patíbulos, a partir del semen que, antes de expirar su último aliento, eyaculaban los ahorcados sobre la tierra. La persona que recolectaba la mandrágora debía tener la precaución de taparse los oídos para no enloquecer o, en el peor de los casos, morir con el grito que emitía su raíz cuando era desenterrada, tal y como se cuenta en *Romeo y Julieta* de William Shakespeare. Un procedimiento para arrancarla del suelo sin correr riesgos innecesarios fue propuesto por el historiador romano Flavio Josefo, quien recomienda atar el extremo de una cuerda al tallo y el otro a un perro negro convenientemente adiestrado para que, al acudir a la llamada de su amo, la desplantara de un tirón antes de expirar. Se cuenta que los nigromantes y los alquimistas las empleaban para crear homúnculos, esto es, seres artificiales que utilizaban como sirvientes. Podemos concluir diciendo que el cine y la literatura de ciencia ficción han reinventado el mito medieval de las mandrágoras, actualizando su contenido.

Antes de acabar este capítulo, nos gustaría citar entre los clásicos menores del cine expresionista alemán, la adaptación cinematográfica de la novela *Alraune*[8] [Mandrágora], de Hanns Heinz Ewers. Esta decadente obra maestra de la literatura gótica, de connotaciones fáusticas y claramente influida por las ideas del movimiento eugenésico, aparecida en 1911, gozó de una gran popularidad durante una década, a tal punto que se tradujo a 28 idiomas y fue llevada a la gran pantalla en al menos cuatro ocasiones.[9] Salvando las libertades creativas que se tomaron los guionistas, todos estos filmes siguen el mismo esquema argumental. La seductora, amoral y desalmada Mandrágora[10] (llamada *Alraune* por los antiguos alemanes), que da título al relato y a las diferentes películas, es el fruto de un macabro experimento llevado a cabo por el profesor Jacob ten Briken. Con el fin de crear un homúnculo femenino, impregna el vientre de una prostituta con mandrágora y la fecunda con el semen de un criminal ajusticiado en la horca. Este prometeo científico, tal como lo llamaron Jordi Balló y Xavier Pérez,[11] pertenece al linaje de los doctores lunáticos y megalómanos que, desde Caligari, pasando por Mabuse o Moreau hasta Frankenstein, han explorado la proteica facultad humana de crear vida artificial en el laboratorio y sus implicaciones ético-filosóficas. En este caso, la pérfida criatura, nacida de un oscuro proceso de manipulación genética, es una hermosa mujer, a cuyos siniestros encantos sucumben de forma irremediable los hombres. Alraune no solo personifica la fascinación misteriosa y destructiva que ejerce lo femenino y la atracción irresistible de los abismos del ser, sino que también encarna las aterradoras consecuencias de jugar a ser dioses, el poder maléfico de la ciencia y el conflicto entre el creador y su creación. Como Frankenstein, el Golem u otros monstruos, Alraune no es una hija de Dios sino de los hombres, de su desmedida ambición y su insaciable afán de conocimiento.

EL JARDÍN COMO TERAPIA FILOSÓFICA

Si quieres ser feliz una hora,
bebe un vaso de vino;
si quieres ser feliz un día, cásate;
si quieres ser feliz toda tu vida,
hazte jardinero.[1]

Proverbio chino

Si junto a tu biblioteca tienes un jardín,
ya no te faltará de nada.[2]

Marco Tulio Cicerón

A juzgar por la conversación y por los
libros de algunos amigos míos, la felicidad en el mundo moderno es casi imposible. Pero a juzgar por la introspección,
por los viajes fuera de Inglaterra y por
las conversaciones con mi jardinero, la
cuestión cambia de aspecto.[3]

Bertrand Russell

LA FIGURA DEL JARDINERO FILÓSOFO

*H*a quedado probado en este ensayo que los jardines expresan no solo una cosmovisión y un proyecto de sociedad sino también un ideal de vida y un modelo ético. El lector que me ha acompañado a lo largo de estas páginas ha tenido tiempo de comprobar cómo los jardines han constituido desde la antigüedad una metáfora intemporal de la buena vida, una representación sensible de la felicidad y un valioso documento de los sueños de perfección social. Además de plasmar de forma privilegiada la relación del hombre con la naturaleza y de traducir en un lenguaje plástico y sensorial la ideología vigente en cada

351

etapa histórica, trasmiten mensajes cifrados del inconsciente colectivo y materializan fantasías utópicas.

No se tiene la misma experiencia del jardín como sujeto agente que como sujeto paciente o, para decirlo más claramente, como jardinero y artífice que como espectador y paseante. Mientras que, para el primero, las manipulaciones del entorno físico y la ordenación del espacio representan un medio de expresión de su individualidad,[4] para el otro el jardín constituye sobre todo una obra de arte viva, un texto vegetal dotado de una rica simbología, que se ofrece a la lectura de la sensibilidad y de la inteligencia. Los jardines cuentan un relato al visitante que conversa con ellos en un acto de co-creación. Y pasear por esa "naturaleza hecha palabra y palabra hecha naturaleza"[5] representa, aparte de un ejercicio dialógico, una celebración del aquí y del ahora y un modo de elevación del yo. Salir al jardín supone siempre entrar en nosotros mismos.

Difícilmente podemos exagerar la importancia del jardín en la historia de las ideas y la concepción de una buena vida. En primer lugar, porque es uno de los espacios eutópicos por excelencia, bello y feliz, con una genealogía mítica que se remonta al Génesis. Desde el más suntuoso parque de recreo hasta el más humilde huerto familiar invoca el recuerdo del Edén, arquetipo de todas las utopías y todos los paraísos soñados por la humanidad.

Además, la jardinería cultiva muchas de las virtudes asociadas desde tiempo inmemorial a la buena vida, tales como la constancia, la paciencia, la humildad y la gratitud. No cabe duda de que la experiencia del jardín puede contribuir a la eudaimonía o, por usar una expresión del agrado de Martha Craven Nussbaum, "al florecimiento personal".[6] Mi esfuerzo ha ido encaminado a demostrar que el jardín ha tenido desde antiguo una dimensión moral y ha representado una escuela de virtudes éticas. Si consideramos la filosofía una actividad práctica, que dicta nuestro modo de vivir y estar en el mundo, esta comparte actitudes, objetivos y planteamientos con la jardinería.

Jardinería y filosofía restauran cada una a su manera nuestra confianza en el mundo, nos renuevan por dentro y revitalizan nuestras energías hasta el punto de hacer más grata y reflexiva nuestra existencia. Y en ese sentido constituyen un modo de vida y un discurso. Sea participando en el crecimiento de las plantas, sea ejercitando el pensamiento racional y la ética del diálogo, el significado profundo de ambas actividades es la sabiduría vivida,[7] pues, como afirma Montaigne, "aunque podamos ser eruditos por el saber de otro, solo podemos ser sabios por nuestra propia sabiduría". Esa misma idea inspira uno de los más lúcidos aforismos de Nicolas Chamfort: "La felicidad no es cosa fácil. Es muy difícil encontrarla dentro de nosotros mismos, e imposible encontrarla en otra parte".[8]

Los jardines están asociados en la mente de las personas a vivencias como la calma, el silencio, la serenidad y otros ingredientes imprescindibles en la receta del bienestar y del *bienser*. Pero además de proporcionar placer sensorial y relajación mental, deparan recompensas espirituales y morales. Es cosa sabida que el contacto con la naturaleza produce un efecto benéfico, apaciguador y regenerador. "Un bello panorama es una catarsis del espíritu –escribe Schopenhauer–, tal y como la música lo es del ánimo, según Aristóteles, y en su presencia uno pensara del modo más certero". Los entornos verdes ayudan a restaurar el equilibrio interior, alivian nuestros maltrechos corazones y mitigan la tensión, la ansiedad y las preocupaciones que emponzoñan nuestras vidas diarias.[9] Russell Page, uno de los más influyentes paisajistas modernos, escribe:

> Es necesario sustraer a las personas, aunque no sea más que por un instante, de sus preocupaciones cotidianas. Un contacto pasajero y rápido con la belleza del mundo exterior les ayudará a vivir mejor en su fuero interno. No vean en esto ningún rasgo de sentimentalismo fácil: por el contrario, esta es la verdadera razón de ser de los jardines y los jardineros.[10]

Desde esta perspectiva, me parece lícito concebir el jardín como una terapia filosófica, como una medicina o cuidado del alma, *"therapía tes psyches"*, según la fórmula socrática. Al igual que los ejercicios espirituales de la filosofía antigua, la práctica de la jardinería disciplina y fortalece el carácter, acalla el ego y remueve la conciencia profunda, propicia una renovación interior y favorece el progreso espiritual y la concentración en el presente. Se podría decir de la experiencia del jardín lo que Epicuro[11] escribió de la filosofía: contribuye a la salud del cuerpo y del alma. La misma música se escucha en estos versos de Shakespeare: "Nuestros cuerpos son jardines, / en los que hacen de jardineros nuestras voluntades".[12]

LA METAFÍSICA VISIBLE DEL JARDÍN:
DE LA LUCROPATÍA A LA HORTITERAPIA

El jardín comparte con cierta filosofía práctica la disciplina del deseo y la terapia de las formas. Como preconizan las escuelas socráticas menores, la sabiduría consiste en alcanzar la imperturbabilidad emocional o ataraxia a través de la razón y del diálogo. En ningún lugar se respira mejor esa bella serenidad que en un jardín. Me siento tentado a decir que la mejor manera de llevar una vida filosófica, de comportarse de un modo desapegado, reflexivo y consciente de las realidades ineludibles de la existencia es cultivar el propio huerto, como decía Voltaire.[13] Las virtudes del cuidado y de la paciencia que ayuda a desarrollar la jardinería sirven de antídoto contra el frenesí, la avidez, el descontento con uno mismo y el afán consumista de nuestra época. En otras palabras, la hortiterapia puede ser un remedio contra la lucropatía imperante en nuestro mundo, pues plantea un tipo de relación con la naturaleza no basada en la explotación ni en la codicia.

Contrariamente a la cultura del dinero presidida por la velocidad y la idea tóxica de que el tiempo es oro, la jardinería promueve la paciencia, es decir, enseña a soportar la espera. Una de las más importantes lecciones que se pueden aprender del jardín es precisamente esta: hay que sembrar para cosechar; germinar, para florecer; esperar, para retoñar. Este mensaje tiene un atractivo muy especial para los lectores del siglo XXI sometidos a la aceleración tecnológica, a la tiranía de la productividad y a la competencia mercantilista. En tanto que espacio eutópico, el jardín conjuga la vocación ornamental con la función productiva, razón por la que ilustra mejor que otras creaciones intelectuales y artísticas la relación entre lo bello, lo útil y lo bueno. Y en ese sentido contribuye a la sabiduría de la desesperación de la que habla André Comte-Sponville.

> El sabio no espera nada [...], porque ha dejado de desear otra cosa que no sea lo que sabe, lo que puede, o aquello con lo que goza. Ya no desea más que lo real, de lo que forma parte, y ese deseo, siempre satisfecho, es una alegría plena, que no carece de nada. Es lo que llamamos 'felicidad'. Es también lo que llamamos 'amor'.[14]

La austeridad elegida es una importante fuente de alegría, pues, al mismo tiempo que ejercita la autosuficiencia racional y la capacidad de gobernarse por sí mismo, pone coto a la insaciable avidez consumista. Duane Elgin[15] acuñó en 1981 la expresión "simplicidad voluntaria" para describir precisamente esa actitud, la de aquellas personas que optaban por vivir con menos para vivir mejor y más serenos. Independientemente de los términos, la sabiduría de necesitar poco ha contado con numerosos seguidores a lo largo de la historia de la filosofía. Son muchos los pensadores que han elogiado el desapego y el desprendimiento, y se han dejado atrapar por el encanto de una existencia reposada, sencilla y frugal desde los tiempos de Sócrates. Cuentan que el sabio ateniense, tras pasear sus huesos por el ágora contemplando los puestos y los tenderetes bien abastecidos de los artesanos y los mercaderes, exclamó con asombro no exento de ironía: "¡Cuántas cosas hay que no necesito!". Y repetía a menudo estos versos de una poetisa clásica: "Las alhajas de plata y púrpura / útiles son en las tragedias, / pero de nada sirven en la vida".[16] Esta anécdota contiene la simiente de la sobriedad feliz, un ideal que hicieron suyo filósofos de todas las épocas para vivir sin amos, liberarse de las ataduras del deseo, adquirir la tranquila posesión de uno mismo y ser capaces de renunciar a todo lo que no fuera estrictamente necesario. En el siglo I, Séneca animaba a un amigo a perfeccionar ese ascético arte de vivir con estas palabras:

Créeme, la verdadera alegría es austera. [...] Yo te ruego, querido Lucilio, que procures realizar aquella única cosa que puede
hacerte feliz: rechazar y pisotear todo aquello que brilla exte-
riormente, todo aquello que te ha sido prometido por otro que
de otro tiene que llegarte.[17]

Muchos siglos después, encontramos las huellas de esta tradición
antimaterialista y anticonformista en la obra de un contumaz pesimista metafísico como Schopenhauer:

El medio más seguro para volverse infeliz es no desear llegar
a ser muy feliz, es decir, poner las exigencias de placer, posesiones, rango, honores, etc. a un nivel muy moderado; porque
precisamente la aspiración a la felicidad y la lucha por ella
atraen los grandes infortunios.[18]

Otro ilustre artista del desapego, alérgico a la acumulación e in-
mune a la avaricia, es Thoreau. Toda su filosofía se halla resumida
en esta frase: "Un hombre es rico en proporción al número de cosas
de las que puede prescindir".[19] No faltan tampoco en nuestra época
autores seducidos por la idea de convertir la carencia en virtud. Bertrand Russell aporta argumentos, por ejemplo, para desconfiar de las
pretendidas bondades de la laboriosidad, el tesón y el rendimiento:

Quiero decir, con toda seriedad, que la creencia en la virtuosi-
dad del trabajo está haciendo mucho daño en el mundo moderno, y que el camino hacia la felicidad y la prosperidad depende
de una disminución organizada de trabajo.[20]

Contra el progreso ilimitado y en defensa de la sobriedad voluntaria se alza en nuestro tiempo la voz de Pierre Rabhi: "Moderación como principio de vida y moderación como experiencia interior
constituyen el anverso y el reverso de una sola y única búsqueda de
sentido y coherencia".[21] Tras el mensaje de que no es más rico quien
más tiene sino quien menos necesita, se esconde otra idea sorpren-

dente: el desapego es la condición de posibilidad de la libertad, y esta de la felicidad.

Sin entrar a valorar si la moderación es una obligación moral o una urgente necesidad para no desaparecer como especie, me limitaré a señalar que la jardinería puede ayudarnos a escapar de la lógica del mercado y a vivir sin tantas necesidades, a clarificar nuestras prioridades y a regresar al paraíso perdido. Buena prueba de ello son los huertos urbanos y los jardines efímeros, surgidos de la ocupación de solares, lugares degradados y zonas residuales en beneficio de la comunidad. Esas intervenciones informales y baratas, inspiradas por visiones alternativas, contribuyen a la reactivación de la ciudad y se convierten en espacios de socialización, resistencia y contestación social. Los huertos y jardines oportunistas, surgidos del activismo ciudadano, reflejan los ideales del ecourbanismo moderno y los nuevos modos de experimentar la ciudad. Y también aportan argumentos al debate sobre el utopismo.

El arte del jardín concilia la añoranza de lo que hemos perdido con la promesa de lo que todavía podría ser, y nos permite superar las clasificaciones binarias del pensamiento occidental (alma y cuerpo, naturaleza y cultura, mente y materia, sensible e inteligible, consciente e inconsciente), combatiendo el materialismo y el consumismo. En lugar de acumular, por qué no renunciar a las cosas que nos piden mucho y nos dan poco, a los deseos que no son ni naturales ni necesarios como proponía Epicuro,[22] por qué no contentarse con manjares sencillos, desprenderse de lo superfluo, cultivar la autosuficiencia racional y buscar una forma razonable de placer. El argumento no suena ni novedoso ni particularmente revolucionario, pero sus implicaciones resultan todavía tan trascendentales como comprometedoras.

EL JARDÍN COMO MASCOTA: SUPLICIO Y ORNAMENTO

El jardín no sigue solo las reglas de la armonía, la proporción y el equilibrio sino también la estrategia del exceso, la desmesura y el desvarío. Cómo explicar si no la manía casi obsesiva por dominar la naturaleza y someterla a un orden racional del jardín barroco, las extravagancias, rayanas en el despropósito, de los parques pintorescos poblados de una mezcla imposible de variopintas construcciones, por no hablar de la enajenación consustancial a la idea de crear un cuadro vivo, en tres dimensiones, de la estética paisajista. Nos gusta imaginar el jardín como un remanso de paz y un reducto de felicidad, pero más veces de las que suponemos su belleza es el resultado de prácticas antinaturales, violentas y abusivas. Su discurso iconográfico encierra a menudo una locura programada. Y tras su aparente orden se encubre el desequilibrio y la sinrazón. Agazapados en esos supuestos "entornos de cariño",[23] subsisten impulsos irracionales e instintos agresivos. Al igual que, como apunta el paisajista Clément,[24] podemos ver en una hermosa alfombra de césped "un desierto biológico", tenemos motivos para considerar la jardinería un arte de la crueldad.

El jardín no es solo un símbolo de la paz y la felicidad sino también del dominio del ser humano sobre la naturaleza. Mirándolo de esta manera, su cuidado se parece mucho al de una mascota. En ambos casos se trata de una relación desigual, sujeta a una dialéctica de superioridad, dependencia y sumisión, como señala Marc Treib:

> Cuidar de una mascota no es una actividad natural: es una forma de dominación, si bien suave. Enterrada bajo el disfraz del amor, cuidar de una mascota representa control; y sugeriría que valoramos el jardín justamente porque nos permite ejercer el control sobre un trozo de tierra, darle forma, criarlo, nutrirlo e, incluso, castigarlo de acuerdo a nuestros sentimientos, ideas y caprichos. Control implica también poder.[25]

El desvelo por esa naturaleza domesticada pero no artificial que es el jardín encierra aspectos de dudosa moralidad, y es menos inocente de lo que cabría pensar. Tendemos a pasar por alto el sadismo inherente al hecho de modelar el espacio con plantas sometidas a fuerza de tijeras podadoras, azadas, rastrillos y otras herramientas. Los jardines son el resultado de una crueldad controlada. El mantenimiento de las formas vegetales exige infringir suplicios como podar, injertar, trasplantar, etc. El abuso de poder se enmascara tras el genuino afecto que sentimos por las plantas. A propósito de la poda ornamental, Alain Baraton escribe:

> Se ha dicho a menudo que la poda da 'tono' a un arbusto. Pero le causa sobre todo estrés. La planta teme por su supervivencia y se apresura a reproducir en cantidad las ramas y las hojas que le faltan.[26]

Tan pronto como empezamos a vislumbrar el deseo de dominación, empezamos a percibirlo por todas partes, y nuestra comprensión del jardín cambia. Tras su apacible atmósfera se encubre la voluntad de sometimiento. Su construcción adquiere tintes sádicos y proporciones de maltrato, y se revela para quien sepa o quiera mirar como un acto de refinada violencia y crueldad narcisista. El más extraordinario de los jardines puede desaparecer en poco tiempo por negligencia. De ahí que sea necesario, como señala Tuan,[27] someterlo a una constante vigilancia y disciplina, lo que nos lleva a plantearnos la cuestión de por qué disfrutamos imponiendo nuestra voluntad a la naturaleza.

No está tampoco de más recordar que, aparte de a los árboles, los arbustos y las flores, se somete también a las aguas e, incluso, a los animales. Y no podemos tampoco engañarnos pensando que este ejercicio de poder es privativo de algunos estilos de jardinería; pues, según hemos visto páginas atrás, resulta tan artificiosa la arquitectura vegetal del jardín barroco como la pictorización del paisaje del jardín inglés. Hay algo profundamente turbador en el hecho de que disfrutemos coartando la libertad de la Naturaleza, reprimiendo sus impulsos y forzándola a obedecer nuestros veleidosos mandatos. Hablando de cómo los cánones estéticos desoyen a menudo los principios ecológicos, Tuan escribió:

> Históricamente, tanto en Europa como en oriente, las plantas no han sido solo podadas sino también grotescamente deformadas y jibarizadas, como si los diseñadores de jardines,

ebrios de poder, quisieran saber lo lejos que pueden llegar en su voluntad de convertir cosas vivas en artefactos. Deformadas y jibarizadas, las plantas todavía crecen. Su sumisión no es completa hasta que han llegado a ser inorgánicas. Este curioso deseo de lo inorgánico se pone de manifiesto en prácticas tales como forzar las plantas para que parezcan muros de ladrillo y pilares de piedra, sustituirlas por guijarros coloreados, pintar con arbustos y flores los parterres y construir árboles y flores minerales.[28]

El gozo sensual e intelectual del jardín, como el de tantas cosas hermosas, no es ajeno al tormento y la sevicia. Para ilustrar esta dualidad paradójica podemos recordar un episodio de la vida de Nelson Mandela, que evocaba así los beneficios que le deparaba el cuidado de un pequeño huerto mientras estaba preso:

> Un jardín era una de las pocas cosas que uno podía controlar estando en la cárcel. Plantar una semilla, verla crecer, cuidar la planta y después recoger sus frutos era una satisfacción sencilla pero profunda. La sensación de ser el custodio de aquella pequeña superficie de tierra tenía un cierto regusto a libertad.

Y a continuación compara la labor de un líder político con la de un jardinero:

> De algún modo, veía mi huerto como una metáfora de algunos aspectos de mi vida. Un líder también tiene que atender su jardín. También él planta semillas y después observa, cultiva y cosecha los resultados. Al igual que un jardinero, un líder debe aceptar la responsabilidad por lo que cultiva; debe estar pendiente de su tarea, rechazar a los enemigos, preservar lo que pueda ser preservado y prescindir de aquello que no puede dar fruto.[29]

A título de curiosidad, diré que en ese huerto jardín se ocultaron durante un tiempo, enterradas en tres latas de cacao, las notas autobiográficas que Mandela escribía clandestinamente y que constituyeron el germen de su autobiografía. Si bien finalmente los guardianes descubrieron y requisaron parte del manuscrito, un compañero de fatigas penitenciarias logró sacar primero de la prisión y luego del país el resto, y con ayuda de una mecanógrafa reconstruyó el texto en Londres.[30]

Poco importa si se trata de un pequeño huerto carcelario o un suntuoso parque, el jardín materializa anhelos contrapuestos de dependencia y libertad. Su poder de fascinación tal vez derive de esa tensión o, para ser más exacto, de reflejar los ambivalentes y contradictorios sentimientos de los seres humanos hacia la naturaleza. Y quizá por ello ha seducido a las mentes más refinadas de todas las épocas, que han visto en él una metáfora de la legibilidad del mundo natural. Un viejo aforismo persa dice que "quien construye un jardín se convierte en un aliado de la luz, ningún jardín ha surgido jamás de las tinieblas".[31] Pero me parece justo añadir que tampoco ninguno se construyó sin forzar, doblegar y someter la naturaleza a las imposiciones humanas. No cabe duda de que dominar el crecimiento de las plantas, obligándolas a obedecer nuestra voluntad, causa, utilizando las palabras de Freud, un "extraordinario placer narcisista, pues ofrece al yo la realización de sus más arcaicos deseos de omnipotencia".[32] Tal vez tenía en mente ese ambiguo significado Winston Churchill cuando, en septiembre de 1918, durante un encuentro en el parlamento con Siegfried Sassoon exclamó: "La guerra es la ocupación natural del hombre… la guerra y la jardinería".[33]

Aunque el jardín pueda dar instructivas y reveladoras lecciones de humildad, compasión y paciencia a quien está dispuesto a recibirlas, lo cierto es que en su ejecución siempre interviene la vanidad. Esto no le quita valor como escuela de virtudes morales, pero puede ser útil para explicar por qué la relación del jardinero con su creación es, cuando menos, paradójica, por no decir perversa. Cortar setos, podar ramas, tutorar árboles entre otras tareas tiene mucho de doma y tortura. En *Emilio*, Rousseau compara la educación de los niños con el cuidado de las plantas de un jardín y la labor del preceptor con la de un jardinero: pues al igual que este dirige, orienta y forma con sus lecciones las facultades y el carácter de su pupilo. Ahora bien, la poda como la educación autoritaria, más que infundir vigor, deforma los impulsos naturales.

> ¿No existen hábitos adquiridos forzosamente, y que jamás ahoga la naturaleza? Tal es, por ejemplo, el de aquellas plantas a las que se impide su crecimiento vertical. La misma planta obedece la inclinación a que fue obligada, más la savia no cambia su primitiva dirección, y si continúa su desarrollo, la planta vuelve a su crecimiento vertical. Igual sucede con las inclinaciones de los hombres. Mientras continúen en un mismo estado, pueden conservar las que provienen del hábito y son menos naturales, pero cambia y vuelve lo natural cuando la costumbre adquirida por la fuerza deja de actuar.[34]

No hay jardín sin coacción, sin violencia ni sometimiento, empezando por el acto fundacional de cercar, delimitar una parcela de terreno, y siguiendo por el empeño de remodelar el espacio conforme a nuestros gustos y manías. La sensación de poder que da controlar el crecimiento de las plantas tiene su correlato en el puro y simple deleite de cuidar su desarrollo. Podemos así suponer que, como señaló Bacon, "la única manera de controlar la Naturaleza es obedeciéndola".[35]

HACIA UNA ESTÉTICA LIBIDINAL DEL JARDÍN: SEDUCCIÓN Y SIMBIOSIS

Las relaciones de poder en el jardín tal vez sean más complejas de lo que en un principio imaginábamos. Cuanto más profundizamos en la mutua servidumbre entre plantas y jardineros, más cuesta distinguir entre amo y siervo. En cuanto uno comienza a ahondar en este tema, se da cuenta de que las cosas no son cómo parecen, que hay muchas preguntas acerca del dominio del hombre sobre la naturaleza que no tienen respuesta fácil. Habría mucho que hablar sobre las supuestas relaciones de sumisión en un jardín antes de dirimir quién controla a quién. No cabe duda de que nuestra supervivencia como especie depende del mundo vegetal. No sobreviviríamos a la desaparición de las flores, los árboles y los arbustos, mientras que no es difícil imaginar un planeta verde sin presencia humana. Stefano Mancuso, una de las máximas autoridades mundiales en neurobiología vegetal, nos previene así contra el antropocentrismo:

> El reino vegetal representa el 99,5 por ciento de la biomasa del planeta. Es decir, que del cien por cien del peso de todos los seres vivos de la Tierra, entre un 99,5 y un 99,9 por ciento, dependiendo de los cálculos, corresponde a las plantas. O por decirlo a la inversa: de todos los seres vivos, los animales –incluidos los seres humanos– representan solo una parte despreciable (un mísero 0,1 o 0,5 por ciento).[36]

Tal vez sea no por iluso menos pretencioso creer que los miembros del reino vegetal se someten pasivamente a la tiranía de nuestros caprichos en lugar de aceptar que también embaucan, cautivan y ponen a su servicio a sus supuestos amos. Encarnando nuestros ideales de belleza y salud, captando nuestras necesidades y adaptándose a nuestros gustos algunas plantas consiguen sus propósitos: prosperar, expandirse, tener éxito reproductivo. Basta recordar cómo la rosa, el tulipán o la orquídea han conquistado nuestro mundo y nuestro imaginario, y de paso han colonizado nichos que se hallaban fuera de su alcance sin la colaboración necesaria del hombre. Como observa Michael Pollan:

> Aunque egoístamente consideramos que la domesticación es algo que nosotros hemos hecho con las plantas, se trata al mismo tiempo de una estrategia a través de la cual las plantas se han aprovechado de nosotros y nuestros deseos, incluso de nuestras más peculiares nociones de belleza, para su propio interés.[37]

Es cosa sabida que las plantas utilizan estrategias muy sofisticadas para asegurar tanto la dispersión de las semillas como la polinización.

Para ayudarse en la tarea de fecundación hay flores (los órganos sexuales de los vegetales) que seducen a sus polinizadores con intensos aromas y la promesa del néctar. Otras como la orquídea *Ophrys apifera* recurren al mimetismo.[38] Su flor imita la forma y los colores, la piel pilosa e incluso, y eso es lo más sorprendente, el olor de las feromonas de las hembras de algunas especies de insectos, lo que incita a la cópula a los machos. Lo cierto es que las flores se sirven de una gran variedad de reclamos, y los seres humanos no escapan a sus estrategias de seducción. Al igual que los insectos, las aves, los murciélagos, los reptiles u otros mamíferos, nos convertimos, según se mire, en mensajeros fiables o en víctimas de sus manipulaciones. Ellas nos atraen con sus encantos y nosotros las seleccionamos artificialmente. Las plantas necesitan de nuestra ayuda y nosotros de ellas. Como en cualquier otra relación, la cooperación moldea a ambos participantes. A propósito de la inteligencia de las flores, Maurice Maeterlinck escribió:

> Su idea de la belleza y de la alegría, sus medios de seducción y sus gustos estéticos se parecen mucho a los nuestros. Pero sin duda sería más exacto afirmar que los nuestros son semejantes a los suyos. Porque no es seguro que hayamos inventado una belleza que nos sea propia. Todos nuestros motivos arquitectónicos y musicales, todas nuestras armonías de color y de luz, etc., son directamente tomadas de la Naturaleza.[39]

Hace doce mil años, en diferentes lugares del planeta, los hombres empezaron a domesticar plantas silvestres y a cultivarlas para su consumo y placer. En el curso de este proceso, que no se ha interrumpido, vegetales y humanos crearon lazos y sellaron una alianza que transformó a ambos integrantes. A la par que aprendían a vivir juntos y a cuidarse mutuamente, se influían recíprocamente, se complementaban y se mimetizaban. Fruto de esta evolución conjunta se desarrolló una estética libidinal de los jardines. Algunas plantas se adaptaron a los gustos humanos y materializaron nuestros ideales y deseos; y nosotros las cultivamos con esmero, atendimos sus exigencias y procuramos su supervivencia. No parece exagerado afirmar que plantas y seres humanos se amaestraron mutuamente. Así fue como los miembros de esta asociación se convirtieron en cómplices en la tarea de sobrevivir, se hicieron aliados en la búsqueda de una vida mejor e instituyeron una felicidad mancomunada. De esta forma describe la narradora francesa Amélie Nothomb esa relación de codependencia: "La rosa que muere de sed tiene necesidad de un jardinero, pero el jardinero tiene también necesidad de la rosa que muere de sed; sin la sed de su flor no existe".[40]

Nuestra percepción del jardín cambia significativamente y cobra otra dimensión cuando lo percibimos como el resultado de la seducción mutua y la cooperación provechosa, en la que cada cual obtiene lo que busca a cambio de satisfacer las necesidades del otro. La comprensión de esa interdependencia nos proporciona una visión más profunda de la ancestral necesidad humana de crear jardines y nos permite ver este como una suerte de superorganismo simbiótico. Unas líneas de Mancuso pueden ayudarnos a entender esta perspectiva pomocéntrica, es decir, centrada en los vegetales:

> Desde el punto de vista de las plantas, podría valer la pena trabar amistad con este extraño para beneficiarse de sus servicios. Así pues, ¿cómo descartar que hayan usado su habilidad manipuladora también con nosotros, creando flores, frutos, olores, sabores, aromas y colores agradables a nuestra especie? Quizá las plantas los producen solo porque agradan al ser humano, que a cambio las propaga por el mundo, las cura y las defiende. Cuando pensemos en todo lo que las plantas nos dan –del perfume a las maravillosas y variopintas formas que han inspirado a tantos artistas– no nos sorprendamos demasiado de la suerte que tenemos: nadie hace nada a cambio de nada, y nosotros, por lo menos para algunas especies, somos el mejor aliado que tienen en el planeta...[41]

Los jardines han tenido siempre cosas importantes que enseñarnos acerca de la dominación y el amor. A fin de cuentas, cultivar un trozo de tierra tal vez sea una de las pocas formas de defenderse contra la mercantilización de todas nuestras actividades. Huertos y jardines constituyen espacios de resistencia en una sociedad desaforadamente consumista como la nuestra, porque su razón de ser escapa por ahora a la lógica de la maximización de beneficios y al dominio de la multitarea, la velocidad y la inmediatez de las tecnologías digitales. En ellos los valores dominantes no son la productividad, la eficiencia y el éxito material sino el cuidado, la contemplación meditativa y el gozo sensorial de la belleza. Ocuparse de un jardín o un huerto es uno de los pocos gestos de insumisión genuina.

Para dar por concluido este escrito señalaré que el ejercicio de vivir bien es una y misma cosa, como observa Epicuro, con el ejercicio de morir bien.[42] Muchos siglos después, uno de sus más distinguidos discípulos, Michel de Montaigne, aboga por consumir nuestros días con serena despreocupación y alegría, sin descuidar el cultivo del propio huerto: "Quiero que obremos y prolonguemos las tareas de la vida tanto como sea posible; y que me halle la muerte plantando coles, más indiferente a ella y más aún a mi imperfecto jardín".[43] El empeño del autor de los *Essais* por seguir sembrando como si tal cosa, hasta el último momento, resume mejor que ningún discurso la sabiduría jardinera y responde por sí sola a la tan crucial como intemporal pregunta planteada por el Gorgias platónico: "¿cómo vivir?".[44]

GLOSARIO

Allée: término usado en jardinería derivado del verbo *aller* (ir, en francés) con el que se designan los senderos o caminos de tierra apisonada, arena, grava, cemento, etc. trazados en línea recta y que están destinados a servir de paseos y vías de comunicación entre los distintos espacios de un jardín.

Allée couverte: sendero o avenida bordeada de árboles cuyas ramas se entrelazan formando una bóveda verde que brinda abrigo y sombra al paseante.

Allée d'eau: camino cuyos bordes están jalonados por surtidores de agua emplazados a intervalos regulares.

Arboretum: término aparecido en el siglo XIX para nombrar una plantación de árboles, a menudo raros o exóticos, destinada al estudio científico y que constituye una suerte de museo de árboles.

Arcadia: región del Peloponeso (Grecia) que se identifica con una visión idílica de la naturaleza y que simboliza la unión perdida entre el hombre y la tierra.

Architecture paysagiste (arquitectura paisajista en español): esta expresión francesa designa la profesión de aquellas personas que diseñan y dirigen la ejecución de conjuntos paisajísticos como jardines, parques, zonas verdes, áreas de descanso, etc. En Francia, el arquitecto paisajista está inscrito en el Colegio de Arquitectos. En Inglaterra, esta profesión recibe el nombre de *landscape gardening* (jardinería paisajista). Se diría que la huella de las distintas tradiciones nacionales se deja sentir en el título académico que obtienen los estudiantes que quieren dedicarse profesionalmente a la creación de jardines. Mientras que, en el país galo, el título de *architecte paisagiste* (arquitecto paisajista) pone el énfasis en lo constructivo, en el mundo anglosajón la expresión *landscape gardener* (jardinero paisajista) resalta sobre todo lo natural. Lo cierto es que, por definición, el jardín formal aparece vinculado a la arquitectura y, por ende, a la geometría; mientras que el jardín paisajístico se halla emparentado con la pintura y la poesía. Estos dos estilos están asociados a las emblemáticas figuras de A. Le Nôtre (1613-1700), el jardinero de Versalles, y *Capability* Brown (1715-1783), el creador de inolvidables parques como el del palacio de Blenheim.

Arquitectura vegetal: esta expresión alude a las estructuras arquitectónicas creadas mediante el empleo de todo tipo de plantas, por lo general pabellones, pérgolas, *cabinets*, etc. La evolución y perfeccionamiento del *ars topiaria* o la poda ornamental y la técnica del *treillage* o armazones destinados a servir de soporte a las plantas trepadoras permitió erigir construcciones "verdes" cada vez más complejas y atrevidas. Se fue perdiendo el interés por la arquitectura vegetal conforme avanzaba el siglo XVIII, y se abandonaba una concepción geométrica y racional del jardín en beneficio de otra poética y sentimental, donde los nuevos principios que inspiraban el diseño eran la naturalidad, el poder de evocación y la libertad expresiva. Este concepto ha cobrado un nuevo auge en nuestra época gracias al uso que se da a la vegetación en la realización de edificios bioclimáticos y jardines verticales. La utilización de plantas como material constructivo, y no solo decorativo, ofrece no pocas ventajas: el control térmico, la autorreparación, la integración paisajística, la absorción de contaminantes específicos y CO_2 y la sostenibilidad.

Artealización: neologismo acuñado en el último cuarto del siglo XX para designar el conjunto de medios utilizados por un arquitecto paisajista para crear un paisaje. En palabras de A. Roger "nuestra percepción estética de la naturaleza siempre está mediatizada por una operación artística, una 'artealización' tanto si se efectúa directa como indirectamente, in situ o in visu" *(Breve tratado del paisaje).*

Arte topiaria: consiste en moldear árboles, arbustos o plantas leñosas o herbáceas mediante cortes, sujeción o injertos dándoles formas geométricas (conos, pirámides, esferas, etc.) o figurativas (animales o figuras humanas), y conseguir así una escultura vegetal. El arte de la poda ornamental se remonta a los romanos, como lo demuestran los textos de Plinio el Viejo *(Historia Naturalis)* y los frescos de las villas pompeyanas, y se cultivó con profusión durante la Edad Media y el Renacimiento, tal y como testimonian los tapices y las estampas iluminadas, hasta alcanzar su apoteosis en el Barroco y la Ilustración con el desarrollo del jardín formal.

Arriate: franja de tierra, estrecha y adosada a una pared o muro, cultivada con plantas de adorno.

Avenue: un *allée* bordeado por árboles plantados a distancias regulares.

Bassin: reservorio natural o artificial de agua, que puede tener una función decorativa o utilitaria. Este estanque ornamental, que con frecuencia posee en su centro una estatua o un chorro de agua *(jet d'eau),* refleja el paisaje circundante como si de un espejo se tratase.

Belvedere: término italiano que significa literalmente "bella vista". Con él se designa a un pabellón, terraza o plataforma (natural o artificial) situada en un lugar elevado, desde donde se disfruta de una vista panorámica de un parque o un jardín.

Belt o belt-walk: paseo de ronda, sinuoso y serpenteante, que permitía descubrir perspectivas *(prospects)* del jardín interior y del paisaje abierto, característico del estilo paisajístico. Plantaciones de árboles en los bordes del parque o jardín a modo de orla.

Berceau: *treillage* en forma de bóveda recubierta de plantas trepadoras y que, a menudo, posee cualidades arquitectónicas como pérgolas, columnas, túneles, etc.

Bordure (orilla en español): con este término francés se designa a los elementos minerales o vegetales destinados a marcar el contorno de un parterre y a establecer las divisiones.

Bosquete (*bosquet* en francés): este término proviene de la voz italiana *boschetto*, que significa bosquecillo. Estos se plantaban sobre un cuadro de terreno bordeado y atravesado por caminos rectilíneos, que formaban figuras geométricas. En su interior albergaban salas de verdura donde reposar, que podían adquirir diferentes formas: laberintos, claustros, capillas, *cabinets*, galerías de agua y verdor, etc. En el siglo XVIII, con el advenimiento del jardín paisajista, los caminos adoptaron en ciertos bosquetes un trazado curvo, sinuoso y serpenteante.

Bouillon d'eau (borbotón de agua en español): esta expresión francesa alude a un tipo de fuente cuyas aguas no se elevan demasiado alto y que intenta imitar el borboteo de un manantial.

Boulingrin: área plana de césped, de forma rectangular y, a veces, bordeada de arbustos de hoja perenne recortados, y habitualmente rodeada de terraplenes o taludes cubiertos de hierba. El término *boulingrin* resulta de la corrupción de la expresión inglesa *bowling green*, que significa literalmente "prado donde se juega a los bolos".

Bouquetier: término francés para referirse a un jardín consagrado a la cultura de las flores.

Broderie: arbustos bajos, de hoja perenne, tales como el boj enano, el tejo y otros, que, gracias a una minuciosa poda, reproducen fielmente los motivos utilizados en los bordados. Hay distintos tipos de *broderies* vegetales: *arabesques, passements, guillochi,* etc.

Buffet de agua: fuente con distintas pilas superpuestas, normalmente de dimensiones decrecientes, adosada a un muro o un nicho y que forma una especie de cascada.

Bulbosas: son plantas herbáceas y perennes que poseen órganos subterráneos con reservas de nutrientes. Pasan el invierno sin hojas ni tallos y, cuando llega la primavera, rebrotan. Se reproducen a partir de cualquiera de estos órganos: bulbos (tulipán, jacinto, narciso, azucena, iris), cormos (gladiolo, fresia, crocus), raíces tuberosas (dalia, begoña, agapanto, anémona) o rizomas (cala, lirio, caña de las Indias). Se cultivan por sus vistosas y bellas flores, aunque en la mayoría de las especies tienen una corta vida.

Cabinet de verdure: pequeño espacio a modo de gabinete o habitación privada situado dentro de un *bosquet* y destinado al reposo.

Canal: un brazo de agua de forma regular y alargada en el interior de un jardín. Primero los jardines renacentistas italianos y, más tarde, los jardines a la francesa gustaban de subrayar la perspectiva y acentuar la linealidad mediante canales. Un buen ejemplo es el Gran Canal del parque de Versalles. Con una longitud de un kilómetro y medio y una anchura de 62 metros, traza una cruz, que, en su eje principal, prolonga la perspectiva del jardín hasta el infinito. A reforzar este efecto contribuye sobre manera las hileras de hayas, robles, fresnos y cerezos silvestres, que orlan el brazo de agua. Desde un punto de vista práctico, el Gran Canal, situado más abajo del castillo, servía para recoger el agua de las fuentes, que era después bombeada hasta su punto de partida.

Carmen: vocablo proveniente del árabe *carm*, viña, con el que se designan los jardines del sur de España de estilo mozárabe.

Carré (o *carreaux*): vocablo francés que literalmente significa cuadrado y con el que se designa a una porción de tierra de líneas y ángulos rectos, trazados a cordel y sembrados de flores u hortalizas. Los huertos son a menudo divididos en varios *carrés*, en cada uno de ellos se plantan verduras de la misma especie. Así, por ejemplo, en Versalles, *Le Potager du Roi* está dividido en dieciséis *carrés* regulares y el conjunto constituye el llamado *Grand carré*.

Carta de Florencia: convención firmada en Florencia el año 1981 para la salvaguarda y protección de los jardines históricos.

Cascada: esta palabra deriva del vocablo italiano "cascata" y alude a una caída desde cierta altura del agua de un río u otra corriente por un brusco desnivel del cauce. Las cascadas forman parte de los juegos tradicionales de agua de los jardines desde la época renacentista. Baste recordar los grandiosos teatros de agua que adornaban las grandes villas suburbanas construidas por los Papas, cardenales y nobles en Frascati, ciudad de la provincia de Roma (Lacio) a principios del siglo XVII: la villa Aldobrandini (1602), la villa Ludovisi (1621-1623) o la villa Mondragone (1613). Hay cascadas de muchos tipos: en forma de escaleras con suaves rampas (siglo XVII), de saltos de agua en caída vertical (siglos XVIII y XIX) o, incluso, de estanques superpuestos o de chorros de agua.

Casino o *casin:* término italiano para referirse a un pequeño pabellón de placer construido en un jardín. En el magnífico parque Villa Borghese (Roma), de 80 hectáreas de extensión y estilo inglés naturalista, se pueden ver entre otras construcciones varios casinos: el Casino dell'Orologio, Casino del Graciano y el Casino detto di Raffaello.

Ceres: en la mitología romana era la diosa de la agricultura, las cosechas y la fecundidad. Hija de Saturno y Ops, y hermana y esposa de Júpiter, enseñó, según la leyenda, a los hombres a cultivar la tierra. Su figura se asimiló a la de Deméter en la mitología griega.

Chambre de verdure (también *cabinet de verdure*): habitación o gabinete verde formado por plantas en el interior de un bosquete, característica de los jardines formales "a la francesa".

Charbagh: término de origen persa y universalizado por la cultura islámica del jardín con el que se designa al doble eje cruzado que divide el jardín cerrado o *riyad* en cuatro partes.

Charmilles: conjunto de plantas alineadas y recortadas para formar setos y diferentes arquitecturas vegetales.

Ciudad-jardín: aunque la aproximación a la idea de la "ciudad-jardín" se había iniciado a mediados del siglo XIX con algunas experiencias aisladas (tales como la localidad de Vésinet construida entre 1856 y 1875 en Francia o el asentamiento residencial de Riverside State en Chicago, proyectado en 1869 por Frederick Law Olmsted y Calvert Vaux), no fue hasta principios del siglo XX con la aparición de la obra de Ebenezer Howard (1850-1925) *Ciudades jardín del mañana* (1902) cuando este movimiento urbanístico adquirió carta de naturaleza. La originalidad de su propuesta se puede resumir diciendo que más que "una ciudad con jardines" se trataba de desarrollar "una ciudad en un jardín". El jardín público se convertiría en el corazón de la ciudad y un elemento socialmente integrador. Cada uno de estos núcleos urbanos, de unos 32.000 habitantes, se estructuraba mediante un sistema radial de seis grandes avenidas o bulevares de alrededor de un kilómetro de longitud, lo que configuraba una ciudad circular con un jardín en su centro bordeado por edificios emblemáticos. En un segundo círculo concéntrico se situaba la amplia banda verde del "central park". Los planteamientos de Howard parecen entroncar con una tradición de ciudades ideales y utópicas, que se remonta a la antigüedad clásica y al Renacimiento: la *República* de Platón, la isla de Utopía de Tomás Moro, la isla de Citerea que aparece en la obra de Francesco Colonna *El Sueño de Polífilo* (Venecia, 1499), la ciudad de Sforzinda (1465) y otras muchas.

Clump: grupo de árboles, bosquetes de árboles característicos del jardín paisajista.

Colonnade: este vocablo francés se puede traducir en nuestro idioma por la palabra columnata, es decir, una serie de columnas que adornan o sostienen un edificio. En el caso de que una columnata se encuentre delante de un edificio, protegiendo la puerta, se llama "pórtico", mientras que, si cierra un espacio abierto, recibe el nombre de "peristilo". Y, por analogía, se utiliza este término para referirse a árboles o arbustos podados en forma de columna (*colonnes de verdure*, en francés).

Corbeille: vocablo francés que significa literalmente "cesta" y con el que se designa en jardinería a un macizo de flores, por lo general en medio de una superficie de hierba, en forma de pequeña cesta o canasta. Esta disposición oval o redonda debe tener en cuenta en su composición las fechas de floración, así como los colores y las formas, de las diferentes plantas que la componen.

Cottage: con este término inglés se designa a una modesta vivienda de construcción tradicional, a menudo de madera, en una zona rural o semirural, que incluye una pequeña casa y un jardín inspirado en la estética pintoresca de finales del siglo XVIII.

Demi-lune (media luna en español): con este vocablo francés se designa a la salida en forma de *croissant* que, en los jardines a la francesa, señala generalmente el final de un *allée* o una avenida.

Dendrología: es la rama de la botánica que se ocupa del estudio de las plantas leñosas, es decir, de árboles y arbustos.

Domaine (dominio en español): este vocablo francés designa una propiedad vitícola, incluyendo la residencia, los edificios auxiliares y las viñas.

Dot (punto en español): árbol aislado en medio de un prado. En palabras del famoso jardinero inglés *Capability* Brown, "mancha formada por un árbol solo".

Espalderas (*espalier* en francés): este término proviene del vocablo italiano *"spalla"* que significa espalda y con él se designa a un sistema de plantación de los árboles frutales a lo largo de una estructura plana de madera, alambre o piedra, lo que permite una óptima recepción de los rayos solares.

Espejo de agua: estanque ornamental de formas geométricas y sin surtidores, destinado a reflejar el cielo. Véase los espejos de agua del jardín de Chantilly.

Estatua: el gusto por las estatuas en los jardines proviene de Italia y se impuso en Francia durante el siglo XVII bajo el impulso de Luis XIV. No será ajeno a esta afición por la estatuaria el parque paisajista inglés del siglo XVIII. Su concepción irregular, con senderos sinuosos y vegetación aparentemente no domesticada, recurre al uso de estatuas como elemento decorativo y, sobre todo, simbólico dentro de un decorado donde, con una calculada espontaneidad, se exhibe una naturaleza idealizada. Desde el Renacimiento las estatuas, solas o en grupo y a menudo asociadas a los juegos de agua, serán los verdaderos habitantes de los jardines. Hay una tendencia moderna a crear museos al aire libre o, como se les conoce a veces, jardines de esculturas. Si estas habían servido tradicionalmente como un ornamento de los parques y jardines, se convierten ahora en el objeto principal, y el jardín queda subordinado al papel de mero marco o escenario de la exposición.

Estilo mixto: desarrollado por H. Repton y practicado durante el siglo XIX en la jardinería continental. Este estilo incluye de forma ecléctica motivos de los jardines renacentistas y barrocos, e integra distintos jardines temáticos en un mismo diseño. El parque barroco de Nymphenburg (Múnich) realizado por Carbonet y Girard, alumnos de Le Nôtre, fue reestructurado para reconciliar el original y trasnochado para la época estilo barroco con el paisajista creando una síntesis original.

Estilo rococó: estilo de transición entre el jardín formal o regular, organizado según ejes geométricos precisos y a menudo simétricos, y el jardín paisajista, de trazado irregular y que intenta recrear la naturaleza.

Estilo neosevillano: el creador de este nuevo estilo, heredero de la tradición del jardín hispanoárabe (la Alhambra, el Generalife, el Palacio de Galiana), fue el prestigioso diseñador francés Jean Claude Nicolas Forestier (1861-1930), quien asumió el encargo en 1929 de realizar el parque que acogería la Exposición Iberoamericana de Sevilla. Se caracteriza por el uso de materiales autóctonos, como el ladrillo o la cerámica, combinados con elementos decorativos propios de un clima caluroso, tales como pérgolas, emparrados, terrazas, etc. Otro de sus rasgos distintivos, de clara inspiración islámica y mediterránea, es la presencia constante del agua en sus proyectos. Todos estos elementos están al servicio de un esquema clásico y una visión colorista y estructurada del jardín, que Forestier concebía como una obra de arte. El estilo neosevillano estará de moda en España y el mediterráneo francés durante las primeras décadas del siglo XX.

Étoile (estrella en español): término francés que se aplica a los caminos o avenidas, por lo general en un número de seis, que confluyen o parten desde un punto central.

Exedra: este término proviene de la palabra griega *exedra* que significa "sala de reunión" y con él se alude a una construcción o empalizada vegetal de forma semicircular, en las que se han dispuesto hornacinas, aberturas o nichos para estatuas o bancos.

Fabriques: construcciones ornamentales (torres, chozas, ermitas pirámides, templos, pagodas, etc.) que embellecen los grandes parques románticos. Los jardines modernos a veces también incorporan *fabriques*. Un buen ejemplo de esto son los pabellones del Parc de la Villette de París.

Feng shui: la palabra *feng* significa en chino "viento" y *shui* "agua". Y la unión de ambos términos alude a una disciplina basada en la cosmología china y con fuerte arraigo en la cultura oriental, que puede ser definida como el arte del emplazamiento o ubicación de viviendas y toda clase de edificios sobre el terreno, de modo que estén en armonía con la naturaleza y el entorno, teniendo en cuenta la topografía, las condiciones climáticas y la situación geográfica, y respetando las fuerzas naturales y los principios de simetría, equilibrio, jerarquía de alturas, orientación favorable y disposición adecuada de los muros de cierre. Estos preceptos rigen también el diseño de los jardines chinos, marcados por la idea de armonía del *feng shui* y del contraste del *yin* y el *yang*. Los elementos masculinos *yang* (rocas, colinas) deben estar equilibrados con los elementos femeninos *yin* (agua, espacios cubiertos y descubiertos, puentes, pabellones, pagodas, etc.) a fin de conseguir trasmitir una sensación de sosiego y bienestar, provocar expectación y reunir vistas o escenas de interés.

Ferme ornée (en francés) *ornamental farm* (en inglés): granja ornamental inspirada en la legendaria finca de Horacio. En ella la producción agraria se organizaba según criterios estéticos para crear un paisaje ajardinado a modo de parque. En el Rococó francés la *ferme ornée* se convirtió en un entretenimiento, muy al gusto de la idealización del mundo pastoril, mientras que, en Alemania, alcanzó un notorio y relevante desarrollo por ejemplo en la Englischer Garten de Sckell, en Múnich, o en los proyectos de Lenné para la reestructuración de la finca de Reichenbach en Pomerania (1820).

Fisiocracia o **fisiocratismo** es una escuela de pensamiento económico surgida en Francia en el siglo XVIII que atribuía exclusivamente a la naturaleza el origen de la riqueza. Sus fundadores fueron François Quesnay, Anne Robert Jacques Turgot y Pierre Samuel du Pont de Nemours. El término fisiocracia proviene del griego y quiere decir "gobierno de la naturaleza". La principal enseñanza de los fisiócratas es que la agricultura era el único sector productivo capaz de crear riqueza, mientras que el comercio y la industria únicamente permitían la distribución de esta riqueza; razón por la que los fisiócratas estaban en contra de las políticas mercantilistas que favorecían el proteccionismo. Su doctrina económica se puede resumir diciendo que rechazaban la intervención del gobierno en la economía y propugnaban un política económica de *"laissez faire"* como un medio para alcanzar una sociedad próspera y virtuosa.

Flora: en la mitología romana era la diosa de las flores, los jardines y la primavera. Por el mes de abril o principios de mayo, se celebraba su festividad, la Floralia, con bailes, bebidas y flores. Su equivalente en la mitología griega era la diosa Cloris.

Folie: vocablo francés que literalmente significa "locura" y que en el lenguaje de los jardines sirve para designar a las caprichosas, lujosas y extravagantes mansiones acompañadas de fastuosos jardines o parques que, durante los siglos XVII y XVIII, se hicieron construir algunos aristócratas. Un buen ejemplo es la *folie* que el conde de Artois erigió en el Bois de Boulogne, más conocida como el château de Bagatelle, y que contaba con una célebre rosaleda.

Fontana: las fontanas o fuentes recibían el nombre de lavabos en la Edad Media y servían para que los monjes realizaran abluciones. Estas se ubicaban normalmente en el centro geométrico de los jardines monásticos y simbolizaban los cuatro ríos del paraíso terrenal mencionados en el Génesis: Pisón, Guijón, Tigris y Éufrates.

Frise de gazon (friso de césped en español): expresión francesa que designa un parterre plantado de hierba. Sus elaborados dibujos imitan un friso en bajorrelieve.

Fruticetum: una colección de arbustos cultivados para servir de ornamento u objeto de estudio; un *arboretum* especializado en el cultivo de arbustos.

Galerie d'eau (galería de agua en español): recinto al aire libre, por lo general rectangular, cuyo contorno está delimitado por una serie de fuentes.

Gardenesque: estilo desarrollado por John Claudius Loudon y William Robinson en el siglo XIX a partir de las ideas de H. Repton (1752-1818) y los presupuestos del "picturesque". El "gardenesque" se diferencia de este último en que, a riesgo de caer en un cierto abigarramiento, combina áreas de carácter formal y pictórico sin integrarlas en un todo unitario, mezclando de manera laxa elementos pertenecientes a diferentes tradiciones: parterres ornamentales con flores, plantaciones de árboles aislados, caminos rectilíneos, macizos de arbustos distribuidos con calculada espontaneidad, fuentes artísticas y estatuas decorativas.

Garenna: vocablo italiano para designar una isla artificial en medio de un estanque donde se criaban los conejos destinados a la cocina, especialmente en la época barroca.

Garenne: palabra francesa con la que se designa un coto privado de caza en un bosque, desprovisto de *allées* o senderos rectilíneos y esculturas, que se sitúa en el parque o rodea el castillo.

Glacière (nevera en español): construcción semienterrada que se encuentra en algunos jardines y parques a la francesa, y que servía para conservar la nieve.

Goulette: pequeña canalización al aire libre que discurre a lo largo de una piedra inclinada o una superficie de mármol interrumpida de tanto en tanto por pequeñas pilas o cubetas adornadas con surtidores de escasa altura. Algunas *goulettes* pueden estar salteadas de pequeñas caídas de agua, formando de esta manera una suerte de cascada intermitente.

Grille d'eau (reja de agua en español): expresión francesa para referirse a una fuente, cuyos chorros asemejan la forma de una reja. Una de las más famosas *grille d'eau* se encuentra precisamente en el castillo de Vaux-le-vicomte.

Giardini pensile: jardines construidos en pendiente, en la falda de las colinas, a fin de tomar prestadas las vistas del paisaje. Estos jardines abiertos al horizonte, a las perspectivas exteriores y al panorama campestre se empezaron a realizar durante el *Cinquecento* italiano en el valle del río Arno que baña la ciudad de Florencia. Un buen ejemplo es la villa de Castello, construida por Cosme I de Médicis a partir de 1538 según un proyecto de Niccolò Pericoli 'Tribolo' (1500-1550), que sirvió de sede a la Academia Neoplatónica. Otras de las creaciones más típicas y representativas del Renacimiento son la villa Lante en Bagnaia, encargada por el cardenal Francesco de Gambara a partir de 1568 e ideada por el genial arquitecto Giacomo Barozzi da Vignola (1507-1573), quien también fue el artífice de los jardines de Caprarola (1559). Y no conviene olvidar tampoco entre los ejemplos más perfectos del arte del jardín renacentista la villa de Este en Tívoli. El cardenal Hipólito d'Este comenzó su construcción en 1550; el cardenal Luigi d'Este proseguiría las tareas de escalonamiento de la fuerte pendiente, así como la conducción de aguas desde el río Aniene, que, finalmente, se consumarían en 1605 bajo el mandato del cardenal Alessandro d'Este. El arquitecto que diseñó los jardines y buena parte de las obras decorativas fue Pirro Ligorio (1510 o 1513-1583), quien, junto a Vignola, es uno de los maestros indiscutibles del jardín renacentista italiano.

Glorieta: nombre dado a un pabellón o edificio levantado en la intersección entre dos o más caminos o *allées* de los parques y jardines de recreo.

Gruta (del italiano *grotta*): son cavidades naturales o artificiales de las que mana agua y cuyas rugosas paredes están decoradas a menudo con conchas. Lo cierto es que, en todas las épocas y culturas, las grutas han formado parte de la decoración de los jardines, tanto de estilo formal como paisajístico. Así, en los jardines a la francesa las grutas contrarrestan la rigidez resultante de la regularidad del trazado y de un diseño rectilíneo de los parterres y los *allées*. Quizá la gruta más famosa de todos los tiempos sea la de la ninfa Calipso descrita por Homero en la Odisea con un aire entre edénico y sagrado, y que servirá de inspiración a partir de entonces a los creadores de jardines.

Ha-ha: larga zanja o foso seco, diseñado para servir de límite y cerramiento de una parcela, que, sin entorpecer la vista, impide la entrada en el jardín del ganado u otros intrusos. Es un elemento característico de las realizaciones del movimiento paisajista inglés (Bridgeman fue el primero en utilizarlo en 1780), si bien esta técnica ya fue documentada por Antoine-Joseph Dézallier d'Argenville en *La Théorie et la pratique du jardinage* (1709). En francés, recibe el nombre de *saut-de-loup*.

Hameau (en francés), *dörfle* (en alemán): literalmente aldehuela. Se trata de recreaciones de aldeas construidas en parques o jardines que ofrecen una visión idealizada y bucólica de la supuestamente virtuosa, simple y feliz vida campesina para entretenimiento de monarcas y nobles. Suponen la materialización de la idea de "urbs in rure". Un ejemplo paradigmático es el *hameau* de María Antonieta en Versalles o la aldea inglesa del jardín de Hohenheim, cerca de Stuttgart, perteneciente al duque Karl Eugen de Württemberg (1728-1793).

Herma (*hermès* en francés): busto sin brazos colocado sobre un estípite o pilar cuadrado de piedra, terracota o bronce, que, normalmente, era más ancho en la base que en la cima y que alcanzaba una altura similar a la de un cuerpo humano. En la Antigua Grecia se empleaban como hitos o marcas para delimitar o señalar los caminos, las fronteras o las lindes de las propiedades. Asimismo tenían una propiedad apotropaica, es decir, servían para espantar la adversidad, los malos espíritus o incluso los enemigos. Los hermas erigidos en las encrucijadas a menudo tenían tres y cuatro cabezas. En Atenas se colocaban fuera de las casas para atraer la buena suerte y cada barrio tenía su herma, al que los vecinos ofrecían sacrificios. Los romanos ricos empezaron a utilizar los hermas griegos para decorar sus villas y casas. También los utilizaban como postes para enrejados ornamentales de los jardines, en estos casos los bustos solían pertenecer a filósofos y figuras eminentes. Siglos después, siguieron utilizándose como elementos decorativos en los jardines formales y paisajistas.

Hortus conclusus (huerto cerrado en español): expresión latina con la que se designa al jardín claustral monástico de la Edad Media, cuyas características más destacadas son una planta cuadrangular, un cerramiento con muros o barreras vegetales y un carácter eminentemente utilitario de las plantaciones. Estos jardines de trazado geométrico y rectilíneo, están atravesados por senderos que convergen en un centro, donde se encuentra a menudo una fuente, un pozo o un depósito de agua para facilitar el riego. También era frecuente en algunos casos la presencia de un árbol de fuerte carga simbólica como la sabina. Por lo que se refiere a los vegetales que adornaban los cuadros, no había mucha variación: frutales, especies hortícolas y "plantas de primor", es decir, hierbas aromáticas, de condimento y medicinales, y ciertas flores como rosas, lirios o azucenas. Esta tendencia al cerramiento deriva de una concepción del jardín como un paraíso que hay que proteger de los males del mundo y las amenazas externas. Por otra parte, la imagen del *hortus conclusus* se inspira en un pasaje del *Cantar de los Cantares*, donde se puede leer: "Eres jardín cercado, hermana mía, esposa; eres jardín cercado, fuente sellada". En suma, este es el modelo recurrente en el diseño de los jardines tanto en el interior de los monasterios como de los castillos desde el siglo v al xv.

Hortus deliciarum (huerto delicado en español): jardín palatino para el recreo y el placer de nobles y reyes, o jardín cortés que se desarrolla durante la Edad Media en el interior de los castillos. Este tipo de jardín tiene también su plasmación literaria en las páginas del *Roman de la Rose,* obra que conoció una extraordinaria divulgación desde su publicación. En la primera parte, escrita entre 1225 y 1230 por Guillaume de Lorris, se describe un "vergel" cuadrado y bordeado de muros almenados, donde la naturaleza se manifiesta en todo su esplendor. Y en la segunda parte, obra de Jean de Meun, redactada entre 1269 y 1278, se evoca la imagen de un jardín circular paradisíaco, escenario de una fecunda y feraz naturaleza. En ambas partes se ensalza el gozo de la naturaleza y el deleite de vivir en ella, por contraposición a la concepción del jardín como lugar de contemplación espiritual e imagen del paraíso perdido característica del *hortus conclusus*. Los jardines monásticos, fundados sobre un simbolismo espiritual, cohabitan con los castellanos, orientados al disfrute de los placeres mundanos y terrestres durante la Baja Edad Media. Por lo demás, comparten las principales características: la simplicidad de su diseño geométrico, la tendencia a aprisionar la belleza de la vegetación entre muros y la escasa variedad de las plantaciones.

Hydroplasie: este término culto designaba durante el siglo xviii el arte de dar forma al agua mediante surtidores y canalizaciones. Los juegos hidráulicos aprovechan la fuerza de la presión del agua en combinación con los diferentes grosores de los tubos y cañerías, así como de las formas de las boquillas para crear figuras que embellecen los estanques. Desde luego, en una época anterior al desarrollo de la máquina de vapor y al motor de explosión, la posibilidad de crear esos efectos con el agua está estrechamente vinculada a la presencia de reservorios y cisternas, que puedan garantizar una presión suficiente. Las figuras más frecuentes reciben nombres como *tulipe* (tulipán), *éventail* (abanico), *double gerbe* (doble gavilla), *girandole* (racimo), *candélabre* (candelabro), *la boule en l'air* (la bola en el aire) o *corbeille* (cesta). En ocasiones, la fuerza del agua activaba mecanismos ocultos y dotaba de movimiento a autómatas que, como ocurría en los jardines italianos del Renacimiento, recreaban todo tipo de escenografías festivas. No está de más tampoco recordar que se asoció la *hydroplasie* a la pirotecnia, pues ambas técnicas recreativas trataban de conseguir efectos similares, solo que una con agua y la otra con fuego. La música acompañaba a menudo a los juegos acuáticos y a los fuegos artificiales. De hecho, estas exhibiciones se desarrollaban siguiendo patrones compositivos y escénicos parecidos a los de un concierto, fórmula expresiva con la que guardaban también afinidades dramáticas. Tanto el interés como el mérito de estas demostraciones radicaban en conseguir que la naturaleza obedeciese a la voluntad humana.

Invernadero (*serre* en francés y *greenhouse* en inglés): edificio especialmente concebido para mantener constantes la temperatura, la humedad y otros factores ambientales que favorecen el cultivo de plantas delicadas o exóticas. Normalmente se trata de construcciones con una estructura metálica o de obra con grandes ventanales. Los rayos del sol al filtrarse por los cristales caldean el espacio. Los invernaderos o estufas frías (tal y como se les denominaba antiguamente en España) son aquellos que no son calentados por ningún sistema de calefacción y están destinados, por tanto, a plantas menos frágiles y delicadas.

Jardín anglo-chino: se designa así a los jardines pintorescos europeos que, durante el siglo XVIII, evocaban el Extremo Oriente tanto en su concepción como en los diferentes elementos compositivos. Esta denominación incide en la idea de que el origen del jardín paisajista, de trazado irregular, atravesado por sinuosos senderos y organizado según una secuencia de escenas o vistas, se remonta a la antigua China y que el gusto por representar el desorden pintoresco de la naturaleza inspiraba sus jardines mucho antes de que los ingleses emularan su estilo. Las descripciones de los jardines chinos realizadas por los padres jesuitas Duhalde (1735) y Attiret (1747), así como la obra de W. Chambers *A Dissertation on Oriental Gardening* (1772), que tuvo gran difusión en Francia, contribuyeron a favorecer el gusto por el nuevo estilo. Lo cierto es que el jardín paisajista evolucionó en el país galo hacia un romanticismo cargado de exotismo y evocaciones fantásticas, menos preocupado en recrear una naturaleza idealizada que en exaltar la imaginación y dar alas a las fantasías exóticas con construcciones como pagodas, torres, puentes y otros elementos chinescos. El marqués de Girardin, propietario del primer jardín paisajista en tierras francesas (Ermenonville), medió en esta polémica al comienzo de su tratado *De la composition des paysages* (1777), donde se puede leer: "No será pues aquí cuestión ni de jardines antiguos ni de jardines modernos, ni de jardines ingleses, chinos, conchinchinos [...] yo no trataré más que de los medios de embellecer o de enriquecer la naturaleza, cuyas combinaciones infinitamente variadas no pueden ser clasificadas y convienen igualmente a todos los tiempos y a todas las naciones".

Jardín botánico: Los primeros jardines botánicos se crean durante el Renacimiento para satisfacer la curiosidad científica y el interés por estudiar las virtudes medicinales de las plantas. Los más antiguos de los que tenemos noticia en Europa surgen en Italia: Ferrara y Padua (1525), Pisa (1543), Florencia (1553) y Bolonia (1568). Siguiendo su ejemplo, se van abriendo otros en diferentes países, en España: Valencia (1567), en los Países Bajos: Leiden (1577), en Alemania: Leipzig (1580), Königsberg (1591), Breslau (1587), Heidelberg (1593), en Francia: Montpellier (1593), Estrasburgo (1619), París (1629), en Dinamarca: Copenhague (1600), en Inglaterra: Oxford (1621), Edimburgo (1670), etc. Su número se va incrementando durante los siglos XVII y XVIII. A medida que Europa inicia la exploración de nuevos continentes y se abren nuevas rutas marítimas, cada vez son más las plantas exóticas traídas de ultramar. Estos jardines, dotados a menudo de invernaderos y situados con frecuencia en la proximidad de las facultades de medicina, sirven como lugar de conservación, aclimatación e introducción de nuevas especies decorativas y alimenticias, y contribuyen decisivamente al desarrollo de la ciencia botánica. El Real Jardín Botánico de Madrid se creó por orden de Fernando VI en 1755. En aquel entonces se encontraba cerca del río Manzanares, en la parte noroccidental de la capital. No será hasta 1774 cuando, por orden de Carlos III, se traslade a su actual sede del Paseo del Prado. Los arquitectos reales Francisco Sabatini y Juan Villanueva fueron los encargados de llevar a cabo el proyecto del nuevo Real Jardín Botánico, que abrió sus puertas al público en 1781.

Jardines comunitarios: son huertos o jardines creados en plena ciudad por los vecinos, que se apropian de solares abandonados y espacios degradados de las zonas residenciales para dedicarlos al cultivo y la realización de actividades comunitarias. Desde finales de la década de los sesenta

el movimiento contracultural impulsó la creación de huertos autogestionados, primero en California (*People's Park,* desarrollado por estudiantes
y residentes locales en unos terrenos abandonados de la universidad de
Berkeley) y después en Nueva York, donde han sido creados más de mil
jardines comunitarios desde 1970. Es en esta ciudad donde nacerá años
después lo que se conoce como *Green Guerrilla.* A partir de los años 70
del siglo pasado, la filosofía ecologista y los principios de la autogestión
se extienden por Europa, y surgen proyectos similares en Francia, Gran
Bretaña y otros países, que incluyen no solo huertos sino también granjas con animales en entornos urbanos.

Jardín de Adonis: En la antigua Grecia, durante la fiesta de las Adonias
dedicadas a Afrodita y su amado Adonis, las mujeres plantaban en ca-
nastas y vasijas planas trigo, cebada, lechuga, hinojo y otras plantas de
rápida germinación, que dejaban en los tejados de las casas. Las devotas
al culto de Adonis cuidaban de estos efímeros y portátiles jardines hasta
que, tras un pronto crecimiento, las plantas morían a causa de sus raíces
poco profundas. Y, finalmente, al octavo día, las macetas se arrojaban
al mar o a un río, en ocasiones junto a una imagen del fallecido Adonis.
Así aparece recogido en el *Nicias* de Plutarco, si bien no se ha descubier-
to en el Ática ninguna estatua votiva de Adonis.

Jardin d'agrément (*pleasure garden* en inglés): expresión francesa que designa
el jardín de recreo o placer.

Jardín de las Hespérides: según la mitología griega en ese legendario y paradisíaco jardín crecían "las manzanas de oro", que, probablemente, no
eran otra cosa que naranjas y que simbolizan el deseo de inmortalidad.
Ese jardín estaba habitado por tres hermanas, las Hespérides, que eran
divinidades de la noche como sugiere su nombre. El vocablo *hespera* en
griego significaba noche. Heracles (Hércules) se enfrentará en uno de
sus trabajos al dragón que protege la entrada del jardín y se apoderará
de todas sus riquezas.

Jardín de simples: se llama así a los jardines de hierbas con virtudes cu-
rativas y/o aromáticas que, inicialmente, existían en la mayoría de los
monasterios medievales y, más tarde, en los jardines botánicos renacentistas. Se emplea el término simple como abreviatura de la fórmula "hierbas de simple medicina". A la orden benedictina, fundada por
san Benito de Nursia en el año 528, se debe la creación de numerosos
huertos conventuales de plantas medicinales, así como la realización de
trabajos de investigación botánica. Uno de los documentos más antiguos
que nos informan acerca de la distribución y características de este tipo
de jardines es el plano general de la abadía suiza de Saint-Gall, que data

del siglo IX, donde, junto a la farmacia y la vivienda del médico, figura un trozo de tierra dividido en dieciséis canteros y dedicado al cultivo de vegetales con propiedades terapéuticas, balsámicas o regeneradoras.

Jardín en movimiento (*jardin en mouvement* en francés): término acuñado por el célebre paisajista francés Gilles Clément (1947), ingeniero hortícola de formación y profesor de la Escuela Nacional Superior de Paisajismo de Versalles, para referirse a los jardines a los que se les permite desarrollarse según su propia dinámica evolutiva. Esta praxis creativa es el resultado de las experiencias llevadas a cabo en su jardín personal de la Creuse a partir de 1977. Su original propuesta representa una reivindicación de la biodiversidad y una reacción contra la tendencia a disciplinar y encajonar a la naturaleza según unas reglas humanas rigurosas que ha presidido el arte del jardín. En una de sus obras más comprometidas, *Éloge des vagabondes* [Elogio de las vagabundas, 2002] escribe: "En su extremo deseo de dominar la naturaleza, y sobre todo de someterla a sus proyectos, el ser humano desarrolló un arsenal bélico y un vocabulario adaptado. Cañones, pulverizadores, incineradores, trituradores, máquinas de tronzar; en argot, la sulfatadora es una metralleta. Los jardineros-militares llevan cascos para prevenirse de los golpes de los enemigos, máscaras para filtrar el aire envenenado por los pesticidas; aspiran, soplan, machacan, recortan, queman; van a la guerra". Su filosofía jardinera se resume en actuar lo más posible con y lo menos posible contra la naturaleza. La labor del jardinero consistiría en cuidar de un espacio de vida en permanente evolución, moderando la competencia entre especies que libremente se instalen en él y evitando imponer a su diseño una concepción cerrada y finalista. Clément ha puesto en práctica sus ideas en el parque André-Citroën y en el museo de las Artes Primeras del Quai Branly de la capital gala, así como en el dominio de Rayol situado en la costa Azul entre las localidades de Le Lavandou y Saint-Tropez.

Jardín japonés: el arte de los jardines, importado de China, se desarrolla en Japón durante la era Heian (794-1192) y se practicará con diferentes estilos a lo largo de las eras Kamakura, Muromachi, Momoyama y el periodo Edo, hasta llegar a nuestros días en que se ha convertido en una atracción turística de primer orden. El jardín tradicional japonés está muy influenciado por el sintoísmo y el budismo, doctrinas religiosas que conciben la naturaleza como algo sagrado. En términos generales, existen dos tipos de jardín japonés: uno destinado a la contemplación espiritual, cuyo arquetipo es el jardín zen, y el otro un jardín de paseo con vistas que recrean escenarios naturales. En la composición de un típico jardín japonés no deben faltar, de forma real o simbólica, las rocas, el agua, una isla, un puente, una o varias linternas de piedra y una casa o un pabellón de té. Por lo que se refiere a los elementos vegetales, los más frecuentes son el bambú, los helechos, el musgo, arbustos como el rododendro, plantas de flor como los crisantemos, las azaleas o las glicinas, árboles de hoja perenne como el pino negro japonés y de hoja caduca como el arce o el cerezo.

Jardín obrero: conjunto de parcelas de terreno cultivadas por asalariados para atender a las necesidades de su familia y sin ánimo de lucro comercial, y que se rigen por una asociación laica o religiosa declarada o reconocida de utilidad pública. Estos jardines han existido en muchos de los países industrializados, y muy especialmente en Inglaterra, Alemania y Francia. Fue en este última nación donde el abad Lemire fundó a principios del siglo XX la *Ligue Française du Coin de Terre et du Foyer* (La liga francesa del rincón de tierra y del hogar). Su proyecto consistía en proporcionar a los trabajadores que vivían en las grandes ciudades industriales la oportunidad de retomar el contacto con la tierra y recuperar sus raíces campesinas. El cultivo de esos huertos, de paso que apartaba a los obreros de las ideologías subversivas y los vicios perniciosos, les permitía suministrar hortalizas y frutas a su familia.

Jardín pintoresco: estilo de jardinería practicado en el Reino Unido durante el siglo XVIII y que, más tarde, se propagó por todo el continente europeo. Se caracteriza por concebir el espacio como una sucesión de cuadros naturales. Lo pintoresco surgió como categoría estética en el marco cultural del romanticismo inglés. Este término procede del vocablo italiano *pintoresco*, que significa "similar a la pintura", "a la manera del pintor", y expresa la cualidad de ciertos paisajes dignos de ser pintados.

Jardín planetario (*jardin planétaire* en francés): expresión acuñada también por Gilles Clément (1947). Esta concepción del jardín fue presentada al gran público en una exposición homónima en el Grande Halle de la Villete en la Cité des Sciences de París el año 2000. Puesto que el planeta está completamente antropizado, el territorio del jardinero se ha ampliado hasta convertirse en el planeta mismo. Según este paisajista, nos hallamos por primera vez ante un jardín a escala planetaria. Su innovadora propuesta se orienta a comprender las dinámicas de la naturaleza para poder intervenir en sinergia con ella. En el catálogo de dicha exposición, Clément responde a la pregunta de si el jardín planetario es una versión del jardín filosófico del siglo XVIII, diciendo que "sin duda, pero los jardines escriben todos la misma historia. El contexto idealizado del jardín tiene algo de utópico. En el caso del jardín planetario, se trata de un cerramiento clásico: los límites son conocidos, mensurables pero invisibles. El problema es, pues, realmente diferente. Es una cuestión de escala y de toma de conciencia". Si asumimos que la Tierra es toda ella un jardín, los seres humanos debemos comportarnos como jardineros responsables y preocuparnos de preservar la diversidad de lo viviente.

Jardín de plantas rupícolas: constituido por plantas que están adaptadas a sobrevivir en peñascos y roquedos sobre suelos con poca o ninguna tierra, y que se plantan con fines decorativos en las oquedades de las rocallas o los muros de piedra de los jardines.

Jardín seco (*kare-sansui* en japonés): espacio acotado en el que se han dispuesto piedras y arena siguiendo unas reglas precisas con el propósito de evocar parajes naturales y representar paisajes conocidos, incluso el mar, el río, el lago sin recurrir al agua. La fórmula *kare-sansui* se menciona por primera vez en el tratado más antiguo del arte del jardín japonés, el *Sakuteiki*, que data del siglo XI. Uno de los primeros jardines secos de estilo zen se halla en el templo Saihoji –más conocido por su denominación moderna de Kokedera, esto es, "el templo de los musgos"–, situado en las montañas que circundan la ciudad de Kioto. Su artífice fue el monje zen Muso Soseki, quien lo construyó entre los años 1339 y 1344. Otro ejemplo emblemático de jardín de piedras se encuentra en el templo de Ryoanji (Kioto), fundado en 1450 por Hosokawa Katsumoto, guerrero y primer ministro. Fue su hijo, Hosokawa Masamoto, quien construyó este original jardín entre los años 1499 y 1507. A los ojos del profano quince piedras grisáceas y de diversos tamaños, intocadas por la mano del hombre, aparecen meticulosamente distribuidas en cinco grupos (5, 2, 3, 2 y 3 unidades) sobre una capa de arena blanca pulcramente rastrillada. El terreno, delimitado por los muros del monasterio, es plano y rectangular, y tiene una superficie de apenas 200 metros cuadrados. Este jardín prescinde no solo del agua sino también de las plantas, e incluso las piedras que intervienen en su composición están desprovistas de cualquier valor figurativo. Pese a su árida, simple y sobria composición, desnuda de verdor y distracciones, el conjunto posee una inefable y misteriosa belleza, que recuerda una suerte de indescifrable pintura abstracta tridimensional, una especie de imagen condensada del universo, un aleph inanimado, un mandala. En definitiva, los jardines de piedra son una expresión plástica del pensamiento zen.

Jardín secreto (*giardino segreto* en italiano): a pesar de su apertura al paisaje de la campiña, en todas las villas renacentistas existía un jardín secreto, de pequeñas dimensiones, cerrado al exterior por muros o situado en la parte trasera de la casa, y reservado al uso doméstico (tal vez amoroso), que recordaba al *hortus conclusus* medieval. Se trataba de un auténtico jardín dentro del jardín, donde se cultivaban flores y hierbas aromáticas y medicinales. A pesar de su presencia discreta, no se somete por lo general a los principios que ordenan los espacios del palacio y el jardín principal, y por consiguiente no se halla integrado en el conjunto. Constituye uno de los elementos compositivos más representativos del jardín renacentista, junto a las ninfas, las grutas y los belvederes. Habrá que esperar al final del siglo XVI o principios del XVII para que se integren en la trama general y se imponga un modelo codificado en su diseño. A partir de entonces, las villas empiezan a incorporar dos jardines secretos idénticos y simétricos dentro de su plan.

Jardín sin riego: jardín compuesto por plantas xerófilas, cactáceas y crasas, que no precisan riego, pues les bastan la humedad ambiente y las lluvias ocasionales para sobrevivir, cultivadas en un terreno cubierto de grava decorativa o rocas volcánicas. Estuvieron muy de moda durante los años 50 del siglo pasado en California.

Jardín vertical: este concepto fue inventado por Patrick Blanc (1953), botánico y miembro del Centro Nacional Francés de Investigaciones Científicas, que encontró una fuente de inspiración en sus estudios sobre las selvas subtropicales. Así describe Blanc su idea: "En una pared de carga se coloca una estructura metálica que aguanta una placa de PVC de 10 milímetros (0,39 pulgadas), en la que se grapan dos capas de fieltro de poliamida de 3 milímetros (0,12 pulgadas) de espesor. Estas capas imitan el crecimiento de los musgos en los acantilados y sirven de apoyo a las raíces de muchas plantas. Una red de tubos controlado por válvulas proporciona una solución de nutrientes, que contiene los minerales necesarios para el crecimiento de las plantas. El fieltro se impregna por la acción capilar con esta solución, que fluye por la pared por efecto de la gravedad. Las raíces de las plantas toman el alimento que necesitan, y el exceso de agua se recoge en la parte inferior de la pared por un canal antes de volver a inyectarse en la red de tuberías: el sistema funciona como un circuito cerrado. Las plantas son elegidas por su capacidad de crecer en este tipo de ambiente y en función de la luz disponible". Algunas de sus más célebres creaciones son los muros de la embajada de Francia en Nueva Delhi (2003), la fachada de los grandes almacenes parisinos BHV (2007), los muros del Museo del Quai Branly (2004) en la capital gala, el jardín vertical del CaixaForum en Madrid (2008), el arco del Gran Teatro de la Provenza en Aix-en-Provence (2008) y la pared verde en la Galería Przymorze (2008), centro comercial en Gdansk, Polonia.

Jeau d'eau: expresión francesa que se puede traducir por "juego de agua" y con la que se alude a toda clase de dispositivos utilizados en los jardines para explotar las posibilidades artísticas y lúdicas del agua en movimiento: cascadas, *jets d'eau,* canales, etc.

Jet d'eau: expresión francesa que significa literalmente "chorro de agua". Este brota de un tubo, en ocasiones oculto en una figura mitológica, una representación animal o cualquier otra imagen escultórica, que arroja una columna vertical de agua. Su refrescante rumor y el centelleo de las gotas contribuyen a realzar el misterioso encanto del jardín.

Knot(s): composiciones de figuras geométricas entrelazadas, con diferente grado de complicación, que decoraban los parterres de los jardines en la época Tudor (Renacimiento inglés).

Laberinto: no será hasta finales de la Edad Media cuando los laberintos que adornan el pavimento de las catedrales y las iglesias como una representación simbólica del peregrinaje del alma por este valle de lágrimas en pos de la salvación eterna (El camino de Jerusalén), se reproduzcan en formas vegetales fuera de los muros de los templos, se conviertan en dispositivos espaciales que revisten múltiples significados, y se incorporen definitivamente al lenguaje del jardín. Aunque su diseño admite numerosas variantes, podemos establecer una primera distinción atendiendo al tamaño de los setos. Por una parte, están los dédalos arbustivos de hileras altas, que impiden vislumbrar su trazado y que sirven de jardín de extravío, donde tener una vívida impresión de hallarse perdido. Y por la otra, se hallan los de hileras bajas o *maze (turf-maze),* que permiten la visión íntegra de la red de caminos para sorpresa y entretenimiento del visitante y que, por lo tanto, cumplen una función ornamental y recreativa. También conviene diferenciar entre los laberintos que posibilitan un recorrido único y los que ofrecen múltiples ramales o vías *(Irrgarrten).* Entre los laberintos que han sobrevivido hasta nuestros días (por supuesto replantados y muchas veces reconstruidos) podemos destacar en Italia los de Villa Pisani en Strà, la Villa Lante en Bagnaia, la Villa Barbarigo en Valsansibio, la Villa Garzón en Collodi, los jardines del Quirinal y la Villa Médicis en Roma. Entre los laberintos históricos más notables de Francia se encuentran los del Jardin des plantes de París, Villandry, Gaillon y el del castillo de Saint-Bauzille de Putois. En Inglaterra destacan los de Hampton Court, Blenheim Palace y Howard Castle. España, por su parte, no se distingue ni por el número ni por la calidad de sus creaciones, tal vez debido a sus peculiares condiciones bioclimáticas. Así y todo, cabe mencionar el jardín del laberinto de Horta en Barcelona, el del Capricho de la Alameda de Osuna en Madrid y el del Palacio Real de La Granja de San Ildefonso en Segovia. Édith de la Héronnière en su obra *Le labyrinthe de jardin ou l'art de l'égarement* [El laberinto de jardín o el arte del extravío, 2009] sugiere que estos deben ser vistos como una metáfora visual de las penalidades y aflicciones que padece el ser humano en su paso por este mundo. No deja de ser sorprendente que en el seno de los jardines más refinados, los más ordenados, surja esta imagen del caos, como si en el interior mismo de esa naturaleza domesticada para disfrute humano que es el jardín, fuera necesario hacer sitio al desconcierto, la turbación y la pérdida, a fin de hacernos recordar que durante nuestra estancia en la tierra, por muy placentera que esta sea, nadie se libra de experimentar la incertidumbre, la desorientación y el desasosiego.

Lac: extensión de agua de carácter ornamental, generalmente más grande que un *bassin* y de formas irregulares.

Land-art: esta expresión inglesa acuñada por Robert Smithson (1938-1973) se ha traducido a veces como "arte medioambiental" o "arte de la tierra", y designa una corriente dentro de las artes plásticas que surge a finales de la década de los años 60 del siglo pasado. Sus seguidores trabajan con materiales tomados de la naturaleza: madera, tierra, troncos, piedras, arena, rocas, hojas, etc., y pretenden intervenir en el paisaje con el propósito de generar sensaciones y reflexiones en el observador. Sus obras, que se hallan a medio camino entre la escultura y la arquitectura, establecen un diálogo con el paisaje y ahondan en la relación entre el hombre y la naturaleza. En la medida en que este movimiento artístico representa un rechazo a la comercialización y mercantilización del objeto artístico y su consiguiente exhibición en museos y galerías, las obras se crean al aire libre y se muestran a la intemperie, expuestas a la acción de los elementos y la erosión natural. De ahí que algunas de estas creaciones hayan desaparecido y solo conservemos de ellas testimonios fotográficos. Aparte de su carácter efímero, otro de los rasgos más sobresalientes de este tipo de manifestaciones artísticas es que, a menudo, se realizan en parajes remotos, como los desiertos de Nevada, Arizona, Nuevo México, etc. Baste recordar la emblemática pieza *Spiral Jetty* (1970) de Smithson, quien utilizó como materia prima roca, tierra y algas para formar una espiral de unos 1.500 pies de largo en el Gran Lago Salado al norte de Utah (Estados Unidos). Un ilustre representante de este movimiento en nuestro país es, sin duda, Agustín Ibarrola (1930), autor de El bosque pintado en el valle de Oma en Vizcaya (1983). El movimiento *earthworks* se halla íntimamente emparentado con el *land art*. Pero mientras que este suele dejar huellas efímeras y discretas en el entorno, fruto de acciones minimalistas, los representantes del *earthworks* intervienen directamente sobre el paisaje, modificándolo. Sus creaciones alcanzan frecuentemente una gran envergadura e implican perforaciones, desmontes y grandes movimientos de tierras, que requieren el empleo de buldócers, palas excavadoras, camiones orugas y maquinaria pesada. Algunos de los nombres más destacados de este movimiento son: Christo (1935), Robert Morris (1931), Dennis Oppenheim (1938), Nancy Holt (1938), Michael Heizer (1944) y Eduardo Sanguinetti (1961). La influencia tanto del *land-art* como del *earthworks* se ha dejado sentir muy profundamente en el trabajo de los paisajistas.

Landscape gardening (jardinería paisajista en español): William Repton fue el primero en adoptar esta expresión para definir su trabajo, que, según sus propias palabras, significa: "mejorar el escenario de un paraje, a fin de mostrar su belleza espontánea con el mayor provecho, constituye un arte que tiene su origen en Inglaterra y que por ello se ha denominado 'jardinería inglesa'. Pero esta expresión no resulta del todo apropiada ya que no indica la importancia y los méritos de la horticultura, y yo he adoptado el término de 'jardinería paisajista', más amplio, puesto que este arte solamente puede progresar y perfeccionarse asociando a la obra del pintor paisajista la del jardinero experto y la del arboricultor". Repton plasmó sus ideas y teorías en tres obras: *Sketches and Hints* (1795), *Observations on the Theory and Practice of Landscape Gardening* (1803) y *Fragments on the Theory and Practice of Landscape Gardening* (1816).

Lawn: amplias praderas situadas delante de la casa.

Limonaia: es la palabra italiana con que se nombra al invernadero destinado a los cítricos, especialmente para los limoneros, en italiano *limóni*. El término equivalente en francés es *orangerie*.

Locus amoenus: esta expresión latina significa literalmente "lugar agradable o placentero" y se refiere a un tropo literario recurrente desde tiempos de Homero e identificado a menudo con un jardín imaginario de una exultante belleza, donde se muestra la naturaleza de forma delicada e idealizada.

Logia (*loggia* en italiano): galería exterior techada formada por columnas o una arcada que se abre a un patio, generalmente situada en un piso superior.

Mail (*mall* en inglés): es un *allée* o sendero, frecuentemente sembrado de hierba y sombreado por un *berceaux*. Esta palabra deriva del término *pall-mall*, el juego del pallamaglio, también conocido como el *jeu de malle* o *maillet*, una suerte de críquet de origen francés muy en boga durante el siglo XVIII, si bien se remonta al tiempo de las Cruzadas, y que se practicaba sobre un terreno rectangular bordeado de árboles. Una vez que este juego pasó de moda, las praderas donde se desarrollaba se convirtieron en lugares de paseo y esparcimiento. De ahí que el término *mail* pasará a designar un espacio arbolado.

Mixed-border: arriate con flores y arbustos mezclados o formando grupos. Bordaduras que mezclan plantas de altura y formas diferentes, que crecen libremente dentro del plan trazado. La paisajista inglesa Gertrude Jekyll (1843-1932) llevó a su máxima perfección esta técnica.

Moral garden: expresión inglesa con la que se alude a jardines decorados con bustos de grandes hombres e inscripciones que invitan a la reflexión. El recorrido por el parque está cargado de referencias filosóficas y símbolos alusivos al viaje de la vida, la perfección moral o, incluso, la iniciación masónica. Ejemplos destacados de *moral gardens* son Ermenonville, obra del marqués de Girardin (1735-1808), y su templo de la Filosofía, y el parque de Stowe y su templo de los Nobles Británicos realizado por el insigne jardinero paisajista William Kent (1684-1748) o el parque de Wörlitz en Dessau (Alemania), primer jardín paisajista alemán, cuyo diseño es obra de Johann August Eyserbeck (1734-1818).

Mosaïculture: esta palabra fue utilizada por primera vez por el jardinero del parque de la Tête-d'Or (Lyon) hacia 1875 para referirse a las plantaciones distribuidas de tal modo que asemejaban un mosaico.

Naumaquia: esta palabra deriva del vocablo latino *naumachia*, y este a su vez del griego antiguo ναυμαχία/*naumajía*, que significa literalmente "combate naval". Con ella se designaba en época romana tanto al espectáculo en el que se representaba una batalla naval como a la piscina o el edificio en el que esta se escenificaba. Y por extensión, se denomina así a ciertos estanques que adornan los jardines. Quizá una de las más célebres naumaquias sea la del Parc Monceau (1778) de París, un pintoresco estanque rodeado de columnas corintias que fue obra del paisajista Louis de Carmontelle (1717-1806).

Ninfeo: originales construcciones de rocalla levantadas alrededor o junto a una fuente a imitación de la gruta de Calipso descrita por Homero en la Odisea, muy comunes en los jardines renacentistas. Si bien originariamente eran manantiales al abrigo de grutas naturales consagradas a las ninfas, por extensión, se llama así a las cavernas artificiales decoradas con rocallas, frescos o mosaicos alusivos en las que se ha instalado una fuente. Un buen ejemplo de estas evocadoras construcciones, cargadas de reminiscencias clásicas, es el ninfeo de la Villa Visconti Borromeo Litta, situada en Lainate, a las afueras de Milán, construida por Pirro I Visconti entre 1585 y 1589 o el más modesto pero no menos hermoso ninfeo de la Villa Gamberaia (Toscana) levantado por Zanobi di Andrea Lapi en 1610.

O-karikomi: técnica del arte del jardín japonés consistente en recortar cuidadosamente árboles, arbustos y matas dándoles formas redondeadas y fluidas, que, en ocasiones, evocan el movimiento del mar.

Orangerie: vocablo francés con el que se designa a los invernaderos donde se guardan naranjos, granados, palmeras y otros árboles sensibles al frío dentro de maceteros o *caisses* durante los meses de invierno. Una de las más conocidas *orangeries* es la del castillo de Versalles. Allí pasó toda su vida y acabó muriendo de viejo el primer naranjo que se introdujo en Francia. Según la leyenda, que corroboran muchos historiadores, la introducción de los naranjos en Francia fue fruto de la pasión que sentía por estos árboles Carlos III de Navarra, llamado el Noble (1361-1425). En 1498, con motivo del enlace real entre Luis XII de Francia y Anne de Bretagne, la reina de Navarra, doña Catalina, quiso hacer un regalo original al monarca galo y le envió cinco *caisses* con naranjos, uno de los cuales había sido plantado y cultivado por su bisabuela, la reina Leonor de Trastámara (esposa de Carlos III el Noble), en el palacio de Olite de Navarra. Estos árboles se conservaron en el castillo de Chantelle hasta 1684, cuando el único ejemplar que había sobrevivido fue trasladado por Luis XIV a Versalles, donde se le bautizó con el rimbombante nombre de Grand Bourbon o Grand Connétable. Se sabe que ese árbol sobrevivió hasta 1894. Por lo demás, no se debe confundir *orangerie* con *orengeraie*. Mientras que este último término alude a una plantación de naranjos u otros árboles de cítricos, el primero, como hemos visto, designa el local donde se les da cobijo durante las estaciones frías.

Pabellón (*pavillon* en francés): la palabra pabellón proviene del vocablo latino "papillo", cuyo sentido originario es mariposa, pero que designaba también a la tienda de campaña, cuyos faldones podían evocar las alas de los lepidópteros. En el siglo XII se llamaba así a una tienda de tela o piel de animal que servía como alojamiento provisional durante los desplazamientos de un ejército. Y con el tiempo pasó a designar cualquier construcción ligera utilizada como refugio o como almacén en un jardín; más tarde, se nombró de esta manera a una vivienda provisional en un parque; y, ya en nuestros días, ha adquirido el significado de una pequeña casa o edificación rodeada de plantaciones.

Pajarera: Desde la antigüedad clásica las aves, libres o enjauladas, han formado parte de la decoración de los jardines. Los patos, los cisnes, los pavos reales, las tórtolas, los faisanes y otros pájaros de lindos plumajes y dulce canto han habitado los jardines desde tiempo de los romanos.

Según Varrón, las pajareras en la época del Imperio eran de tres clases: de recreo, comerciales y de un tercer tipo, imaginado por Lúculo en su villa de Túsculum, consistente en un espacio amueblado con triclinios destinados a acomodar a los comensales de un festín en torno a los cuales revoloteaban las aves vivas y coleando.

Palissade: muro vegetal formado por arbustos o árboles alineados y tallados, y que sirve de peto, cerramiento o límite. Originariamente, era el nombre de un dispositivo militar consistente en puntales de madera alineados los unos contra los otros antes de pasar a designar un cercado o una valla constituida por una serie de pequeñas estacas alineadas o *palis*. En el caso particular de la arboricultura, los árboles frutales se pueden podar a la altura deseada y fijar a una espaldera o a unos cables metálicos a fin de constituir una *palissade*. De este modo, se consigue cercar una parcela entrelazando las ramas de unos árboles con otros.

Parque (*parc* en francés y *park* en inglés): zona arbolada cerrada y atravesada por senderos, por lo general acompañada de un castillo, una residencia señorial o una mansión de recreo. El parque se distingue del jardín sobre todo por su tamaño. Generalmente, posee grandes dimensiones y amplias zonas arboladas, aunque a menudo convive uno con el otro. Baste recordar el dominio de Versalles. El jardín a la francesa, que rodea el castillo, enlaza con un parque que se extiende hasta donde abarca la vista. En el siglo XIX se crearon en Estados Unidos y Europa los primeros parques públicos urbanos para satisfacer las necesidades de esparcimiento y solaz de la población de las ciudades en imparable crecimiento y servir también de pulmón verde. Si hasta entonces el jardín, independientemente de que fuese arquitectónico, paisajista, pintoresco o anglochino, se consideraba una obra de arte, que servía eminentemente para el deleite estético y visual de una casta de privilegiados, a partir del siglo XIX, convertido en parque, debe satisfacer una serie de funciones higiénicas, lúdicas y educativas de los ciudadanos y su valor estético queda subordinado a menudo a su utilidad recreativa. Inglaterra fue el primer país en atender esta creciente necesidad de espacios verdes. Hacia mediados del siglo XIX, Londres ya contaba con una extensión en jardines y parques públicos de alrededor de 600 hectáreas repartidas entre St. James's Park, Greeen Park, Hyde Park y Kesington Gardens. Hasta la primera mitad del siglo XIX la extensión que ocupaban los parques públicos en París no superaba las 88 hectáreas para una población de alrededor de un millón de habitantes. Será durante el Segundo Imperio, en tiempos del reinado de Napoleón III y siendo Prefecto de París Georges-Eugène Haussmann (1806-1891), cuando se emprenda la creación del Bois de Boulogne, con una extensión de 870 hectáreas, en el oeste de la ciudad y en el extremo opuesto, el Bois de Vincennes con una superficie de 920 hectáreas, así como otros parques de menor extensión dentro de la malla urbana: Monceau, Buttes-Chaumont y Montsouris.

Parquet: diminutivo de *parc* en el sentido de lugar cerrado. En el Renacimiento designa un cuadro de jardín o un pequeño jardín cerrado.

Parterre: esta palabra se empezó a utilizar por primera vez a mediados del siglo XVI y significa etimológicamente "bajo el suelo". Este término de origen francés deriva de la voz latina *partior,* cuya traducción es "dividir", "partir", y, en un sentido general, designa una parcela de tierra llana delimitada por setos de boj u otros arbustos de hoja perenne y pequeña. Pueden incluir, a su vez, plantas recortadas a diferentes alturas, tierras de colores y otros elementos decorativos. Otros autores, para más señas franceses, atribuyen otro origen a este vocablo, que, según ellos, derivaría de *par* (por, sobre) y *terre* (tierra, suelo). Existen diferentes tipos de parterres: de *broderie* (imitan los bordados en tela), *à l'anglaise* (extensión de césped con zonas de flores), *d'eau* (una lámina de agua de forma regular), *de pièces coupées* o *à compartiments* (formando compartimentos con distintos diseños). Un tipo particular de parterre es el denominado parterre d'eau, es decir, una gran estanque ancho y poco profundo normalmente de formas geométricas utilizado en los jardines a la francesa.

Patte d'oie (en francés pata de oca): punto del que parten o, según se mire, en el que convergen tres o cuatro *allées* o avenidas, formando una encrucijada a la manera de una pisada de oca.

Pépinière (vivero en español): con este término francés se designa a un vivero o a un rincón del jardín donde las plantas están creciendo o en reposo a la espera de ser trasplantadas. Los grandes parques y jardines suelen contar con sus propios viveros o *pépinières.* Por su parte, el *pépiniériste* es la persona que se ocupa del vivero.

Perenne: dícese de las plantas herbáceas (no leñosas como árboles y arbustos) que no pierden el tallo ni las hojas durante el invierno y que viven varios años. Así ocurre, por ejemplo, con el acanto, la hortensia de invierno, la festuca azulada, la lavanda, la cineraria, la gazania, los geranios, el clavel, etc. Tanto las plantas vivaces como perennes se utilizan para crear arriates, macizos, parterres, borduras, rocallas, etc.

Pérgola: esta palabra proviene del término italiano *pergola,* y este a su vez del latino *pergula,* con el significado de balcón. Y da nombre a una estructura ligera, formada por columnas de madera, obra o hierro y vigas transversales, que suele servir de soporte a plantas trepadoras como madreselvas, *bouganvilles*, glicinas y otras muchas. Esta construcción es muy apreciada en los jardines de Europa meridional por la sombra que brinda en los meses calurosos.

Peristilo: la palabra griega *peristulos* está formada del prefijo *peri,* que significa alrededor, y el sustantivo *stulos*, que se puede traducir por pilastra. Se llama así a una columnata que rodea un patio interior o un edificio. Las habitaciones de la casa romana daban a un jardín peristilado, es decir, bordeado por una galería de columnas.

Permacultura: El vocablo inglés *permaculture* nace de sincopar la expresión *permanent agriculture.* Se trata de una filosofía y un sistema de cultivo, contrapuesto a la agricultura intensiva industrial, que se sustenta en tres elementales principios éticos: 1. Cuidar de la tierra que mantiene nuestras vidas (*Earthcare*). 2. Cuidar de la gente que es la principal causante del daño a la tierra (*People care*). 3. Reciclar (*Fairshares*). Su objetivo es fomentar en la horticultura y en la jardinería el compromiso social con la paz, la salud y el medio ambiente. Desde su invención en la década de los años 70 del siglo pasado en Australia ha conocido un extraordinario desarrollo asociado al movimiento ecologista y la cultura de la sostenibilidad.

Perspectiva: esta palabra deriva del término latino "perspicere", que significa "penetrar con la mirada". La mirada se expande y deleita con las perspectivas. En el Renacimiento, los jardines se abrieron hacia el exterior e intentaron apropiarse de las bellas vistas del paisaje. El efecto de los jardines a la francesa es indisociable de su dominio del arte de la perspectiva. Los allées, los canales y estanques, el trazado de los parterres y bosquetes contribuye sin género de duda a crear la sensación de que la vista se pierde en el infinito. Hay que tener presente que esos efectos son conseguidos gracias a estudios geométricos y a un conocimiento de las reglas de la Óptica. No en vano uno de los libros de cabecera del gran jardinero André Le Nôtre fue la obra de Salomón de Caus (1576?-1626) La perspective, avec la raison des ombres et miroirs [La perspectiva con la razón de las sombras y los espejos]. Y es sabido que también se inspiró en La Géométrie de Descartes (1596-1650) a la hora de realizar sus magistrales creaciones. La perspectiva de un parque puede ser larga cuando las líneas parecen converger en el infinito. A fin de reforzar este efecto y retrasar el punto de encuentro imaginario de las líneas de fuga, se hacen diverger imperceptiblemente las líneas rectas. En la perspectiva corta, por el contrario, el punto de encuentro parece situarse dentro de los límites del parque debido a una alteración de las líneas de fuga, a las que se hace converger sutilmente. Por otro lado, se pectiva ralentizada al efecto de acercar la lejanía mediante el truco de ensanchar los canales, los parterres o los caminos a medida que se alejan del palacio. El efecto de la perspectiva acelerada es el contrario. Parece que las distancias se alargan como resultado de acortar el tamaño de los canales, la alfombra verde o los parterres. En definitiva, el jardín barroco se fundamenta en un rigor matemático, que se vale de la óptica para realzar la elegancia de las proporciones y la simetría. El secreto de su diáfana belleza deriva de la aplicación del número áureo, esto es, una precisa relación entre los elementos que componen el parque, la articulación armoniosa de sus dimensiones y el uso lógico y preciso de las gradaciones. Podemos hablar, por tanto, de una geometrización de los jardines a la francesa, mientras que la seña de identidad de los jardines a la inglesa es precisamente la desgeometrización.

Perspectiva ralentizada *(perspective ralentie, en francés):* entre los múltiples juegos ópticos que se pusieron en práctica en los jardines barrocos (Versalles, Vaux-le-vicomte, Chantilly, etc.) desempeña un papel decisivo la técnica de la perspectiva ralentizada. Consiste básicamente en la ingeniosa disposición de los elementos arquitectónicos y vegetales, más altos o largos conforme se alejan del observador, y en el encadenamiento de planos a fin de crear una sensación de acortamiento o aplastamiento de la perspectiva, dando la impresión de que el jardín es más pequeño de lo que en realidad es. Así ocurre, por ejemplo, en el castillo de Vaux-le-Vicomte, donde el parterre de *broderies* es tres veces más pequeño que el parterre de césped situado en el extremo opuesto del jardín. Y asimismo, el *bassin* o estanque cuadrado es ocho veces más grande que le *rond d'eau* del sur del parque. Y otro tanto ocurre con las esculturas próximas al castillo, tres veces más bajas que las de las grutas. Este procedimiento era utilizado en Francia desde 1630, pero Le Nôtre lo perfeccionó y lo puso al servicio de una geometría más compleja y sofisticada. Por el contrario, la perspectiva acelerada consiste en aumentar el tamaño o la altura de los elementos del jardín, arquitectónicos y vegetales, a medida que se alejan del castillo con el propósito de acentuar la sensación de profundidad y alargamiento del espacio.

Pièce d'eau: expresión francesa para designar cualquier extensión de agua con una intención decorativa, lo mismo sea un lago, un canal, un *parterre d'eau* o un estanque.

Pilotis: son pilares cilíndricos que soportan el edificio como las patas aguantan el tablero de una mesa, elevándolo del suelo y permitiendo la circulación del aire y de las personas por debajo, lo que favorece el aislamiento térmico y el aprovechamiento del espacio como jardín. Es uno de los cinco elementos clave en la nueva arquitectura preconizada por Le Corbusier junto a la cubierta jardín, la planta libre, la ventana corrida y la fachada libre.

Pintoresco (*picturesque* en inglés): dícese de un programa estético de reglas compositivas y valores formales desarrollado en Inglaterra durante el Romanticismo tardío, en los últimos años de la década de 1780-1790, con la aparición de una serie de ensayos de autores tales como William Gilpin (1724-1804), sir Uvedale Price (1747-1829) y Richard Payne Knight (1750-1824), así como del jardinero paisajista Humphry Repton (1752-1818), véase su *Essay on the Picturesque* (1794), que postulaban lo pintoresco como una categoría junto a lo bello y lo sublime (Edmund Burke). El *picturesque* introduce en la jardinería el gusto por la aspereza, la irregularidad, la extravagancia, la variedad, lo abigarrado, la deformación y la arquitectura asimétrica neogótica. Tal y como nos recuerda Adrian Von Buttlar en su magnífica obra *Jardines del Clasicismo y el Romanticismo*, lo pintoresco marcó el inicio de una estética de lo feo, alejada de las exigencias morales originarias del jardín paisajista. Baste recordar a este respecto que William Mason en su poema didáctico "El jardín inglés" (1784) llegó a proponer que se utilizaran hijos de pobres vestidos de manera vistosa como figuras vivientes en escenas pintorescas del jardín. Por lo demás, lo *picturesque* se diferencia de lo *gardenesque* por una utilización más individual y aislada de los diferentes elementos paisajísticos, que se unen de forma vaga y más inconexa. En suma, la estética pintoresca no se orienta a establecer asociaciones filosóficas, ni morales, ni a provocar estados de ánimo mediante la recreación de una imagen ideal de la naturaleza como había ocurrido en los orígenes del jardín paisajista inglés, sino a despertar el interés artístico y pictórico que tienen por sí mismos los elementos (árboles, edificios, caminos, etc.) del jardín, desligados de cualquier significación más profunda.

Planta: Entre los vegetales superiores, con una estructura más compleja que las algas y los hongos, podemos distinguir las plantas herbáceas, de tallos flexibles y una consistencia cercana a la de las hojas; y las plantas leñosas, cuyas raíces y tallos contienen tejidos formados por fibras y vasos conductores de savia que constituyen la madera. Entre las plantas herbáceas podemos distinguir: las anuales, que se siembran cada año, las bianuales que florecen y mueren el segundo año y las vivaces, que permanecen vivas largo tiempo. Entre los vegetales leñosos, el árbol posee un tronco y una copa en su parte aérea y alcanza, en la edad adulta, una altura de varios metros, mientras que el arbusto es una planta leñosa, de porte más reducido, que se ramifica desde la base. Ahora bien, no todas las plantas leñosas ramificadas desde la base pueden ser calificadas de arbustos; por ejemplo, los tomillos (*Thymus*) o los espliegos (*Lavandula*) son matas leñosas o subarbustos. Por lo demás, no es raro que especies de arbustos crezcan como árboles bien porque el suelo y el clima les son propicios, bien porque son podados, abonados y sometidos a un cultivo intensivo, como se ve a veces con la adelfa (*Nerium oleander*).

Plate-bande (platabanda en español): franja de tierra estrecha y larga, con frecuencia ligeramente elevada y por lo general adornada con plantas de flor, que sirve para marcar los límites y adornar los parterres. Habitualmente se compone de dos filas de boj, rematadas en forma abombada o *dos d'âne*, con un hueco intermedio que puede decorarse con flores o arbustos de tejo podados en forma de figuras geométricas, macetas de naranjos o limoneros o, en su variante más sencilla, césped o arena. Las platabandas pueden ser continuas o bien hallarse cortadas por pasos de diferentes anchuras, y sirven para delimitar o separar espacios. A veces la *plate-bande* se subdivide en damiers, es decir, en compartimentos rectangulares separados por senderos o *allées*. La *plate-bande* a la francesa es rectilínea y reúne un conjunto de plantas de flor, mientras que la *plate-bande* a la inglesa agrupa plantas vivaces por masas del mismo color. La *plate-bande* en mosaico, por su parte, es una alfombra de flores de colores mezclados.

Pleasure ground: término utilizado por Humphry Repton para designar la zona próxima a la casa señorial que ha tenido un tratamiento formal, donde flores y arbustos de colores vistosos como el rododendro se combinan para formar dibujos, y que queda separada del parque paisajista.

Pomona: diosa romana de la fruta y, por extensión, de los árboles frutales. Su nombre deriva de término latino *pomum*, fruta. De ahí que sea llamada *Patrona pomodorum*, señora de los frutos. El cuchillo de podar y la hoz eran sus atributos. Su estatua a menudo decoraba los jardines clásicos.

Pomología: esta palabra deriva del término latino *pomum*, que significa "fruto", y la terminación *logía*, y se refiere a la ciencia de los árboles frutales.

Prospects: perspectivas escogidas desde diferentes puntos del paseo de ronda o *belt-walk* tanto del paisaje exterior como del jardín interior.

Quinconce: palabra francesa proveniente del vocablo latino *quinque* (cinco), que designa un patrón de plantación de árboles y arbustos en grupos de cinco, siguiendo un orden que recuerda la distribución de los cinco puntos en la cara de un dado: uno en cada rincón del cuadrado y el quinto en medio. Este esquema puede repetirse formando series tan largas como se desee.

Quiosco (también **Kiosco**): esta palabra deriva del vocablo turco *köşk*, que, a su vez, procede del término persa *košk*, y este del pelvi *kōšk*. Y designa un templete, pabellón o cualquier otra construcción temporal o permanente levantada en un parque o en un jardín, y generalmente abierta por todos sus lados.

Reposoir: término francés que designa un pequeño edificio construido en obra o en *treillage* para servir de lugar de reposo o de abrigo especialmente en los jardines del Renacimiento.

Rideau: pallissade o muro vegetal formado por el ramaje recortado de un alineamiento de árboles de gran tamaño. Cuando el ramaje de dos hileras paralelas se junta para formar una bóveda de verdor, se habla de marquise.

Riad o *Riyâd:* patio cerrado de las casas del norte de África, donde se cultivan trepadoras y aromáticas como el jazmín, formando un oasis secreto.

Rocaille (rocalla en español): construcciones decorativas, hechas con piedras naturales o artificiales o, incluso, de cerámica, que semejan rocas y que se integran en la arquitectura de los jardines clásicos.

Rotonda: esta palabra ha sido tomada prestada del italiano, y proviene por elipsis de la expresión latina *domus rotunda*, que significa "casa redonda". Designa un edificio o templo de planta circular y techo mantenido por columnas, que se levanta en un parque como abrigo y/o ornamento.

Rosaleda (*roseraie* en francés): un jardín público o privado plantado exclusivamente de especies y variedades del género *Rosa*. Existen rosaledas de exhibición en numerosos jardines públicos, donde periódicamente se organizan concursos regionales, nacionales e, incluso, internacionales entre los floricultores, y asimismo existen rosaledas de conservatorio, ubicadas por lo general en jardines botánicos, donde se preservan especies silvestres y raras. En los jardines de la Edad Media, el llamado jardín celeste consagrado a la Virgen María era normalmente una rosaleda.

Salle de verdure: estancia a cielo abierto en el interior de un *bosquet* y rodeada de *palissades*. Sus dimensiones podían variar mucho, desde unos pocos metros cuadrados suficientes para albergar un banco o una fuente hasta grandes espacios capaces de acoger bailes o representaciones teatrales.

Saut de loup: expresión francesa que significa "salto de lobo". Es el equivalente en francés de la expresión inglesa *"ha-ha"*, e igual que ella se refiere a un largo foso reforzado de piedras por una de sus caras con el propósito de impedir a los animales o extraños el acceso al jardín, al mismo tiempo que permite una vista despejada sobre el paisaje. Aunque este término aparece por primera vez en la obra del jardinero francés

Antoine-Joseph Dézallier d'Argenville (1680-1765) titulada *La Théorie et la pratique du jardinage* y publicada anónimamente en París en 1709, la técnica se desarrolló en Inglaterra en los jardines paisajistas durante el siglo siguiente, como un eficaz sistema de cerramiento que favorecía la continuidad entre el jardín y el entorno paisajístico.

Shakkei: es un término japonés que significa "paisaje prestado" y se refiere al modo en que las vistas del entorno natural se incorporan al jardín, siendo muy difícil distinguir dónde acaba uno y comienza el otro. La idea de apropiarse del paisaje circundante y tomar prestadas las vistas forma parte también de la tradición occidental desde el Renacimiento. Las villas italianas del *Cinquecento*, erigidas en las colinas del valle del río Arno en la Toscana, incluían las vistas panorámicas en el diseño de sus jardines a fin de realzar y ampliar su fuerza expresiva. Durante el siglo XVII, los jardines a la francesa pusieron el punto de fuga en el horizonte para conquistar el infinito. Y un siglo después, los jardines paisajistas ingleses se sirvieron de mecanismos como el foso oculto o *ha-ha* para difuminar los límites del jardín y fundirlo con el paisaje.

Sharawadgi: vocablo chino utilizado por Horace Walpole (1717-1797) para referirse a la belleza nacida de una sabia disposición asimétrica de las plantaciones en los parques de Oriente. Joseph Addison (1672-1719) definió este término en *The Spectator* nº 414 del viernes 25 de junio de 1712 con estas palabras: "belleza particular de una plantación que sorprende a la imaginación a primera vista, sin llegar a saberse qué es lo que produce tan agradable efecto". El primer autor que animó a imitar este tipo de diseño irregular fue William Temple (1628-1699). Podemos leer en *Upon the Gardens of Epicurus* [Sobre los jardines de Epicuro, 1685]: "La belleza será grande e impactará en el ojo, pero sin ningún orden o disposición de las partes...". Y también: "Tienen una palabra para expresar esa particular impresión; y cuando la experimentan a simple vista, dicen que el *sharawadgi* está bien o es admirable, o manifiestan su aprecio de cualquier otra manera".

Sombras: en el jardín barroco el poder expresivo de las sombras en movimiento desempeña un papel fundamental a la hora de enfatizar la trama geométrica, remarcar las estructuras vegetales y resaltar las formas de las plantas recortadas. Las sombras que arrojan los bosquetes, empalizadas, *treillages*, etc. se desplazan y cambian de tamaño repetidamente con el discurrir de las horas y los días, dotando de movimiento al jardín, de paso que atenúan la rigidez inherente a su diseño formal. Son numerosas las obras teóricas que analizan el efecto de los juegos y contrastes de luz y sombra en los jardines. Entre ellas cabe señalar el libro de

Salomón de Caus *La Perspective, avec la raison des ombres et miroirs* (1602) y el texto de Jean Du Breuil *Traité de perspective pratique* (1642-1649), donde se puede leer: "es de la sombra de donde sale la fuerza que se da a los objetos que ofrecen a nuestros ojos realidades por apariencias". Otro tanto cabría decir de los canales y espejos de agua, donde se refleja el incesante movimiento de las nubes y los reflejos azulados del cielo en permanente cambio. En el jardín paisajista las sombras de los elementos constructivos y arbóreos cumplen una función más bien pictórica y poética, al servicio de una concepción romántica de la naturaleza, cuya belleza agreste y sinuosa se intenta realzar mediante el uso calculado de las sombras. Las líneas rectas dejan paso a la curva; la visión unitaria del conjunto, a los planos cóncavos y convexos, y la regularidad geométrica, a la perspectiva pictórica.

Square: este término inglés designa un pequeño jardín privado, enmarcado por una agrupación de viviendas que forman una plaza cuadrangular y que, en su parte central, alberga una extensión de césped con algunos árboles, bancos y, en ocasiones, un estanque, un surtidor u otros equipamientos como invernaderos, pajareras, quioscos, etc. Si los edificios se distribuyen siguiendo un diseño circular, se le denomina *circus*; y *crescent*, cuando un lado no está delimitado por construcciones y mira al paisaje. Originariamente estos jardines eran de uso privado, reservados a los residentes de las casas que los bordeaban, pero andando el tiempo se abrieron al público general. Este elemento de planificación urbana surgido en Inglaterra pasaría a convertirse en parte sustancial del programa de remodelación de París, llevado a cabo por el Prefecto Haussmann durante el reinado de Napoleón III. En Francia este concepto adquiere un nuevo significado más cercano al de jardín de barrio *(jardin faubourien)*. Situados en las intersecciones de las avenidas, los *square-jardin* ofrecen a los vecinos un lugar de esparcimiento, convivencia y encuentro. Al final del Segundo Imperio, existían en la capital gala más de setenta de estos espacios, que sumaban cerca de 2.000 hectáreas de zonas ajardinadas y paseos arbolados. Esa red de pequeños "oasis verdes" diseminados por la ciudad completaba el programa reformista de los grandes parques periféricos.

Simetría: Desde sus orígenes los jardines se han organizado a partir de un eje de simetría. Baste recordar que los primeros jardines que registra la Historia, los de Egipto y Mesopotamia, tienen ya forma regular y un diseño geométrico. Otro tanto cabe decir de los jardines moriscos y romanos. Esta tendencia alcanzará su máximo esplendor en los jardines barrocos, a la francesa, que llevaron hasta límites insospechados las posibilidades de formalización que había iniciado el jardín renacentista italiano. Para entender la pasión por la simetría en el diseño de los jardines hay que tener en cuenta: primero, que la naturaleza nunca crea un jardín, esto es, no se pliega a una trama o a un diseño predeterminado; y segundo, que la simetría trasmite a un nivel psicológico una sensación de seguridad y orden en el espectador. La negación de la simetría, que es una de las señas de identidad del jardín paisajista inglés, está asociada al rechazo a las constricciones impuestas a la naturaleza en los jardines barrocos. Su defensa a ultranza del naturalismo encierra también una reivindicación de la libertad y un rechazo del dominio del hombre sobre la naturaleza. Y por esto mismo, representa una crítica a los valores de la monarquía absoluta, que se servía de los jardines como símbolo de poder. En este contexto, "natural" se contrapone a "simétrico" o "formal". Dicho con otras palabras, la revolución paisajística liberó la mirada del punto de fuga, la perspectiva axial y las rígidas reglas de la geometría y descubrió el placer de la sorpresa y los contrastes.

Tapis vert: expresión francesa que significa literalmente "alfombra verde", esto es, una extensión de césped de diseño regular, por lo general rectangular. Fue un elemento compositivo muy utilizado en los jardines barrocos.

Teatro de ruinas: construcciones de los jardines paisajistas que recrean ruinas clásicas y se convierten en un elemento escenográfico destinado a evocar un pasado glorioso. Mientras el *teatro de verdura* barroco (teatro formado con setos) integraba el parque como marco y perspectiva, el *teatro de ruinas*, paisajista y romántico, constituye una tramoya, una atracción más del parque. Un buen ejemplo de estos teatros de ruinas es el de Sanspareil (Francia), que data de 1745, o el del eremitorio de Bayreuth (1744).

Teatro di verdura: término italiano para designar un teatro al aire libre, que se integra dentro de la decoración de un jardín barroco y en el que, llegado el caso, se pueden representar obras dramáticas.

Tebaida: es el nombre que recibe el desierto de los alrededores de Tebas (Egipto), donde, durante los primeros siglos del cristianismo, numerosos monjes se retiraron a orar de paso que sometían su cuerpo a una disciplina ascética. Por extensión, con esta palabra se empezó a designar a una suerte de ermita o retiro para la meditación dotado de un jardín para el paseo.

Templo: estas construcciones erigidas en honor de divinidades mitológicas o nobles representantes del espíritu humano forman parte del decorado de los parques y jardines clásicos, tanto formales como paisajistas. Valgan como ejemplos el Templo del Amor (1778) levantado en los jardines del Trianon en Versalles, el Templo de Flora (1745) en Stourhead o el Templo de los Nobles Británicos (1735) en Stowe.

Terraines vagues: expresión francesa empleada por el arquitecto y filósofo Ignasi de Solà-Morales para referirse a esas áreas urbanas deshabitadas, olvidadas y residuales, en las que predomina la memoria del pasado sobre el presente. Se trata de lugares obsoletos y marginales, de espacios degradados y extraños, ajenos a las estructuras productivas de la ciudad.

Terraza (*terrasse* en francés): zona elevada y llana de tierra contenida mediante muros de piedra u obra. Cuando la terraza prolonga una casa con la cual está comunicada por puertas y/o ventanas, su diseño es tarea del arquitecto. Por el contrario, cuando sirve para nivelar un terreno en fuerte pendiente o salvar un desnivel, su realización corresponde al jardinero.

Tonnelle: vocablo francés para referirse a un edificio ligero y ornamental, construido en *treillage*, es decir, con una estructura de madera o metal cubierta de plantas trepadoras. El término deriva de la palabra francesa *tonneau*, que significa "tonel", pues originariamente era un ensamblaje cilíndrico de listones de madera y aros de metal.

Topofilia: término acuñado por uno de los más influyentes pensadores en el campo de la geografía humana Yi-Fu Tuan (Tientsin, China, 1930), quien, en su obra homónima *Topofilia: un estudio de las percepciones, actitudes y valores sobre el entorno* (1974), definió este concepto como "el lazo afectivo entre las personas y el lugar o el ambiente circundante". Dicho con otras palabras, este vocablo aludiría a todo lo que está relacionado con las conexiones emocionales entre el entorno físico y los seres humanos. Resulta una idea bastante difusa, teóricamente hablando, pero vívida y precisa por lo que se refiere a la experiencia individual.

Toponoia: neologismo construido por analogía con el término paranoia y acuñado por Antonio Armesto (2001) para denunciar la obsesión por modificar la topografía y modelar la orografía con fines estéticos o constructivos mediante grandes movimientos de tierra, característica del paisajismo moderno.

Trama: alude a una organización regular del espacio a partir de una malla ortogonal (en ángulo recto). La trama de un jardín la constituyen no solamente la alineación de parterres y bosquetes, la forma de los estanques o el trazado de los senderos o *allées*, sino también el ritmo de zonas vacías y llenas, de masas verdes y zonas despejadas.

Treillage: estructuras normalmente de madera, si bien también pueden ser de metal, caña o fábrica, destinadas a servir de soporte a plantas trepadoras, y que pueden presentarse también desnudas como un elemento decorativo más. Al profesional que fabrica estas estructuras se le conoce en francés como *treillageur.*

Tresbolillo: disposición de las plantas ornamentales en hileras paralelas, de tal modo que las plantas de cada fila se sitúen en la mitad del hueco existente entre las plantas de la fila inmediata.

Trianon: nombre por el que se conocen dos mansiones reales construidas en el dominio de Versalles. El primer Trianon, llamado Trianon de porcelana (1670), fue construido sobre el emplazamiento de una villa homónima por Luis Le Vau en el noroeste del parque por orden del monarca Luis XIV, quien, huyendo del trasiego de la corte, solía cenar allí con su amante, Madame de Montespan. Debido a su fragilidad fue destruido poco antes de cumplirse veinte años de su construcción y reemplazado por el Trianon de mármol, más conocido como Grand Trianon (1687). Posteriormente, en la época de Luis XV fue erigido en el sureste del jardín de Versalles el Petit Trianon (1768) a petición de Madame de Pompadur, la favorita del rey, que moriría sin verlo terminado. Luis XVI regalaría el Petit Trianon, ya acabado, a su esposa María Antonieta. Los ricos burgueses adquirieron la costumbre de edificar pretenciosos *trianons* de imitación en sus jardines.

Tsubo-niwa: en japonés *niwa* significa jardín y *tsubo*, por su parte, es una unidad de medida del sistema tradicional *shakkan-ho*, que equivale aproximadamente a la superficie de dos tatamis contiguos, unos 3,25 metros cuadrados. Ese patio de reducidas dimensiones y forma cuadrada cobija un jardín interior mínimo, que materializa un microcosmos natural destinado a la contemplación meditativa dentro de las casas. Este tipo de expresión creativa entronca con la tradición japonesa del *penjing*, esto es, el arte de modelar paisajes en miniatura en un recipiente, así como con el arte del bonsái, consistente en la manipulación del crecimiento y desarrollo de especies arbóreas para formar ejemplares enanos.

Tulipomanía: esta palabra describe la pasión por el tulipán que se apoderó durante el siglo XVI de los Países Bajos, donde el interés por su cultivo desbordó la mera afición jardinera y alcanzó la categoría de fenómeno social. Esta planta perenne y bulbosa, perteneciente a la familia *Liliaceae*, que había sido importada a mediados del siglo XVI por el cónsul austriaco de Estambul, pronto se convirtió en un signo de lujo, muy codiciado por los príncipes, nobles, banqueros y todos aquellos que contaban con recursos financieros. A tal punto llegó la obsesiva fascinación por esta flor que se instituyó en Ámsterdam una bolsa especializada en especular con el precio de las distintas variedades de estos bulbos, obtenidos por expertos floricultores mediante sofisticadas técnicas de cruce y reproducción. La extravagante moda de los tulipanes alcanzó su apogeo entre 1633 y 1637. A finales de febrero de ese año los precios de los bulbos descendieron bruscamente llevando a la bancarrota y a la ruina a muchas de las personas más pudientes de Holanda, que habían invertido ingentes fortunas en su adquisición. No deja de ser sorprendente y significativo que los ciudadanos de los Países Bajos, que gozaban en toda Europa de una fama de hábiles financieros, de intachable y austera moralidad y sobrio y ponderado carácter, se dejaran arrastrar por semejante manía. Hoy se considera la tulipomanía como uno de los primeros casos de crack financiero, un ejemplo ilustrativo cómo se produce una burbuja económica y un precedente histórico de la actual crisis bursátil.

Undulating ground: praderas que se extienden en grandes extensiones de terreno suavemente onduladas. Se trata de un elemento característico del estilo de *Capability* Brown junto a los *clumps* y el *beltwalk.*

Verdolatría: término acuñado por Alain Roger en su obra *Breve tratado del paisaje* (1997) para referirse a la obsesión por lo verde característica de los ecologistas y los defensores del medio ambiente, que convierte el jardín en un mero espacio verde, olvidándose de su historia y tradición. En este sentido, las zonas verdes representan el grado cero del paisaje o, por utilizar las palabras de Roger, "una nada vegetal reservada a la purificación del aire y el ejercicio físico".

Vergel (*verger* en francés): huerto con variedad de flores y árboles frutales. Esta palabra deriva del vocablo latino *viridarium*, que significa "jardín de placer" y "grupo de árboles". Durante la Edad Media, desde la Canción de Roldán y hasta el final del siglo XV, sirvió en Francia para designar un jardín de recreo.

Vertugadin: término francés para referirse a una explanada de césped situada en lo alto de una pendiente y con forma de anfiteatro. Era a menudo utilizada en los jardines clásicos para cerrar una perspectiva.

Villeggiatura: la traducción más aproximada de este término italiano sería "veraneo". Así *"luogo di villeggiatura"* sería el lugar de vacaciones. Este concepto aparece unido a la construcción de las villas renacentistas en Italia. Una vez que las ciudades impusieron su dominio sobre el campo, empezó a carecer de sentido fortificar los asentamientos rurales. Los nobles terratenientes remodelaron sus *castellos* y, a partir de entonces, construyeron sus villas pensando en el disfrute de la vida rústica y los placeres campestres. Este ideal de la vida rural recibe el nombre de "villeggetura". A partir del *Quattrocento*, primero en Toscana y luego en el Lacio y otras regiones, se desarrolla este nuevo estilo de vida basado en el espíritu y los valores clásicos impulsado por una emergente élite intelectual, los humanistas, que, en cierto modo, anhelan integrar dos tradiciones: el retiro monástico y la contemplación bucólica. Mientras que la residencia estaba destinada al *negotium*, la villa se convirtió en un espacio para el *otium*, esto es, para el reposo de las fatigas mundanas, la contemplación de la naturaleza, el intercambio intelectual y el deleite sensual. Lo cierto es que los romanos ya distinguían entre la villa rústica y la villa urbana, entre el *domus* de la urbe y la casa de campo. Baste recordar al respecto las cartas de Plinio el Joven (62-113 aprox.), donde describe con todo lujo de detalles dos villas de su propiedad: una a la orilla del mar, al sur de Ostia, en el Laurentino, y la otra próxima a la localidad de Città di Castello en la región de Umbría y a la que se refiere como "villa en Toscana".

Vivaz: se dice de la planta perenne cuyos órganos aéreos desaparecen en la época desfavorable. O, dicho más claramente, son plantas que no mueren con la llegada del invierno y viven de un año para otro. Sus tallos y hojas se secan, pero las raíces permanecen vivas bajo la tierra y, cuando llega la primavera, vuelven a brotar. Así ocurre, por ejemplo, con la peonía, el astilbe, el helianthus, el delphinium, etc. Se multiplican principalmente por vía vegetativa (rizoma, estolón o vástagos rastreros, etc.) y, por lo común, forman una colonia, donde no es posible distinguir el pie madre. Por extensión, se suele llamar así a las plantas herbáceas, pero muchas leñosas tienen este comportamiento y forman parte de este grupo.

Xerojardinería: (de *xeros* en griego "seco") dícese de la jardinería en clima seco, que utiliza sistemas eficientes de riego, especies autóctonas adaptadas a las condiciones xerófilas y todo tipo de plantas resistentes al estrés hídrico en aras de conseguir espacios sostenibles e integrados en el entorno paisajístico, donde sea innecesario o muy bajo el consumo de productos fitosanitarios. La creación de *xerojardines* se inició en Estados Unidos en los años sesenta y setenta del siglo pasado y, desde entonces, se ha convertido en un modelo de jardinería sostenible.

'DRAMATIS PERSONAE'
NOTAS BIOGRÁFICAS

ADDISON, Joseph (1672-1719). Escritor y político inglés, publicó en 1712 dos ensayos que influyeron decisivamente en el desarrollo del jardín paisajista inglés en la prestigiosa revista *The Spectator*, de la que era cofundador junto a Richard Steele. El primero, *Los placeres de la imaginación* [The Pleasures of the Imagination] vio la luz el viernes 25 de junio de 1712 y el segundo en forma de carta apareció el sábado 6 de septiembre de 1712.

ALBERTI, Leon-Battista (1404-1472). Una de las figuras mayores del humanismo, un *uomo universal* y uno de los artistas más polifacéticos del *Quattrocento*. Trabajó al servicio de los mecenas más importantes de su época: el Papado, los Este en Ferrara, los Gonzaga en Mantua, los Malatesta en Rimini y, sobre todo, los Médicis en Florencia. Se dedicó a las más variadas disciplinas (arquitectura, poesía, matemática, música, filosofía, lingüística, criptografía, etcétera), movido siempre por el deseo de encontrar reglas que orientaran el trabajo creativo e intelectual. Desarrolló una importante labor como creador y teórico. Después de haber escrito importantes tratados dedicados a la pintura (*Della pintura*, 1436), a la escultura (*De statua*, 1464) y a la economía doméstica (*Della famiglia*, 1437-1444), se ocupará de la arquitectura. Su obra *De re Aedificatoria* (1485), redactada originariamente en latín, dedicada a Lorenzo de Médicis y publicada trece años después de su muerte en Florencia, es considerada el primer tratado de arquitectura y arte urbano de la cultura occidental. Y como tal jugó un papel decisivo en la difusión de los principios constructivos y los modelos arquitectónicos renacentistas, inspirados en los ideales clásicos. Este texto contiene valiosas recomendaciones acerca de dónde deben erigirse las villas rurales o campestres, qué condiciones debe reunir el terreno y cómo debe ser el paisaje que las rodea. Otro tanto cabría decir sobre las villas suburbanas, próximas a la ciudad, cuyos jardines debían comprender prados floridos, campos soleados, arboledas, fuentes y arroyos. Alberti fue el primero en plantear las reglas que debía seguir el diseño del jardín y que, en suma, lo hizo entrar en la historia de las artes.

ALPHAND, Adolfe (1817-1891). Ingeniero y paisajista francés, colaboró en la planificación y reorganización urbana de París bajo la dirección del barón Haussman (1809-1891) durante el Segundo Imperio. Sus intervenciones cambiaron definitivamente la fisionomía de la capital gala y la convirtieron en el paradigma de la metrópolis moderna. En 1855 fue nombrado jefe del Service des Promenades de París, y desde esa posición coordinó la realización de una extensa red de plantaciones, que abarcaba desde los bosques a los *squares*, y de las grandes avenidas a los paseos públicos. Fue responsabilidad suya el acondicionamiento de los *bois* de Vincennes y Boulogne, la creación de los parques Buttes-Chaumont, Monceau y Montsouris, y la ejecución de innumerables *squares* o plazas ajardinadas. Asimismo planificó las largas avenidas arboladas y los bulevares que atraviesan París en todas las direcciones. En el desarrollo de esta vasta y majestuosa empresa demostró una visión integradora y unitaria, alejada de excesos estilísticos y prejuicios culturalistas, y siempre guiada por el deseo de conseguir un efecto de claridad y orden, gracias a la pureza de formas y de líneas en el trazado de los paseos y el modelado del terreno. En 1873, Alphand publicó su obra, convertida ya en un clásico, *Les promenades de Paris*, donde describe las tareas de "embellecimiento" de la capital durante la época de Georges-Eugène Haussman.

ASSUNTO, Rosario (1915-1994). Pensador italiano, pionero en el estudio del jardín desde una perspectiva filosófica. Fue profesor de estética en la universidad de Urbino desde 1956 y de historia de la filosofía italiana en la universidad de La Sapienza de Roma a partir de 1981. Su vasta obra, que abarca más de treinta libros y doscientos artículos, reflexiona críticamente sobre las nociones de naturaleza y paisaje, y los múltiples significados que han adquirido a lo largo del tiempo, desde la Edad Media hasta la época contemporánea, y muy especialmente durante el periodo ilustrado y el idealismo alemán. Concibe el jardín como "la realización de la idea de paisaje absoluto". Este planteamiento a menudo ha sido tildado de elitista, cuando no de reaccionario, dado que se rebela contra la explotación del jardín para usos, según él, espurios como pueden ser las manifestaciones festivas o deportivas, y critica el utilitarismo y el hedonismo social que reduce estos a meras zonas verdes para el consumo de las masas. Por el contrario, reivindica el jardín como un medio de educación estética y democrática, como un lugar apacible que favorece el contacto, el silencio y la escucha de la naturaleza, y un espacio destinado a vivir la contemplación y a contemplar la vida. Algunas de sus obras mayores sobre la temática del jardín son: *Il paesaggio e l'estetica* (1973), *Filosofia del giardino e filosofia nel giardino* (1981) y *Ontologia e teleologia del giardino* (1988). Su pensamiento ha creado escuela en Italia. Filósofos como Raffaelle Milani, Máximo

Ventura Ferriolo y Paolo D'Angelo se declaran discípulos de Assunto y herederos de su pensamiento.

BACON, Francis (1561-1626). Filósofo empirista, preconizó en sus obras el empleo del método experimental. En su ensayo *Of Gardens* incluido en sus *Essays, or Counsels Civil and Moral* (1625) muestra su rechazo hacia el formalismo de los jardines franceses y el arte topiaria, y aboga por un estilo más natural. Sus propuestas anticipan los rasgos del jardín, irregular, orgánico y paisajístico, que se desarrollará en Inglaterra durante el siglo siguiente.

BARRAGÁN, Luis (1902-1988). De origen mexicano, es uno de los arquitectos más influyentes del siglo XX y uno de los representantes del Movimiento Moderno más interesados en el paisajismo. Sus jardines poseen un aire metafísico y una atmósfera atemporal, llena de recogimiento espiritual y poético misterio, en el que se integran influencias diversas y singulares con un estilo personal y único. Su interés por los jardines nació a raíz del viaje que realizó entre 1924 y 1926 por España y Francia, en el curso del cual tendría ocasión de visitar la Alhambra de Granada y de conocer la obra de Ferdinand Bac, quien acababa de publicar un libro titulado *Jardins enchantés*. Ambos descubrimientos dejarían una profunda huella en el joven Barragán y tendrían, según sus propias palabras, una enorme trascendencia en el posterior desarrollo de su obra. El contacto con la cultura mediterránea, tanto de raíz cristiana como musulmana, y su concepción espacial de la arquitectura y el jardín, marcada por la intimidad, el silencio, la sorpresa, el encantamiento y la magia, determinarían para siempre sus planteamientos creativos. Y por otra parte, la lectura de Bac, un dibujante y escritor interesado en el diseño de jardines, que cuestionaba las tendencias vanguardistas y abogaba por un revisionismo ecléctico de los orígenes mediterráneos del jardín, lo persuadiría de la necesidad de aunar la intimidad, el misterio y el sosiego en sus realizaciones. En 1931 conoció a Le Corbusier cuando asistió a sus conferencias en París. Y a partir de entonces, su compromiso con la estética racionalista y los postulados del Movimiento Moderno se afianzaron. Si hubiera que resumir en una frase la esencia de sus composiciones, diríamos que su depurada simplicidad nace de la desnudez, la contención, el contraste y el uso expresivo de elementos básicos como muros corridos de colores cálidos e intensos en contraposición a la horizontalidad de los estanques y las láminas de agua, la estudiada presencia de escasos elementos vegetales y el juego de sombras y luces. Algunas de sus obras más destacadas son las residencias que llevó a cabo sobre un terreno de lava volcánica entre 1945 y 1950 en El Pedregal de San Ángel

(México DF), su casa y estudio en Tacubaya (1947), que materializan sus ideas acerca de la íntima relación entre vivienda y jardín, el convento de las Capuchinas Sacramentarias (Tlalpan, DF, 1952-1959) y la plaza del Bebedero (Las Arboledas, 1958).

BLANC, Patrick (1949). Agrónomo y botánico especializado en el estudio de las plantas tropicales, desarrolló el concepto de "jardín vertical" como una respuesta a la falta de espacio en los núcleos urbanos densamente poblados. Siguiendo esta técnica, ha construido numerosos jardines por todo el mundo, dos de sus más recientes creaciones son la fachada del Musée du Quai Branly (París, 2006) y el muro vegetal del CaixaForum en Madrid (2007).

BOCACCIO, Giovanni (1313-1375). Amigo de Petrarca y comentarista de Dante, es uno de los grandes humanistas del *Trecento*. Escribió el famoso *Decamerón*, en cuyas páginas aparecen profusamente representados los jardines principescos, así como las bellezas de la campiña toscana. Sus detalladas y sensuales descripciones de la naturaleza anticipan una sensibilidad ya alejada del intelectualismo escolástico y cercana a la mentalidad renacentista.

BOYCEAU DE LA BAREAUDIÈRE, Jacques (hacia 1565-hacia 1633). Intelectual y artista, perteneciente a la pequeña nobleza, ocupa por derecho propio un lugar destacado en el panteón de los creadores del jardín a la francesa. En su obra *Traité du jardinage selon les raisons de la nature et de l'art* (1638) lleva a cabo una exposición detallada de los principios de la teoría del jardín barroco en sus inicios. En el texto se deja sentir la influencia de la geometría analítica y sus métodos, que sirven de modelo e inspiración al racionalismo filosófico. Valora la regularidad, defiende la necesidad de mantener un sistema de proporciones y subraya la importancia de respetar la simetría, basándose en la idea de que la Naturaleza obedece este principio. De ahí también que, a su juicio, la belleza nazca de conjugar el orden con la diversidad. Comprendió asimismo la importancia de alargar la perspectiva a fin de expandir los límites del jardín y crear la sensación de infinito. Los expertos no se ponen de acuerdo sobre si Boyceau fue solo un teórico o si también diseñó jardines. Las pruebas que pudieran esclarecer si intervino en la creación de los jardines de Luxemburgo, del primer Versalles o en la remodelación de las Tullerías, cuya realización se atribuye en su tratado, desaparecieron para siempre en el incendio que asoló en 1690 la Chambre des comptes et des bureaux del servicio de edificios de la Casa del Rey. Lo único que sabemos con seguridad es que en 1620, en tiempos de Luis XII, se convirtió en intendente general de los jardines reales.

BRIDGEMAN, Charles (1690-1738). Jardinero inglés, preparó el terreno para el desarrollo del estilo paisajista al trascender el esquematismo barroco y suavizar la regularidad y el rigor del diseño simétrico en la realización de sus proyectos. Pilotó la transición desde la formalidad anglo-holandesa en el modelado de los parterres y el trazado de las avenidas hacia un estilo más libre, en el que se empezó a suavizar la severidad compositiva y naturalizar el trazado. Entre las novedades que introdujo cabe señalar la sustitución de los muros de cierre por fosos invisibles, denominados "ha-ha" o también "ah ah", que no interrumpían la vista del paseante. Otras de sus innovaciones fueron la eliminación de parterres a lo largo del eje central y su sustitución por praderas verdes, la ausencia de canales y la desaparición del arte topiaria. Estos son algunos de los elementos más característicos de su estilo de transición que aparecen en los palacios y residencias que realizó en colaboración con el arquitecto Vanbrugh para la nueva nobleza *whig*, como por ejemplo Blenheim para el duque de Marlborough (desde 1709), Eastbury para lord Melcombe, Claremont (desde 1718) para el duque de Newcastle y, por supuesto, Stowe (entre 1716 y 1733) para el vizconde de Cobham. Sus méritos quedaron eclipsados por la reputación de sus sucesores, Kent y *Capability* Brown.

BROWN, Lancelot (1715-1783). Arquitecto y paisajista británico, considerado el padre del estilo inglés en jardinería, más conocido como *Capability* Brown. Recibió este apodo por partir siempre de las *capabilities*, esto es, de las capacidades o posibilidades que encerraban los terrenos de sus potenciales clientes, entre los que se encontraba lo más selecto de la sociedad inglesa de su tiempo. Intentó devolver al paisaje su apariencia natural, recuperar su esencia en consonancia con el "genio del lugar" y, gracias a una estudiada sencillez, dotar a los parques de un aire silvestre, como si su diseño no estuviera planeado. Las señas de identidad de su estilo son las praderas en terrenos suavemente ondulados *(undulating ground)*, los macizos de árboles *(clump)*, un lago de riberas sinuosas *(serpentine)* y un paseo de ronda o recorrido circular por las inmediaciones del bosque *(belt walk)*, que permita captar selectas perspectivas *(prospects)* cuidadosamente estudiadas del parque y multiplicar las impresiones sensoriales. Es el creador de más de cien proyectos de parques y jardines para una vasta clientela acaudalada, entre los que destaca el palacio de Blenheim (1764) en Oxfordshire, Harewood House en el condado de West Yorkshire, el castillo de Sherborne en el condado de Dorset, Syon House en el suroeste de Londres, el castillo de Warwick en el condado de Warwickshire, en la zona central de Inglaterra, y Wimpole Hall en el condado de Cambridgeshire entre otros muchos.

BURKE, Edmund (1727-1795). Filósofo y político destacado, de origen irlandés, defendió la causa *whig* con su oratoria y sus escritos. Ha pasado a la posteridad por ser el autor de *Indagación filosófica sobre el origen de nuestras ideas acerca de lo sublime y de lo bello*. Este libro, inspirado en la obra *Lo bello y lo Sublime* (1764) de Kant y que vería la luz en 1757, estaba destinado a ejercer una gran influencia en la historia de las ideas estéticas y, por ende, en la filosofía del jardín del siglo XVIII. Examina con sutil precisión las diferencias entre lo bello y lo sublime. Esta última emoción es causada, según él, por la oscuridad, la magnificencia, la grandiosidad (características que se observan sobre todo en arquitectura) y por el terror delicioso, el doloroso asombro, el imponente respeto de las fuerzas y los escenarios naturales. Concluye su análisis afirmando que lo sublime y lo bello pueden aliarse en un mismo objeto. Esta teoría inspirará y servirá de sustento filosófico a la estética del jardín paisajista inglés.

BURLE MARX, Roberto (1909-1994). Artista plástico y paisajista excepcional, de origen brasileño, supo combinar en sus creaciones jardineras un espíritu de vanguardia con el empleo de las plantas nativas tropicales. Introdujo en el jardín las formas abstractas de la pintura moderna y el lenguaje orgánico de las vanguardias artísticas. Inspirándose en las corrientes de la abstracción biomórfica, sobre todo de Hans Arp, cuyas figuras sinuosas de colores planos se podían trasladar fácilmente al jardín, exploró las posibilidades expresivas de la vegetación autóctona de su país. Sus jardines semejan a menudo cuadros abstractos o esculturas vivas. La mayor parte de su vida la pasó en Río de Janeiro, donde se encuentran sus principales obras, si bien llevó a cabo proyectos por todo el mundo. Algunas de sus creaciones más perdurables son la cubierta jardín que proyectó para el edificio del nuevo ministerio de la Educación y la Salud, concebido por el arquitecto brasileño Lucio Costa en colaboración con Le Corbusier, y el jardín aterrazado para la sede de la compañía de seguros Resurgeros, ambos considerados un hito rupturista en el paisajismo brasileño. Entre las más importantes realizaciones de su carrera profesional están el paseo de Copacabana de cuatro kilómetros de largo, el parque público Brigadeiro Eduardo Gomes de 122 hectáreas, construido sobre un vertedero en Río de Janeiro, y el parque del Este en Caracas (Venezuela). Por lo demás, durante toda su vida llevó a cabo una incansable tarea de investigación botánica, descubriendo y clasificando muchas especies. A la hora de introducir estas plantas en sus trabajos, se vio forzado a montar viveros donde cultivarlas. Pese a ser unánimemente considerado uno de los más importantes paisajistas del siglo XX, no juzgó oportuno teorizar a propósito de su arte y nos ha legado una escasa y fragmentaria bibliografía.

CARLOMAGNO (747-814). Emperador del Sacro Imperio Romano Germánico. Promulgó el *Capitulare de villis* (aprox. 795), cuya redacción se atribuye al monje Alcuino, para pedir cuentas a sus intendentes de la gestión de sus territorios y hacerles llevar una lista con las plantas de uso más común, que incluye árboles frutales y plantas medicinales y condimentarias.

CARMONTELLE, sobrenombre de Louis Carrogis (1717-1806). Pintor, diseñador, grabador, autor de teatro y arquitecto paisajista francés, fue un artista ecléctico y polifacético, con una marcada tendencia escenográfica. Para la familia del duque de Orleans compuso comedias (sus famosos *Proverbes dramatiques*) y organizó fiestas y espectáculos, en los que, a modo de una linterna mágica, proyectaba sobre una pantalla escenas pintadas sobre telas transparentes. En 1785, tras la muerte del duque de Orleans, siguió al servicio de su hijo, el duque de Chartres, más tarde conocido con el apelativo de Philippe Égalité, para quien diseñó en un sui géneris estilo anglo-chino el famoso parque Monceau (1773), destinado a ocupar una parcela de terreno situada en un pueblo del mismo nombre al noroeste de París. Asimismo, concibió las variopintas *folies* o construcciones ornamentales diseminadas por el recinto y que, según sus propias palabras, intentaban "crear un jardín extraordinario donde estarían reunidos todos los tiempos y todos los lugares". En ese "país de ilusiones", por usar una expresión de su agrado, el visitante podía recorrer un itinerario jalonado por diecisiete atracciones o *fabriques*, entre las que destacaban un puente levadizo, un paseo de tumbas, las ruinas de un templo dedicado al dios Marte, un minarete, un molino de viento holandés, una pagoda, un puente chino, un castillo, un obelisco, una columnata corintia, una naumaquia, una pirámide y una tienda de campaña turca. Este heteróclito, abigarrado y exótico despliegue constructivo no estaba reñido con una disposición geométrica de los macizos florales, más específicamente de tres colores (rojo, amarillo y azul) en clara alusión a las logias masónicas reagrupadas por el duque de Chartres. No es menos cierto que la cosmopolita variedad de las edificaciones se hallaba también en consonancia con la inspiración universal de la masonería. En 1779, Carmontelle publicó *Le Jardin Monceau*, donde, en un prospecto introductorio que servía de presentación a un conjunto de grabados con las escenas por él imaginadas, arremetía contra la austera estética de la naturalidad campestre y abogaba por un pintoresquismo fundado en un uso deliberado del artificio.

CARUNCHO TORGA, Fernando (1947). Paisajista español de reconocido prestigio y proyección internacional, en 1975 inició sus estudios de Filosofía y
Letras en la universidad Autónoma de Madrid, compaginándolos desde
1978 con su formación en jardinería y paisajismo en la escuela Castillo
de Batres, hasta que en 1979 abrió su propio despacho. Su espíritu humanista, su conocimiento de la historia del jardín español y, sobre todo,
su familiaridad con los pensadores griegos y latinos están muy presentes
en su trabajo. Concibe el jardín como una forma de conocimiento y expresión del pensamiento. De ahí que su diseño represente una ocasión
para mostrar su particular visión del mundo y el medio para traducir
sus ideas a un lenguaje plástico. La geometría y la luz son los ejes fundamentales de su filosofía del jardín, donde la concepción arquitectónica del espacio se conjuga con el respeto al entorno natural. Sus obras
destilan una elegancia y una simplicidad de sabor clásico, a la que no
es ajena la innovación y la modernidad. En sus más de treinta años de
profesión ha proyectado jardines privados y públicos en Estados Unidos, Francia, Italia, Gran Bretaña o Nueva Zelanda. Algunas de sus creaciones más representativas son el jardín de Mas des Voltes (1995-1997)
en Cataluña, el jardín de la embajada española de Tokio (1999), el patio
de la universidad de Deusto (Bilbao), el jardín de la clínica Teknon en
Barcelona y la Terraza de los Laureles (2005) en el Real Jardín Botánico
de Madrid, donde se alberga la colección de bonsáis donada por el ex
presidente Felipe González.

CARVALLO, Joaquín (1869-1936). Médico español, de origen extremeño, al que
se debe la reconstrucción de los jardines de Villandry, el último de los
grandes *châteaux* erigidos a orillas del Loira durante el Renacimiento. En
1906 adquirió gracias a la fortuna de su esposa, Ann Coleman, nacida en
Pensilvania y heredera de un importante negocio siderúrgico, el palacio,
que estaba a punto de ser demolido. Ambos se consagraron en cuerpo
y alma a devolver a los jardines su antiguo esplendor. Fue asimismo
el fundador, en 1924, de la Demeure Historique, la primera asociación
francesa que agrupa a los propietarios de castillos históricos, y pionero
en la apertura al público de estos monumentos.

CATÓN, Marco Porcio (234-149 a. C). Político, escritor y militar romano
apodado El Censor *(Censorius)*, y también El Viejo *(Sapiens, Priscus* o
Major) para distinguirlo de su bisnieto Marco Porcio Catón el Joven.
De origen plebeyo, merced a sus méritos y el apoyo de Lucio Valerio
Flaco fue ascendiendo en la carrera política o *cursus honorum:* tribuno
en 214 a. de C., cuestor en 204 a. de C., pretor en 198 a. de C., cónsul
en 195 a. de C. y, finalmente, censor en 184 a. de C., esto es, magistra-

do encargado de establecer los impuestos y velar por la pureza de las costumbres. La única de sus obras que ha llegado íntegra hasta nuestros días es su tratado *De Agricultura*, también conocido como *De Re Rustica*, que escribió tras la victoria de Roma en las Guerras Púnicas. En ella presenta la vida en el campo y la administración de las tierras de labor como ejes fundamentales de la civilización romana. Inaugura así una larga tradición de escritores latinos sobre temas agrícolas. Sus intenciones son tanto aconsejar a los dueños de villas rústicas sobre la gestión de sus propiedades, incluyendo la manera de tratar a la mano de obra esclava, como la defensa de las virtudes ancestrales y la simplicidad de las costumbres que habían hecho grande a Roma por oposición al refinamiento cultural y los nuevos valores venidos de Grecia.

CATULO, Cayo Valerio (87-54 a. de C.). Poeta latino, murió a una temprana edad, dejando tras sí un corpus literario de 116 composiciones, entre piezas líricas de métrica variada (1-60), composiciones largas (61-68) y epigramas en dísticos elegíacos (69-116). Su lírica es la de un joven *otiosus*, brillante y disoluto, de gusto refinado, amante del lujo y entregado a la pasión amorosa (Clodia, Lesbia), y refleja las licenciosas costumbres de la alta sociedad romana a finales de la República. Aunque en sus poemas no canta los jardines, merece ser mencionado por trasmitir en ellos un intenso amor a la naturaleza de raíz pagana. Asimismo en sus versos no faltan alusiones a las plantas y a las flores tanto silvestres como cultivadas, que, a menudo, sirven de término de comparación con la belleza femenina (Cantos de Himeneo). Poseyó una finca en Tíbur (Tivoli) y una villa rústica en Sirmión (Sirmione), situada en una península sobre el lago Garda, donde le gustaba refugiarse del tráfago urbano y las decepciones sentimentales.

CHAMBERS, William (1723-1796). Hijo de un comerciante escocés, nació en Suecia, donde, de los 17 a los 26 años, trabajó para la Compañía Sueca de las Indias Orientales, gracias a lo cual tuvo la oportunidad de visitar dos veces China. Contribuyó decididamente con sus escritos y creaciones a orientalizar el gusto estético. En los jardines de Knew incluyó una pagoda y otros diseños con reminiscencias asiáticas cuando, en la década de 1750, aceptó el encargo de Augusta, la princesa de Gales, de embellecer el dominio. A su entender, los jardineros chinos al igual que los pintores europeos eran un apoyo y una inspiración para el desarrollo del jardín paisajista inglés. En 1757 publicó *Of the Art of Laying Out Gardens Among the Chinese* y en 1772 su famosa *Disertación sobre la jardinería oriental*, donde critica la obra de Kent y Brown, y defiende una aproximación al estilo oriental. Es conocida su enemistad con Horace Walpole, con el que mantenía por una parte una disputa política (Chambers pertenecía a los *tories* y Walpole a los *whig*) y por otra un irreconciliable enfrentamiento estético. Mientras que Chambers había criticado en su escrito el trabajo de Kent y *Capability* Brown, Walpole lo ensalza. Este litigio se deja sentir en la segunda edición del *Ensayo sobre la jardinería moderna* (1782), donde Walpole incluye una nota en que desacredita el estilo anglo-chino, dirigida no solo a criticar el gusto de los franceses por esta moda sino también a Chambers que la había impulsado. Por otra parte, un amigo de Walpole, llamado William Mason, publicaría una ácida parodia de ilustrativo título *An Heroic Epistle to Sir William Chambers* (1773), satirizando los excesos de este nuevo estilo de jardinería y la afición por lo chinesco.

CHURCH, Thomas (1902-1978). Paisajista norteamericano, ha pasado a la posteridad como el creador del "estilo californiano", que se caracteriza por la unidad, la sencillez, la armonía y la funcionalidad. Su técnica concilia los sólidos principios de diseño del pasado con la libertad formal y compositiva del Movimiento Moderno. El dinamismo, la simplicidad y el uso de una geometría curvilínea son característicos de sus proyectos, así como la compartimentación del espacio en distintas "habitaciones". Es autor del libro, convertido ya en un clásico, *Gardens are for People* [Los jardines son para la gente, 1955], donde expone en un tono desenfadado e informal los principios que guían su trabajo. Consciente de los cambios sociales que, en la segunda mitad del siglo XX, habían llevado al desarrollo de un jardín cada vez más pequeño y democrático, intentó adaptar sus propuestas a los gustos y las necesidades de las nuevas clases medias americanas. A lo largo de su dilatada carrera llevó a cabo más de dos mil proyectos, en su inmensa mayoría en residencias familiares. Una de sus obras más emblemáticas es el jardín El Novillero (1948), construido para el matrimonio Dewey Donnell en el valle de Sonoma en California.

CICERÓN, Marco Tulio (106-43 a. de C.). Jurista, político, filósofo, escritor y orador romano, es considerado uno de los más grandes retóricos y estilistas de la prosa latina en tiempos de la República. Gran historiador y reputado pensador, contribuyó a la introducción y difusión de las escuelas filosóficas helenas. A diferencia de Catón y Varrón, únicamente poseía villas de recreo. En *De Oratoria* (II, 19) describe el jardín como un "excitante para pensar", un decorado propicio para el ejercicio del diálogo reflexivo, un marco para la creación intelectual y un entorno inmejorable para el *otium* creativo. Al convertir estos en escenarios privilegiados de sus diálogos filosóficos, estaba prolongando una tradición que se remontaba a Platón, Aristóteles y Epicuro. Es sabido que en su villa de Tusculum poseía una Academia y un Liceo, lo que pone en evidencia su concepción del jardín como teatro del pensamiento y refugio de la turbulenta vida pública y de las intrigas de poder. Las convulsas transformaciones sociales que tuvieron lugar durante las luchas por la jefatura del estado entre Pompeyo y César, habían desplazado el debate político de la palestra a los jardines privados. Las cartas que dirigió a su hermano Quinto y a su amigo Ático en el 58 a. de C. son también una preciosa fuente de información acerca de la aparición del *ars topiaria* y sus características.

CLÉMENT, Gilles (1943). Ingeniero hortícola, paisajista y profesor en la Escuela Nacional Superior de Paisaje de Versalles, es artífice de numerosos proyectos como el parque André-Citroën (París, 1986-1992), los jardines de l'Arc (París-La Défense y Nanterre, 1991-1998), el *parc* Henri-Matisse (Lille, 1992-2001) y el jardín del Musée du Quai Branly (2006) entre otros. Asimismo es autor de numerosas e influyentes publicaciones relacionadas con el paisajismo, entre las que destacan *Le Jardin planètaire: réconcilier l'homme et la nature* (1999), *Le jardin en mouvement: de la vallée du champ via le Parc André-Citroën* (1999) y *Manifeste du Tiers Paysage* (2004), donde ha desarrollado conceptos tan sugestivos y fértiles como "el jardín en movimiento" y "el jardín planetario".

COLONNA, Francesco (1433-1527). Sacerdote y monje dominico, al que se le atribuye la autoría de la enigmática obra *El sueño de Polífilo* (1499), cuyo título original era *Hypnerotomachia Poliphili*, ilustrada con valiosas xilografías. El nombre de su supuesto autor aparece en un acróstico esteganografeado en el libro. Si se toma la primera letra de los treinta y ocho capítulos, se puede obtener la frase *"Poliam frater Franciscus Columna peramavit"* (El hermano Francesco Colonna ama apasionadamente a Polia). Este texto narra el sueño del héroe homónimo que emprende un viaje iniciático para reunirse con su amada Polia, en el curso del cual recorre una serie de jardines compuestos con un arte maravilloso. Esta obra y sus ilustraciones son una suerte de enciclopedia del jardín renacentista.

COLUMELLA. Su verdadero nombre era Lucius Junius Moderatus. Nació hacia principios de la era cristiana en la Bética, como Séneca, del que fue amigo; y murió entre el año 60 y 70 d. de C. Siguió la carrera militar y llegó a ser tribuno en Siria el año 35 d. de C. Después se trasladó a Roma, donde consagró todas sus energías a la agricultura a gran escala, poniendo en práctica los conocimientos teóricos que había adquirido a lo largo de una vida de estudio y reflexión. De su obra escrita han llegado hasta nuestros días dos tratados. Uno de ellos es *Res rustica* [Los trabajos del campo], escrito hacia el año 42, donde, inspirándose en las obras de Catón el Viejo, Varrón y otros autores latinos, griegos e incluso cartagineses, analiza y describe los trabajos del campo, que abarcan desde la agricultura y la ganadería hasta la apicultura y la elaboración de distintos productos y conservas. Y el otro escrito es el *Liber de arboribus* [Libro de los árboles], en el que trata del cultivo de la vid, el olivo y diferentes frutales, así como de la plantación y el cuidado de flores como la violeta o la rosa. La obra de Columela es considerada el repertorio más amplio y documentado sobre agricultura romana.

COOPER, Clare. Profesora emérita del Departamento de Arquitectura del Paisaje de la universidad de California, Berkeley, se le considera la fundadora de la psicología del medioambiente. Su pionera investigación sobre los aspectos psicológicos y sociológicos de la arquitectura, la planificación del uso del suelo y el diseño del paisaje, en particular el espacio urbano abierto, ha merecido el reconocimiento internacional. Aplicando métodos inspirados en la teoría de la Gestalt y los conceptos de la psicología junguiana, ha examinado el impacto psicológico de la casa y la relación de las personas con sus hogares, incluido el jardín. Sus ideas al respecto aparecen recogidas en su célebre obra *House as a Mirror of Self* [La casa como espejo de uno mismo, 1974]. También ha estudiado los beneficios terapéuticos de los jardines en hospitales y otros centros asistenciales. Como resultado de estas investigaciones, ha dado a la imprenta los libros: *Gardens in Healthcare Facilities: Uses, Therapeutic Benefits, & Design Recommendations* [Jardines en las Instalaciones de Salud: usos y beneficios terapéuticos, y recomendaciones de diseño, 1995] y *Healing Gardens, Therapeutic Benefits and Design Recommendations* [Jardines curativos, los beneficios terapéuticos y recomendaciones de diseño, 1999].

CRESCENDI, Pietro de (1230-1305). Natural de Bolonia (Italia), donde ejerció de juez y funcionario del fisco. Es autor del *Liber ruralium commodorum*, dedicado a Carlos II de Anjou, rey de Sicilia y Jerusalén y al abad dominico Aymeric de Plaisance, que recopila todo el saber jardinero de la Edad Media. El libro se conservó como manuscrito cerca de cien años, hasta que fue traducido al francés, al italiano y al alemán, e ilustrado por miniaturistas del siglo XV. Estas imágenes de gran valor testimonial enriquecieron la obra con nuevas aportaciones sobre la evolución de los métodos de cultivo entre el final del medievo y los albores del Renacimiento.

CRIBIER, Pascal (1953). Es uno de los arquitectos paisajistas franceses contemporáneos que goza de más prestigio. Ha llevado a cabo numerosos proyectos tanto de jardines privados como de parques públicos y de acondicionamientos de paisajes. De entre sus obras, cabe destacar la restauración de los jardines de las Tullerías (1990) de París realizada junto a Louis Vence, la rehabilitación del parque de Méry-sur-Oise (1996-2000), Woolton House (1996-2006) en Inglaterra, el jardín *Le Plaisir* (1996-2004), la reestructuración del rancho Selkirch (2001) en Montana (Estados Unidos), el *Jardin des énergies* en Moselle, sin olvidar su jardín-laboratorio en la costa normanda. Su estilo se caracteriza por el rigor formal y un minimalismo no exento de poesía.

DEZALLIER D'ARGENVILLE, Antoine-Joseh (1680-1765). Naturalista, abogado, historiador del arte y pintor, publicó en 1709 su famoso *Théorie et pratique du jardinage*, donde expuso los principios rectores del arte de los jardines a la francesa, que tan extraordinariamente ilustró André Le Nôtre.

DE CAUS, Salomón (1573-1626). Este ingeniero francés, nacido en Normandía, diseñó los míticos jardines del castillo de Heidelberg en Alemania, considerados los más bellos del Renacimiento, por orden de Elisabeth Stuart, esposa del Elector palatino Federico V. Aunque la empresa nunca llegó a culminarse, podemos formarnos una idea precisa de su majestuosidad gracias a las ilustraciones de su obra *Hortus Palatinus* (1620). Es asimismo autor de otros dos tratados: *La perspective, avec la raison des ombres et miroirs* (1612), donde desarrolla algunos conceptos claves para la pintura y el arte del jardín barroco como son "la fuerza de las sombras" y los "juegos de óptica", y el manual de hidrostática titulado *Les raisons des forces mouvantes* (1615).

DE SERRES, Olivier (1539-1619). Agrónomo francés, después de participar en las guerras de religión, decidió retirarse a su dominio, donde compuso una de las obras más importantes en la historia de la agronomía y la horticultura: *Théâtre d'agriculture et mesnage des champs* [El Teatro de la Agricultura y Cuidado de los Campos]. Se trata de un manual agrícola donde se expone con todo lujo de detalles cómo cuidar y gestionar una propiedad rural y la manera de embellecer la casa y el paisaje rústico. Aunque en este texto la finalidad económica se anteponía al gusto estético y al placer, la obra contiene un largo capítulo, el sexto *lieu*, consagrado a los jardines. Según De Serres, el jardín no es únicamente un lugar de experimentación y de suministro del sustento doméstico, sino también un dispositivo orientado al recreo y al disfrute de los gentilhombres. En otras palabras, el jardín debe combinar lo útil con lo ornamental e incluir un huerto, un herbario medicinal, una plantación de flores y campos de frutales.

DIXON HUNT, John. Historiador del arte del jardín de origen norteamericano que se ha revelado en las últimas décadas como uno de los autores más prolíficos y una de las voces más autorizadas en el estudio del jardín paisajista inglés. De su pluma han salido multitud de artículos y obras especializadas de gran calado científico y amena lectura, entre las que cabe destacar: *The Figure in the Landscape* (1976), *Garden and Grove* (1986), *William Kent: Landscape Garden Architect, Gardens and the Picturesque* (1994) y la antología de textos editada en colaboración con Peter Willis: *The Genius of the Place* (1988). Ha dirigido la revista *Journal of Garden History* y el *Center for Studies in Landscape Architecture* en Dumbarton Oaks (Harvard University).

ECKBO, Garrett (1910-2000). Este paisajista norteamericano fue el creador, junto a Thomas Church, de la escuela californiana. Su concepción del jardín, muy influenciada por las vanguardias artísticas y el Movimiento Moderno en arquitectura (Ludwig Mies van der Rohe, Le Corbusier, etc.), está más cerca de la escultura que del paisajismo. Su estilo se caracteriza por una estudiada asimetría, una distribución funcional del espacio, trazados con formas rectangulares, circulares o compuestas en agrupaciones ortogonales u oblicuas, y la combinación de masas y vacíos en las plantaciones, que crean un efecto de collage cubista. A su juicio, el jardín debe poseer tres cualidades esenciales: ritmo, equilibrio y énfasis. Según explica en su obra *The Art of Home Landscaping* (1956), el ritmo se obtiene merced a la repetición de elementos (hileras de árboles, tramos de escaleras, sucesión de rocas, etc.); el equilibrio, por su parte, se consigue mediante la contraposición de elementos de igual o parecido tamaño, forma, color, volumen en dos o más puntos de la composición; y, por último, a dotar de énfasis al conjunto contribuyen ciertos elementos (una piscina, una pajarera, un árbol relevante o un lecho de rosas) que atrapan la atención. A lo largo de su dilatada carrera proyectó más de mil jardines, la inmensa mayor parte para residencias privadas. Algunas de sus realizaciones más representativas son el jardín Fisk (Atherton, California, 1939), el jardín Jones (Notario, California, 1940) y el jardín Burden (Westchester, Nueva York, 1945). Por otra parte, formuló sus ideas en diferentes libros, entre los que merece especial mención su primera obra publicada en 1950 con el significativo título *Landscape for living* [Paisaje para vivir, 1950], que se convirtió en un texto fundador y seminal de la arquitectura paisajista moderna. En este texto critica las concepciones tradicionales del jardín como lugar de ocio, de plantaciones vegetales y de diálogo entre lo formal e informal, y reivindica este como espacio de interacción entre la gente y el lugar. Aspiraba a crear, según sus propias palabras, "una forma orgánica en un paisaje humanizado".

EPICURO (341 a. de C.-270 a. de C.). Filósofo griego, nacido en Samos, fundador de la escuela que lleva su nombre y cuyas enseñanzas se caracterizan por el hedonismo y el atomismo. A la edad de treinta y cinco años funda su escuela filosófica, que será conocida con el nombre de El Jardín, en una casa con un modesto huerto situado en el barrio de Mélite de Atenas, más allá de la puerta de Dipylon, en el camino que llevaba a la Academia de Platón. Sus discípulos se ocupaban del mantenimiento de ese pequeño pedazo de terreno y cultivaban en él frutas y verduras destinadas a su consumo. Pero el Jardín de Epicuro no es solo un medio de proveerse de alimentos, sino una fuente de enseñanzas y una escuela de vida, donde conocer los ritmos de la naturaleza, aprender los vínculos entre el alma y la materia, y cultivar virtudes como la paciencia, la gratitud y la amistad orientadas a alcanzar la ataraxia (etimológicamente "la ausencia de problemas"), la paz de espíritu, la serenidad, que se identifica en su filosofía con la felicidad. En suma, el Jardín desempeñaba una función pedagógica esencial, porque ayudaba a entender a quienes lo trabajaban los placeres de la vida en comunidad, la importancia de cultivar el ser y la aceptación de la muerte como el complemento necesario de la existencia. Si hemos de creer a Diógenes Laercio, al despedirse de este mundo, Epicuro dejó más de 300 manuscritos, de los que únicamente se han conservado tres cartas (a Herodoto, Pitocles y Meneceo), cuarenta máximas (las llamadas *Máximas capitales*) y algunos fragmentos breves citados por diferentes autores.

ESTRABÓN, Walafrido (806?-?). Monje benedictino, tutor del hijo del emperador Ludovico Pío y discípulo de Rimoaldo, abad de Saint-Gall, a quien dedicó un poema de 447 versos, que contiene detalles prácticos y bastante especializados sobre las técnicas de plantación y riego, así como una detallada descripción de algunas plantas aromáticas (ruda, salvia, menta), hortalizas (calabaza) y flores (rosa, azucena).

FEDERICO II DE PRUSIA (1712-1786). Fue el tercer rey de Prusia y un destacado representante del despotismo ilustrado, amigo de Voltaire y autor del *Anti-maquiavelo* (1739), obra en la que condenaba los principios del pensador florentino y abogaba por la rectitud moral de los gobernantes. Ha pasado a la historia del jardín por haber impulsado la construcción de *Sanssouci* (1745-1747), término francés que puede traducirse como "sin preocupaciones". Con ese nombre se conoce su residencia privada de verano, erigida en estilo Rococó y constituida por un palacio, templetes, pabellones y otras dependencias diseminadas por un majestuoso parque en Postdam, cerca de Berlín.

FORESTIER, Jean-Claude Nicolas (1861-1930). Arquitecto paisajista francés, diplomado en la Escuela Forestal de Nancy, discípulo de Georges-Eugène Haussmann y Jean-Charles Adolphe Alphand diseñó multitud de jardines y parques entre otros lugares en París, Lisboa, La Habana, Buenos Aires, Marrakech, Meknes, Fez,... En España proyectó en Sevilla el Parque de María Luisa (1914) para la Exposición Iberoamericana; y en Barcelona, amén de otros trabajos, la urbanización de la colina de Montjuïc (1929), y varios jardines privados para miembros de la aristocracia. También destacó como teórico y tratadista, pues dio a la imprenta varios textos: *Grandes villes et systèmes de parcs, Jardin: carnets de plans et dessins* y *Des jardins d'autrefois aux jardins d'aujourd'hui.* Practicó un estilo ecléctico, que combinaba influencias clásicas, paisajistas, orientales y románticas. En sus creaciones el agua juega un papel fundamental, así como las escaleras, las terrazas, las pérgolas y los emparrados. Por lo demás, es el creador del estilo neosevillano o neoárabe en jardinería, que estuvo en boga desde 1915 aproximadamente hasta los años treinta tanto en España como en la costa mediterránea francesa.

GILPIN, William (1724-1804). Pastor protestante, pedagogo ilustrado y dibujante, ha pasado a la historia de los jardines por ser uno de los teóricos de la estética pintoresca. Después de una visita al parque de Stowe (creado por Bridgeman y Kent), comienza a manifestar su interés por la belleza pintoresca tanto en relación con la pintura como con los jardines. En 1748 publicó anónimamente *A dialogue upon the gardens* [Un diálogo sobre los jardines], donde expone sus ideas sobre el tema. Pero no será hasta su *Essay on Prints* [Ensayo sobre los caracteres], publicado en 1768, cuando emplee el término pintoresco por primera vez, que, según sus propias palabras, sirve para definir "ese tipo de belleza que causaría un hermoso efecto en una pintura". Este vocablo que, hasta entonces, había sido utilizado en inglés como sinónimo de *pictorial* (pictórico), adquiere una nueva acepción. Animado por sus amigos Thomas Grey y William Mason, emprendió a partir de 1782 varios viajes a lo largo y ancho de Inglaterra, que le llevaron a visitar el sur del país de Gales (1782), la región de los Lagos (1786) y los Highlands (1789) sucesivamente con el propósito de reunir evidencias de la belleza pintoresca de las diferentes regiones. Estas observaciones recogidas en forma de libros, que circulaban entre un amplio círculo de hombres de letras, contribuyeron al desarrollo de la teoría de la belleza pintoresca, que formularía en sus *Ensayos sobre lo pintoresco* (1792) y que ampliarían otros autores como Uvedale Price en su *Ensayo sobre lo pintoresco* (1794) y Richard Payne

Knight en su poema didáctico *El paisaje* (1794) y su ensayo *Investigaciones analíticas sobre los principios del gusto* (1805).

GIRARDIN, René Louis de (1735-1808). Marqués de Vauvray, fue el artífice del mítico parque de Ermenonville, el primer jardín paisajista en suelo galo, inspirado en las enseñanzas de Rousseau. En su casa de campo se alojó durante sus últimos días el viejo filósofo, que sería enterrado en la isla de los Álamos. Su tumba en medio de un lago se convertiría en un poderoso elemento evocador y un motivo recurrente de la estética romántica. Expresó sus ideas en una obra, publicada en 1977, de tan prolijo como ilustrativo título: *De la composition des paysages, ou des moyens d'embellir la nature autour des habitations en joignant l'agréable à l'util* [Sobre la composición de paisajes, o medios de embellecer la naturaleza en torno a la vivienda uniendo lo agradable a lo útil], donde da rienda suelta a sus ideales filantrópicos y fisiocráticos.

GOTTLOB SCHELLE, Karl (1777-?). Filósofo y profesor alemán, amigo de Kant y representante de lo que se conoce como "filosofía popular", movimiento cultural preocupado por reconciliar el pensamiento con lo cotidiano. Si merece un lugar en esta relación, es por haber publicado en 1802 *Die Spatziergänge oder die Kunst spatzieren zu gehen* [El arte de pasearse]. En sus páginas defiende la idea del paseo como una práctica intelectual, una promesa de placer siempre renovado, una actividad que nos pone en contacto con la naturaleza y un medio de reencontrarnos con nosotros mismos. El jardín aparece como uno de los lugares privilegiados para el ejercicio de esta filosofía pedestre. Esta reivindicación del caminar está en sintonía con el espíritu de la época ilustrada y romántica. Baste recordar la obra inacabada de Rousseau *Les Rêveries du promeneur solitaire* [Las ensoñaciones del paseante solitario, 1782] o el poema de Schiller *Der Spaziergang* [El paseo, 1795] o la novela de Goethe *Die Wahlverwandtschaften* [Las afinidades electivas, 1809]. Aparte de este ensayo, la obra de Gottlob se reduce a un puñado de obras de filosofía y textos sobre literatura francesa redactados entre 1797 y 1807, pues apenas había cumplido treinta años cuando ingresó en un establecimiento psiquiátrico, donde pasaría gran parte de su vida.

GUEVREKIAN, Gabriel (1900-1970). Nació en Estambul, en el seno de una familia armenia, se formó como arquitecto en Viena y París, y es el primer paisajista en la historia en diseñar un jardín cubista. Su célebre "Jardin d'eau et de lumière [Jardín de agua y de luz] fue presentado en 1925 en la Exposición de Artes Decorativas e Industriales de París. Su proyecto, llamado "jardín persa" en los folletos de presentación, ocupaba un pequeño espacio triangular en la explanada de los Inválidos, abierto por un lado y cerrado por los otros dos mediante un muro realizado con pequeños triángulos de vidrio coloreado, de tonalidades que iban del rojo al rosa. La superficie del jardín estaba dividida en una serie de parterres triangulares sembrados de flores de color rojo, azul, amarillo y verde. En el centro del recinto había un estanque dividido en cuatro cubetas o picas con los fondos pintados respectivamente de color rojo, azul y blanco, y asimismo de forma triangular, colocadas a distinto nivel y que conformaban una especie de cascada. La composición estaba coronada por un poliedro esférico, cubierto de espejos y cristales coloreados, que giraba descomponiendo la luz que emanaba de su interior. Una fuente de cristal con forma de cáliz espiral arrojaba horizontalmente un chorro de agua sobre el estanque más alto, que se reflejaba en la esfera. Sin duda, se trata de una obra más artística que práctica, donde las plantas han sido relegadas a un segundo plano en favor del dinamismo visual producido por la interacción del agua y la luz, y en la que su creador intenta trasladar al terreno del jardín las premisas conceptuales de las vanguardias plásticas y los postulados del Movimiento Moderno en arquitectura. De hecho, Guevrekian presidió el Congreso Internacional de Arquitectura Moderna (CIAM) desde 1928 hasta 1932, puesto que ocupó a instancias de Le Corbusier. Realizó dos jardines experimentales más con sus innovadores planteamientos, uno para Charles y Marie Laure de Noailles (1928) en Hyères, localidad de la Costa Azul francesa, y otro, estructuralmente más complejo, para Jacques Heim, modisto de alta costura y fabricante de pieles en Neully.

GUILLAUME DE LORRIS. Aristócrata nacido en las inmediaciones de Orléans hacia el año 1210 y muerto entre 1237 y 1240, escribió la primera parte de la célebre obra *Roman de la Rose,* considerada por muchos expertos como el mayor monumento de la literatura trovadoresca. Falleció dejando inconcluso el texto, cuya redacción había comenzado hacia 1230, y que fue completado a partir de 1277 por Jean de Meun (1250-aprox. 1305). Las dos partes de la obra tienen un estilo, un tono y unas pretensiones muy diferentes, puesto que ambos autores pertenecían a escuelas amorosas opuestas. Así, De Lorris, lírico y apasionado, se distingue por cantar el amor cortés con una fraseología típicamente trovadoresca, mientras que De Meun, moralista, misógino y práctico, aboga por un amor menos elevado, orientado a la procreación y contrario a la búsqueda del placer por el placer. Si De Lorris expresa los gustos amorosos de la nobleza, De Meun da voz a la moral sexual de la incipiente burguesía medieval. La primera parte comprende 4.052 versos en los que, siguiendo la retórica del amor cortés, se describen la larga serie de pruebas que debe superar el Amante para conseguir conquistar la Rosa, símbolo de la mujer. En el curso de ese peregrinaje amoroso, el protagonista se interna en un maravilloso jardín rodeado por muros almenados. Mientras que en la fachada de entrada al recinto aparecen representados los vicios de los que debe alejarse, en el interior se hallan todas las cualidades que adornan el amor cortés. Allí topará con el Amor, que lo hiere con sus dardos envenenados de pasión y del que se convertirá en un fiel vasallo. También encontrará allí la anhelada Rosa, que conquistará no sin antes vencer enemigos y superar obstáculos de carácter alegórico. Por lo que se refiere a los jardines, esta es la parte más interesante, dado que toda la trama se desarrolla en un "vergel" cerrado, un jardín del amor, en el que la naturaleza se despliega en todo su exuberante y poético esplendor. La segunda parte, compuesta por De Meun hacia el año 1276, contiene 17.772 versos. En ellos aparece descrito un hermoso parque circular, en el que se muestra la fecundidad inagotable de la naturaleza.

HEGEL, Georg Wilhelm Friedrich (1770-1831). Eminente pensador alemán, fue el creador del último gran sistema especulativo de la filosofía occidental: el Idealismo Absoluto. Su figura merece ocupar un lugar en la historia del jardín por las referencias a este arte menor, no por breves menos interesantes, que hizo en su *Estética* (1835). Esta obra es una recopilación de las notas del curso dictado por el filósofo en Berlín y que fueron publicadas por uno de sus alumnos, de nombre H. G. Hotho, cuatro años después de su muerte. En ella Hegel desarrolla un sistema de bellas artes edificado sobre su concepción de la historia como realización progresiva, por sucesivos relevos *(Aufhebungen)*, del Espíritu. El jardín se presenta como una naturaleza transformada por el hombre y convertida en un espacio idóneo para mantener "conversaciones al aire libre" y satisfacer su necesidad de un ambiente que sienta como su creación personal. El modelo a seguir será el jardín formal, regular, a la francesa, sin dejar por ello de "tratar de imitar a la gran y libre naturaleza". Según sus propias palabras, "debe conservar, por una parte, su libertad natural, pero, por otra, debe sufrir una elaboración artificial". En resumidas cuentas, concibe el jardín como una creación a un mismo tiempo pictórica y arquitectónica. Esta tesis concierne tanto al estilo formal como al paisajista, alejándose por tanto de los postulados de Kant.

HIRSCHFELD, Christian Cay Lorenz (1742-1792). Profesor de filosofía y estética en la universidad Christian-Albrecht de Kiel desde 1770 hasta su muerte, merece un destacado lugar en la historia de los jardines como teórico. Entre 1779 y 1785 publicó en cinco volúmenes su monumental y enciclopédica obra *Théorie der Gartenkunst* [Teoría de la jardinería], que supuso la consagración de este arte en igualdad de condiciones que la poesía y la pintura. Hirschfeld desaprobó el estilo pintoresco, recargado de formas escenográficas y al servicio únicamente del divertimento y el placer, y defendió una estética paisajista preocupada por embellecer la naturaleza a la manera de los pintores paisajistas. El diseño del jardín o el parque no solo debe buscar la naturalidad y estimular la sensibilidad, sino también tratar de infundir sentimientos e inspirar emociones como la melancolía, la sorpresa, la alegría, el pavor, etc. Sus ideas ejercieron un influjo decisivo en la evolución de la jardinería sobre todo en Alemania y Escandinavia. La teoría de Hirschfield está en sintonía con la filosofía *Sturm und Drang* (Tempestad e Ímpetu), movimiento cultural precursor del romanticismo, que preconiza la subjetividad y la libertad expresiva. Hay que reconocer también a Hirschfeld el mérito de haber sido promotor de la idea de parque popular, que se impondría en la segunda mitad del siglo XIX como una solución a la aglomeración de las grandes urbes.

HORACIO QUINTO, Flaco (65-8 a. de C.). Poeta lírico y satírico latino, cantó la vida retirada y campestre *(beatus ille)*, y exhortó a no dejar pasar el tiempo y a aprovechar el momento presente *(carpe diem)*. En sus composiciones el jardín aparece como imagen de la naturaleza amada y fuente inagotable de inspiración poética. Sus *Odas, Épodos, Sátiras* y *Epístolas* nos trasmiten "la magia de los jardines", según palabras de Pierre Grimal, convertidos en paraísos terrenales, donde descansar de las fatigas ciudadanas, verse libre de preocupaciones mundanas y consagrarse a la búsqueda de la felicidad epicúrea. Horacio gustaba de ocultarse del tráfago de Roma en su villa de la Sabina, región próxima a la actual Umbría. En definitiva, el jardín, cargado de sensualidad, aparece en sus versos identificado con el arte de la buena vida, el cultivo del ocio creativo y el dionisíaco disfrute de los goces materiales. Así describe su sueño: "una parcela de campo no muy grande, con huerto y fuente perenne, vecina a la casa y por encima un poco de bosque" (*Sátiras*, libro II, VI).

HOWARD, Ebenezer (1850-1928). Urbanista visionario y reformador social de origen inglés, formuló la idea de ciudad-jardín en su influyente obra *Garden Cities of Tomorrow* [Ciudades jardín del mañana, 1902], publicada por primera vez en 1898 con el título *Tomorrow: a Peaceful Path to Real Reform* (1898). Su proyecto se orienta a desarrollar una alternativa al anárquico desarrollo de las ciudades tras la segunda revolución industrial. El modelo urbanístico de Howard consistía en crear más que una ciudad con jardines una ciudad en medio de un jardín. La idea que preside su proyecto es la de construir una población centrada en un parque público como elemento aglutinador y socialmente integrador. Cada comunidad, de unos 32.000 habitantes por término medio, se despliega en seis amplias avenidas o bulevares de poco más de un kilómetro de largo cada una, a partir de un núcleo central formado por un jardín rodeado de edificios significativos y estos, a su vez, bordeados por una amplia franja verde conocida como *central park*. Esta propuesta remite a la larga tradición de ciudades utópicas, como la Sforzinda (1457) imaginada por el arquitecto florentino Filarete (1400-1469) o la isla de Citerea descrita en *El suelo de Polífilo* (1499). Howard fundó en 1899 la *Garden Cities Asociation*, que, en 1903, llevaría a cabo la realización del proyecto de la primera ciudad-jardín: Letchworth, construida por los arquitectos Barry Parker y Raymond Unwin en el norte de la ciudad de Londres. Desde entonces, este concepto ha arraigado en multitud de países y ha tenido una enorme influencia en el urbanismo posterior.

JELLICOE, Geoffrey (1900-1996). Arquitecto de formación, vinculado al Movimiento Moderno, a partir del encuentro con Russel Page en 1935, se orientó hacia la jardinería, el paisajismo y el urbanismo. Como jardinero paisajista, ha realizado numerosos proyectos, entre los que cabe destacar, en Inglaterra, el Water Gardens de Hemel Hempsted, el Sutton Place Garden y el Kennedy Memorial en Runneymede (Surrey); y en Estados Unidos, los jardines Moody en Galveston (Texas). Pero por encima de sus méritos como diseñador de jardines sobresale como escritor y tratadista. De su pluma ha salido una abundante obra teórica: *Italian Garden of the Renaissance* (1925), *Gardens and Design* (1927), *Studies in Landscape Design* (1966), *The Landscape of Man* (en colaboración con su esposa Susan, 1975), *Guelph Lectures on Landscape Design* (1983), *The Oxford Companion to Gardens* (en colaboración con su esposa y P. Goode y M. Lancaster, 2001).

JEKYLL, Gertrude (1843-1932). Paisajista inglesa, su nombre permanece indisolublemente unido al estilo de vida de la campiña inglesa y a los jardines de los *cottages*. A causa de su gran miopía se vio obligada tempranamente a abandonar su primera vocación pictórica y a volcar sus inquietudes plásticas en el arte del jardín, que cultivó con un sentido impresionista de los colores. A partir de 1889 inició un fructífera asociación con el arquitecto, perteneciente al movimiento Arts and Crafts, Edwin Luytens (1869-1944), con el que colaboró en numerosos de proyectos. Es la inventora de los llamados *mixed borders* (ver glosario), es decir, agrupaciones de plantas multicolores que florecen a diferente ritmo según la estación, reunidas en manojos o bandas a lo largo de los muros, las avenidas, etc. Al final de su vida, había llevado a cabo alrededor de cuatrocientos proyectos en su mayoría en el Reino Unido, pero también en Europa y Norteamérica. Algunas de sus más memorables creaciones son el jardín de Munstead Wood (Surrey), una casa de su propiedad donde tuvo la ocasión de experimentar con las asociaciones de plantas y desarrollar su teoría de los colores, y los jardines de Hestercombe en Le Sommerset (Inglaterra). Fue asimismo una autora prolífica. De entre la decena de títulos que publicó, destacan: *Wood and Garden* (1899), *Wall and Water Gardens* (1901), *Roses for English Garden* (1902), *Old West Surrey* (1904) y *Colours Schemes for the Flower Garden* (1914). Ha ejercido una influencia considerable en la posteridad, si bien su estilo ha sido imitado hasta la saciedad, dando pie a composiciones florales cada vez más estereotipadas.

KANT, Immanuel (1724-1804). Filósofo ilustrado alemán, intentó superar las posiciones antagónicas que habían sostenido los racionalistas continentales y los empiristas británicos en cuestiones epistemológicas y éticas. La característica distintiva de su pensamiento es el "idealismo trascendental" y la "ética del deber". Dentro de su proyecto filosófico metafísico la estética ocupa una posición central, dado que lo Bello es, bajo la categoría de lo Sublime, el "símbolo del Bien moral". En su famosa obra *Crítica del juicio* (1791) desarrolla una división o clasificación de las bellas artes, donde el jardín de placer (*Gartenkunst*, que Kant llama también *Lustgärtnerei*) aparece como una categoría de la pintura (el segundo modo de las artes de la forma). Y, a continuación, distingue entre "el bello retrato de la naturaleza" (la pintura propiamente dicha) y "el bello arreglo de sus productos" (el arte de los jardines). Pocas líneas más adelante define la jardinería como "el adorno del suelo con la misma diversidad (hierbas, flores, arbustos y árboles, hasta aguas, colinas y valles) con la que la naturaleza lo presenta a la intuición, solo que compuesto de otro modo y adecuado a ciertas ideas". Considera, por consiguiente, a esta como una manifestación artística. En el mismo libro, en los parágrafos 26 y 28, así como en una obra escrita varios años antes, *Observaciones sobre el sentimiento de lo bello y lo sublime* (1764), desarrolla la distinción entre ambos conceptos estéticos. El sentimiento de lo sublime, noción clave en el desarrollo del jardín pintoresco, nace de "un placer mezclado de espanto", de un temor deleitoso, como el que produce el espectáculo de la naturaleza salvaje: las altas montañas, el mar bravío, etc.

KENT, William (1685-1748). Empezó su carrera como pintor, hasta que trabó amistad con Richard Boyle, tercer conde de Burlington, quien lo atrajo hacia la arquitectura a su vuelta a Inglaterra tras una estancia en Italia donde descubrió la obra de Andrea Palladio. En el terreno de la arquitectura es el impulsor del llamado estilo neopalladiano y en el campo de la jardinería uno de los más destacados creadores del estilo paisajista inglés. Los parques de Stowe (Buckinghamshire), Rousham House (Oxfordshire) y Claremont Landscape Garden (Surrey) son algunas de sus obras más conocidas.

KNIGHT, Richard Payne (1750-1824). Poeta y escritor inglés, desarrolló junto al arquitecto John Nash (1752-1835) una arquitectura asimétrica, de reminiscencias medievales, y una fuerte carga simbólica, que sería del germen del estilo llamado *castle-gothic*. En su famoso poema "The Landscape" [El paisaje, 1794], dedicado a su amigo Uverdale Price y aparecido apenas unos meses antes de su *Essay on the Picturesque*, expone su radical doctrina pintoresca. En su posterior obra *Analytical Inquiry into the Principles of Taste* [Investigaciones analíticas sobre los principios del gusto, 1805] publicada once años más tarde, deja claro que sus versos únicamente sugieren que lo pintoresco es una teoría de asociación, una función de la imaginación. Quiere esto decir que el espectador, cuya mente se ha enriquecido con las imágenes de los poetas y pintores, asocia libremente estas a los objetos naturales presentes ante sus ojos, que adquieren así una fabulosa e ideal belleza.

LA QUINTINIE, Jean-Baptiste de (1626-1688). Después de un viaje a Italia, este abogado se convirtió en un apasionado de la jardinería. Es el creador de los extraordinarios huertos del rey en Versalles. Antes de entrar al servicio de Luis XIV, había trabajado para su ministro de Finanzas Nicolás Fouquet en Vaux-le-vicomte y en Sceaux. Su obra *Instruction pour les jardins fruitiers et potagers*, publicada de forma póstuma, alcanzará un gran reconocimiento y será la obra de referencia sobre el cultivo de frutales hasta mediados del siglo XVIII.

LE CORBUSIER, llamado Charles-Édouard Jeanneret (1887-1965). Es uno de los grandes nombres del Movimiento Moderno en arquitectura y urbanismo. Su concepción del jardín se aleja tanto del diseño regular y geométrico como del naturalismo paisajista, carece de la intención formal de aquel y del valor simbólico de este, y adolece de un cierto simplismo, pues considera el jardín como un marco, cuando no un mero complemento, del edifico destinado a servir de contraste a la arquitectura y a resaltar la fuerza de los volúmenes y la elegante geometría de las construcciones. En su famosa y controvertida *Carta de Atenas*, redactada en 1933 para ser leída en el IV Congreso de arquitectura moderna, pero que no fue publicada hasta 1943, formula su idea de la ciudad ideal como un conjunto de torres y bloques erigidos sobre pilotes en medio de un parque continuo, recorrido por una red de vías de comunicación que conectan las diferentes zonas destinadas al trabajo, el descanso, la residencia, etc. No precisa las formas que adopta esa extensión verde ni cómo se planifican las plantaciones, salvo que lo constituyen un conjunto de parques y jardines que sirven de transición hacia la campiña. Dicho de otra manera, aboga por liberar superficies para servir de recreo, ocio y esparcimiento a costa de construir en altura ciudades funcionales. Tanto los parques urbanos como los jardines deben cumplir a su juicio tres funciones: higiénica, de recreo y solaz de la población de las aglomeraciones urbanas. Esto no quita para que su primordial cometido sea ofrecer un contrapunto de la arquitectura. Obviamente esta concepción del urbanismo contrasta vivamente con la de las ciudades-jardín, a las que, precisamente, criticaba por compartimentar el espacio. Por lo demás, su propuesta más original y perdurable quizás sea la cubierta-jardín y el pensil o jardín suspendido, véase su inmueble villa (1922) y la villa Meyer (1926). Gracias a la utilización del hormigón y las nuevas técnicas de solaje y aislamiento desarrolladas por el Movimiento Moderno, se hizo viable la conversión de las terrazas en auténticos jardines, que servían de aislante térmico, espacio de recreo al aire libre y mirador, y de paso se recuperaba el solar ocupado por la planta del edificio.

LE NÔTRE, André (1613-1700). Perteneciente a una dinastía de jardineros, comenzó su carrera trabajando junto a su padre en las Tullerías y, con el tiempo, llegó a gozar del favor y la amistad del rey Luis XIV, quien le encomendó la realización de sus jardines. Los diseños de los memorables parques de Vaux-le-vicomte, Versalles, Marly, Sceaux, Saint Cloud, Meaux, Chantilly, Fontainebleau, entre otros muchos son obra suya. Su nombre resume toda la sabiduría del arte de los jardines a la francesa.

LIGORIO, Pirro (1513-1583). Arquitecto, humanista, pintor y arqueólogo, es el creador de los célebres jardines de la villa d'Este.

LUCRECIO CARO, Tito (99-55 a. de C). Poeta latino, ha pasado a la posteridad por ser el autor del extenso poema *De rerum natura* [Sobre la naturaleza de las cosas], compuesto por 8.880 hexámetros distribuidos en seis libros, donde ofrece una descripción de la naturaleza desde la perspectiva del filósofo griego Epicuro y basada en la física atomista de Demócrito. Sus intenciones didácticas no empañan su evocadora, poética e idealizada descripción de la campiña que, a lo largo de los siglos, ha servido de fermento a la imaginación de muchos creadores de jardines. Si el texto original ha llegado a nuestros días, ha sido gracias a la copia que realizó en 1418 el humanista Poggio Bracciolini del único códice conservado.

MAGNO, Alberto (1193/1206-1280). Teólogo escolástico, comentarista de Aristóteles y hombre de ciencia. Se interesó por la geografía, la astronomía, la alquimia y la botánica. A esta última contribuyó con su obra *De vegetabilibus* (aprox. 1260). Una de sus partes, titulada "De plantatione viridariorum", está consagrada íntegramente a los jardines. Entre otros muchos consejos ofrece valiosas instrucciones para la realización de praderas ornamentales.

MASON, William (1725-1797). Clérigo, pintor amateur, poeta, dramaturgo y jardinero inglés, amigo de Walpole y de Thomas Gray, publicó los cuatro libros de *The English Garden* (1781), un largo y tedioso poema a decir de algunos críticos. Su contenido versa sobre el jardín de flores que creó en 1772 en Nuneham Courtenay, cerca de Oxford, para el vizconde Nuneham, más tarde segundo conde Harcourt. Este jardín contiene estatuas, bustos e inscripciones, y su combinación de sentimiento y floral informalidad anuncia ya las derivas del movimiento paisajista. En 1773 publicó su famosa *Epístola heroica a sir William Chambers*, en donde critica con mordacidad las tendencias chinescas alentadas por el destinatario de su misiva.

MICHELOZZO DI BARTOLOMEO, también conocido como Michelozzo Michelozzi (1396-1472). Arquitecto y escultor florentino, alumno de Alberti, ha pasado a la historia por ser el primer arquitecto que considera la villa y el jardín en su conjunto, respetando una unidad de estilo en su diseño y teniendo muy en cuenta la perspectiva. Entre 1451 y 1457 proyectó la villa Médicis en Fiésole sobre una colina con vistas panorámicas sobre la ciudad de Florencia. Tanto el aprovechamiento de las vistas como el original sistema de construcción en terrazas creó un modelo para los jardines venideros.

MIES VAN DER ROHE, Ludwig (1886-1969). Arquitecto vinculado al Movimiento Moderno. Aunque no elaboró una concepción original del jardín, desarrolló algunos proyectos de residencias en pendiente pronunciada y de casas con patio. En el primer tipo la vivienda se situaba en lo alto de la ladera y, en una especie de reinterpretación de la villa renacentista, los jardines se desplegaban escalonadamente en terrazas o bancales, véanse la casa Wolf (Guben, 1925-1926, actualmente desaparecida) y la casa Tugendhat (Brno, 1929-1930). En el segundo tipo, reinterpretando la tradición constructiva mediterránea, los muros interiores de la vivienda se prolongaban hacia el exterior creando una suerte de patio jardín delante de los ventanales de las estancias, tal y como ocurre en la "Casa modelo" levantada para la Exposición de la Edificación en Berlín (1931).

MILTON, John (1608-1674). Poeta y ensayista inglés, es el autor del famoso poema lírico *Lost Paradise* [El paraíso perdido], publicado en 1674, que ejerció un poderoso influjo sobre los poetas y pensadores románticos europeos. Independientemente de su inspiración bíblica, esta obra contribuyó a forjar el nuevo ideal de naturaleza y a la génesis del estilo paisajista en el diseño de jardines, que se acabó imponiendo en Inglaterra durante el siglo XVIII. Su evocadora descripción del jardín del Edén, alejada de los modelos regulares y formales, si bien inspirada en los jardines que había visto en Italia durante su juventud, adopta un incipiente tono romántico.

MOLLET, André (1600?-1665). Hijo de Claude Mollet, perteneciente a una célebre dinastía de diseñadores y arquitectos de jardines. Hacia 1629 abandonó el reino de Francia para ir a Inglaterra a petición del monarca Carlos I. Sabemos que, en 1633, trabaja como arquitecto de jardines a las órdenes del príncipe de Orange en Holanda. Y entre 1635 y 1646 retorna a Francia para entrar al servicio de la reina de Suecia en 1648. En 1651 publica en francés, alemán y sueco un breve pero influyente tratado junto con una serie de dibujos, que lleva por título *Le Jardin du plaisir*. Posteriormente, en 1653, volverá a Inglaterra, donde llegará a ser jardinero real y el responsable de Saint-James's Park.

MOLLET, Claude (aprox. 1563-aprox.1649). Hijo de Jacques Mollet (jardinero del duque de Aumale) y padre de André Mollet. Fue el primer jardinero de Enrique IV y Luis XIII. Ha pasado a la historia del jardín como el creador de los *parterres de broderie*, que engalanaron Saint-Germain-en-Laye, las Tullerías, Fontainebleau y Monceaux-en-Brie. Su mujer fue la madrina de André Le Nôtre, miembro a su vez de una dinastía de jardineros de las Tullerías. Escribió la obra *Théâtre des plans et jardinages,* que publicaría póstumamente su hijo André Mollet en 1652.

MONET, Claude (1840-1926). Pintor impresionista francés. Merece un lugar de honor en la historia del jardín tanto por retratar infinidad de escenas paisajistas como por crear uno en su casa de campo de Giverny. Este había sido, según sus propias palabras, "su obra de arte más hermosa" y una fuente inagotable de inspiración durante la última etapa de su vida. El célebre jardín de Giverny, convertido hoy en un lugar de peregrinación turística, le sirvió de taller de pintura al aire libre. En 1909 exhibió cuarenta y ocho cuadros inspirados en este jardín acuático (cuenta con un estanque de 200 metros de perímetro alimentado por un afluente del río Epte) en una exposición celebrada en París bajo el título "Nymphéas. Série de paysages d'eau" [Ninfeas. Serie de paisajes de agua]. Casi al final de sus días, para conmemorar la victoria de Francia en la Primera Guerra Mundial, legó al estado galo los paneles de enormes dimensiones en los que, usando nuevamente como motivo los nenúfares, intentó plasmar la intensidad y las variaciones de la luz y pintar la brumosa vibración de los colores en su jardín. Las *Nympheas* fueron instalados de forma permanente en el edifico de la Orangerie, situado en el Jardín de las Tullerías de París.

MOSSER, Monique (1947). Historiadora francesa del arte de la arquitectura y de los jardines, especializada en el siglo XVIII, es miembro del Centre de recherche sur l'histoire de l'art et de l'architecture moderne [Centro de investigación sobre la historia del arte y de la arquitectura moderna] de París. Ha trabajado asimismo como profesora de la Escuela de Arquitectura de Versalles y organizado numerosos coloquios y exposiciones en Francia y otros países. En 1991 dirigió la obra colectiva *Histoire des jardins de la Renaissance à nos jours* y en 1995 llevó a cabo una recopilación de textos sobre el tema titulada *Le jardin, art et lieu de mémoire*. Desde entonces ha enriquecido su bibliografía con numerosas publicaciones especializadas.

NEUTRA, Richard (1892-1970). Arquitecto de origen austriaco, es una de las figuras más destacadas del Movimiento Moderno. En 1923 emigra a Estados Unidos donde conoció a Frank Lloyd Wright, que le invitaría a ir a su mítico estudio de Taliesin en Wisconsin y con quien colaboraría en algunos de sus proyectos. En 1925 se trasladó a California para trabajar con su antiguo compañero Rudolf Schindler, hasta que, fruto de unas desavenencias profesionales, disolvieron su asociación y siguieron por separado sus carreras. Su trabajo como arquitecto se orientó sobre todo hacia el diseño de residencias unifamiliares, en las que nunca podía faltar un cuidado jardín. A menudo delegó la tarea de plantación en la jardinera Gertrude Arostein, con la que estableció una fructífera y estrecha colaboración. Compartía la filosofía de su admirado Wright de que la casa debía integrarse en el paisaje. Pero a diferencia de este, propiciaba el contraste entre la arquitectura y la naturaleza en vez de la fusión con el entorno. Su intención, lejos de imitar el paisaje, era establecer un contrapunto entre la geometría de los volúmenes, la pulida superficie de las estructuras de hormigón armado y el brillo de los grandes acristalamientos con los artificiosos elementos del jardín (rocas, arbolado, terrazas). De ahí que concibiese este como una manipulación del espacio inmediato a la casa y un elemento de transición entre la vivienda y el paisaje. Algunos expertos han querido ver los jardines de Neutra como una reinterpretación del modelo japonés, tanto por establecer un diálogo entre elementos regulares e irregulares como por su utilización del paisaje circundante. Siguiendo la técnica *shakkei*, término japonés que se podría traducir como "tomar prestado un escenario", se vale de distintos procedimientos para capturar el paisaje y apropiarse de las vistas que se extienden más allá de los muros perimetrales como fondo de la perspectiva. Otro de los rasgos distintivos de sus jardines domésticos es el sabio manejo que hace del agua tanto en las piscinas como en los estanques, que ligan la casa con el paisaje exterior y refuerzan el papel de mediación del jardín. Entre sus creaciones más celebradas se encuentran la casa Kaufmann (Palm Springs, California, 1946), la casa Tremaine (Santa Bárbara, California, 1947), la casa Sale (Los Ángeles, 1960), la casa Cytron (Benedit Canyon, Beverly Hills, 1961) y la casa Brown (Whashington, 1965).

NOGUCHI, Isamu (1904-1988). Escultor y diseñador polifacético, hijo del poeta japonés Yone Noguchi y de la escritora americana Leonie Gilmour, pasó su infancia en Japón y, a partir de su adolescencia, vivió en Estados Unidos. Formado en la escuela parisiense de los años veinte junto a artistas como Constantin Brancusi y Alexander Calder, se sintió tentado a explorar las posibilidades plásticas y expresivas del jardín. Además de esculturas y jardines, Noguchi diseñó coreografías teatrales, en especial para las obras de Martha Graham, fuentes, parques infantiles y mobiliario (las famosas lámparas Akari de papel de arroz). Hay tres claves o influencias fundamentales para entender su trabajo como arquitecto paisajista: el jardín como medio de expresión escultórica, el arte del jardín japonés, en especial los *karesansui* o jardines secos de inspiración zen concebidos para la contemplación, y los paisajes científicos de los "jantar mantar" de la India, observatorios astronómicos construidos por el maharajá Jai Sing II entre 1727 y 1734. Algunas de sus obras más representativas son el célebre jardín de la Paz (1956-1958), realizado en la sede de la UNESCO de París, el jardín del Agua (1964-1965) en Chase Manhattan Bank Plaza de Nueva York, el jardín Billy Rose Art (1965) en Jerusalén y la plaza del distrito japonés de Los Ángeles.

OLMSTED, Frederick Law (1822-1903). Arquitecto paisajista estadounidense, fue el primero en usar esta expresión para referirse a su profesión. Ha pasado a la posteridad como el promotor del movimiento de parques públicos. Estos grandes espacios ciudadanos representan en cierto modo la culminación del jardín paisajista, solo que integrados en un urbanismo democrático. Su nombre está unido a una infinidad de zonas verdes construidas en las principales ciudades de Norteamérica, entre ellas cabe destacar el Central Park y el Prospect Park de Nueva York, el Fairmount Park de Filadelfia, el South Park de Chicago, los jardines del Capitolio de Washington, el sistema de parques de Boston y el parque Mont-Royal de Montreal. Antes de convertirse en el paisajista más renombrado de la segunda mitad del siglo XIX, Olmsted desarrolló una importante carrera como periodista. En 1850 viajó a Inglaterra para visitar los jardines públicos y se sintió enormemente impresionado por el Birkenhead Park, realizado por Joseph Paxton, lo que le animó a publicar en 1852 *Paseos y Conversaciones de un agricultor americano en Inglaterra*. Entre 1852 y 1857 llevó a cabo, comisionado por *The New York Daily Times* (el actual *The New York Times*), un viaje de investigación por el sur de Estados Unidos con el propósito de estudiar la economía de los esclavos, concluyendo en sus escritos que la esclavitud no solo era moralmente reprobable sino ineficaz en términos de rentabilidad. Estuvo unido a los círculos intelectuales de Nueva Inglaterra (especialmente Emerson y los trascendentalistas de Walden), aunque no compartía su rechazo por la ciudad moderna. Trabajó también como editor y creó una granja científica, donde perfeccionó sus conocimientos de botánica. El caso es que su amigo, Andrew Jackson Downing (1815-1852), carismático paisajista, había propuesto en su revista *The Horticulturist* la creación del Central Park antes de morir accidentalmente fruto de una explosión en 1852. Tras su inesperada desaparición, Olmsted se asociará con uno de sus asistentes, Calvert Vaux, para presentar juntos un proyecto en honor a su mutuo amigo fallecido, al concurso convocado por las autoridades neoyorquinas para la realización del Central Park, y sobra decir que lo ganaron (1858).

OVIDIO NASÓN, Publio (47 a. de C.-17 d. de C.). Poeta latino, escribió entre otras obras las *Metamorfosis*, que representa la culminación del arcadismo literario romano. Este poema, compuesto en hexámetros y estructurado en quince libros, describe los orígenes mitológicos del cosmos y las enrevesadas relaciones entre los dioses y los humanos a través de 250 narraciones que abarcan desde la creación de la tierra hasta la transformación en estrella del alma de Julio César. Sus idílicas descripciones del paisaje y sus poéticas observaciones de la naturaleza convierten a su autor en uno de los grandes poetas del paisaje. Esos pasajes literarios sirvieron, por lo demás, como inspiración y modelo de los parques, que, a imitación de los parajes descritos en las *Metamorfosis*, se adornaban con grutas rocosas y escenas que evocaban la naturaleza primitiva. Sabemos también por sus obras las *Tristes (Tristia)* y las *Cartas del Ponto o Pónticas (Epistulae ex Ponto)*, escritas durante su destierro por motivos desconocidos en Dacia (la actual Rumania), que Ovidio era propietario de una villa con un magnífico jardín a las afueras de Roma, donde se entregaba al ocio creativo. Durante esos años de forzado retiro en el inhóspito Tomi evocará con nostalgia su antiguo jardín y el placer de recoger los frutos de las ramas de los árboles.

PACELLO DI MERCOGLIANO (1455-1534). Jardinero italiano que formó parte del séquito de artistas que reclutó el rey galo Carlos VIII tras su victoriosa expedición militar en Italia. Al parecer, el monarca quedó fascinado por los jardines de Alfonso de Aragón, duque de Calabria (más tarde Alfonso II), en los que había participado Pacello di Mercogliano y le convenció para que le acompañara de vuelta a Francia, donde contribuiría a la creación de los jardines renacentistas de los castillos de Amboise, Blois y Gaillard.

PAGE, Russell (1906-1985). Junto al brasileño Roberto Burle Marx, probablemente sea el jardinero paisajista más reconocido y venerado internacionalmente de la segunda mitad del siglo XX. Estudió pintura en París antes de formarse como paisajista en la prestigiosa escuela pública de Charterhouse y en la Slade School of Fine Art de la universidad de Londres. Su asociación, no por corta menos fructífera, con Geoffrey Jellicoe (1935-1939) lo llevará a diseñar tanto jardines para urbanizaciones de la periferia como prestigiosos proyectos como el Royal Lodge o el Windsor Great Park. Tras la Segunda Guerra Mundial, se instala en Francia (desde 1945 a 1962). Su estilo se caracteriza por la simplicidad y la elegancia de sus composiciones y un sabio eclecticismo, que conjuga hábilmente elementos de diferentes tradiciones y concilia la pureza geométrica con el respeto al genio del lugar y una magistral utilización de la topografía. A lo largo de su dilatada trayectoria llevó a cabo multitud de proyectos por todo el mundo, entre los que sobresalen el paisaje que diseñó para el Festival de jardines de Battersea (Inglaterra) en 1951, el jardín del palacio Colonna de Roma, los jardines de la Frick Gallery y de William S. Palley en New York, el National Arboretum Garden en Washington, el jardín Patino de Sotogrande (España), etc. Es autor asimismo de un único y exitoso libro titulado *La educación de un jardinero* (1993), una suerte de testamento, donde se mezclan las consideraciones técnicas con los juicios teóricos y las vicisitudes biográficas.

PALLADIO, Andrea (1508-1580). Su nombre auténtico era Andrea di Pietro della Góndola, pero sustituyó su apellido por el de Palladio en honor a Palas Atenea, la diosa griega de la sabiduría. Fue un influyente arquitecto veneciano del renacimiento tardío y el autor de uno de los más célebres tratados de todos los tiempos, *Los cuatro libros de la arquitectura (I quattro libri dell'architettura)*, publicado en Venecia en 1570 e ilustrado con abundantes diseños, secciones y detalles constructivos. Esta obra estableció el canon para la arquitectura occidental. Su estilo se caracteriza por la serenidad compositiva y un armónico equilibrio, logrado a través de la estricta aplicación de la simetría, un cuidado sistema de proporciones y una sobria decoración. Sus edificios, erigidos en ocasiones sobre un pódium precedido por una escalinata, están formados por prismas cúbicos y las fachadas suelen presentar un gran pórtico con frontón que recuerda a los templos clásicos. Reputados arquitectos ingleses como Iñigo Jones o sir Christopher Wren tomaron sus obras como modelo y adoptaron fielmente sus preceptos y reglas compositivas a la hora de construir residencias campestres para los nobles ingleses, que incluían emotivos jardines de estilo paisajista. El movimiento neopalladiano estuvo vigente durante todo el siglo XVIII en Inglaterra y es el germen de estilos neoclásicos como el georgiano inglés y el federal de Estados Unidos.

PALISSY, Bernard (1510-1590). Sabio humanista y artista polifacético de origen francés, destacó como alfarero, orfebre, pintor sobre cerámica, agrimensor, químico, biólogo, escritor y diseñador de jardines. Su nombre merece un lugar destacado en la historia de la jardinería por ser el autor de la primera obra propiamente consagrada al arte de los jardines en lengua francesa, que lleva por título *Recepte véritable para laquelle tous les hommes de France pourront apprendre à multiplier et augmenter leurs thrésors* [Receta verdadera por la cual todos los hombres de Francia podrán aprender a multiplicar y aumentar sus tesoros, 1563]. Este breve tratado, cuya parte primera está escrita en forma dialogada, encierra la descripción de un jardín de recreo, inspirado en ciertos aspectos en el libro de Francesco Colonna *El sueño de Polífilo,* eso sí adaptado a la climatología, topografía e hidrografía de Francia. La quintaesencia del jardín renacentista está recogida en las páginas de su escrito: la estructura geométrica, el sabio uso del agua, los gabinetes de verdor, etc. Ahora bien, su plan obedece menos a intenciones estéticas o artísticas que a un propósito apologético, moral, político y hasta científico. Como ferviente calvinista que era, Palissy trataba de persuadir a los hombres para que se alejasen de las ocupaciones malsanas y viciosas a través del cultivo de la tierra. Su fe religiosa no estaba reñida, ni mucho menos, con una firme vocación humanista que lo llevó a promover la práctica de la agricultura y la horticultura sobre bases rigurosas y científicas. No en vano participó personalmente en la decoración de varios jardines de placer, entre ellos el de las Tullerías, donde, en la última etapa de su vida, instaló su taller de ceramista, justo antes de ser encerrado en la Bastilla por negarse a abjurar de su fe.

PETRARCA, Francesco (1304-1374). Humanista del *Trecento* italiano y autor del famoso *Canzoniere* (1470). Intentó conciliar en su lírica, de raíz trovadoresca, el legado grecolatino con las ideas cristianas. Se le considera el introductor del sentimiento del paisaje en occidente. Se exilió de su Toscana natal en la Provenza francesa. En una carta dirigida a su amigo Francesco Dionigi, datada el 26 de abril de 1336, relata su ascensión al monte Ventoux (1909 metros) junto a su hermano, con una sensibilidad todavía apegada a la mentalidad medieval, que ve en las bellezas naturales una peligrosa tentación para el alma. Una vez en la cima, reprimiendo la emoción que le embarga ante el majestuoso panorama, se abstrae gracias a la lectura de una página de las *Confesiones* de san Agustín que lleva consigo en una sombría meditación espiritual sobre la vanidad de las bellezas terrestres. Aunque su literatura prepara el camino para el sentimiento moderno del paisaje cantando, si bien de modo alegórico, la hermosa campiña de la Provenza, su visión es heredera todavía de la cosmovisión escolástica, que incita a no dejarse confundir por las engañosas apariencias del mundo y vislumbra tras las realidades mundanas una red de símbolos y signos que conducen inexorablemente a Dios.

PLINIO EL VIEJO (23-79). Su nombre completo era Cayo Plinio Cecilio Segundo. Perteneciente a la clase social de los caballeros romanos *(équites)*, emprendería una brillante carrera militar. Llegó a ser comandante de caballería antes de regresar en el año 57 a Roma, donde se consagró al estudio y el cultivo de las letras. A partir del año 69, desempeñó varios cargos oficiales al servicio del emperador Vespasiano, llegando a ser procurador en la Galia e Hispania. Murió mientras contemplaba la erupción del volcán Vesubio. Se ha perdido la totalidad de la obra que escribió, exceptuando los treinta y siete libros que componen la *Naturalis Historia*, una auténtica enciclopedia de las ciencias naturales desde tiempos de Aristóteles hasta los romanos. Durante la Edad Media este texto fue una fuente inagotable de información. Hoy en día, sus escritos aportan valiosos datos sobre los jardines romanos y su evolución desde los primitivos *hortus* a las villas suburbanas.

PLINIO EL JOVEN (62-113) Se llamaba Cayo Cecilio Plinio Segundo y era sobrino de Plinio el Viejo, quien, a la muerte de sus padres, se encargó de su educación. Siguiendo el ejemplo de su tío, ocupó los más importantes cargos públicos dentro de la administración imperial y murió mientras ejercía de *legatus* (embajador) en la provincia de Bitinia en el Mar Negro. Pero a diferencia de él, no fue un sabio sino un escritor mundano. Repartía su tiempo entre sus numerosas ocupaciones en la capital del Imperio y sus villas. Sabemos que poseía al menos tres. Una se encontraba en las inmediaciones del lago Como; otra se hallaba en Toscana, situada en un lugar llamado Tusci, en las estribaciones de los Apeninos, cerca de la actual Città di Castello (Umbría); y la tercera estaba en Laurentium, en las proximidades de Roma y cerca del mar (Ostia). Dos de sus cartas contienen precisas descripciones de las villas Laurentina y Toscana, convirtiéndose en valiosos documentos para entender la organización del jardín, la relación entre las construcciones y las plantaciones, y el estilo de vida que se llevaba en ellas. Sus palabras destilan una exquisita sensibilidad por el paisaje.

POPE, Alexander (1688-1744). Poeta, erudito y uno de los principales promotores de la estética paisajista tanto por sus manifestaciones públicas como por su propio jardín en Twickenham, que se convirtió en un símbolo del nuevo estilo y en un lugar de reunión de los intelectuales y escritores afines a esta nueva sensibilidad romántica y naturalista. Vertió también sus opiniones en diversos escritos. Uno de sus primeros pronunciamientos sobre el tema de los jardines aparece en el poema *Windsor Forest* (1713) y en un ensayo que lleva por título *De los jardines* (1713), publicado en *The Guardian*, donde ya atacaba con mordaz ironía la moda del arte topiaria tan del gusto del jardín barroco. Pero, sin duda, fue en *An Epistle to Lord Burlington*, incluida en su libro *Moral Essays* (1731), donde formula con brillante ingenio su filosofía del jardín, articulando las ideas y principios que afloraban en su correspondencia personal. A la *Epístola a Lord Burlington* pertenecen los famosos versos: *"In all, let Nature never be forgot. / Consult the Genius of the Place in all, / That tells the Waters or to rise, or fall, / Or helps th'ambitious Hill the Heav'ns to scale, […] Now breaks, or now directs, th'intending Lines; / Paints as you plant, and as you work, Designs"*. [En todo, no olvides a la naturaleza. / Consulta al genio del lugar / que ordena que las aguas asciendan o caigan / que ayuda a las ambiciosas colinas a escalar los cielos o escalona los valles en anfiteatros circulares […] y que ora rompe, ora dirige las líneas maestras / y que pinta cuando tú plantas, y mientras trabajas, diseña], que parecen resumir en pocas palabras tanto el entusiasmo por retornar a la naturalidad en la creación de jardines como una visión de estos como espacios poéticos.

PRICE, Uvedale (1747-1829). Escritor e ideólogo del estilo pintoresco, inspirado en la efectista pintura de paisajes de Salvatore Rosa y de Jacob van Ruisdael. En *An Essay on the Picturesque* [Un Ensayo sobre lo pintoresco, 1794] elevaba este a una categoría estética de un valor equiparable al de lo bello y lo sublime. Este concepto englobaba aquellas cualidades que escapaban o desbordaban el dualismo burkeano de lo bello y lo sublime. Entre los rasgos propiamente pintorescos señala la aspereza, la irritación, la irregularidad, lo intrincado, la variedad, la deformación, el absurdo, la falta de claridad,… Esta confusión de cualidades objetivas de la naturaleza con modos de apreciación subjetiva caracterizan esta nueva estética. Desde esta óptica, un jardín debe ofrecer un aspecto salvaje, melancólico y evocadoramente romántico, rico en efectos que estimulen la libre asociación de ideas y despierten la imaginación. Así, los árboles deben crecer en grupos irregulares rodeados de matorral y con los troncos cubiertos de hiedra; el cauce de los arroyos, serpentear entre riberas llenas de maleza; y los senderos, seguir un trazado sinuoso y abrupto. Incluso los alrededores de la casa deben tener un aire de informal naturalidad. Price puso en práctica sus ideas en su hacienda de Foxley, Herefordshire. En una etapa posterior, adoptaría un formalismo moderado y defendería el uso de la simetría y las líneas rectas. Esta tardía aceptación de elementos característicos de los jardines renacentistas y barrocos parece guardar relación con la añoranza del Antiguo Régimen y el temor que infundió entre las clases acomodadas la Revolución Francesa.

REPTON, Humphrey (1752-1818). Arquitecto paisajista y escritor británico, fue el legítimo heredero de *Capability* Brown y, como él, diseñó jardines y parques para las élites rurales. Defendió a su maestro de los ataques de los críticos y se mantuvo fiel a una estética paisajista, al tiempo que derivaba hacia un estilo cada vez más ecléctico, mixto y decididamente pintoresco. Introdujo, de nuevo, en las inmediaciones de las residencias terrazas y elementos formales, así como arbustos y flores de vistosos colores, que formaban dibujos imaginativos. Y asimismo intercaló jardines formales en los parques paisajistas. Vertió sus ideas en cuatro manuales que gozaron de gran reconocimiento: *Esbozos e indicaciones para la jardinería paisajista* (1795), *Observaciones sobre la jardinería paisajista* (1803), *Investigaciones sobre el cambio del gusto en la jardinería paisajista* (1806) y *Fragmentos acerca de la teoría y la práctica de la jardinería paisajista* (1816). Un rasgo característico de su técnica de trabajo fue el uso de los llamados *red-books*, cuadernos en los que un ingenioso sistema de hojas superpuestas permitía imaginar a sus ricos patronos cómo quedaría el terreno después de su intervención. Realizó más de cien proyectos de parques y jardines, entre los que sobresalen Longleat House en Wiltshire (1803), Cobham Hall (Kent, 1790), Port Eliot House (Cornualles, 1792-1793), Sheffield Park (Sussex, 1794) y, en colaboración con John Nash, Luscombe Castle (Devon, 1799-1804). En 1805, el futuro rey Jorge IV le encargó reformar el Pabellón Real, para el que realizó un proyecto de estilo indio recogido en *Diseños para el pabellón de Brighton* (1808) y que concluiría Nash.

ROGER, Alain (1936). Filósofo y escritor francés, ha sido profesor de Estética y Filosofía en la universidad Blaise Pascal de Clermont-Ferrand, encargado del curso Jardines, paisaje y territorios en la Escuela de Arquitectura de Paris-la-Villette desde el año 1991 hasta el 2001 y miembro del consejo científico del *Ministère de l'Aménagement du territoire et de l'Environnement*. Aparte de novelas y ensayos literarios, ha dado a la imprenta varios textos que se ocupan del tema del paisaje. Entre ellos destacan *Nus et Paysages* (1978, 2001), *La théorie du paysage en France: 1974-1994* (1995) y *Court traité du paysage* (1997).

ROUSSEAU, Jean-Jacques (1712-1778). Filósofo y escritor ilustrado de origen suizo, ilustra con sus obras y pensamiento la transición de la época barroca a la prerromántica, y del formalismo al paisajismo. Dos famosos pasajes de su novela *Julie ou la Nouvelle Héloïse* tuvieron un papel destacado en la formación del nuevo gusto estético naturalista. En la primera de estas escenas describe con entusiasmo un paisaje montañoso de Valais, hasta entonces considerado agreste y salvaje, y en consonancia escaso de encanto y poco sugerente. Y en otro momento del relato refiere como si de un maravilloso descubrimiento se tratara la visita de uno de los protagonistas, Saint-Preux, a un jardín paisajista, el huerto de Clarens concebido por M. de Wolmar. El autor del *Contrato Social* y el *Emilio* descubre tardíamente la botánica, aficionándose a herborizar tal y como describe en el séptimo paseo o *promenade* de *Les Rêveries du promeneur solitaire* [Las ensoñaciones del paseante solitario], publicado en 1782. Hacia el final de sus días, escribirá las *Lettres élémentaires sur la botanique* [Cartas elementales sobre la botánica]. Estas misivas redactadas con docta ingenuidad y una intención claramente pedagógica de enseñar las bases de la botánica, tal y como la concibió Linneo, a su querida Madame Delessert y también a su hijita Manon de doce años de edad fueron encontradas por el marqués de Girardin en el secreter de Rousseau en Ermenonville.

RUBIÓ I TUDURÍ, Nicolás María (1891-1981). Arquitecto, urbanista y paisajista español, discípulo de Jean-Claude Nicolas Forestier, con quien se formó y colaboró en la realización de los jardines de Montjuïc. De 1916 a 1924 enseñó arquitectura de jardines en la Escola de Bells Oficis de la Mancomunitat Catalana. En 1917 fue nombrado director de los jardines públicos de Barcelona y en 1925 diseñó el primer jardín paisajista en Cataluña. Como arquitecto proyectó entre otras obras el Pabellón de Radio Barcelona (1923), el primer edificio racionalista de España, el edificio de la Metro Goldwyn Mayer y el convento benedictino de Pedralbes (en colaboración con Durán Reynals). Como creador de jardines, diseñó los del palacio de Pedralbes, los de la plaza de Armas del parque de la Ciudadela y los de la plaza de Francesc Macià en Barcelona, así como los de la embajada española en Londres por encargo de Alfonso XIII. Recogió su amplia experiencia viajera en veintisiete libros. Aparte de novelas, obras teatrales y cuentos, escribió ensayos sobre arquitectura y jardinería, entre los cuales cabe destacar: *Diálogos sobre arquitectura* (1927), *Jardines de Barcelona* (1929), *El jardín meridional, estudio de su trazado y plantación* (1934) y *Del Paraíso al jardín latino* (1953). Durante la Guerra Civil se exilió en París, de donde no volvió hasta 1946. Desde esa fecha hasta su muerte, trabajó únicamente en el ámbito privado.

SCHINDLER, Rudolph Michael (1887-1953) Arquitecto estadounidense de origen austriaco, su figura se asocia al Movimiento Moderno. Su carrera corrió paralela a la de su amigo y rival Richard Neutra, a quien conoció en 1912 en la universidad y quien, como él, llegó a Los Ángeles procedente de Chicago, donde trabajaron como ayudantes de Frank Lloyd Wright. Ambos arquitectos fueron los primeros en crear un nuevo estilo de jardín adaptado al clima de California e, incluso, en ocasiones realizaron proyectos para los mismos clientes. Sus obras no solo buscan la integración entre la casa y el paisaje, tal y como proponía Wright, sino que conciben el jardín como parte constitutiva de la vivienda. Esta se abre hacia el exterior y su diseño favorece la continuidad entre dentro y fuera. Esta complejidad espacial, así como el uso de materiales cálidos y el gusto por los contrastes cromáticos, lo alejan de la ortodoxia del estilo internacional y otorgan a sus proyectos residenciales un carácter original. Algunas de sus creaciones más destacadas son la casa Chase-Schindler (Hollywood, 1921-1922), proyectada para él mismo y su amigo, el ingeniero Clyde Chase y las esposas de ambos, la casa Lovell (Newport Beach, 1921-1926), construida para el médico higienista y naturópata Philip Novell, la casa Packard (Pasadera, 1924) y la casa Wolff (Studio City, 1938).

SCHWARTZ, Martha (1950). Una de las paisajistas contemporáneas más importantes del mundo. De origen norteamericano, es una artista provocadora, que utiliza en sus diseños colores extremos y materiales insólitos. Sus singulares y estimulantes propuestas han revolucionado el concepto de paisajismo, borrando la frontera entre arquitectura, arte y diseño. En su trabajo se conjugan tradición y modernidad, un formalismo audaz y una sabia reinterpretación de los elementos clásicos, la esencia del arte del jardín con el lenguaje innovador de las nuevas corrientes plásticas. En su extensa obra se deja sentir la influencia tanto del *land art* (Robert Smithson, Nancy Holt y Michel Heizer) y el *pop art* (Andy Warhol y Jasper Johns) como del arquitecto minimalista Peter Walker, con quien colaboraría durante la década de 1980 (el jardín

Necco, el parque Burnett de Fort Worth, el parque lineal de la Marina de San Diego) y del escultor y diseñador estadounidense-japonés Isamu Noguchi. Su estilo aúna rigor, humor y originalidad. Entre sus obras más representativas, cabe destacar el jardín de panecillos en Boston, pensado como un humorístico regalo de bienvenida para un amigo; el jardín Dickenson en Santa Fe (Estados Unidos) y el parque lineal de la Marina de San Diego (California, 1988).

SHENSTONE, William (1714-1763). Su jardín The Leasowes en el condado de Shropshire, en el corazón de Inglaterra, es uno de los más emblemáticos de la primera mitad del siglo XVIII y su obra *Unconnected Thoughts on Gardening* (1764) uno de los tratados más influyentes sobre el tema. Acuñó el término *ferme ornée* (1745), que sintetiza su concepción a la par práctica y romántica de la jardinería, según la cual los usos agrícolas no están reñidos con el placer estético. Puso en práctica esta visión idealizada de la vida rural en The Leasowes, que muy pronto se convirtió en un lugar de encuentro para los caballeros con inclinaciones literarias y filosóficas, y una cita obligada para los cultos diletantes de la época. El vizconde d'Ermenonville, Louis-René Girardin, visitó el jardín en 1763. A tal punto le impresionó que, en su obra *De la Composition des paysages* (Ginebra, 1777), propuso de manera similar conjugar lo agradable y lo útil, la visión pintoresca de la naturaleza y la rentabilidad económica de una explotación agrícola. Tanta era su admiración por Shenstone que mandó erigir en su honor un monumento en Ermenonville, el primer parque de estilo paisajista creado en suelo galo, muy cerca de la tumba del filósofo Rousseau.

SIDONIO APOLINAR (430-480). Fue yerno de Avito, uno de los últimos emperadores romanos de occidente, prefecto de Roma y senador. Tras separarse de su mujer, llegó a ser obispo de Clermont-Ferrand. Defendió Auvernia contra los invasores visigodos y, tras su derrota y captura, compuso un panegírico del rey Eurico. Escribió unas 24 poesías de temas paganos y unas 147 cartas. En ellas describe en un tono que recuerda a Plinio el Joven la villa que poseía en Auvernia, que contaba con biblioteca, termas y piscina. Otro tanto cabría decir de su recreación literaria del paisaje montañoso circundante, muy en la línea de los escritores latinos del siglo I y su bucólica exaltación de las bellezas naturales.

SILVA, Lorenzo (1930-2000). Arquitecto paisajista, pintor y grabador, nacido en Uruguay, desarrolló buena parte de su carrera profesional en España, donde se afincó en 1969 después de haber estudiado e impartido clases en la prestigiosa Escuela Nacional Superior del Paisaje de Versalles. Ha colaborado con profesionales de talla internacional como su amigo y maestro Roberto Burle Marx. Tiene el mérito de haber introducido en nuestro país una manera plenamente moderna de entender la relación del ser humano con el paisaje y el jardín. Contribuyó a la apreciación y valoración de su estudio, y de paso al enriquecimiento y la modernización de la sociedad española, así como a la formación de varias generaciones de paisajistas. No en vano estuvo directamente implicado en la creación del primer centro educativo de España dedicado a la jardinería y el paisajismo, la Escuela del Castillo de Batres, donde participó como profesor desde 1973 a 1976. Fue asimismo el responsable de la restauración del Real Jardín Botánico de Madrid, abierto al público en 1981. Entre los numerosos proyectos que dirigió, cabe destacar la plaza Pérez Galdós (Las Palmas de Gran Canaria, 1969) en colaboración con el escultor Pablo Serrano, la plaza del Rey (1981) en Madrid, el parque de Palomeras Sur Este (1982), la restauración y ampliación del jardín de esculturas de la Casa March (1983) en Cala Ratjada (Mallorca), el Jardín Español del Descubrimiento (1986) en Salto (Uruguay) y los jardines de la torre Picasso (1989). Pero su obra más personal fue, sin duda, el jardín experimental que creó en su finca de El Romeral de San Marcos, situado en el valle del río Eresma en la provincia de Segovia.

SUETONIO TRANQUILO, Gayo (75-160). Historiador y biógrafo romano de la época del emperador Trajano, relacionado con Plinio el Joven y los círculos imperiales, hasta que cayó en desgracia. Escribió *Vida de los doce césares (De vita Caesarum)*, donde narra las biografías de los gobernantes de Roma desde Julio César hasta Domiciano. En sus páginas aparecen descritos minuciosamente los fastuosos jardines del *Domus Aurea* [Casa de Oro], el grandioso palacio construido por el emperador Nerón tras el incendio de Roma en el año 61 y que se extendía alrededor de 50 hectáreas entre las colinas del Palatino y el Esquilino.

TEMPLE, William (1628-1699). Ensayista, hombre de estado y jardinero apasionado, adaptó al clima y al suelo inglés el estilo de los jardines de recreo holandeses, que conocía bien pues había ejercido como diplomático en La Haya y Bruselas. Al final de sus días y con la ayuda de su secretario Jonathan Swift, redactará *Upon the Gardens of Epicuro* [Sobre los jardines de Epicuro]. En esta obra, que salió de imprenta en 1692, se hace referencia por primera vez en la literatura inglesa al famoso término de origen chino *sharawadgi*, que describe la manera de plantación oriental, aparentemente desordenada, irregular pero agradable, y cuya belleza nace de imitar cuidadosamente la espontaneidad de la naturaleza. A partir de entonces, se emplea ese barbarismo para designar la irregularidad y la asimetría características del jardín paisajista.

THOREAU, Henry David (1817-1862). Poeta, ensayista, filósofo y naturalista norteamericano, es conocido sobre todo por su obra *Walden o la vida en los bosques* (1854), donde relata sus experiencias a lo largo de los dos años que pasó viviendo en una cabaña que él mismo construyó junto al lago Walden en los bosques de Massachussets. Su pensamiento, disperso en ensayos, conferencias, cartas y entradas de su *Diario*, se caracteriza por el rechazo al industrialismo, al consumismo, al imperialismo, al esclavismo, a lo establecido y a las convenciones sociales, y por una reivindicación de la pereza creativa, una defensa a ultranza del derecho a pensar por uno mismo, un canto a la libertad individual y un alegato a favor de la resistencia no violenta pero insobornable ante todo lo que se oponga a estos ideales. Ese espíritu anarquista, ascético e individualista está presente en todas sus obras, entre las que destacan *Desobediencia civil* (1849), *Una vida sin principios* (1863) y *Elogio de la vida salvaje* (diarios). Se le considera un precursor de la ética ecologista y un pionero en la defensa de los derechos civiles y medioambientales. Su figura merece un lugar especial en la historia del jardín y el paisajismo por su acérrima defensa de una vida natural, entendida como genuina vida del hombre.

TRIBOLO, Niccolò Pericoli (hacia 1500-1550). Escultor y arquitecto italiano, trabajó para Cosme I de Médicis, quien le confió la realización de los famosos jardines de Boboli y los de la villa Castello, situada al noroeste de Florencia. En esta última surgieron algunas formas y elementos que pasarían a formar parte del lenguaje del jardín renacentista, tales como las grutas, las figuras rústicas, el islote en medio de un estanque y el camino de entrada flanqueado de canalillos, que parece anticipar la idea de las "calles de agua".

TUAN, Yi-Fu (1930). Profesor e intelectual de origen chino, residente en Estados Unidos desde 1951, donde ha ejercido la docencia en las universidades de Chicago, Nuevo México, Minnesota y Wisconsin, es una de las figuras mayores en el campo de la Geografía Humana. La relación de su obra con la filosofía del jardín es tangencial pero intensa. Entre sus numerosas contribuciones destaca el concepto de "topofilia", clave para interpretar las relaciones emocionales e intelectuales que unen al ser humano con el paisaje. También está vinculada con nuestro tema su investigación acerca del significado de una buena vida y su concepción de la cultura humana como un mecanismo de evasión de la naturaleza, un medio de huir de la realidad. Entre aquellos de sus libros, que contienen referencias explícitas al jardín, cabe señalar: *Topofilia: Un estudio de las percepciones, actitudes y valores sobre el entorno* (1974), *Dominance and Affection: the Making of Pets* (1984), *The Good Life* (1986), *Cosmos y hogar: Un punto de vista cosmopolita* (1996) y *Escapismos: Formas de evasión en el mundo actual* (1998).

TUNNARD, Christopher (1910-1979). Paisajista inglés, adscrito al Movimiento Moderno en arquitectura, publicó en 1938 el libro *Gardens in the Modern Landscape*, en el que sienta las bases del jardín contemporáneo. En su obra reivindica una vuelta al formalismo y a la geometría en los jardines, que no está reñida con la tradición paisajista del siglo XVIII. Aboga por integrar los elementos regulares con los irregulares, aunar simetría y naturalidad, fundir la arquitectura y el paisaje. Su concepción del jardín se fundamenta en tres principios: el principio funcional (en el trazado y organización del jardín debe primar la funcionalidad sobre la composición), el principio empático (el diseño debe fomentar al diálogo entre el jardín y la naturaleza, combinando la irregularidad y la geometría), y el principio artístico (el uso de elementos o formas inspiradas en las vanguardias plásticas). En suma, según sus propias palabras, "el jardín funcional debe evitar al mismo tiempo las dos vías extremas del expresionismo sentimental del jardín salvaje y del clasicismo intelectual del jardín formal; y, por el contrario, debe poner en práctica un espíritu racionalista y, gracias a un ordenamiento estético y práctico de sus elementos, crear un entorno agradable y hospitalario propicio para el reposo y la diversión" ("The Functionnal Aspect of Garden Planning", *The Architectural Review*, abril 1938). Su propuesta preconiza una visión pictórica del paisaje emparentada a un mismo tiempo con la antigua herencia del jardín pintoresco y con los nuevos postulados artísticos y arquitectónicos. En su famosa obra, Tunnard incluía a modo de ejemplificación de sus ideas los proyectos de cinco jardines diseñados por él entre 1935 y 1938 para distintas casas de campo inglesas: Bentley Wood (Halland, Sussex, 1935), Land's End (Garby, Leicester, 1937), St. Ann's Hill (Chertsey, Surrey, 1936), una casa de fin de semana en Cobham (Surrey) y una casa en Walton-on-Thames. Tras la Segunda Guerra Mundial, emigró a los Estados Unidos, donde impartió clases en la Graduate School of Design de la universidad de Harvard y también en la universidad de Yale, ejerciendo su magisterio sobre las nuevas generaciones de arquitectos paisajistas.

UTENS, Giusto. Nombre italianizado de Iustus van Utens (?-1609), pintor flamenco. De sus pinceles salieron hacia 1600 catorce lunetos, destinados a decorar la sala principal de la villa de Artimino, que representaban las posesiones del Gran Duque de Médicis. Estos cuadros en forma de media luna reproducen a vista de pájaro y con una precisión casi caligráfica las principales villas y castillos de la familia: Cafaggiolo, Careggi,

Poggio a Caiano, Castello, Pratolino, etc. Constituyen un documento excepcional sobre las características y la evolución de los jardines durante el Renacimiento.

VANBRUGH, John (1664-1726). Arquitecto y dramaturgo inglés, ocupa un lugar preponderante en el desarrollo del jardín paisajista. Como arquitecto, pilotó la ruptura con el barroco y el retorno al estilo gótico. Su peculiar estética, a la que denominaba "feudal" *(castle style)* o "nórdica", alienta el empleo de elementos pseudo medievales como fachadas almenadas, torres coronadas con balaustradas y pináculos, grandes puertas con arcadas, etc. Defendió la belleza, la magnificencia y el poder de evocación histórica de las ruinas góticas y preconizó su integración como parte de la escenografía de los parques. En una célebre carta dirigida a la duquesa de Marlborough aboga por evitar el derribo de la casa gótica de Woodstock, situada en el parque de Blenheim, e incorporarla al conjunto. En otras palabras, vislumbró las afinidades existentes entre el antiguo estilo gótico y el nuevo imaginario paisajista, anticipándose así al gusto pintoresco y a una concepción romántica del paisaje. Ha pasado a la posteridad por ser el diseñador del castillo de Howard y el palacio de Blenheim.

VALENCIENNES, Pierre Henri (1750-1819). Pintor y escritor francés, considerado por sus contemporáneos el más brillante paisajista de su época. Residió durante distintas etapas de su vida en Roma, donde se relacionó con los círculos de artistas neoclásicos. Allí descubriría a "los antiguos", el paisaje romano y las obras de Claude Lorrain y Nicolas Poussin, que ejercerían un influjo decisivo sobre su pintura y su filosofía del jardín y el paisaje. Escribió asimismo un tratado titulado *Elementos de la perspectiva práctica para uso de los artistas* (1799-1800), donde analiza la ciencia de la perspectiva lineal y aérea, y cómo ésta influye en la concepción, orden y distribución de los jardines.

VARRÓN, Marco Terencio (116-23 a. de C.). Polígrafo, militar y funcionario romano de alto rango, perteneciente al orden ecuestre *(équites)*, fue lugarteniente de Pompeyo durante la guerra civil (49 a. de C.), con quien llegó a ser pretor. Tras obtener el perdón de Julio César, recibió el nombramiento de director de las primeras bibliotecas públicas de Roma. A la muerte del dictador, se le confiscaron sus bienes por orden de Marco Antonio, que le había declarado fuera de la ley. Pero finalmente Octavio se los restituyó. Abandonó entonces por completo la carrera política para dedicarse al estudio y a la escritura. De su pluma salieron más de seiscientas obras, pero hasta nuestros días solo han llegado fragmentos de unas setenta, y completas solo se conservan dos: *De lingua latina* [Sobre la lengua latina] y *De re rustica* [Tratado sobre la Agricultura]. En esta última, escrita al final de su vida, ofrece una visión de la villa como espacio donde se acrisolan las virtudes tradicionales. Eso no quita para que, como genuino representante de los terratenientes de su época, considere las posibilidades de disfrute que ofrecen sus propiedades. Mientras que el primer agrónomo de la literatura latina, Catón El Censor, no contempla la idea de que una explotación agrícola pueda servir de solaz y lugar de recreo, para Varrón la agricultura comporta tanto utilidad como placer. La economía rural no está reñida con el deleite de la naturaleza, ni la productividad de la tierra con el arte de vivir. En suma, su tratado constituye la primera obra literaria que establece un equilibrio entre la villa rústica y la villa urbana, esto es, entre la granja productiva y la finca de recreo, que incorpora entre sus refinamientos el jardín.

VÉRA, André (1888-1971) y Paul (1881-1957). Los hermanos Véra son dos figuras de referencia del movimiento *Art decó*, que, en jardinería, se caracteriza por un retorno a la regularidad geométrica tanto en el trazado como en el tratamiento de las plantaciones (talla, *treillage*, etc.) y una rigurosa conexión entre la arquitectura interior y exterior de la vivienda. Aunque haya realizado algunos proyectos de envergadura, la importancia de André Véra en el terreno de los jardines y el paisaje se debe sobre todo a sus trabajos teóricos: *Le Nouveau Jardin* (1912), *Les Jardins* (1919) y *Modernités* (1925). En estas obras desarrolla su concepción del jardín, marcada por su interés por las matemáticas y la proporción áurea, ilustrando sus ideas con ejemplos de planos. Paul, por su parte, destacó no solo como diseñador de jardines sino también como artista plástico de inspiración cubista. El jardín es un tema recurrente en sus lienzos, véase "Le jardinage ou l'art des jardins" (1925), "Le verger" (1938), "Le jardín" (1938), y también en algunos de sus diseños de vajillas o incluso de tapices.

VIRGILIO (70-19 a. de C.). Su nombre completo era Publio Virgilio Marón. Es un poeta latino, autor de las *Bucólicas* y las *Geórgicas*. Si en las primeras canta el amor de los pastores en medio de un paisaje idílico y sagrado de verdes valles fértiles cruzados por arroyos cantarines y salpicados de frondosos árboles; en las segundas entona el elogio de la fértil campiña italiana, las honorables labores agrícolas y la felicidad de vivir en contacto con la naturaleza. En su última obra la *Eneida* demuestra también una gran sensibilidad paisajista, aun cuando la naturaleza ya no se presenta en términos arcádicos sino como un escenario para la aparición e intervención de los dioses, capaces de suscitar en los hombres el temor y temblor de lo numinoso. Esas imágenes inspirarán a los creadores del jardín paisajista y pintoresco, atraídos por la emoción de lo sublime.

VITRUVIO POLIÓN, Marco (88-26 a. de C.). Arquitecto, ingeniero y teórico latino, es el autor del tratado sobre arquitectura más antiguo que se conserva de la época grecorromana. Aunque en ninguno de los diez libros que componen su obra *De Architectura* hace mención explícita al jardín, su teoría de las proporciones y su estética modular admiten una lectura en este terreno. Este texto, que compendia todo el saber constructivo, escultórico y pictórico del mundo clásico, ofreció a los artistas renacentistas, imbuidos de admiración hacia "los antiguos", una preciosa fuente de información y una guía para reproducir las formas arquitectónicas del pasado. De ahí también el influjo que ejerció sobre los creadores de jardines del *Quattrocentto* y *Cinquecento*. Por lo demás, el famoso dibujo de Leonardo da Vinci sobre las proporciones del cuerpo humano, conocido como el "Hombre de Vitruvio" (*Galleria dell'"Accademia* de Venecia), se inspira precisamente en las indicaciones del escrito vitruviano, de ahí su nombre.

WALPOLE, Horace (1717-1797). Hombre de letras y aristócrata, autor de *History of the Modern Taste in Gardening* [Ensayo sobre la jardinería moderna]. Esta obra, además de relatar la evolución de los estilos en jardinería desde la antigüedad clásica hasta la época de *Capability* Brown, supone una auténtica declaración de principios y un manifiesto a favor del jardín irregular. El caso es que este ensayo, escrito antes de finalizar la década de 1760, no vio la luz hasta 1780, y para entonces las ideas que contenía el texto ya se habían ido abriendo paso a ambos lados del canal de la Mancha. La razón de esta demora hay que buscarla, a decir de algunos tratadistas, en el deseo de Walpole de no ofender a algunos de los artistas que menciona en su escrito.

WATELET, Claude-Henri (1718-1786). Rico de cuna y dotado de múltiples talentos, destacó como pintor, escultor, grabador y hombre de letras. Colaboró en la *Enciclopedia* de Diderot e ingresó como miembro de honor en la Academia Francesa en 1761. De su pluma salió, además de un tratado y un diccionario sobre pintura, grabado y escultura, el *Essai sur les jardins* (1774). En esta obra, influenciada por las ideas de Thomas Whately, distingue tres géneros de jardines en consonancia con las nuevas corrientes: pintoresco, poético y romántico. En su propiedad de Bezons (Val-d'Oise) dirigió la creación de un jardín de estilo moderno conocido como Le Moulin Joli.

WHATELY, Thomas (1728-1771). Secretario de lord Grenville, cortesano y escritor inglés, es considerado el primer teórico sistemático del jardín inglés del siglo XVIII. Visitó todos los grandes parques de su época (Claremont, Painshill, Leasowes,...) y escribió un influyente tratado

Observations on Modern Gardening (1770), donde expone los principios de la estética paisajista. A diferencia de los textos clásicos, no se centra en los elementos constructivos de creación humana (paseos, terrazas, parterres, empalizadas, etc.) sino en los elementos naturales (los bosques, los ríos, las rocas...). A la par que relata las impresiones que le causan las hermosas vistas, se recrea en las sensaciones que experimenta al recorrer con la mirada los distintos componentes del paisaje y describe asimismo las asociaciones mentales que éstos despiertan en su cabeza. Dedica un capítulo (XLVII) entero de su libro a analizar la belleza pintoresca, y en otro titulado "Del carácter" (XLVIII) establece su famosa distinción entre objetos emblemáticos (estatuas, inscripciones, pinturas, la historia, la mitología...) y objetos expresivos (árboles, lagos, senderos, etc.). A su entender, la naturaleza tiene suficiente fuerza expresiva y poder de evocación, sin necesidad de recurrir a medios de invención humana, ya que las emociones que suscitan estos están mediatizadas por la cultura.

WINTHUYSEN, Xavier de (1874-1956). Pintor paisajista sevillano, perteneciente a una familia de ilustres marinos de origen flamenco que se estableció en el puerto de Santa María (Cádiz) a principios del siglo XVIII. En 1919 es pensionado por la Junta para Ampliación de Estudios e Investigaciones Científicas para estudiar los Jardines Históricos de España. A partir de ese momento, publica trabajos en periódicos y revistas, da conferencias y contribuye al reconocimiento de los jardines como monumentos y a su valoración como parte del patrimonio artístico y cultural español. En 1930 publica su obra *Jardines clásicos de España*, que recoge el resultado de sus investigaciones, incluyendo fotografías y planos. Asimismo participó en la conservación y en la reconstrucción de jardines históricos como el del Palacio de la Moncloa o el de Monforte. También es el responsable de la creación de otros nuevos como en el Parador de Ciudad Rodrigo, San Segundo en Ávila, la universidad Laboral de Gijón o el jardín de Salvador de Madariaga. Cuando en 1934 se crea el Patronato para la Conservación y Protección de los Jardines de España, será nombrado Inspector General. Desde ese cargo consiguió que muchos fueran declarados de interés histórico-artístico. Tras la Guerra Civil Española, se instala en Barcelona y recupera su nombramiento republicano de Inspector de jardines. Su labor se orientará fundamentalmente a la recuperación de parajes naturales como el Lago de Bañolas, el Palmeral de Elche o el Lago de Sanabria.

WRIGHT, Frank Lloyd (1867-1959). Es una de las mayores figuras de la arquitectura del siglo XX. Formado en la escuela de pensamiento trascendentalista de Emerson, su obra se caracteriza por un fuerte sentimiento naturalista, un controvertido romanticismo antiurbano y una reivindicación del paisaje como fuente de inspiración. Desde sus inicios adopta una visión orgánica y funcional de la arquitectura, preocupada en respetar a un mismo tiempo la libertad individual y el entorno natural, buena prueba de ello son sus famosas *Prairie Houses* (Casas de la Pradera). En estas el jardín sirve, por una parte, de transición entre el edificio y el paisaje y, por la otra, de marco contextualizador de la construcción. Por lo demás, su concepción de la ciudad ideal, utópica, a la que bautizó con el nombre de Broadacre, se halla en las antípodas tanto de las ciudades-jardín de Howard como de la "Ville Radieuse" de Le Corbusier. En su caso, propone construir una vasta urbe, donde cada vivienda cuente con una espaciosa parcela y constituya por así decirlo una pequeña unidad urbana (o Broadacre), conectada a las otras por una moderna red de transportes y de comunicaciones. Este modelo de residencia, en sintonía con el ideal individualista americano, ha dado lugar a las inmensas urbanizaciones repartidas por todo Estados Unidos. Entre la infinidad de obras que llevó a cabo en más de cincuenta años de profesión, merece la pena destacar la célebre Fallingwater o Casa de la Cascada, construida entre 1935 y 1939, en Bear Run, Pensilvania y que representa la culminación de su ideal de fusión entre el paisaje y la vivienda, sin olvidar que también ilustra la utilización de la arquitectura como un medio para subrayar los rasgos esenciales del entorno natural y asimismo transformarlo en algo nuevo.

BIBLIOGRAFÍA

I. ANTROPOLOGÍA, PSICOLOGÍA E HISTORIA DE LA CULTURA

ARIÈS, PH.: *El hombre ante la muerte*, Taurus nº 229, Madrid, 1983.

AUGÉ, M.: *Non-lieux. Introduction à une anthropologie de la surmodernité*, Éditions Seuil, 1992.

BAZUN, J.: *Del amanecer a la decadencia. Quinientos años de vida cultural en Occidente (De 1500 a nuestros días)*, Taurus, Madrid, 2001.

BLÁZQUEZ, E.: *Viaje al paraíso. La representación de la naturaleza en el Renacimiento*, Ediciones Universidad de Salamanca, Salamanca, 2004.

BLOM, PH.: *Gente peligrosa. El radicalismo olvidado de la Ilustración europea*, traducción de Daniel Najmías, Anagrama, colección Argumentos nº 438, Barcelona, 2012.

BODEI, R.: *Paisajes sublimes. El hombre ante la naturaleza salvaje*, traducción de María Condor, Editorial Siruela, Biblioteca de Ensayo 73 (Serie Mayor), Madrid, 2011.

BRAUDEL, F.: *El Mediterráneo y el mundo mediterráneo en la época de Felipe II*, Tomo I y II, Fondo de Cultura Económica, México, D.F., 1987.

BURTON, R.: *Anatomía de la melancolía*, Alianza Editorial, Libro de Bolsillo nº 5686, Madrid, 2006.

CAUQUELIN, A.: *L'invention du paysage,* Presses Universitaires de France, París, 2000.

–: *Le site et le paysage,* Presses Universitaires de France, París, 2002.

DE BOTTON, A.: *La arquitectura de la felicidad*, traducción de Mercedes Cebrián, Lumen, Barcelona, 2008.

DELGADO, M.: *El animal público. Hacia una antropología de los espacios urbanos*, Anagrama, Barcelona, 1999.

DEL RÍO, B.: *La invención del paisaje: un ensayo sobre la condición humana*, Editorial Devenir, El otro nº 19, Bilbao, 2011.

DELUMEAU, J.: *Historia del Paraíso, 1. El jardín de las delicias,* Taurus, Madrid, 2005.

–: *Historia del paraíso, 2 Mil años de felicidad,* Taurus, Madrid, 2005.

DURAND, G.: *Las estructuras antropológicas de lo imaginario, Introducción a la arquetipología general*, Fondo de Cultura Económica, Madrid, 2005.

ECO, U.: *Historia de la belleza,* traducción de Mª Pons Irazábal, Lumen, Barcelona, 2004.

—: *Historia de la fealdad*, traducción de Mª Pons Irazábal, Lumen Barcelona, 2007.

EDMONDS, D. y EIDINOW, J.: *El perro de Rousseau. Dos grandes pensadores en guerra en la época de la Ilustración*, traducción de J. L. Gil Aristu, Ediciones Península, colección Atalaya nº 277, Barcelona, 2007.

EITEL, E. J.: *Feng Shui. La ciencia del paisaje sagrado en la antigua China*, traducción de José M. Pomares, Ediciones Obelisco, Barcelona, 1993.

ELIADE, M.: *Fragmentos de un diario*, Espasa-Calpe, Madrid, 1979.

—: *Lo sagrado y lo profano*, Labor, nº 2, Barcelona, 1983.

—: *Imágenes y símbolos*, Taurus, nº 1, Madrid, 1983.

ELLIOT, J. H.: *España y su mundo 1500-1700*, Alianza Editorial, Madrid, 1990.

GARIN, E.: *Medioevo y Renacimiento*, Taurus nº 188, Madrid, 1981.

HONORÉ, C.: *Elogio de la lentitud, Un movimiento mundial desafía el culto a la velocidad*, traducción de J. Fibla, RBA Libros, Barcelona, 2005.

JUNG, C. G.: *Recuerdo, sueños, pensamientos*, Seix Barral, Barcelona, 1964.

—: *Símbolos de transformación*, Paidós, Biblioteca de Psicología Profunda, nº 7, Buenos Aires, Barcelona, 1982.

—: *Arquetipos del inconsciente colectivo*, Paidós, Biblioteca de Psicología Profunda, Buenos Aires, Barcelona, 1984.

KEITH, T.: *Dans le jardin de la nature,* traducción de L. Thorndike, Gallimard, París, 1985.

KESSLER, M.: *El paisaje y su sombra*, Idea Books, Barcelona, 2000 (1ª edición en francés, 1999).

KOYRÉ, A.: *Del mundo cerrado al universo abierto*, Siglo XXI, Madrid, 1979.

LACARRIÈRE, J.: *Los hombres ebrios de Dios,* traducción de A. Valiente, AYMÁ S. A. Editora, Barcelona, 1964.

LEWELLEN, T. C.: *Introducción a la antropología política*, Ediciones Bellaterra, Barcelona, 1984.

LIVIO, M.: *La proporción áurea: La historia de Phi, el número más sorprendente del mundo*, Ariel, Madrid, 2006.

MAFFESOLI, M.: *El nomadismo, Vagabundeos iniciáticos*, traducción de D. Gutiérrez, Fondo de Cultura Económica, colección Breviarios nº 382, México, 2004.

MARAVALL, J. A.: *La cultura del Barroco*, Ariel, Colección Letras e Ideas, Barcelona, 1975.

MCDANNEL, C. y alter: *Historia del cielo*, Taurus, Madrid, 1990.

OLMOS, R, CABRERA, P, MONTERO, S. (Coordinadores): *Paraíso cerrado, jardín abierto. El reino vegetal en el imaginario religioso del Mediterráneo*, Ediciones Polifemo, colección El Espejo Navegante, Madrid, 2005

ORTEGA, N. (ed.): *Naturaleza y cultura del paisaje*, Ediciones Universidad Autónoma de Madrid (UAM) y Fundación Duques de Soria, Colección de Estudios nº 91, Madrid, 2004.

PALMER, J. S.: *Historias bizantinas de locura y santidad, El prado de Juan Mosco, Vida de Simeón el Loco de Leoncio de Neápolis*, introducción, traducción y notas de J. S. Palmer, Ediciones Siruela, Madrid, 1999.

PASTI, U.: *Jardines: los verdaderos y los otros*, traducción de Mª Ángeles Cabré, Editorial Elba, Barcelona, 2014.

SAMPIETRO, P. y SOMOVILLA, I.: *El jardín escondido, Espacios verdes en la ciudad*, Pol.len Edicions, Barcelona, 2013.

SANTARCANGELI, P.: *El libro de los laberintos*, Ediciones Siruela, Madrid, 1997

SENNET, R.: *Carne y piedra: El cuerpo y la ciudad en la civilización occidental*, Alianza Editorial, Madrid, 1997.

STOICHITA, V. I.: *Breve historia de la sombra*, Ediciones Siruela, Madrid, 1999.

VAN DAAL, J.: *La cólera de Ludd, La lucha de clases en Inglaterra al alba de la Revolución Industrial*, trad. de Diego Luis Sanromán, Ediciones Pepitas de Calabaza, Logroño, 2015.

YATES, F. A.: *El arte de la memoria*, traducción de Ignacio Gómez de Liaño, Taurus nº 133, Madrid, 1974.

–: *El Iluminismo Rosacruz*, traducción de R. Gómez Ciriza, Editorial Siruela-Fondo de Cultura Económica, Biblioteca de Ensayo, Serie Mayor nº 61, Madrid, 2008.

–: *Giordano Bruno y la tradición hermética, Una interpretación clásica del mundo renacentista siguiendo las huellas del hermetismo y la cábala*, traducción de Dòmenec Bergadà, Ariel Filosofía, Barcelona, 1983.

II. ARQUITECTURA DEL PAISAJE Y PAISAJISMO

ADSUARA, A.: *De otro(s) Mundo (s). Una aproximación al paisaje sintético*, Sendemá, ESAT, Serie Estudios Contemporáneos, colección Arte y Reflexión nº 3, Valencia, 2014.

BATLLE, E.: *El jardín de la metrópoli. Del espacio romántico al espacio libre para una ciudad sostenible*, Gustavo Gili, S.L., Colección Land&Scape Series, Barcelona, 2011.

BERTHIER, F.: *El jardín zen*, Gustavo Gilli, Barcelona, 2007.

BRISSON, J-L. (direction): *Le jardinier, l'artiste et l'ingénieur*, Les Éditions de l'imprimeur, Collection Jardins et Paysages, París, 2000.

BRUNON, H. y MOSSER, M.: *Le jardin contemporain*, Éditons Scala, París, 2006.

–: *Jardins de sagesse en Occident,* Éditions Seuil, París, 2014.

CALATRAVA, J. y TITO, J.: *Jardín y paisaje, miradas cruzadas,* Abada Editores, Madrid, 2001.

CAUQUELIN, A.: *Petit traité du jardin ordinaire,* Éditions Payot & Rivages, París, 2003.

CLÉMENT, G.: *La sagesse du jardinier,* L'oeil neuf éditions, París, 2004.

–: *Manifiesto del tercer paisaje,* Gustavo Gilli, Mínima, Barcelona, 2007.

–: *Jardins, paysage et génie naturel,* Leçons inaugurales du Collègue de France, Librairie Arthème Fayard et Collège de France, París, 2012.

COOPER, C.: *Habitat et nature, Du pragmatique au spirituel,* traduit de l'anglais par Irène de Charrière, Infolio, Collection Archigraphy Témoignages, Dijon-Quetigny, 2006.

COOPER, P.: *Jardín y Paisaje,* Editorial Blume, Barcelona, 2006.

CHOMARAT-RUIZ, C.: *Le jardin et le parc de Castille, Concevoir l'espace approcher les lieux,* Les Éditions de l'imprimeur, Collection Jardins et Paysages, París, 2005.

FREEMAN, M.: *Jardines De bolsillo, Proyectos japoneses contemporáneos en miniatura,* traducción E. Pérez, Editorial Gustavo Gili, Barcelona, 2008.

GÓMEZ, J. A.: *El universo en el jardín: paisaje y arte en la obra de Leandro Silva,* Junta de Castilla León, Consejería de Medio Ambiente, 2002

GROMORT, G.: *L'art des jardins: Une courte étude d'ensemble sur l'art de la composition des jardins d'après des exemples empruntés a ses manifestations les plus brillantes,* CH Bassin, París, 1983.

LAURIE, M.: *Introducción al paisajismo,* Gustavo Gili, Barcelona, 1983

LUGINBÜHL, Y.: *La mise en scène du monde. La construction du paysage européen,* cnrs Éditions, París, 2012.

MARTIN, J.: *Genius of the Place. The Life of Frederick Law Olmsted, Abolitionist, Conservationist and Designer of Central Park, A Merloyd Park Book,* Da Capo Press, A Member of Perseus Books Group, Cambridge, MA, 2011.

PAGE, R.: *The Education of a Gardener,* New York Review Books Classics, 2007.

PECHÈRE, R.: *Grammaire des jardins, Secrets de métier,* Éditions Racine, Bruselas, 2002.

PRIETO, E.: *La arquitectura de la ciudad global. Redes, no-lugares, naturaleza,* Grupo Editorial Siglo XXI, Biblioteca Nueva, Colección Metropol, Madrid, 2011.

STEENBERGEN y REH, W.: *Arquitectura y paisaje, La proyección de los grandes jardines europeos,* Editorial Gustavo Gilli S.A., Barcelona, 2001.

TUNNARD, C.: *Gardens in the Modern Landscape: A Facsimile of the Revised 1948 Edition,* University of Pennsylvania Press, Penn Studies in Landscape Architecture, 2014.

VALENCIENNES, P. H.: *Perspective des jardins, Rumeur des Alges,* La Rochelle, 2005.

WILSON, A.: *Paysagistes. Ceux qui ont marqué le siècle,* Octopus France/Hachette Livre, París, 2003.

III. ARQUITECTURA, HISTORIA DEL ARTE Y URBANISMO

ÁBALOS, I. (ed.): *Naturaleza y artificio. El ideal pintoresco en la arquitectura y el paisajismo contemporáneos,* Editorial Gustavo Gilli, Compendios de Arquitectura Contemporánea, Barcelona, 2009.

ALBERTI, L. B.: *De re Aedificatoria,* traducción castellana de J. Fresnillo Núñez, Akal, Madrid, 1991.

–: *Los diez libros de Arquitectura de León Baptista Alberto (1582),* traducción de Francisco Lozano, ed. FAC., Albatros, Valencia, 1977.

ÁLVAREZ, D.: *El jardín en la arquitectura del siglo xx,* Estudios Universitarios de Arquitectura, Editorial Reverté, Barcelona, 2007.

AÑÍBARRO, M. A.: *La construcción del jardín clásico. Teoría, composición y tipos,* Ediciones Akal, Madrid, 2002.

AREÑAS, L.: *Fantasmas de la vida moderna, Ampliaciones y quiebras de sujeto en la ciudad contemporánea,* Editorial Trotta, Serie Filosofía, Madrid, 2011.

AYMONINO, C.: *Orígenes y desarrollo de la ciudad moderna: E. Howard: Ciudades-jardín del mañana, T. Garnier: una ciudad industrial; J. Hilberseimer: Proyectos 1912-1961 y N. A. Miljutin: Sosgorod,* traducción y recopilación de textos clásicos Laboratorio de Urbanismo de la Universidad de Barcelona, editorial Gustavo Gili, Barcelona, 1972.

BENEVOLO, L.: *La captura del infinito,* Celeste, Madrid, 1994.

CHENG, F.: *Vacío y plenitud,* Ediciones Siruela, Biblioteca de Ensayo, Madrid, 2004.

CHUECA, F.: *Breve historia del urbanismo,* Alianza Editorial, El Libro de Bolsillo n° 4650, Madrid, 1968.

CLARK, K.: *Landscape into Art,* John Murray, Londres, 1949.

CURTIS, W. J. R.: *La arquitectura moderna desde 1900,* traducción de Jorge Sainz Avia, Editorial Blume, Madrid, 1986.

DAVIS, M.: *Planeta de ciudades miseria,* Foca, Madrid, 2006.

–: *Ciudad de cuarzo. Arqueología del futuro en Los Ángeles,* traducción de R. Reig, Ediciones Lengua de Trapo, Desórdenes, Biblioteca de Ensayo n° 6, Madrid, 2003.

DE BOTTON, A.: *La arquitectura de la felicidad,* Editorial Lumen, Barcelona, 2008.

DE GRACIA, F.: *Entre el paisaje y la arquitectura. Apuntes sobre la razón constructiva,* Editorial Nerea, Donostia-San Sebastián, 2009.

FARIELLO, F.: *La arquitectura de los jardines. De la antigüedad al siglo XX*, Editorial Reverté, Barcelona, 2004.

FRAMPTON, K.: *Historia crítica de la arquitectura moderna*, traducción de J. Sainz, Editorial Gustavo Gili, S. A, Barcelona, 1981.

GOMBRICH, E. H.: *Arte e ilusión, Estudio sobre la psicología de la representación pictórica*, Debate, Madrid, 1997.

HEREU, P. y otros: *Textos de arquitectura de la Modernidad*, Editorial Nerea, Madrid, 1994.

KOLDHASS, Rem.: *Delirio de Nueva York*, traducción de J. Sainz, Editorial Gustavo Gili, Barcelona, 1978.

KOSTOF, S.: *Historia de la arquitectura*, traducción de Mª Dolores Jiménez-Blanco Carrillo de Albornoz, Alianza Editorial, Alianza Forma, Madrid, 1988.

LE CORBUSIER: *Hacia una arquitectura*, traducción de M. Llorente, Editorial Apóstrofe, Madrid, 2005.

LIP, E.: *¿Qué es el Feng Shui? Arquitectura, urbanismo, interiorismo*, traducción de Alicia Sánchez Mollet, Ediciones Paidós, Barcelona, 1999.

LLOYD WRIGT, F.: *Autobiografía: 1867* (1944), presentación, traducción y notas de José Avendaño, El Croquis editorial, Biblioteca de Arquitectura, Madrid, 1998.

–: *Arquitectura moderna*, traducción de Ferrán Meler-Ortí, Paidós Estética, Barcelona, 2010.

MADERUELO, J.: *El paisaje: Génesis de un concepto*, Abada Editores, Lecturas del paisaje, Madrid, 2006.

–: *Paisaje y pensamiento*, Abada Editores, colección Pensar el paisaje 01 (CDAN 2009), Madrid, 2006.

–: *Paisaje y arte*, Abada Editores, colección Pensar el paisaje 02 (CDAN 2009), Madrid, 2007.

–: *Paisaje y territorio*, Abada Editores, colección Pensar el paisaje 03 (CDAN 2009), Madrid, 2008.

–: *Paisaje e historia*, Abada Editores, colección Pensar el paisaje 04 (CDAN 2009), Madrid, 2009.

MONTEYS, X.: *Le Corbusier. Obras y proyectos*, Editorial Gustavo Gili S. L., Barcelona, 2005.

PANOFSKY, E.: *La perspectiva como forma simbólica*, Tusquets Editores, colección Fábula nº 122, Barcelona, 1999.

–: *El significado de las artes visuales*, versión castellana N. Ancochea, Alianza Forma, Madrid, 1979.

RODRÍGUEZ, R.: *Paisajes arquitectónicos, Lo regular como norma, Lo irregular como sistema*, Secretariado de Publicaciones e Intercambio Editorial, Universidad de Valladolid, Serie Arquitectura y Urbanismo nº 69, Valladolid, 2009.

SECREST, M.: *Frank Lloyd Wright: A Biography*, University of Chicago Press, 1998.

SHARR, A.: *La cabaña de Heidegger. Un espacio para pensar*, Editorial Gustavo Gili, Barcelona, 2009.

STEENBERGEN, C., REH, W.: *Arquitectura y paisaje. La proyección de los grandes jardines europeos*, traducción de Luis Ramón Laca Menéndez de Luarco, Editorial Gustavo Gili S.A., Barcelona, 2001.

SUDJIC, D.: *La arquitectura del poder: cómo los ricos y los poderosos dan forma a nuestro mundo*, Ariel, Barcelona, 2007.

TANIZAKI, J.: *El elogio de la sombra*, Editorial Siruela, Biblioteca de Ensayo, Madrid, 1994.

TIBERGHEIEN, G. A.: *Art, nature, paysage*, Actes Sud, París, 2001.

TRACHANA, A.: *Urbe ludens*, Ediciones Trea, Gijón, 2014.

VITRUBIO, M.: *De Architectura*, Alianza Editorial, Madrid, 1995.

VV.AA.: *Ventanas en la ciudad. Observaciones sobre las urbes contemporáneas*, ediciones UOC, Barcelona, 2005.

WHITE, M. y L.: *El intelectual contra la ciudad, de Thomas Jefferson a Frank Lloyd Wright*, traducción de E. L. Revol, Ediciones Infinito, Buenos Aires, 1967.

IV. BOTÁNICA

ALLAIN, Y.-M.: *Une histoire des jardins botaniques. Entre science et art paysager*, Éditions Quae, Versalles, 2012.

APT, S.: *Anatomía de una rosa. La vida secreta de las flores*, Paidós, Barcelona, 2002.

DARWIN, CH.: *La variación en los animales y las plantas domesticados (John Murray, Albermale Street, Londres, 1876)*, trad. de Jesús Purroy, www.jesuspurroy. cat/variacion.html, 2007, p. 17.

DROUIN, J.-M.: *L'herbier des philosophes*, Seuil, Science Ouverte, París, 2008.

LEIDEU, P. y Vilain, M.: *Le jardin du futur, Éditions d'art Somogy - Cité des Sciences et de l'Industrie*, París, 1997.

MAETERLINK, M.: *La inteligencia de las flores*, Ediciones Orbis, Barcelona, 1987.

PELT, J.-M.: *Mes plus belles histories de plantes*, Fayard, Le livre de poche 30135, París, 2004.

ROUSSEAU, J. J.: *Huit lettres élémentaires sur la botanique à Madame Delessert, Le Mercure de France*, Collection "Le petit Mercure", París, 2002.

AÑÓN, C. (coordinadora): *El lenguaje oculto del jardín: jardín y metáfora*, Editorial Complutense, Colección Cursos del Verano de El Escorial, Madrid, 1996.

BERJMAN, S. (compiladora): Seminario Internacional "Diversas maneras de mirar el paisaje", Nobuko, Buenos Aires, 2006.

BRUNON, H. (dirección): *Le jardin comme labyrinthe du monde*, Éditions Musée du Louvre/PUPS, París, 2008.

CIRLOT, J. E.: *Diccionario de símbolos*, Nueva Colección Labor, Barcelona, 1979.

CONAN, M.: *Dictionnaire historique de l'art des jardins*, Hazan s.d., París, 1997.

CHEVALIER, J. y CHEERBRANT, A.: *Diccionario de los Símbolos*, Herder, Barcelona, 1986.

DELAFON, P.: *Mémoire du Luxembourg: Du jardin des chartreaux au jardin du Sénat*, Paris-Musées, 2004.

DIXON HUNT, J. (edited by): *Garden History. Issues, Approaches, Methods, Dumbarton Oaks Colloquium on the History of Landscape Architecture XIII*, Dumbarton Oaks Research Library and Collection, trustees for Harvard University, Washington D.C., 1989.

FERRUCCI, C. y otros: *Jardines y laberintos*, Colección Diccionarios de arte, editorial Electa, Barcelona 2007.

GUILLAUME, C.: *Les mots des parcs et des jardins*, Éditions Belin, Tours, 2001.

GUILLAUME, J.: *Architecture, jardin, paysage. L'environnement du château et la villa aux XVe et XVI siècles. Actes du colloque tenu a Tours du 1er au 4 juin 1992*, Picard Éditeur, Université de Tours Centre national de la recherche scientifique, Centre d'études supérieures de la Renaissance, París, 1999.

HARRISON, L.: *Cómo leer jardines. Una guía para aprender a disfrutarlos*, traducción de Axel Alonso Valle, H. Blume, Madrid, 2012.

IMPELUSO, L y otros: *La naturaleza y sus símbolos. Plantas, flores y animales*, Diccionarios del Arte, Electa, Random House Mondadori, S.A., Barcelona, 2007.

LAPLANA, J. E. (ed.): *Actas del I y II Curso en torno a Lastanosa. La cultura del barroco; Los jardines: arquitectura, simbolismo y literatura*, Instituto de Estudios Altoaragoneses, Huesca, 2000.

MANDELA, N.: *A Prisoner in the Garden, Photos, letters, and notes from Nelson Mandela's 27 years in prison*, The Nelson Mandela Foundation ,Viking Studio, Penguin Group (usa), 2008.

MARTELLA, M. (éditeur): *Le Génie du lieu*, Revue Jardins nº 1, Éditions du Sandre, París, 2010.

MARTIN, J. P. y otros: *Les jardins de la bande dessinée,* Paris-Musées, 2000.

MEYER, B y otros: *Jardines y laberintos,* Diccionarios del Arte, Electa, Random House Mondadori, S.A., Barcelona, 2007.

MADERUELO, J. (director): *El paisaje, Actas del II curso de Huesca: Arte y Naturaleza,* Diputación de Huesca, 1996.

—: *El jardín como arte, Actas del III curso de Huesca: Arte y Naturaleza,* Diputación de Huesca, 1998.

MANGON, M y otros: *Sur la terre comme au ciel, Jardins d'Occident à la fin de Moyen Âge,* Éditions de la Réunions des musées nationaux, París, 2002. Exposition Musée national du Moyen Âge-Thermes de Cluny 6 juin-16 septembre 2002.

PIGEAUD, J. y BARBE, J.-P. (coordinadores): *Histoires de jardins. Lieux et imaginaire, IVe entretiens de la Garenne-Lemot,* Université de Nantes, Presses Universitaires de France, Collection Perspectives Littéraires, París, 2001.

RACINE, M.: *Guide des jardins en France,* tomo I-II, Les Éditions Eugen Ulmer, París, 2007.

REMÓN, J. F.: *Jardín y genio del lugar en la cultura inglesa del siglo XVIII,* Revista de Occidente, n° 209, pp. 91-100, Madrid, 1998.

RICHARDSON, T & *kingbury,* N. (editors): *Vista: The Culture and Politics of Gardens,* Frances Lincoln Limited, Londres, 2005.

SCHER, R. y TOWER, L.: *Utopie : la quête de la société idéale en Occident : exposition à la Bibliothèque Nationale de France,* Paris 4 avril-9 juillet 2000 y à la New York Public Library 14 octobre 2000-27 janvier 2001, Fayard, París, 2000.

TROUSSON, R.: *Funciones de la ciencia en el imaginario utópico de los siglos XIX y XX,* Revista de Occidente n° 197, pp. 116-136, Madrid, 1997.

VV.AA.: *Le jardin planètaire, l'exposition,* Connaissance des arts, 1999.

VV.AA.: *Labyrinthes. Du mythe au virtuel,* Bagatelle (4 juin-14 septembre), Paris-Musées, 2003.

VV.AA.: *Le musée des jardins,* Phaidon, París, 2004.

VV.AA.: *Cabañas para pensar,* catálogo de la exposición homónima, un proyecto de E. Outeiro Ferreño, comisariado por A. Olmedo y A. Ruiz de Samaniego, Fundación Luis Seoane, Ayuntamiento de A Coruña, Concello da Coruña, MAIA ediciones, Madrid, 2011.

VV.AA.: *Cosmopolitanism and Place (American Philosophies Forum),* sponsors Universidad Carlos III de Madrid & Emory University, Círculo de Bellas Artes, Madrid, 2011.

VV.AA.: *L'esplendor de la ruïna, catàleg publicat amb motiu de l'exposició homònima,* Fundació Caixa Catalunya, Barcelona, 2005.

WILLSDON, C. A. P.: *Jardines impresionistas* (catálogo de la exposición), Museo Thyssen-Bornemisza, Fundación Caja Madrid, Madrid, 2010.

VI. ECOLOGÍA Y MEDIO AMBIENTE

BRAUNGART, M. MCDONOUGH, W.: *Cradle to cradle. Rediseñando la forma en que hacemos las cosas*, traducción de Gregorio Pérez Van Kappel, Editorial Mc Graw Hill, Madrid, 2005.

BRÚ, J.: *Medio ambiente: poder y espectáculo, Gestión ambiental y vida cotidiana*, Icaria, colección Antrazyt nº 108, Barcelona, 1997.

CALLENBACH, E.: *La ecología. Guía de bolsillo*, Siglo Veintiuno de España Editores, Madrid, 1999.

ERICE, A. S.: *La invención del reino vegetal, Historias sobre plantas y la inteligencia humana*, Ariel, Barcelona, 2015.

FLANNERY, T.: *Aquí en la tierra. Argumentos para la esperanza*, trad. de Alejandro Pradera, Taurus Pensamiento, Madrid, 2011.

HASKELL, D. G.: *En un metro de bosque. Un año observando la naturaleza*, trad. de Guillem Usandizaga, Turner, Noema, Madrid, 2014, p. 320.

LATOUCHE, S.: *Petit traité de la decroissance sereine*, Mille et une nuit, París, 2007.

MANCUSO, S. y VIOLA, V.: *Sensibilidad e inteligencia en el mundo vegetal*, trad. de David Pardela, Editorial Galaxia Gutemberg, Barcelona, 2015.

NAESS, A.: *Ecology, community and lifestyle, Outline of an ecosophy*, translated and revised by D. Rothenberg, Cambridge University Press, UK, 1989.

PACCALET, Y.: *Sortie de secours*, Arthaud, París, 2007.

PELT, J.-M.: *Les langages secrets de la nature, la communication chez les animaux et les plantes*, Fayard, Le Livre de Poche nº 14435, París, 1996.

POLLAN, M: *La botánica del deseo, El mundo visto a través de las plantas*, trad. de Raúl Nagore, Navarrorum Tabula S.L., Donostia, 2008.

RABHI, P.: *Vers la sobriété heureuse*, éditions Actes Sud, Arles, 2010.

—: *Manifeste pour la terre et l'humanisme, Pour une insurrection des consciences*, Éditions Actes Sud, collection Babel nº 1057, Arles, 2011.

VII. FILOSOFÍA Y PENSAMIENTO

ASSUNTO, R.: *Ontología y teología del jardín*, Tecnos, Colección Metrópolis, Madrid, 1991.

—: *Retour au jardin, Essais pour une philosophie de la nature, 1976-1987*, textes réunis, traduits de l'italien et présentés par H. Brunon, Les Éditions de l'imprimeur, Collection Jardins et Paysages, París, 2003.

−: *Filosofia del Giardino e Filosofia nel Giardino, Saggi di teoria e storia dell'Estetica,* Bulzoni, Roma, 1981.

−: *Naturaleza y razón en la estética del setecientos,* Visor, Madrid, 1989 (1ª edición en italiano, 1967).

BACHELARD, G.: *La poétique de l'espace,* Presses Universitaires de France, París, 1957.

−: *La poética de la ensoñación,* F.C.E., nº 330, México, 1982. (1ª edición en francés 1960).

−: *El agua y los sueños,* F.C.E. nº 279, México, 1978 (Primera edición en francés en 1943).

BAUDELAIRE, Ch.: *El pintor de la vida moderna,* edición a cargo de A. Pizza y D. Aragó, traducción de A. Saavedra, Colegio Oficial de Aparejadores y Arquitectos Técnicos, Librería Yerba, Cajamurcia, Colección de Arquitectura nº 30, Murcia, 1995.

BERQUE, A. (dir.): *Cinq propositions pour une théorie du paysage,* Champ Vallon, Seyssel, 1994.

−: *El pensamiento paisajero,* Edición de Javier Maderuelo, Biblioteca Nueva, Paisaje y Teoría, Madrid, 2009.

BLOCH, E.: *Entremundos de la historia de la filosofía,* Taurus nº 245, Madrid, 1984.

BRUN, J.: *Heráclito,* Edaf, Colección Filósofos de todos los tiempos nº 5, Madrid, 1976.

BURKE, E.: *Indagación filosófica sobre el origen de nuestras ideas acerca de lo sublime y lo bello,* Editorial Tecnos, Madrid, 1995.

BUTLER, S.: *Erewhon,* Círculo de Lectores, Barcelona, 2000.

COMTE-SPONVILLE, A.: *La felicidad, desesperadamente,* trad. de Enrique Folch, Paidós, Biblioteca André Comte-Sponville nº 1, Barcelona, Buenos Aires, México, 2010.

−: *El amor, la soledad,* trad. de Godofredo González, Paidós, Colección Contextos nº 68, Barcelona, Buenos Aires, México, 2001

−: *Invitación a la filosofía,* trad. de Vicente Gómez Ibáñez, Paidós, Biblioteca André Comte-Sponville nº 4, Barcelona, Buenos Aires, México, 2012.

−: *Aimer désespérement,* Le Fennec Editeur, L'attention thématique, Thionville, 1996.

−: *Montaigne y la filosofía,* Paidós, Biblioteca André Comte-Sponville nº 5, trad. de Rosa y Marta Bertrán, Barcelona, 2009.

−: *Pequeño tratado de las grandes virtudes,* trad. de Berta y Mercedes Corral, Paidós, Biblioteca André Comte-Sponville, Barcelona, Buenos Aires, México, 2005.

COOPER, D. E.: *A Philosophy of Gardens,* Oxford University Press Inc, New York, 2006.

EMERSON, R. W.: *Obra ensayística*, traducción y prólogo Carlos Jiménez Arribas, Artemisa Ediciones /Clásica nº 16, Tenerife-Valencia, 2009.

FICINO, M.: *De Amore. Comentario a «El Banquete» de Platón*, traducción y estudio preliminar de Rocío de la Villa Ardura, Tecnos, Colección Metrópolis, Madrid, 1986.

FOUCAULT, M.: *Vigilar y castigar*, Siglo XXI, Madrid, 1978.

GARCÍA GUAL, C. y otros: *Filosofía para la felicidad: Epicuro*, Errata Naturae, Madrid, 2013.

—: *Epicuro*, Alianza, El libro de bolsillo nº 806, Clásicos de Grecia y Roma, Madrid, 2013.

GILPIN, W.: *Tres ensayos sobre la belleza pintoresca*, Abada Editores S. L., Madrid, 2004.

GOLDMAN, C. y MAHLER, R.: *Tending the Earth, Mending the Spirit: The Healing Gigfts of Gardening*, Nodin Press llc, Minneapolis, 2006.

GÓMEZ DE LIAÑO, I.: *Paisajes del placer y de la culpa*, Tecnos, Colección Metrópolis, Madrid, 1990.

GOTTLOB, K.: *L'Art de se promener*, Éditions Payot & Rivales, Petite Bibliothèque, París, 1996.

GRACIÁN, B.: *El Criticón*, Espasa-Calpe, Colección Austral nº 400, Madrid, 1943.

GROS, F.: *Andar: una filosofía*, traducción de Isabel González Gallarza, Taurus Pensamiento, Madrid, 2014.

HADOT, P.: *La ciudadela interior, Introducción a la Meditaciones de Marco Aurelio*, Alpha Decay, trad. de María Cocurella Miquel, Barcelona, 2013.

—: *El velo de Isis, Ensayo sobre la historia de la idea de Naturaleza*, trad. de María Cucurella Miquel, Ediciones Alpha Decay, colección Alpha, Bet & Gimmel, 25, Barcelona, 2015.

HARPUR, P.: *Realidad daimónica*, traducción de I. Margelí, Ediciones Atalanta, Girona, 2007.

HARRISON, R.: *Jardins. Réflexions sur la condition humaine*, Éditions Le Pommier, París, 2007.

HEGEL, G. W. F.: *Lecciones de Estética*, traducción de R. Gabás, Ediciones Península, Barcelona, 1991.

HEIDEGGER, M.: *Construir habitar pensar*, Serbal, Barcelona, 1994.

KANT, I.: *Crítica del juicio*, traducción de Manuel García Morente, Espasa-Calpe, Colección Austral, Ciencias y Humanidades nº 167, Madrid, 1977.

—: *Lo bello y lo sublime, La paz perpetua*, Espasa-Calpe, Madrid, 1982.

LE BRETON, D.: *Elogio del caminar*, traducción H. Castignani, Ediciones Siruela, Madrid, 2011.

LONGINO: *Sobre lo sublime*, edición de José Alcina Clota, Bosch, Barcelona, 1996.

LLEDÓ, E.: *El epicureísmo, Una filosofía del cuerpo, del gozo y de la amistad,* Taurus, Pensamiento, Madrid, 2011.

MILANI, R.: *El arte del paisaje,* Editorial Biblioteca Nueva S. L., Madrid, 2007.

MONTAIGNE, M. de: *Ensayos completos,* Cátedra, Biblioteca Avrea, trad. de Almudena Montojo, Madrid, 2003.

–: *Diario de viaje a Italia,* Ediciones Cátedra, Letras Universales nº 427, ed. y trad. de Santiago R. Santerbás, Madrid, 2010.

MOSSER, M. et NYS, P. (sous la direction de): *Le jardin, art et lieu de mémoire,* Les éditions de l'imprimeur, Besançon, 1995.

NYS, P.: *Le jardin exploré, Une herméneutique du lieu,* volume 1, Les Éditions de l'imprimeur, Collection Jardins et Paysages, Besançon, 1999.

O'BRIEN, D. (editor): *Gardening, Philosophy for Everyone, Cultivating Wisdom,* Wiley-Blackwell, Series Editor: Fritz Allhof, Oxford, uk, 2010.

PELT, J.-M.: *Nature et spiritualité,* Fayard, Le Livre de Poche nº 31529, París, 2008.

PICO DE LA MIRANDOLA, J.: *De la dignidad del hombre* (edición preparada por Luis Martínez Gómez), Editora Nacional nº 57, Madrid, 1984.

PIGANI, E.: *Le jardin philosophe,* Presses du Châtelet, París, 2008.

PLATÓN: *Apología de Sócrates, Banquete, Fedro,* edición a cargo de Emilio Lledó, Planeta Barcelona, 1995.

REDWOOD, A.: *Petites Méditations d'un jardiner, Semer les graines de la méditation,* traducción y adaptación al francés de Valentine Morizot, Eyrolles, París, 2011.

RITTER, J.: *Paysage, Fonction de l'esthétique dans la société moderne, accompagné de L'ascension du mont Ventoux de Pétrarque et Le promenade de Schiller,* Les Éditions de l'imprimeur, Collections Jardins et Paysages, Besançon, 1997.

ROUSSEAU, J. J.: *Las confesiones,* Alianza Editorial Libro de Bolsillo, Madrid.

SANTAYANA, G.: *El sentido de la belleza,* Tecnos, Madrid, 1999.

SIMMEL, G.: *Filosofía del paisaje,* traducción de Mathias Andlau, Casimiro Libros, Madrid, 2013.

SOLNIT, R.: *L'art de marcher,* essai traduit de l'americain par O. Bonis, Actes Sud, Arlés, 2002.

SCHWEIZER, H.: *La espera, Melodías de la duración,* traducción de A. Temes, Ediciones Sequitur, Madrid, 2010.

TRÍAS, E.: *Lo bello y lo siniestro,* Seix Barral, Barcelona, 1982.

VARGAS, M.: *La civilización del espectáculo,* Alfaguara, Madrid, 2012

VENTURI, M.: *Giardino e filosofia,* Edizioni Guerini e Associati S.R.L., Milano, 1992.

WEISS A. S.: *Miroirs de l'infini. Le jardin à la française et la métaphysique au XVII siècle,* Seuil, La couleur des idées, París, 1992.

ZAMBRANO, M.: *Claros del bosque*, Editorial Seix Barral, Biblioteca de bolsillo, Barcelona, 1986.

VIII. GEOGRAFÍA HUMANA

BESSE, J.-M.: V*oir la terre, six essais sur le paysage et la géographie*, Actes Sud, Arlés, 2000.

JELLICOE, G y S.: *El paisaje del hombre. La conformación del entorno desde la Prehistoria hasta nuestros días*, Editorial Gustavo Gili S.A., Barcelona, 1995.

TUAN, Yi-Fu: *The Good Life*, The University of Wisconsin Press, 1986.

—: *Dominance & Affection, The Making of Pets*, Yale University Press, New Haven and London, 1984.

—: *Cosmos y hogar. Un punto de vista cosmopolita*, Melusina, Barcelona, 2005.

—: *Topofilia, Melusina*, Barcelona, 2007.

—: *¿Quién soy yo? Una autobiografía de la emoción, la mente y el espíritu*, Melusina, Barcelona, 2004.

—: *Escapismo: formas de evasión del mundo actual*, Ediciones Península, Barcelona, 2005.

IX. HISTORIA DE LA JARDINERÍA

ABEN, R. y De Wit, S.: *The enclosed Garden: History and Development of the Hortus Conclusus and its Reintroduction into the Present-day Urban Landscape*, The authors and 010 Publisher Rotterdam, 1999.

ACKERMAN, D.: *Cultivating Delight: A Natural History of My Garden*, Harper Collins Publisher, Perennial, New Cork, 2002

ALLAIN, Y.-M.: *Une historie des serres, De l'orangerie au palais de cristal*, Éditions Quae, Versalles, 2010.

AÑÓN, C. y otros: *Jardins en Espagne*, Actes Sud, Arles, 1999.

—: *Jardines de España*, SEEI y Lunwerg Editores, Madrid, 2003.

BARATON, A.: *Je plante donc je suis*, Éditions Grasset & Fasquelle, París, 2010.

BARIDON, M.: *Los jardines: paisajistas, jardineros, poetas (Antigüedad-Extremo Oriente)*, Abada Editores, Madrid, 2004

—: *Los jardines: paisajistas, jardineros, poetas (Islam, Edad Media, Renacimiento, Barroco)*, Abada Editores, Madrid, 2005.

—: *Los jardines: paisajistas, jardineros, poetas (Siglos XVIII-XX)*, Abada Editores, Madrid, 2008.

464

–: *Le jardin paysager anglais au dix-huitième siècle*, Éditions Universitaires de Dijon, Collection U21, Dijon, 2000.

BENOIST-MÉCHIN J.: *L'homme et ses jardins*, Albin Michel, París, 1975.

BERMINGHAM, C.: *Landscape and Ideology: The English Rustic Tradition, 1740-1860,* University of California Press, Berkeley, 1986.

BONNECHERE, P., DE BRUYN, O.: *Gardens of the Muses. The story of landscape architecture from Ancient Egypt to the modern day through literature and the arts,* Fonds Mercator, Cambridge UK, 1998.

BROWN, J.: *The Pursuit of Paradise. A Social History of Gardens and Gardening,* Harper Collins, Londres, 1999.

BRUNON, H. y MOSSER, M.: *L'art du jardin du XXe siécle á nos jours,* Centre Nacionale de documentación pédagogique, París, 2010.

COFFIN, D. R.: *The English Garden. Meditation and Memorial,* Princeton University Press, Princeton, 1994

COLONNA, F.: *El sueño de Polífilo,* traducción de Pilar Pedraza, El Acantilado, Barcelona, 2008.

CONAN, M.: *Essais de poétique des jardins,* Éditions Leo S. Olschki, Città di Castello, Perugia, 2004.

–: *Perspectives on Garden Histories, Dumbarton Oaks Colloquium on the History of Landscape Architecture XXI,* Harvard University, Washington D.C., 1999.

CRISP, F.: *Mediaeval Gardens,* Hacker Art Books, Nueva York, 1979.

CHAMBERS, W.: *Aux jardins de Cathay, L'imaginaire anglo-chinois, Textes réunis et présentés par J. Barrier, M. Mosser et Che Bing Chiu,* Les Éditions de l'imprimeur, Collection Jardins et Paysages, Besançon, 1997.

CHENG. J.: Yuanye, *Le traité du jardin* (1634). Traduit du chinois par Che Bing Chiu, Les Éditions de l'imprimeur, Collection Jardins et Paysages, Besançon, 1997.

DASH, M.: *Tulipomanía,* Editorial Casiopea, Barcelona, 2001.

DE LA HÉRONNIÈRE, É.: *Le labyrinthe de jardin ou l'art de l'égarement,* Éditions Klincksieck, collection L'esprit et les formes, Langres-Saints-Geosmes, 2009.

DE WINTHUYSEN, X.: *Jardines clásicos de España,* Doce Calles/Real Jardín Botánico CSIC (edición facsímil), PARDES colección de jardinería histórica, Aranjuez, 1990.

DEBAY, P.: *Jardín Manía,* Editorial Leopold Blume, Barcelona, 2001.

DISDIER, J.: *El paraíso recobrado. Un paseo por los más bellos jardines de España y la Unión Europea,* RTVE/Serbal, Barcelona, 1994.

DIXON, J.: *The Figure in the Landscape, Poetry, Painting, and Gardening during the Eighteenth Century,* The Johns Hopkins University Press, Baltimore y Londres, 1976.

–: *Gardens and the Picturesque. Studies in the History of Landscape Architecture,* The MIT Press, Cambridge, Massachusetts, Londres, 1994.

–: *L'art du jardin & son histoire,* Éditions Odile Jacob, París, 1996.

–: *Greater Perfections. The Practise of the Garden Theory,* Thames and Hudson, Londres, 2000.

DIXON, J. y WILLIS, P. (edited by): *The Genius of the Place. The English Landscape Garden 1620-1820,* The MIT Press, Cambridge, Massachusetts, Londres, 1988.

EDEN, F.: *Un jardín en Venecia,* Gallo Nero Ediciones S.L.U., Madrid, 2010.

FAGIOLO, M. y otros: *Lo speccio del paraíso. Giardino e teatro dall'Antico al Novecento,* Silvana Editoriale, Milano, 1997.

FERNÁNDEZ CASADEVANTE, J. L. y MORÁN, N.: *Raíces en el asfalto, Pasado, presente y futuro de la agricultura urbana,* Libros en acción, colección Cartografías del vivir nº 4, Madrid, 2015.

FRANCIS, M. y HESTER, R. T. (edited by): *The meaning of Gardens,* The MIT Press, Cambridge, Massachusetts, Londres, 1990.

GARCÍA FONT, J.: *Historia y mística del jardín,* MRA, colección Aurum, Barcelona, 1995.

GARCÍA MERCADAL. F.: *Parques y jardines: su historia y sus trazados,* (Edición conmemorativa del LXXV aniversario del "Rincón de Goya", Cuadernos de arquitectura de la cátedra "Ricardo Magdalena", Institución "Fernando el católico", C.S.I.C., Zaragoza, 2003

GRAS, M. (dirección y coordinación): *El jardín japonés: qué es y no es entre la espacialidad y la temporalidad del paisaje,* Tecnos, Madrid, 2015.

GRIMAL, P.: *Les jardins romains,* PUF, París, 1969.

GROMORT, G.: *L'art des jardins, Une courte étude d'ensemble sur l'art de la composition des jardins d'après des exemples empruntés a ses manifestations les plus brillantes,* CH. Bassin, París, 1983.

HAMILTON, F.: *Des jardins d'illusion, Le génie d'André Le Nostre,* Somogy, Éditions d'art, París, 2005.

HANSMANN, W.: *Jardines del Renacimiento y el Barroco,* traducción de José Luis Gil Aristu, Nerea, Madrid, 1989.

HOYLES, M.: *The Story of Gardening. A Political and Social History,* Journeyman Press, Londres, 1991.

HUSSEY, C.: *The Picturesque,* Putnam, Londres, 1927.

IMPELLUSO, L: *Jardines y laberintos,* Electa, Madrid, 2007.

JACOBSOHN, A.: *Anthologie des bons jardiniers, Traités de jardinage français du XVIe Siècle au début du XIXe siècle,* Flammarion, La Maison Rustique, París, 2003.

JEANNEL, B.: *Le Nôtre,* Hazan, París, 1985.

JOHNSON, H.: *The Principles of Gardening,* Mitchell Bearley Publishers, Londres, 1979.

JONES, L.: *L'art de visiter un jardin,* Actes Sud, Arlés, 2008.

KLUCKERT, E.: *Grandes jardines de Europa, Desde la Antigüedad hasta nuestros días,* ed. de R. Toman, trad. de L. Álvarez, A, Berasain y M. Gratacòs, H.F. Ullmann, Barcelona, 2011.

KRETZULESCO-QUARANTA, E.: *Los jardines del sueño, Polífilo y la mística del Renacimiento,* Siruela, Madrid, 1996.

LEIGHTON, C.: *Four Hedges,* Publisher Little Toller Books, Londres, 2010.

–: *Country Matters,* Publisher Gollancz, 1937.

LAFFON, M.: *Petite philosophie du jardinier,* Éditions Milan, Toulouse, 2010

LAMARCHE-VADEL, G.: *Jardins secrets de la Renaissance: des astres, des simples et des prodiges,* Éditions L'Harmattan, París, 1997.

LE DANTEC, J.-P.: *Jardins et paysages: une anthologie,* Éditions de la Villette, Penser l'espace, París, 2003.

–: *Poétique des jardins,* Actes Sud, Arlés, 2011.

LEENHARDT, J. (dir.): *Dans les jardins de Roberto Burle-Marx,* Actes Sud, Arlés, 1994

LE TOQUIN, A.: *Jardins du monde,* Éditions de La Martinière, París, 2004.

LOUIS XIV: *Manière de montrer les Jardins de Versailles,* Éditions Mercure de France, Collection Le petit Mercure, París, 1999.

LUENGO, A.: *Aranjuez: utopía y realidad, La construcción de un paisaje,* CSIC, Instituto de Estudios Madrileños, Ediciones Doce Calles, Madrid, 2008.

LUIS XIV: *Maneras de mostrar los jardines de Versailles,* traducción de J. L. Sánchez-Silva, Abada Editores, Madrid, 2004.

MARESCA, P.: *Giardini e delizie, Segreti, allegorie, metafore e antichi simbolismi,* Angelo Pontecorboli Editore, Florencia, 2009.

–: *Giardini, donne e archittetture,* Angelo Pontecorboli Editore, Florencia, 2006.

–: *Giardini simbolici e piante magiche,* Angelo Pontecorboli Editore, Florencia, 2006.

–: *Giardini incantati, boschi sacri e architetture magiche,* Angelo Pontecorboli Editore, Florencia, 2004.

MARIAGE, T.: *L'univers de Le Nôtre: les origines de l'Aménagement du Territoire,* Architecture + Recherches/Pierre Mardaga, Bruselas, 1990.

MARTÍN SALVÁN, P.: *El espíritu del lugar. Jardín y paisaje en la Inglaterra moderna (Francis Bacon, Joseph Addison, Alexander Pope, Horace Walpole, William Chambers),* Abada editores, Madrid, 2006.

MCKAY, G.: *Radical Gardening, Politics, Idealism & Rebellion in the Garden,* Frances Lincoln Limited Publishers, Londres, 2011.

MILANI, R.: *El arte del paisaje* (Edición de Federico López Silvestre), Colección Paisaje y Teoría, Biblioteca Nueva, Madrid, 2007.

MOORE, Ch. W, MITCHELL, W. J. y TURNBULL, W.: *Poetics of Gardens,* The MIT Press, Cambridge, Massachusetts, Londres, 1993.

MUS, J. MC DOWELL, D., MOTTE, V.: *Jardins secrets de la Méditerranée,* Éditions Flammarion, París, 2006.

NITSCHKE, G.: *Le jardin japonais,* Taschen, París, 2007.

NYS, P.: *Le jardin exploré. Une herméneutique du lieu,* Volume I, Les Éditions de l'imprimeur, Besançon, 1999.

PÁEZ DE LA CADENA, F.: *Historia de los estilos en jardinería,* Istmo, Madrid, 1982.

PITT, F.: *Meet us in the Garden,* Lutterworth, 1946.

PRÉVÔT, P.: *Histoire des jardins,* Éditions Sud Ouest, Luçon, 2006.

PRUVOST, J.: *Le jardin "qui repose l'œil sans l'égarer",* Honoré Champion Éditeur, París, 2013.

QUEST-RITSON, CH.: *The English Garden. A social History,* Viking, Penguin Books, Londres, 2001.

RACINE, M. (sous la direction de): *Créateurs de jardins et de paysages en France de la Renaissance au début du XIXe siècle,* tome I, Actes Sud/École Nationale Supérieure du paysage, París, 2001.

RAVERAL G.: *Farmer's Glory,* Oxford University Press, 1983.

REQUERO, L.: *El sacro Bosco de Bomarzo. Un jardín alquímico,* Celeste Ediciones, Madrid, 1999.

RIBAS, M.: *Jardins de Catalunya,* Edicions 62, Barcelona, 1991.

ROGER, A.: *Breve tratado del paisaje* (edición de Javier Maderuelo), Colección Paisaje y Teoría, Biblioteca Nueva, Madrid, 2007

ROSS, S.: *What gardens mean,* The University of Chicago Press, Chicago y Londres, 1998.

ROUDAUT, R.: *Le Nôtre, L'Art des jardins à la française,* Parangon, París, 2000.

RUBIÓ Y TUDURI, N.: *Del paraíso al jardín latino,* Tusquets, colección Los cinco sentidos nº 8, Barcelona, 1981.

SAKAI, J.: *The Green Nazi: An Investigation into Fascist Ecology,* Kersplebedeb, Montreal, 2007.

SEGURA MUNGÍA, S.: *Los jardines en la antigüedad,* (edición a cargo de J. Torres Ripa), Universidad de Deusto, Bilbao, 2005.

SINCLAIR, A.: *Jardins de gloire, de délices et de Paradis,* traduit de l'anglais par F. Vidal, Éditions J.-C. Lattès, París, 2000.

SOLNON, J.- F.: *Histoire de Versailles,* Éditions Perrin, collection Tempus nº 42, París, 2003.

THACKER, CH.: *The History of Gardens,* University of California Press, 1985.

THOMPSON, I.: *Los jardines del rey sol. Luis XIV, André Le Nôtre y la creación de los jardines de Versailles,* Editorial Belacqva, colección El ojo de la historia, Barcelona, 2006.

VON BUTTLAR, A: *Jardines: del Clasicismo y el Romanticismo*, Nerea, Madrid, 1993.

VV.AA.: *Le jardin, notre double, sagesse et déraison* (dirigé par Hervé Brunon), Éditions Autrement, Collection Mutations nº184, París, 1999.

X. LITERATURA Y CRÍTICA LITERARIA

BAROZZI, J. (ed.): *Le goût des jardins*, textes réunis et présentés par J. Barozzi, Mercure de France, París, 2006.

BENJAMIN, W.: *Infancia en Berlín hacia 1900*, traducción de K. Wagner, Ediciones Alfaguara, Madrid, 1982.

BLOOM, H.: *La ansiedad de la influencia. Una teoría de la poesía*, traducción y notas de J. Alcoriza y A., Lastra, Mínima Trotta, Madrid, 2009.

BOCACCIO, G.: *Decamerón* (edición a cargo de Pilar Gómez Bedate), Bruguera, Libro Clásico nº 1, Serie Mayor, Barcelona, 1983.

BORGES, J. L.: *Otras inquisiciones*, Alianza Editorial, Libro de bolsillo nº 604, Madrid, 1976.

CALVINO, I: *Colección de arena*, Biblioteca Calvino nº 11, Siruela, Madrid, 1998.

CAPEK, K.: *L'année du jardinier*, Éditions 10/18, Domaine étranger, París, 2000.

CHEVALIER, T.: *La Dame à la Licorne*, Éditions Quai Voltaire, Folio nº 4166, París, 2003.

DANTE, A.: *Comedia: Paraíso, Purgatorio e Infierno*, tres tomos, edición bilingüe a cargo de Ángel Crespo, Editorial Seix Barral, Barcelona, 1976, 1977.

DE LORRIS, G. y DE MEUN, J.: *Roman de la rose* (edición de Juan Victorio), Cátedra, Letras Universales nº 87, Madrid, 1987.

ECO, U.: *Seis paseos por los bosques narrativos*, traducción de Helena Lozano Miralles, Editorial Lumen, Barcelona, 1996.

EMPSON, W.: *Some Versions of Pastoral*, A New Directions Paperbook, Nueva York, 1974.

FÉLIBIEN, A.: *Relation de la fête de Versailles du dix-huit juillet mille six cent soixante-huit*, Éditions Mercure de France, Collection Le petit Mercure, París, 1999.

GIESECKE A. y JACOBS, N.: *The Good Gardener?, Nature, Humanity, and the Garden*, Artifice, Books of Architecture, Londres, 2015.

GIFFORD, T.: *Pastoral, The New Critical Idiom Series*, editor: J. Drakakis, University of Stirling, Routledge, Taylor & Francis Group, Londres y Nueva York, 1999.

GIONO, J.: *L'homme qui plantait des arbres*, Éditions Gallimard, París, 1983.

GOETHE, J. W.: *Poesía*, Bosch, colección Erasmo, textos bilingües, Barcelona, 1978.

JÜNGER, E.: *Radiaciones 1, Diarios de la Segunda Guerra Mundial*, Memorias - vol 1, traducción del alemán: A. Sánchez Pascual, Tusquets Editores, colección Andanzas n° 98, Barcelona, 1989.

–: *Radiaciones 2, Diarios de la Segunda Guerra Mundial*, Memorias, vol 2, traducción del alemán: A. Sánchez Pascual, Tusquets Editores, colección Andanzas n° 98, Barcelona, 1992.

–: *Radiaciones 4, Pasados los setenta II, Memorias*, vol 4, traducción del alemán: Andrés Sánchez Pascual, Tusquets Editores, colección Andanzas n° 98, Barcelona, 1995.

–: *El libro del reloj de arena*, traducción de Pilar Giralt, Argos Vergara, Barcelona, 1985.

KEATS, J.: *Poesía completa*, tomos I y II, Libros Río Nuevo, Barcelona, 1976.

KOSINSKY, J.: *Desde el jardín*, traducción de Nelly Cacici, Anagrama, colección Compactos Anagrama n° 9, Barcelona, 1989.

LAMARCHE-VADEL, G. (ed.): *Les jardins secrets, textes réunis et présentés par G. Lamarche-Vadel*, Mercure de France, París, 2006.

MILTON, J.: *El paraíso perdido*, Espasa-Calpe, Madrid, 1951

MORAND, P.: *Fouquet ou le soleil offusqué*, Éditions Gallimard, París, 1961.

ORSENNA, E.: *Portrait d'un homme heureux: André Le Nôtre 1613-1700*, Gallimard, Collection Folio, París, 2000.

PETRARCA, F.: *La ascensión al Mont Ventoux*, 23 de abril de 1336, traducción de Iñigo Ruiz Arzalluz, Atrium, Vitoria, 2002.

–: *Cancionero* (edición a cargo de Ángel Crespo), Bruguera, Libro Clásico n° 2, Barcelona, 1983.

PIGANI, E.: *Le jardin philosophe*, textes rassemblés et présentés par Eric Pigani, Presses du Châtelet, París, 2008

ICHAUD, F.: *El jardinero del rey*, trad. de José Ramón Monreal, Duomo Ediciones, Nefelibata, Barcelona, 2015.

RILKE, R. M.: *Cartas en torno a un jardín*, traducción de Esteve Serra, José J. de Olañeta Editor, colección El Barquero n° 89, Palma de Mallorca, 2009.

SCUDÉRY, M.: *La Promenade de Versailles*, Éditions Mercure de France, collection Le Petit Mercure, París, 1999.

SOTO DE ROJAS, P.: *Paraíso cerrado para muchos, jardines abiertos para pocos* (edición de A. Egido), Cátedra, colección Letras Hispánicas, Madrid, 1981.

ZWEIG, S.: *María Antonieta*, traducción de R. Mª Tenreiro, Editorial Juventud, Colección Biografías, Barcelona, 2013.

CICERON, M. T.: *Del supremo bien y del supremo mal*, introducción, traducción y notas Víctor-José Herrero Llorente, Planeta DeAgostini, Los Clásicos de Grecia y Roma n° 50, Madrid, 1996.

DIÓGENES LAERCIO: *Vidas opiniones y sentencias de los filósofos más ilustres*, Luis Navarro Editor, Madrid, 1887 (Biblioteca virtual Miguel de Cervantes).

EPÍCTETO [Arriano]: *Disertaciones*, Planeta DeAgostini n° 80, Los Clásicos de Grecia y Roma, traducción y notas de Paloma Ortiz García, Barcelona, 1996.

HERODOTO: *Los nueve libros de la Historia*, Ediciones Orbis, S.A., Biblioteca personal Jorge Luis Borges, Barcelona, 1987.

HOMERO: *Odisea*, Gredos, Madrid, 1981.

HORACIO: *Odas, Epodas, Arte poética*, Bruguera, Libro Clásico n° 5, Serie Mayor, Barcelona, 1984.

JENOFONTE: *Recuerdos de Sócrates - Económico*, Gredos, Madrid.

LONGINO: *Sobre lo sublime*, Gredos, Biblioteca Clásica n° 15, Madrid, 1979.

LUCRECIO: *De la naturaleza de las cosas*, Espasa-Calpe, Madrid, 1946.

MILTON, J.: *El paraíso perdido*, Espasa-Calpe, Madrid, 1951.

PAUSANIAS: *Descripción de Grecia*, tomo I, El Ática (edición a cargo de Antonio Tovar), Orbis, Barcelona, 1986.

PLINIO SEGUNDO, C.: *Historia Natural*, Visor Libros, Madrid, 1999.

PLUTARCO: *Vidas paralelas*, Bruguera, Colección Libro Clásico n° 3, Serie Mayor, Barcelona, 1983.

SÉNECA: *Cartas morales a Lucilio*, traducción y notas de Jaime Bofill y Ferro, Ediciones Orbis, Historia del pensamiento n° 27, Barcelona, 1984.

—: *Sobre la felicidad*, versión y comentarios Julián Marías, Alianza Editorial, El Libro de bolsillo n° 8221, Clásicos de Grecia y Roma, Madrid, 1981.

XII. UTOPÍA

BACON, F.: *Nueva Atlántida*, Ediciones Akal, Madrid, 2006.

BAUZÁ, H. F.: *El imaginario clásico: Edad de Oro, Utopía y Arcadia*, Universidad de Santiago de Compostela, 1993.

BLOCH, E.: *El principio de esperanza*, Editorial Trotta, Madrid, 2004.

—: *El principio de esperanza*, Tomo II y III, Versión del alemán: F. González Vicen, Editorial Aguilar, Biblioteca Filosófica, Madrid, 1980.

BRADBURY, R.: *Crónicas marcianas*, traducción de Francisco Abelenda, Ediciones Minotauro, Barcelona, 1985.

BURBER, M.: *Caminos de utopía,* traducción de J. Rovira Armengol, F.C.E., Colección Breviarios nº 104, México, 1955.

CALLENBACH, E.: *Ecotopía,* Banyan Tree Books, Berkeley, California, 1975. Traducción de B. Berlín y M. Gaviria, Editorial Trazo, colección Vivir Mañana, Zaragoza, 1980.

CAMPANELLA, T.: *La ciudad del sol,* traducción de Emilio G. Estébanez, Zero Zyx, Madrid, 1984.

CARANDELL, J. M.: *Las utopías,* Biblioteca Salvat de Grandes Temas, Barcelona, 1973.

CLAEYS, G.: *Utopía (Historia de una idea),* traducción de Mª Cóndor, Editorial Siruela, colección El ojo del tiempo, Madrid, 2011.

DAVIS, J. C.: *Utopía y la sociedad ideal, Estudio de la literatura utópica inglesa 1516-1700,* traducción de J. J. Utrilla, Fondo de Cultura Económica, México, 1985.

DEI, H. D.: *Lógica de la distopía,* Prometeo Libros, Buenos Aires, 2008.

EURICH, N.: *Science in Utopia: A Mighty Design,* Mass, Cambridge, 1967.

GIESECKE, A. L.: *The Epic City. Urbanism, Utopia, and the Garden in Ancient Greece and Rome,* Center for Hellenic Studies Trustees for Harvard University, Washington, DC, Harvard University Press, Cambridge, Massachusetts, y Londres, Inglaterra, 2007.

HUXLEY, A.: *Un mundo feliz,* traducción de Ramón Hernández, Plaza & Janés, Barcelona, 1969.

JAMESON, F.: *Arqueologías del futuro. El deseo llamado utopía y otras aproximaciones a la ciencia ficción,* Ediciones Akal S. A., Madrid, 2009.

KOESTLER, A.: *En busca de la utopía,* traducción de David Rosembaum, Editorial Kairós, Barcelona, 1982.

MANUEL, F. E. (compilador): *Utopías y pensamiento utópico,* traducción del inglés por M. Mora, Espasa Calpe S. A., Madrid, 1982.

MARCUSE, H.: *El final de la utopía,* traducción de M. Sacristán, Planeta Agostini, Barcelona, 1986.

MARIN, L.: *Utopiques: jeux d'espaces,* Les Éditions de Minuit, París, 1973.

MOEBIUS: *Jardines de Edena,* Norma Editorial, Extra Color nº 70, colección CIMOC, Barcelona, 1999.

MONCLÚS, A.: *El pensamiento utópico contemporáneo,* Círculo de Lectores, Barcelona, 1988.

MORENTE, J. J. (coordinador): *Lo utópico y la utopía,* Integral, colección Rutas del viento, Barcelona, 1984.

MORO, T.: *Utopía,* traducción de F. L. Cardona y T. Suero, Editorial Sarpe, Los grandes pensadores, Madrid, 1984.

–: *Utopías del Renacimiento,* Fondo de Cultura Económica, México, 1980.

MORRIS, W.: *Noticias de ninguna parte (1890)*, Ediciones Abraxas, Colección Utopías & Distopías, n° 5, Barcelona, 2000.

NEUSÜSS, A.: *Utopía*, Barral, Barcelona, 1971.

ORWELL, G.: *1984*, Editorial Destino, Destinolibro n° 54, Barcelona, 1979.

PRINGLE, D.: *Ciencia ficción: las 100 mejores novelas. Una selección en lengua inglesa, 1949-1984*, traducción de Manuel Figueroa, Ediciones Minotauro, Barcelona, 1990.

RICOEUR, P.: *Ideología y utopía*, Gedisa Editorial, Barcelona, 2001.

ROSENAU, H.: *La ciudad ideal: su evolución arquitectónica en Europa*, Alianza Editorial, Madrid, 1999.

SÁNCHEZ, S.: *Películas Clave del cine de ciencia-ficción*, Ediciones Robinbook, Colección Ma non troppo, Barcelona, 2007.

TAMAYO, J. J.: *Invitación a la utopía. Estudio histórico para tiempos de crisis*, Editorial Trotta, Colección Estructuras y Procesos, serie Religión, Madrid, 2012.

THOREAU, H. D.: *Desobediencia civil y otros escritos*, traducción de Mª Eugenia Días, estudio preliminar y notas de Juan José Coy, Editorial Tecnos, Madrid, 1987.

–: *Walden*, edición y traducción de J. Alcoriza y A. Lastra, Cátedra, Letras Universales n° 375, Madrid, 2005.

–: *Escribir (Una antología)*, edición Javier Alcoriza y traducción Antonio Casado da Rocha, Pre-textos Editorial, Valencia.

–: *Pasear*, José J de Olañeta Editor, Palma de Mallorca. 1999.

TROUSSON, R.: *Voyages aux pays de nulle part: historie littéraire de la pensée utopique*, Éditions de la Université de Bruxelles, 1999.

–: *D'Utopie et d'utopistes*, L'Harmattan, París, 1998.

VV.AA.: *Utopías y pensamiento utópico*, Espasa-Calpe, S. A., Madrid, 1982.

VV.AA.: *Orwell: 1984. Reflexiones desde 1984*, Espasa-Calpe-UNED, Selecciones Austral n° 131, Madrid, 1984.

WELLS, H. G.: *Una Utopía Moderna*, Ediciones Abraxas, Colección Utopías & Distopías, n° 6, Barcelona, 2001.

WILLIAMS, R.: *El campo y la ciudad*, traducción de Alcira Bixio, Paidós Ibérica, Barcelona, 2001.

ZAMIÁTIN, E. I.: *Nosotros*, traducción de Sergio Hernández-Ranera, Ediciones Akal/Básica de bolsillo n° 151, colección clásicos de la literatura eslava, Madrid, 2008.

NOTAS

INTRODUCCIÓN

1   William CHAMBERS, "Disertación sobre la jardinería oriental", en *El espíritu del lugar. Jardín y paisaje en la Inglaterra moderna,* ed. y trad. de P. Martín Salván, Abada Editores, Madrid, 2006.

2   Yi-Fu Tuan, *The Good Life,* University of Wisconsin Press, Madison, Wisconsin, 1986, p. 4 [traducción nuestra].

3   Walter Benjamin, "Sobre el concepto de historia", en *Obras I,* vol. 2, trad. de A. Brotons Muñoz, Abada Editorial, Madrid, 2008, p. 309. "No hay documento de cultura que no lo sea, al tiempo, de barbarie".

4   Recordemos las frases con que comienza uno de los textos fundacionales del jardín paisajista inglés *Of Gardens* (1625) de sir Francis Bacon: "Dios Todopoderoso fue el primero en plantar un jardín. Éste es ciertamente el más puro de los placeres humanos [...] con el avanzar de las eras hacia la civilización y la elegancia, los hombres aprenden a edificar majestuosamente antes que a hacer jardines del mismo modo, como si los jardines implicaran mayor perfección". Francis BACON, *Essays,* Grant Richards, Londres, 1902, pp. 127-133, trad. de P. Martín Salván.

5   David E. COOPER, *A Philosophy of Gardens,* Claredon Press, Oxford University, 2006, p. 156.

6   Este término griego puede traducirse como "buen destino", "buena suerte", "buenos demonios tutelares" o, siguiendo el consejo de Martha Craven Nussbaum, "florecimiento humano". Ver Martha CRAVEN NUSSBAUM, *La terapia del deseo, Teoría y práctica en la ética helenística,* trad. de M. Candel, Paidós, Barcelona, Buenos Aires, México, 2003, p. 35-36.

7   Francisco de TRILLO Y FIGUEROA, "Introducción a los jardines del licenciado don Pedro de Soto de Rojas", en *Paraíso cerrado para muchos, jardines abiertos para pocos. Los fragmentos de Adonis,* ed. de A. Egido, Cátedra, Letras Hispánicas, Madrid, 1981, p. 18.

8   Karel CAPEK, *L'année du jardinier,* traduit du tchèque par J. Gagnaire, Éditions 10/18, Havas Poche, Domaine étranger, París, 2000, p. 151: "Nous autres, jardiniers, vivons en quelque sorte en avance sur le présent".

9   Northrop FRYE, "Diversidad de utopías literarias", en *Utopías y pensamiento utópico*, trad. de M. Mora, Espasa Universitaria-Filosofía, Madrid, 1982, pp. 55-82.

10 Arthur SCHOPENHAUER, *La sabiduría de la vida, V Parénesis y máximas, A Generales*, trad. de E. González Blanco, Editorial Porrúa S.A., colección "Sepan cuantos..." núm. 455, México, 1984, p. 73.

11 Michel BARIDON, *Los jardines: paisajistas, jardineros, poetas*, trad. de J. Calatrava y revisión de la terminología botánica J. T. Rojo, Abada Editores, Madrid, 2004.

12 Véase el artículo de Shane J. Ralston "It takes a Garden Project. Dewey and Pudup on the Politics of School Gardening" (2011), en *Ethics and Environment*, Indiana University Press, 2011. G. McKay también analiza a fondo este fenómeno en su inspiradora obra *Radical Gardening. Politics, Idealism and Rebellion in the Garden* (Frances Lincoln Limited Publishers, Londres, 2011). Al final del texto (p. 193), enumera una gran variedad de colectivos actuales de la más variopinta filiación, ideología y procedencia que han hecho del jardín un espacio de contestación y rebeldía social, y lo han situado en medio de los debates políticos: "De los revolucionarios y raveros de Hyde Park a los utopistas más entusiastas y los defensores de la vida sencilla en las Ciudades Jardín, biodinamicistas y *back-to-landers*, permaculturores, pacifistas de la Amapola Blanca e independentistas *Peaceniks,* sufragistas y hippies, pequeños agricultores de parcelas individuales y Jardineros Guerrilleros... todo un conglomerado de pragmatistas no demasiado realistas (después de todo, son jardineros...)". [traducción nuestra].

13 Citado por George McKAY, *ibid.*, pp. 169-170.

14 La construcción de los huertos urbanos, comunitarios o privados, alternativos o espontáneos, autogestionados o no en solares vacíos, patios interiores, terrazas y balcones es un fenómeno en expansión en las grandes ciudades del mundo, y España no se ha quedado al margen de esta tendencia. En el barrio del Raval de Barcelona, en el de Lavapiés de Madrid y en otras muchas áreas urbanas del país encontramos este tipo de espacios verdes. Véase Pilar SAMPIETRO e Ignacio SOMOVILLA, *El jardín escondido, Espacios verdes en la ciudad,* Pol.len Edicions, Barcelona, 2013 y José Luis FERNÁNDEZ CASADEVANTE y Nerea MORÁN, *Raíces en el asfalto, Pasado, presente y futuro de la agricultura urbana,* Libros en acción, colección Cartografías del vivir n° 4, Madrid, 2015.

15 En el sitio web: info@green.org [traducción nuestra].

16 Véase su artículo "Terrain vague", en *Anyplace, Anyone,* The MIT Press, Nueva York/Cambridge (Mass.), 1995, pp. 118-123. Este texto aparece

también recogido en el libro de Ignasi Solà-Morales Territorios, Editorial Gustavo Gili, Barcelona, 2002, pp. 181-193. Así describe esas áreas improductivas, deshabitadas, inseguras, esos espacios aparentemente olvidados de la trama urbana: "Son lugares residuales en los que sólo ciertos valores residuales parecen mantenerse a pesar de su completa desafección de la actividad de la ciudad. Son, en definitiva, lugares externos, extraños, que quedan fuera de los circuitos, de las estructuras productivas. Desde un punto de vista económico, áreas industriales, estaciones de ferrocarril, puertos, zonas residenciales inseguras, lugares contaminados, se han convertido en áreas de las que puede decirse que la ciudad ya no se encuentra allí".

17   En el sitio web: www.kabloom.co.uk [traducción nuestra].

I. IDEAS DEL JARDÍN O JARDÍN DE LAS IDEAS

1   Rosario Assunto, *Ontología y teleología del jardín, La jardinería como arte y como filosofía*, trad. de M. García Lozano, Tecnos, Colección Metrópolis, Madrid, 1991, p. 90.

2   Sobre la etimología de la palabra cultura ver Terry Eagleton, *La idea de cultura, Una mirada política sobre los conflictos culturales*, trad. de R. Del Castillo, Paidós, Barcelona, 2011.

3   Rosario Assunto, *op. cit.*, p. 36.

4   Michel Foucault, "Des espaces autres" (1967), en *Architecture, Mouvement, Continuité*, n° 5, octubre de 1984. Texto de la conferencia dictada en el *Cercle des études architecturals*, el 14 de marzo de 1967, trad. de P. Blitstein y T. Lima.

5   Alain Roger, *Breve tratado del paisaje, Del jardín al land art, La necesidad de cercar y el modelo paradisíaco*, ed. de J. Maderuelo y trad. de M. Veuthey, Biblioteca Nueva, Colección Paisaje y Teoría n° 2, Madrid, 2007, p. 43 [traducción modificada].

6   John Dixon Hunt, *L'art du jardin & son histoire, Les jardins, les trois natures et la représentation*, Odile Jacob, París, 1989, p. 49.

7   Bonfadio escribe en una carta fechada en 1541: "La naturaleza cuando se integra con el arte es elevada a un rango creador que llega a igualar al propio arte, y la unión de los dos origina una tercera naturaleza" (citado en *Ibid.*, p. 26.)

8   *Ibid.*, p. 16.

9   vv.aa., *Le jardin planètaire, l'exposition*, Connaisance des arts, París, 1999. Véase también Gilles Clément, *Manifeste du Tiers Paysage*, Éditions Sub-

set/Objet, París, 2004. Hay traducción española: *Manifiesto del Tercer Paisaje*, Gustavo Gili, colección Mínima, Barcelona, 2007.

10   Alain Roger, *op. cit.*, Capítulo 9: "¿Puede ser erótico un paisaje?", p. 177.

11   *Michel de Montaigne*, "Sur des vers de Virgile", *Essais*, III, 5. Edición española: *Michel de Montaigne, Ensayos*, Cátedra, Madrid, 1987, 3 vols. Roger exhuma este término olvidado de la obra de Montaigne para describir el proceso de embellecimiento de la naturaleza llevado a cabo por los artistas (pintores, paisajistas, fotógrafos, cineastas). Esta operación puede ser directa o *in situ*, e indirecta o *in visu*, por mediación de la mirada a través de la utilización de modelos pictóricos o fotográficos. Véase Pierre DONADIEU y Michel PÉRIGORD, *Clés pour le paysage*, Ophrys, Colléction GéOphrys, París, 2005, p. 62.

12   Citado por José Antonio Gómez Municio, *El universo en el jardín: paisaje y arte en la obra de Leandro Silva*, Junta de Castilla y León, Consejería de Medio Ambiente, 2002, p. 118.

13   Alain Roger, *op. cit.*, Capítulo 1: "Naturaleza y cultura: la doble artealización, País, paisanos, paisajes", pp. 30-35.

14   Yi-Fu Tuan, *Escapismo: formas de evasión del mundo actual, 5 Cielo: Lo real y lo bueno*, trad. de K. A. Muller, Ediciones Península, Barcelona, 2005, p. 247. Ver también Remo BODEI, *Paisajes sublimes. El hombre ante la naturaleza salvaje*, traducción de María Condor, Editorial Siruela, Biblioteca de Ensayo 73 (Serie Mayor), Madrid, 2011.

15   Mircea Eliade, *Lo sagrado y lo profano*, capítulo III: "Desacralización de la Naturaleza", trad. de L. Gil, Guadarrama, Punto Omega, Barcelona, 1983, p. 131.

16   Edmund BURKE, *Indagación filosófica sobre el origen de nuestras ideas acerca de lo sublime y lo bello*, estudio preliminar y traducción de M. Gras Balaguer, Tecnos, Colección Metrópolis, Madrid, 1987, p. 70. Versión original: *A Sort of Delight Full Horror, a Sort of Tranquillity Tined with Terror* (1757).

17   Immanuel Kant, *Lo bello y lo sublime*, trad. de A. Sánchez Rivero, Espasa-Calpe, Colección Universal nº 71, Madrid, 1919, pp. 18-19. Extraemos de la *Crítica del juicio* uno de los pasajes que ilustran mejor la concepción kantiana de lo sublime: "Rocas audazmente colgadas y, por decirlo así, amenazadoras, nubes de tormenta que se amontonan en el cielo y se adelantan con rayos y con truenos, volcanes en todo su poder devastador, huracanes que van dejando tras sí la desolación, el océano sin límites rugiendo de ira, una cascada profunda en un río poderoso, etc., reducen nuestra facultad de resistir a una insignificante pequeñez, comparada con su fuerza. Pero su aspecto es tanto más atractivo cuanto más temible, con tal de que nos encontremos nosotros en lugar seguro, y lla-

mamos gustosos sublimes esos objetos porque elevan las facultades del alma por encima de su término medio ordinario y nos hacen descubrir en nosotros una facultad de resistencia de una especie totalmente distinta, que nos da valor para poder medirnos con el todo-poder aparente de la naturaleza". Immanuel KANT, *Crítica del juicio*, § 28: "De la naturaleza como una fuerza", Espasa-Calpe, Colección Austral, Ciencias y Humanidades n° 167, ed. y trad. de M. García Morente, p. 196.

18 Michael Laurie, *Introducción a la arquitectura del paisaje*, trad. de S. Castán, Gustavo Gili, Barcelona, 1983.

19 El marqués de Girardin (1735-1808), ferviente admirador de los filósofos del siglo XVIII y sus ideas, creó en sus dominios a 45 kilómetros al noreste de París, en la región de l'Oise, el magnífico parque de Ermenonville en un estilo paisajista. A instancias suyas, Jean-Jacques Rousseau se instalará el 28 de mayo de 1778 en el *château*, donde morirá el 2 de julio de ese mismo año víctima de una congestión cerebral a la edad de 66 años. Sus restos mortales reposarán en la *île des peupliers* bajo un cenotafio hasta que sean trasladados al Panteón en 1794. De ahí que Ermenonville sea conocido también con el nombre de parque de Rousseau.

II. ETIMOLOGÍAS Y METÁFORAS

1 JENOFONTE, *Económico*, IV, introducción, traducción y notas de J. Zaragoza, Editorial Gredos, Biblioteca Clásica n° 182, Madrid, 1993, p. 20-25.

2 Nicolás RUBIÓ Y TUDURÍ, *Del paraíso al jardín latino, Tentativa de prehistoria paleolítica, Balbuceos paleolíticos de la jardinería activa*, Tusquets Editores, Los cinco sentidos n° 8, Barcelona, 1981, pp. 15-48.

3 Incluso en Versalles, el jardín formal por excelencia, hay un huerto. El *hameau*, la "aldehuela", que hizo construir la reina Maria Antonieta en su dominio situado en el extremo sur este del parque, contaba con un *jardin potager*, si bien más decorativo que práctico. Más adelante abundaremos sobre estos detalles.

4 HERÓDOTO, *Historia, libro II Euterpe*, trad. de C. Schrader, Editorial Gredos, Biblioteca Clásica n° 3, Madrid, 1977, p. 109.

5 "Babilonia... tiene sobre sus murallas un camino tan ancho, que fácilmente se cruzan en él dos cuadrigas. De donde se dice que esto es una de las siete maravillas del mundo, un jardín colgante de forma cuadrada, cuyo cualquier lado es de 4 yugadas; está contenido por cámaras abovedadas, situadas sobre dados que tienen forma de cubo, unas tras otras. Los pilares de este dado son cóncavos y llenos de tierra, de modo que

pueden tener plantados árboles del mayor tamaño, construidas de ladrillo y betún esas bóvedas y habitaciones. El piso más alto tiene escaleras
para subir a él y conchas adyacentes a ellas mismas, mediante las cuales
se lleva continuamente agua procedente del río Éufrates a los jardines
por hombres colocados con este objeto. Pues el río fluye por el centro
de la ciudad, ocupando la anchura de un estadio; los jardines están, por
cierto, en la ribera del río". ESTRABÓN, *Geografía*, XVI, 1,5. Extraído de
Santiago SEGURA MUNGUÍA, *Los jardines en la Antigüedad*, ed. de J. Torres
Ripa, Universidad de Deusto, Bilbao, 2005, p. 42.

6   Lucien CORPECHOT, *Les jardins de l'intelligence*, Émile-Paul, París, 1912.

III. LOS JARDINES DE LOS FILÓSOFOS (GRECIA)

1   HOMERO, *Odisea*, Canto V, 59-5, trad. de J. M. Pabón Suárez de Urbina,
Editorial Gredos, Biblioteca Clásica, Madrid, 1981.

2   *Ibíd.*, Canto VII, pp. 112-132.

3   Jesús LENS TUERO y Javier CAMPOS DAROCA, *Utopías en el mundo antiguo:
antología de textos*, Alianza Editorial, Madrid, 2000, p. 66.

4   Véase Francesco FARIELLO, *La arquitectura de los jardines, De la antigüedad
al siglo XX*, trad. de J. Sainz, Editorial Reverté, Colección Estudios Universitarios de Arquitectura n° 3, Madrid, 2000, p. 20.

5   Citado por Richard SENNET, *Carne y piedra, El cuerpo y la ciudad en la civilización occidental*, trad. de C. Vidal, Alianza Editorial, Madrid, 1997, p. 47.

6   PLUTARCO, *Vidas paralelas II, Cimón*, trad. de M. López Salvá, Editorial
Gredos, Biblioteca Clásica, Madrid, 1990, p. 13.

7   Cayo PLINIO SEGUNDO, *Historia Natural*, XIX, trad. de G. de Huerta y F.
Hernández, Visor Libros, Madrid, 1999, p. 51.

8   Carlos GARCÍA GUAL, *Epicuro*, Alianza Editorial, Clásicos de Grecia y
Roma, El libro de bolsillo, Madrid, 2006, p. 38. Véase también Emilio
LLEDÓ, *El epicureísmo, Una sabiduría del cuerpo, del gozo y de la amistad*,
Taurus Pensamiento, Madrid, 2011.

9   Marco Tulio CICERÓN, *Cartas a Ático I*, 21, introducción, traducción y
notas de M. Rodríguez-Pantoja, Editorial Gredos, Biblioteca Clásica n°
223, Madrid, 1996, p. 10.

10   Geoffrey y Susan JELLICOE, *El paisaje del hombre, La conformación del entorno desde la Prehistoria hasta nuestros días*, capítulo 11: Grecia, trad. de C.
Sáenz de Valicourt, Editorial Gustavo Gili, Barcelona, 1985, p. 117.

11   Con esa expresión se quiere dar a entender la atmósfera que preside
un lugar. Esa fecunda intuición griega será metabolizada por la cultura

romana y sus ecos, amplificados por las inspiradas obras de Virgilio y Horacio, llegarán hasta nuestros días. Así, por ejemplo, los teóricos del movimiento paisajista inglés harán suya esta divisa y rendirán culto al genio del lugar. Baste recordar el célebre verso de A. Pope en su *Epistle IV to Richard Boyle, Earl of Burlington:* "*Consult the genius of the place in all*" [Consultad en todo al genio del lugar], que se convirtió en una consigna para los profesionales de la jardinería. Cualquier intervención en el paisaje deberá necesariamente adaptarse al contexto, integrarse en el entorno, respetar la atmósfera del lugar en que se enmarca.

12   *Heráclito,* ed. de J. Brun, fragmento 2, Edaf, Madrid, 1990.

13   Ernst BLOCH, *Entremundos de la historia de la filosofía,* trad. de J. Pérez Corral, Taurus, Madrid nº 245, 1984, p. 26.

14   PAUSANIAS, *Descripción de Grecia, El Ática,* tomo I, trad. de Antonio Tovar, Editorial Orbis, Barcelona, 1986, pp. 62-63.

15   PLATÓN, "Fedro", en *Apología de Sócrates, El Banquete, Fedro,* ed. de Emilio Lledó, Planeta, Barcelona, 1995, p. 232.

IV. EL JARDÍN LATINO O LA POÉTICA DEL ESPACIO (ROMA)

1   Michel BARIDON, *Los jardines: paisajistas, jardineros, poetas. Antigüedad-Extremo Oriente,* trad. de J. Calatrava, Abada Editores, Textos de Paisaje, Madrid, 2004, p. 203.

2   Plinio el Viejo en su *Historia Natural* (XIX, 50-51) denuncia con estas palabras la proliferación desmedida de jardines privados: "Hoy se posee en Roma *(in ipsa urbe),* bajo el nombre de jardines, lugares de recreo, campos, villas; se vive en el campo dentro de la ciudad".

3   PLINIO EL JOVEN, *Cartas V, 6,* introducción, traducción y notas de J. González, Editorial Gredos, Biblioteca Clásica, Madrid, p. 35.

4   Marco Tulio CICERÓN, *Cartas III,* Familiares I, trad. de A. Medina, Editorial Gredos, Biblioteca Clásica, Madrid, p. 55.

5   *Ibid.,* p. 221.

6   He aquí una relación, por orden cronológico, de las figuras más destacadas de la vida intelectual romana que expresaron ideas relevantes sobre nuestro tema: Catón el Censor, Varrón, Cicerón, Lucrecio, Vitrubio, Catulo, Virgilio, Horacio, Ovidio, Plinio el Viejo, Columella, Plinio el Joven, Suetonio.

7   Pierre GRIMAL, *Les jardins romans,* PUF, París, 1964, p. 440.

8   Marco VITRUBIO, *De Architectura,* libro I, trad. de J. L. Oliver, Alianza Editorial, Madrid, 1995, pp. 70-71.

9   *Ibid.,* libro III, p. 131.

10 Richard SENNET, *Carne y piedra, El cuerpo y la ciudad en la civilización occidental,* trad. de C. Vidal, Alianza Editorial, Madrid, 1997, p. 131.

11 Horace WALPOLE, "Ensayo sobre la jardinería moderna", en *El espíritu del lugar, Jardín y paisaje en la Inglaterra moderna,* ed. de P. Martín Salván, Abada Editores, Madrid, 2006, p. 48. La intención de apropiarse de las vistas lejanas y la perfección del paisaje, de difuminar los límites y sentir la llamada del horizonte no es algo novedoso. El vocablo japonés *shakkei* significa literalmente "paisaje prestado" (Ver Paul COOPER, *Gardens Whithout Boundaries,* Mitchell Beazley Publisher, 2003. Edición en castellano: *Jardín y paisaje,* trad. de R. Cano Camarasa, Blume, Barcelona, 2006, p. 14), y alude a las diversas técnicas tradicionales para incorporar las vistas externas al diseño integral del jardín. Aunque el estudio del jardín tradicional japonés queda fuera de los propósitos que nos hemos marcado en este trabajo, queremos señalar que, resumiendo mucho, existen dos tipos de jardín tradicional japonés: el jardín zen orientado a la contemplación y la meditación; y el jardín de paseo concebido como una secuencia de escenas, en las que, mediante la sutil ocultación y la meditada selección de las vistas, se crea la ilusión de un espacio más grande que sus dimensiones reales. En *El jardín zen* de F. Berthier podemos leer en referencia al monasterio Shodenji del siglo XVII: "A lo lejos, más allá del muro de piedra, se eleva el monte Thei, el más alto de las inmediaciones de Kioto. Es un buen ejemplo de la técnica del 'escenario pintado', que consiste en integrar el paisaje lejano en el espacio restringido de un jardín para dar a este una profundidad casi infinita. Este procedimiento se remonta por lo menos a la época Muromachi, pero en tiempos de Kobori Enshu conoció su plena expansión" (François BERTHIER, *El jardín zen, Descendencia y divergencias,* trad. de C. Artal, Ediciones Gamma, Barcelona, 2007, p. 67). Martin Heidegger alude a este jardín en un célebre texto de 1953/54, "De un diálogo del habla" (Martin HEIDEGGER, *De camino al habla,* ed. de Y. Zimmermann, Ediciones Serbal, Bardelona, 1987).

12 Michel TOURNIER, *Les Météores,* Gallimard, París, 1975. Edición en castellano: *Los meteoros,* trad. de L. Ortiz, Alfaguara, Madrid, 1986, p. 468).

V. 'HORTUS CONCLUSUS'

1 El hecho de convertir las flores y las plantas en emblemas de la religión cristiana ayudó a contrarrestar y desactivar las supersticiones populares,

las prácticas mágicas y los restos de cultos paganos, que divinizaban las plantas y los árboles, y les atribuían poderes ocultos o propiedades teúrgicas. Así, por ejemplo, la azucena o el lirio, debido a su blancura, llegaron a representar la pureza, la inocencia y la virginidad, y quedar vinculadas a Cristo o al culto mariano. Otro tanto cabría decir de la rosa, cuya fragancia evocaba la santidad de la Virgen María y cuyas espinas permitían asociarla a la pasión de Cristo. De igual manera, la violeta, la hoja de palma o el trigo se cargaron de un fuerte simbolismo. Como nos recuerda Carmen Añón, "a cada flor, a cada planta, a cada árbol correspondía una complicada y variadísima simbología, cuyas fuentes se perdían en las más remotas tradiciones y cuyo significado se puede seguir a través de las *Metamorfosis* de Ovidio, los *Hieroglíficos* de Horapollo, la *Emblemata* de Alicates, la *Iconología* de Ripa, la Leyenda Dorada de Juan de Vorágine,… además de una infinidad y diversidad de fuentes que nos introducirán en la lectura del mundo hermético, críptico y fascinante de la Edad Media". Carmen AÑÓN, "El claustro: un jardín místico-litúrgico", en *El lenguaje oculto del jardín: jardín y metáfora,* Editorial Complutense, Colección Cursos de Verano de El Escorial, Madrid, 1996, p. 26.

2   Francisco Páez de la Cadena, *Historia de los estilos en jardinería,* capítulo 5: La Edad Media: castillos y monasterios, Istmo, Madrid, 1982, p. 96.

3   Abundan representaciones de jardines de amor en grabados, tapices, pinturas e ilustraciones de salterios, libros de oraciones y textos sagrados. He aquí algunos ejemplos: *La Collation dans un jardin d'amour* (hacia 1520), tapicería en seda y lana conservada en el Musée National du Moyen Age, París; *Jardín de amor de los jugadores de ajedrez* y *El gran jardín de amor,* grabados en cobre del Maestro E. S. (activo entre los años 1440-1467) y pertenecientes a la colección del Petit Palais, Musée des Beaux-Arts de la ville de París; y la pintura sobre pergamino en el folio 66 vº del *Livre du Duc des vrais amants,* obra en verso acompañada de cartas en prosa y de piezas líricas pertenecientes a la literatura cortés de Christine de Pizan (entre 1405 y 1408), ilustradas por el Maestro Egerton y archivadas en la Bibliothèque Nationale de France, París.

4   Francisco Páez de la Cadena, *op. cit.,* p. 238.

5   Estos tapices de lana y seda, de técnica refinada y una armonía cromática sin igual, fueron descubiertos el año 1841 por Prosper Mérimée, por aquel entonces inspector de monumentos históricos, en el castillo de Boussac. Gracias a las armas que portaban el unicornio y el león en la composición fue posible identificar a su dueño como el comandante

Jean Le Viste, personaje muy cercano a Carlos VII. Tracy Chevalier ha publicado recientemente una novela con este tema, donde recrea la vida del artista que dibujó los cartones en París y de los artesanos que tejieron y colorearon el tapiz en Bruselas. Edición en castellano: Tracy Chevalier, *La dama y el unicornio*, trad. de J. L. López Muñoz, Alfaguara, Madrid, 2004.

6   En la edición de Lyon de 1651.

7   Citado por Michel Baridon, *op. cit.*, p. 291.

8   Geoffrey y Susan JELLICOE, *El paisaje del hombre, La conformación del entorno desde la prehistoria hasta nuestros días,* Capitulo XIII: La Edad Media en Europa, trad. de A. M. Navarro, Editorial Gustavo Gili, Barcelona, 1995, pp. 140-144.

9   Richard Sennet, *Ibid.*, Capítulo 5: "Comunidad, el trabajo cristiano", p. 198.

10   El árbol escogido suele ser a menudo una sabina (Juniperus sabina), ya que el color rojo de su corteza simboliza la sangre de Cristo.

11   Yi-Fu TUAN, *Topofilia, Un estudio de las percepciones, actitudes y valores sobre el entorno,* capítulo 11: Del cosmos al paisaje, trad. de F. Durán de Zapata, Melusina, 2007, p. 197.

12   Abundan los cuadros donde pueden verse ejemplos de este peculiar estilo de poda ornamental. He aquí algunos significativos: *Oriande y Magis* de Renard de Montauban en la Bibliothèque de l'Arsenal, París; *La Virgen y el Niño con Santa María Magdalena y una donadora* (1475) del Maestro de Santa Gúdula.

13   Frank CRISP, *Mediaeval Gardens,* Hacker Art Books, Nueva York, 1979 [traducción nuestra].

14   Mircea ELIADE, *Imágenes y símbolos,* capítulo I: Simbolismo del "centro", Construcción de un "centro", trad. de C. Castro, Taurus, Ensayos nº 1, Madrid, 1955, p. 56. Ver también DURAND, G.: *Las estructuras antropológicas de lo imaginario, Introducción a la arquetipología general,* Fondo de Cultura Económica, Madrid, 2005.

15   Paolo SANTARCANGELI, *Libro de los laberintos,* Capítulo XI: Fêtes, charmes, délices, Turf-mazes, trad. de C. Palma, Ediciones Siruela, Madrid, 1997, p. 293-300.

16   Robert MALLET, *Jardins et paradis,* Gallimard, La Galerie pittoresque, París, 1959, p. 123.

17   Paolo SANTARCANGELI, *op. cit.,* Capítulo X: Asedio de Troya y peregrinaje a Jerusalén, Catedrales, p. 230.

18   Jonathan MAHER, "Labyrinthos, the quest for the myth", *op. cit.*, p. 103 [traducción nuestra]

VI. UN JARDÍN MÁS ALLÁ DE LAS NUBES

1   Colleen McDONNELL y Bernard LANG, *Historia del cielo*, capítulo IV: Las promesas medievales, trad. de J. A. Moreno, Taurus Humanidades, Madrid, 1990, pp. 110-111.

2   *Ibid.*, capítulo IV: Las promesas medievales, pp. 110-111.

3   Tomás DE AQUINO, *Summa Teológica*, traducción y referencias J. Martorell Capó, Biblioteca de Autores Cristianos, Madrid, 200, Suplemento q 96 a 1.

4   A ello contribuyó también el redescubrimiento de los placeres de la vida rural. Es bien conocido que Petrarca (1304-1374) gustaba de retirarse a su villa de campo en Vanclusa, cerca de Aviñón, mientras que su amigo Boccaccio (1313-1375) buscaba la calma lejos de la bulliciosa Florencia en la apartada aldea de Certaldo.

5   Colleen McDONNELL y Bernard LANG, *op. cit.*, p. 191.

VII. EL JARDÍN HISPANOMUSULMÁN

1   Oleg GRABAR, *La Alhambra: iconografía, formas y valores*, trad. de J. L. López Muñoz, Alianza Editorial, Madrid, 1980, p. 37.

2   Andrea NAVAGERO, *Il viaggio fatto in Spagna et in Francia* (Venecia, 1563). Edición española: *Viaje por España (1524-1526)*, trad. de A. M. Fabré, Turner, Madrid, 1983.

3   Darío ÁLVAREZ, "Luis Barragán, jardines en silencio", en VV.AA., *Cuatro centenarios: Luis Barragán, Marcel Breuer, Arne Jacobsen, José Luis Sert*, Universidad de Valladolid, Secretariado de Publicaciones e Intercambio Editorial, Valladolid, 2002.

4   José TITO ROJO y Manuel CASARES PORCEL, "Introducción", en *El jardín hispanomusulmán: Los jardines de al-Andalus y su herencia*, ed. de J. Tito Rojo y M. Casares Porcel, Editorial Universidad de Granada, Granada, 2011, p. 10.

5   Esta rotunda afirmación del arquitecto Fernando García Mercadal muestra muy bien el tópico dominante. Y el hecho de que una figura de su talla intelectual recurra a él sin amago de vacilación, no hace sino corroborar la enorme aceptación con que contaba: "En el caso del pueblo árabe, sus jardines descubren el anhelo del paraíso mahometano, poblado por las huríes del Profeta, eterna obsesión de los jardineros del

Islam". Fernando GARCÍA MERCADAL, *Parques y jardines, Su historia y sus trazados*, Institución Fernando El Católico, C.S.I.C., Excma. Diputación de Zaragoza, Zaragoza, 2003, p. 51.

6   María Jesús RUBIERA MATA, *La arquitectura en la literatura árabe*, Editora Nacional, Madrid, 1981, p. 80.

7   Edward W. SAID, *Orientalismo*, trad. de M. L. Fuentes, Ediciones Libertarias/Prodhufi, colección al-Quibla, Madrid, 1990, p. 94: "Oriente así se *orientaliza*, proceso que no sólo afecta a Oriente en tanto que provincia del orientalismo, sino que obliga al lector occidental no iniciado a aceptar las codificaciones orientalistas como si fueran el *verdadero* Oriente. En resumen, la realidad está en función del juicio erudito y no del material en sí mismo, que con el tiempo parece deberle al orientalismo incluso la existencia".

8   Gregorio DE LOS RÍOS, *Agricultura de los jardines* (1592), Ayuntamiento de Madrid, Real Jardín Botánico, Madrid, 1991, p. 266.

9   El arrayán (del árabe *al rayhan*) es el nombre por el que se conoce el mirto *(Myrtus communis L.)* en Andalucía. Se trata de un arbusto oloroso, de ramas flexibles y hojas opuestas de color verde vivo, que alcanza dos o tres metros de altura y que acepta muy bien la poda. No falta nunca en los jardines hispanomusulmanes, donde se suele plantar alrededor de albercas, fuentes y cursos de agua.

10   Ibn LUYUN, *Tratado de agricultura*, trad. de J. Eguaras, Publicaciones del Patronato de la Alhambra y el Generalife, Granada, 1988, p. 24.

11   Kristin KING, *Gardens of Heaven and Earth*, The Swedenborg Society, Londres, 2011, pp. 68-69.

12   José TITO ROJO, "Lujo, calma y voluptuosidad", en *El jardín hispanomusulmán: Los jardines de al-Andalus y su herencia, op. cit.*, p. 194.

13   François-René CHATEAUBRIAND, *Amor y vejez*, trad. de J. R. Monreal, El Acantilado, Barcelona, 2011.

14   *Op. cit.*, p. 210.

15   *Op. cit.*, p. 248.

16   En el libro *Jardins en Espagne*, podemos leer la siguiente descripción del Generalife: "El conjunto del Generalife es una sucesión de espacios organizado siguiendo una estructura de terrazas que favorece deliberadamente la vista sobre el paisaje y el cauce de las aguas necesarias para la creación de ese magnífico jardín. Cada uno de estos espacios tiene su propia personalidad, pero permanece indisolublemente ligado al conjunto en una gradación armoniosa al servicio del entretenimiento y del placer del soberano, para culminar en un mirador que ofrece una vista inabarcable sobre el río Darro y la colina del Albaicín". Carmen AÑÓN,

Ana LUENGO y Mónica LUENGO, *Jardins en Espagne*, Actes Sud, París, 1999, p. 50. Ver también Carmen AÑÓN y Mónica lUENGO, *Jardines de España*, Lunwerg Editores y Sociedad Estatal para Exposiciones Internacionales, Madrid, 2003, pp. 170-180.

17   Jacques Benoist-Méchin describe con poética precisión el genio del lugar: "Si la Alhambra es un compromiso entre una fortaleza y un palacio, el Generalife es un lugar de reencuentro entre la tierra y el cielo. Pero ambos tienen un punto en común: la abundancia de aguas. Ellas chorrean por todos lados, desbordan las pilas, llenan los estanques, saltan hacia el cielo y retumban en un sollozo que no cesa jamás. A veces su rumor aumenta. Parecen entonces un chaparrón de primavera. Basta entornar los ojos para creer que los Emires han logrado encerrar una tormenta privada dentro de los límites de su dominio.

Se ha dicho que el agua era 'el alma de la Alhambra' y que sin ella Granada no existiría. ¡Es verdad! Si el Alcázar es un Paraíso a la sombra de las espadas, el Generalife ofrece más bien la imagen inversa: la de una profusión de espadas que se entrecruzan a la sombra de un Paraíso. Y al igual que la victoria es un regalo de Dios, el Generalife es un regalo de las nieves que se acumulan durante el invierno en las cimas de la Sierra". Jacques BENOIST-MÉCHIN, *L'homme et ses jardins*, Éditions Albin Michel, París, 1975, p. 242. [Traducción nuestra]

18   Lucie BOLENS HALIMI, "Jardines de al-Andalus: Naturaleza e historia de un encuentro", en *Cuadernos de la Alhambra*, vol. 28, trad. de L. Rochette, Granada, 1992, pp. 15-26.

19   Mircea ELIADE, "Nostalgia for Paradise in the Primitive Tradition", en *Myths, Dreams and Mysteries: The Encounter Between Contemporary Faiths and Archaic Realities,* Harper Publisher, Nueva York, 1961.

VIII. EL SENTIMIENTO DEL PAISAJE

1   Francesco PETRARCA, *La ascensión al Mont Ventoux, 26 de abril de 1336,* trad. de I. Ruíz Arzallus, Artium, Vitoria, 2002, p. 92.

2   Merece la pena recordar que dos de los momentos cruciales en el proceso de conversión de San Agustín al cristianismo tuvieron lugar en sendos jardines, tal y como el mismo narra en sus *Confesiones*. El primero de esos hitos fue la crisis existencial que le llevó a replantearse su vida anterior paseando por el jardín de Casiciaco: "En la residencia donde nos hospedábamos había un huertecillo. Disfrutábamos de él como del resto de la casa por no ocuparlos su propietario. Hasta este huerto me

había lanzado el alboroto de mi pecho, donde nadie interfiriera el encarnizado combate que había entablado conmigo mismo y cuyo desenlace tú conocías, yo no" (libro VIII, capítulo 8). Y el segundo momento clave fue el éxtasis que le embargó mientras se encontraba en Ostia: "Aconteció por tus disposiciones misteriosas, según creo, que ella y yo nos hallábamos asomados a una ventana que daba al jardín de la casa donde nos hospedábamos..." (libro IX, cap. 10). SAN AGUSTÍN, *Confesiones*, trad. de J. Cosgaya O.S.A., Biblioteca de Autores Cristianos, Madrid, 1988.

3   El propio Petrarca describe así la turbación que le embarga: "Me quedé atónito, lo confieso; a mi hermano, que estaba ansioso por seguir oyendo, le rogué que no me molestara y cerré el libro, irritado conmigo mismo por estar todavía contemplando cosas terrenales, cuando hacía tiempo que debería haber aprendido incluso de los filósofos paganos que 'nada es admirable excepto el alma, junto a cuya grandeza nada es grande'. Entonces, pensando que ya había visto bastante aquel monte, volví hacia mí mismo los ojos interiores y desde aquel momento no hubo quien me oyera hablar hasta que llegamos abajo". Francesco Petrarca, *op. cit.*, pp. 60-61.

4   Esta distribución de diez por diez responde a la creencia medieval de que el número diez simboliza la perfección y encierra en sí mismo todas las virtudes.

5   Giovanni BOCCACCIO, *Decamerón, Proemio*, traducción, introducción y notas de P. Gómez Bedate, Bruguera, Libro Clásico n° 1, Serie Mayor, Barcelona, 1983, p. 6.

6   *Ibid.*, Tercera jornada, p. 177.

7   *Ibid.*, p. 178.

8   Giovanni PICO DE LA MIRÁNDOLA, *De la dignidad del hombre,* ed. de L. Martínez Gómez, Editora Nacional n° 57, Madrid, 1984, p. 105.

9   Véase Frances YATES, *Giordano Bruno y la tradición hermética, Una interpretación del mundo renacentista siguiendo las huellas del hermetismo y la cábala*, trad. de D. Bergada, Ariel Filosofía, Barcelona, 1983.

IX. JARDINES RACIONALMENTE SENTIDOS

1   Citado por John Huxtable ELLIOTT, *España y su mundo 1500-1700, El descubrimiento de América y el descubrimiento del hombre*, trad. de Á. Rivero Rodríguez y X. Gil Pujol, Alianza Editorial, Madrid.

2   *Cristóbal Colón, Textos y documentos completos*, ed. de C. Varela, Alianza Editorial, Madrid, 1984, p. 144.

3   John Huxtable ELLIOTT, *op. cit.*, p. 91.

4   Sobre este particular, no se pueden dejar de mencionar las famosas pa-
     labras de Galileo: "La filosofía está escrita en ese grandísimo libro que
     tenemos abierto ante los ojos –quiero decir–, el Universo, pero no se
     puede entender si antes no se aprende a entender el lenguaje, a conocer
     los caracteres en que está escrito. Está escrito en lenguaje matemático, y
     sus caracteres son triángulos, círculos y otras figuras geométricas, sin las
     cuales es imposible entender ni una palabra. Prescindir de estos caracte-
     res es como girar vanamente en un oscuro laberinto". Galileo GALILEI,
     El ensayador (Il Saggiatore, 1623), trad. de J. Revuelta, Editorial Sarpe,
     Colección Grandes Pensadores nº 9, Madrid, 1984, p. 6.

5   Gregorio DE LOS RÍOS, *Agricultura de jardines, que trata de la manera que se
     han de criar, gobernar, y conservar las plantas,* Sociedad de Bibliófilos Espa-
     ñoles, Madrid, 1951.

6   Javier Maderuelo, *El paisaje. Génesis de un concepto,* 6: Experiencia e idea,
     7: La mirada perspectiva en el jardín, Abada Editores, Lecturas de Pai-
     saje, Madrid, 2006, p. 169.

7   Marsilio FICINO, *De Amore,* Discurso quinto, capítulo I, traducción y es-
     tudio preliminar R. de la Villa Ardura, Tecnos, Colección Metrópolis,
     Madrid, 1986, p. 86.

8   Gilles A. TIBERGHIEN, *Nature, art, paysage,* Actes Sud/École Nationale
     Supérieure du Paysage, Centre de Paysage, Arles, 2001.

X. EL TOPOS TÓPICO DE LO UTÓPICO

1   Leon Battista ALBERTI, *De re aedificatoria,* v. XVII fo. 152, ed. crít. G. Or-
     landi y P. Portoghesi, *L'architettura,* Il Polifilo, Milán, 1966, pp. 414-415.
     Edición castellana: *Los diez libros de arquitectura de Leon Baptista Alberto
     (1582),* trad. de F. Lozano, ed. fac., Albatros, Valencia, 1977.

2   Miguel Ángel Aníbarro, *La construcción del jardín clásico: Teoría, composi-
     ción y tipos, 1: Otra arquitectura,* Akal Ediciones, Madrid, 2002, p. 48.

3   Francesco FARIELLO, *La arquitectura de los jardines, De la Antigüedad al siglo XX,*
     capítulo IV: El Renacimiento y el jardín italiano, Características del jardín
     renacentista, trad. de J. Sainz, Editorial Reverté, Madrid, 2004, p. 100.

4   Philippe PRÉVÔT, *Histoire des jardins,* Éditions Sud Ouest, Luçon, 2006, p.
     69 [traducción nuestra].

5   Alain ROGER, *Breve tratado del paisaje,* capítulo 9: ¿Puede ser erótico un
     paisaje?, ed. de J. Maderuelo y trad. de M. Veuthey, Biblioteca Nueva,
     Colección Paisaje y Teoría nº 2, Madrid, 2007, p. 177.

6   Jorge Luis BORGES, "La muralla y los libros", en *Otras inquisiciones,* Alianza Editorial, Libro de bolsillo n° 604, Madrid, 1976, p. 12.

7   Miguel Ángel ANÍBARRO, *op. cit.,* p. 14-15.

8   Citado por Philippe PRÉVÔT, *op. cit.,* p. 73.

9   Tomás MORO, *Utopía,* capítulo II: De las ciudades de Utopía y en particular de Amaurota, trad. de F. L. Cardona y T. Suero, Editorial Sarpe, Colección Los Grandes Pensadores, Madrid, 1984, p. 88.

10   Barzun prefiere llamarlos "eutópicos". Véase Jacques BARZUN, *Del amanecer a la decadencia. Quinientos años de vida cultural en Occidente (De 1500 a nuestros días),* capítulo VI: Los eutópicos, trad. de J. Cuéllar y E. Rodríguez Halffer, Taurus n° 115, Madrid, 2001, pp. 195-234.

11   *Ibid.,* p. 199.

12   Lo cierto es que se trata de una obra anónima. Pero a pesar de que no consta el nombre de su autor, si unimos la primera letra de cada uno de los 38 capítulos que componen el texto, aparece un acróstico que reza: *"Poliam frater Franciscus Columna peramavit"* [El hermano Francesco Colonna amó a Polía]. De ahí que se atribuya su autoría a un fraile veneciano. Este afán por ocultar su identidad, unida al tono alegórico de la narración, ha llevado a algunos estudiosos a sugerir la hipótesis de que el texto podía relatar en clave el amor prohibido de un monje y una religiosa.

13   Jacques BENOIST-MÉCHIN, *L'homme et ses jardins,* Éditions Albin Michel, Paris, 1975, pp. 249-250 [traducción nuestra].

XI. LA CIENCIA DE LA PERSPECTIVA

1   Erwin PANOFSKY, *La perspectiva como forma simbólica,* III, trad. de V. Careaga, Tusquets Editores, colección Fábula n° 122, Barcelona, 1999, p. 48.

2   Esta expresión fue acuñada por Lucien Corpechot para referirse a los jardines de Versalles en un libro homónimo: *Les jardins de l'intelligence,* Émile-Paul Éditeur, París, 1912. Desde entonces y por extensión, esta expresión se ha aplicado al jardín formal en general.

3   SAINT-SIMON, *Mémoires,* ed. de A. de Boislisle, Hachette, París, 1916, tomo XXVIII, p. 160.

4   Michel BARIDON, *op. cit., La época barroca,* p. 488.

5   *Parquet* diminutivo de *parc.* En el Renacimiento designa un cuadro de jardín o un pequeño jardín cerrado.

1   Cabría preguntarse si, tras ese intento de construir una filosofía *more geometrica demonstrata,* no se ocultaba el deseo de escapar de la inseguridad y la falta de certidumbres consoladoras. Se diría que, alentados por la esperanza de encontrar verdades de las que no se pudiera dudar, cayeron en el espejismo del poder infinito de la razón. Dicho de otra manera, huyendo de la inseguridad se precipitaron en el dogmatismo. Al releer algunas de las páginas de Descartes, Malebranche, Spinoza o Leibniz se tiene la impresión de que, con torpe agudeza, se empeñaron en encontrar una seguridad que ninguna teoría podía darles. Hablando del sentimiento de zozobra que se apodera del hombre barroco, Eugenio Trías observa: "este es un ente perdido en la oleada del infinito, una sombra de sí mismo, una partícula zambullida en el torbellino de los cuerpos, 'una pluma que piensa'. Un ser, por tanto, cuya única relevancia es acoger el pensamiento, la *res cogitans.* En el barroco, el espacio pierde su referencia necesaria al ser humano". Eugenio Trías, *Lo bello y lo siniestro, Escenificación del infinito (Interpretación del barroco),* III, Seix Barral, Barcelona, 1982, p. 173.

2   Tanto o más importantes para el desarrollo del jardín barroco fueron los conocimientos de ingeniería hidráulica, sin los que las creaciones de Le Nôtre jamás hubieran alcanzado su deslumbrante perfección. Entre sus precursores destaca Salomón de Caus (1576-1626). Este hugonote francés, nacido en Normandía, fue un pionero en el uso de la fuerza del vapor, la perspectiva y las ilusiones ópticas en la jardinería, así como en el dominio de las técnicas de fontanería artística y de la construcción de grutas, fuentes decorativas, laberintos vegetales y juegos de agua, como un famoso órgano hidráulico o una impresionante estatua de Memnón que emitía sonidos al recibir los rayos del sol. Adquirió estos saberes, que más tarde pondría en práctica en sus proyectos, a lo largo de sus viajes por Italia, donde estudió los jardines renacentistas. En 1605 entró a trabajar como ingeniero de la corte del archiduque Alberto de Bruselas. De allí se trasladó a Inglaterra, donde diseñó los jardines de Somerset House, Greenwich y Robert Cecil en Hatfield. Cuando en 1613 la hija del rey inglés Jaime I contrajo nupcias con el príncipe elector del Palatinado Federico V, acompañó a su señora a la corte de Heidelberg, donde emprendió la realización del suntuario *Hortus Palatinus.* Aunque éste prodigioso parque quedaría inacabado debido a que el príncipe se trasladó a Praga al ser elegido rey de Bohemia, podemos hacernos una idea aproximada de las proporciones de su ambicioso proyecto gracias

a las pinturas de Jacques Fouquières y a los grabados del propio Caus recogidos en una obra homónima publicada en 1620.

3 Entre los más sobresalientes fontaneros especializados en el uso ornamental del agua, o más justo sería llamarlos ingenieros hidráulicos, de la época cabe recordar a los hermanos François y Pierre Francini. El fundador de la dinastía, Tommaso Francini, fue enviado por el Gran Duque de Toscana a la corte gala, donde reinaba su cuñado Enrique IV. Sus descendientes permanecerían en Francia, donde se ocuparían de las obras hidráulicas y los trabajos de agua llevados a cabo en los más importantes jardines del siglo XVII: Fontainebleau, Luxemburgo y Versalles. Otros destacados fontaneros que trabajaron en este último *château* fueron Denis, Vauban y el abate Piccard.

4 Véase Ian THOMPSON *Los jardines del Rey Sol: Luis XIV, André Le Nôtre y la creación de los jardines de Versalles, 13 Trabajos con agua*, trad. de J. L. Trejo, Editorial Belacqva, Colección El ojo de la Historia, Barcelona, 2006, p. 260.

5 No deja de ser significativo que no se cultive ninguna planta acuática en los estanques. Vemos en esa manifiesta voluntad de mantener intactas, impolutas, las bruñidas superficies de los estanques el deseo de que cumplan a la perfección su función especular. Por decirlo brevemente, se trata de enormes espejos de agua y no de jardines acuáticos.

6 En el palacio de Versalles la principal sala de recepción era la Galerie des Glaces, donde se erigía el trono plateado del rey.

7 Tal vez se trate de un dato intrascendente pero, sin duda, interesante el hecho de que los tres no solo habían recibido una formación parecida y compartían unos mismos ideales, sino que frisaban la cuarentena cuando fueron reclutados para llevar adelante la renovación de Vaux-le-Vicomte por N. Fouquet, quien, a la sazón, contaba con cuarenta y dos años.

8 La edad de oro del jardín francés coincidió con el reinado de Luis XIV, el Rey Sol (1643-1715), al que también convendría el título de Rey jardinero. Su figura ha quedado asociada para siempre a la creación en Versalles, a unos veinte kilómetros al suroeste de París, del más lujoso palacio de Europa y el más fastuoso jardín del que se tenga noticia en occidente. Esa fue la culminación de un proceso que duró cerca de un siglo. Le Nôtre, su artífice, ocupa por derecho propio el trono de los jardineros. Nadie como él vislumbró las posibilidades infinitas de las perspectivas, parterres y espejos de agua. Con todo, jamás hubiera llegado a ser quien fue sin los logros y la maestría alcanzada por su predecesores, muchos de ellos pertenecientes a dinastías familiares (véase los Mollet,

los Du Cerceau), que le allanaron el camino y prepararon el terreno. No olvidemos que el propio Le Nôtre pertenecía a una familia de ilustres jardineros. Sin ir más lejos, su padre Jean trabajó como jardinero jefe de las Tullerías.

9   En 1961, el cosmopolita escritor Paul Morand (1888-1976) publicó la novela *Fouquet ou Le Soleil offusqué*, donde describe con cruel simpatía la personalidad del Superintendente de Finanzas y relata con sombría lucidez los acontecimientos que precipitaron su caída. Con estas palabras resume su trágico destino: "Ningún dramaturgo ha realizado semejante unidad de espacio y tiempo; el 17 de agosto, a las seis de la tarde, Fouquet era el rey de Francia y, sin embargo, a las dos de la mañana no era nada" [traducción nuestra]. Paul Morand, *Fouquet ou Le soleil offusqué*, Éditions Gallimard, París, 1961.

10 Como escribió Jean de La Fontaine en una carta dirigida a su amigo Monsieur de Maucroix relatándole los festejos del 17 de agosto de 1661: *"Vaux ne sera jamais plus beau qu'il ne le fut cette soirée-là"* [Vaux no será nunca tan hermoso como lo fue aquella noche]. *Lettres de Jean de La Fontaine*, Éditeurs Helleu et Sergent, París, 1920.

11 La totalidad de los naranjos y muchos de los arbustos ornamentales de Vaux fueron trasladados y replantados en Versalles.

12 Extraído de Michel BARIDON, *op. cit.*, *La época barroca*, p. 509.

13 Allen S. WEISS, *op. cit.*, p. 65 [traducción nuestra].

14 En una reveladora carta dirigida al Conde Portland en 1698, apenas dos años antes de morir, el genial jardinero dejó escrito: "Acordaos de los bellos jardines de Francia: Versalles, Fontainebleau, Vaux y sobre todo Chantilly" *(Souvenez-vous des beaux jardins de France: Versailles, Fontainebleau, Vaux et surtout Chantilly)*. Citado en Bernard JEANNEL, *Le Nôtre*, Hazan, París, 1985, p. 104.

15 Madame de La Fayette se refiere a Chantilly en estos términos en una carta que dirige a Madame de Sévigné: "De todos los lugares que el sol alumbra no hay ninguno que se parezca a este" *(De tous les lieux que le soleil éclaire, il n'y en a point un pareil à celui-ci)*. Citado en Michel Racine, *Guide des jardins en France*, Les Éditions Eugen Ulmer, París, 2007, p. 413.

16 Él mismo, minucioso hasta el final, compuso su epitafio dejando, como escribe Orsenna en su célebre *Portrait d'un homme heureux*, al destino la única tarea de ponerle fecha de término. El texto, que según su expresa voluntad debía figurar grabado sobre el mármol negro en el primer pilar junto a su busto, rezaba: «À la gloire de dieu / ici repose le corps d'André le nostre, / chevalier de l'ordre de Saint-Michel, / conseiller du roi, contrôleur général des / bâtiments de sa majesté, arts et manufactures /

de France, et préposé a l'embellissement des / jardins de Versailles et
autres maisons royales. / La force et l'étendue de son génie le / rendoient
si singulier dans l'art du jardinage / qu'on peut le regarder comme en
ayant inventé / les beautés principales et porté toutes les / autres à leur
dernière perfection. / Il répondit en quelque sorte par l'excellence / de
ses ouvrages à la grandeur et à la / magnificence du monarque qu'il a
servi et dont / il a été comblé de bienfaits. / La France n'a pas seule pro-
fité de son / industrie. Tous les princes de l'Europe ont / voulu avoir de
ses élèves. / Il n'a point eu de concurrent qui lui fût comparable, / il na-
quit en l'an 1613 et mourut dans le mois / de septembre de l'année 1700».

XIII. LA GÉNESIS DEL JARDÍN MORAL

1   *"He leaped the fence, and saw that all nature was a garden"*. Horace WALPOLE,
    The History of the Modern Taste in Gardening (1771-1780), p. 20.
2   Jean-Jacques ROUSSEAU, *Julie ou la Nouvelle Hélöise,* Lettre XI, http://www.
    bibliopolis.fr, pp. 297-298 [traducción nuestra].
3   *Véase* Kennet CLARK, *L'art du paysage,* capítulo III: Le Paysage fantastique,
    traduit de l'anglais par A. Ferrier et F. Falcou, Arléa, París, 2010, pp.
    83-84: "Como en el siglo XVIII, este invierno de la imaginación también
    influyó en la topografía degenerando en el paisaje pintoresco, particular-
    mente en la versión de este género que procede de Salvator Rosa. Hoy,
    después de un siglo de intenso romanticismo, es difícil de comprender
    cómo el mundo de los aficionados pudo ser engañado, por tanto tiempo,
    por un talento de segunda clase como el de Salvator. Pero debemos dar-
    nos cuenta de que Salvator pertenecía a un nivel inferior, una especie de
    Byron. Inauguró una nueva vertiente sentimental, y descubrió los mo-
    dos retóricos para expresarla. Que sus sentimientos fueran exagerados
    y sus procedimientos de expresión resultaran con frecuencia tópicos, no
    ha podido más que contribuir a su popularidad. Un artista puede alcan-
    zar el éxito gracias a tomar prestadas herramientas escénicas, y de ahí
    que los pintores menores del siglo XVIII se basaran en los bandidos y los
    árboles de Salvator, tal y como harían en los años treinta del siglo XX sus
    futuros sucesores con los arlequines y las guitarras de Picasso. Se puede
    decir también que no habrían adquirido tal reputación si no hubiesen
    satisfecho, al mismo tiempo, algunas de las necesidades de su época.
    Como el Dr. Johnson decía de Sterne: 'Su absurdo concuerda con el
    absurdo de los demás'. El absurdo que el siglo XVIII necesitaba era una
    manera de escaparse de un racionalismo sofocante. Incendios como el

de El club del infierno y El castillo de Otranto de Horace Walpole son resultado de esta necesidad. 'Precipicios, montañas, torrentes, lobos, gruñidos –Salvator Rosa'. Estas palabras, extraídas de una carta del joven Horace Walpole describiendo su paso por los Alpes, son a menudo citadas como las primeras notas del preludio al Romanticismo. Y con razón, ya que si bien Salvator Rosa es el origen de tales ingenuidades pintorescas, también inspiró a auténticos poetas" [traducción nuestra].

4   Stephanie Ross, *op. cit.*, pp. 36-37 [traducción nuestra].

5   Christopher Hussey, *Lo pintoresco, Estudios desde un punto de vista, 1 La perspectiva*, trad. de M. Veuthey, Biblioteca Nueva, Colección Paisaje y Teoría nº 10, Madrid, 2013, p. 30.

6   En el jardín de The Leasowes, creado por William Shenstone (1714-1763), se puede leer la siguiente inscripción latina: *Divina Gloria Ruris*, que resume mejor que cualquier discurso la vocación moral y pastoril del jardín inglés.

7   Citado en Stephanie Ross, *op. cit.*, p. XIII: "Poetry, Painting and Gardening, or the Science of Landscape, will forever by men of Taste be deemed Three Sisters, or the Three New Graces who dress and adorn Nature".

8   "William Wordsworth to sir George Beaumont, October 17, 1805", en *The Letters of William and Dorothy Wordsworth*, ed. de E. de Selincourt, Oxford University Press, 1967.

9   Monique Mosser, "Les dérives de l'idylle", en *Le jardin, notre double. Sagesse et déraison*, dir. de H. Brunon, Éditions Autrement, Collection Mutations nº 184, Paris, 1999, pp. 187-188.

10 Jane Austen, *Emma*, trad. y prólogo de J. M. Valverde, capítulo 42, editorial Lumen, Barcelona, 1978, p. 403.

11 David R. Coffin, *The English Garden, Meditation and Memorial, Introduction*, Princeton University Press, New Jersey, 1994, p. 1 [traducción nuestra].

12 Francesco Fariello, *La arquitectura de los jardines. De la Antigüedad al siglo XX*, capítulo VII: El jardín paisajista, ed. y trad. de J. Sainz, editorial Reverté, Barcelona, 2004, p. 209.

13 Tim Williamson, *Polite Landscapes. Gardens and Society in Eighteenth-Century England*, Baltimore, 1995.

14 Saint-Simon, *Mémoires*, tomo XXVIII. Hachette, París, 1916, p. 160 y p. 174.

15 Para evitar separar el jardín del paisaje con cercas, muros u otras barreras visuales se excavan en los parques amplios fosos que impiden el paso a los animales y a los intrusos sin necesidad de estorbar la mirada. El primer *ha-ha* data de 1715 y fue obra de Stephen Switzer [ver glosario].

16 John Dixon Hunt, "Ut Pictura Poesis: The Garden and the Picturesque in England (1710-1750)", en Monique MOSSER y Georges TEYSSOT, *The Architecture of Western Gardens: A Design History from the Renaissance to the Present Day*, Cambridge, Massuchussettes: The MIT Press, 1991, pp. 231–242.

17 Un simple fragmento de una de sus *Epístolas* (I. 9, 4-6) nos ilustra sobre la condición ideal de esa vida campestre consagrada al *otium* creativo: "Cuando estoy en mi villa de Laurentium, leo alguna cosa, escribo, e incluso me ocupo de mi cuerpo, que es el soporte del espíritu... ¡Oh vida recta y pura, oh ocio precioso y honorable, casi más bello que cualquier otra acción! ¡Oh mar, oh ribera, verdadero santuario secreto de las Musas, qué inspiración me aportáis, cuántas cosas me dictáis!".

18 Citado por Alain DE BOTTON, *op. cit.*, p. 260.

19 Juan Fernando REMÓN MENÉNDEZ, "Jardín y genio del lugar en la cultura inglesa del siglo XVIII", *Revista de Occidente n° 209*, octubre 1998, Madrid, p. 96.

20 Jean-Pierre LE DANTEC, *Poétique des jardins, Promenade*, Actes Sud, Arles, 2011, p. 171 [traducción nuestra].

21 Joseph Addison en su *The Pleasures of the Imagination* (1712, octavo capítulo), citando el tratado de Pseudo Longino, define la emoción que le embarga ante la vista de los Alpes en su viaje a Italia como *"a pleasing kind of Horrour"*, una suerte de horror placentero.

22 Fredric JAMESON, *Arqueologías del futuro. El deseo llamado utopía y otras aproximaciones a la ciencia ficción*, XIII El futuro entendido como perturbación, trad. de C. Piña Aldao, Akal, Madrid, 2009, p. 273.

XIV. EPIFANÍAS Y METAMORFOSIS DEL GENIO DEL LUGAR

1 No olvidemos que *eudaimonía* significa contar con un buen *dáimon* o espíritu guardián.

2 Raffaele MILANI, *El arte del paisaje,* Primera parte Recorridos, 2: "¿Qué es el paisaje?", 2: "Culto de lugares antiguos y modernos", ed. de F. López Silvestre, trad. de C. Domínguez, Editorial Biblioteca Nueva, Paisaje y Teoría, Madrid, 2007, p. 64.

3 Agustin BERQUE, "Genius loci et sens du lieu (entretien avec Agustin Berque)", en *Jardins, Revue fondée par Marco Martella n° 1*, Éditions du Sandre, París, 2010, p. 27 [traducción nuestra].

4 Juan Fernando REMÓN MENÉNDEZ, *op. cit.*, p. 92.

5 Nan SHAN, *Dresser des pierres, planter des bambous. L'art du jardin selon Nan Shan maître jardinier du zen,* capítulo 19 : Les Deux Océans, 2002, p. 124.

Ver también Nan SHAN, "Fengshui et fengjing: spécificité locale et création", en *Jardin, Revue fondée par Marco Martella* n° 1, Éditions du Sandre, Paris, 2010, p. 44.

6   Samuel JOHNSON, *Vida de los poetas ingleses,* ed. y trad. de B. Dietz, Cátedra, Letras Universales, Madrid, 1988, p. 291.

7   Clemens STEENBERGEN y Wouter REH, *Arquitectura y paisaje. La proyección de los grandes jardines europeos,* 3: La geometría de lo pintoresco, "El jardín paisajista inglés del siglo XVIII", trad. de L. Ramón-Laca, Editorial Gustavo Gili, Barcelona, 2001, p. 259.

8   Así los describe Diótima en el famoso diálogo platónico de "El Banquete": "Todo lo daimónico es un intermedio entre dios y mortal. Interpretando y trasmitiendo los deseos de los hombres a los dioses y los deseos de los dioses a los hombres, permanece entre ambos y llena el vacío [...] Un dios no tiene contacto con los hombres; solo a través de lo daimónico se dan el trato y la conversación entre hombres y dioses, ya sea en estado de vigilia o durante el sueño. Y el hombre experto en semejante relación es un hombre daimónico". Extraído de Eric Robertson DODDS, *Pagan and Christian in an Age of Anxiety,* Cambridge, 1975, p. 37.

9   Patrick HARPUR, *Realidad daimónica, 4: Dáimones, Animismo,* trad. de I. Margelí, Ediciones Atalanta, colección Imaginatio Vera n° 14, Girona, 2007, pp. 99-100.

10   *Ibid.,* La razón y el declive de los dáimones, p. 110.

11   Esta expresión procede de un célebre verso de W. Shakespeare: *"We few, we happy few, we band of brothers..."* (*Enrique V,* acto IV ; esc. III ; 60), y ha hecho fortuna para referirse a una selecta y dichosa minoría de privilegiados. Henri Beyle Sthendal cerrará su obra maestra *La Cartuja de Parma* con esta dedicatoria (1839): "to the happy few".

12   Patrick HARPUR, *op. cit.,* "La razón y el declive de los dáimones", p. 114.

13   Este vocablo ya fue utilizado por Bachelard en su obra *La poétique de l'espace*: "En efecto; solo queremos examinar imágenes muy sencillas, las imágenes del *espacio feliz.* Nuestras investigaciones merecerían, en esta orientación, el nombre de *topofilia.* Aspiran a determinar el valor humano de los espacios de posesión, de los espacios defendidos contra fuerzas adversas, de los espacios amados" [traducción nuestra]. Gaston BACHELARD, *La poétique de l'espace Introduction,* IX, PUF, Quadrige, París, 1957, p. 17.

14   Yi-Fu TUAN, *Topofilia. Un estudio de las percepciones, actitudes y valores sobre el entorno,* "Introducción", trad. De F. Durán de Zapata, Editorial Melusina, Barcelona, 2007, p. 13.

15   Tim RICHARDSON, "Vista", en *The Culture and Politics of Gardens"* ed. de

T. Richardson & N. Kingsbury, Frances Lincoln Limited, Londres, 2005, p. 133.

16 Resulta ilustrativo de los objetivos que persiguen esas ancestrales técnicas el siguiente párrafo extraído del manual *¿Qué es el feng-shui? (Arquitectura, urbanismo, interiorismo)*: "Para conseguir un diseño que realce el *feng-shui*, el geomántico tiene que comprender los principios de la unidad, el equilibrio, los ritmos del *yin* y el *yang*, los tonos de color complementarios y el empleo de materiales compatibles. También se debe hacer uso correcto y esmerado de las formas geométricas como el cuadrado, el círculo y el triángulo para dar un significado especial al espacio. Los espacios equilibrados engendran un buen *feng-shui*. Esto es así, porque el ser humano, el usuario del espacio es un ser sensitivo y consciente que reacciona consciente y subconscientemente al entorno en el que vive. Se desplaza de un espacio a otro, observa la composición espacial, la proporción y la escala de todo lo que le rodea. Se da cuenta de las vistas que cambian, del significado del color y las texturas, de los contornos favorables y de los que no lo son. El diseño del espacio interior no se limita al contorno del espacio, la cualidad del espacio es igualmente importante, puesto que afecta al estado de ánimo y al bienestar del usuario". Evelyn LIP, *¿Qué es el feng-shui? (Arquitectura, urbanismo, interiorismo)*, Parte IV: Cómo integrar la arquitectura en el feng-shui, El diseño del interior y de la estructura, trad. de A. Sánchez Mollet, editorial Paidós, Barcelona, Buenos Aires, México, 1999, p. 56.

17 *Ibid.*, p. 62.

18 Clare COOPER MARCUS, *Habitat et Nature. Du pragmatique au spirituel*, Troixième partie, Régénération à travers les paysages, capítulo XIII: Paysages parallèles, Le Feng-shui, la géomancie chinoise, traducido del inglés por I. de Charrière, Infolio Éditions, collection Archigraphy, Témoignages, 2005, pp. 334-35 [traducción nuestra].

19 Alain DE BOTTON, *La arquitectura de la felicidad*, II: ¿En qué estilo hemos de construir?, trad. de M. Cebrián, Lumen, Barcelona, 2008, p. 72.

20 Juan Fernando REMÓN MENÉNDEZ, "La invención del genio del lugar", en *El jardín como arte*, dir. de J. Maderuelo, Actas del III Curso: arte y naturaleza", Huesca, 1997, p. 206.

21 Sheppard CRAIGE, "Bosco della Ragnaia", en *Jardins*, Revue fondée par Marco Martella nº 1, Éditions du Sandre, París, 2010, p. 13 [traducción nuestra].

22 Francisco DE GRACIA, *Entre el paisaje y la arquitectura (Apuntes sobre la razón constructiva*, capítulo 8: Arquitectura y límites del sistema, Simulacros y contradicciones, Editorial Nerea, Donostia-San Sebastián, 2009, p. 184.

23 Este profesor emérito de economía de la Universidad de Paris-Sur XI
    (Orsay) es uno de los principales defensores de la teoría del decreci-
    miento y el localismo como alternativa al desenfrenado consumismo
    que caracteriza la economía productiva global. Si tuviéramos que re-
    sumir la filosofía de este movimiento en una frase, esta podría ser: "La
    persecución indefinida del crecimiento es incompatible con un planeta
    finito". Su programa para salvarnos de un apocalipsis ecológico se resu-
    me en las ocho erres virtuosas, a saber: revaluar, reconceptualizar, redis-
    tribuir, relocalizar, reducir, reciclar, reutilizar y reestructurar. En suma,
    el decrecimiento no significa crecimiento negativo sino "a-crecimiento".
    Entre sus numerosas obras, cabe destacar: *La apuesta por el decrecimiento:
    ¿cómo salir del imaginario dominante?*, Icaria, Barcelona, 2008.

24 Gilles CLÉMENT, *Catalogue de l'exposition Le jardin planètaire, réconcilier
    l'homme et la nature*, Connaissance des arts, París, 1999, pp. 12-14 [traduc-
    ción nuestra].

25 Horace WALPOLE, "Ensayo sobre la jardinería moderna", en *El espíritu
    del lugar: jardín y paisaje en la Inglaterra moderna*, traducción y notas de P.
    Martín Salván, Abada Editores, Lecturas de paisaje, Madrid, 2006, p.
    96.

XV. LA TUMBA DE ROUSSEAU Y EL JARDÍN DE LOS MUERTOS

1 Christian CAY LORENZ HIRSCHFELD, *Theorie der Gartenkunst*, vol. V, p. 26.
   Extraído de Adrian VON BUTTLAR, *Jardines, Del Clasicismo y el Romanticismo*, capítulo II: Francia, 3: Al modo inglés, 1993, p. 106.

2 Con estas sentidas palabras describe la belleza de la isla de los álamos
   un "Itinéraire" de la época que, a modo de folleto turístico, anima a
   los viajeros románticos a visitar la tumba del filósofo de la naturaleza
   y dejarse embargar por la emoción hasta el borde del llanto: "Venga a
   contemplarlo en el silencio de una bella noche. Mire la luna que se eleva
   por detrás del anfiteatro de los bosques; la luz pálida y plateada alumbra
   el monumento, y se refleja en las aguas tranquilas y transparentes del
   lago; esta claridad tan suave, sumada a la calma de la naturaleza entera,
   predispone a una meditación profunda. Es a usted, amigo de Rousseau,
   a quien me dirijo; únicamente usted puede apreciar el encanto enter-
   necedor de una situación semejante. En estos lugares solitarios nada le
   puede distraer del objeto de su amor; usted lo ve; está allí. Deje, deje
   correr sus lágrimas, jamás las vertió más deliciosas ni con más motivo"
   [traducción nuestra]. Citado en Philippe PREÉVÓT, *Histoire des jardins*, 5

xviiie siècle quand le jardin devient un paysage et une peinture, Éditions Su- douest, Boredeaux, 2006, pp. 194-95.

3   A título de curiosidad, contaremos que las hojas de los álamos que ro- deaban la tumba se convertirían en codiciadas reliquias y emotivos *sou- venirs* para los visitantes románticos.

4   Anne CAUQUELIN, *L'invention du paysage, 2 Les formes d'une genèse, 4 La question de la peinture,* Quadrige / PUF, París, 2000, p. 85 [traducción nues- tra].

5   Michel CONAN, "Postfacio", en *De la composition des paysages, ou Des moyens d'embellir la Nature autour des habitations, en joignant l'agréable à l'utile, suivi de Promenade ou Itinéraire des jardins d'Ermenonville",* París, 1992 [traduc- ción nuestra].

6   Jean-Jacques ROUSSEAU, *Las ensoñaciones del paseante solitario* (1789), trad. de C. Ortega, Cátedra, Madrid, 1986, p. 64.

7   René-Louis DE GIRARDIN, *De la composition des paysages,* Ginebra y París, Delaguette, 1777, p. 122. Citado en Michel BARIDON, *Los Jardines. Pai- sajistas Jardineros Poetas [siglos XVIII-XX],* trad. de J. Calatrava y J. L. López Jiménez, Abada Editores, Madrid, 2008, p. 161.

8   Traducción nuestra.

9   René-Louis DE GIRARDIN, *De la composition des paysages,* II De l'ensemble. Extraído de Jean-Pierre LE DANTEC, *Jardins et Paysages: une anthologie,* Édi- tions de La Villette, Penser l'espace, París, 2003, p. 213.

10   *Ibid.,* p. 211.

11   *Ibid.,* p. 212.

12   Extraído de Adrian VON BUTTLAR, *op. cit.,* p. 113.

13   David HUME, *Ensayos morales, políticos y literarios* (1745), XVIII, edición, prólogo y notas de E. F. Miller, trad. de C. Martín Ramírez, Editorial Trotta, Madrid, 2011, p. 234.

14   Voz inglesa que designa a la aristocracia terrateniente.

15   Immanuel KANT, *Lo bello y lo sublime. Ensayo de estética y moral,* trad. de A. Sánchez Rivero, Espasa-Calpe, Madrid, 1919.

16   Las *folies* o caprichos que decoran los jardines pintorescos parecen ex- traídos de las exóticas escenas descritas en los relatos utópicos, ambien- tados en lugares remotos y tierras ignotas.

17   Se trata de un relato alegórico sobre el posible origen de la sociedad y la ética dividido en dos partes. En la primera Montesquieu fabula con la idea de que, en tiempos remotos, en alguna parte de Arabia había un pequeño pueblo de feroces y sanguinarios trogloditas que no res- petaban ninguna norma de justicia ni principio de equidad. Hartos de obedecer a un jefe despótico, matan al rey e imponen una república. No

tardarán en aborrecer también esta forma de gobierno y, tras eliminar, a los magistrados, se entregan a la absoluta anarquía. De ahí en adelante, cada cual procurará únicamente sus propios intereses sin tener en cuenta las necesidades y deseos de los otros. La sociedad cae en el caos, se impone la ley del más fuerte y el más desalmado e inmisericorde egoísmo. En la segunda parte de la historia, los descendientes de las dos únicas familias virtuosas que han sobrevivido al desastre reconstruyen una sociedad próspera, solidaria y justa, persuadidos de que el interés de los particulares se encuentra siempre en el interés común *(l'intérêt des particuliers se trouve toujours dans l'intérêt commun)*. Esa comunidad de afables y primitivos agricultores no conoce la propiedad privada ni las leyes y viven en un estado de feliz despreocupación bajo el mandato de un paternal e indulgente patriarca. La sociedad despiadada y ferozmente individualista de la primera parte se ha trocado ahora en una comunidad integrada, solidaria y cohesionada, que se comporta a todos los efectos como una única familia, donde los individuos se desarrollan en libre armonía con el grupo y asumen sus obligaciones de forma espontánea y natural.

18   Raimond Trousson, *Voyages aux pays de nulle part. Histoire littéraire de la pensée utopique,* Le xxe siècle, Éditions de l'université de Bruxelles, 1999, pp. 118-19 [traducción nuestra].

19   Bernard Mandeville, *El Panal Rumoroso o la redención de los bribones,* trad. de J. Ferrater Mora, Fondo de Cultura Económica, Madrid, 1982.

20   Jonathan Swift, *Gulliver's Travels: (York Notes),* ed. de Richard Gravil, Longman, Londres, 1980.

XVI. LA POÉTICA DE LA DECADENCIA:

RUINAS BOSCOSAS Y ERMITAS PINTORESCAS

1   Por ejemplo, Shenstone (1714-1763) se especializó en la construcción de ruinas de estilo neogótico. Su más lograda obra fue The Leasowes, una granja ornamental de su propiedad que decoró, aparte de con ruinas, con urnas funerarias *(memorial urns)* dedicadas a sus amigos, una gruta con inscripciones latinas que evocaban a las Nereidas, una arboleda en memoria de Virgilio y otros elementos ornamentales. En su "Unconnected Thoughts on Gardening", publicado en 1764 dentro del segundo volumen de *The Works in Verse and Prose, of William Shenstone,* resume a su manera el bagaje teórico y práctico de la jardinería inglesa de la primera mitad del siglo XVIII.

2   Rafael Argullol, *La atracción del abismo,* Editorial Destino, Barcelona, 2000, p. 30.

3   El palacio y parque de Blenheim toma prestado el nombre del pueblo alemán, cerca de Blindheim, donde John Churchill, duque de Marlborough (1650-1722) había derrotado a las tropas francesas capitaneadas por Luis XIV el 13 de agosto de 1704. En recompensa a su grandiosa victoria la reina Ana regaló Woodstock al duque en 1705, así como una cuantiosa suma de dinero destinada a la construcción del palacio y la remodelación del parque, situado a unos doce kilómetros al norte de Oxford. A la figura del duque rinde homenaje precisamente la popular canción española *Mambrú se fue a la guerra* o la francesa *Malbrouque s'en va-t-en guerre.* Vanbrugh, con la colaboración de N. Hawksmoor, diseñó los planos de la residencia, que sería su segundo encargo después del castillo de Howard. En la realización del proyecto, que se extendería casi todo el siglo XVIII, participaron *Capability* Brown (desde 1764 a 1774) y Chambers. La propiedad abarca una superficie de 1100 hectáreas con un perímetro de 19 kilómetros.

4   Citado por John Dixon Hunt y Peter Willis en *The Genius of the Place, The English Landscape Garden 1620-1820,* Part One, Prelude: The Seventeenth Century and the Reign of Queen Anne, The MIT Press, Cambridge, Massachusetts, Londres, 1988, p. 119 [traducción nuestra].

5   He aquí la totalidad del fragmento original donde Vanbrugh expone sus argumentos a favor de preservar Woodstock Manor: "Pero en caso de que el argumento histórico no fuese suficiente, todavía se pueden añadir otras consideraciones. Esa parte del parque que se ve desde el frente norte del nuevo edificio, tiene poca variedad de objetos y tampoco ofrece algo de valor más allá del propio campo. Por lo tanto, precisa de todas las ayudas que le puedan ser dadas, las cuales son únicamente cinco, edificios y plantaciones. Si estos elementos se disponen correctamente, suplirán todas las carencias de la naturaleza en ese lugar. Pero la más agradable disposición se obtiene cuando se mezclan: para lo cual esta vieja mansión ofrece una ocasión inmejorable, ya que dispone de un recinto lleno de árboles (especialmente hermosos tejos y acebos) creciendo promiscuamente en un matorral salvaje. Así, todo el edificio de la izquierda (el cual es solo la parte habitable de la capilla) podría aparecer partido en dos entre ellos, de manera que compondría uno de los objetos más agradables que un pintor de paisajes pudiera concebir" [traducción nuestra]. *Vanbrugh's Letters,* edited by G. Webb, The Nonesuch Press, 1928.

6   *Ibid.,* p. 121.

7   Como observa Coffin: "El resurgir del estilo gótico en la arquitectura
     inglesa del siglo XVIII se debió, en parte, a la idea de que la antigua li-
     bertad gótica era el fundamento de la libertad constitucional inglesa. De
     ahí que Jonathan Swift describiese repetidamente al Parlamento como
     una "institución gótica", y que John Oldmixon, en 1724, afirmara en
     su historia de Inglaterra que "no hay nación que haya preservado una
     Constitución gótica mejor que la nación inglesa". David R. COFFIN, *The
     English Garden, Meditation and Memorial,* capítulo III: Hermits, Goths and
     Druids, Ancient Britain, Princeton University Press, Princeton, Nueva
     Jersey, 1994, pp. 111-112 [traducción nuestra].

8   Los jardines de Kew *(Kew Garden)* incluyen la primitiva villa y el jardín
     del príncipe heredero Federico Luis, Richmond Park, la residencia rural
     de sus padres, el rey Jorge II y la reina Carolina, y el jardín botánico
     real, que se incorporó al conjunto en 1845. El príncipe heredero encargó
     a Kent la realización de un jardín paisajista en la zona oeste de Lon-
     dres en 1730. Tras su repentina muerte, la viuda, Augusta, y lord Bute,
     tutor del nuevo príncipe heredero Jorge, invitaron en 1751 a Chambers
     a remodelar el parque. Este encargo le permitió poner en práctica las
     teorías que había desarrollado en sus influyentes tratados, las cuales con-
     tribuyeron a difundir la moda del estilo chino en jardinería: *Of the Art
     of Laying Out Gardens Among the Chinese* (1757) y *A Dissertation on Oriental
     Gardening* (1772). Por lo demás, sus diseños, incluida la famosa pagoda,
     se publicaron con el título *Plans, Elevations, Sections, and Perspective Views
     of the Gardens and Buildings at Kew in Surrey* (1763). *Kew Garden* engloba
     un amplío y abigarrado muestrario de construcciones exóticas a modo
     de teatro de las maravillas, microcosmos de fábula o, como diríamos
     hoy, parque temático: la Casa de Confucio (1745), una pajarera de estilo
     chino, una catedral gótica, una mezquita y un *campanile* italiano, además
     de imitaciones más o menos afortunadas de la Alhambra de Granada, la
     Menagerie de Versalles y la Pagoda de porcelana de Nanking (1762).

     Esta última construcción con sus diez pisos y casi cincuenta metros
     de altura, recubierta de tejas vidriadas de color rojo, verde y blanco y
     adornada con ochenta dragones dorados de fundición, aún sin ser la
     primera que se construyó en Inglaterra (a principios de los años 1740 se
     erigió en el jardín de Benjamin Hyett en Marybone House una pequeña
     pagoda de cuatro pisos; y en 1752 el almirante George Anson, que había
     visitado Cantón, hizo levantar en su parque de Shugborough una pagoda
     hexagonal de madera de seis pisos junto a una casa china), era sin duda
     la más grande de tamaño y la más ricamente decorada, y constituye el
     punto focal del jardín. Si bien más que reproducir una genuina pagoda,

su propósito era dejar boquiabierto al visitante y suscitar en su imaginación una vaga nostalgia de culturas lejanas. Por lo demás, esta concepción imperial y pintoresca del jardín tuvo también sus detractores.

En 1773 vio la luz la *Epístola heroica a sir William Chambers*, un texto anónimo salido en realidad de la pluma del clérigo de Yorkshire William Mason (1725-1797) y a lo mejor de Walpole, que alcanzaría diez ediciones, donde se cuestionaban los argumentos esgrimidos por Chambers con cáustica ironía. No solo se burlaba de sus excesos antinaturales y pintorescos, sino que también criticaba sus postulados estéticos y sus planteamientos políticos. Su autor o autores no le perdonaban que hubiese atribuido el mérito de la invención del jardín paisajista a los chinos y que, para colmo de males, su modelo fuese el jardín del emperador en Pekín. Este reproducía en miniatura el Estado para deleite exclusivo de los gobernantes, un propósito que se hallaba en las antípodas del ideal democrático y del espíritu liberal de sus detractores.

9   John DIXON HUNT, *Gardens and the Picturesque, Studies in the History of Landscape Architecture,* 6 Picturesque Mirrors and the Ruins of the Past, The MIT Press, Cambridge, Massachusetts, Londres, 1994, p. 181 [traducción nuestra].

10   Luis de CÓNGORA, *Soledades, Soledad I,* Segunda Parte, editorial Cátedra, Madrid, 1995.

11   H. Walpole en *The History of the Modern Taste in Gardening* escribe: "Kent, como otros reformadores, no supo cómo parar antes de traspasar los límites justos. Había tomado a la naturaleza como modelo, y la había emulado tan alegremente, que comenzó a pensar que todos sus obras eran igualmente adecuadas para la imitación. Así, por ejemplo, en el jardín de Kesington, plantó árboles muertos para dotar a la escena de un mayor aire de verosimilitud" [traducción nuestra]. Horace WALPOLE, *op. cit.,* p. 270.

12   William CHAMBERS, "Disertación sobre la jardinería oriental", en *El espíritu del lugar, Jardín y paisaje en la Inglaterra moderna,* ed. de P. Martín Salván, Abada Editores, Madrid, 2006, p. 132.

13   Hablando de los vestigios de otra época y su semántica, Georg Simmel escribe: "Las ruinas son un escenario de la vida de donde la vida se ha ido —y esto no entraña nada simplemente negativo ni se reduce a un constructo de la mente, como en el caos de las innumerables cosas que antes fluían en la corriente de la vida y que un azar ha depositado al margen de esta, pero que por su propia naturaleza bien podrían reintegrarse de nuevo a dicha corriente. En las ruinas se siente con la inmediatez de los presente que la vida, con toda su riqueza y variabilidad,

habitó ahí alguna vez. Las ruinas crean la forma presente de una vida pretérita, no restituyendo sus contenidos o sus restos, sino mostrando el pasado como tal". Georg SIMMEL, *Filosofía del paisaje, Las ruinas,* trad. de Mathias Andlau, Casimiro Libros, Madrid, 2013, p. 49.

14 Antoni MARÍ, "L'esplendor de la ruïna", en el catálogo publicado con motivo de la exposición *L'esplendor de la ruïna,* Fundación Caixa Catalunya, Barcelona, 2005, p. 15 [traducción nuestra].

15 Quim ROSSELL, *Rehacer paisajes, Remaking Landscapes,* Después de / Afterwards, Editorial Gustavo Gili, Barcelona, 2001, pp. 136-137.

16 Este calificativo designa a toda una serie de manifestaciones artísticas que se inspiran en las concepciones del futuro forjadas en épocas pretéritas (paleofuturos). Su imaginería se ve influidas por las descripciones del porvenir de la literatura utópica y distópica anterior a los años sesenta del siglo XX. En términos formales combina la estética clásica o retro, como es conocida en inglés, con la tecnología moderna. El término fue acuñado en 1983 por el editor Lloyd John DUNN, quien publicaría entre 1988 y 1993 la revista de vanguardia *Retrofuturism.*

17 El parque de Buttes-Chaumont toma el nombre de la colina que ocupa. *Butte* significa en francés loma y el nombre de Chaumont procede, según todas las hipótesis, de la contracción de *chauve mont,* que se puede traducir por "monte calvo", en clara referencia al suelo estéril de la zona, rico en yeso.

18 Una obra maestra de esta praxis jardinera es El paseo plantado (La promenade plantée, 1988-1993), un jardín público situado en el distrito XII de París, que sigue el trazado lineal de una vía férrea elevada en desuso desde 1969. Este corredor verde de 4'5 kilómetros de largo, diseñado por el paisajista Jacques Vergely y el arquitecto Philippe Mathieux, arranca a la altura de la Ópera de la Bastilla, al principio del viaducto de las Artes, y concluye en el bulevar periférico junto a la puerta de Montempoivre. Un jardín de características similares e inspirado en el anterior es el High Line Park (2004) de Nueva York, un pensil aéreo de 2'33 kilómetros de largo construido sobre una antigua línea férrea elevada del suelo que corre paralela al río Hudson atravesando Manhattan. Un ejemplo en nuestro país de la tendencia a reconvertir en zonas verdes las viejas infraestructuras ruinosas es el Pasillo verde ferroviario (1996) en el distrito de Arganzuela (Madrid), diseñado por el arquitecto Manuel Ayllón, quien sustituyó las vías en desuso por un gran bulevar arbolado que discurre a lo largo de siete kilómetros entre la salida sur de la estación de Atocha y la estación de Príncipe Pío.

19 John DIXON HUNT, *op. cit.,* pp. 1-2 [traducción nuestra].

20 David R. Coffin, capítulo III: Hermits, Goths, and Druids, p. 101 [traducción nuestra].

21 Clemens Steenbergen y Wouter Reh, *op. cit.*, p. 369.

22 Merece la pena señalar, tanto por su valor simbólico como por su fuerza estética, que se trataba de pilares pertenecientes a los antiguos templos paganos de la región en ruinas.

23 Jacques Lacarrière, *op. cit.*, pp. 126-27.

24 Con este término de origen griego se designaba en la Iglesia oriental a una colonia de celdas o cuevas de eremitas con una capilla propia y, en ocasiones, un refectorio en el centro.

25 John Dixon Hunt, *op. cit.*, p. 117: *"In the practise, the garden visitor is both spectator of the elements in its design and actor in its dramas".*

26 Véase el célebre poema *L'infinito,* cuyo último verso reza: "Y naufragar es dulce en este mar" *(E il naufragar m'è dolce in questo mare).* Giacomo Leopardi, *Poesía y prosa,* ed. y trad. de A. Colinas, ediciones Alfaguara, Madrid, 1979, pp. 106-107.

27 Remo Bodei, *op. cit.*, p. 23.

28 Friedrich Nietzsche, *Correspondencia,* vol. IV, enero 1880-diciembre 1884, trad. de M. Parmeggiani, editorial Trotta, Madrid, 2010, p. 366.

29 Arthur Schopenhauer, "Observaciones ocasionales sobre la belleza de la naturaleza", en *El mundo como voluntad y representación,* t. II, cap. 33, ed. de R. R. Aramayo, Fondo de Cultura Económica, Madrid, 2003.

30 Así describe Carlos Baker ese habitáculo en su retrato de grupo Emerson entre los excéntricos: "Henry se dedicó a construir una cabaña en la propiedad recién adquirida por Emerson en la orilla septentrional de Walden. Un bosquecillo de pinos blancos cayó bajo el hacha prestada de Henry; un trabajador del ferrocarril llamado James Collins le vendió una chabola abandonada, de la que él aprovechó los tablones y las tejas de madera gastada; la estructura de la casa se erigió en mayo y su dueño se instaló el día de la Independencia. Ya había despejado una hectárea de brezal contiguo para un huerto, sembrado cinco tipos de hortaliza –que sobrevivieron a las depredaciones de un pequeño ejército de marmotas–, construido un cobertizo y un excusado, y amueblado el interior con una cama, una mesilla, sillas, un pequeño escritorio y una lámpara y diversos utensilios de cocina. Colgado de una pared, había un espejo más pequeño que una postal de un penique. No podía ser todo vanidad en este ascético *ménage de garçon".* Carlos Baker, *Emerson entre los excéntricos: un retrato de grupo,* cap. 26: 'Thoreau en Walden', trad. de I. Ferrer y C. Milla, Editorial Ariel, *Biografías y Memorias,* Barcelona, 2008, pp. 310-311.

31 Henry David THOREAU, *Walden*, ed. y trad. de J. Alcoriza y A. Lastra, Cátedra, Madrid, 2005, 138.

32 Gaston BACHELARD, *La poética del espacio,* trad. de E. Champourcin, Fondo de Cultura Económica, México, 1965, p. 63.

33 *Véase* Santiago BERUETE, "La épica del antiurbanismo y el síndrome de Thoreau: El bosque como templo de la filosofía", Revista *Endoxa* nº 31, Madrid, 2013.

34 Adam SHARR, *La cabaña de Heidegger, Un espacio para pensar,* trad. de Joaquín Rodríguez Feo, Gustavo Gili, Barcelona, 2008.

35 Clare COOPER MARCUS, "House As a Mirror of Self: Exploring the Deeper Meaning of Home", en *Design for Human Behaviour,* ed. de J. Lang, Stroudsburg, PA: Dowden, Hutchinson Press, 1974, pp. 130-146 [traducción nuestra].

36 Manuel RIBAS I PIERA, *Jardins de Catalunya. Singularitat de l'art dels jardins,* Edicions 62, Barcelona, 1991, p. 240. [Traducción nuestra].

37 Karel ČAPEK, *L'année du jardinier, La vie du jardin,* traducido del checo por J. Gagnaire, Éditions 10/18, Havas Poche, "Domaine étranger", París, 2000, p. 150 [traducción nuestra].

38 John DIXON HUNT, *Gardens and the Picturesque. Studies in the History of Landscape Architecture, Postscript, Gardens in Utopia: Utopia in the Garden, op. cit.,* p. 331 [traducción nuestra].

39 Adrian VON BUTTLAR, *op. cit.,* p. 20.

40 Adrian VON BUTTLAR, *op. cit.,* p. 384.

XVII. EL OFICIO DEL JARDINERO PAISAJISTA

1 Charles Quest-Ritson, en su hermosa obra *The English Garden. A Social History,* escribe: "*Capabilitiy* Brown es, probablemente, el nombre más célebre de la historia de la jardinería británica. Hay dos teorías acerca de él, dos escuelas de pensamiento. Una de ellas sostiene que fue un genio inspirado, un artista creativo que, con suma facilidad, detectaba las características de cualquier lugar y desarrollaba sus potencialidades ocultas logrando de este modo un paisaje equilibrado, armonioso y fluido. La otra teoría lo considera un destructor de todo lo que era bueno –un hombre de una sola idea que reproducía en serie la misma fórmula para cualquiera de sus numerosos clientes y que, actuando de esta manera, desfiguró el paisaje de toda Inglaterra. Ciertamente, Brown dominó la historia de la jardinería del siglo XVIII de una forma tal que cualquier desarrollo en los años previos a su carrera se considera como un paso

previo hacia la culminación suprema de su propio trabajo, y toda nueva moda surgida en años posteriores al culmen de su carrera es definida en función de la manera en la que desarrolla, o se distancia, de los propios métodos de Brown.". Charles QUEST-RITSON, *The English Garden. A Social History*, Capítulo 3: The Age of Elitism: 1730-1820, Lancelot 'Capability' Brown, Penguin Books, Londrees, 2001, p. 132 [traducción nuestra].

2   Harold BLOOM, *La ansiedad de la influencia. Una teoría de la poesía,* trad. de J. Alcoriza y A. Lastra, cap. 2: Tessera o compleción y antítesis, Mínima Trotta, Madrid, 2009, p. 100.

3   Francis BACON, "De los jardines", en *El espíritu del lugar, Jardín y paisaje en la Inglaterra moderna,* ed. de P. Martín Salván, Abada Editores, Madrid, 2006, p. 45.

4   William TEMPLE, *Upon the Garden of Epicurus,* citado en P. MARTÍN SALVÁN (ed.), *op. cit.,* p. 91.

5   Jurgis BALTRUSAITIS, "Jardins et pays d'illusion", en *Aberrations. Quatre essais sur la légende des formes,* Olivier Perrin, París, 1957, p. 109.

6   Citado en J. BARRIER, M. MOSSER y Che BING CHU, "Introduction", en *Aux Jardins de Cathay, L'imaginaire anglo-chinois en Occident,* William Chambers, Les Éditions de l'imprimeur, collection Jardins et Paysages, París, 2004, p. 76 [traducción nuestra]. Véase también: Ciaran MURRAY, *Sharawadgi: The Romantic Return to Nature,* San Francisco, International Scholars Publ., 1999 y "Sharawadgi resolved", en *Garden History,* vol. XXVI, n° 2, invierno, 1998, p. 208-213.

7   Stephanie ROSS, *What Gardens mean,* capítulo 3: The Sister Arts I, 3 Pope's Twickenham, The University of Chicago Press, Chicago y Londres, 1998, p. 56 [traducción nuestra].

8   Merece la pena observar que en esta escueta novela familiar del jardín paisajista inglés son todos los que están, pero no están todos los que son. En otras palabras, faltan figuras menores y algunos relevantes personajes secundarios de los que nos vemos obligados a prescindir por razones puramente espaciales. Así y todo, esta relación quedaría incompleta si no mencionáramos, siquiera de pasada, a Stephen Switzer (aprox. 1682-1745), coetáneo de Pope y Kent, diseñador de jardines, amén de escritor de reconocido prestigio sobre temas paisajísticos. Sus proyectos se atenían, como los de Bridgeman, a la doctrina clásica, según la cual los jardines debían compaginar la utilidad y el provecho con el placer o, para expresarlo de otro modo, combinar la rentabilidad económica con el deleite sensual. De ahí también su preocupación por reducir los costes de mantenimiento. Es razonable concluir que este aspecto económico estuvo muy presente en la apuesta a favor de un diseño irregular, des-

geometrizado y natural, que prescindía de parterres, topiarias, bosquetes y otros costosos elementos en pro de praderas abiertas de relieve ondulado y bordes curvilíneos. Sobra decir que estas exigían menos cuidado y, además, permitían pacer a los rebaños. Una vez más, los intereses económicos se disfrazaron de gustos estéticos. Sea como fuere, sus diseños explican a la perfección por qué la mayoría de los nobles ingleses habían dejado de mirar hacia Francia.

9   Citado por Yves-Alain Bois, "Promenade pittoresque autour de Clara-Clara", en Iñaki ÁBALOS (ed.), *Naturaleza y artificio, El ideal pintoresco en la arquitectura y el paisajismo contemporáneos*, Editorial Gustavo Gili, Compendios de arquitectura contemporánea, Barcelona, 2009, p. 68. Véase también Dora WIEBENSON, *The Picturesque Garden in France*, Princeton University Press, Princeton, 1978, p. 74.

10 William CHAMBERS, "Disertación sobre la jardinería oriental", en P. Martín Salván, ed., *op. cit.*, pp. 115-116.

11 Citado por Michel BARIDON, *op. cit.*, p. 186.

12 George McKAY, *Radical Gardening, Politics, idealism & Rebellion in the Garden,* capítulo 4: Flower Power and the Gardens of Liberation, The Gardens of Liberation, Frances Lincoln Limited Publishers, Londres, 2011, pp. 148-149 [traducción nuestra].

13 Leonore DAVIDOFF y Catherine HALL, *Fortunas Familiares: hombres y mujeres de la clase media (1780-1850),* trad. de P. Linares, Ediciones Cátedra S. A., colección Feminismos, Madrid, 1994, pp. 127-130.

14 Así explica Jane Webb los motivos que le llevaron a escribir este texto y sus intenciones: "A la hora de liquidar sus asuntos, puede que sea necesario hacer constar algo en favor de mi patrocinio. He escrito una extraña y agreste novela, titulada *The Mummy,* en la cual he introducido una escena del siglo XXII en un intento de predecir el grado de progreso y los avances a los que este país podría llegar en el futuro", Shigitatsu Antiquarian Books. Profile of Jane Webb Loudon (1807-1858) [traducción nuestra].

15 Citado en Bea HOWE, *Lady with Green Fingers: The Life of Jane Loudon,* Country Life, Londres, 1961, p. 15 [traducción nuestra].

16 Las obras de Jane Loudon, no menos que las de su marido, contribuyeron a fijar el estereotipo victoriano de la buena esposa. En el hogar burgués una de las tareas asignadas al rol femenino era la de organizar y mantener el jardín de flores y plantar los parterres, si acaso con la ayuda esporádica de un hombre para llevar a acabo las labores más pesadas. Si bien es cierto que la floricultura constituía una pasión eminentemente femenina, no lo era menos que, gracias a esta, la mujer disfrutaba de

un cierto grado de independencia y libertad. Es posible postular que el jardín se llega a convertir en un espacio de liberación y realización para ellas. Este asunto merecería un tratamiento más detallado, pero las limitaciones que nos hemos impuesto en este trabajo nos impiden extendernos más de lo necesario. Así y todo, no resistimos la tentación de citar a Eleanor Perényi, con la que no podemos estar más de acuerdo: "Hasta el siglo XX, ninguna mujer jugó un papel significativo en lo relativo al diseño de jardines. Por supuesto que sabemos por qué. Los grandes jardines del mundo han sido el resultado de reflexiones de intelectuales masculinos y de experiencias espirituales: visiones de Arcadia, himnos al nacionalismo y al divino derecho de los reyes, parábolas zen... Las mujeres no eran más estúpidas que los hombres; solo carecían de los medios para expresarse por sí mismas, y en lugar de escribir como ellos libros sobre hierbas o tratados acerca de (nótese esto) 'la crianza', se limitaban a transmitirse unas a otras sus vividas experiencias con las plantas y la medicina". Eleanor PERÉNYI, *Woman's place,* Critchley, 1996, pp. 86-101 [traducción nuestra].

A este propósito vale la pena recordar también las palabras de Davidoff y Hall en su obra *Fortunas Familiares: hombres y mujeres de la clase media (1780-1850):* "Loudon estimula la especialización en el seno del hogar. Las mujeres tenían una personalidad 'naturalmente' casera, mientras que la de los hombres estaba más capacitada para la vida de puertas afuera. Las mujeres tendían 'naturalmente' al amor por las flores y el color, tan vinculados al jardín casero. La domesticación de lo femenino que propone Loudon se puede comparar con la diferencia que él mismo establece entre la flor plantada en el arriate y la flor de la maceta. La última, dice 'está completamente domesticada' por eso puede recibir 'una atención especial'", Leonore DAVIDOFF y Catherine HALL, *op. cit.,* pp. 127-130.

17   Frederick LAW OLMSTED, *Walks and Talks of an American Farmer in England,* A. Arbor, 1859, p. 51.

XVIII. EL OLVIDADO ARTE DE PENSAR CON LOS PIES

1   Cristopher MORLEY, "The Art of Walking" (1917), en Aaron SUSSMAN y Ruth GOODE, *The Magic of Walking,* Simon and Schuster, Nueva York, 1967.

2   Raffaele MILANI, *El arte del paisaje,* Primera parte Recorridos, 3 El viaje sentimental, 3 Sorpresa de la mirada móvil, trad. de C. Domínguez, ed.

de F. López Silvestre, Editorial Biblioteca Nueva, Paisaje y Teoría, Madrid, 2007, p. 98.

3   En 1770 Walpole en su *Ensayo sobre la jardinería moderna* escribe: "Pero el golpe maestro, el paso decisivo para cuanto ha sucedido después, fue (creo que la idea se debe a Bridgeman) la destrucción de los límites amurallados, y la invención de las zanjas –un invento considerado tan asombroso, que el pueblo llano lo llamaba ¡Ha-has!, para expresar su sorpresa al encontrar tan repentino y desapercibido obstáculo", trad. de P. Martín Salván, *El espíritu del lugar: Jardín y paisaje en la Inglaterra moderna*, *op. cit.*, p. 95.

4   Este vocablo proveniente del gaélico escocés significa 'cuatrero' y se utilizó de manera despectiva para referirse a los miembros de una facción política opuesta a los *tories*, que defendía la monarquía constitucional frente al absolutismo y que, con el tiempo, se convertiría en el Partido Liberal.

5   Michel BARIDON, *op. cit.*, pp. 221-222.

6   George McKAY, *Radical Gardening. Politic, Idealism & Rebellion in the Garden*, *Chapter 1 The Garden in the (City) Machine, Politics an d Protest in the Public Park*, *op. cit.*, pp. 15-16 [traducción nuestra].

7   John DIXON HUNT, *The Figure in the Landscape. Poetry, Painting, and Gardening during the Eighteenth Century*, Postscript, The Johns Hopkins University Press, Baltimore y Londres, 1989, p. 247 [traducción nuestra].

8   Walter BENJAMIN, "Infancia en Berlín hacia el mil novecientos", en *Obras*, libro IV, vol. 1, ed. de T. Rexroth y trad. de J. Navarro Pérez, Abada Editores, Madrid, 2010, p. 179.

9   Walter BENJAMIN, "El París del Segundo Imperio en Baudelaire", en *Poesía y Capitalismo, Iluminaciones 2*, traducción y prólogo de J. Aguirre, Taurus, Madrid, 1972, p. 50. La cita completa donde figura esta curiosa expresión es la siguiente: "Lo apacible de estas pinturas se acomoda al hábito del *flâneur* que va a hacer botánica al asfalto. Pero ni siquiera entonces se podía callejear por toda la ciudad. Antes de Haussmann eran raras las aceras anchas para los ciudadanos, y las estrechas ofrecían poca protección de los vehículos".

10 Charles BAUDELAIRE, *El pintor de la vida moderna*, trad. de A. Saavedra, ed. de A. Pizza y D. Aragó, Colegio Oficial de Aparejadores y Arquitectos técnicos, Librería Yerba, Colección de Arquitectura nº 30, Murcia, 1995, pp. 86-87.

11 El concepto de *flâneur* ha adquirido un nuevo significado y relevancia en los actuales discursos sobre la sociedad digital. El nuevo *flâneur* posmoderno callejea por el ciberespacio del mismo modo que su ances-

tro lo hacía por las avenidas, pasajes y galerías de la ciudad moderna. Está todavía por escribirse la historia de cómo el paseante romántico evolucionó hasta convertirse en el *flâneur* digital. Sobre este particular, escuchemos al arquitecto y filósofo Eduardo Prieto: "El *flâneur* de Baudelaire –igual que el protagonista de *El hombre de la multitud*– se camufla en la masa corporal de los sujetos anónimos que pueblan la ciudad; el *flâneur* digital, por el contrario, es cada día más reacio a pisar la calle y prefiere ocultarse en la masa virtual que alimenta cada día los *blogs, chats* y *sites*. En ambos casos, sin embargo, se comparte un anonimato activo cuyos fines, sin embargo, son totalmente distintos: si el *flâneur* moderno busca reforzar su individualidad, el digital no aspira a cultivar ninguna personalidad previamente constituida sino a crear otra alternativa –virtualizando su yo– mediante la constitución de un avatar digital válido para vivir esa segunda oportunidad –*Second Life*– que ahora es posible tener en la Red". Eduardo PRIETO, *La arquitectura global. Redes, no-lugares, naturaleza*, Biblioteca Nueva, Colección Metrópoli. Madrid, 2011, p. 214.

12   Michel MAFFESOLI, *El nomadismo, Vagabundeos iniciáticos*, V Exilio y reintegración, trad. de D. Gutiérrez, Fondo de Cultura Económica, colección Breviarios nº 382, México, 2004, p. 181.

13   Stefan ZWEIG, *El candelabro enterrado,* trad. de J. Fontcuberta, El Acantilado, Barcelona, 2007, p. 122.

14   Friedrich NIETZSCHE, *Ecce Homo* (1888), trad. de A. Sánchez Pascual, Alianza Editorial, Libro de bolsillo nº 346, Madrid, 1977, p. 74.

15   Thoreau refiere en su ensayo *Walking* (1862) la anécdota de un viajero que rogó a la criada de Wordsworth, el célebre poeta romántico inglés, que le enseñara el estudio de su patrón, y esta le respondió: "Aquí está su biblioteca, pero su estudio es el aire libre". Henry David THOREAU, *Pasear*, trad. de S. Komet, J. J. de Olañeta Editor, Palma de Mallorca, 1999, pp. 11-12.

16   Citado por David LE BRETON, *Elogio del caminar*, trad. del francés de H. Castignani, Siruela, Biblioteca Azul (serie mínima), Madrid, 2011, p. 65.

17   Friedrich NIETZSCHE, *La Gaya Ciencia*, trad. de J. Mardomingo Sierra, Edaf, Madrid, 2002.

18   Jean-Jacques ROUSSEAU, "Les rêveries du promeneur solitaire" *en Oeuvres complètes*, t. I, Le Seuil, L'Integrale, París, 1967, p. 279.

19   Francesco CARERI, *Walkscapes, El andar como práctica estética,* Humanum errare est…, trad. de M. Pla, Editorial Gustavo Gili, Barcelona, 2013, p. 40.

20   Jean-Jacques ROUSSEAU, *Las Confesiones,* trad. de P. Vauces, Espasa-Calpe, Madrid, 1979, p. 152.

21   Henry David THOREAU, *op. cit.*, p. 7.

22 Citado por Carl HONORÉ, *Elogio de la lentitud. Un movimiento mundial desafía el culto a la velocidad,* 5 El cuerpo y la mente: *mens sana in corpore sano,* trad. de J. Fibla, RBA Libros, Barcelona, 2005, p. 118.

23 De entre los pensadores que han creído ver en la velocidad una clave explicativa de la modernidad destaca Paul Virilio (París, 1932), arquitecto y urbanista, quien señala: "'¡No tenéis cuerpo, sois cuerpo!', clamaba ayer Wilhelm Reich; a lo que el poder y sus técnicas responde hoy: 'No tenéis velocidad, sois velocidad'". Paul VIRILO, *Estética de la desaparición* (1980), N. Benegas, tr. Anagrama, Barcelona, 1988, p. 47.

24 Carl HONORÉ, *op. cit.,* p. 118. El pensador francés Frédéric Gros también reivindica la lentitud y celebra las virtudes elementales del paseo en su obra *Andar, Una filosofía,* trad. de Isabel González-Gallarza, Taurus Pensamiento, Madrid, 2014.

25 Véase la *Carta Internacional del Caminar* promovida por el grupo *Walk 21. Promocionando el caminar en el siglo 21* (www.walk21.com).

26 Robert HARRISON, *Jardins. Réflexions sur la condition humaine,* chapitre 11, Savoir regarder, un art oublié, traduction de l'anglais par F. Naugrette, Éditions Le Pommier, París, 2007, p. 157 [traducción nuestra].

27 Véase la página web oficial del artista: www.richardlong.org [traducción nuestra].

28 El propio artista describe así sus intenciones: "Un viaje es una línea errante. Caminar en línea recta, de un lado para otro, hacer una línea de polvo: crear un escultura". La crítica e historiadora del arte Colette Garraud ofrece esta interpretación de la obra de Long: "Una línea hecha caminando es en definitiva, y de manera bastante provocativa, una especie de paradigma de la intervención efímera. Efímera porque las hierbas pisadas no tardan mucho en volver a su estado normal y el paisaje a recobrar su estado natural [...] En mi opinión lo efímero hace su trabajo más humano, por analogía con la fragilidad de nuestra propia existencia". Colette GARRAUD. "L'idée de nature dans l'art contemporain", en *Arte y Naturaleza: actas,* Huesca, 1995, dir. de J. Maderuelo, Diputación de Huesca, 1996, p. 86.

29 Hamish FULTON, *Siete caminatas,* Fundación César Manrique, Lanzarote, 2005, p. 12.

30 Robert WALSER, *El paseo,* trad. de C. Fortea, Siruela, Madrid, 1996, p. 23.

1   Esa imagen aparece grabada en el reverso de las monedas cretenses acuñadas en el período comprendido entre 300 y 70 años a. de C.

2   Leemos en el *Diccionario de los símbolos* de Jean Chevalier y Alain Gheer- brant: "El laberinto es sobre todo un cruce de caminos; algunos de ellos no tienen salida y son callejones sin salida a través de los cuales se trata de descubrir el camino que conduce al centro de esta curiosa tela de araña. La comparación con la telaraña no es exacta, por otra parte, ya que esta es simétrica y regular, mientras que la esencia misma del labe- rinto es circunscribir en el espacio más pequeño posible el enredo más complejo de senderos y retrasar así la llegada del viajero al centro que desea alcanzar". Marcel BRION, *Léonard de Vinci*, París, 1952. Extraído de Jean CHEVALIER y Alain GHEERBRANT, *Diccionario de los símbolos,* Herder, Barcelona, 1986, p. 620.

3   Penelope REED DOOB, *The Idea of the Labyrinth. From Classical Antiquity through the Middle Ages,* Cornell University Press, 1992.

4   Hermann KERN, *Though the Labyrinth: Designs and Meanings over 5000 years* (1982), éd de Robert Ferré y Jeff Saward, Múnich/Londres/Nueva York, Prestel Verlag, 2000.

5   Hervé BRUNON, "Introduction: Avatars du Labyrinthe. De la Protohis- toire à la postmodernité", en *Le jardin comme labyrinthe du monde. Méta- morphoses d'un imaginaire de la Renaissance à nos jours,* Louvre PUPS, Musée du Louvre, París, 2008.

6   Ver Paul DIEL, *Le symbolisme dans la Mythologie grecque,* Payot, París, 1952.

7   Mircea ELIADE, *Tratado de historia de las religiones,* trad. de A. Madinavei- tia, Biblioteca de cuestiones actuales, Madrid, 1954.

8   Ver Roger CALLOIS, *Le Mythe et l'Homme* (1938), Gallimard, Collection Folio Essais, París, 2002 y Karoly KERÉNYI, *Labyrinth-Studien: Labyrinthos als Linienreflex, einer mythologischen idee* (1941), Zurich, Rhein, 1950.

9   Paolo SANTARCANGELI, *El libro de los laberintos. Historia de un mito y un símbolo,* trad. de C. Palma, Ediciones Siruela, Madrid, 1997, p. 337.

10 *Véase* Édith de LA HÉRONNIÈRE, *Le labyrinthe de jardin ou l'art de l'éga- rement, Chemins d'églises,* Klincksieck, Collection L'esprit et les formes, París, 2009, pp. 31-32.

11 Frank CRISP, *Mediaeval Gardens,* Hacker Art Books, Nueva York, 1979, p. 105 [traducción nuestra].

12 G. Durand ha resaltado justamente este hecho: "A menudo el laberinto

es un tema de pesadilla, pero la casa es un laberinto tranquilizador, amado pese a lo que, en su misterio, puede subsistir de leve estremecimiento". Gilbert DURAND, *Las estructuras antropológicas del imaginario, Introducción a la arquetipología general,* Libro segundo: El régimen nocturno de la imagen, primera parte: El descenso y la copa, 2: Los símbolos de la intimidad, trad. de V. Goldstein, Fondo de Cultura Económica, Madrid, 2005, p. 251.

13   Jorge Luis BORGES, "La esfera de Pascal", en *Inquisiciones,* Alianza Emecé, LB nº 604, Madrid, 1976, p. 13. El escritor argentino mostró también el trasfondo filosófico del laberinto, un mito fundacional de su literatura, en un poema memorable que reproducimos a continuación: "Y no tiene ni anverso ni reverso / Ni externo muro ni secreto centro. / No esperes que el rigor de tu camino. / Que tercamente se bifurca en otro, / Que tercamente se bifurca en otro, / Tendrá fin. Es de hierro tu destino / Como tu juez. No aguardes la embestida / Del toro que es un hombre y cuya entraña / Forma plural da horror a la maraña / De interminable piedra entretejida. / No existe. Nada esperes. Ni siquiera / En el negro crepúsculo la fiera". Jorge Luis BORGES, "Laberinto", en *Elogio de la sombra (1969), Obra poética 1923-1977,* Alianza Tres/Emecé, Madrid, 1987, p. 332.

14   El primero en emplear el término *survival* fue Edward Burnett Tylor, quien en su obra *Primitive culture* (1871) lo define así: "Existen procesos, costumbres, opiniones, etc., que solo por la fuerza del hábito han pasado a un nuevo estado de la sociedad, diferente de aquel en que tuvieron su origen, así constituyen pruebas y ejemplos permanentes del modelo anterior de la cultura, que por evolución ha producido este nuevo". Edward BURNETT TAYLOR, *La cultura primitiva,* Ayuso, Madrid, 1977, p. 16. Bronislaw Malinowski ofrece una definición más clara del término en 1944: "un *survival* es un rasgo cultural que no encaja en su medio cultural. Más que funcionar, persiste, o bien su funcionamiento de algún modo no armoniza con la cultura que lo rodea". Bronislaw MALINOWSKI, *Una teoría científica de la cultura,* Edhasa, Barcelona, 1970, p. 28.

Por su parte, Marvin Harris escribe al respecto: "hay un pequeño número de *survivals* socioculturales que parecen casi enteramente desprovistos de utilidad. Los botones en la bocamanga de las chaquetas o el lazo de la cinta en el interior del sombrero son los ejemplos que se suelen dar. Pero la mayoría de los *survivals* socioculturales tienen un cierto grado de utilidad". Marvin HARRIS, *El desarrollo de la teoría antropológica (Una historia de las teorías de la cultura),* trad. de R. Valdés del Toro, Siglo XXI, Madrid, 2005, p. 143.

15 Con este término inglés *(wilderness)* se designa a aquella parte del jardín barroco, que, pese a ser artificialmente plantada y cuidadosamente mantenida, tiene un aspecto boscoso y un aire salvaje e informal, que lo emparentan con la tradición de los laberintos de jardín o *mazes.* Es el descendiente directo en la cultura inglesa del jardín del *bosco* italiano y del *bosquet* francés. Y al igual que ellos representa un lugar propicio para la meditación, la consoladora contemplación de la naturaleza y el recogimiento espiritual. Burton en su *Anatomy of Melancholy* recomienda pasear, caminar por jardines, bosques y *the wilderness* para aliviar *the English malady.* A partir de mediados del siglo XVIII, este elemento desaparece paulatinamente de los jardines ingleses y es reemplazado por el *shrubbery.*

16 John DIXON HUNT, *Greater Perfections. The Practice of the Garden Theory,* capítulo 4 Representation, Thames & Hudson, Londres, 2000, p. 85 [traducción nuestra].

17 Otra posible explicación de la afición de los franceses por los naranjos, cosa que, si bien se piensa, resulta bastante chocante, guarda relación con nuestro país. Como señalan Añón y Luengo, la introducción de ese árbol en Francia se debe a la pasión que el rey Carlos III el Noble de Navarra, nacido en Francia y casado con Eleonor de Castilla, sentía por los cítricos, hasta el punto de hacerse traer desde Valencia en 1409 treinta naranjos y limoneros, aparte de más de doscientas palmeras, cipreses y rosales, que destinó a crear un jardín en el castillo de Olite. En 1498 con motivo de la boda de Luis XII de Francia con Ana de Bretaña, la reina de Navarra, doña Catalina, regaló al rey una caja que contenía cinco naranjos, uno de los cuales había sido plantado y cultivado por su bisabuela, la reina Eleonor de Castilla, en el palacio de Olite. En 1684 el último de los naranjos supervivientes fue conducido por Luis XIV a Versalles, donde recibió el nombre de Gran Bourbon ou Grand Connétable. Ese árbol moriría en 1894, casi cuatro siglos después. Carmen AÑÓN, Mónica LUENGO y Ana LUENGO, *Jardins en Espagne,* Actes Sud, Paris, 1999, pp. 58- 59.

18 Paola MARESCA, *Giardinie delizie: segreti, allegorie, metafore e antichi simbolismi, Il gioco dei laberinti,* Angelo Pontecorboli Editore, Florencia, 2009, p. 37 [traducción nuestra].

19 Édith de LA HÉRONNIÈRE, *op. cit.,* p. 71 [traducción nuestra].

20 Alessandro RINALDI, "Dal labirinto nel giardino al giardino come labirinto", en *Il giardino storico all'italiana,* F. Nuvolari (dir.), Electa, Milán, 1992, pp. 133-146.

21 Manuel MUJICA LAINEZ, *Bomarzo,* X El sacro bosque de los monstruos, Seix barral, Biblioteca Breve, Barcelona, 1983, p. 570.

22   Mario VARGAS LLOSA, "El visionario", en *El País*, domingo 6 de mayo de 2012.

23   En 1968 la exposición colectiva *Earthworks* en la mítica galería de Virginia Dwan en Nueva York reunió a creadores como Robert Smithson (1938-1973), Walter De Maria (1935-2013), Michael Heizer (1944), Robert Morris (1931) y Dennis Oppenheim (1938-2011). Algunos de estos prometedores jóvenes (Smithson, Morris y Oppenheim) y otros nuevos (Carl André, Sol LeWitt, Claes Oldenburg) participaron al año siguiente en la exposición que organizó la Cornell University bajo el lema "Earth Art". Estas exposiciones darían nombre y visibilidad a un particular modo de creación artística, que combinaba la austeridad formal del Minimalismo, la densidad significativa y la reflexividad del Arte Conceptual y la dimensión mítica del Arte Povera, y marcarían el nacimiento de lo que, con el tiempo, acabaría conociéndose como *Land Art*.

No deja de ser irónico que los orígenes de esta corriente estén vinculados a sendas exposiciones, cuando uno de los pocos rasgos en común de esa tan heterogénea como variopinta hornada de artistas era justamente el rechazo a la comercialización del arte y la voluntad de sacar las obras de sus marcos expositivos tradicionales. A esta antimercantilización se añadía el desafío a la ortodoxia académica, la crítica a las formas escultóricas tradicionales y la impugnación de la rígida teoría moderna. Al escoger los vastos, remotos y despoblados parajes desérticos de las tierras del Oeste (de Nevada y California), que también habían inspirado a Frank Lloyd Wright, y utilizar en sus creaciones elementos del terreno (rocas, tierra y agua), en ocasiones combinados con materiales industriales como hormigón, asfalto, acero,... pretendían modificar la definición de escultura y la manera en que los espectadores percibían las obras. Aspiraban a renovar el lenguaje formal del arte, a encontrar nuevos cauces para expresar su sentimiento antiurbano y a rebasar los límites, ir más allá y establecer nuevas fronteras para la creatividad. Las obras de *Earthworks, Earth Art*, también conocido como *Ecologial Art, Nature Works, Process Art, Environmental Art, Site-specific Projects* y una multitud de nombres más, no siempre corresponden a un trabajo escultórico sino a un *"site performance"*, a intervenciones transitorias o, incluso, a meros procesos mentales.

Frente a los artefactos artísticos consagrados por la crítica y expuestos como fetiches entre las paredes de las galerías de moda, ellos preferían exhibir sus obras al aire libre, en *non-sites*, por usar la elocuente expresión acuñada por Smithson para definir sus efímeras realizaciones en medio del paisaje, donde estaban sometidas al deterioro progresivo y la acción erosiva de los elementos. De ahí también que documenten fotográfica y fílmicamente la ejecución de sus creaciones y su posterior degradación. Esos registros visuales, junto con mapas, dibujos y textos, constituyen por lo general el material expositivo. Vale la pena detenerse en este punto para subrayar que la noción de proceso está muy presente en sus obras, tanto el proceso creativo del artista como el perceptivo del espectador.

24 Compartimos la opinión de De Gracia, quien, a este particular, observa con extrema agudeza: "Muchas de las *earthworks* no se idean para integrarse en el paisaje geográfico, contra lo que sus autores pudieran aducir, sino que en casos extremos llegan a vampirizar la sustancia de algunos territorios destacados: desiertos inmensamente vacíos, hermosas playas vírgenes, remotas formaciones volcánicas. Hablamos de artistas hechos al medio cultural urbano que escenifican un cierto rechazo a la ciudad para justificar sus instalaciones en parajes antropizados, sabedores de que su intervención provoca una imagen destacada gracias a un fondo majestuoso. Cierto que a veces se trata de montajes provisionales o de performances fugaces, donde interesa más el acontecimiento que la perpetuación del objeto. En tales casos, en efecto, el proceso o la acción importan más que el resultado, algo que estuvo especialmente presente en el ideario del situacionismo, una influyente vanguardia antisistema y antinaturalista de los años sesenta". Francisco de Gracia, *Apuntes sobre la razón constructiva,* 03 Varia Paisajística, Entre la arquitectura y el paisaje, Nerea, Donostia-San Sebastián, 2009, p. 64.

25 Véase Jeff SAWARD, *Magical Path: Labyrinths and Mazes in the 21st. Century,* Mitchell Beazley, London, 2002 y *Labyrinths and Mazes: The Definite Guides to Ancient and Modern Traditions,* Gaia, London, 2003. Este autor es asimismo el fundador de la revista especializada *Caerdroia. The Journal of Mazes & Labyrinths* y el director del Labyrinth Resource Centre (Labyrinthos).

26 Jeff SAWARD, "Attraction du dédale, fascination du labyrinthe. Sources et influences d'une double résurgence", *op. cit.*, p. 218.

27 Este es uno de los dieciocho relatos que componen el libro *El Aleph* (1949), Alianza/Emecé, El Libro de bolsillo nº 309, Madrid, 1971.

XX. LA UTOPÍA APLICADA. PARQUES PÚBLICOS,
JARDINES OBREROS Y CIUDADES-JARDÍN

1 Jean-Pierre LE DANTEC, profesor de la Escuela de arquitectura de París-la Vilette, resume así su fórmula constructiva: "De hecho, en materia de jardinería urbana, al igual que en materia de arquitectura, el modelo de Haussmann-Alphand puede caracterizarse por la puesta en práctica de

'tipos con variaciones' sobre diferentes elementos como son: el bosque, el parque, el *square*, la avenida, el bulevar con hilera de árboles, la calle con plantaciones en línea... Cada diseñador introduce las variaciones sugeridas por el lugar, la nobleza o la modestia de la zona (lo que se traduce concretamente en la ornamentación de sus verjas y en la calidad del mobiliario urbano), así como aquellas modificaciones de su propia inventiva. Y si aún no se ha dado la normalización y estandarización que caracterizará a la Bauhaus y Le Corbusier, el modelo de Haussmann-Alphand sí que se construye sobre cierta veneración por la industria; la propia lógica del ingeniero Alphand es un paso decisivo en esta dirección". Jean-Pierre LE DANTEC, *Jardins et paysages: une anthologie*, V: Le siècle du style paysager, Adolphe Alphand, Les Promenades de Paris, Éditions de la Villette, Penser l'espace, París, 2003, p. 283 [traducción nuestra].

2   Clare A. P. WILLSDON, "Introducción", en *Jardines impresionistas (catálogo de la exposición),* Museo Thyssen-Bornemisza, Fundación Caja Madrid, Madrid, 2010, pp. 23-24.

3   Susan y Geoffrey JELLICOE, *El paisaje del hombre. La conformación del entorno desde la prehistoria hasta nuestros días,* trad. de C. Sáenz de Valicourt, *Estados Unidos de América: siglo XIX,* Gustavo Gili S. A., Barcelona, 1995, p. 281.

4   Downing comparte con Olmsted el honor de ser uno de los padres fundadores del paisajismo norteamericano. Los dos ven muy pronto la necesidad de dotar a las jóvenes y prósperas ciudades norteamericanas de grandes parques públicos siguiendo el ejemplo de las metrópolis del Viejo Continente. Aunque ambos beben en las teorías de Price y Gilpin, la figura de referencia y su modelo a seguir será, en el caso de Downing, Loudon; y en el de Olmsted, Paxton. Mientras que aquel es el autor del primer tratado allende el Atlántico *(A Treatise on the Theory and the Practice of Landscape Gardening,* 1841), Olmsted dejó tras sí una vasta obra escrita (sus *Papers* suman la friolera de 60.000 documentos en la edición norteamericana), pero no dio a la imprenta ninguna obra teórica que merezca ser considerada un tratado. Sus ideas se hallan desparramadas en una multitud de comunicaciones, artículos, panfletos, etc.

5   Lewis MUMFORD, *The Brown Decades. A Study of the Arts in America: 1865-1895,* Dover Publications, Harcourt, Brace and Co, Nueva York, 1931 (versión castellana: *Las décadas oscuras,* editorial Infinito, Buenos Aires, 1960, p. 84).

6   Robert SMITHSON, "Frederick Law Olmsted y el paisaje dialéctico" (1973), en Robert Smithson (catálogo de la exposición), trad. de H. Smith, ivam Centre Julio González, Valencia, 1993, pp. 174-181.

7   Veamos un ilustrativo pasaje de la obra donde define su concepto de "parque", integrado por enormes espacios de naturaleza artificial articulados dentro de la malla urbana: "En la práctica el terreno que nos parece más idóneo está constituido por una gran y bella pradera abierta que ofrece suficiente espacio y está sembrada del número de árboles necesario para crear una paleta de sombras y claros. He aquí a nuestro parecer la primera de las características de un parque. Los bosquetes deben ser lo bastante espesos no solo para ofrecer un refugio durante los fuertes calores sino también para ocultar completamente la ciudad. Soy de la opinión que el término "park" debería ser reservado en la nomenclatura urbana para los terrenos que comportan a la vez estas características y esta función". Frederick Law Olmsted, "Public Parks and the Enlargement of Town", p. 14 [traducción nuestra].

8   Extraído de David E. Cooper, *A Philosophy of Gardens, 2: Art-and-Nature, Phenomenology and 'Atmosphere'*, Claredon Press, Oxford, 2008, p. 52 [traducción nuestra].

9   Fernando CHUECA, *Breve historia del urbanismo, Lección 8: La ciudad industrial*, Alianza Editorial LB nº 4650, El libro de bolsillo, Geografía nº 4650, Madrid, 1968, p. 174.

10   Raymond TROUSSON, *Voyages aux pays de nulle part. Histoire littéraire de la pensée utopique, Le XIX siècle*, Éditions de l'université de Bruxelles, 2009, p. 184 [traducción nuestra].

11   Joseph PROUDHON, *Du principe de l'art et sa destination sociale*, ed. de C. Bouglé y Moysset, París, 1939, p. 258.

12   *Zarafa* es el término árabe que designa genéricamente a las jirafas. Su caso inspiró al narrador francés Michael Allin, que escribió Zarafa: la auténtica aventura de la jirafa que viajó a París desde el corazón de África. Esta novela fue traducida al castellano por P. Somarriba y publicada por ediciones Apóstrofe en el año 2000.

13   Véase Yves-Marie ALLAIN, *Une histoire des serres, De l'orangerie au palais de cristal*, Éditions Quae, Versalles, 2010.

14   John LOUDON, *Remarks on the Construction of Hothouses*, Londres, 1817, p. 49 [traducción nuestra].

15   Rosario ASSUNTO, "Pour une ontologie du jardin" (1981), en *Retour au jardin, Essais pour une philosophie de la nature, 1976-1987*, ed. deH. Brunon, Les Éditions de l'Imprimeur, Collection Jardins et Paysages, París, 2003, p. 81 [traducción nuestra].

16   Darío ÁLVAREZ, *El jardín en la arquitectura del siglo XX*, capítulo 24: El parque popular, Editorial Reverté, Estudios Universitarios de arquitectura, Barcelona, 2007, pp. 334-335.

17 Citado por Darío Álvarez, capítulo 23: Parques en la ciudad, *op. cit.*, pp. 336-337.

18 Citado por Philippe Prévot, *op. cit.*, p. 272 [traducción nuestra].

19 Jeremy Burchardt, *Paradise Lost: Rural Idyll and Social Change since 1800*, I. B. Taurus, Londres, 2007, p. 78 [traducción nuestra].

20 Ebenezer Howard, "Ciudades-jardín del mañana" en *Orígenes y desarrollo de la ciudad moderna*, trad. de Laboratorio de Urbanismo de la Universidad de Barcelona, Editorial Gustavo Gili, S. A., Barcelona, 1972, p. 136.

21 *Ibid.*, pp. 138-140.

22 Fernando Fernández, "La ciudad como referente de ideas utópicas", en *Lo utópico y la utopía*, Editorial Integral, Barcelona, 1984, p. 249.

23 Fredric Jameson, capítulo XIII: El futuro entendido como perturbación, *op. cit.*, p. 273.

24 George McKay, *op. cit.*, p. 34 [traducción nuestra].

25 Susan y Geoffrey Jellicoe, *op. cit.*, p. 297.

26 Lewis Mumford, "La utopía, la ciudad y la máquina", en *Utopías y pensamiento utópico*, traducción M. Mora, Espasa-Calpe Universitaria, Madrid, 1982, p. 32.

XXI. TEORÍA Y PRÁCTICA DEL JARDÍN MODERNO

1 André Véra, *Le Noveau Jardin,* Chapitre I Modernité, Émile Paul, París, 1913, p. 10-12 [traducción nuestra].

2 El Movimiento Moderno (1919-1939) se desarrolló en la época de entreguerras, en las décadas veinte y treinta del siglo pasado. Con la llegada al poder de Hitler y el consiguiente cierre de la Bauhaus, numerosos arquitectos y diseñadores emigraron a Estados Unidos. En 1932 tuvo lugar en el MOMA (Museo de Arte Moderno de Nueva York) la exposición de Arquitectura Moderna. Con tal motivo el historiador Henry-Russell Hitchcock (1903-1987) y el comisario de la muestra y responsable de la sección de arquitectura del museo, Philip Johson (1906-2005), publicaron *International Style: Architecture since 1922*. Desde entonces, se adoptará el término "estilo internacional" [Internacional Style] para referirse a todo el Movimiento Moderno (1945-1973).

3 André Lurçat, *Terrasses et jardins,* Éd. D'Art Charles Moreau, París, 1929, p. 1-2.

4 Christopher Tunnard, *Gardens in the Modern Landscape: A Facsimile of the Revised 1948 Edition*, University of Pennsylvania Press, Penn Studies in Landscape Architecture, 2014.

5   Thomas Dolliver CHURCH, *Gardens are for People, Introduction,* Univertsity of California Press, Berkeley y Los Angeles, California – Londres, Inglaterra, 1955, p. 3 [traducción nuestra].

6   Hugh JOHNSON, *The Principles of Gardening,* Mitchell Bearley Publishers, Londres, 1979, p. 234. Existe una edición española de este libro con el título *Las artes del jardín,* Blume Editorial, Barcelona, 1981.

7   En la conferencia, más tarde publicada en forma de libro, *El espíritu nuevo en la arquitectura* (1925) Le Corbusier afirmó: "La casa tiene dos finalidades. Es, primeramente, *une machine à habiter,* es decir, una máquina destinada a procurarnos una ayuda eficaz para la rapidez y la exactitud en el trabajo, una máquina diligente y atenta para satisfacer las exigencias del cuerpo: comodidad. Pero luego es el lugar útil para la meditación, y finalmente el lugar donde la belleza existe y aporta al espíritu la calma indispensable; no pretendo que el arte sea un plato para todo el mundo, simplemente digo que, para ciertos espíritus la casa debe aportar el sentimiento de la belleza. Todo lo que concierne a las finalidades prácticas de la casa ya lo aporta el ingeniero; en lo concerniente a la meditación, al espíritu de belleza, al orden reinante (y que será el soporte de aquella belleza) lo hará la arquitectura. Trabajo del ingeniero por una parte; arquitectura por la otra". LE CORBUSIER, *El espíritu nuevo en la arquitectura,* trad. de M. Borrás y J. M. Forcada, Colegio Oficial de Aparejadores y Arquitectos Técnicos, Librería Yerba, Murcia, 1993, p. 39.

8   Los *pilotis* son pilares que soportan el edificio como las patas aguantan el tablero de una mesa, elevándolo del suelo y permitiendo la circulación del aire y de las personas por debajo, lo que favorece el aislamiento térmico y el aprovechamiento del espacio. Los cinco principios clave en la nueva arquitectura preconizada por Le Corbusier serán: *pilotis,* cubierta jardín, planta libre, ventana corrida y fachada libre.

9   Alain DE BOTTON, *La arquitectura de la felicidad,* trad. de M. Cebrián, 11, Lumen, Barcelona, 2008, p. 57.

10 Aldous HUXLEY, *Un mundo feliz,* trad. de R. Hernández, capítulo IV, Plaza & Janés, Barcelona, 1969, pp. 78-79.

11 Su verdadero nombre era Charles-Édouard Jeanneret. El seudónimo por el que sería conocido, Le Corbusier, que adoptó a los 29 años cuando se trasladó a París, es una variación humorística del apellido de su abuelo materno "Lecorbésier", que evoca en francés la palabra cuervo.

12 En *Une petite maison,* el texto que escribió con motivo de la construcción en 1923 de una pequeña casa para sus padres a orillas del lago Leman en Corseaux (Suiza), escribió: "El hormigón armado permite la cubierta

terraza y, con quince o veinte centímetros de tierra, la 'cubierta jardín'. [...] Aislante del frío, aislante del calor. Es decir, un producto isotérmico gratuito que no requiere ningún mantenimiento". Le CORBUSIER, *Une petite maison*, Éditions d'Architecture, Verlag für Architektur, Zurich-Munich, 1954. Edición española: *Una pequeña casa*, Editorial Infinito, trad. de E. Ponce de León, Buenos Aires, 2006, p. 41.

13   Le CORBUSIER y Pierre JEANNERET, *Œuvre complète, 1929-34*, H. Girsberger, Zurich, 1934, p. 24.

14   Darío ÁLVAREZ, *El jardín en la arquitectura del siglo xx. Naturaleza artificial en la cultura moderna*, capítulo 18: Naturalezas Muertas, Editorial Reverté, Estudios Universitarios de Arquitectura 14, Barcelona, 2007, p. 278.

15   Le CORBUSIER, *Charte d'Athènes, chapitre Exiger*, § 37, Point Seuil, París, 1971 [traducción nuestra].

16   En su historia del jardín en la arquitectura del siglo xx, Álvarez escribió: "La naturaleza, el paisaje y sus elementos, fueron vistos por el arquitecto en su estado más puro; sin embargo, su naturalismo no se limitó a una visión idílica de lo rural, sino que le llevó a indagar en la interpretación del paisaje como fuente de inspiración arquitectónica [...] Wright procuró buscar en todos sus proyectos un equilibrio entre el mundo natural y las abstracciones plásticas propias de la arquitectura. En este continuo diálogo, el jardín se convirtió en protagonista, y Wright se sirvió de él para extender la arquitectura de la casa hacia el paisaje y fundir ambos organismos en un sistema espacial único". Darío ÁLVAREZ, capítulo 12: El jardín en la pradera, *op. cit.*, p. 181.

17   Daniel TREIBER, *Frank Lloyd Wright*, trad. de Y. Borja de Quiroga, Akal, Madrid, 1996, p. 88.

18   En su dilatada carrera profesional Wright tuvo altibajos y crisis, pero no cayó nunca en el academicismo. A lo largo de sus siete décadas de ejercicio de la arquitectura volcó su versátil y polifacética creatividad en todo tipo de edificios: residencias campestres como las *Prairie Houses* (Casas de la Pradera) realizadas durante la primera década del siglo xx, véase *Martin House* (1904) en Buffalo (Nueva York), *Coonley House* (1908) en Riverside (Illinois) o *Roobie House* (1909) en Chicago, edificios de oficinas como el *Larkin Administration Building* de Buffalo (1904) o el *Administration Building* de la *S. S. Johnson Wax Company* (Wisconsin, 1939), iglesias como *The Unity Church* (1906) de Oak Park o la iglesia unitaria de Madison (1947-1952), museos como el famoso edificio del Guggenhein (1943-46) de Nueva York, hoteles como el Imperial de Tokio (1916-1922), bibliotecas como la *Florida Southern Library*, rascacielos como el *Price Tower* de Bartlesville (Oklahoma) en 1953, proyectos urbanísticos como el *Florida Southern Collegue*, res-

taurantes como el *Midway Gardens* (1913-14) al sur de Chicago o casas de autor como *Kaufman House*, más conocida como la Casa de la Cascada (1936-37) en los bosques de Pennsylvania, tal vez su edificio más icónico, y por supuesto su estudio-escuela-residencia de Taliesin I y II.

19   Frank LLOYD WRIGHT, *Modern Architecture*, 5: La tiranía de los rascacielos, trad. de F. Meler-Ortí, Paidós Estética, Barcelona, 2010, p 216.

20   La etimología de ese extraño neologismo ideado por Wright evidencia sus propósitos: *Broad* (en inglés: ancho, abierto, claro) y acre. Las publicaciones en las que habla de *Broadacre City* son, aparte del libro ya mencionado, *Architecture and Modern Life* (1937) escrito en colaboración con B. Brownell, *When Democracy Builds* (1945) y *The Living City* (1958).

21   Esta casa, dicho sea de paso, aparece en películas de culto como *L. A. Confidencial* (1997) de David Strathairn y en *Beginners* (2010) de Mike Mills.

22   Aunque la creencia en las virtudes salutíferas del contacto con la Naturaleza es muy antigua, en la época contemporánea ha cobrado un nuevo sentido hablar de "jardines curativos", que la psicóloga medioambiental norteamericana Cooper Marcus define como "aquellos espacios al aire libre con un potencial terapéutico". Pocas dudas caben de que los jardines poseen un efecto benéfico sobre las personas enfermas, convalecientes o desequilibradas, y que pueden contribuir a atenuar o mejorar los estados emocionales negativos. No solo son una distracción positiva y un efectivo antídoto contra el estrés y la ansiedad, sino que también influyen positivamente en el proceso de sanación de dolencias físicas y mentales. Así se explica el hecho que, desde la Edad Media, los hospitales, los sanatorios y los asilos contaran con jardines y paseos arbolados, donde los enfermos, los locos y los ancianos pudieran solazarse. Aunque no tengamos pruebas científicas de ello, es indudable la influencia del espacio sobre la psique humana y el potencial curativo de los entornos saludables, lo que, si bien se piensa, convierte a la arquitectura en una rama de la medicina. Los jardines nos brindan consuelo suscitando asociaciones, evocando recuerdos, despertando emociones positivas. Todos los jardines subrayan la verdad que encierra la antigua sentencia según la cual las flores son un bálsamo para el alma herida.

23   Alain DE BOTTON, *La arquitectura de la felicidad,* IV Ideales del hogar, Ideales, 4, trad. de Me Cebrián, Lumen Ensayo, Barcelona, 2008, p. 141.

24   Richard NEUTRA, *Survival through design,* Oxford University Press, Nueva York, 1954, p. 89.

25   Christian NORBERG-SCHULZ, *Los principios de la arquitectura moderna. Sobre la nueva tradición del siglo XX*, trad. de J. Sainz Avia, Editorial Reverté, Barcelona, 2005, p. 244.

26 Los autores del catálogo de la exposición *El Estilo Internacional: Arquitectura desde 1922* (1932) en el MOMA *(Museum of Modern Art)* de Nueva York Henry-Russell Hitchcock y Philip Johnson resumieron con estas palabras el ideario del nuevo estilo: "Existe, en primer lugar, una concepción de la arquitectura como volumen más que como masa. En segundo lugar, la regularidad sustituye a la simetría como medio fundamental para ordenar el diseño. Estos dos principios, unidos a un tercero que proscribe la decoración aplicada arbitrariamente caracterizan las obras del Estilo Internacional". Extraído de William J. R. CURTIS, *La arquitectura moderna desde 1900,* 17 La expansión de la arquitectura moderna en Inglaterra y Escandinavia, 11 El rascacielo y el suburbio: América en el período de entreguerras, trad. de J. Sainz Avia, Editorial Blume, Madrid, 1986, p. 158.

27 William J. R. CURTIS, 17: La expansión de la arquitectura moderna en Inglaterra y Escandinavia, *op. cit.,* p. 230.

28 Darío ÁLVAREZ, capítulo 15: "Vivir al aire libre", *op. cit.,* p. 231.

29 University of Virgina, Charlottesville, 1987.

30 La prestigiosa compañía EDAW, acrónimo formado por las iniciales de los apellidos de los socios fundadores (Eckbo, Dean, Austin y William) actualmente da trabajo a 1800 personas repartidas en 25 estudios de arquitectos paisajistas por todo el mundo.

31 *Véase* Dore Ashton, Noguchi *Est and West,* University of California Press, 1933 y el catálogo de la exposición *Isamu Noguchi: Scultural Design, Vitra, Design Museum,* Weil am Rehin, 2002 [traducción nuestra].

32 Jacques LEENHARDT, "Paysage, botanique et écologie, questions à Roberto Burle-Marx" en *Dans les jardins de Roberto Burle-Marx,* Actes Sud, Arles, 1994, p. 45 [traducción nuestra].

33 *Ibid.,* p. 52 [traducción nuestra].

34 Eduardo PRIETO, *La arquitectura de la ciudad global. Redes, no-lugares, naturaleza,* capítulo X: Ágora o jardín, Desplazamientos del ágora, Grupo editorial Siglo XXI, Biblioteca Nueva, Colección Metrópoli: Los espacios de la arquitectura nº 20, Madrid, 2011, p. 159.

35 M. RAVALLON, *On the Urbanization of Poverty,* documento del Banco Mundial, 2001.

36 Alain DE BOTTON: 'Las virtudes de los edificios', *op. cit.,* p. 216.

37 Friedrich HÖLDERLIN, *Hiperión o el eremita en Grecia,* trad. de J. Munárriz, Ediciones Peralta, Libros Hiperión, Madrid, 1976, p. 54.

38 Emil Michel CIORAN, *Historia y Utopía, Mecanismo de la utopía,* trad. de E. Seligson, Tusquets Editores, colección Marginales nº 102, Barcelona, 1988, pp. 120-21. Escuchemos a este propósito las reflexiones del filósofo

cuando unas pocas líneas más adelante se pregunta con una ironía no exenta de melancolía: "¿Y de dónde serían esas ciudades que el mal no toca, donde se bendice el trabajo y nadie teme a la muerte? En ellas nos vemos constreñidos a una felicidad hecha de idilios geométricos, de éxtasis reglamentados, de mil maravillas atosigantes: así se presenta necesariamente el espectáculo de un mundo *perfecto*, de un mundo fabricado. Con una minuciosidad risible nos describe Campanella a los solares exentos de 'gota, reumatismo, catarros, ciática, cólicos, hidropesía, flatulencias...' Todo abunda en la *Ciudad del Sol* 'porque cada cual se esmera en distinguirse en lo que hace. El jefe que preside cada cosa es llamado *rey*... Mujeres y hombres, divididos en grupos, se entregan al trabajo sin infringir jamás las órdenes de sus *reyes* y sin mostrarse fatigados como lo haríamos nosotros. Consideran a sus jefes como a padres o a hermanos mayores'. Boberías similares se encuentran en todas las obras del género, sobre todo en las de Cabet, Fourier o Morris, desprovistos de esa pizca de aspereza, tan necesaria en las obras literarias u otras".

39 Fredric JAMESON, *Arqueologías del futuro,* capítulo III: Moro: la ventana genérica, p. 41.

XXII. UNA PROPOSICIÓN PARA CORREGIR EL MAPA DE UTOPÍA

1 Este vocablo fue puesto en circulación por John Stuart Mill (1806-1873) en sustitución o como sinónimo del término cacotopía (etimológicamente el prefijo griego *caco* significa lo peor y *topos* lugar). Esta voz fue acuñada, a su vez, en 1818 por su maestro, el filósofo Jeremy Bentham (1748-1832), impulsor de la doctrina utilitarista y que merece el dudoso reconocimiento de haber ideado el Panopticom (Panóptico) como modelo de vigilancia para cárceles, fábricas y escuelas.

2 Si bien Wells puede ser considerado el fundador de esta tradición distópica, entre las obras precursoras de este nuevo subgénero cabría mencionar la novela de Julio Verne (1828-1905) *Los quinientos millones de la Begún* (1879), así como el relato de Edward Bellamy (1850-1898) *Looking Backward* [Mirando hacia atrás, 1888] y la obra de William Morris (1834-1896) *News From Nowhere* [Noticias de ninguna parte, 1891].

3 Existen varias ediciones de este libro en español: Edward G. BULWER-LYTTON, *La raza venidera,* trad. de A. Sánchez, Abraxas, 2000 y *Vril, el poder de la raza venidera,* trad. de Mª Pérez-Martín, Jaguar, Colección La barca de Caronte, Madrid, 2004.

4   Raymond Trousson, capítulo VI: Le XXe siècle, *op. cit.* , p. 235 [traducción nuestra].

5   Arnhelm Neusüss, "Dificultades de una sociología del pensamiento utópico", en *Utopía*, trad. de Mª Nolla, Barral, Barcelona, 1971, p. 27.

6   George Orwell, *1984*, Tercera parte, III, trad. de R. Vázquez Zamora, Editorial Destino, Barcelona, p. 278.

7   Evgueni Zamiátin, *op. cit.*, Anotación nº 17, p. 136.

8   *Véase* Ernest Jünger, *La Tijera*, trad. de A. Sánchez Pascual, Editorial Tusquets, Barcelona, 1985, p. 73: "Lo que llama la atención de las utopías de nuestro siglo es que se presentan con el estilo de la ciencia y que son pesimistas".

9   George McKay, capítulo 2: Organics, Left and Right, Fascists and their Gardens: the Horticultural Politics of Extreme Nationalism, Xenophobia and Nativism, *op. cit.*, p. 63 [traducción nuestra].

10   *Véase* Elías Canetti, *Masa y poder, Masa e historia, Alemanes,* trad. de H. Vogel, Alianza Editorial, Libro de Bolsillo nº 931-32, Madrid, 1983, p. 169. "El símbolo de la masa de los alemanes era el ejército. Pero el ejército era más que el ejército: era el bosque en marcha. En ningún país moderno del mundo el sentimiento del bosque ha permanecido tan vivo como en Alemania. Lo rígido y lo paralelo de los árboles erguidos, rectos, su densidad y su número colma el corazón del alemán con honda y misteriosa alegría. Aún hoy acude con agrado al bosque en el que vivieron sus antepasados y se siente identificado con los árboles".

11   Jeremy Burchardt, *Paradise Lost: Rural Idyll and Social Change since 1800*", I. B. Taurus, Londres, 2002 [traducción nuestra].

12   Eduardo Subirats, "Los días que vendrán", en *Orwell: 1984. Reflexiones desde 1984*, Espasa-Calpe-uned, Selecciones Austral nº 131, Madrid, 1984, p. 314.

13   Frank y Fritzie Manuel, *Utopian Thought in the Western World,* Harvard University Press, Cambridge, Mass, 1979.

14   Sigmund Freud, "Más allá del principio de placer" en *Psicología de las masas,* trad. de L. López-Ballesteros y de Torres, Alianza editorial, Libro de Bolsillo nº 193, Madrid, 2000, p. 117.

XXIII. VERDOLATRÍA UCRÓNICA

1   Fredric Jameson, *Arqueologías del futuro. El deseo llamado utopía y otras aproximaciones a la ciencia ficción,* trad. de C. Piña Aldao, capítulo IX: El cuerpo alienígena, Ediciones Akal, Madrid, 2009, p. 152.

2   Jack FINNEY, *Los ladrones de cuerpos,* trad. de L. Luengo, Editorial Bibliópolis, colección Bibliópolis Fantástica n° 2, Madrid, 2002.

3   Ward MOORE, *Más verde de lo que creéis,* trad. de J. Mª Aroca, Editorial Orbis, colección Biblioteca de Ciencia-Ficción n° 45, Barcelona, 1985.

4   Brian W. ALDISS, *Invernáculo,* trad. De M. Horne, Ediciones Minotauro, Barcelona, 1983.

5   Brian W. ALDISS, *Barbagris,* trad de Mª T. Segur Rigalt, Bruguera, Barcelona, 1977.

6   Stanislaw LEM, *Edén,* trad. de L. Pastor Puebla, Alianza Editorial, Libro de bolsillo n° 1516, Madrid, 1991, pp. 27-28.

7   En el *Libro de los seres imaginarios,* escrito por J. L. Borges en colaboración con M. Guerrero, leemos: "Recordemos a este propósito la mandrágora, que grita como un hombre cuando la arrancan, y la triste selva de los suicidas, en uno de los círculos del Infierno, de cuyos troncos lastimados, brotan a un mismo tiempo sangre y palabras, y aquel árbol soñado por Chesterton, que devoró a los pájaros que habían anidado en sus ramas y que, en primavera, dio plumas en lugar de hojas". Jorge Luis BORGES y Margarita GUERRERO, Emecé Editores, Barcelona, 1990, p. 139.

8   Existen varias ediciones en español. Las dos más recientes son: *La Mandrágora,* trad. de J. Rodríguez Ponce, Editorial Valdemar, Madrid, 1993 y *La Mandrágora,* trad. de C. Seeleg, Editorial Lectorum, México, 2006.

9   Son muchas las adaptaciones y las versiones cinematográficas que ha conocido tan fascinante como morbosa historia. La primera película, de nacionalidad húngara y muda, inspirada en la novela de Hanns Heinz Ewers data de 1918 y fue dirigida por Michael Curtiz y Edmund Fritz Géza Pálvölgyi. Ese mismo año llegó a las pantallas otra producción muda, en este caso de nacionalidad alemana, dirigida por Eugen Illés y Joseph Klein, que, pese a su título, *Alraune, die Henkerstochter, rote de die gennant Hanne,* y a hacer referencia a los poderes mágicos de la raíz de la mandrágora, guardaba poca relación con la trama de la novela. En 1928 se realizó otra nueva versión a cargo de Henrik Galeen y protagonizada por la célebre Brigitte Helm en el rol de Alraune, conocida por su doble papel de Maria (el Bien) y el Ser-máquina (el Mal) en *Metrópolis* de Fritz Lang (1927). Este nuevo filme mudo fue conocido como *Unholy Love* [Amor profano], *Mandrake* [Mandrágora] y *The Daughter of Evil* [La hija del mal]. Dos años más tarde, Richard Oswald dirige una versión sonora del mismo largometraje, de factura más realista, en la que, nuevamente, Brigitte Helm encarna la figura de la diabólica criatura engendrada por una prostituta a la que, valiéndose del poder de la mandrágora para fecundar a las mujeres, un científico loco insemina artificialmente con el

esperma de un criminal ahorcado. Esta película se distribuyó en el ámbito español con el título *El último experimento del doctor Briken*. La leyenda germana de Alraune conocerá una última adaptación en 1952. Esta cinta alemana, en blanco y negro y dirigida por Arthur Maria Rabenalt, fue rebautizada en inglés como *The Unnatural* [Antinatural]. Otras producciones posteriores en las que se deja sentir la influencia de la novela de Heinz Ewers son *Embryo* [Embriones, 1976] de Ralph Nelson y la trilogía *Species* (1995, 1998 y 2004), conocida en español como *La mutante* o *Especies*, en la que Alraune ha sido sustituida por una alienígena.

10 Borges y Guerrero explican así la etimología de ese nombre: "Mandrágora, en alemán, es Alraune; antes se dijo Alruna; la palabra trae su origen de runa, que significa 'misterio', 'cosa escondida', y se aplicó después a los caracteres del primer alfabeto germánico". Jorge Luis BORGES y Margarita GUERRERO, *Libro de los seres imaginarios, op. cit.*, p. 140.

11 Jordi BALLÓ y Xavier PÉREZ, *La semilla inmortal. Los argumentos universales en el cine*, trad. de J. Jordá, Anagrama, Colección Argumentos nº 198, Barcelona, 1997, p. 278-281.

FLORACIÓN Y DESPEDIDA

1 Erik PIGANI, *Le jardin philosophe*, Presses du Châtelet, París, 2008, p. 16 [traducción nuestra].

2 Marco Tulio CICERÓN, *Opera*, t. VII, Genevae, M. DCC. XLVI, Epistolae ad familiares, Libro IX, 4, a Varrón, p. 283.

3 Bertrand RUSSELL, *La conquista de la felicidad*, capítulo X, Todavía es posible la felicidad, trad. de Julio Huici y prólogo de José Luis Aranguren, Espasa-Calpe, colección Austral nº 189, Madrid, 1978, p. 139.

4 Carl Gustav JUNG, *El hombre y sus símbolos*, trad. de Luis Escolar Bareno, Paidós, Barcelona, 1995. Ver también *Psicología y alquimia*, trad. de Ángel Sabrido, Plaza & Janés Editores, Barcelona, 1989.

5 Rosario ASSUNTO, *Ontología y teleología del jardín,* trad. de Mar García Lozano, Tecnos, Colección Metrópolis, Madrid, 1991, p. 13.

6 Martha CRAVEN NUSSBAUM, *La terapia del deseo, Teoría y práctica en la ética helenística*, trad. de M. Candel, Paidós, Barcelona, Buenos Aires, México, 2003, p. 35-36.

7 Pierre Hadot ha resaltado también este hecho con las siguientes palabras: "...el saber y la verdad, como ya entrevimos, no pueden recibirse acuñados, sino que deben ser engendrados por el propio individuo". Pierre HADOT, *¿Qué es la filosofía antigua?*, III La figura de Sócrates, trad.

de Eliane Cazenave Tapie Isoard, Fondo de Cultura Económica, México, 1998, p. 40.

8   Nicolas CHAMFORT, *Oeuvres, vol. IV, Caractères et anecdotes, Imprimerie des Sciences et des Arts*, Paris, 1795, p. 433 [traducción nuestra].

9   Resulta certera sobre este particular la observación del escritor C. Taibo: "Los verbos que hoy rigen nuestra vida cotidiana son tener-hacer-ser, si tengo esto o aquello, entonces haré esto y seré feliz". Carlos TAIBO, *En defensa del decrecimiento, Sobre capitalismo, crisis y barbarie* Los libros de la catarata, Madrid, 2009, p. 73.

10   Rusell PAGE, *The Education of a Gardener* (1962), *New York Review of Books,* Nueva York, 1994, p. 172 [traducción nuestra].

11   EPICURO, *Obras, Carta a Meneceo*, estudio preliminar, traducción y notas de Montserrat Jufresa, Tecnos, Clásicos del pensamiento, colección Tercer Milenio, Madrid, 2005, pp. 131-132: "Cuando decimos que el placer es la única finalidad, no nos referimos a los placeres de los disolutos y los crápulas, como afirman algunos que desconocen nuestra doctrina y no están de acuerdo con ella o la interpretan mal, sino al hecho de no sentir dolor en el cuerpo ni turbación en el alma".

12   William SHAKESPEARE, *Otelo*, Acto I, escena III, trad. de Editorial Andrés Bello, Santiago de Chile, 1990, p. 35.

13   VOLTAIRE, "Cándido o el optimismo", en *Cándido y otros cuentos,* trad. de Guillermo Graíño Ferrer, Alianza Editorial, El Libro de Bolsillo, n° 5058, Madrid, 2007, p. 164.

14   André COMTE-SPONVILLE, *La felicidad, desesperadamente,* III La felicidad, desesperadamente: una sabiduría de la desesperación, la felicidad y el amor, trad. de Enrique Folch, Paidós, Biblioteca André Comte-Sponville n° 1, Barcelona, Buenos Aires, México, 2010, pp. 60-61. Véase también André COMTE-SPONVILLE, *Aimer désespérement,* Le Fennec Editeur, L'attention thématique, Thionville, 1996, p. 13.

15   Véase Duane ELGIN, *Voluntary Simplicity: Toward a Way of Life That Is Outwardly Simple, Inwardly Rich* (revised edition), Harper Collins Publishers, Nueva York, 1998.

16   Diógenes LAERCIO, *Vida de los más ilustres filósofos, II - 25,* traducción, introducción y notas de Carlos García Gual, Alianza Editorial, Clásicos de Grecia y Roma, Madrid, 2007, p. 102.

17   SÉNECA, *Cartas morales a Lucilio, Libro Tercero,* carta XXIII, La filosofía, fuente del gozo verdadero, trad. y notas de Jaime Bofill y Ferro, Ediciones Orbis, Historia del pensamiento n° 27, Barcelona, 1984, p. 62.

18   Arthur SCHOPEHAUER, *El arte de ser feliz, Explicado en cincuenta reglas para la vida,* Regla Número 36, texto establecido, prefacio y notas de Francis-

co Volpi, trad. y apéndices de Ángela Ackermann Pilári, Herder, Barcelona, 2000, p. 71.

19   Henry David THOREAU, *Walden,* II Dónde viví y con qué objeto, trad. de Ignacio Quirarte, Universidad Nacional Autónoma de México (UNAM), Nuestro Clásicos n° 77, México, 1996, p. 100.

20   Bertrand RUSSELL, *In Praise of Idleness and Other Essays,* Routledge Classics, Londes y Nueva York, 2004, p. 3 [traducción nuestra].

21   Pierre RHABI, *Vers la sobriété heureuse, La pauvreté en tant que valeur de bien-être,* Éditions Actes Sud, Arles, 2010, p. 103 [traducción nuestra].

22   Diógenes LAERCIO, *Vida de Epicuro, Libro X de las Vidas de los Filósofos Ilustres,* introducción, traducción y notas de Antoni Pique Angordans, Edicions de la Universitat de Barcelona, 1981, p. 128: "Igualmente, debemos reflexionar que unos deseos son naturales, otros vanos; y los naturales unos son necesarios, otros naturales solo. Los necesarios unos lo son para la felicidad, otros para el sosiego del cuerpo, otros para la vida misma. Una auténtica consideración de ellos sabe dirigir cualquier elección o rechazo hacia la salud del cuerpo y el sosiego (ἀταραξιαυ) del alma, ya que esto es el fin (τελος) de una vida feliz. Con este objeto hacemos todas las cosas: para no sufrir dolor ni turbación. Cuando esto ha sido conseguido, se disipa toda tribulación del alma, puesto que el ser viviente ya no tiene que ir en pos de nada más que le falte ni buscar otra cosa con que colmar el bien del alma y del cuerpo".

23   Clare A. P. WILLSDON, *Jardines impresionistas* (catálogo de la exposición), Introducción Museo Thyssen-Bornemisza, Fundación Caja Madrid, Madrid, 2010, pp. 23-24.

24   Gilles CLÉMENT, *El jardín en movimiento,* trad. de Susana Landrove Bossut, Editorial Gustavo Gili, colección Territorios, Barcelona, 2012.

25   Marc TREIB, "8 Power Plays: The Garden as Pet" en *The Meaning of Gardens, Idea, Place and Action,* Francis Mark y Randolph T. Jr. Hester, eds., The MIT Press Cambridge, Massachusetts, London, 1990, pp. 86-87 [traducción nuestra].

26   Alain BARATON, *Je plante donc je suis, Secrets des plantes,* Éditions Grasset & Fasquelle, París, 2010, p. 87 [traducción nuestra].

27   Yi-Fu TUAN, *Dominance & Affection, The Making of Pets,* 3 Gardens of Power and of Caprice, Yale University Press, New Haven y Londres, 1984, p 19.

28   *Íbidem,* p. 168 [traducción nuestra].

29   Nelson MANDELA, *El largo camino hacia la libertad: la autobiografía de Nelson Mandela, La isla de Robben: el comienzo de la esperanza,* 81, trad. de Antonio Resines y Herminia Bevia, Aguilar, Madrid, 2010, pp. 507 y

506. Véase también Nelson MANDELA, *A Prisoner in the Garden, Photos, letters and notes from Nelson Mandela's 27 years in prison, A Closer Reading,* Nelson Mandela Foundation, Viking Studio, Penguin Group, Nueva York, 2006, p. 174.

30 *Íbidem,* pp. 494-495: "Mac tuvo la ingeniosa idea de ocultar la transcripción del manuscrito en las tapas de una serie de cuadernos de notas que empleaba para sus estudios. De ese modo podía mantener a salvo de las autoridades el texto completo y sacarlo de la cárcel cuando fuera puesto en libertad en 1976. Mac se pondría en contacto con nosotros en secreto para comunicarnos que el manuscrito estaba a salvo fuera del país; solo entonces destruiríamos el original. Entretanto, aún teníamos que buscar algún modo de ocultar el manuscrito de quinientas páginas. Hicimos lo único que podíamos hacer: lo enterramos en el jardín del patio. [...] Para no tener que hacer un gran agujero decidimos enterrar el manuscrito en tres lugares distintos. Lo dividimos en dos partes pequeñas y una más grande, envolvimos estas con plástico y las metimos en latas de cacao. El trabajo debía hacerse con rapidez y le pedí a Jeff Masemola que me preparara herramientas para cavar".

31 Extraído de Jacques BENOIST-MÉCHIN, *L'homme et ses jardins,* Albin Michel, Paris, 1975, p. 147 [traducción nuestra].

32 Sigmund FREUD, *El malestar en la cultura y otros ensayos* (1930), trad. de Ramón Rey Ardid y Luis López Ballesteros y de Torres, Alianza Editorial, Libro de bolsillo nº 280, Madrid, 1970, p. 62. Se han escrito muchos libros sobre el sadismo, pero no he leído una exposición más clara sobre su naturaleza que estas líneas de E. Fromm: "El placer del dominio completo sobre otra persona (o sobre otra criatura animada) es la esencia misma del impulso sádico. Otra manera de formular la misma idea es decir que el fin del sadismo es convertir un hombre en cosa, algo animado en inanimado, ya que mediante el control completo y absoluto el vivir pierde una cualidad esencial de la vida: la libertad". Erich FROMM, *El corazón del hombre, Su potencia para el bien y para el mal,* trad. de Florentino M. Torner, Fondo de Cultura Económica, Colección popular 76, México, p. 30.

33 Martin GILBERT, *Winston Churchill, The Stricken World, 1916-1922,* Vol 4, Houghton Mifflin, Boston, 1975, p. 151 [traducción nuestra].

34 Jean-Jacques ROUSSEAU, *Emilio o de la Educación,* Libro primero, II La Naturaleza es nuestro primer maestro, trad. de Antoni G. Valiente, Hogar del Libro, Colección Nova Terra, Barcelona, 1988, p. 96.

35 Francis BACON, *La gran restauración (Novum organum)* (1620), trad., introd. y notas de Miguel Ángel Granada y apéndice de Julián Martín, Tecnos, Madrid, 2011.

36 Stefano MANCUSO y Alessandra VIOLA, *Sensibilidad e inteligencia en el mundo vegetal,* II La planta, esa desconocida, trad. de David Pardela, Editorial Galaxia Gutemberg, Barcelona, 2015, p. 35.

37 Michael POLLAN, *La botánica del deseo, El mundo visto a través de las plantas,* capítulo 2, Deseo: Belleza. Planta: El tulipán (Tulipa), trad. de Raúl Nagore, Navarrorum Tabula S.L., Donostia, 2008, p. 121.

38 Véase Aina S. ERICE, *La invención del reino vegetal, Historias sobre plantas y la inteligencia humana,* Ariel, Barcelona, 2015 y Jean-Marie PELT, *Mes plus belles histories de plantes,* Fayard, Paris, 1986.

39 Maurice MAETERLINK, *La inteligencia de las flores* (1907), XXV, trad. de Juan Bautista Enseñat, Hyspamerica Ediciones, Ediciones Orbis S. A., Barcelona, 1987, p. 65.

40 Amélie NOTHOMB, *Attentat, réflexion d'Epiphane,* Éditions A. Michel, Paris, Edición española: *Atentado,* trad. de Mónica Boada y Ana María Moix, Circe, 1998, p. 156.

41 Stefano MANCUSO y Alessandra VIOLA, *Sensibilidad e inteligencia en el mundo vegetal,* IV La comunicación de las plantas, *op. cit.,* p. 99.

42 EPICURO, *Obras completas, Epístola de Epicuro a Meneceo,* Cátedra, Letras Universales nº 221, ed. y trad. de José Vara, Madrid, 1995, p. 98: "126. Pero el sabio ni rehúsa vivir ni teme no vivir, pues ni le ofende el vivir ni se imagina que es un mal no vivir. Y de la misma manera que de la comida no prefiere en absoluto la más abundante sino la más agradable, así también disfruta del tiempo no del más largo sino del más agradable. El que exhorta al joven a que viva bien y al viejo a que termine bien es necio no solo por lo apetitoso de la vida sino también porque el entrenamiento para vivir bien y para morir bien es el mismo".

43 Michel de MONTAIGNE, *Ensayos completos,* Libro primero, capítulo XX, Cátedra, Biblioteca Avrea, trad. de Almudena Montojo, Madrid, 2003, p 129.

44 PLATÓN, *Gorgias,* Biblioteca Clásica de Gredos, 2ª reimp., Madrid, 1992, vol. II, 487e-48.